清代職官年表

第 一 册

錢 實 甫 編

中 華 書 局

圖書在版編目(CIP)數據

清代職官年表/錢實甫編. —北京:中華書局,2019.4
ISBN 978-7-101-13813-9

Ⅰ.清… Ⅱ.錢… Ⅲ.職官表-中國-清代 Ⅳ.D691.42

中國版本圖書館 CIP 數據核字(2019)第 046065 號

書　　名	清代職官年表(全四册)	
編　　者	錢實甫	
出版發行	中華書局	
	(北京市豐臺區太平橋西里 38 號　100073)	
	http://www.zhbc.com.cn	
	E-mail:zhbc@zhbc.com.cn	
印　　刷	北京瑞古冠中印刷廠	
版　　次	2019 年 4 月北京第 1 版	
	2019 年 4 月北京第 1 次印刷	
規　　格	開本/787×1092 毫米　1/16	
	印張 214　插頁 8　字數 800 千字	
印　　數	1-800 册	
國際書號	ISBN 978-7-101-13813-9	
定　　價	980.00 元	

目　録

第　一　册

例言·· 1

説明·· 1

大學士年表·· 1

　　附録：清代内閣重要變化概況

軍機大臣年表·· 135

部院大臣年表·· 157

　　附：奕劻内閣　袁世凱内閣

　　附録一：清代部院組織重要變化概況

　　附録二：清代部院組織重要變化簡圖

部院滿侍郎年表·· 335

　　附：倉場侍郎　督捕侍郎

部院漢侍郎年表·· 531

　　附：倉場侍郎　督捕侍郎

滿缺侍郎年表·· 729

　　理藩院左右侍郎　盛京五部侍郎

第　二　册

内閣學士年表·· 883

　　附：翰林院掌院學士　詹事府詹事

京卿年表·· 1119

　　通政使　大理卿　太常卿　光禄卿　太僕卿

　　附：順天府府尹　奉天府府尹　宗人府府丞

總督年表·· 1341

　　附：漕運總督　河道總督

附録一： 清代總督重要變化概況

附録二： 清代總督重要變化簡圖

附録三： 清代河道總督重要變化概況

附録四： 清代河道總督重要變化簡圖

巡撫年表··1515

附録一： 清代巡撫重要變化概況

附録二： 清代巡撫重要變化簡圖

第　三　册

布政使年表··1757

附録一： 清代各省布政使重要變化概況

附録二： 清代各省布政使重要變化簡圖

按察使年表··1975

附録一： 清代各省按察使重要變化概況

附録二： 清代各省按察使重要變化簡圖

駐防大臣年表··2217

附： 青海辦事大臣　西藏辦事大臣

附録一： 清代各地駐防將軍重要變化概況

附録二： 清代各地駐防將軍重要變化簡圖

提督年表··2431

附： 九門提督　海軍提督

附録一： 清代各地提督重要變化概況

附録二： 清代各地提督重要變化簡圖

第　四　册

學政年表··2605

附： 提學使

會試考官年表··2767

附： 武會試考官年表

鄉試考官年表··2881

軍事統帥年表‥‥‥‥‥‥‥‥‥‥‥‥‥‥‥‥‥‥‥‥‥‥‥‥‥‥‥2993

特派使節年表‥‥‥‥‥‥‥‥‥‥‥‥‥‥‥‥‥‥‥‥‥‥‥‥‥‥‥3009

　　派往友鄰各國使節　派往西洋各國使節

總署大臣年表‥‥‥‥‥‥‥‥‥‥‥‥‥‥‥‥‥‥‥‥‥‥‥‥‥‥‥3017

出使各國大臣年表‥‥‥‥‥‥‥‥‥‥‥‥‥‥‥‥‥‥‥‥‥‥‥‥‥3027

　　　　附錄一：駐外使臣設置、撤銷及兼任變化表

　　　　附錄二：駐外使臣兼任關係表

政務大臣年表‥‥‥‥‥‥‥‥‥‥‥‥‥‥‥‥‥‥‥‥‥‥‥‥‥‥‥3051

新設各部侍郎年表‥‥‥‥‥‥‥‥‥‥‥‥‥‥‥‥‥‥‥‥‥‥‥‥‥3055

新設各部部丞年表‥‥‥‥‥‥‥‥‥‥‥‥‥‥‥‥‥‥‥‥‥‥‥‥‥3065

新設各部參議年表‥‥‥‥‥‥‥‥‥‥‥‥‥‥‥‥‥‥‥‥‥‥‥‥‥3075

　　　　附錄：外務部光緒三四年左右丞參調動變化詳表

修訂法律大臣年表‥‥‥‥‥‥‥‥‥‥‥‥‥‥‥‥‥‥‥‥‥‥‥‥‥3088

司法衙門大臣年表‥‥‥‥‥‥‥‥‥‥‥‥‥‥‥‥‥‥‥‥‥‥‥‥‥3090

編擬官制及纂擬憲法大臣年表‥‥‥‥‥‥‥‥‥‥‥‥‥‥‥‥‥‥‥‥3092

資政院職官表‥‥‥‥‥‥‥‥‥‥‥‥‥‥‥‥‥‥‥‥‥‥‥‥‥‥‥3093

弼德院職官表‥‥‥‥‥‥‥‥‥‥‥‥‥‥‥‥‥‥‥‥‥‥‥‥‥‥‥3094

内閣屬官表‥‥‥‥‥‥‥‥‥‥‥‥‥‥‥‥‥‥‥‥‥‥‥‥‥‥‥‥3095

歷次練兵大臣年表‥‥‥‥‥‥‥‥‥‥‥‥‥‥‥‥‥‥‥‥‥‥‥‥‥3098

　　附：練兵處重要職官　歷屆校閱秋操大臣

專司訓練禁衛軍大臣年表‥‥‥‥‥‥‥‥‥‥‥‥‥‥‥‥‥‥‥‥‥‥3100

軍諮大臣年表‥‥‥‥‥‥‥‥‥‥‥‥‥‥‥‥‥‥‥‥‥‥‥‥‥‥‥3101

海軍衙門大臣年表‥‥‥‥‥‥‥‥‥‥‥‥‥‥‥‥‥‥‥‥‥‥‥‥‥3102

籌辦海軍大臣年表‥‥‥‥‥‥‥‥‥‥‥‥‥‥‥‥‥‥‥‥‥‥‥‥‥3104

邊務大臣年表‥‥‥‥‥‥‥‥‥‥‥‥‥‥‥‥‥‥‥‥‥‥‥‥‥‥‥3104

路礦大臣年表‥‥‥‥‥‥‥‥‥‥‥‥‥‥‥‥‥‥‥‥‥‥‥‥‥‥‥3106

督辦鐵路大臣年表‥‥‥‥‥‥‥‥‥‥‥‥‥‥‥‥‥‥‥‥‥‥‥‥‥3108

商務、商約大臣年表‥‥‥‥‥‥‥‥‥‥‥‥‥‥‥‥‥‥‥‥‥‥‥‥3111

電政大臣年表‥‥‥‥‥‥‥‥‥‥‥‥‥‥‥‥‥‥‥‥‥‥‥‥‥‥‥3112

財政處大臣年表‥‥‥‥‥‥‥‥‥‥‥‥‥‥‥‥‥‥‥‥‥‥‥‥‥‥3112

土藥統稅大臣年表‥‥‥‥‥‥‥‥‥‥‥‥‥‥‥‥‥‥‥‥‥‥‥‥‥3113

税務大臣年表……………………………………………………………3114

禁烟大臣年表……………………………………………………………3115

鹽政大臣年表……………………………………………………………3116

　　附：鹽政院主要職官

福建船政大臣年表………………………………………………………3117

學務大臣年表……………………………………………………………3122

禮制大臣年表……………………………………………………………3124

　　禮學院　典禮院

附録: 人名録……………………………………………………………3125

例　言

（一）爲了便於瞭解和檢查清代若干重要職官的設立、裁撤、合併、分置等變化情況和人事動態，特根據清代順治至光緒九朝實録和宣統政紀的記載，製成職官年表共四十九種，以備參考。依各表性質的不同，可分爲兩大部分。一部分主要包括原有的封建統治機構，一般均由順治元年開始，至宣統三年結束，共計二百八十六年。另一部分全屬西方資本主義勢力侵入以來先後出現的一些統治機構，是半殖民地、半封建社會的産物。

（二）各種年表的取捨標準，主要根據這些職官在當時政治上、社會上的影響是否比較重要，並不單純計較品級和地位的高低。有關情況，扼要説明如下：

甲、某些職官如領侍衞內大臣（正一品）等的品級最高，但同實際政治並無直接關係，社會上更無甚麼影響，故不涉及。反之，低級的如鄉試考官往往只是由七品的編修等職派充，却被列入。

乙、清代一般是重內輕外的，中央官比地方官的體制較崇，在實際政治上的影響亦較大，故年表的數量以中央職官佔最大部分。

丙、清代習慣上重文輕武，如從一品的提督無論在政治上或社會上的地位都不及正二品的巡撫（當然還另有原因），故武職的年表極少。各省的文武大員本是督撫同提鎮並稱的，本書却只有提督年表而沒有總兵年表。這是由於總兵的數量很大（一般約六七十人），更重要的是他們中的絕大多數在政治上、社會上很少關係，甚至生平也難稽考。其中比較重要的人物，大部分都已見於提督表內。

丁、清代文職漢官以由科考出身爲“正途”，尤重“館選”。這不只是一種虛榮，在仕途上確有一些作用。故把學政和鄉、會試的考官等，分別製表，以備參考。

（三）各表的具體內容一般即如其名，但某些年表的安排稍較特殊，説明如下：

甲、部院侍郎本應全部編成一表（《清史稿》即是如此），由於人數較多，不免過密，很難看清，故特把滿、漢分開，列爲兩表。滿、漢之間除極個別情況外，一般均不互調，分開毫無關係。

乙、內閣學士（特別是漢員）多由翰林官陞轉，因把關係密切的翰林院掌院學士和詹事府詹事附入。

丙、京卿中未列鴻臚寺卿，係由實錄未載任免，無所依據。宗人府府丞同各寺卿並不完全一樣，順天府、奉天府兩府尹本係地方官性質，由於這些職官之間的陞轉遷調關係較密，特爲附載。兩府尹同巡撫或布政使都不能等同起來，又受着篇幅的限制，因有此比較特殊的安排。

丁、駐防大臣數量頗多，故只列入高級的將軍，都統、副都統等均不備載。西寧和西藏的辦事大臣既不完全同於其它一般的辦事大臣，也同駐防將軍並不一樣，爲了便於適當明確清政府對於青海和西藏等地的控制，特附列於此。

戊、清代京師設有步軍統領一員，全銜是"提督九門步軍統領巡捕五營"，俗稱"九門提督"。其職掌類似首都衛戍警巡部隊，本不同於各省提督，因其地位重要，它表又無法安排，特爲列入。

己、軍事統帥均係臨時特派，事竣撤銷。在鎮壓太平天国革命以來俱授欽差大臣名義，前此兩百年中則均授予冠字大將軍、將軍或經略等名義，並有若干參贊。參贊人數較多，變化較繁，表內只擇要列入，餘均從略。又軍事統帥均以人爲單位，列於受命的年代之下，而把整個過程中有關各年的變化附注於下。這樣處理已略突破年表的一般體例，卻更便於參考。

（四）本書取材完全依據各朝實錄，雖大致夠用，卻也有少數問題存在，說明有關的處理辦法如下：

甲、實錄固屬被帝王重視的官書，但非獨紀載難於翔實，即是資料上的訛誤闕漏也很不少。本書直接關係到的主要只是官名、人名、地名和時間等，遇有問題，尚可參酌有關事實解決。如同治朝實錄卷八二葉三四中列有"乙丑"日，查同治二年十月的日期中並無這個干支，顯有錯誤，即可按其前後的"戊子"和"庚寅"而斷爲必屬"己丑"之訛。這是最簡單的例子。又如同書卷二九葉三八中有"左都御史王茂蔭"的記載，按同治元年五月間的左都御史中並無此人，則須參考稍前的記載（四月癸亥、卷二五葉七），看出乃是"左副都御史"脫一"副"字所致。有些問題不都如此簡單，只須前後稍翻便得，可能還要多花些功夫，或在它書去找旁證。這些改正、補充，說明起來過於繁瑣，一概從略。

乙、實錄有關高級職官人事變化的記載，比較完整，來龍去脈一般都能搞清，製表所需材料不成甚麼問題。但除了大學士、尚書、侍郎、將軍、總督、巡撫等外，其餘則不具備，最常見的是去職沒有交代。像這種情況，製表時遇着不少。凡屬無可憑藉時，均按"寧闕毋濫"的原則，讓它留下空白，決不只憑臆測。其中有些可從它書找到材料補充的，仍然添注，一律加上"△"符號以資區別。如乾隆五七年漢缺左副都御史在四月間由陸錫熊換成趙佑，陸的去職原因和具體日期實錄均缺，但可從陸的傳略中知道恰是死於這時，故補注寫成"△死"。又如學政均由差派，在京仍有本職，並可在任內陞轉，凡能查出的也都一律補注。至於這些材料的出處以及有關考證,限於篇幅,俱不逐一詳述。

丙、凡實錄記載同他書互歧的,除顯有訛誤外,一般均依實錄。至於補充材料中引徵最多的,主要有下列各書(附載的人名錄同):

《清史稿》列傳部分　清史館排印本

《清史列傳》　中華書局一九二八年排印本

李桓:《國朝耆獻類徵初編》湘陰李氏刻本

錢儀吉:《碑傳集》江蘇書局刻本

繆荃孫:《續碑傳集》江蘇書局刻本

閔爾昌:《碑傳集補》燕京大學一九三一年排印本

李元度:《國朝先正事略》光緒丁亥廣百宋齋排印本

朱孔彰:《中興將帥別傳》光緒丁酉江寧刻本

李集等:《鶴徵錄》同治十一年漾葭老屋刻本

李富孫:《鶴徵後錄》同治十一年漾葭老屋刻本

徐世昌:《大清畿輔先哲傳》天津徐氏刻本

此外,哈佛燕京學社所編《三十三種清代傳記綜合引得》和《增校清朝進士題名碑錄》等書,也提供了一些參考線索。《清代書畫家字號引得》以及書畫家辭典等,因同姓名的人不少,若不仔細搞清經歷,最容易張冠李戴。它如《縉紳錄》、《爵秩全書》之類,保存材料相當豐富,卻不太可靠,又已不很完整。本書爲了慎重起見,俱不採用。

(五)過去曾編有《清季重要職官年表》和《清季新設職官年表》(均中華書局出版)兩書,頗有訛誤,但在體例上略有一些不同於前人的安排,較便參考。本書仍然沿用,並作了一些改進和補充,其主要特點如下:

甲、清代各中央衙門的職官多採滿、漢雙軌制,本書即針對這個特點,把同一職位分做上下兩欄,中間界以細線,按上滿、下漢列名。漢軍可滿可漢,均依實際情況處理。個別特殊情況的,則予注明。大學士先分殿閣,再分滿、漢,並用①②③等數字注明班次順序(詳說明)。《清史稿》的尚書、侍郎各表是採分欄辦法的,大學士卻完全混在一起;《清代徵獻類編》更是一律不分,參考很不方便。

乙、實錄依舊例以干支紀日,《清史稿》沿用,在職官人事變化的時間上只注明"正月甲子"或"五月丁卯"之類(《清代徵獻類編》只有月分);若須明確具體日子,還要另作一番檢查的工夫。工具書原在便於參考,故本書一律就干支注明實際日期,並用阿剌伯字加注公元時間於後。如道光十年(1830)陶澍由江蘇巡撫遷署兩江總督,原作"六月辛卯",本書寫成"六、辛卯、五,7.24;"即舊曆六月初五、公元七月二四日。保留紀日干支,可便於必要時回檢原書(或《東華録》等)之用。又公元若已進入次年的,仍用此法。如同年盧坤由江蘇巡撫遷署湖廣總督,係"十一月壬午",則改寫成"十一、壬午、廿八,1.11;"省去1831年;因爲這很明白可以看出必是下年的一月十一日,決不致誤作本年。這在中西曆的精密互算上,可以提供具體參考。

丙、一般年表所能解決的,只限於某一職位在某年由某人充當,或某月某日另由某人繼任,至於有關人員的具體變化情況,除在同一表內尚可發見外,一般均將無從了解。本書特在日期之後,分別簡要注明有關的來由(派、授、遷、降、調、署、兼等)和去因(死、病、降、革、假、喪、休等)以及其前後的職位。當然,除高級職官外有許多人的去因是沒有記載可憑的,若無旁的材料備用,一律暫缺。

丁、同上項用意類似的,本書還適當注意到個人職位變化的完整性和連續性,即用簡單的注文,把前後有無關係或存在怎樣關係表示出來。如許多年老"休致"或"病免"的人,若不久死去即注明"旋死",或注明某年死等字樣(有的並附謚號),作爲這人一生的了結。較複雜的如吏尚達勒當阿於乾隆二一年解任後,才受處分,以至於死,則在"解"任後注明"二二年革、二五年死"字樣。凡可考查的,盡量予以簡注。至於聯續的問題,尤其複雜,不能徧注。許多大官一生中的職位變化極大且多,滿缺更有不少是在本書範圍之外的,若要無遺漏地銜接起來,頗多困難。好在大官一般多有較詳的傳略,足備參考,本書因此反而側重次要的人物(或無傳可查,或有傳太簡)。如高珩在順治十年由詹事遷閣學,再轉吏部左侍郎,十一年因省假離職;十五年由大理寺少卿授宗人府府丞,旋又去職(原因不詳,或係未任);康熙五年重授府丞,屢遷至刑部左侍郎,十一年葬假去職;十八年復授原職,十九年老休:計前後二十七年之間,中斷三次,若不依次注明,便要花費不少的徧查功夫才能聯系起來。本書因在順治十一年吏左欄內注明"十五年府丞",在十五年府丞欄內注明"康五仍授",康熙五年的同欄注明"原任授",十一年的刑部左侍郎欄內則注明"十八年仍授"等字樣,有關的變化就可以前後聯貫起來。由於資料和篇幅的限制,這一工作做得是不夠的。

戊、清代官場的滿、漢界限很嚴,即在滿洲、蒙古、漢軍以及滿洲內部的上三旗和下五旗之間,政治待遇並不一律,年表若能把族別適當地反映出來,也不失爲一個很好的參考。原設中央各機構由於分欄排列,滿、漢尚可分清(滿、蒙或漢軍仍不能明),地方官則無從了解。到清末改革官制時,往往以不分滿、漢作爲幌子,實際更加重滿輕漢,則能分清的關係更大。若只從命名的習慣上看,滿、漢之間多數固有顯著的區別,卻也有不少很難從字面識出。如同屬漢軍,徐桐似漢,瑛棨似滿。又如徐元夢、曾鑠均是滿人,卻同漢名無異。爲了消除這種誤會並作具體的區分,本書特在人名前加上各種小字,使能一目了然(詳見說明)。這樣,對一些常見的問題如全國督撫中滿、漢勢力的消漲,"新官制"的實際排漢,奕劻內閣之所以稱爲"皇族内閣"等等,都能開卷即得,毋須多所查考了。

己,清代任官習慣上是分做"署理"和"實授"兩個階段,其性質都是正式的。但"署理"有種種用法,或係丁憂改署,或係暫時代理,也都同正式的一樣。其中當新舊任交替之際(舊任出缺而新任未到)原職暫由它官代理時,最常見的是督撫的相互"兼署";以及上級出缺而暫由下級"護理"之類,都是臨時的措施(正式的本任另已有人)。本書爲了明白區分起見,凡屬代理人員一律用較小字體排出,免得誤以代理爲正任,並可避免同一職位同時並列兩人的混亂。

庚,清代中央大員的兼職、差遣、虛銜很多,滿員更甚,不勝列舉。其中如"加太子太保"、"賞穿黃馬褂"、"予祭葬"、"入祀賢良祠"等等,不下幾十種,在當時因有較大關係,《清史稿》等書多予保留。本書一律省略,但注明下面較有參考意義的各項:第一,大學士(或尚書)管部(理藩院),管理其它衙門從略。第二,重要的封爵,低級的和皇室的一般封爵從略。第三,重要的差遣。學政、考官、出使、統帥等均屬此類,已另列專表,仍都在原職下注明。

辛,清代的軍機大臣和總署大臣等都是中樞的重臣,均係兼差,其性質同上項大致相似,但更較重要,故除了經常的互注之外,並用特別符號標出。大學士本係專職,但可由外官(總督)遙領;協辦大學士一般均屬兼銜(地位較高):這些,也都同樣特別標出(詳見説明)。凡重臣同時兼充幾個要職的,在有關各表中都能只憑加注的符號即可了然,比文字的附注更其明顯。

壬,清代還有一種"留任"(這個詞還另有其它幾種涵義)辦法,如上面提到過的總督授予大學士或協辦大學士銜的,並不即行回京供職,仍留原任,叫做"留任",在大學士年表中即注明"某督留任",表明這個職務尚屬虛位。又有些職官授予後始終不曾到任,如彭玉麐自光緒九年任爲兵部尚書後,至十四年辭免止,並未就職(一直由他人兼署),故注明"未任"字樣。或是任命後旋又他調,如鄧廷楨在道光十九年十二月由兩廣總督調爲兩江總督,即調雲貴總督,再調閩浙總督,共計二十二天,當然不可到任,也均注明"未任"字樣。閩浙總督雖屬實任,年内仍無法趕至,則注明"未到"。凡調職死在路上的,注明"途死"。差派、調署或入京"陛見"回任的,有確實日期可查的也作注明。至於"革職留任"、"降幾級留任"以及"開復"之類,如不直接影響職位的變化,一律略去。

(六)本書所用各種注文和日期,原則上是在力求簡明翔確,並避免生澀難解,但在具體處理時,卻有一些困難,説明於下:

甲,清代所用各種語詞頗爲複雜,如同一任免職官的動詞,就有調、改、轉、陞、遷、擢(超擢)、褫、革、解等的不同,這不但十分複雜,且多缺乏固定的、統一的涵義。本書一律予以簡化,只選用其中的一部分。此外,同一革職,或加"永不叙用",或予"遣戍",或帶有"訊問"、

· 5 ·

"拿問"、"逮問"等;同一處死,有"棄市"、"正法"、"斬"、"梟首"、"賜自盡"等的不同。本書一律不再細分,只注明"革"或"殺"字樣。凡處斬並未實現的,則只注明革職。至於某些特殊的例子,如道光五年浙江按察使王惟詢的"自盡",光緒五年廣東布政使楊慶麟的"殉親"等,仍予注明。凡屬反侵略戰爭中忠勇犧牲的,更應予以表揚,如關天培、陳化成等即注明"殉國"字樣。

乙、有些語詞雖同樣使用,却有不同的實際情況,其性質和後果都不一致。如同一"解任",有的是由於"自陳",同處分有別;有的則由於被劾,解任後"聽勘"或"待議"(結果可能無罪,也可能有罪);有的是革職或降級的初步,如康熙十七年福建總督郎廷極的解任就是由於庸劣;有的却是另有差遣,如康熙十九年四川總督楊茂勳則是"解任隨軍"。又如同一"休致",除一般由於年老多病自請解職外,也有是京察時的勒令休致,乃是給予面子的變相革職。再如同一"召京",或係內用,或係遷調(均屬外職),或係回任,或係處分,或係旗員因衰老、養親等而回旗。總之:本書一律不再細分,一般只注明"解"、"休"或"召京"罷了。

丙、還有一些當時常見的詞語,如"隨扈"、"乞養"、"召陛"之類,封建色彩很濃,由於一時尚難代以其它適當的詞彙,暫時只好沿用。

丁、更值得注意的是所注日期的實際意義。本書所有日期均以實錄的記載爲準,但這只是表明發表"上諭"決定這個職位已有了人事變化的時間,並不一定等於就是實際的變化時間。京官可能在同日之內辦好有關交替手續,或作具體的處理,外官就很有問題。比如同城的督撫雖可在接到命令的當日交替,但受文距發令必有一段時間距離;特別是外官的死亡,須待奏報到京後才能發布另任新人的命令,以此作爲原任死期則去實際時間已經很久。因此,這些日期只在表明發布命令決定有關這一職位的人事變動如何,而不就是他們卸任、就職或死亡的實際日期。可見日期後面所注"死"、"病"、"革"、"遷"等詞的用意,主要還在說明去職的原因。尤其要留意的,是死期的跨年。如大學士高晉在乾隆四四年正月十日"予祭",但他早已死在上年,故在四三年欄內也注明"△十二月死"字樣。若係外官,跨年的距離更大,許多具體的死亡月日無可考察而不能補注的,參考時便應留意。

(七) 本書附載人名錄等十一種表,從各種不同的角度提供參考,有些主要情況説明於下:

甲、人名錄只在提供一些重要的參考材料,並非"人名辭典"的性質,故內容比較簡單。所依據的書籍以前面所引的爲限,其它不能徧補(個別例外),也就不夠完備。其間有歧出的,只能簡單的判定,且不便詳附説明。一切使用的簡名或符號,均見説明和各表前後的附注。

乙、人名錄各條的説明共分六個部分:第一是姓名,以見於本書的爲限。凡有改名或復姓關係的,較常見的雖不屬本書範圍,仍用互見法兩存備考;其它少見或罕見的(別號)列於附表。滿蒙和漢軍的"氏",一律從略。姓名完全相同的,在後面注明(一)、(二)、(三)等作爲分別。其餘原名、改名、榜名等,則擇要説明。第二是字、號和外號,均用分號區開,而一律直接寫出字號的本身。如畢沅是"字絨蘅,一字弇山;號秋帆;外號靈巖山人",只寫作"絨蘅,弇山;秋帆;靈巖山人。"謝墉是"字崑城;號金圃,又號東墅",只寫作"崑城;金圃,東墅。"謝道承寫作"又紹,古梅",則是兩個字而無號。第三是籍貫。滿、蒙、漢軍説明旗別,漢人説明省和州、縣(或府、廳、衞)。部分同時使用雙重籍貫的,仍予並存。第四是出身,主要是科甲。第五是經歷,一般只列出最後的官階,並附結局,如革、休之類。第六是死年,並附注謚號和年齡。以上各項中如不完備,一律從略,而不注明"無號"、"籍貫不詳"之類。凡沒有條件的,即不列入各種索引或其它附表中。

丙、人名錄所需材料,清末職官大多無傳可查,則根據民國時代所出各種人名辭典或外籍(如日本外務省情報局編《改訂現代支那人名鑑》等)補充。

此外,某些職位的變化較多,情況複雜,特就其重要變化製成"概況"和"簡圖"兩種,附於年表之後。

以上是就本書的體例略作介紹,同時也把解決某些問題的理由擇要説明,以備讀者使用時參考。

本書附有各種圖表,意在從各種不同角度提供讀者參考,但還有許多問題仍不能很好地解決。比如督撫的沿革變化之中,除了説明有關省區的調整之外,駐在地點的移動或省會所在的遷徙,也應包括在內。又如省級的大員一般雖是常駐省會,但某些省的提督卻設置在其它重鎮,更特殊的如有些省的學政也駐在省會以外。因此,本書主要只能説明職官的人事變化而不及其餘,故稱爲"職官年表"。其它像前面提到過的"乞養"、"隨扈"等詞的涵義如何,各種職官的品級如何以及相互間的陞轉關係如何,限於體例和篇幅,都未能解決。

本書分量較大,編者又只能在教學和科研的餘暇從事,加以識見有限,訛誤自所難免,統希讀者不吝賜教。特別是體例方面,以及前面提到過的一些"特點",非經較多讀者稍久使用之後,不易判明究竟是否合用;這便十分熱望讀者隨時提出寶貴的批評和意見。

編者

1963.12.25,上海。

説　明

本書各表有一些通用的符號（或注字）和簡稱，特在這裏集中説明。其餘只限於一表適用的，則附述於該表的前後。有些雖屬一表所用，但須稍詳解釋，或同它表並非完全無關的，仍附於此。

第一、符號（或注字）

（一）凡加在人名前（左上角）的小字，表示族籍，没有小字的一般俱係漢人：

表示屬於“皇族”分別注明“宗室”或“覺羅”，貝子以上的爵位和部分重要的鎮國公等，仍予注明；如恭親王奕訢”、貝子載振、鎮國公載澤等。清代習慣是把宗室、覺羅同人名連寫，如“宗室奕山”、“覺羅寶興”等，本書則寫成宗室奕山、覺羅寶興，人名録中也只用本名排列。 凡屬未曾找到確實根據，雖屬可能性很大（如以奕、載等字命名）的，暫仍一律不憑猜度列入。

（滿）表示屬於滿洲八旗，旗別見人名録。

（蒙）表示屬於蒙古八旗（或部），旗別（或部）見人名録。

（漢）表示屬於漢軍八旗，旗別見人名録。

（？）表示族別待考，但可大體斷爲屬於滿蒙或漢軍。

> 注一：依清代定制，凡顯祖（努爾哈赤的父親塔克世）的本支子孫，一律叫做“宗室”；其伯叔兄弟等旁支子孫，一律叫做“覺羅”。
> 注二：滿蒙和漢軍的族別並非完全固定的，本書均以各人最後所屬爲準。如官文原係漢軍包衣，後因鎮壓太平天国革命有“功”，即被“加恩”改入滿洲正白旗，這叫做“擡旗”。本書只注“滿正白”，其餘從略。同族内的旗別變化，也只注明最後所屬。
> 注三：八旗分京營和駐防兩大系統，駐防分佈各處。本書只注旗別，不分京營或駐防。
> 注四：八旗内還有“包衣”、“内務府”、“紅帶子”等，均不細注。
> 注五：少數民族不另作符號，凡有根據的附見於人名録中。

（二）凡加在人名後的各種符號（或注字），表示同時還有重要的兼職，主要有以下幾種：

＊　表示兼授“協辦大學士”，在日期後寫明“授協”字樣。京官授予兼銜，職掌上可以並顧，尚無問題。若由外官（總督）授予，一般仍留原任，故在總督年表内本人名後加注符號外，

又在大學士年表内注明"某督留任"。

＊＊　表示大學士。各部尚書由協辦陞授（或直授）大學士的，須脱離原職入閣辦事；即在部院大臣年表本人名後加注符號（由＊改＊＊），並在日期後寫明"遷"字或"遷（文華）"字樣。若由外官陞授（或直授），仍可留任，辦法同上。若須即時離職入京（或過若干時日召京）就職的，則於具體日期後寫明"召京"或"召京，入閣辦事"。"留任"字樣，即不再存在。

（軍）　表示兼授軍機大臣（只有個別的專任），免去兼職時則不再加上這個注字。當受命"在軍機大臣上行走"或"免予行走"（措詞有各種不同）時，即在日期後寫明"入直"或"罷直"字樣。在特殊情況下，也寫作"直軍"或"罷軍"。

（軍、學）　表示兼充學習軍機大臣，是授予軍機大臣的初步（但不一定必經這一階段）。命令措詞大致是"在軍機大臣上學習行走"和"著在軍機大臣上行走"或"去學習"；日期後寫明"學習入直"或"入直"、"罷直"。

（總）　表示兼授總署大臣，日期後則寫明"直總"或"罷總"字樣。

注一：人名後所加符號或注字主要的是以上三種（共五類），同一人可能兼具三種條件，則全部加上。如同治九年協辦大學士、吏部尚書文祥兼充軍機大臣和總署大臣，故在部院大臣年表本人名後加注"＊（軍）（總）"，一般順序是大學士（協辦同）在前，次軍，次總。

注二：大學士的授予，一般是分兩個步驟。首先，陞授或直授大學士時，命令中並無具體的殿閣系銜。其次，過了一段時間之後，才決定授予某一殿閣名義。記述文字的措詞大體是："吏部以大學士某某應授何殿閣請；得旨：某某著授爲某某殿（閣）大學士"。因此，凡由協辦陞授的，在大學士年表中便有兩個時間：一是陞授的時間，日期後只寫明"遷"字；二是確定某一殿閣的時間，日期後則寫明"授"字。其它相關各表，一般只寫第一個日期，而用括弧附注隨後所授殿閣名義。

注三：殿閣名稱有一定的順序，但用殿閣繫銜的大學士却並不依照這個順序來決定"班次"，即不一定以文華居首。其排名一般是依入閣的先後爲次，或由皇帝指定。其中資格最老的稱爲"首揆"，仍適用滿先漢後的原則，亦有"滿首揆"和"漢首揆"並稱的。大學士年表内各年所注的數字①②③④，便是表示大學士的"班次"。

（三）其它還有一些在一定時期内兼充的職務，比較重要的下面幾種，分別用注字列於各年表的有關人名之下。

（翰掌）　表示兼充翰林院掌院學士，受命時則在本職下的日期後寫明"兼翰掌"或"卸兼翰掌"字樣。

（步統）　表示兼充步軍統領，受命時則在本職下的日期後寫明"兼步統"或"卸兼步統"字樣。

（某學）　表示兼充某省（用各省簡稱）學政，授命時也在本職下的日期後寫明"某學"。任滿時，不加注字，但不再用文字寫明（因無免兼的命令和日期）。這同"軍、學"不會混淆，不但前一字全係省名的簡稱，中間也沒有頓點。

第二、簡 稱

（一）關於年代的：

順：順治	康：康熙	雍：雍正
乾：乾隆	嘉：嘉慶	道：道光
咸：咸豐	同：同治	光：光緒
宣：宣統		民：民國

（二）關於地名的：

直：直隸	黔：貴州	察：察哈爾
魯：山東	滇：雲南	綏：綏遠
豫：河南	閩：福建	寧：寧夏
晉：山西	桂：廣西	青：青海
川：四川	粵：廣東	藏：西藏
甘：甘肅		蒙：蒙古
贛：江西	奉：奉天	
蘇：江蘇	吉：吉林	盛：盛京
皖：安徽	黑：黑龍江	
陝：陝西	新：新疆	
浙：浙江	臺：臺灣	
鄂：湖北		
湘：湖南	熱：熱河	

（三）關於官名的：

內閣：

協　協辦大學士。

閣學　內閣學士。

讀學　侍讀學士。有時爲了同翰林院的侍讀學士區別，寫作“閣讀學”。

科中書　中書科中書舍人。

各部（理藩院同）：

吏、戶、禮、兵、刑、工、理　用各部院第一字作爲衙署的簡稱，清末還有新設的外（總）、商、巡、學、民、度、陸、海、法、農、郵等。理藩院改部後，仍簡稱理；但大學士管理院務不簡寫成"管理"（很容易同一般的"管理"混淆），而改寫成"管藩"。

尚　各部院尚書。如吏尚、理尚、法尚、外尚等。

外會　外務部會辦大臣。

左、右　左、右侍郎。如外左、陸右、禮左、商右。同部院內左右侍郎互調時，只寫成"改左"（由右侍郎調爲左侍郎）或"改右"。倉場侍郎、督捕侍郎仍作"倉場"（倉侍）、"督捕"。盛京五部侍郎寫作"盛京戶侍"等。候補侍郎作"候侍"。

郎　郎中。如刑郎、理郎等。

員　員外郎。如法員、陸員等。

主　主事。如外主、巡主等。

都察院：

左都　左都御史

左副　左副都御史

僉都　僉都御史

道　各道監察御史。如江南道、廣東道；有時只寫"御史"。

給　給事中。前面冠以六科中的一字，如"刑給"即刑科給事中；有時也只寫作"給"。

寺卿等：

通政　通政使司通政使。副使作"通副"；參議作"通參"。

大理　大理寺卿。少卿作"理少"。（理藩院雖也簡稱理，但沒有"少"；大理寺則沒有"尚"或"左、右"：故不致混淆。）

太常　太常寺卿。少卿作"常少"。

光祿　光祿寺卿。少卿作"光少"。

太僕　太僕寺卿。少卿作"僕少"。

鴻臚　鴻臚寺卿。少卿作"鴻少"。

候京　候補幾品京堂。如候補四品京堂作"候四京"。

其它：

講學　翰林院侍講學士。侍讀學士也作"讀學"；但有時爲了同內閣區別，寫作"翰讀學"。

府丞　宗人府府丞。其它順天府、奉天府的府丞只單稱"丞"，冠以府名（見下）。

順尹　順天府府尹。府丞作"順丞"。

奉尹　奉天府府尹。府丞作"奉丞"。

此外仿寺卿例，一般均用衙署名稱代替正官，如"奉宸"即奉宸苑卿，"武備"即武備

· 4 ·

院卿。又各衙署簡稱也可冠在一般官名之前，如"禮司務"即禮部司務。

　　　　八旗等：

都　都統。正紅旗滿洲都統簡寫作"正紅滿都"，鑲白旗蒙古都統作"鑲白蒙都"，正黃旗漢軍
　　都統作"正黃漢都"。

　　又，熱河都統簡寫作"熱都"，察哈爾等同。

副　副都統。正白旗滿洲副都統簡寫作"正白滿副"，鑲黃旗蒙古副都統作"鑲黃蒙副"，正
　　藍旗漢軍副都統作"正藍漢副"。　又，吉林副都統作"吉副都"，廣州副都統作"廣
　　副都"。

領衛　領侍衛內大臣。

護統　護軍統領。如正黃旗護軍統領簡寫作"正黃護統"。

京左、右　京營左（右）翼總兵。

內務　總管內務府大臣。

　　　　地方官：

將　駐防將軍。冠以駐防地名（全衙）的第一字，如江寧將軍簡寫作"江將"，寧夏將軍作"寧
　　將"。定邊左（右）副將軍作"定左（右）"。　駐藏辦事大臣作"駐藏"，駐藏幫辦大臣作
　　"藏幫"。

督　總督。冠以地區名稱（全衙）中的一個主要的字（不一定是第一字），如直督、江督（兩江
　　總督）、陝督、川督、閩督、湖督（湖廣總督）、廣督（兩廣總督）、雲督。

漕督　漕運總督。

河督　河道總督。　江南河道總督簡寫作"南河"，河東河道總督作"東河"，北河河道總督作
　　"北河"。

撫　巡撫。冠以省名的簡稱，如"蘇撫"、"新撫"等。

　　　注：督撫（其它職官略同）簡稱，主要限於使用次數較多的一部分，大體上即乾隆以來逐步形成的定
　　　　　制。清初的如天津總督、操江巡撫、鄖陽撫治等，仍用全名；有時在同表內簡寫"天津"、"操
　　　　　江"、"鄖陽"字樣。

布　布政使。冠以省名的簡稱，如"贛布"、"臺布"等。江蘇有兩個布政使，江寧布政使作"寧
　　布"，江蘇布政使仍作"蘇布"。清初布政使分左右，寫作"左布"或"右布"。

按　按察使。冠以省名的簡稱，如"鄂按"、"魯按"等。

布參　布政使司參議（清初）。

按僉　按察使司僉事（清初）。

按副　按察使司副使（清初）。

道　各省分巡、分守道，用原名代，如杭嘉湖道、河北道、冀寧道等。其它鹽道、糧道等仍用原名。

注：御史也只寫道，但均係省區名稱，同這裏所有的地名不會混淆。又適用的年表也不相同，更易區別。

提　提督。冠以省區名稱，如湖廣提督簡寫作"湖提"（分省後作"鄂提"和"湘提"），江南提督作"江提"；廣東陸路提督作"粵陸"，福建水師提督作"閩水"。

鎮　總兵。用原名代，如河北鎮、鄖陽鎮、大名鎮等。

都同　都督同知（清初）。

都僉　都督僉事（清初）。

　　考官、學官等：

學　學政。冠以省名的簡稱，如"蘇學"、"川學"。清初稱學道時，用法同。

會試正（副）考　會試正（副）主考。武會試考官加"武"字。

殿讀讀卷　殿試讀卷官。

教庶　教習庶吉士。

鄉考　鄉試主考官。冠以省（地）區名的簡稱，如江南鄉試正考官簡寫作"江鄉正考"，順天鄉試副考官作"順鄉副考"。

庶　庶吉士。

以上所列舉的簡名，都是經常使用的，簡化後可以節省不少的篇幅。此外不常使用的為數頗多，仍用原名，或略有省字。如烏里雅蘇臺參贊（大臣）、英吉沙爾領隊（大臣）、科布多幫辦（大臣）、和闐辦事（大臣）等，省去"大臣"兩字，其餘均用全稱。又如保定道僉事、山東道監軍副使、雅州知府、營田使、粵海關監督、泰陵總管、欽天監監正、太常寺寺丞、洗馬、庶子、評事、行人、長蘆鹽運使、兩淮鹽政等等，一律照舊。其中有個別字的略簡，如欽天監監正只寫"欽天監正"，太常寺寺丞只寫"太常寺丞"等。

大 學 士 年 表

順治元年至宣統三年

1644——1911

（註）宣統三年的奕劻內閣和袁世凱內閣名單見部院大臣年表

大學士年表

年代	順治元年　甲申(1644)	年代	順治二年　乙酉(1645) ⌈翰林院併⌉⌊入內三院⌋
內國史院	(滿)**剛林** 　(崇德元年授)(男爵) 　　　　　　　　　　　③	內翰林國史院	(滿)**剛林** 　　　　　　　　　　　③
內秘書院	(漢)**范文程** 　(崇德元年授) 　　　　　　　　　　　①	內翰林秘書院	(漢)**范文程** 　　　　　　　　　　　①
	(漢)**洪承疇** 　六、丁巳、一，7.4；明降臣加兵尚，右副授。 　　　　　　　　　　　⑤		(漢)**洪承疇** 　閏六、癸巳、十三，8.4；命以原官總督軍務，招撫江南。 　　　　　　　　　　　⑤
內弘文院	(滿)**希福** 　(崇德元年授) 　八、辛酉、六，9.6；革。 　　　　　　　　　　　②	內翰林弘文院	**馮　銓** 　　　　　　　　　　　④
	馮　銓 　五、辛丑、十四，6.18；明大學士投降授。 　　　　　　　　　　　④		(漢)**甯完我** 　△五、丁未、廿六，6.19；弘文學士遷。 　　　　　　　　　　　③
			(滿)**祁充格** 　二、己巳、十六，3.13； 　　　　　　　　　　　⑤
			李建泰 　三、庚子、十七，4.13；明大學士投降授。 　十二、丙午、廿八，2.13；革。(七年殺) 　　　　　　　　　　　⑦
建極殿大學士	**謝　陞** 　八、壬午、廿七，9.27；明大學士投降授。 　　　　　　　　　　　⑥	建極殿大學士	**謝　陞** 　正、癸卯、十九，2.15；死(清義)。 　　　　　　　　　　　④

年 代	順 治 三 年　丙戌(1646)	順 治 四 年　丁亥(1647)
內翰林國史院	(滿)**剛林** 二、辛巳、四，3.20；會試總裁。 ② **宋權** 正、戊辰、廿，3.7；順天巡撫遷。 ⑦	(滿)**剛林** 二、乙亥、四，3.9；會試主考。 三、丙辰、十五，4.19；殿試讀卷。 ② **宋權** 二、乙亥；會試主考。 三、丙辰；殿試讀卷。 ⑦
內翰林秘書院	(漢)**范文程** 二、辛巳；會試總裁。 九、庚戌、七，10.15；武會監試。 ① (漢)**洪承疇** ④	(漢)**范文程** 二、乙亥；會試主考。 三、丙辰；殿試讀卷。 ① (漢)**洪承疇** △十月，命回內院。 ④
內翰林弘文院	**馮銓** 二、辛巳；會試總裁。 ⑤ (漢)**甯完我** 二、辛巳；會試總裁。 ⑧ (滿)**祁充格** 九、庚戌；武會監試。 ⑥	**馮銓** 二、乙亥；會試主考。 三、丙辰；殿試讀卷。 ⑤ (漢)**甯完我** 二、乙亥；會試主考。 三、丙辰；殿試讀卷。 ③ (滿)**祁充格** 二、乙亥；會試主考。 三、丙辰；殿試讀卷。 ⑥

年代	順治五年　戊子(1648)	順治六年　己丑(1649)
内翰林國史院	(滿)**剛林**　　　　　　　　　②	(滿)**剛林** 二、甲午、五，3.17；會試主考。　②
	宋　檀　　　　　　　　　⑦	**宋　檀** 二、甲午；會試主考。 九、甲申、廿八，11.2；葬假。　⑦
内翰林秘書院	(漢)**范文程**　　　　　　　①	(漢)**范文程** 二、甲午；會試主考。　①
	(漢)**洪承疇**　　　　　　　④	(漢)**洪承疇** 二、甲午；會試主考。　④
内翰林弘文院	**馮　銓**　　　　　　　　　⑤	**馮　銓**　　　　　　　　　⑤
	(漢)**甯完我**　　　　　　　③	(漢)**甯完我** 二、甲午；會試主考。　③
	(滿)**祁充格**　　　　　　　⑥	(滿)**祁充格** 二、甲午；會試主考。　⑥

年代	順治七年　庚寅(1650)	順治八年　辛卯(1651)
內翰林國史院	(滿)**剛林**　　　　　　　　　②	(滿)**剛林**　　　　(漢)**甯完我** 閏二、乙亥、廿八，　三、己丑、十二， 4.17；附多爾袞，　5.1；弘文改。 殺。　　　　　　②　　　　　②
	宋權　　　　　　　　　　⑦	**宋權** △休。（九年死，文康）　⑦
		(滿)**陳泰**　　　　(滿)**雅泰** 三、己丑；吏尚遷。　七、戊子；吏右遷。 七、戊子、十三，　△十月死。 8.28；革。　　　③　　　　　⑨
		(滿)**額色黑** 十、丁巳、十三，11.25；刑部啓心郎遷。 　　　　　　　　　　　　　　⑪
內翰林秘書院	(漢)**范文程**　　　　　　　①	(漢)**范文程**　　　　　　　①
	(漢)**洪承疇**　　　　　　　④	(漢)**洪承疇** 閏二、戊辰、廿一，4.10；管左都事。④
內翰林弘文院	**馮銓**　　　　　　　　　　⑤	**馮銓**　　　　　　(滿)**希福**(三等子) 閏二、乙丑、十八，　三、己丑；革任弘文 4.7；休。　　　⑤　復授。　　　　⑦
	(漢)**甯完我**　　　　　　　③	(漢)**甯完我**　　　　**陳名夏** 三、己丑；改國史。　七、己亥、廿四，9.8； 　　　　　　　③　吏尚遷。　　　　⑩
	(滿)**祁充格**　　　　　　　⑥	(滿)**祁充格** 閏二、乙亥；附多爾袞，殺。　　⑥
		(漢)**李率泰** 三、己丑；吏右遷。七、戊子；革。

大學士年表

<table>
<tr><th>年代</th><th>順治九年 壬辰(1652)</th><th>順治十年 癸巳(1653)</th></tr>
<tr>
<td rowspan="2">內翰林國史院</td>
<td>(漢)**甯完我**
三、乙未、廿四，5.1；殿試讀卷。 ②</td>
<td>(漢)**甯完我**
（△改入滿洲大學士班位） ②

張 端
閏六、丙寅、三，7.26；禮左遷。 ⑫</td>
</tr>
<tr>
<td>(滿)**額色黑**
二、戊申、六，3.15會試主考。
三、乙未；殿試讀卷。
九、乙亥；武會主考。 ⑦</td>
<td>(滿)**額色黑** ⑥</td>
</tr>
<tr>
<td rowspan="3">內翰林秘書院</td>
<td>(漢)**范文程**
正月，晉封一等子。
三、乙未；殿試讀卷。
九、乙亥、六，10.8；武會主考。 ①</td>
<td>(漢)**范文程** ①</td>
</tr>
<tr>
<td>(漢)**洪承疇**
三、乙未；殿試讀卷。
△五月，母憂仍直。 ③</td>
<td>(漢)**洪承疇**
正、丁丑、十，2.7；改弘文。 ⑧</td>
</tr>
<tr>
<td></td>
<td>**陳名夏**
正、丁丑；革任弘文復授。
二、甲寅、十七，3.16；署吏尚。
四、甲辰、九，5.5；卸署。 ⑩

成克鞏
閏六、丙寅；吏尚遷。 ⑪</td>
</tr>
<tr>
<td rowspan="5">內翰林弘文院</td>
<td>(滿)**希福**
二月，封三等男；旋晉三等子。
二、戊申；會試主考。三、乙未；殿試讀卷。十二、辛酉、廿三，1.22；死(文簡)。 ⑤</td>
<td>(漢)**洪承疇**
正、丁丑；秘書改。
五、庚寅、廿五，6.20；經略兩廣湖廣雲貴等處。 ④</td>
</tr>
<tr>
<td>**陳名夏**
正、壬午、十，2.18；革。 ⑥</td>
<td>**馮 銓**
三、丁亥、廿一，4.18；起用。 ⑤</td>
</tr>
<tr>
<td>**陳之遴**
二、辛酉、十九，3.28；禮尚授。
三、乙未；殿試讀卷。 ⑧</td>
<td>(漢)**高爾儼**
二、庚申、廿三，3.22；致仕吏尚遷。 ⑧</td>
</tr>
<tr>
<td></td>
<td>**陳之遴**　　　　**劉正宗**
二、丙寅；改户尚。　閏六、丙寅；吏右遷。
　　　　　十一、丙辰、廿四，
　　⑦　　1.12；管吏尚事。 ⑬</td>
</tr>
<tr>
<td></td>
<td>(滿)**圖海**
四、丁未、十二，5.8；秘書學士授。 ⑨

呂 宮
十二、丁卯、五，1.23；吏右遷。 ⑭</td>
</tr>
</table>

年代	順治十一年　甲午(1654)	順治十二年　乙未(1655)
內翰林國史院	(漢)甯完我 ②	(漢)甯完我 ①
	張　端　　　　　党崇雅 △六月,死(文安)。　　五、丙午、十七, 　　　　　　　　　7.1;原戶尚授。 ⑭	党崇雅　　　　　王永吉 二、戊午、三,3.10;　二、庚辰、廿五,4.1;倉侍 休。(康五死)　　遷。三、戊戌、十三,4.19; 　　　　　　　　殿試讀卷。三、庚戌、廿 　　　　　　　　五,5.1;管吏尚事。 ⑬
	(滿)額色黑 ⑤	(滿)額色黑 二、丙辰、一,3.8;會試主考。 三、戊戌;殿試讀卷。 ⑧
	金之俊 二、丙寅、五,3.23;原吏尚授。 ⑪	金之俊 二、丙辰;會試主考。三、戊戌;殿試讀卷。 十、甲寅、四,11.1;武殿讀卷。 ⑧
	(漢)蔣赫德 三、戊申、十八,5.4;國史學士遷。 ⑫	(漢)蔣赫德 ⑨
內翰林秘書院	(漢)范文程 九、己丑、三,10.12;休。(康五死,文肅) ①	(滿)車克 △三月,戶尚授。三、戊戌;殿試讀卷。 十、甲寅;武殿讀卷。 ⑪
	陳名夏 三、辛卯、一,4.17;革(殺)。 ④	
	成克鞏 ⑧	成克鞏 三、戊戌;殿試讀卷。十、甲寅;武殿讀卷。 十二、癸丑、三,12.30;暫兼管左都事。 ⑥
	王永吉 四、丁亥、廿八,6.12;左都授。 八、甲戌、十七,9.27;降(倉)。 ⑬	
	傅以漸 八、庚辰、廿三,10.3;國史學士遷。 ⑮	傅以漸 三、戊戌;殿試讀卷。 十、甲寅;武殿讀卷。 ⑩
內翰林弘文院	(漢)洪承疇 (五省經略) ③	(漢)洪承疇 (五省經略) ②
	馮　銓 ⑥	馮　銓 ④
	(漢)高爾儼 正、己未、廿八,3.10;休。(十二死,文端)	(滿)圖海 五、乙酉、二,6.5;以本銜任刑尚。 ⑤
	(滿)圖海 ⑦	陳之遴 二、庚辰;戶尚遷。 十、甲寅;武殿讀卷。 ⑫
	劉正宗 (管吏尚事) ⑨	劉正宗 三、乙巳、廿,4.26;管吏尚事回院。 十、甲寅;武殿讀卷。 ⑦
	呂　宮 ⑩	呂　宮　　　　　(覺羅)巴哈納 二、壬戌、七,3.14;　五、庚子、十七,6.20; 休。(康三死)　　刑尚遷。十、甲寅;武 　　　　　　　　殿讀卷。 ⑭

年代	順治十三年　丙申(1656)	順治十四年　丁酉(1657)
內翰林國史院	(漢)甯完我　①　　　　　　　　　王永吉　（管吏尚事）　⑬　　　　　　　　　(滿)額色黑　③　　　　　　　　　金之俊　⑧　　　　　　　　　(漢)蔣赫德　⑨	(漢)甯完我　①　　　　　　　　　王永吉　（管吏尚事）　⑪　　　　　　　　　(滿)額色黑　③　　　　　　　　　金之俊　⑦　　　　　　　　　(漢)蔣赫德　⑧
內翰林秘書院	(滿)車克　六、辛巳、四, 7.25; 以原官管戶尚事。　⑪　　　　　　　　　成克鞏　十二、庚子、廿七, 2.9; 卸兼管左都事。　⑥　　　　　　　　　傅以漸　⑩	(滿)車克　（管戶尚事）　⑩　　　　　　　　　成克鞏　⑤　　　　　　　　　傅以漸　⑨
內翰林弘文院	(漢)洪承疇　（五省經略）　②　　　　　　　　　馮銓　二、己卯、卅, 3.25; 休。　④　　　　　　　　　(滿)圖海　（刑尚）　⑤　　　　　　　　　陳之遴　三、乙未、十六, 4.10; 革。　⑫　　　　　　　　　劉正宗　⑦　　　　　　　　　(覺羅)巴哈納　⑭	(漢)洪承疇　六、辛丑、卅, 8.9; 病, 解經略任。　十二、癸酉、五, 1.8; 病愈, 仍任經略。　②　　　　　　　　　(滿)圖海　（刑尚）　④　　　　　　　　　劉正宗　⑥　　　　　　　　　(覺羅)巴哈納　⑫

年代	順治十五年　戊戌(1658) [九、辛丑、七,10.3;改設殿閣。/九、甲寅、廿、10.10;改授。]	
内翰林國史院	（漢）甯完我	**中和殿**
	王永吉（管吏尚事）	（覺羅）巴哈納　兼管吏尚。⑫
	（滿）額色黑　三、壬戌、廿五、4.27;殿試讀卷。	金之俊　兼管吏尚。⑦
	金之俊	**保和殿** （滿）額色黑　兼管戶尚。十、戊寅、十五、11.9;武殿讀卷。③
	（漢）蔣赫德	成克鞏　兼管戶尚。十、戊寅;武殿讀卷。⑤
内翰林秘書院	胡世安　五、癸亥、廿七,6.27;禮尚遷。	**文華殿** （漢）蔣赫德　兼管禮尚。十、戊寅;武殿讀卷。⑧
	（滿）車克（管戶尚事）	劉正宗　兼管禮尚。⑥
	成克鞏　三、壬戌;殿試閱卷。	**武英殿** （漢）洪承疇（五省經略）兼管兵尚。②
	傅以漸　二、癸未、十六、3.19;會試主考。	傅以漸　兼管兵尚。⑨
		胡世安　兼管兵尚。十、戊寅;武殿讀卷。⑬
内翰林弘文院	（漢）洪承疇（五省經略）	**文淵閣** 衛周祚　兼管刑尚。⑭
	（滿）圖海（刑尚）	**東閣** 李霨　兼管工尚。十、戊寅;武殿讀卷。⑮
	劉正宗	（漢）甯完我　九、辛酉、廿七、10.23;休。（康四死,文毅）①
	（覺羅）巴哈納　三、壬戌;殿試閱卷。	王永吉　四、辛卯、廿五、5.26;降五調。（十六年死,文通）⑪
	衛周祚　三、癸亥;吏尚遷。	（滿）車克（管戶尚事）⑩
	李霨　五、癸亥;秘書學士遷。	（滿）圖海（刑尚）④

大學士年表

年代	順治十六年　己亥(1659)	順治十七年　庚子(1660)
中和殿	(覺羅)巴哈納 　九、辛未、十三, 10.28; 殿試讀卷。　　　⑩	(覺羅)巴哈納 　　　　　　　　　　　　　　　　⑨
	金之俊 　　　　　　　　　　　　　　　　⑥	金之俊 　　　　　　　　　　　　　　　　⑤
	（馮　銓） 　二、丙戌、廿五, 3.17; 起用, 仍以原衡改兼。	（馮　銓）
保和殿	(滿)額色黑 　四、丙申、十二, 5.20; 武殿讀卷。 　九、辛未; 殿試讀卷。　　　　　　②	(滿)額色黑 　　　　　　　　　　　　　　　　②
	成克鞏 　四、丙申; 武殿讀卷。 　九、辛未; 殿試讀卷。　　　　　　④	成克鞏 　六、己亥、十六, 7.22; 革。 　十一、辛酉、十, 12.11; 復任。　　③
文華殿	(漢)蔣赫德 　　　　　　　　　　　　　　　　⑦	(漢)蔣赫德 　二、丁未、廿二, 4.1; 病免。　　　⑥
	劉正宗 　八、癸巳、五, 9.20; 會試主考。　　⑤	劉正宗 　十一、辛酉; 革。　　　　　　　　④
武英殿	(漢)洪承疇 　十、庚戌、廿三, 12.6; 召京, 入閣辦事。①	(漢)洪承疇 　　　　　　　　　　　　　　　　①
	傅以漸 　　　　　　　　　　　　　　　　⑧	傅以漸 　　　　　　　　　　　　　　　　⑦
	胡世安 　四、丙申; 武殿讀卷。 　九、辛未; 殿試讀卷。　　　　　　⑪	胡世安 　　　　　　　　　　　　　　　　⑩
文淵閣	衛周祚 　四、丙申; 武殿讀卷。 　八、癸巳; 會試主考。　　　　　　⑫	衛周祚 　　　　　　　　　　　　　　　　⑪
東閣	李　霨 　　　　　　　　　　　　　　　　⑬	李　霨 　　　　　　　　　　　　　　　　⑫
	(滿)車克 　（管戶尚事）　　　　　　　　　⑨	(滿)車克 　（管戶尚事）　　　　　　　　　⑧
	(滿)圖海 　閏三、甲申、廿四, 5.14; 革。 　（刑尚）　　　　　　　　　　　⑧	

順治十八年　辛丑(1661)　[七、己酉、二,7.27；復改設內三院]

左	內秘書院	內國史院	內弘文院
(覺羅)巴哈納	(覺羅)巴哈納 七、己酉、二,7.27；中和改授。　⑥	(滿)額色黑 七、己酉；保和改授。 十、戊辰、廿二,12.13；死（文恪）。　①	(漢)蔣赫德 七、己酉；前文華授。　④
金之俊	金之俊 七、己酉；中和改授。　③	成克鞏 七、己酉；保和改授。　②	李　霨 七、己酉；東閣改授。　⑨
（馮　銓） （康十一死,文敏,削）	胡世安 七、己酉；武英改授。 十一、壬午、七,12.27；休。（康二死）　⑦	衞周祚 七、己酉；文淵改授。 七、癸酉、廿六,8.20；暫署吏尚。　⑧	(覺羅)伊圖 七、辛酉、十四,8.8；吏尚遷。　⑩
(滿)額色黑	(滿)車克 七、己酉；管户尚授。 閏七、庚辰、三,8.27；改管吏尚事。　⑤	(滿)蘇納海 九、癸未、七,10.29；兵尚遷。　⑪	
成克鞏 三、丙辰、七,4.5；會試正考。			
(漢)洪承疇 四、丙午、廿七,5.25；休。 （康四死,文襄）			
傅以漸 六、癸巳、十六,7.11；休。（康四死）			
胡世安			
衞周祚 三、丙辰；會試副考。			
李　霨			
(滿)車克			

大學士年表

年代	康熙元年　壬寅(1662)	康熙二年　癸卯(1663)
內秘書院	(覺羅)**巴哈納**　④	(覺羅)**巴哈納**　②
	金之俊　八、辛丑、一，9.12；休。(九年死，文通)　① 　　**成克鞏**　十、壬寅、二，11.12；國史改。	**成克鞏**　四、甲寅、十七，5.23；休。(十三年死)　　**孫廷銓**　五、丙子、九，6.14；吏尚遷。　⑧
	(滿)**車克**　七、壬申、一，8.14；管吏尚事回院。　③	(滿)**車克**　⑤
內國史院	**成克鞏**　十、壬寅；改秘書。	(滿)**蘇納海**　三、甲戌、六，4.13；管戶尚事。　⑦
	衛周祚　五、庚辰、八，6.23；署吏尚回院。　⑤	**衛周祚**　七、丁亥、廿二，8.24；葬假。　⑧
	(滿)**蘇納海**　⑧	(漢)**蔣赫德**　三、癸未、十五，4.22；弘文改。　①
內弘文院	(覺羅)**伊圖**　⑦	(覺羅)**伊圖**　⑥
	(漢)**蔣赫德**　②	(漢)**蔣赫德**　三、癸未；改國史。
	李霨　⑥	**李霨**　④

康 熙 三 年　甲辰(1664)		康 熙 四 年　乙巳(1665)	
(覺羅)巴哈納	⑦	(覺羅)巴哈納	②
(滿)車克	⑥	(滿)車克	⑦
孫廷銓 十一、甲午、七，12.23； 休。(十四年死，文定)	魏裔介 十一、丁未、廿，1.5； 吏尚遷。　⑨	魏裔介	⑨
(滿)蘇納海 　(管户尚)	⑤	(滿)蘇納海 　(管户尚)	⑥
(漢)蔣赫德 　〔仍改弘文〕	(漢)巴　泰 六、甲午、三，6.26；内 大臣授。(三等男)　⑧	(漢)巴　泰	⑧
衛周祚 六、己亥、八，7.1；假滿回院。 九、丁未、十九，11.6；武會正考。	②	衛周祚	⑧
(覺羅)伊圖	④	(覺羅)伊圖	⑤
(漢)蔣赫德 　〔國史改回〕	①	(漢)蔣赫德	①
李　霨 二、己亥、六，3.3；會試正考。	⑧	李　霨	④

大學士年表

年代	康熙五年 丙午(1666)	康熙六年 丁未(1667)
內秘書院	(覺羅)巴哈納 （△十二月死。） ②	(覺羅)巴哈納 二、庚午、廿五, 3.19;死(敏壯)。 　(宗室)班布爾善 二、丁卯、廿二, 3.16;領侍衛內大臣授。 ⑦
	(滿)車克 ⑦	(滿)車克 △八月,休。(十年死,文端) ④
	魏裔介 ⑨	魏裔介 九、丁未、六,10.22;武會正考。 ⑥
內國史院	(滿)蘇納海 十二、庚申、十四,1.8;革(殺)。 (八年復,襄愍) ⑥	
	(漢)巴 泰 ⑧	(漢)巴 泰 ⑤
	衛周祚 ⑧	衛周祚 九、丁未;武會正考。 ②
內弘文院	(覺羅)伊圖 ⑤	(覺羅)伊圖 △正月解任。(十六年死,文僖)　(滿)圖海 二、丁卯;都統遷。 ⑧
	(漢)蔣赫德 ①	(漢)蔣赫德 ①
	李 霨 ④	李 霨 ⑧

康熙七年　戊申(1668)	康熙八年　己酉(1669)
(宗室)**班布爾善**<div style="text-align:right">⑥</div>	(宗室)**班布爾善** 　　五、庚申、廿八，6.26；革(殺)。<div style="text-align:right">④</div>
	(漢)**巴　泰** 　　五、己未、廿七，6.25；原國史病痊授。<div style="text-align:right">⑥</div>
魏裔介<div style="text-align:right">⑤</div>	**魏裔介**<div style="text-align:right">③</div>
(滿)**對喀納** 　　九、癸卯、七，10.12；刑尚遷。<div style="text-align:right">⑧</div>	(滿)**對喀納** 　　七、己未；管刑尚事。<div style="text-align:right">⑦</div>
(漢)**巴　泰** 　　二、己卯、十，3.22；病免。<div style="text-align:right">④</div>	(滿)**索額圖** 　　八、甲申、廿四，9.18；頭等侍衛遷。<div style="text-align:right">⑨</div>
衛周祚<div style="text-align:right">②</div>	**衛周祚**　　　　**杜立德** 四、丙寅、四，5.3；病　　四、癸酉、十一，5.10； 免。(十四年死，文清)　　吏尚遷。<div style="text-align:right">⑧</div>
(滿)**圖海**<div style="text-align:right">⑦</div>	(滿)**圖海**<div style="text-align:right">⑤</div>
(漢)**蔣赫德**<div style="text-align:right">①</div>	(漢)**蔣赫德**<div style="text-align:right">①</div>
李　霨<div style="text-align:right">③</div>	**李　霨**<div style="text-align:right">②</div>

大學士年表

年代	康熙九年　庚戌(1670) [八、乙未、十一、9.24；復改殿閣。 十、甲午、十、11.22；改授。]			康熙十年　辛亥(1671)
內秘書院		中和殿	(滿)圖海 兼吏尚。③	(滿)圖海 ②
	(漢)巴泰		(漢)巴泰 兼吏尚。十一月，晉封一等子。④	(漢)巴泰 ⑧
	魏裔介 二、甲子、六、2.25；會試正考。	保和殿	(滿)索額圖 兼戶尚。⑦	(滿)索額圖 ⑥
內國史院	(滿)對喀納		李霨 兼尚戶。②	李霨 ①
	(滿)索額圖		魏裔介 兼禮尚。⑧	魏裔介 正、庚辰、廿八、3.8；病免。(廿五年死，乾元，文毅)⑦
	杜立德		杜立德 兼禮尚。⑥	杜立德 ⑤
內弘文院	(滿)圖海	文華殿	(滿)對喀納 兼刑尚。十二、乙酉、二、1.12；管吏尚。⑤	(滿)對喀納 管吏尚。④
	(漢)蔣赫德			馮溥 二、丁酉、十五、3.25；刑尚遷。⑧
	李霨	武英殿	(漢)蔣赫德 十、庚寅、六、11.18；死(文端)。①	

康熙十一年　壬子(1672)	康熙十二年　癸丑(1673)
(滿)圖海 ②	(滿)圖海 ②
(漢)巴　泰 ③	(漢)巴　泰 三、己亥、廿九，5.15；休。 ③
(滿)索額圖 ⑥	(滿)索額圖 ⑥
李　霨 ①	李　霨 ①
衛周祚 六、壬寅、廿八，7.22；原國史病痊授，兼户尚。 十二、丁未、六，1.23；休。（十四年死，文清） ⑧	
杜立德 ⑤	杜立德 二、丙午、六，3.23；會試正考。 ⑤
(滿)對喀納 （管吏尚） ④	(滿)對喀納 （管吏尚） ④
馮　溥 ⑦	馮　溥 九、庚辰、十四，10.23；武會試正考。 ⑦

大學士年表

年代	康熙十三年　甲寅(1674)	康熙十四年　乙卯(1675)
中和殿	(滿)圖海　②	(滿)圖海 三、丁亥、廿九，4.23；授副將軍(察哈爾)。 閏五、癸卯、十六，7.8；還京。 △封一等男。　② (漢)巴　泰 三、戊子、卅，4.24；原中和復授。　③
保和殿	(滿)索額圖　⑤ 李　霨　① 杜立德　④	(滿)索額圖　⑥ 李　霨　① 杜立德　⑤
文華殿	(滿)對喀納 　（管吏尚）　③ 馮　溥　⑥	(滿)對喀納 九、乙巳、廿，11.7；死(文端)。　④ 馮　溥　⑦
武英殿	(滿)莫洛 二、辛酉、廿七，4.2；刑尚遷，經略陝西。 十二、四(癸巳)，12.30；王輔臣反清被殺 (忠愍)。　⑦	熊賜履 三、戊子；翰掌遷。　⑧

年代	康熙十五年　丙辰(1676)	康熙十六年　丁巳(1677)
中和殿	(滿)**圖海** 　　二、壬戌、十，3.23；授撫遠大將軍。 　　八、乙亥、廿五，10.2；晉封三等公。 ② (漢)**巴　泰** ③	(滿)**圖海** ② (漢)**巴　泰** 　　七、甲辰、廿九，8.27；休。 　　(廿九年死，文恪) ③
保和殿	(滿)**索額圖** ⑤ **李　霨** 　　二、戊午、六，3.19；會試正考。 ① **杜立德** ④	(滿)**索額圖** ⑤ **李　霨** ① **杜立德** ④
文華殿	 ⑥ **馮　溥** ⑥	 ⑥ **馮　溥** ⑥
武英殿	 **熊賜履** 　　七、甲午、十四，8.22；革。 ⑦	(滿)**明珠** 　　七、甲辰；吏尚遷。 ⑦ (覺羅)**勒德洪** 　　七、甲辰；戶尚遷。 ⑧

年代	康熙十七年　戊午(1678)	康熙十八年　己未(1679)
中和殿	(滿)圖海 　　十二、乙未、廿九，2.9；准回京面呈。 　　　　　　　　　　　　　　②	(滿)圖海 　　二、甲申、十九，3.30；仍赴陝西。 　　　　　　　　　　　　　　②
保和殿	(滿)索額圖 　　　　　　　　　　　　　　④ 李　霨 　　　　　　　　　　　　　　① 杜立德 　　　　　　　　　　　　　　③	(滿)索額圖 　　　　　　　　　　　　　　④ 李　霨 　　　　　　　　　　　　　　① 杜立德 　　　　　　　　　　　　　　⑧
文華殿	馮　溥 　　　　　　　　　　　　　　⑤	馮　溥 　　二、辛未、六，3.17；會試正考。 　　　　　　　　　　　　　　⑤
武英殿	(滿)明珠 　　　　　　　　　　　　　　⑥ (覺羅)勒德洪 　　　　　　　　　　　　　　⑦	(滿)明珠 　　　　　　　　　　　　　　⑥ (覺羅)勒德洪 　　　　　　　　　　　　　　⑦

康熙十九年　庚申(1680)	康熙二十年　辛酉(1681)
(滿)**圖海** ② 	(滿)**圖海** 　十、乙酉、六，11.15；還京。 　十二、戊戌、十九，1.27；死(文襄)。 ②
(滿)**索額圖** 　八、戊寅、廿二，9.14；病，解。 ④	
李　蔚 ①	李　蔚 ①
杜立德 ⑧	杜立德 ③
馮　溥 ⑤	馮　溥 ④
(滿)**明珠** ⑥	(滿)**明珠** ⑤
(覺羅)**勒德洪** ⑦	(覺羅)**勒德洪** ⑥

大學士年表

年代	康熙二一年　壬戌(1682)	康熙二二年　癸亥(1683)
保和殿	李　霨 ①	李　霨 ①
	杜立德 五、己未、十二,6.17;休。 (三十年死,文端) ②	
	王　熙 五、戊辰、廿一,6.26;原兵尚授。 ⑥	王　熙 ④
文華殿	馮　溥 六、甲辰、廿八,8.1;休。 (三十年死,文毅) ③	
	黄　機 十、己丑、十六,11.14,吏尚遷。 ⑦	黄　機 ⑤
武英殿	(滿)明珠 ④	(滿)明珠 ②
	(覺羅)勒德洪 ⑤	(覺羅)勒德洪 ③
	吳正治 十、己丑;禮尚遷。 ⑧	吳正治 ⑥

康熙二三年　甲子(1684)	康熙二四年　乙丑(1685)
李　蔚 　　八、甲寅、廿一，9.29；死(文勤)。 ①	**王熙** ⑧
王熙 ④	
	宋德宜 ⑤
黄　機 　　二、己未、廿三，4.7；休。 　　(廿五年死，文僖) ⑤	
宋德宜 　　七、乙亥、十一，8.21；吏尚遷。 ⑦	
(滿)**明珠** ②	(滿)**明珠** ①
(覺羅)**勒德洪** ③	(覺羅)**勒德洪** ②
吳正治 ⑥	**吳正治** ④

大學士年表

年代	康熙二五年　丙寅(1686)	康熙二六年　丁卯(1687)
保和殿	王　熙 ③	王　熙 ③
文華殿	宋德宜 ⑤	宋德宜　　　　　李之芳 七、壬辰、十六,8.23;　九、壬午、七, 死(文恪)。　　　　10.12;吏尚遷。 ⑤
武英殿	(滿)明珠 ① (覺羅)勒德洪 ② 吳正治 ④	(滿)明珠 ① (覺羅)勒德洪 ② 吳正治　　　　　余國柱 正、乙巳、廿六;3.9;　二、甲寅、六、3.18; 休。(三十年死,文僖)　戶尚遷。 ④

康熙二七年　戊辰(1688)	康熙二八年　己巳(1689)
王　熙 　　二、己未、十六，3.17；會試正考。 　　　　　　　　　　　　　　　　③	王　熙 　　　　　　　　　　　　　　　　①
梁清標 　　二、甲寅、十一，3.12；兵尚遷。 　　　　　　　　　　　　　　　　⑥	梁清標 　　　　　　　　　　　　　　　　②
李之芳 　　二、壬子、九，3.10；休。 　　(卅三年死，文襄) 　　　　　　　　　　　　　　　　⑤	
(滿)伊桑阿 　　二、甲寅；禮尚遷。 　　三、辛丑、廿八，4.28；殿試讀卷。 　　　　　　　　　　　　　　　　⑦	(滿)伊桑阿 　　　　　　　　　　　　　　　　③
	徐元文 　　五、乙巳、十，6.26；戶尚遷。 　　五、戊申、十三，6.29；兼翰掌。 　　　　　　　　　　　　　　　　⑤
(滿)明珠 　　二、壬子；革。(四七年死) 　　　　　　　　　　　　　　　　①	(滿)阿蘭泰 　　五、乙巳；吏尚遷。 　　　　　　　　　　　　　　　　④
(覺羅)勒德洪 　　二、壬子；革。 　　　　　　　　　　　　　　　　②	
余國柱 　　二、壬子；革。 　　　　　　　　　　　　　　　　④	

大學士年表

年代	康熙二九年　庚午(1690)	康熙三十年　辛未(1691)
保和殿	王　熙　　　　　　　①　　　　梁清標　　　　　　　②	王　熙　　　　　　　①　　　　梁清標　　　九、庚午、十九，11.8；死。　　　　②
文華殿	(滿)伊桑阿　　　　　　③　　　　徐元文　　　　　張玉書　　六、壬申、十三，　六、乙酉、廿六，7.31；　　7.18；休。　　　礼尚遷，兼户尚。　　　　　　　　　　　　⑤	(滿)伊桑阿　　　　　　⑧　　　　張玉書　　二、壬戌、六，3.5；會試正考。　　　　　　　　　　　　⑤
武英殿	(滿)阿蘭泰　　　　　　④	(滿)阿蘭泰　　　　　　④

康熙三一年　壬申(1692)	康熙三二年　癸酉(1693)	康熙三三年　甲戌(1694)
王　熙　　　　　　　①	王　熙　　　　　　　①	王　熙　　　　　　　①
(滿)伊桑阿　　　　　②	(滿)伊桑阿　　　　　②	(滿)伊桑阿　　　　　②
張玉書　　　　　　　④	張玉書　　　　　　　④	張玉書　　　　　　　④
(滿)阿蘭泰　　　　　③	(滿)阿蘭泰　　　　　③	(滿)阿蘭泰　　　　　③
李天馥 十、庚辰、五,11.12;吏尚遷。　⑤	李天馥 六、己丑、十七,7.19;憂免。　⑤	

大學士年表

年　代	康熙三四年　乙亥(1695)	康熙三五年　丙子(1696)	康熙三六年　丁丑(1697)
保和殿	王　熙 ①	王　熙 ①	王　熙 ①
文華殿	(滿)伊桑阿 ② 張玉書 ④	(滿)伊桑阿 ② 張玉書 ④	(滿)伊桑阿 ② 張玉書 ④
武英殿	(滿)阿蘭泰 ③ 李天馥 十一、庚午、十二，12.17； 原任復職。 ⑤	(滿)阿蘭泰 ③ 李天馥 ⑤	(滿)阿蘭泰 ③ 李天馥 ⑤

年代	康熙三七年　戊寅(1698)	康熙三八年　己卯(1699)
保和殿	王　熙　　　　　　　　　①	王　熙　　　　　　　　　①
	吳　琠 七、癸酉、一,8.6;刑尚遷。　⑥	吳　琠　　　　　　　　　④
文華殿	(滿)伊桑阿　　　　　　　②	(滿)伊桑阿　　　　　　　②
	張玉書 六、戊辰、廿五,8.1;憂免。　④	張　英 十一、己亥、五,12.25;禮尚遷。　⑧
武英殿	(滿)阿蘭泰　　　　　　　③	(滿)阿蘭泰　　　　(滿)馬齊 九、戊午、廿三,　十一、己亥;戶尚遷, 11.14;死(文清)。　仍管戶。　⑤
	李天馥　　　　　　　　　⑤	李天馥 十、己卯、十五,12.5;死(文定)。　⑧
文淵閣		(滿)佛倫 十一、己亥;禮尚遷。　⑥
東閣		熊賜履 十一、己亥;吏尚遷。　⑦

大學士年表

年代	康熙三九年　庚辰(1700)	康熙四十年　辛巳(1701)
保和殿	王　熙 ①	王　熙 九、庚戌、廿六，10.27；休。 (四二年死，文靖) ①
保和殿	吳　琠 二、庚午、六，3.26；會試正考。 ③	吳　琠 ③
文華殿	(滿)伊桑阿 ②	(滿)伊桑阿 ②
文華殿	張　英 ⑦	張　英　　　　　張玉書 十、癸酉、廿，11.19；　十、己未、六，11.5； 休。(四七年死，文端)　服闋復授。 ⑥
武英殿	(滿)馬齊 (管户尚事) ④	(滿)馬齊 十、壬申、十九，11.18；卸管户尚事。 ④
武英殿		
文淵閣	(滿)佛倫 三、丙申、三，4.21；休。 (四十年死) ⑤	
東閣	熊賜履 二、庚午；會試正考。 ⑥	熊賜履 ⑤

年代	康熙四一年　壬午(1702)	康熙四二年　癸未(1703)
保和殿	吳　琠 ②	吳　琠 ①
文華殿	(滿)伊桑阿 　　十一、丙寅、十九，1.6；休。 　　(四二年死，文端) ① 張玉書 ⑥	張玉書 ⑤
武英殿	(滿)馬齊 ③	(滿)馬齊 ②
文淵閣	(滿)席哈納 　　九、己巳、廿一，11.10；禮尚遷。 ⑤	(滿)席哈納 ⑧ 陳廷敬 　　四、丙申、廿一，6.5；吏尚遷，仍兼吏尚。 ⑥
東閣	熊賜履 ④	熊賜履 　　二、辛巳、六，3.22；會試正考。 　　四、丁亥、十二，5.27；休。 　　(四八年死，文端) ④

大學士年表

年代	康熙四三年 甲申(1704)	康熙四四年 乙酉(1705)	年代	康熙四五年 丙戌(1705)
保和殿	吳琠 ①	吳琠 五、己卯、十七,7.7;死 （文端）。①	文華殿	張玉書 ③
文華殿	張玉書 ④	張玉書 ④	武英殿	(滿)馬齊 ①
武英殿	(滿)馬齊 ②	(滿)馬齊 ②		(滿)席哈納 ②
文淵閣	(滿)席哈納 ③ 陳廷敬 ⑤	(滿)席哈納 ③ 陳廷敬 ⑤ 李光地 十一、己巳、九,12.24; 吏尚兼管直撫還。⑥	文淵閣	陳廷敬 ④ 李光地 ⑤
東閣				

康熙四六年　丁亥(1707)	康熙四七年　戊子(1708)	康熙四八年　己丑(1709)
(滿)**溫達** 　　十二、丙戌、八，12.31；吏尚遷，仍兼吏尚。 <div align="right">⑥</div>	(滿)**溫達** <div align="right">⑥</div>	(滿)**溫達** <div align="right">⑤</div>
張玉書 <div align="right">③</div>	**張玉書** <div align="right">③</div>	**张玉書** <div align="right">②</div>
(滿)**馬齊** <div align="right">①</div>	(滿)**馬齊** <div align="right">①</div>	(滿)**馬齊** 　　正、甲午、廿二，3.3；革。 <div align="right">①</div>
(滿)**席哈納** <div align="right">②</div>	(滿)**席哈納** 　　正、癸酉、廿五，2.16；休。 <div align="right">②</div>	
陳廷敬 <div align="right">④</div>	**陳廷敬** <div align="right">④</div>	**陳廷敬** <div align="right">③</div>
李光地 <div align="right">⑤</div>	**李光地** <div align="right">⑤</div>	**李光地** 　　二、丁未、六，3.16；會試正考。 <div align="right">④</div>

大學士年表

年 代	康熙四九年　庚寅(1710)	康熙五十年　辛卯(1711)	康熙五一年　壬辰(1712)
文 華 殿	(滿)溫達 ④	(滿)溫達 ③	(滿)溫達 ①
	張玉書 ①	張玉書 五、丙午、十八, 7.3；死 (文貞)。 ①	(滿)嵩祝 四、乙亥、廿三, 5.27； 禮尚遷。 ④
	(漢)蕭永藻 十一、乙巳、十五, 1.3； 吏尚遷。 ⑤	(漢)蕭永藻 ④	(漢)蕭永藻 ③
文 淵 閣	陳廷敬 十一、庚子、十, 12.29；休。 (五一年死,文貞) ②		李光地 ②
	李光地 ③	李光地 ②	王掞 四、乙亥；禮尚遷,仍兼禮 尚。 ⑤

康熙五二年　癸巳(1713)	康熙五三年　甲午(1714)	康熙五四年　乙未(1715)
(滿)溫達 ①	(滿)溫達 　正、甲子、廿二，3.7；休。 　十二、甲戌、六，1.11；仍留。 ①	(滿)溫達 　六、乙酉、廿一，7.21；死 　(文簡)。 ①
(滿)嵩祝 ④	(滿)嵩祝 ④	(滿)嵩祝 ④
(漢)蕭永藻 ③	(漢)蕭永藻 ③	(漢)蕭永藻 ③
李光地 ②	李光地 ②	李光地 　七、壬寅、九，8.7；老病、葬假 　(給假二年)。 ②
王　掞 　八、辛巳、六，9.25；會試正考。 ⑤	王　掞 ⑤	王　掞 ⑤

大學士年表

年　代	康熙五五年　丙申(1716)	康熙五六年　丁酉(1717)	康熙五七年　戊戌(1718)
文華殿	(滿)嵩祝　③ (漢)蕭永藻　②	(滿)嵩祝　③ (漢)蕭永藻　②	(滿)嵩祝　③ (漢)蕭永藻　②
武英殿	(滿)馬齊 五、丁卯、八，6.27；內務府總管授，並兼戶尚。　⑤	(滿)馬齊　⑤	(滿)馬齊　⑤ 王頊齡 九、丙戌、十一，11.3；工尚遷，仍兼工尚。　⑥
文淵閣	李光地　① 王　掞　④	李光地　① 王　掞　④	李光地 七、庚戌、三，7.30；死(文貞)。　① 王　掞　④

康熙五八年　己亥(1719)	康熙五九年　庚子(1720)	康熙六十年　辛丑(1721)
(滿)嵩祝　　　　　　　③	(滿)嵩祝　　　　　　　③	(滿)嵩祝　　　　　　　③
(漢)蕭永藻　　　　　　②	(漢)蕭永藻　　　　　　②	(漢)蕭永藻　　　　　　②
(滿)馬齊　　　　　　　①	(滿)馬齊　　　　　　　①	(滿)馬齊　　　　　　　①
王頊齡　　　　　　　⑤	王頊齡　　　　　　　⑤	王頊齡　　　　　　　⑤
王　掞　　　　　　　④	王　掞　　　　　　　④	王　掞　　　　　　　④

大學士年表

年代	康熙六一年　壬寅(1722)	雍正元年　癸卯(1723)
保和殿		(滿)馬齊 △三月，武英改。 　　　　　　　①
文華殿	(滿)嵩祝 　　　　　　　③	(滿)嵩祝 　　　　　　　③
	(漢)蕭永藻 　　　　　　　②	(漢)蕭永藻 　　　　　　　②
	(漢)白　潢 十二、己巳、十八，1.24；兵尚、協理遷，仍兼兵尚。 　　　　　　　⑥	(漢)白　潢 　　　　　　　⑥
		張鵬翩 二、壬子、二，3.8；吏尚遷，仍兼吏尚。 　　　　　　　⑧
武英殿	(滿)馬齊 △封二等伯。 　　　　　　　①	(滿)馬齊 △三月，改保和。 　　　　　　　①
	王頊齡 　　　　　　　⑤	王頊齡 　　　　　　　⑤
	(滿)富甯安 十二、甲子、十三，1：19；吏尚授，仍兼吏尚。 　　　　　　　⑦	(滿)富甯安 　　　　　　　⑦
文淵閣	王　掞 　　　　　　　④	王　掞 正、乙巳、廿五，3.1；休。（雍六死） 　　　　　　　④
	白　潢 十一、戊戌、十七，12.24；兵尚協理大學士事務。十二、己巳；遷文華。	(滿)徐元夢 五、丁酉、十九，6.21；工尚署大學士事。 十、癸酉、廿七，11.24；工尚改戶尚。

年 代	雍 正 二 年　甲辰(1724)	雍 正 三 年　乙巳(1725)
保和殿	(滿)馬齊 ①	(滿)馬齊 ①
文華殿	(滿)嵩祝 ③	(滿)嵩祝 ③
	(漢)蕭永藻 ②	(漢)蕭永藻 ②
	(漢)白　潢 ⑤	(漢)白　潢 七、壬子、十七,8.24;休。(乾二死) ⑤
	張鵬翮 ⑦	張鵬翮 二、辛卯、廿三,4.5;死(文端)。 ⑦
		田從典 四、辛卯、廿四,6.4;吏尚、協理遷, 仍兼吏尚。 ⑧
		朱　軾 九、甲寅、廿,10.25;左都兼吏尚遷, 仍兼吏尚。 ⑩
武英殿	(滿)富寧安 ⑥	(滿)富寧安 ⑥
	王頊齡 ④	王頊齡 八、乙亥、十,9.16;死(文恭)。 ④
文淵閣		(漢)高其位 七、壬子;江提遷。 ⑨
	(滿)徐元夢 　(戶尚署)	(滿)徐元夢 　(戶尚署)
	田從典 六、癸未、十二,7.31;吏尚協理大學士事。	田從典 四、辛卯;遷文華。
		張廷玉 兼翰掌。 七、壬子;戶尚署大學士事。

大學士年表

年代	雍 正 四 年　丙午(1726)		雍 正 五 年　丁未(1727)	
保和殿	(滿)馬齊 　九、丙午、十七，10.12；暫署左都。 ①		(滿)馬齊 ①	
文華殿	(滿)嵩祝 ③		(滿)嵩祝 　△八月革。(十 三年死)	張廷玉 　十、戊戌、十六，11.28；文 淵改。　封三等勤宣伯。 仍戶尚、翰掌。 ⑥
	(漢)蕭永藻 ②		(漢)蕭永藻 　十一、乙亥、廿三，1.4；革。(雍七死) ②	
	田從典 ⑤		田從典 ④	
	朱　軾 　(△二月憂，守制百日。) ⑥		朱　軾 ⑤	
武英殿	(滿)富寧安 　十一、壬子、廿四，12.17；封三等侯， 尋晉一等侯。 ④		(滿)富寧安 　九月，署西安將軍。 ③	
文淵閣	(漢)高其位 　十一、己亥、十一， 12.4；休。(五年 死，文恪)	張廷玉 　二、辛卯、廿八，3.31； 戶尚署大學士事遷， 兼翰掌。 ⑦	張廷玉 　十、戊戌，改文華。	(滿)邁柱 　九、丙寅、十三， 10.27；兵尚署大學 士事遷。 ⑦
	(滿)徐元夢 　八、己巳、十，9.5；革(閣學行走)。 張廷玉 　二、辛卯；遷文淵。		(滿)邁柱 　正、乙巳、十八，2.8；兵尚署大學士事。 　九、丙寅；遷文淵。	

・40・

年 代	雍 正 六 年　戊申(1728)	雍 正 七 年　己酉(1729)
保和殿	（滿）馬齊 ①	（滿）馬齊 ①
	張廷玉 三、癸亥、十三，4.21，文華改。仍兼户尚、翰掌。 ⑤	張廷玉 （兼翰掌） ⑧
文華殿	張廷玉 三、癸亥，改保和。	
	田從典 三、丁巳、七，4.15，休。（四月死，文端） ③	
	朱 軾 ④	朱 軾 ②
武英殿	（滿）富寧安 △五月，革侯爵。 七、壬申、廿三，8.28，死（文恭）。 ②	
	（滿）馬爾賽 五、己巳、十九，6.26，一等忠達公、領侍衛内大臣，在大學士内辦事。八、己酉、七，9.10，授。 ⑧	（滿）馬爾賽 ⑥
文淵閣	（滿）遜柱 ⑥	（滿）遜柱 ④
	蔣廷錫 三、戊午、八，4.16，户尚遷。 ⑦	蔣廷錫 （兼户尚） ⑤
		陳元龍 正、癸酉、廿八，2.25，原禮尚、額外大學士遷。 ⑦
東閣		（滿）尹泰 正、癸酉，額外大學士遷。 十一、庚子、卅，1.18，署兵尚。 ⑧
		陳元龍 正、丁巳、十二，2.9，禮尚改兵尚命守景陵爲額外大學士。 正、癸酉、廿八，2.25，遷文淵。
		（滿）尹泰 正、丁巳，左都署盛禮爲額外大學士。 正、癸酉，遷東閣。

大學士年表

年 代	雍 正 八 年　庚戌(1730)	雍 正 九 年　辛亥(1731)
保和殿	(滿)馬齊　① 張廷玉(軍) （兼翰掌）　⑧	(滿)馬齊　① 張廷玉(軍) （兼翰掌）　⑧
文華殿	朱　軾 五、丁丑、十, 6.24; 總理營田水利事務。 十二、癸丑、十九, 1.26; 兼管兵尚。　②	朱　軾　②
武英殿	(滿)馬爾賽(軍) 五、丁丑; 贊襄機務(直軍)。　⑥	(滿)馬爾賽(軍)　⑥
文淵閣	(滿)遜柱 十、癸丑、十八, 11.27; 兼管兵尚。　④ 蔣廷錫(軍) 二、乙巳、六, 3.24; 會試正考。　⑤ 陳元龍　⑦	(滿)遜柱　④ 蔣廷錫(軍)　⑤ 陳元龍　⑦
東閣	(滿)尹泰　⑧	(滿)尹泰　⑧

年 代	雍 正 十 年　壬子(1732)	雍 正 十 一 年　癸丑(1733)
保 和 殿	(滿)**馬齊** 　　　　　　　　　　① **張廷玉**(軍) 　　(兼翰掌) 　　　　　　　　　　③ (滿)**鄂爾泰** 　正、壬午、廿四,2.19;前雲廣總督遷。 　△封一等伯。　　　⑨	(滿)**馬齊** 　　　　　　　　　　① **張廷玉**(軍) 　　(兼翰掌) 　　　　　　　　　　⑧ (滿)**鄂爾泰** 　六、甲寅、五,7.15;兼管兵尚。 　十、丁巳、九,11.15;署吏尚。 ⑦
文 華 殿	**朱　軾** 　　　　　　　　　　②	**朱　軾** 　十、丁巳、九,11.15;署翰掌。 ② **嵇曾筠** 　四、乙卯、四,5.17;吏尚、南河總督遷。 　　　　　　　　　　⑧
武英殿	(滿)**馬爾賽** 　九、乙酉、一,10.19;革。 　十二、丁卯、十四,1.29;殺。 ⑥	
文 淵 閣	(滿)**遜柱** 　　　　　　　　　　④ **蔣廷錫**(軍) 　七、乙巳、廿一,9.9;死(文肅)。 ⑤ **陳元龍** 　　　　　　　　　　⑦	(滿)**遜柱** 　七、乙未、十六,8.25;休(旋死)。 　　　　　　　　　　④ **陳元龍** 　七、乙酉、六,8.15;休。(乾元死,文簡) 　　　　　　　　　　⑤
東 閣	(滿)**尹泰** 　　　　　　　　　　⑧	(滿)**尹泰** 　　　　　　　　　　⑥
	(滿)**福敏** 　七、己酉、廿五,9.13;左都協理大學士事。	(滿)**福敏** 　　(左都) **彭維新** 　二、壬戌、十,3.25;戶尚、辦理內閣事務。 　十二、己未、十二,1.16;解(革)。

大學士年表

年代	雍正十二年　甲寅(1734)	雍正十三年　乙卯(1735)
保和殿	(滿)**馬齊** ①	(滿)**馬齊** 九、壬戌、廿六,11.10;休。(乾四死,文穆) ①
	(滿)**鄂爾泰** 六、甲寅、十,7.10;兼管兵尚。 ⑤	(滿)**鄂爾泰**(軍) 七、乙卯、十八,9.4;削伯爵。 八、戊子、廿二,10.7;總理事務大臣。 十、乙酉、廿,12.3;封一等子。 ⑤
	張廷玉(軍) (兼翰掌) ③	**張廷玉**(軍) 八、戊子、總理事務大臣。 十、丁卯、二,11.15;封三等子。免兼翰掌。 ③
文華殿	**朱軾** ②	**朱軾** ②
	嵇曾筠 ⑥	**嵇曾筠** 十二、丙戌、廿一,2.2;兼管浙撫。 ⑥
		(滿)**查郎阿** 七、辛酉、廿四,9.10;陝督遷,留任。 十二、丁卯、二,1.14;改設川陝總督,仍留。 ⑧
武英殿		(滿)**邁柱** 七、辛酉、湖督遷,暫留。 十一、戊申、十三,12.26;召京。 ⑦
文淵閣		
東閣	(滿)**尹泰** ④	(滿)**尹泰** ④
	(滿)**福敏** (左都)	(滿)**福敏** (左都)
		(滿)**巴泰** 二、甲子、廿三,3.17;工尚協辦。 五、甲子、革。
	(滿)**三泰** 十、己酉、七,11.2;禮尚協辦。	(滿)**三泰** (禮尚)
	徐本 十、己酉;工尚協辦。	**徐本**(軍) 五、丁卯、廿八,7.18;工尚署刑尚。 十、甲戌、九,11.22;改刑尚。 十、辛巳、十六,11.29;軍機處行走。

年 代	乾 隆 元 年　丙辰(1736)	乾 隆 二 年　丁巳(1737)
保和殿	(滿)**鄂爾泰**(軍) 　　二、庚午、六、3.17；會試正考。 　　四、乙丑、一、5.11；殿試讀卷。　　　④	(滿)**鄂爾泰**(軍) 　　十一、辛巳、廿八、1.17；封三等伯，兼兵尚。　　③
保和殿	**張廷玉**(軍) 　　十、壬戌、二、11.4；兼翰掌。　　　②	**張廷玉**(軍) 　　(兼翰掌)三、甲午、六、4.5；會試正考。 　　十一、辛巳；封三等伯，解兼戶，改吏尚。　①
文華殿	(滿)**查郎阿** 　　(川陝總督留任)　　　　　　　　⑦	(滿)**查郎阿** 　　(陝督留任)　　　　　　　　　⑥
文華殿	**朱　軾** 　　二、庚午；會試正考。 　　九、庚戌、十九、10.23；死(文端)。　①	
文華殿	**嵇曾筠** 　　二、甲申、廿、3.31；管浙江總督。　⑤	**嵇曾筠** 　　(浙督留任)　　　　　　　　　④
武英殿	(滿)**邁柱** 　　四、乙丑；殿試讀卷。　　　　　⑥	(滿)**邁柱** 　　十二、壬寅、十九、2.7；休。(三年死，文恭)　⑤
文淵閣		
東閣	(滿)**尹泰** 　　　　　　　　　　　　　　③	(滿)**尹泰** 　　　　　　　　　　　　　　②
東閣	**徐　本** 　　十一、甲午、五、12.6；協辦遷，仍兼管刑尚。　⑧	**徐　本** 　　四、丁亥、廿九、5.28；殿試讀卷。 　　十一、壬午、廿九、1.18；解管刑。　⑦
	(滿)**福敏** 　　(左都)　二、癸未、十九、3.30；迴避子弟閱卷。 　　四、乙丑；殿試讀卷。	(滿)**福敏** 　　(左都)
	(滿)**三泰** 　　(禮尚)　四、乙丑；殿試讀卷。	(滿)**三泰** 　　(禮尚)
	徐　本(軍) 　　二、癸未；迴避子弟閱卷。 　　四、乙丑；殿試讀卷。 　　十一、甲午；遷東閣。	

大學士年表

年代	乾隆三年　戊午(1738)	乾隆四年　己未(1739)
保和殿	(滿)鄂爾泰(軍) 九、庚申、十一、10.23；免管兵。　③	(滿)鄂爾泰(軍) 正、己巳、廿二、3.1；仍管兵部。　②
保和殿	張廷玉(軍) （兼翰掌）　①	張廷玉(軍) （兼翰掌）　①
文華殿	(滿)查郎阿 七、丁卯、十七、8.31；陝督召京。　⑤	(滿)查郎阿　⑧
文華殿	嵇曾筠 九、癸亥、十四、10.26；管浙督召京。 （△十二月死，文敏）　④	
武英殿	(滿)福敏 （兼翰掌）正、乙卯、二、2.20；協辦遷，兼工尚。　⑦	(滿)福敏 （兼翰掌）　⑤
文淵閣		趙國麟 正、壬申、廿五、3.4；禮尚遷。 二、癸未、六、3.15；會試正考。 三、丙子、卅、5.7；殿試讀卷。　⑥
東閣	(滿)尹泰 七、丁丑、廿七、9.10；休。（旋死，文恪）　②	
東閣	徐本(軍)　⑥	徐　本(軍) 三、丙子；殿試讀卷。　④
	(滿)福敏 正、乙卯；遷武英。	(滿)訥親(軍) 三、丁卯、廿一、4.28；吏尚協辦。
	(滿)三泰 （禮尚）	(滿)三泰 （禮尚）

年代	乾隆五年　庚申(1740)	乾隆六年　辛酉(1741)
保和殿	(滿)鄂爾泰(軍)　　　　　　② 張廷玉(軍) （兼翰掌）　　　　　　①	(滿)鄂爾泰(軍)　　　　　　② 張廷玉(軍) （兼翰掌）　　　　　　①
文華殿	(滿)查郎阿　　　　　　③	(滿)查郎阿　　　　　　③
武英殿	(滿)福敏　　　　　　⑤	(滿)福敏 （兼翰掌）　　　　　　⑤
文淵閣	趙國麟　　　　　　⑥	陳世倌 七、庚辰、十八，8.28，工尚遷，仍兼管工。　　　　　　⑦ 趙國麟 六、丙辰、廿三，8.4，降二調。 （九、庚寅、廿八，11.6，授禮右。）　　　　　　⑥
東閣	徐　本(軍)　　　　　　④	徐　本(軍)　　　　　　④
	(滿)訥親(軍) （吏尚） (滿)三泰 （禮尚）	(滿)訥親(軍) （吏尚） (滿)三泰 （禮尚）

大學士年表

年 代	乾 隆 七 年　壬 戌(1742)	乾 隆 八 年　癸 亥(1743)
保和殿	(滿)**鄂爾泰**(軍) 　二、丙申、六,3.12;會試正考。 　　　　　　　　　　② **張廷玉**(軍) (兼翰掌) 三、己丑、卅,5.4;殿試讀卷。 　　　　　　　　　　①	(滿)**鄂爾泰**(軍) 　十二、癸亥、十四,1.28;兼翰掌。 　　　　　　　　　　② **張廷玉**(軍) (兼翰掌) 　　　　　　　　　　①
文華殿	(滿)**查郎阿** 　三、己丑;殿試讀卷。 　　　　　　　　　　③	(滿)**查郎阿** 　　　　　　　　　　③
武英殿	(滿)**福敏** (兼翰掌) 　　　　　　　　　　⑤	(滿)**福敏** 　十二、癸亥;卸兼翰掌。 　　　　　　　　　　⑤
文淵閣	**陳世倌** 　六、戊申、廿一,7.22;教庶。 　　　　　　　　　　⑥	**陳世倌** 　　　　　　　　　　⑥
東閣	**徐　本**(軍) 　二、丙申;會試迴避閱卷。 　三、己丑;殿試讀卷。 　七、己巳、十二,8.12;兼戶尚。④	**徐　本**(軍) 　十、己巳、廿,12.5;仍兼戶尚。 　　　　　　　　　　④
	(滿)**訥親**(軍) (吏尚) (滿)**三泰** (禮尚) 三、己丑;殿試閱卷。	(滿)**訥親**(軍) (吏尚) (滿)**三泰** (禮尚) **史貽直** 　十二、辛亥、二,1.16;吏尚協辦。

乾 隆 九 年　甲子(1744)	乾 隆 十 年　乙丑(1745)
(滿)**鄂爾泰**(軍) 　　(兼翰掌) 　　　　　　　　　　②	(滿)**鄂爾泰**(軍)　　　　　(滿)**訥親**(軍) 四、乙卯、十三,5.14;死　　五、戊子、十七, (文端)。　　　　　　　6.16;吏尚協辦遷。 　　　　　　　　　　　　　　　　　　⑥
張廷玉(軍) 　　(兼翰掌) 　　　　　　　　　　①	**張廷玉**(軍) 　　(兼翰掌) 　　　　　　　　　　　　　　　　①
(滿)**查郎阿** 　　　　　　　　　　⑧	**查郎阿** 　　　　　　　　　　　　　　　　②
	(漢)**慶　復** 十二、壬子、十五,1.6;川陝總督遷,留任。 　　　　　　　　　　　　　　　　⑦
(滿)**禔敏** 　　　　　　　　　　⑤	(滿)**福敏** 十二、辛亥、十四,1.5;休。(廿一年死,文端) 　　　　　　　　　　　　　　　　③
史貽直 正、辛巳、三,2.15;吏尚協辦遷。 　　　　　　　　　　⑦	**史貽直** 三、戊寅、六,4.7;會試正考。 　　　　　　　　　　　　　　　　⑤
陳世倌 　　　　　　　　　　⑥	**陳世倌** 四、丁卯、廿五,5.26;殿試讀卷。 　　　　　　　　　　　　　　　　④
徐　本(軍) 六、己酉、三,7.12;休。(十二年死,文穆) 　　　　　　　　　　④	
(滿)**訥親**(軍) 　　(吏尚)	(滿)**訥親**(軍) 四、丁卯;殿試讀卷。 五、戊子;遷保和。
(滿)**三泰** 　　(禮尚)	(滿)**三泰**　　　　　　(滿)**高斌**(軍) 三、己丑、十七,4.18;　　十二、壬子;吏尚協辦。 休。(廿四年死,文恭)
史貽直　　　　　**劉於義** 正、辛巳;遷文淵。　　正、辛巳;吏尚協辦。	**劉於義** 正、庚子、廿八,2.28;暫署直督。

大學士年表

年代	乾隆十一年　丙寅(1746)	乾隆十二年　丁卯(1747)
保和殿	(滿)訥親(軍)　　　　　　　　① 張廷玉(軍) （兼翰掌）　　　　　　　②	(滿)訥親(軍) 　七、癸卯、十五，8.20；兼管户部。　① 張廷玉(軍) （兼翰掌）　　　　　　　②
文華殿	(滿)查郎阿　　　　　　　　⑧ (漢)慶　復 （川陝總督留任）　　　　⑥	(滿)查郎阿 　三、壬寅、十二，4.21；休。（旋死）③ (漢)慶　復 　三、辛丑、十一，4.20；召京。 　十二、己卯、廿三，1.23；革。（十四年殺）⑥
武英殿		(滿)來保 　（十二、庚辰、廿四，1.24；吏尚協辦遷 　　大學士，未授。）　　　　⑧
文淵閣	史貽直　　　　　　　　⑤ 陳世倌　　　　　　　　④	史貽直　　　　　　　　⑤ 陳世倌　　　　　　　　④ (滿)高斌(軍) 　三、丙午、十六，4.25；吏尚協辦遷。⑦
	劉於義 （吏尚） (滿)高斌(軍) （吏尚）	劉於義 （吏尚） (滿)高斌(軍) 　三、丙午；遷文淵。 (滿)來保 　三、丙午；吏尚協辦。 　十二、庚辰；遷大學士。

乾隆十三年　戊辰 (1478) ［十二、甲申、四，1.22；裁中和殿，增體仁閣，共爲三殿三閣，定內閣大學士滿漢各二人。］	乾隆十四年　己巳 (1479) ［定滿、漢大學士各二人，協辦大學士各一人。］
(滿)訥親(軍) 　　十、壬午、一，11.21；革。（十四年殺）	(滿)傅恆(軍) 　　正、丁卯、十八，3.6；封一等忠勇公。 　　三、戊午、十，4.26；兼管吏、戶。 　　三、己未、十一，4.27；管藩。　　①
張廷玉(軍) 　　(兼翰掌) 正、甲寅、廿九，2.27；解管吏。 　　四、戊寅、廿五，5.21；殿試讀卷。　　①	張廷玉(軍) 　　十一、戊辰、廿三，1.1；休。（廿年死，文和）　　②
(滿)傅恆(軍) 　　十、己丑、八，11.28；戶尚協辦遷。　　⑥	(滿)來保(軍) 　　九、辛未、廿六，11.5；武英改，仍管兵。　　④
(滿)來保(軍) 　　正、癸丑、廿八，2.26；授。正、甲寅、廿九，2.27；管吏。六、丙子、廿三，7.18；教庶。七月，改管兵。八月，兼管工。九月，改管吏，並直軍。　　⑤	(滿)來保(軍) 　　三、己未；兼兵尚。 　　四、甲申、七，5.22；卸管兵。 　　九、辛未、廿六，11.5；改文華。
史貽直　　③	史貽直 　　五、己未、十二，6.26；兼工尚。　　③
陳世倌 　　△十二、辛卯、十一，1.29；革。　　②	
(滿)高斌(軍) 　　閏七、戊辰、十六，9.8；暫管南河。 　　十二、丁酉、十七，2.4；革，專管南河。　　④	
劉於義　　　　陳大受(軍) 　三、乙未、十一，4.8；死　四、癸酉、廿，5.16；吏 　（文恪）。　　　　尚授。	(滿)阿克敦
(滿)傅恆(軍) 　　四、甲子、十一，5.7；戶尚授。 　　十、丁亥、六，11.26；遷。	陳大受(軍) 　　(吏尚) 七、壬子、六，8.18；署直督。
(滿)阿克敦 　　正、乙巳、廿，2.18；刑尚授。 　　四、甲子；解。 　　十、乙酉、四，11.24；仍授。	
(滿)尹繼善(軍) 　　十、己酉、廿八，12.18；戶尚授。十一月入直。 　　十一、甲戌、廿四，1.12；暫辦陝督。	汪由敦(軍) 　　十一、癸亥、八，12.27；刑尚署。旋革。

大學士年表

年代	乾隆十五年　庚午(1750)	乾隆十六年　辛未(1751)
保和殿	(滿)傅恒(軍) ①	(滿)傅恒(軍) ①
文華殿	(滿)來保(軍) ③	(滿)來保(軍) 五、乙巳、九,6.2;殿試讀卷。 ③
武英殿		
文淵閣		陳世倌 三、丁卯、卅,4.25;仍授,管工。 九、庚寅、廿七,11.14;管禮。 ⑤
文淵閣	史貽直 ②	史貽直 五、乙巳;殿試讀卷。 ②
東閣		
東閣	(漢)張允隨 正、丁未、三,2.9;雲督遷。 正、己巳、廿五,3.3;授。	(漢)張允隨 三、庚戌、十三,4.8;死(文和)。 ④
協辦	(滿)阿克敦 (刑尚) ④	(滿)阿克敦 (刑尚)
協辦	陳大受 正、丁未;吏尚改廣督,卸。	梁詩正 (吏尚)
協辦	梁詩正 正、丁未;吏尚授。	

· 52 ·

年 代	乾 隆 十 七 年　壬申(1752)	乾 隆 十 八 年　癸酉(1753)
保 和 殿	(滿)**傅恒**(軍) ①	(滿)**傅恒**(軍) ①
文 華 殿	(滿)**來保**(軍) 　九、壬午、廿五,10.31,殿試讀卷。	(滿)**來保**(軍) ③
武 英 殿		
文 淵 閣	**史貽直** 　九、壬午,殿試讀卷。	**史貽直** ②
	陳世倌 　八、甲午、六,9.13,會試正考。 　九、壬午,殿試讀卷。	**陳世倌** ④
東 閣		
協 辦	(滿)**阿克敦** 　(刑尚)	(滿)**阿克敦** 　(刑尚)
	梁詩正　　　　　**孫嘉淦** 　九、庚辰、廿三,10.29,　九、庚辰,吏尚授。 　乞養。	**孫嘉淦**　　　　　　**蔣　溥** 　十二、丁亥、七,12.30,　十二、庚寅、十, 　死(文定)。　　　　　1.2,户尚授。

大學士年表

年代	乾隆十九年　甲戌(1754)	乾隆二十年　乙亥(1755)
保和殿	(滿)**傅恒**(軍)　　　　　　　　　①	(滿)**傅恒**(軍)　　　　　　　　　①
文華殿	(滿)**來保**(軍) 　四、甲辰、廿五、5.16；殿試讀卷。　③	(滿)**來保**(軍)　　　　　　　　　③
武英殿		**黃廷桂** 　五、辛卯、十八，6.27；川督遷，留任。 　六、癸丑、十一，7.29；改陝督，仍留任。⑤
文淵閣	**史貽直** 　四、甲辰；殿試讀卷。　　　　　②	**史貽直** 　△五月休。　　　　　　　　②
文淵閣	**陳世倌** 　三、丙辰、六，3.29；會試正考。 　四、甲辰；殿試讀卷。　　　　④	**陳世倌**　　　　　　　　　　④
東閣		
協辦	(滿)**阿克敦** 　(刑尚) 四、甲辰；殿試讀卷。	(滿)**阿克敦**　　　　　　(滿)**達勒當阿** 　六、癸丑；休。(廿一　　五、癸巳、廿， 　年死，文勤)　　　　6.29；吏尚授。
協辦	**蔣溥** 　(戶尚)	**蔣溥** 　(戶尚)

乾隆二一年　丙子(1756)	乾隆二二年　丁丑(1757)
(滿)**傅恒**(軍) 　　五、癸酉、六,6.3;兼署步統。 　　　　　　　　　　　　　①	(滿)**傅恒**(軍) 　　　　　　　　　　　　　①
(滿)**來保**(軍) 　　　　　　　　　　　　　②	(滿)**來保**(軍) 　　五、己亥、九,6.24;殿試讀卷。 　　　　　　　　　　　　　③
(漢)**費廷桂** 　　(陝督留任) 　　　　　　　　　　　　　④	(漢)**黃廷桂** 　　(陝督留任) 　　　　　　　　　　　　　⑤
	史貽直 　　三、甲寅、廿三,5.10;仍授,兼吏尚。 　　七、癸卯、十三,8.27;兼管工。 　　　　　　　　　　　　　②
陳世倌 　　　　　　　　　　　　　③	**陳世倌** 　　五、己亥;殿試讀卷。 　　十二、己未、一,10.10;廿三年死(文勤)。 　　　　　　　　　　　　　④
(滿)**達勒當阿**　　　　(滿)**鄂彌達** 　　十二、丙戌、廿三,2.11,解。　　十二、丙戌;刑 　　(廿二年革,廿五年死)　　　尚授。	(滿)**鄂彌達** 　　(刑尚)
蔣　溥 　　(戶尚)	**蔣　溥** 　　(戶尚)

大學士年表

年代	乾隆二三年　戊寅(1758)	乾隆二四年　己卯(1759)
保和殿	(滿)傅恒(軍) ①	(滿)傅恒(軍) ①
文華殿	(滿)來保(軍) ③	(滿)來保(軍) ③
武英殿	黃廷桂 （陝督留任） 十二月，封三等忠勤伯。　④	(漢)黃廷桂　　　　蔣　溥 正、己亥、十七，　（兼翰掌）正、庚戌、廿 2.14；死(文襄)。　八，2.25；協、戶授。④
文淵閣	史貽直 ②	史貽直 ②
東閣		
協辦	(滿)鄂彌達 　（刑尚） 蔣　溥 　（戶尚）	(滿)鄂彌達 　（刑尚） 蔣　溥　　　　劉統勳(軍) 正、癸卯、廿一，　正、癸卯；吏尚授。 2.18；遷。

乾隆二五年　庚辰(1760)	乾隆二六年　辛巳(1761)

(滿)**傅恒**(軍)

①

(滿)**傅恒**(軍)

①

(滿)**來保**(軍)
　五、丁未、四,6.16;殿試讀卷。

③

(滿)**來保**(軍)
　四、己丑、廿,5.24;殿試讀卷。
　五、癸丑、十五,6.17;管禮。

③

蔣　溥
　(兼翰掌)三、辛亥、六,4.21;會試正考。

④

蔣　溥
　四、己卯、十,5.14;死(文恪)。

史貽直

②

史貽直

②

劉統勳(軍)
　五、丁未、九,6.11;協、吏授,管禮。
　五、癸丑;管兵。

④

(滿)**鄂彌達**
　　(刑尚)

劉統勳(軍)
　　(吏尚)

(滿)**鄂彌達**
　四、己丑;殿試讀卷。
　七、丁未、十一,8.10;
死(文恭)。

(滿)**兆惠**(軍)
　七、辛丑、五,8.4;
戶尚、一等武毅誠
勇公、御前大臣授。

劉統勳(軍)
　三、乙巳、六,4.10;會試主
考。四、己丑;殿試讀卷。
　五、丁未;遷。

梁詩正
　五、丁未;吏尚仍授。

大學士年表

年代	乾隆二七年　壬午(1762)	年代	乾隆二八年　癸未(1763)
保和殿	(滿)傅恒(軍)　①	保和殿	(滿)傅恒(軍)　①
文華殿	(滿)來保(軍)　③	文華殿	(滿)來保(軍) 四、丁未、廿,6.1;殿試讀卷。　②
武英殿		武英殿	
文淵閣	史貽直　②	文淵閣	史貽直 五、庚午、十四,6.24;死(文靖)。
東閣	劉統勳(軍)　④	東閣	劉統勳(軍) 四、丁未;殿試讀卷。十二、甲申、二,1.4;兼翰掌。　③　　梁詩正 七、丙辰、一,8.9;協、吏尚授。十一、丁卯、十四,12.18;死(文莊)。
協辦	(滿)兆惠(軍) 梁詩正 (吏尚)八、丙申、六,9.23;順鄉正考。	體仁閣	(漢)楊廷璋 十一、己卯、廿六,12.30;閩督授,留任。　④
		協辦	(滿)兆惠(軍) (戶尚) 梁詩正 六、壬寅、十六,7.26;遷。　劉綸(軍) 六、壬寅;戶尚授。

乾隆二九年　甲申(1764)		乾隆三十年　乙酉(1765)	
(滿)**傅恒**(軍)　　　　　　①		(滿)**傅恒**(軍)　　　　　　①	
(滿)**來保**(軍) 三、癸丑、二，4.2； 死(文端)。	(滿)**尹繼善** 四、癸未、二，5.2；江 督授,留任。　　　⑧	(滿)**尹繼善**(軍) 三、乙未、廿，5.9；江督入閣辦事。　△九月,直 軍。　十、乙丑、廿三，12.5；教庶。　　　　⑧	
	(漢)**楊應琚** 七、辛亥、一，7.29； 陝督授,留任。　④	(漢)**楊應琚** 　　　　　　　　　　　　　　　　　　　④	
劉統勳(軍) (兼翰掌)　　　　　②		**劉統勳**(軍) (兼翰掌)正、癸丑、七，6.27；兼管刑尚。 二、己亥、廿三，3.14；教庶。 九、戊寅、五，10.19；管刑。　　　　　　②	
(漢)**楊廷璋** 六、甲辰、廿四，7.22；解。			
(滿)**兆惠**(軍) 十一、乙丑、十八， 12.10；死(文襄)。	(滿)**阿里衮**(軍) (兼步統)十一、丁卯、 廿,12.12；戶尚授。	(滿)**阿里衮**(軍) (戶尚)(兼步統)	
劉綸(軍) (戶尚)	**陳宏謀** 七、辛亥；吏尚授。	**劉綸**(軍) 正、癸丑；褰免。	**莊有恭** 正、癸丑；刑尚 授。	**陳宏謀** (吏尚)

大學士年表

年代	乾隆三一年　丙戌(1766)	乾隆三二年　丁亥(1767)
保和殿	(滿)**傅恒**(軍) 　　　　　　　　　　　①	(滿)**傅恒**(軍) 　　　　　　　　　　　①
文華殿	(滿)**尹繼善**(軍) 　三、乙亥、六，4.14；會試正考。 　四、己未、廿，5.28；殿試讀卷。　③	(滿)**尹繼善**(軍) 　　　　　　　　　　　③
武英殿		
文淵閣		
東閣	(漢)**楊應琚** 　(陝督留任)　正、丙戌、十六，2.24；改雲督，仍留任。　　　　　　④	(漢)**楊應琚** 　三、乙丑、一，3.30；雲督留任，入閣辦事。 　三、辛巳、十七，4.15；革。（殺）
東閣	**劉統勳**(軍) 　(兼翰掌)　四、己未；殿試讀卷。 　　　　　　　　　　　②	**劉統勳**(軍)　　**陳宏謀** 　(兼翰掌)　　　三、庚寅、廿六，4.24；協、吏授。 　　　　　　　　五、壬申、九，6.5；管工。 　　　　②　　　　　　　　　　④
體仁閣		
協辦	**阿里衮**(軍) 　(戶尚)(兼步統)	(滿)**阿里衮**(軍) 　(戶尚)(兼步統)
協辦	**陳宏謀**　　　　**莊有恭** 　(吏尚)四、己未；殿試　正、庚寅、廿，2.28； 　讀卷。　　　　　革。	**陳宏謀**　　　　**劉　綸**(軍) 　三、辛巳、十七，　三、辛巳；吏尚授。 　4.15；遷。　　　　△五月，直軍。

乾隆三三年　戊子(1768)	乾隆三四年　己丑(1769)
(滿)**傅恒**(軍)　　　　　　　①	(滿)**傅恒**(軍)　　　　　　　①
(滿)**尹繼善**(軍)　　　　　　③	(滿)**尹繼善**(軍) 十、壬申、廿四,11.21;暫管翰掌。 十二、癸丑、五,1.1;兼翰掌。　　③
劉統勳(軍)　　　**陳宏謀** (兼翰掌) ②　　　　④	**劉統勳**(軍)　　　**陳宏謀** (兼翰掌)四、辛未;　四、辛未、十九,5.24;殿 殿試讀卷。　試讀卷。 九、辛巳、二,10.1;　十一、戊戌、廿,12.27; 兼管吏。②　卸管工。④
(滿)**阿里衮**(軍) (戶尚)(兼步統) 正、戊申、十九,3.7;罷直。 **劉綸**(軍) (吏尚)	(滿)**阿里衮**(軍)　　　(滿)**官保** 十一、乙酉、七,　正、戊申、廿四,3.2;刑尚 12.4;死。　授。十一、乙酉;改戶尚。 **劉綸**(軍) (吏尚)三、己丑、六,4.12;會試正考。

大學士年表

年代	乾隆三五年　庚寅(1770)	年代	乾隆三六年　辛卯(1771)
保和殿	(滿)**傅恒**(軍) 七、丁巳、十三,9.2;死(文忠)。	文華殿	(滿)**尹繼善**(軍)　　(滿)**高晉** 四、壬辰、廿二,　五、壬戌、廿二,7.4; 6.4;死(文端)。　江督授,留任。　③
文華殿	(滿)**尹繼善**(軍) (兼翰掌)　　②	武英殿	(滿)**阿爾泰**　　　　(滿)**溫福**(軍) 五、壬戌、川督入閣辦事。　十一、丙辰; 十一、丙辰、廿,12.25;革。　理尚授。　④
武英殿	(滿)**阿爾泰** 九、丙午、三,10.21;川督授,留任, 十、壬午、十,11.26;召京。　④	文淵閣	**劉綸**(軍) 二、乙未、廿四,4.8;管工。 三、甲辰、三,4.17;協、吏授。 四、庚寅、廿,6.2;殿試讀卷。　② `|`
文淵閣		東閣	**劉統勳**(軍)　　　**陳宏謀** (兼翰掌)三、丁　二、辛巳、十,3.25; 未、六,4.20;會試　休。六、壬午、十三, 正考。四、庚寅;　7.24;死(文恭)。 殿試讀卷。　①
東閣	**劉統勳**(軍)　　　**陳宏謀** (兼翰掌) ①　　　　　　③	體仁閣	
體仁閣		協辦	(滿)**官保** (刑尚) **劉綸**(軍)　　　**于敏中**(軍) 二、辛卯、廿,4.4;遷。　二、辛卯;戶尚 授。
協辦	(滿)**官保** (戶尚)六、丁亥、十三,8.3;改刑尚。 **劉綸**(軍) (吏尚)八、己卯、六,9.24;順鄉正考。		

乾隆三七年　壬辰(1772)	乾隆三八年　癸巳(1773)	
(滿)**高晉** （江督留任） 　　　　　　　　③	(滿)**高晉** （江督留任） 　　　　　　　　①	
	于敏中(軍) 八、己亥、十三,9.28;協 辦授。十一、壬申、十 七,12.30;兼翰掌。	(漢)**李侍堯** 十二、辛丑、十七, 1.28;廣督授,留 任。
(滿)**溫福** 　　　　　　　　④	(滿)**溫福** 六、丁巳、廿九, 8.17;戰死(賞 一等伯)。	(滿)**舒赫德**(軍) 七、辛巳、廿三,7.12;戶尚授, △入直。 八、己丑、三,9.18; 管刑。十一、辛未、十六, 12.29;兼管吏。 ②
劉綸(軍) 三、辛丑、六,4.8;會試正考。 四、甲申、十九,5.21;殿試讀卷。 　　　　　　　　②	**劉綸**(軍) 六、癸丑、廿五,8.13;死(文定)。	
劉統勳(軍) （兼翰掌）四、甲申;殿試讀卷。 　　　　　　　　①	**劉統勳**(軍) 八、己丑;管吏。 十一、辛未;死(文正)。	
(滿)**官保** （刑尚）	(滿)**官保** （刑尚）九、庚辰、廿四,11.8;改吏。	
于敏中(軍) （戶尚）	**于敏中**(軍) 八、戊子、二,9.17;遷文華。	**程景伊** 八、己丑;吏尚授。

大學士年表

年代	乾隆三九年　甲午(1774)		乾隆四十年　乙未(1775)	
文華殿	(滿)**高晉** （江督留任） ①		(滿)**高晉** （江督留任） ①	
文華殿	**于敏中**(軍) （兼翰掌） ③	**李侍堯** （廣督留任） ④	**于敏中**(軍) （兼翰掌） ③	**李侍堯** （廣督留任） ④
武英殿	(滿)**舒赫德**(軍) 三、辛巳、廿八,5.8;兼翰掌。 九、戊午、八,10.12;差山東（王倫起義）。 ②		(滿)**舒赫德**(軍) （兼翰掌）四、丁酉、廿,5.19;殿試讀卷。 五、丙寅、廿,6.17;教庶。 ②	
文淵閣				
東閣				
體仁閣				
協辦	(滿)**官保** （吏尚）		(滿)**官保** （吏尚）	
協辦	**程景伊** （吏尚）		**程景伊** （吏尚）四、丁酉;殿試讀卷。 五、丙寅;教庶。	

乾隆四一年　丙申(1776)		乾隆四二年　丁酉(1777)	
(滿)**高晉** （江督留任） ①		(滿)**高晉** （江督留任） ③	
于敏中(軍) （兼翰掌） ③	(漢)**李侍堯** （廣督留任） ④	**于敏中**(軍) （兼翰掌） ②	(漢)**李侍堯** 正、乙酉、十八，2.25；改 雲督，仍留任。
(滿)**舒赫德**(軍) （兼翰掌） ②		(滿)**舒赫德**(軍) 四、丁巳、廿二，5.28； 死（文襄）。	(滿)**阿桂**(軍) 六、丁酉、三，7.7； 協、吏授。 ①
(滿)**官保** 正、己丑、十七，3.6；休。 三月死（文勤）。	(滿)**阿桂**(軍) 正、己丑；吏尚授。 四、辛亥、十，5.27； 直軍。	(滿)**阿桂**(軍) 正、乙酉、差滇。英廉 署。五、丁亥、還。	(漢)**英廉** 五、丁亥；刑尚授，兼 翰掌。十、戊戌、六， 11.5；改户尚。
程景伊 （吏尚）		**程景伊** （吏尚）	

大學士年表

<table>
<tr><td>年代</td><td colspan="2">乾隆四三年　戊戌(1778)</td><td colspan="2">乾隆四四年　己亥(1779)</td></tr>
<tr>
<td rowspan="2">文華殿</td>
<td colspan="2">(滿)高晉
（江督留任）（△十二月死）。
③</td>
<td colspan="2">(滿)高晉
正、乙未、十，2.25；死(文端)。</td>
</tr>
<tr>
<td>于敏中(軍)
（兼翰掌）三月，會試正考。　②</td>
<td>(漢)李侍堯
（雲督留任）　④</td>
<td>于敏中(軍)
十二、戊午、八，1.14；死(文襄)。</td>
<td>(漢)李侍堯
（雲督留任）　②</td>
</tr>
<tr>
<td>武英殿</td>
<td colspan="2">(滿)阿桂(軍)
四、己酉、十九，5.15；殿試讀卷。　①</td>
<td colspan="2">(滿)阿桂(軍)
①</td>
</tr>
<tr>
<td>文淵閣</td>
<td colspan="2"></td>
<td colspan="2">程景伊
十二、壬申、廿二，1.28；協、吏授。　④</td>
</tr>
<tr>
<td>東閣</td>
<td colspan="2"></td>
<td colspan="2">(滿)三寶
正、乙未；湖督授，留任。
三、戊戌、十四，4.29；改閩督，仍留任。　③</td>
</tr>
<tr>
<td>體仁閣</td>
<td colspan="2"></td>
<td colspan="2"></td>
</tr>
<tr>
<td rowspan="2">協辦</td>
<td colspan="2">(漢)英廉
（戶尚）（兼翰掌）
六、甲午、六，6.29；教庶。</td>
<td colspan="2">(漢)英廉
（戶尚）三、丙申、十二，4.27；署直督。刑尚德福署。</td>
</tr>
<tr>
<td colspan="2">程景伊
（吏尚）四、己酉；殿試讀卷。</td>
<td>程景伊
十二、己巳、十九，1.25；遷。</td>
<td>嵇璜
（兼翰掌）十二、己巳；吏尚授。</td>
</tr>
</table>

乾隆四五年　庚子(1780)	乾隆四六年　辛丑(1781)
(漢)**李侍堯** 　三、丁酉、十八，4.22；革逮。	
(滿)**阿桂**(軍) 　四、丁巳、九，5.12；兼翰掌。 　五、丁亥、九，6.11；殿試讀卷。 　六、辛酉、十四，7.15；教庶。　　　①	(滿)**阿桂**(軍) 　四、丙辰、**一**，**4.24**；差甘(回民蘇四十三起義)，暫兼陝督。　　　①
程景伊　　　　**嵇　璜** 　八、乙卯、九，9.7；　(兼翰掌)九、戊寅、五， 　死(文恭)。　　　　9.30；協、吏授。　④	**嵇　璜** 　　　　　(兼翰掌) 　　　　　　　　　　　　④
(滿)**三寶** 　(閩督留任)六、乙卯、八，7.9；入閣辦事。　　　②	(滿)**三寶** 　四、癸亥、廿，5.13；殿試讀卷。　　　②
(漢)**英廉** 　四、甲子、十六，5.19；協、戶授(滿缺改)。　　　③	(漢)**英廉** 　閏五、乙巳、三，6.24；教庶。 　十一、戊辰、卅，1.13；暫管直督。　　　③
(漢)**英廉**　　　　(滿)**永貴** 　三、辛丑、廿二，4.26；　三、壬寅、廿三， 　(改漢缺)。　　　　4.27；吏尚授。	(滿)**永貴** 　(吏尚)
嵇　璜　　　　　**蔡　新** 　五、丁亥；殿試讀卷；　九、戊寅；吏尚授。 　九、戊寅；遷文淵。	**蔡　新** 　(吏尚)四、癸亥；殿試讀卷。

大學士年表

年 代	乾 隆 四 七 年　壬寅(1782)	乾 隆 四 八 年　癸卯(1783)
文華殿		蔡　新 八、己巳、十,9.6; 協、吏授。 ④
武英殿	(滿)阿桂(軍) (兼翰掌) ①	(滿)阿桂 (兼翰掌) 七、乙卯、廿六,8.23; 兼管刑。 八、庚辰、廿一,9.17; 教庶。 ①
文淵閣	嵇　璜 (兼翰掌) ④	嵇　璜 (兼翰掌) ③
東閣	(滿)三寶 ② (漢)英廉 十、甲申、廿一,11.25; 兼署直督。 ③	(滿)三寶 ② (漢)英廉 七、乙卯; 病休。 八、庚辰; 死(文肅)。
體仁閣		
協辦	(滿)永貴 (吏尚) 蔡　新 (吏尚) 四、壬辰、廿六,6.6; 准省墓假一年,不 必開缺,毋庸署理。	(滿)永貴　　　　(蒙)伍彌泰 五、丙午、十六,　　五、丁未、十七,6.16; 6.15; 死(文勤)。　吏尚授。(三等伯爵) 蔡　新　　　　梁國治 七、乙卯; 遷。　七、乙卯; 戶尚授。

乾隆四九年　甲辰(1784)	乾隆五十年　乙巳(1785)
蔡　新 　三、辛卯、六，3.26；會試正考。 　四、己酉、廿五，6.12；殿試讀卷。　③	**蔡　新** 　四、戊戌、十九，5.27；休。(嘉四死，文恭)
(滿)阿桂 　四、己酉；殿試讀卷。五、甲戌、廿，7.7；授將軍差甘(新教回民田五起義)。六、甲辰；教庶。	**(滿)阿桂**(軍) 　(兼翰掌)　　　　　　　　　　　　　　①
嵇　璜 　(兼翰掌)六、甲辰、廿一，8.6；教庶。　②	**嵇　璜** 　(兼翰掌)　　　　　　　　　　　　　　②
(滿)三寶　　　　**(蒙)伍彌泰** 　六、壬寅、十九，8.4；　　八、丙戌、三，9.17； 　死(文敬)。　　　　　　協、吏授。　　　④	**(蒙)伍彌泰** 　　　　　　　　　　　　　　　　　③
	梁國治(軍) 　六、癸未、六，7.11；協、戶授。　　④
(蒙)伍彌泰　　**(滿)和珅**(軍) 　七、癸酉、廿，　　七、癸酉；吏尚授。(兼步統) 　9.4；遷。　　　　九、己卯、三，10.16；封一等男爵。	**(滿)和珅**(軍) 　(吏尚)(兼步統)
梁國治(軍) 　(戶尚)	**梁國治**(軍)　　　　　**劉　墉** 　五、丙子、廿八，7.4；遷。　五、丙子；吏尚授。

大學士年表

年代	乾隆五一年　丙午(1786)	乾隆五二年　丁未(1787)
文華殿	(滿)**和珅**(軍) （兼步統）閏七、乙未、廿四,9.16；協、吏授、管戶。十、甲辰、四,11.24；管吏。　③	(滿)**和珅**(軍) （兼步統）　③
武英殿	(滿)**阿桂**(軍) （兼翰掌）十、甲辰；卸管吏，改管兵。　①	(滿)**阿桂**(軍) （兼翰掌）四、戊午、廿一,6.6；殿試讀卷。六、丁未、十一,2.25；教庶。　①
文淵閣	**嵇　璜** （兼翰掌）　②	**嵇　璜** （兼翰掌）四、戊午；殿試讀卷。　②
東閣	(蒙)**伍彌泰** 閏七、庚辰、九,9.1；死(文端)。 **梁國治**(軍) 十二、壬子、十三,1.31；死(文定)。	**王　杰**(軍) （正、丁亥、十八,3.7；兵尚遷。）正、癸巳、廿四,3.13；兵尚授。三、甲戌、六,4.23；會試正考。六、丁未；教庶。　①
體仁閣		
協辦	(滿)**和珅**　　　　(滿)**福康安** （兼步統）閏七、乙　閏七、乙未；吏尚(陝 未；遷文華。　　督留任)授，留任。 **劉　墉** （吏尚）	(滿)**福康安** （吏尚、陝督留任)七、丙戌、十一,9.2；赴台(林爽文起義)。八、丁巳、廿二,10.3；授將軍。十二、丁未、十四,1.21；封公爵。 **劉　墉** （吏尚）

乾隆五三年　戊申(1788)	乾隆五四年　己酉(1789)
(滿)**和珅**(軍) 　　(兼步統)二、甲午、一，3.8；晉封三等伯爵。 　　　　　　　　　　　　　　　　　③	(滿)**和珅**(軍) 　　(兼步統)四、丙午、廿，5.14；殿試讀卷。 　　五、己卯、廿三，6.16；教庶。 　　　　　　　　　　　　　　　　　③
(滿)**阿桂**(軍) 　　(兼翰掌) 　　　　　　　　　　　　　　　　　①	(滿)**阿桂**(軍) 　　(兼翰掌) 　　　　　　　　　　　　　　　　　①
嵇　璜 　　(兼翰掌) 　　　　　　　　　　　　　　　　　②	嵇　璜 　　(兼翰掌)四、丙午；殿試讀卷。 　　　　　　　　　　　　　　　　　②
王　杰(軍) 　　　　　　　　　　　　　　　　　④	王　杰(軍) 　　三、癸亥、六，4.1；會試正考。 　　　　　　　　　　　　　　　　　④
(滿)**福康安** 　　(吏尚、陝督留任) 　　十一、癸亥、五，12.2；改閩督，仍留任。	(滿)**福康安** 　　(吏尚、閩督留任)正、癸未、廿六，2.20；改廣督， 　　仍留任。
劉　墉 　　(吏尚)	劉　墉 　　(吏尚)三、乙丑、八，4.3；降侍郎閣學。(暫不補)

大學士年表

年 代	乾 隆 五 五 年　庚戌(1790)	乾 隆 五 六 年　辛亥(1791)
文華殿	(滿)**和珅**(軍) 　（兼步統）　四、庚午、廿，6.2；殿試讀卷。 　五、乙未、十五，6.27；教庶。 　　　　　　　　　　　　　　　　③	(滿)**和珅**(軍) 　（兼步統） 　　　　　　　　　　　　　　　　⑧
武英殿	(滿)**阿桂**(軍) 　（兼翰掌）　四、庚午；殿試讀卷。 　　　　　　　　　　　　　　　　①	(滿)**阿桂**(軍) 　（兼翰掌） 　　　　　　　　　　　　　　　　①
文淵閣	**嵇　璜** 　（兼翰掌） 　　　　　　　　　　　　　　　　②	**嵇　璜** 　（兼翰掌） 　　　　　　　　　　　　　　　　②
東閣	**王　杰**(軍) 　三、丙戌、六，4.19；會試正考。 　　　　　　　　　　　　　　　　④	**王　杰**(軍) 　　　　　　　　　　　　　　　　④
體仁閣		
協辦	(滿)**福康安** 　（吏尚、廣督留任） **彭元瑞** 　十二、戊辰、廿二，1.26；吏尚授。	(滿)**福康安** 　（吏尚、廣督留任） **彭元瑞**　　　　　　**孫士毅** 　（吏尚）四、丁卯、廿三，　　四、丁卯；吏尚 　5.25；降侍郎（禮右）。　　授。

乾 隆 五 七 年　壬子(1792)		乾 隆 五 八 年　癸丑(1793)	
(滿)和珅(軍) 　（兼步統）十、己卯、十四,11.27;兼翰掌。　　　　③		(滿)和珅(軍) 　（兼翰掌）（兼步統） 　五、壬寅、十一,6.18;教庶。　　③	
(滿)阿桂(軍) 　十、己卯;卸兼翰掌。　① 	(滿)福康安 　（廣督留任）八、己丑、廿三,10.8;授。　⑤	(滿)阿桂(軍) 　四、壬午、廿,5.29;殿試讀卷。　① 	(滿)福康安 　五月,封一等忠銳嘉勇公。八、辛未、十一,9.15;改川督,留任。　⑤
嵇　璜 　十、己卯;卸兼翰掌。　②	孫士毅 　八、己丑;授。　⑥	嵇　璜 　　　　② 	孫士毅 　　　　⑥
王　杰(軍) 　　　　④		王　杰(軍) 　四,壬午;殿試讀卷。　④	
(滿)福康安 　（吏尚、廣督留任）八、癸酉、七,9.22;遷。			
孫士毅 　（吏尚）八、癸酉;遷。			

大學士年表

年代	乾隆五九年　甲寅(1794)		乾隆六十年　乙卯(1795)	
文華殿	(滿)**和珅**(軍) 　(兼翰掌)（兼步統） 　　　　　　　　　　②		(滿)**和珅**(軍) 　(兼翰掌)（兼步統） 四、丙申、十六, 6.2; 殿試讀卷。 四、戊申、廿八, 6.14; 教庶。　②	
武英殿	(滿)**阿桂**(軍) 　七月, 代管刑尚。 　　　　　①	(滿)**福康安** 七、丙辰、十九, 8.14; 改雲督, 留任。 　　　　④	(滿)**阿桂**(軍) 　　　　　①	(滿)**福康安** 五、丁巳、七, 6.23; 改閩 督, 留任。九、己未、十一, 10.23; 封貝子。　　④
文淵閣	**嵇　璜** 七、壬寅、十七, 8.12; 死(文恭)。	**孫士毅** 　　　　　⑤	**孫士毅** 三、乙卯、四, 4.22; 署川督。 　　　　　　　⑤	
東閣	**王　杰**(軍) 　　　　　③		**王　杰** 四、丙申; 殿試讀卷。 　　　　　③	
體仁閣				
協辦				

嘉 慶 元 年　丙辰(1796)		嘉 慶 二 年　丁巳(1797)	
(滿)**和珅**(軍) 　（兼翰掌）（兼步統） 　四、乙未、廿，5.26；殿試讀卷。 　五、己酉、五，6.9；教庶。　　②		(滿)**和珅**(軍) 　（兼翰掌）（兼步統） 　八、己未、廿三，10.12；卸管户，改管刑。 　八、庚申、廿四，10.13；仍兼管户。　　①	
(滿)**阿桂**(軍) 　九、壬戌、廿，10.20； 　卸管兵。 　　　　　　　①	(滿)**福康安** 　五、壬申、廿八，7.2； 　死(文襄)。	(滿)**阿桂**(軍) 　八、己未；死(文成)。	
孫士毅 　（署川督）五月，封三等男。 　七、辛亥、八，8.10；死(文靖)。			
		(滿)**蘇凌阿** 　九、甲申、十八，11.6；刑尚署江督遷。 　九、庚寅、廿四，11.12；授。 　十一、辛巳、十六，1.2；兼署刑尚。　　③	
王 杰 　十、己卯、七， 　11.6；罷直。 　　　　③	**董 誥** 　十、己卯；户尚遷。十一、 　甲辰、三，12.1；兼管户。 　十一、丙午、五，12.3；授， 　管禮。　　　④	**王 杰** 　　　　　　②	**董 誥**(軍) 　三、癸亥、廿三，4.19； 　憂免。
		劉 墉 　三、癸亥；吏尚遷。 　四、辛未、一，4.27；授。　　④	
		(蒙)**保甯** 　十一、戊子、廿三，1.9；吏尚、伊將授。	

大學士年表

年代	嘉慶三年　戊午(1798)	嘉慶四年　己未(1799)
文華殿	（滿）和珅（軍） （兼翰掌）（兼步統） 八、庚子、九，9.18；晉公爵。　　① 　 	（滿）和珅 正、丁卯、八，2.12；革。 董　誥 五、甲申、廿七，6.29；服闋由署刑尚入閣。 六、甲午、七，7.9；授。　　⑤
武英殿		（蒙）保甯 正、丁亥、廿八，3.4；授（伊將留任）。　　③
文淵閣		（滿）慶桂 三、庚申、二，4.6；總理刑部事務。 三、丙寅、八，4.12；授。 四、丁未、十九，5.23；殿試讀卷。 七、癸酉、十七，8.17；卸，署吏尚。　　④
東閣	（滿）蘇凌阿 （兼署刑尚）　　③ 王　杰　　②	（滿）蘇凌阿 正、丁卯；休。（旋死） 王　杰 四、丁未；殿試讀卷。　　①
體仁閣	劉　墉　　④	劉　墉　　②
協辦	（蒙）保甯 （吏尚、伊將）	（蒙）保甯　（滿）慶桂　（滿）書麟 （伊將）正、戊辰、九，2.13；吏尚遷。　正、戊辰、刑尚授。三、己未、一，4.5；遷。　三、癸亥、五，4.9；吏尚授（閩督）。十、戊子、三，10.31；改雲督，留任。

嘉 慶 五 年　庚申(1800)	嘉 慶 六 年　辛酉(1801)
董　誥(軍) ⑤	**董　誥**(軍) 四、丙寅、廿，6.1；殿試讀卷。 ⑤
(蒙)**保　寧** 　(伊將留任)　正、辛酉、八，2.1；辭。 　閏四、甲子、十二，6.4；仍留。 ③	(蒙)**保　寧** 　(伊將留任) ③
(滿)**慶桂**(軍) 　署吏尚 ④	(滿)**慶桂**(軍) 　四、戊辰、廿二，6.3；管吏。 ④
王　杰 ①	**王　杰** 四、丙寅；殿試讀卷。 九、庚辰、六，10.31；順鄉正考。 ①
劉　墉 ②	**劉　墉** ②
(滿)**書麟** 　(吏尚)　十、戊辰、十九，12.5；改湖督，仍留任。	(滿)**書麟**　　　　　　　(覺羅)**吉慶** 　(吏尚)　四、辛酉、十五，　　四、戊辰；廣督授， 　5.27；湖督召京。(旋死，　　留任。 　文勤)

大學士年表

年代	嘉慶七年　壬戌(1802)	嘉慶八年　癸亥(1803)
文華殿	董　誥(軍) 四、己未、十九，5.20；殿試讀卷。 ④	董　誥(軍) ④
武英殿	(蒙)保　寧 正、壬午、十，2.12；伊將召京。 六、戊午、十九，7.18；管兵。 ②	(蒙)保　寧 ②
文淵閣	(滿)慶桂(軍) ③	(滿)慶桂(軍) ③
東閣	王　杰 七、甲申、十六，8.13；休。 (十年正月死，文端)	
體仁閣	劉　墉 四、己未；殿試讀卷。 ①	劉　墉 ①
協辦	(覺羅)吉慶　　　(宗室)琳　寧 (廣督解任)　　　十一、庚寅、十三， 十一、庚午、三，11.27；　12.17；吏尚授。 革協。 朱　珪 八、庚子、二，8.29；戶尚授。	(宗室)琳　寧 (吏尚) 朱　珪 (戶尚)六、戊子、廿五，8.12；兼翰掌。

嘉 慶 九 年　甲子(1804)	嘉 慶 十 年　乙丑(1805)
董　誥(軍) 　八、壬戌、六，9.9；順鄉正考。 　　　　　　　　　　　　　　⑧	董　誥(軍) 　四、癸酉、廿，5.18；殿試讀卷。 　　　　　　　　　　　　　　⑧
(蒙)保甯 　　　　　　　　　　　　　　①	(蒙)保甯 　　　　　　　　　　　　　　①
(滿)慶桂(軍) 　　　　　　　　　　　　　　②	(滿)慶桂(軍) 　　　　　　　　　　　　　　②
劉　墉 　十二、庚辰、廿五，1.25；死(文清)。	朱　珪 　(兼翰掌) 　正、辛亥、廿六，2.25；授，管工。 　三、庚寅、六，4.5；會試正考。　　④
(宗室)琳甯　　　　　(宗室)祿康 　六、戊辰、十一，7.17；革。　六、戊辰；戶尚授。	(宗室)祿康 　(戶尚)
朱　珪 　(戶尚)　(兼翰掌)	朱　珪　　紀　昀　劉權之(軍)　費　淳 　正、辛亥；正、辛亥；禮　二月，禮尚　閏六、壬午、 　遷。　　尚授。二月　授。閏六　一，7.26；吏 　　　　　死(文達)。月，降。　尚授。

大學士年表

年代	嘉慶十一年　丙寅(1806)	嘉慶十二年　丁卯(1807)
文華殿	董　誥(軍) ②	董　誥(軍) ②
武英殿	(蒙)保寧 六、庚子、廿四,8.8;卸管兵。 十、戊戌、廿五,12.4;休。 (十三年二月死,文端)。	
文淵閣	(滿)慶桂(軍) ①	(滿)慶桂(軍) ①
東閣	(宗室)祿康 十一、丙寅、廿三,1.1;授,管戶。 ③	(宗室)祿康 ③
體仁閣	朱　桂 十一、壬申、廿九,1.7;老,卸兼翰掌。 十二、戊寅、五,1.13;死(文正)。	費　淳 正、丁卯、廿五,3.3;授,管工。 ④
協辦	(宗室)祿康　　　　(覺羅)長麟 十一、庚申、十七,　十一、庚申;刑尚授, 12.26;遷。　　　　兼翰掌。 費　淳 (吏尚)	(覺羅)長麟 (刑尚)(兼翰掌) 費　淳　　　　戴衢亨 正、丙午、四,　(兼翰掌)正、丙午; 2.10;遷。　　　戶尚授。八、乙亥、 　　　　　　　六,9.7;順鄉正考。

・80・

嘉 慶 十 三 年　戊辰(1808)	嘉 慶 十 四 年　己巳(1809)
董　誥(軍) 　　三、壬寅、六，4.1；會試正考。 　　　　　　　　　　　　②	**董　誥**(軍) 　　四、己酉、廿，6.2；殿試讀卷。 　　　　　　　　　　　　②
	(滿)**勒保** 　　十二、辛丑；由川督遷，留任。 　　　　　　　　　　　　④
(滿)**慶桂**(軍) 　　　　　　　　　　　　①	(滿)**慶桂**(軍) 　　　　　　　　　　　　①
(宗室)**祿康** 　　　　　　　　　　　　⑧	(宗室)**祿康** 　　正、癸未、廿三，3.8；兼步統。 　　十二、辛丑、十六，1.20；降協、戶尚。
費　淳 　　　　　　　　　　　　④	**費　淳** 　　三、丙寅、六，4.20；會試正考。 　　十二、乙巳、廿，1.24；卸管工。 　　十二、庚戌、廿五，1.20；降署兵右。　⑧
(覺羅)**長麟** 　　(刑尚)　(兼翰掌)	(覺羅)**長麟**　　　　　(宗室)**祿康** 　　(刑尚)　(兼翰掌)　　　　(兼步統) 　　十二、辛丑，革協。　　十二、辛丑；東閣降戶尚， 　　　　　　　　　　　　　　仍授協。
戴衢亨 　　(戶尚)　(兼翰掌)	**戴衢亨**(軍) 　　(戶尚)　(兼翰掌) 　　七、丁卯、九，8.19；改工尚。

大學士年表

年代	嘉慶十五年　庚午(1810)	嘉慶十六年　辛未(1811)
文華殿	董　誥(軍)　②	董　誥(軍) 三、甲寅、六、3.29；會試正考。　②
武英殿	(滿)勒保 正、庚辰、廿五、2.28；授。 五、癸亥、十、6.11；降工尚。	(滿)勒保 六、丁巳、十一、7.30；前川督授，管吏。 九、乙未、廿、11.5；改管兵。　④
文淵閣	(滿)慶桂(軍)　①	(滿)慶桂(軍)　①
東閣	(宗室)祿康 (兼步統) 五、癸亥；户尚仍授，管吏。　③	(宗室)祿康 (兼步統) 六、癸丑、七、7.26；革(正黄漢副)。
體仁閣	戴衢亨(軍) 五、癸酉、廿、6.21；授。管工，兼翰掌。　④	戴衢亨(軍) 四、戊申、一、5.22；死(文端)。 / 劉權之 五、壬辰、十五、7.5；授，管工。　⑧
協辦	(宗室)祿康 (户尚)(兼步統) 五、癸亥；遷東閣。 / (滿)明亮 五、癸亥；兵尚授。	(滿)明亮 六、壬子、六、7.25；革。 / (蒙)松筠 六、丙辰、十、7.29；廣督授，留任。 九、乙未；改吏尚。
	戴衢亨(軍) 五、癸亥；遷。 / 劉權之 正、丙子、廿一、2.24；兵尚授。	劉權之 五、辛巳、四、6.24；遷。 / 鄒炳泰 五、辛巳；吏尚授。

· 82 ·

嘉慶十七年　壬申(1812)	嘉慶十八年　癸酉(1813)
董　誥(軍)　　　　　　　　②	董　誥(軍)　　　　　　　　①
(滿)勒保　　　　　　　　④	(滿)勒保(軍) 正、乙亥、七，2.7；入值。 六、庚申、廿五，7.22；管藩。　　　　　　②
(滿)慶桂(軍) 九、甲午、廿五，10.29；老，罷直。　　　　　①	(滿)慶桂 九、癸未、廿，10.13；休。(廿一年死，文恪)
	(蒙)松筠 九、甲申、廿一，10.14；授。 六、庚申；兼伊將，留任。　　　　　　③
劉櫂之　　　　　　　　③	劉櫂之 九、癸未；休。(廿三 年死，文恪)　|曹振鏞 (兼翰掌)九、甲申；授， 管工。　　　　　④
(蒙)松筠(軍) (吏尚)九、甲午；入直。	(蒙)松筠(軍) 正、乙亥；罷直。 九、甲申；遷東閣。　|(滿)託津(軍) 九、甲申；戶尚授。
鄒炳泰 (吏尚)	鄒炳泰 九、庚辰、十七， 10.10；降調。　|曹振鏞 (兼翰掌)九、 庚辰；吏尚授。　|(漢)百齡 九、甲申；江督 授，留任。 九、甲申；遷。

大學士年表

年代	嘉慶十九年　甲戌(1814)	嘉慶二十年　乙亥(1815)
文華殿	**董　誥**(軍) 四、辛巳、廿,6.8;殿試讀卷。 ①	**董　誥**(軍) 十二、丁卯、十七,1.15;卸管刑,改管兵。 ①
武英殿	(滿)**勒保**(軍)　　　(蒙)**松筠** 八、辛未、十三,9.26;　八、乙亥、十七, 休。(廿四年死,文襄)　9.30;東閣改。 ②	(蒙)**松筠** 十、庚午、九,11.9;伊將召京。 ②
文淵閣		
東閣	(蒙)**松筠**　　　　(滿)**託津**(軍) 八、乙亥;改武英。　八、乙亥;授,管户。 ④	(滿)**託津**(軍) ④
體仁閣	**曹振鏞** （兼翰掌） ③	**曹振鏞** （兼翰掌） ③
協辦	(滿)**託津**(軍)　　　(滿)**明亮** 八、辛未;遷。　　八、辛未;兵尚授。 (漢)**百齡**　　　　**章　煦** 十二、癸未、廿七,　十二、癸未;吏尚授。 2.5;革協。	(滿)**明亮** （兵尚） **章　煦** （吏尚）十二、丁卯;管刑。

·84·

嘉慶二一年　丙子(1816)	嘉慶二二年　丁丑(1817)
董　誥(軍) 　八、壬午、六,9.26;順鄉正考。 ① ①	**董　誥**(軍) 　四、癸巳、廿,6.4;殿試讀卷。 ①
(蒙)**松筠** 　七、己卯、八,8.30;管吏、藩。 　十、戊子、十三,12.1;署江督。 　十一、己巳、廿四,1.11;管刑。 ②	(蒙)**松筠**　　　　　　(滿)**明亮** 　四、癸巳;殿試讀卷。　六、庚辰、八,7.21; 　六、甲戌、二,7.15;降補都統。　授。 ④
(滿)**託津**(軍) ④	(滿)**託津**(軍) ③
曹振鏞 　(兼翰掌) ③	**曹振鏞** 　(兼翰掌)三、己酉、六,4.21;會試正考。 ②
(滿)**明亮** 　(兵尚)	(滿)**明亮**　　　　　　(滿)**伯麟** 　六、甲戌;遷。　六、甲戌;雲督授,留任。
章　煦 　(禮尚。刑尚) 　十、己亥、廿四,12.12;禮尚入直。 　十一、己巳;改刑尚。 　十一、庚午、廿五,1.12;管禮。	**章　煦**(軍)　　　　　**戴均元** 　三、辛未、廿八,5.13;病免。　三、辛未;吏尚授。

大學士年表

年代	嘉慶二三年　戊寅(1818)	嘉慶二四年　己卯(1819)
文華殿	蒼 齮(軍) 二、乙亥、七，3.13；休。（十月死，文恭）	
武英殿	(滿)明亮 ③	(滿)明亮 十一、戊辰、十，12.26；三等伯晉三等襄勇侯。 ③
文淵閣	章 煦 三、庚戌、十三，4.17；兵尚遷。 三、己未、廿二，4.26；授，管刑。 ④	章 煦 四、庚辰、十九，5.12；殿試讀卷。 ④
東閣	(滿)託津(軍) ②	(滿)託津(軍) 四、庚辰；殿試讀卷。 ②
體仁閣	曹振鏞 （兼翰掌） ①	曹振鏞 （兼翰掌） ①
協辦	(滿)伯麟 （雲督留任） 戴均元(軍、學) （吏尚）二、辛未、三，3.9；學習入直。	(滿)伯麟 （雲督留任） 戴均元(軍) （吏尚）

嘉 慶 二 五 年　庚辰(1820)	道 光 元 年　辛巳(1821)
(滿)**明亮** 　二、甲子、八,4.20;卸管兵。 　　　　　　　　　　　　③	(滿)**明亮** 　四、甲午、十四,5.15;休。(二年死,文襄)
	曹振鏞(軍) 　(兼翰掌)五、甲子、十五,6.14;體仁改。 　　　　　　　　　　　　①
章　煦　　　　　**戴均元** 　二、癸卯、十七,3.30;　二、癸卯;授。九、庚 　休。(道四年死,文簡)　申、七,10.13;罷直。 　　　　　　　　　　　④	**戴均元** 　九、癸丑、六,10.1;順鄉正考。 　　　　　　　　　　　　③
(滿)**託津**(軍) 　四、乙巳、廿,5.31;殿試讀卷。 　九、庚申;罷直。 　　　　　　　　　　　②	(滿)**託津** 　　　　　　　　　　　　②
	(滿)**伯麟** 　五、甲子;授,管兵。 　　　　　　　　　　　④
曹振鏞(軍) 　(兼翰掌)九、庚申;入直。 　　　　　　　　　　　①	**曹振鏞**(軍) 　(兼翰掌)五、甲子;改武英。
(滿)**伯麟** 　四、戊申、廿三,6.3;雲督改兵尚。	(滿)**伯麟**　　　　(蒙)**長齡** 　五、庚申、十一,　五、己未、十,6.9;陝督 　6.10;遷。　　　授,留任。
戴均元(軍)　**吳　璥** 　二、癸卯;遷　二、癸卯;吏尚授。 　文淵,管刑。　三、甲申、廿八,5.10;署河東。 　　　　　(九月罷吏尚)	**吳　璥**　　　　**孫玉庭** 　(專辦河工)　二、庚子、十九,3.22;江 　二、戊戌、十七,3.20;　督授,留任。 　休。(二年死,文僖)

大學士年表

年代	道光二年 壬午(1822)	道光三年 癸未(1823)
文華殿	(蒙)**長齡** 　七、戊寅、六,8.22;授,管藩。 　八、辛未、卅,10.14;陝都留任召京,入閣辦事。④	(蒙)**長齡**(軍) 　正、乙未、廿五,3.7;入直。 　四、己未、廿,5.30;殿試讀卷。④
武英殿	**曹振鏞**(軍) 　(兼翰掌)閏三、乙未、廿,5.11;殿試讀卷。①	**曹振鏞**(軍) 　(兼翰掌)三、乙亥、六,4.16;會試正考。①
文淵閣	**戴均元** 　六、癸丑、十一,7.28;管刑。 　十二、乙卯、十五,1.26;卸管刑。③	**戴均元** 　③
東閣	(滿)**託津** 　②	(滿)**託津** 　②
體仁閣	(滿)**伯麟** 　閏三、乙未;殿試讀卷。 　六、癸丑;休。(八月死,文慎)	
協辦	(蒙)**長齡**　　　　(滿)**英和** 　六、戊辰、廿六,8.12;　(兼翰掌)(兼步統) 　遷。　　　　　　　六、戊長;戶尚授。 　　**孫玉庭** 　　(江督留任)	(滿)**英和** 　(戶尚)(兼翰掌)(兼步統) 　　**孫玉庭** 　　(江督留任)

道 光 四 年　甲申(1824)	道 光 五 年　乙酉(1825)
(蒙)**長齡**(軍) 　　十二、己卯、廿一,2.8;授雲督,留任。 ③	(蒙)**長齡** 　　九、乙酉、一,10.12;由雲督改陝督。 　　十、庚辰、廿七,12.6;署伊將。 　　十一、壬子、廿九,1.7;授,留任。 ③
曹振鏞(軍) 　　（兼翰掌） ①	**曹振鏞**(軍) 　　（兼翰掌） ①
戴均元 　　七、辛巳、廿,8.14;休。	
(滿)**託津** 　　十二、丙戌、廿八,2.15;管藩。 ②	(滿)**託津** 　　七、庚寅、五,8.18;管刑。 　　十一、庚子、十七,12.26;卸管刑。 ②
孫玉庭 　　閏七、壬子、廿二,9.14;授。 ④	**孫玉庭**　　(漢)**蔣攸銛**(軍) 　　六、戊午、二,　　六、丁卯、十一,7.26;授,直督 7.17;降調。　　留任。十、辛巳、廿八,12.7;召 　　　　　　京,入閣辦事。　十一、庚子、十 　　　　　　七,12.26;入直。 ④
(滿)**英和** 　　（戶尚）（兼翰掌）（兼步統）	(滿)**英和** 　　（戶尚）（兼翰掌）（兼步統）
孫玉庭　　(漢)**蔣攸銛** 　　閏七、丁未、七,9.9;　閏七、丁未;直督授, 遷。　　　　　　留任。	**蔣攸銛**　　　　**汪廷珍** 　　六、戊午;遷。　　六、戊午;禮尚授。

大學士年表

年代	道光六年　丙戌(1826)	道光七年　丁亥(1827)
文華殿	(蒙)**長齡** （伊將留任） ③	(蒙)**長齡** （伊將留任） ③
武英殿	**曹振鏞**(軍) （兼翰掌）四、辛未、廿，5.26；殿試讀卷。 ①	**曹振鏞**(軍) （兼翰掌） ①
文淵閣		
東閣	(滿)**託津** 四、辛未；殿試讀卷。 ②	(滿)**託津** 五、丙戌、十一，6.5；管刑。 ②
體仁閣	(漢)**蔣攸銛**(軍) 三、丁亥、六，4.12；會試正考。 ④	(漢)**蔣攸銛**(軍) 三、己亥、廿四，4.19；差江南。 五、丙戌；授江督。 ④
協辦	(滿)**英和** （兼翰掌）（兼步統） （戶尚）十二、戊午、十一，1.8；改理尚。 **汪廷珍** （禮尚）	(滿)**英和**　　　　(蒙)**富俊** （兼翰掌）二、壬申、廿　七、己未、十六， 六，3.23；卸兼步統。　9.6；吉將授。 七、癸亥、廿，9.10；革。　七、癸亥；授理尚。 （賞二品，授熱都） **汪廷珍**　　　　　**盧蔭溥** 七、壬子、九，8.30；　七、丁巳、十四，9.4； 死(文端)。　　　　　吏尚授。

90

道 光 八 年　戊子(1828)	道 光 九 年　己丑(1829)
(蒙)**長齡** 　　正、癸亥、廿三,3.8;封一等威勇公。 　　六、丙子、八,7.19;管藩。 　　　　　　　　　　　　　　③	(蒙)**長齡** 　　四、癸未、廿,5.22;殿試讀卷。 　　八、庚辰、十九,9.16;卸管藩。 　　　　　　　　　　　　　　③
曹振鏞(軍) 　(兼翰掌) 　　　　　　　　　　　　　　①	**曹振鏞**(軍) 　(兼翰掌) 三、庚子、六,4.9;會試正考。 　　　　　　　　　　　　　　①
(滿)**託津** 　　六、丙子;卸管藩。 　　　　　　　　　　　　　　②	(滿)**託津** 　　八、庚辰;仍管藩。 　　　　　　　　　　　　　　②
(漢)**蔣攸銛** 　(江督留任) 　　　　　　　　　　　　　　④	(漢)**蔣攸銛** 　(江督留任) 　　　　　　　　　　　　　　④
(蒙)**富俊** 　(理尚)	(蒙)**富俊** 　(理尚)
盧蔭溥 　(吏尚)	**盧蔭溥** 　(吏尚)

大學士年表

年代	道光十年　庚寅(1830)	道光十一年　辛卯(1831)
文華殿	(蒙)**長齡** ③	(蒙)**長齡** 十二、丁亥、九，1.11；管兵。 ②
武英殿	**曹振鏞**(軍) (兼翰掌) ①	**曹振鏞**(軍) (兼翰掌) ①
文淵閣	(滿)**託津** 十二、癸巳、九，1.22；卸管刑。 ②	(滿)**託津**　　　　　　(蒙)**富俊** 十一、丙辰、八，12.11；　十二、庚寅、十二， 休。(十五年死，文定)　　1.14；授，管藩。 　　　　　　　　　　　　　　④
東閣		
體仁閣	(漢)**蔣攸銛**　　　　**盧蔭溥** (八月召京)　　　　十、丙戌、二，11.16； 九、戊寅、廿三，11.8；　授，管順。 降兵左。(旋死) 　　　　　　　　　　　④	**盧蔭溥** 八、乙酉、六，9.11；順鄉正考。 　　　　　　　　　　③
協辦	(蒙)**富俊** (理尚) **盧蔭溥**　　　　**李鴻賓** 九、戊寅；遷。　九、戊寅；廣督授，留任。	(蒙)**富俊**　　　　　　(滿)**文孚** 八、乙未、十六，9.21；　十二、乙酉、七， 改工尚。　　　　　　　1.9；吏尚授。 十二、乙酉、七，1.9；遷。 **李鴻賓** (廣督留任)

道 光 十 二 年　壬辰(1832)	道 光 十 三 年　癸巳(1833)
(蒙)**長齡**　　　　　　　　　　②	(蒙)**長齡** 　五、丁酉、廿七,7.14;管户。　　②
曹振鏞(軍) 　(兼翰掌)四、丙申、廿,5.19;殿試讀卷。　　①	**曹振鏞**(軍) 　(兼翰掌)三、丁丑、六,4.25;會試正考。　　①
(蒙)**富俊** 　四、丙申;殿試讀卷。　　④	(蒙)**富俊** 　四、庚申、廿,6.7;殿試讀卷。　　③
盧蔭溥 　　　　　　　　　　③	**盧蔭溥**　　　**潘世恩** 　三、丙子、五,　四、己酉、九,5.27;吏尚遷,管 　4.24;休。(十　户。四、己未、十九,6.6;授。 　九年死,文蕭)　五、丁酉;改管兵。六、庚子、 　　　　　　　一,7.17;教庶。　④
(滿)**文孚** 　(吏尚)	(滿)**文孚**(軍) 　(吏尚)
李鴻賓　　　**阮　元** 　八、甲午、廿,9.14;　八、甲午;雲督授,留任。 　革。	**阮　元** 　(雲督留任)三月,入覲;八月,回任。 　三、丁丑;會試副考。

大學士年表

年代	道光十四年　甲午(1834)		道光十五年　乙未(1835)	
文華殿	(蒙)**長齡**　　　　　　　②		(蒙)**長齡** 　正、壬午、廿二,2.19;卸管戶。 　二、丁未、十八,3.16;管藩。 　四、己酉;殿試讀卷。　　　①	
武英殿	**曹振鏞**(軍) 　(兼翰掌) 　　　　　　　　①		**曹振鏞**(軍) 　(兼翰掌)正、甲子、四,2.1;死(文正)。	
文淵閣			(滿)**文孚**(軍) 　二、甲寅、廿五,3.23;東閣改。 　七、甲辰、十七,9.9;罷直,管吏。　③	
東閣	(蒙)**富俊** 　△二、乙丑、卅,4.8; 　死(文誠)。	(滿)**文孚**(軍) 　十二、辛卯、一,12.30; 　授,管吏。　　　④	(滿)**文孚**(軍) 　二、丁未;管戶。 　二、甲申;改文淵。 **潘世恩**(軍) 　(兼翰掌)二、甲寅;體仁改。 　四、己酉、廿,5.17;殿試讀卷。 　　　　　②	
體仁閣	**潘世恩**(軍) 　正、丁亥、廿一,3.1;入直。 　　　　　③		**潘世恩**(軍) 　正、丙寅、六,2.3; 兼翰掌。二、丁未; 管工。二、甲寅;改東閣。	**阮　元** 　二、甲寅;授。二、丁 未;管兵。 　　　　④
協辦	(滿)**文孚**(軍) 　十一、丙戌、廿五, 12.25;遷。	(滿)**穆彰阿**(軍) 　十一、丙戌;吏尚授。	(滿)**穆彰阿**(軍) 　(吏尚)七、甲辰;管工。	
	阮　元 　(雲督留任)		**阮　元** 　二、己亥、十,3.8;遷。 管刑。 　(卸雲督,召京,入閣辦事。)	**王　鼎** 　二、己亥、戶尚授。 　二、丁未;管刑。

道光十六年　丙申(1836)	道光十七年　丁酉(1837)
(蒙)**長齡** 　　四、壬申、廿，6.3；殿試讀卷。 <div align="right">①</div>	(蒙)**長齡** 　　七、壬午、七，8.7；免去一切差使(年老)。 　　十一、辛卯、十七，12.14；晉封一等威勇公。 <div align="right">①</div>
(滿)**穆彰阿**(軍) 　　(兼翰掌)七、丁未、廿六，9.6；授，管工。 <div align="right">④</div>	(滿)**穆彰阿**(軍) 　　(兼翰掌)三、丁亥、十，4.14；署直督。 　　六，己巳、廿三，7.25；卸。 <div align="right">④</div>
(滿)**文孚** 　　七、丙申、十五，8.26；休。(廿一年死，文敬)	
潘世恩(軍) 　　(兼翰掌)三、己丑、六，4.21；會試正考。 <div align="right">②</div>	**潘世恩**(軍) 　　(兼翰掌) <div align="right">②</div>
阮　元 　　四、壬申；殿試讀卷。 　　五、丁亥、五；6.18；教庶。 <div align="right">③</div>	**阮　元** <div align="right">③</div>
(滿)**穆彰阿**(軍)　　　　(滿)**琦善** 　　七、庚子、十九，8.30；　七、庚子；直督授， 　　遷。　　　　　　　　　留任。	(滿)**琦善** 　　(直督留任)
王　鼎(軍)	**王　鼎**(軍) 　　(戶尚)

大學士年表

年代	道光十八年　戊戌(1838)	道光十九年　己亥(1839)
文華殿	(蒙)長齡　　　　(滿)穆彰阿(軍) 正、乙亥、二,1.27;（兼翰掌）五、丙寅、廿 死(文襄)。　　　六,7.17;武英改。　②	(滿)穆彰阿(軍) （兼翰掌） 　　　　　　②
武英殿	(滿)穆彰阿(軍) （兼翰掌）三、戊寅、六,3.31;會試正考。 五、丙寅;改文華。 　潘世恩(軍) （兼翰掌）五、丙寅;東閣改。 　　　　　　①	 　潘世恩(軍) （兼翰掌）八、己巳、六,9.13;順鄉正考。 　　　　　　①
文淵閣	(滿)琦善 （直督留任） 二、壬子、十,3.5;授。 　　　　　③	(滿)琦善 （直督留任） 　　　　　③
東閣	潘世恩(軍)　　　　王　鼎(軍) 四、辛酉、廿,5.13;殿試　五、丙寅;授,仍 讀卷。五、丙寅;改武英。管刑。 　　　　　　④	王　鼎(軍) 　　　　　　④
體仁閣	阮　元 五、癸丑;休。(廿九年死,文達)	
協辦	(滿)琦善　　　　(滿)伊里布 二、乙巳、三,　二、乙巳;雲督授,留任。 2.26;遷。 　王　鼎(軍)　　湯金釗 五、癸丑、十　五、癸丑;戶尚授。九、乙丑、 三,7.4;遷。　廿七,11.13;改吏尚。	(滿)伊里布 十二、己卯、十七,1.21;改江督,仍留任。 　湯金釗 （吏尚）

道光二十年　庚子(1840)	道光二一年　辛丑(1841)
(滿)**穆彰阿**(軍) 　（兼翰掌）二、己巳、八，3.11；管藩。 　　　　　　　　　　　　　　　　②	(滿)**穆彰阿**(軍) 　（兼翰掌）五、甲寅、一，6.19；教庶。 　　　　　　　　　　　　　　　　②
潘世恩(軍) 　（兼翰掌）三、丙申、六，4.7；會試正考。 　四，丙辰、廿，5.21；殿試讀卷。 　　　　　　　　　　　　　　　　①	**潘世恩**(軍) 　（兼翰掌） 　　　　　　　　　　　　　　　　①
(滿)**琦善** 　（直督留任）八、己卯、廿二，9.17；差粵。 　九、庚寅、三，9.28；署廣督。 　　　　　　　　　　　　　　　　③	(滿)**琦善**　　　　　（覺羅）**寶興** 　（署廣督）二、辛酉、　二、己巳、十四，3.6；川督遷。 　六，2.26；革、逮。　二、丁丑、廿二，3.14；授，留任。 　　　　　　　　　　　　　　　　④
王　鼎(軍) 　五、癸巳、四，6.3；教庶。 　八、癸亥、六，9.1；順鄉正考。 　　　　　　　　　　　　　　　　④	**王　鼎**(軍) 　三、辛亥、六，3.28；會試正考。　四、甲辰、廿，6.9； 殿試讀卷。七、丙辰、四，8.20；馳往河南督辦大工。 　八、壬辰、十一，9.25；暫署河東。　　　　③
(滿)**伊里布** 　（江督留任）七、丁酉、九，8.6；差浙。	(滿)**伊里布**　　　　（宗室）**奕經** 　（江督差浙）正、乙巳、十九，　二、己巳；吏尚授。 　2.10；回江督任。　二、庚申、　九、乙卯、四，10.18； 　五，2.25；解、議。閏三、丁　授揚威將軍。 　卯、十三，5.3；召京。　六、辛 　卯、九，7.26；革、戌。
湯金釗 　（吏尚）	**湯金釗**　　　　　　**卓秉恬** 　閏三、丙寅、十二，　5.2；　閏三、丙寅；吏尚授。 　降四調。

大學士年表

年代	道　光　二　二　年　壬寅(1842)	道　光　二　三　年　癸卯(1843)
文華殿	(滿)**穆彰阿**(軍) (兼翰掌) ②	(滿)**穆彰阿**(軍) (兼翰掌) ②
武英殿	**潘世恩**(軍) (兼翰掌) ①	**潘世恩**(軍) (兼翰掌) ①
文淵閣	(覺羅)**寶興** (川督留任) ④	(覺羅)**寶興** (川督留任) ③
東閣	**王　鼎**(軍) 五、己酉、一,6.9;死(文恪)。 ③	
體仁閣		
協辦	(宗室)**奕經**　　　　(宗室)**敬徵** 十、甲午、十九,　　　十、乙未、廿,11.22; 11.21;革、逮。　　　戶尚授。 **卓秉恬** (吏尚)	(宗室)**敬徵** (戶尚) **卓秉恬** (吏尚)

道光二四年　甲辰(1844)	道光二五年　乙巳(1845)
(滿)**穆彰阿**(軍) （兼翰掌） 　　　　　　　　　　　　②	(滿)**穆彰阿**(軍) （兼翰掌）三、丁卯、六，4.12；會試正考。 四、庚戌、廿，5.25；殿試讀卷。 　　　　　　　　　　　　②
潘世恩(軍) （兼翰掌）四、丙辰、廿，6.5；殿試讀卷。 五、丁卯、一，6.16；教庶。 　　　　　　　　　　　　①	**潘世恩**(軍) （兼翰掌） 　　　　　　　　　　　　①
(覺羅)**寶興** （川督留任） 　　　　　　　　　　　　③	(覺羅)**寶興** （川督留任） 　　　　　　　　　　　　③
卓秉恬 十二、戊申、十六，1.23；(年內未授)。 　　　　　　　　　　　　④	**卓秉恬** 正、癸未、廿一，2.27；授。 七、辛未、十二，8.14；管兵。 　　　　　　　　　　　　④
(宗室)**敬徵** （戶尚）	(宗室)**敬徵**　　　　　(宗室)**耆英** 二、癸丑、廿二，3.29；　二、癸丑；廣督授， 革(降閣學)。　　　　　留任。
卓秉恬　　　　　**陳官俊** 十二、戊申；遷。　十二、戊申；尚吏授。	**陳官俊** （吏尚）

大學士年表

年代	道光二六年 丙午(1846)	道光二七年 丁未(1847)
文華殿	(滿)**穆彰阿**(軍) 　（兼翰掌，十二、庚午、十九，2.4；卸。） 　　　　　　　　　　　　　　　　②	(滿)**穆彰阿**(軍) 　　　　　　　　　　　　　　　　②
武英殿	**潘世恩**(軍) 　（兼翰掌） 　　　　　　　　　　　　　　　　①	**潘世恩**(軍) 　（兼翰掌）三、乙酉、六，4.20；會試正考。 　　　　　　　　　　　　　　　　①
文淵閣	(覺羅)**寶興** 　十二、庚午；川督留任召京，入閣辦事， 　兼翰掌。 　　　　　　　　　　　　　　　　③	(覺羅)**寶興** 　（兼翰掌）四、戊辰、廿，6.2；殿試讀卷。 　　　　　　　　　　　　　　　　③
東閣	**卓秉恬** 　　　　　　　　　　　　　　　　④	**卓秉恬** 　　　　　　　　　　　　　　　　④
體仁閣		
協辦	(宗室)**耆英** 　（廣督留任） **陳官俊** 　（吏尚）	(宗室)**耆英** 　十二、甲戌、廿九，2.3；廣督召京。 **陳官俊** 　（吏尚）

道光二八年　戊申(1848)	道光二九年　己酉(1849)
(滿)**穆彰阿**(軍) ②	(滿)**穆彰阿**(軍) ②
潘世恩(軍) 　(兼翰掌) ①	**潘世恩**(軍) 　(兼翰掌) 十、甲申、廿, 12.4; 罷直。 ①
(覺羅)**寶興**　　　(宗室)**耆英** 　(兼翰掌) 十、甲寅、十　　十一、丁亥、十七, 　四, 11.9; 死(文莊)。　　12.12; 授。 ④	(宗室)**耆英** ④
卓秉恬 　六、癸丑、十一, 7.11; 卸管兵。 ③	**卓秉恬** ③
(宗室)**耆英**　　　(滿)**琦善** 　六、丙午、四, 7.4; 解廣督留　　十一、己卯; 川 　京, 管禮。六、癸丑; 改管兵。　督授, 留任。 　十一、己卯、九, 12.4; 遷。	(滿)**琦善** 　九、甲辰、十, 10.25; 川督改署陝督。 　九、乙酉、十五, 10.30; 授陝督留任。
陳官俊 　(吏尚)	**陳官俊**　　　**祁寯藻**(軍) 　七、戊戌、三, 5.20;　　七、己亥、四, 8.21; 　死(文愨)。　　　户尚授。

大學士年表

年代	道光三十年　庚戌(1850)		咸豐元年　辛亥(1851)		
文華殿	(滿)**穆彰阿**(軍) 　十、丙戌、廿八,12.1；革。 　　　　　　　　　　　　①		(蒙)**賽尚阿**(軍) 　(兼步統)正、戊申、廿一,2.21；授,管户。 　三、丙申、九,4.10；差湘防堵。 　四、戊午、二,5.2；赴桂。　　③		
武英殿	**潘世恩**　　　　**卓秉恬** 　(兼翰掌)六、癸亥；　六、丙午、十,7.18； 休。(咸四死,文恭)　體仁改。②		**卓秉恬** 　正、戊子、一,2.1；管兵。 　　　　　　　　　　　　①		
文淵閣	(宗室)**耆英** 　十、丙戌；革(降員外郎)。 　　　　　　　　　　　　③				
東閣					
體仁閣	**卓秉恬**　　　　**祁寯藻**(軍) 　三、戊戌、六,4.17；會　六、庚午；授。 試正考。四、庚午、八, 5.19；管户。 六、庚午；改武英。④		**祁寯藻**(軍) 　正、戊子；管工。 　　　　　　　　　　　　②		
協辦	(滿)**琦善** 　(陝督留任) **祁寯藻**(軍) 六、癸亥、三,7.11；遷。	(蒙)**賽尚阿**(軍) (兼步統)十、丙戌； 户尚授。 **杜受田** 六、癸亥；刑尚授。	(滿)**琦善** 五、甲辰、 十八,6.17； 解、勘。 **杜受田** (刑尚)五、乙巳；病,解刑尚,管禮。 八、庚申、六,9.1；順鄉正考。	(滿)**裕誠** 五、乙巳、 十九,6.18； 户尚授。	(蒙)**賽尚阿**(軍) (兼步統) 正、戊子；遷。

咸豐二年　壬子(1852)	咸豐三年　癸丑(1853)
(蒙)**賽尚阿**　　(滿)**裕誠**	(滿)**裕誠**
（兼步統）　九、己　　四、庚子、廿,6.7;殿試讀卷。 酉、二, 10.14;革、　九、己酉;文淵改。　十一、甲 戌。　　　　　　　子、十八, 12.28;管藩。　③	③
卓秉恪	**卓秉恬**
九、壬子、五, 10.17;改管工。　　　　　　　①	①
(滿)**裕誠**　　　　(滿)**訥爾經額**	**訥爾經額**
正、壬申、廿一,3.11;授。　　九、壬戌、十五, 九、己酉;改文華。　　　　10.27;授。　　　④	（直督留任）六、辛巳、八,7.13;欽。 八、癸巳、廿一,9.23;卸。 九、丙午、四,10.6;革、戌。　　　　④
祁寯藻(軍)	**祁寯藻**(軍)
九、辛亥、四,10.16;改管户。　　　　　　　②	五、戊申、四,6.10;教庶。　　　　　　　②
(滿)**裕誠**　(滿)**訥爾經額**　(宗室)**禧恩**	
正、辛酉、十,　正、辛酉;直督　九、辛亥;户尚 2.29;遷,管　授,留任。九、　授。十一、甲子 兵。　　　　辛亥;遷。　　十八, 12.28;死 　　　　　　　　　　　（文莊）。	
杜受田　　　　　**賈　楨**	**賈　楨**
四、庚子、廿,6.7;殿試讀　九、辛亥;吏尚授。 卷。七、丙寅、十八,9.1; 死(文正)。	（吏尚）

大學士年表

年代	咸豐四年 甲寅(1854)	咸豐五年 乙卯(1855)
文華殿	(滿)**裕誠** ②	(滿)**裕誠** ①
武英殿	**卓秉恬** ①	**卓秉恬** 九、甲子、四， 10.14；死(文端)。 ② **賈　楨** (兼翰掌)十二、戊申、 十九，1.26；體仁改。
文淵閣		(滿)**文慶**(軍) (兼翰掌)十二、戊申；授，管工。 ③
東閣		
體仁閣	**祁寯藻**(軍) 十一、庚寅、廿五，1.13； 休。(咸五死，文端) **賈　楨** (兼翰掌)十一、 庚寅；授，管戶。 ③	**賈　楨** (兼翰掌)八、丙申、六， 9.16；順鄉正考。十二， 乙巳；管工。十二、戊 申；改武英。 **葉名琛** (廣督留任) 十二、戊申；授。 ④
協辦	**賈　楨** 五、辛丑、三，5.29；兼翰掌。 十一、庚寅；遷體仁。	(滿)**文慶**(軍) (兼翰掌)九、庚午、 十，10.20；戶尚授。 十二、乙巳；遷。 (滿)**桂良** 十二、乙巳；直督 授，留任。 **葉名琛** 九、庚午；廣督授，留 任。十二、乙巳；遷。 **彭蘊章**(軍) 十二、乙巳；工尚授。

咸豐六年　丙辰(1856)	咸豐七年　丁巳(1857)
(滿)**裕誠** 　　四、乙巳、十九,5.22;殿試讀卷。 　　　　　　　　　　　　　　　　①	(滿)**裕誠** 　　　　　　　　　　　　　　　　①
(滿)**文慶**(軍) 　　(兼翰掌)十一、乙丑、十一,12.8;文淵改。 　　十一、辛未、十七,12.14;死(文端)。 **賈　楨** 　　(兼翰掌)四、乙巳;殿試讀卷。 　　五、戊午、二,6.4;教庶。 　　六、乙卯、卅,7.31;憂免。 (滿)**文慶**(軍) 　　(兼翰掌)十一、乙丑;改武英。	
彭蘊章(軍) 　　三、癸亥、六,4.10;會試正考。 　　十一、乙丑;授,管工。 　　　　　　　　　　　　　　　　③	**彭蘊章**(軍) 　　　　　　　　　　　　　　　　③
(滿)**桂良** 　　十二、己酉、廿六,1.21;授。 　　　　　　　　　　　　　　　　④	(滿)**桂良** 　　三、壬申、廿,4.14;管刑。 　　　　　　　　　　　　　　　　④
葉名琛 　　(廣督留任) 　　　　　　　　　　　　　　　　②	**葉名琛** 　　(廣督留任)十二、庚申、十三,1.27;革。 　　　　　　　　　　　　　　　　②
(滿)**桂良**　　　　　(蒙)**柏葰**(軍) 　　(直督召京)十　　　十二、己酉;戶尚授。 　二、己酉;遷東閣。	(蒙)**柏葰**(軍) 　　(戶尚)
彭蘊章(軍)　　　　**翁心存** 　　十一、乙卯、一,　　(兼翰掌)十一、乙卯;吏 　11.28;遷文淵。　　尚授。十一、癸酉、十九, 　　　　　　　　12.16;改戶尚。	**翁心存** 　　(戶尚)　(兼翰掌)

大學士年表

年代	咸豐八年　戊午(1858)	咸豐九年　己未(1859)
文華殿	(滿)**裕誠**　　　　　　(滿)**桂良** 　五、戊子、十四,6.24;　九、癸巳、廿一, 　死(文端)。　　　　　10.27;東閣改。　　②	(滿)**桂良** 　　　　　　　　　　　　②
武英殿	**彭蘊章**(軍) 　九、癸巳;文淵改。	**彭蘊章**(軍) 　　　　　　　　　　　　①
文淵閣	(蒙)**柏葰**(軍)　　　(滿)**瑞麟** 　(兼翰掌)九、癸巳;授,　十二、庚午、廿九, 　管兵。　十、戊辰、廿六,　2.1;戶尚遷(未授)。 　12.1;革(殺)。 **彭蘊章** 　九、癸巳;改武英。　　　①	(滿)**瑞麟** 　五、乙未、廿六,6.26;管戶。 　　　　　　　　　　　　③
東閣	(滿)**桂良** 　四、辛酉、十六,5.28;授欽,赴津(英國)。 　六、己酉、五,7.15;差滬議約。 　九、癸巳;改文華。	
體仁閣	**翁心存** 　(兼翰掌)九、癸巳;授,管戶。 　　　　　　　　　　　　③	**翁心存**　　　　　　**賈　楨** 　(兼翰掌)五、辛　(兼翰掌)五、乙未;服 　卯、廿二,6.22;　閣,大學士,吏尚遷。 　休。　　　　　六、庚戌、十二,7.11; 　　　　　　　　授,管兵。　　　④
協辦	(蒙)**柏葰**(軍)　　(滿)**官文** 　九、壬午、十,10.16;　九、壬午;湖督授, 　遷。　　　　　　　留任。 **翁心存**　　　　**周祖培** 　(兼翰掌)九、壬午;　九、壬午;吏尚授。 　遷。	(滿)**官文** 　(湖督留任) **周祖培** 　二、乙卯、十四,3.18;吏尚改戶尚。

咸豐十年　庚申(1860)	咸豐十一年　辛酉(1861)
(滿)**桂良**(總) 　七、庚子、八,8.24;赴津辦洋務。 　七、丙辰、廿四,9.9;撤。 　十二、己巳、十,1.20;直總。　　　　②	(滿)**桂良**(軍)(總) 　十、丙辰、一,11.3;直軍。 　　　　　　　　　　　　　　　　①
彭蘊章(軍) 　六、壬申、十,7.27;罷直。 　九、甲午、四,10.17;休。(同元死,文敬)　①	**賈　楨** 　(兼翰掌)△正月,體仁改。 　　　　　　　　　　　　　　　②
(滿)**瑞麟**　　　　　(滿)**官文**(未授) 　四、甲申、廿,6.9;殿試讀卷。 　六、辛卯、廿九,8.15;赴通州布防。 　八、己丑、廿八,10.12;革。　③	(滿)**官文** 　(湖督留任)△正月,授。 　　　　　　　　　　　　　　　③
	翁心存 　十一、乙未、十一,12.12;以大學士銜管工。
賈　楨　　　　　**周祖培** 　(兼翰掌)　　　　　(未授)管户。 　　　　　　　　　　　　　　　④	**賈　楨**　　　　　**周祖培** 　(兼翰掌)△正月,改武英。　△正月,授。 　　　　　　　　　　　　　　　④
(滿)**官文**　　　　(宗室)**肅順** 　十二、丙戌、廿七,　十二、丙戌;户尚授。 2.6;遷。 **周祖培** 　十二、丙戌;遷。	(宗室)**肅順** 　九、乙卯、卅,11.2;解(殺)。

大學士年表

年代	同治元年　壬戌(1862)	同治二年　癸亥(1863)
文華殿	(滿)**桂良**(軍)(總)　　(滿)**官文** 四、辛巳、廿九,5.27;殿試讀卷。六、癸酉、廿二,7.18;死(文端)。　(湖督留任)閏八、己酉;文淵改。②　　　　　　　　②	(滿)**官文** (湖督留任) 　　②
武英殿	**賈楨** (兼翰掌)五、己亥、十八,6.14;教庶。八、丙辰、六,8.30;順鄉正考。①　　　　①	**賈楨** (兼翰掌) 　　①
文淵閣	(滿)**官文**　　　　(蒙)**倭仁** 閏八、己酉、廿九,10.22;改文華。(兼翰掌)閏八、己酉;授,管户。④	(蒙)**倭仁** (兼翰掌)四、丙申、廿,6.6;會試正考。④
東閣	**翁心存** 大學士銜管工。十一、丙辰、八,12.28;死(文端)。	
體仁閣	**周祖培** 四、辛巳;殿試讀卷。八、丙申、十六,10.9;管刑。③	**周祖培** 　　③
協辦	(滿)**麟魁**　　(蒙)**倭仁**　　(蒙)**瑞常** 正、甲申、一,1.30;兵尚授。(兼翰掌)七、壬辰、十一,8.6;工尚授。十、戊子、九,11.30;吏尚授。正、己亥、十六,2.14;死(文端)。閏八、丙申;遷。 **曾國藩** 正、甲申;江督授,留任。	(蒙)**瑞常** (吏尚) **曾國藩** (江督留任)

同 治 三 年　甲子(1864)	同 治 四 年　乙丑(1865)
(滿)**官文** 　　（湖督留任） 　　六、戊戌、廿九，8.1；封一等果威伯。 　　　　　　　　　　　　　　　　　②	(滿)**官文** 　　（湖督留任） 　　　　　　　　　　　　　　　　　②
賈　楨 　　（兼翰掌） 　　　　　　　　　　　　　　　　　③	**賈　楨** 　　（兼翰掌）三、辛丑、六，4.1；會試正考。 　　　　　　　　　　　　　　　　　①
(蒙)**倭仁** 　　（兼翰掌） 　　　　　　　　　　　　　　　　　④	(蒙)**倭仁** 　　（兼翰掌） 　　　　　　　　　　　　　　　　　④
（**祁寯藻**） 　　七、癸亥、廿五，8.26；解禮尚，仍以大學士銜 　　在弘德殿行走。	**祁寯藻** 　　八、庚子、八，9.27；休。
周祖培 　　　　　　　　　　　　　　　　　③	**周祖培** 　　五、癸卯、九，6.2；教庶。 　　　　　　　　　　　　　　　　　③
(蒙)**瑞常** 　　（吏尚）	(蒙)**瑞常** 　　（吏尚）
曾國藩 　　（江督留任）　六、戊戌；封一等毅勇侯。	**曾國藩** 　　（江督留任）四、癸巳、廿九，5.23；授欽，赴魯 　　督師(捻軍)。

大學士年表

年代	同治五年　丙寅(1866)	同治六年　丁卯(1867)
文華殿	(滿)官文 （湖督留任） ②	(滿)官文 正、丙寅、十一，2.15；革湖督，留伯爵、大學士，召京入閣辦事。 四、庚寅、七，5.10；管刑。 十一、癸丑、四，11.29；署直督。　②
武英殿	賈　楨 （兼翰掌）　①	賈　楨 （兼翰掌）　四、癸卯、廿，5.23；教庶。 八、丙戌、六，9.3；順鄉正考。　①
文淵閣	(蒙)倭仁 （兼翰掌）　④	(蒙)倭仁 三、乙亥、廿一，4.25；直總（未任）。 六、甲午、十二，7.13；病，罷總。 六、乙未、十三，7.14；卸兼翰掌。　③
東閣		
體仁閣	周祖培	周祖培　　　　　　曾國藩 四、己丑、六，5.9；死　五、辛酉、九，6.10； （文勤）。　　　　　授。（江督留任） 　　　　　　　　　　　　　　④
協辦	(蒙)瑞常 二、乙巳、十五，3.31；改工尚。 曾國藩 （江督留任）　十一、丙辰、一，12.7；回江督任。	(蒙)瑞常 （工尚）　己未、十三，7.14；兼翰掌。 曾國藩　　　　　駱秉章 五、辛酉；遷體仁。　五、辛酉；川督授，留任。 　　　　　　　　十二、丁酉、十八，1.12； 　　　　　　　　死（文忠）。

同 治 七 年　戊辰(1868)		同 治 八 年　己巳(1869)	
(滿)**官文** 　　(直督留任)七、乙未、廿，9.6；卸署直督。 <div align="right">①</div>		(滿)**官文** <div align="right">①</div>	
賈　楨 　正、癸酉、廿四，2.17； 休。(十三年死，文 端)	**曾國藩** 　四、壬寅、廿四，5.16； 體仁改。七、己未；改 直督。<div align="right">③</div>	**曾國藩** 　　(直督留任) <div align="right">③</div>	
(蒙)**倭仁** 　四、戊戌、廿，5.12；殿試讀卷。 <div align="right">②</div>		(蒙)**倭仁** <div align="right">②</div>	
曾國藩 　四、壬申；改武英。	**朱鳳標** 　(兼翰掌)四、壬寅； 授，管吏。<div align="right">④</div>	**朱鳳標** 　　(兼翰掌) <div align="right">④</div>	
(蒙)**瑞常** 　(兼翰掌)六、庚戌、四，7.23；改刑。		(蒙)**瑞常** 　　(刑尚)(兼翰掌)	
朱鳳標 　正、庚戌、一，1.25；吏 尚授。三、乙亥、廿七， 4.19；遷，兼翰掌。	**李鴻章** 　七、乙酉、十，8.27； 湖督授，留任。	**李鴻章** 　　(湖督留任)	

大學士年表

年代	同治九年　庚午(1870)	同治十年　辛未(1871)
文華殿	(滿)**官文**　　　　　　　　　　　①	(滿)**官文**　　(蒙)**倭仁**　　(蒙)**瑞常** 正、壬寅、十二，　三、戊申、十八，　(兼翰掌) 3.2；死(文恭)。　5.7；文淵改。　六、戊子、廿 　　　　　　四、辛巳、廿二，　九、8.15；文 　　　　　　6.9；死(文端)。　淵改。③
武英殿	**曾國藩** 　八、丁酉、三，8.29；直督改江督，留任。 　　　　　　　　　　　　　　③	**曾國藩** 　(江督留任) 　　　　　　　　　　　　　　①
文淵閣	(蒙)**倭仁** 　八、庚子、六，9.1；順鄉正考。 　　　　　　　　　　　　　②	(蒙)**倭仁**　　(蒙)**瑞常**　　(滿)**瑞麟** 三、戊申；改　(兼翰掌)三、戊申；　六、丙子、十 文華。　　改授，管刑。四、庚辰、七，8.3；廣督 　　　　　廿一，6.8；殿試讀　遷。七、壬辰、 　　　　　卷。六、戊子；改　四、8.19；授， 　　　　　文華。　　　留任。④
東閣		
體仁閣	**朱鳳標** 　(兼翰掌) 　　　　　　　　　　　　　　④	**朱鳳標** 　(兼翰掌)三、丙申、六，4.25；會試正考。 　　　　　　　　　　　　　　②
協辦	(蒙)**瑞常** 　(刑尚)(兼翰掌) **李鴻章** 　八、丁酉；改直督，留任。	(蒙)**瑞常**　　　　(滿)**文祥**(軍)(總) 　(兼翰掌)二、戊子、　二、戊子吏尚授。 廿八，4.17；遷。 **李鴻章** 　(直督留任)

同治十一年　壬申(1872)	同治十二年　癸酉(1873)
(蒙)**瑞常**　　　　　(滿)**瑞麟** 　（兼翰掌）三、辛丑、十　　（廣督留任）六、甲子、 　七, 4.24; 死(文端)。　　十一, 7.16; 文淵改。 　　　　　　　　　　　　　　　　　　　　①	(滿)**瑞麟** 　（廣督留任） 　　　　　　　　　　　　　　　　　　　　　①
曾國藩　　　　　**李鴻章** 　二、丙寅、十二, 3.20;　　六、甲子; 授, 直督 　死(文正)。　　　　　留任。　　　　　②	**李鴻章** 　（直督留任） 　　　　　　　　　　　　　　　　　　　　　②
(滿)**瑞麟** 　（廣督留任）六、甲子; 改文華。	
單懋謙 　（兼翰掌）八、辛巳、廿九, 10.1; 授。	**單懋謙** 　（兼翰掌） 　　　　　　　　　　　　　　　　　　　　　④
(滿)**文祥**(軍)(總) 　七、己丑、七, 8.10; 授。 　　　　　　　　　　　　　　③	(滿)**文祥**(軍)(總) 　　　　　　　　　　　　　　　　　　　　　③
朱鳳標 　（兼翰掌）六、甲子; 休。（十二年死, 文端）	
(滿)**文祥**(軍)(總)　　(滿)**全慶** 　六、甲子; 遷。　　　（兼翰掌）六、甲子; 　　　　　　　　　刑尚授。	(滿)**全慶** 　（兼翰掌）十二、戊子、十四, 1.31; 降二調。
李鴻章　　　　　**單懋謙** 　五、庚子、十七,　　（兼翰掌）六、丁卯、十四, 　6.22; 遷。　　　7.19; 吏尚授。 　　　　　　　八、庚申、八, 9.10; 遷。	**左宗棠** 　十、庚子、廿五, 12.14; 陝督授, 留任。

大學士年表

年代	同治十三年　甲戌(1874)	光緒元年　乙亥(1875)
文華殿	(滿)**瑞麟** 　　九、丁未、八，10.17；死(文莊)。 **李鴻章** 　　(直督留任)十二、辛未、二，1.9；武英改。 　　　　　　　　　　　　　　　　①	 **李鴻章** 　　(直督留任) 　　　　　　　　　　　　　　　　①
武英殿	(滿)**文祥**(軍)(總) 　　十二、辛未；體仁改。 　　　　　　　　　　　　　　　　② **李鴻章** 　　十二、辛未；改文華。	(滿)**文祥**(軍)(總) 　　三、庚子、三，4.8；卸管工。 　　　　　　　　　　　　　　　　②
文淵閣	 **單懋謙** 　　(兼翰掌)四、丁丑、五，5.20；休。(光五 　　死，文恪)	
東閣	 **左宗棠** 　　(陝督留任)八、戊寅、八，9.8；授。 　　　　　　　　　　　　　　　　③	 **左宗棠** 　　(陝督留任)三、乙丑、廿八，5.3；授欽， 　　督辦新疆軍務。 　　　　　　　　　　　　　　　　③
體仁閣	(滿)**文祥**(軍)(總)　　(滿)**寶鋆**(軍)(總) 　　十二、辛未；改武　　(兼翰掌)十二、辛未； 　　英。　　　　　　　　授，管吏。 　　　　　　　　　　　　　　　　④	(滿)**寶鋆**(軍)(總) 　　(兼翰掌) 　　　　　　　　　　　　　　　　④
協辦	(滿)**寶鋆**(軍)(總) 　　(兼翰掌)三、丙午、四，4.19；吏尚授。 　　八、癸酉、三，9.13；改兵尚。 　　十一、己酉、十，12.18；遷。 **左宗棠** 　　七、壬子、十二，8.23；遷。	(滿)**英桂** 　　正、己亥、一，2.6；吏尚授。(兼步統) **沈桂芬**(軍)(總) 　　正、己亥；兵尚授。

光緒二年　丙子(1876)	光緒三年　丁丑(1877)
李鴻章 （直督留任） 　　　　　　　　　①	**李鴻章** （直督留任） 　　　　　　　　　①
（滿）**文祥**(軍)(總) 　　五、乙未、五,,5.27;死(文忠)。 　　　　　　　　　②	（滿）**寶鋆**(軍)(總) 　（兼翰掌）二、乙巳、十九,,4.2;體仁改。 　　三、壬戌、六,,4.19;會試正考。 　　　　　　　　　⑧
左宗棠 　（陝督留任） 　　　　　　　　　③	**左宗棠** 　（陝督留任） 　　　　　　　　　②
（滿）**寶鋆**(軍)(總) 　（兼翰掌） 　　　　　　　　　④	（滿）**寶鋆**(軍)(總)　　　　　（滿）**英桂** 　（兼翰掌）二、乙巳;　　　二、乙巳;授,卸兼 　　改武英。　　　　　　步統。 　　　　　　　　　④
（滿）**英桂** 　（吏尚）（兼步統）	（滿）**英桂**　　　　　　（宗室）**戴齡** 　（兼步統）正、癸亥、　　　正、癸亥;吏尚授。 　　七,,2.19;遷。
沈桂芬(軍)(總) 　（兵尚）	**沈桂芬**(軍)(總) 　（兵尚）

大學士年表

年代	光緒四年　戊寅(1878)	光緒五年　己卯(1879)
文華殿	**李鴻章** （直督留任） ①	**李鴻章** （直督留任） ①
武英殿	（滿）**寶鋆**（軍）（總） （兼翰掌） ③	（滿）**寶鋆**（軍）（總） （兼翰掌） ③
文淵閣		
東閣	**左宗棠** （陝督留任）二、壬辰、十三，3.15；晉二等恪靖侯。 ②	**左宗棠** （陝督留任） ②
體仁閣	（滿）**英桂**　　　　（宗室）**戴齡** 三、戊寅、廿八，4.30；　六、甲申、六，7.5； 休。（十月死，文勤）　授，管工。 ④	（宗室）**戴齡** ④
協辦	（宗室）**戴齡**　　（滿）**全慶** 五、庚戌、一，　　五、庚戌；刑尚授。十二、 6.1；遷。　　　　癸卯、廿八，1.20；改工尚。 **沈桂芬**（軍）（總） （兵尚）五、己巳、廿，6.20；兼翰掌。	（滿）**全慶** （工尚） **沈桂芬**（軍）（總） （兵尚）（兼翰掌）

光 緒 六 年　庚辰(1880)	光 緒 七 年　辛巳(1881)
李鴻章 （陝督留任） ①	**李鴻章** （直督留任） ①
(滿)**寶鋆**(軍)(總) （兼翰掌）五、戊辰、一，6.8；教庶。 ③	(滿)**寶鋆**(軍)(總) （兼翰掌） ③
左宗棠 （陝督留任）　十一、戊辰、四，12.5；召京， 入閣辦事。 ②	**左宗棠**(軍)(總) 正、壬辰、廿九，2.27；入直並直總，管兵。 九、乙未、六，10.28；授江督，留任。 ②
(宗室)**載齡**　　　　　(滿)**全慶** 九、丙辰、廿一，10.24；　十一、丙戌、廿二， 休。（九年死，文恪）　12.23；授，管工。 ④	(滿)**全慶**　　　　　(宗室)**靈桂** 八、丁亥、廿八，10.20；　十一、甲午、六， 休。（八年死，文恪）　12.26；授。 ④
(滿)**全慶**　　　　　(宗室)**靈桂** 十一、己巳、五，　　　十一、己巳；吏尚授。 12.6；遷。	(宗室)**靈桂**　　　　　(滿)**文煜** 十、癸酉、十四，12.5；　十、癸酉；刑尚授。 遷。
沈桂芬(軍)(總) （兵尚）（兼翰掌）	**沈桂芬**(軍)(總)　　**李鴻藻**(軍)(總) 正、丙寅、三，2.1；死　六、己未、廿九，7.24； （文定）。　　　　　兵尚授。

大學士年表

年代	光緒八年 壬午(1882)	光緒九年 癸未(1883)
文華殿	**李鴻章** （直督留任）三、乙未、九，4.26；憂，解直督任。　　　　　　①	**李鴻章** （直督留任）正、辛亥、廿九，3.8；署北洋大臣。 六、戊午、十，7.13；署直督，留任。①
武英殿	（滿）**寶鋆**（軍）（總） （兼翰掌） 　　　　　　　　　　　③	（滿）**寶鋆**（軍）（總） （兼翰掌） 　　　　　　　　　　　③
文淵閣		
東閣	**左宗棠** （江督留任） 　　　　　　　　　　　②	**左宗棠** （江督留任） 　　　　　　　　　　　②
體仁閣	（宗室）**靈桂** 　　　　　　　　　　　④	（宗室）**靈桂** 　　　　　　　　　　　④
協辦	（滿）**文煜** （刑尚） **李鴻藻**（軍）（總） 正、辛亥、廿四，3.13；改吏尚。	（滿）**文煜** （刑尚） **李鴻藻**（軍）（總） （吏尚）

光緒十年　甲申(1884)	光緒十一年　乙酉(1885)
李鴻章 （直督留任）八、丙子、五,9.23;仍授直督,留任。　①	**李鴻章** （直督留任）　①
(滿)**寶鋆**(軍)(總)　三、戊子、十三,4.8;休。（十七年死,文靖）　　(滿)**文煜**　閏五、甲辰、一,6.23;授。十、壬午、十一,11.28;死。　　(宗室)**靈桂**（兼翰掌）十、甲申、十三,11.30;體仁改。　③	(宗室)**靈桂**（兼翰掌）九、辛丑、六,10.13;死(文恭)。　　(滿)**額勒和布**(軍)　十二、戊寅、十四,1.18;體仁改。　②
左宗棠(軍)　四、癸亥、十九,5.13;卸江督,召京。五、己亥、廿五,6.18;入直。七、庚申、十八,9.7;授欽,督辦福建軍務。　②	**左宗棠**　七、庚子、四,8.13;卸欽。八、乙酉、十九,9.27;死（文襄）。　　**閻敬銘**(軍)(總)　十二、戊寅;授,管戶。　③
(宗室)**靈桂**　三、庚辰、五、3.31;兼翰掌。五、戊子、十四,6.7;管吏。十、甲申;改武英。　　(滿)**額勒和布**(軍)　十、甲申;授,管戶。　④	(滿)**額勒和布**(軍)　十一、癸亥、廿九,1.3;管兵。十二、戊寅;改武英。　　(滿)**恩承**　十二、戊寅;授。　④
(滿)**文煜**　五、丁亥、十三,6.6;遷。　　(滿)**額勒和布**(軍)　五、戊子;戶尚授。九、甲子、廿三,11.10;遷。　　(滿)**恩承**　九、乙丑、廿四,11.11;吏尚授。	(滿)**恩承**　十一、癸亥、遷。　　(宗室)**福錕**(總)　十一、癸亥;戶尚授。（兼步統）
李鴻藻(軍)(總)　三、戊子;降二調。　　**閻敬銘**(軍)(總)　五、戊子;戶尚授。	**閻敬銘**(軍)(總)　十一、癸亥;遷。　　**張之萬**(軍)　十一、癸亥;刑尚授。

大學士年表

年代	光緒十二年　丙戌(1886)	光緒十三年　丁亥(1887)
文華殿	李鴻章 （直督留任） ①	李鴻章 （直督留任） ①
武英殿	(滿)額勒和布(軍) ②	(滿)額勒和布(軍) ②
文淵閣		
東閣	閻敬銘(軍)(總) 九、丁巳、廿七，10.24; 罷直。 ③	閻敬銘(總) ③
體仁閣	(滿)恩承 ④	(滿)恩承 ④
協辦	(宗室)福錕(總) 　（戶尚）（兼步統） 張之萬(軍) 　（刑尚）	(宗室)福錕(總) 　（戶尚）（兼步統） 張之萬(軍) 　（刑尚）

光緒十四年　戊子(1888)	光緒十五年　己丑(1889)
李鴻章 （直督留任） 　　　　　　　①	李鴻章 （直督留任） 　　　　　　　①
(滿)**額勒和布**(軍) 　　　　　　　②	(滿)**額勒和布**(軍) 　　　　　　　②
	(滿)**恩承** 　二、己卯、三、3.4；體仁改。 　四、乙未、廿、5.19；殿試讀卷。 　　　　　　　③
閻敬銘(總) 　七、丙寅、十六、8.23；休。（十八年死，文介） 　　　　　　　③	
(滿)**恩承** 　　　　　　　④	(滿)**恩承** 　二、己卯；改東閣。
	張之萬(軍) 　二、己卯；授，管戶。 　　　　　　　④
(宗室)**福錕**(總) 　（戶尚）（兼步統）	(宗室)**福錕**(總) 　（戶尚）（兼步統）
張之萬(軍) 　（刑尚）	**张之萬**(軍)　　　(漢)**徐桐** 　正、辛酉、十五、　（兼翰掌）正、辛酉； 　12.14；遷。　　　吏尚授。

大學士年表

年代	光緒十六年　庚寅(1890)	光緒十七年　辛卯(1891)
文華殿	**李鴻章** （直督留任） ①	**李鴻章** （直督留任） ①
武英殿	（滿）**額勒和布**（軍） ②	（滿）**額勒和布**（軍） ②
文淵閣		
東閣	（滿）**恩承** ③	（滿）**恩承** ③
體仁閣	**張之萬**（軍） ④	**张之萬**（軍） ④
協辦	（宗室）**福錕**（總） （戶尚）（兼步統） （漢）**徐桐** （吏尚）（兼翰掌）	（宗室）**福錕**（總） （戶尚）（兼步統） （漢）**徐桐** （吏尚）（兼翰掌）

光 緒 十 八 年　壬辰(1892)	光 緒 十 九 年　癸巳(1893)
李鴻章 （直督留任） <div align="right">①</div>	**李鴻章** （直督留任） <div align="right">①</div>
（滿)**額勒和布**(軍) 四、癸丑、廿五, 5.21；殿試讀卷。 <div align="right">②</div>	（滿)**額勒和布**(軍) <div align="right">②</div>
（滿)**恩承** 四、癸丑；殿試讀卷。 閏六、庚辰、廿四, 8.16；死(文恪)。 　**張之萬**(軍) 九、甲午、九, 10.29；體仁改。 <div align="right">③</div>	**張之萬**(軍) <div align="right">③</div>
（宗室)**福錕**(總) 八、甲午；授。(兼步統) <div align="right">④</div>	（宗室)**福錕**(總) 　（兼步統） <div align="right">④</div>
張之萬(軍) 八、甲申、廿九, 10.19；管吏。 九、甲午；改東閣。	
（宗室)**福錕**(總)　　　（宗室)**麟書** 八、甲申；遷。(兼步統)　（兼翰掌） 　　　　　　　　八、甲申；吏尚授。	（宗室)**麟書** 　（吏尚）（兼翰掌）
（漢)**徐桐** 　（吏尚）（兼翰掌）	（漢)**徐桐** 　（吏尚）（兼翰掌）

大學士年表

年代	光緒二十年　甲午(1894)	光緒二一年　乙未(1895)
文華殿	**李鴻章** （直督留任） 　　　　　　　　　　　　①	**李鴻章** 正、辛卯、十九，2.13；卸直督，授頭等全權大臣，訂《馬關條約》。七、丁未、九，8.28；入閣辦事。十二、癸巳、廿七，2.10；欽差頭等出使俄國大臣。　　　　　①
武英殿	（滿）**額勒和布**（軍） 　十、壬戌、十九，11.16；罷直。 　　　　　　　　　　　　②	（滿）**額勒和布** 　　　　　　　　　　　　②
文淵閣		（宗室）**麟書** 　（兼翰掌）六、丙申、廿七，8.17；授，管工。 　　　　　　　　　　　　④
東閣	**張之萬**（軍） 　四、丙寅、廿，5.24；殿試讀卷。 　十、壬戌；罷直。 　　　　　　　　　　　　③	**張之萬** 　　　　　　　　　　　　③
體仁閣	（宗室）**福錕**（總） 　九、壬寅、廿九，10.27；卸兼步統。 　　　　　　　　　　　　④	（宗室）**福錕**（總） 　閏五、甲辰、四，6.26；休。（廿二年死，文慎）
協辦	（宗室）**麟書** 　（吏尚）（兼翰掌） （漢）**徐桐** 　（吏尚）（兼翰掌）	（宗室）**麟書**　　　　（宗室）**崐岡** 　（兼翰掌）六、乙酉、　　六、乙酉；禮尚授。 　十六，8.6；遷。 （漢）**徐桐** 　（吏尚）（兼翰掌）

光緒二二年　丙申(1896)	光緒二三年　丁酉(1897)
李鴻章(總) 　　九、庚戌、十八,10.24;直總。 　　　　　　　　　　　　　①	**李鴻章**(總) 　　　　　　　　　　　　　①
(滿)**額勒和布**　　　　　　(宗室)**麟書** 　　三、戊戌、三,4.15;休。　(兼翰掌)五、戊戌、 　　(廿六年死,文恭)　　　　四,6.14;文淵改。 　　　　　　　　　　　　　②	(宗室)**麟書** 　　(兼翰掌) 　　　　　　　　　　　　　②
(宗室)**麟書** 　　(兼翰掌)　四、庚辰、十五,5.27;管户。 　　五、戊戌;改武英。	
(宗室)**崐岡** 　　十一、丙申、五,12.9;體仁改。 　　　　　　　　　　　　　③	(宗室)**崐岡** 　　　　　　　　　　　　　③
張之萬 　　九、丙午、十四,10.20;休。(廿三年死,文達)	
(宗室)**崐岡** 　　五、戊戌;授,管工。 　　五、癸亥、廿九,7.9;改管藩。 　　十一、丙申;改東閣。	
(漢)**徐桐** 　　(兼翰掌)　十一、丙申;授,管吏。 　　　　　　　　　　　　　④	(漢)**徐桐** 　　(兼翰掌) 　　　　　　　　　　　　　④
(宗室)**崐岡**　　　　　　(滿)**榮禄**(總) 　　四、戊子、廿三,6.4;　(兼步統)四、戊子; 　　遷。　　　　　　　　兵尚授。	(滿)**榮禄**(總) 　　(兵尚)(兼步統)
(漢)**徐桐**　　　　　　　　**李鴻藻**(軍)(總) 　　(兼翰掌)十、己丑、　　十、己丑;禮尚授。十、辛 　　廿八,12.2;遷。　　　卯、卅,12.4;改吏尚。	**李鴻藻**(軍)(總)　　**翁同龢**(軍)(總) 　　七、庚寅、三,7.31;死　八、壬申、十五,9.11; 　　(文正)。　　　　　　户尚授。

大學士年表

年代	光緒二四年　戊戌(1898)	光緒二五年　己亥(1899)
文華殿	**李鴻章**(總) 七、癸酉、廿二,9.7;署總。　　　　①	**李鴻章** 十一、辛酉、十七,12.19;署廣督,留任。　①
武英殿	(宗室)**麟書** 　(兼翰掌)閏三、丙辰、三,4.23;死(文慎)。	
文淵閣	(滿)**榮禄**(軍)(總) 四、己酉、廿七,6.15;署直督,卸兼步統。 八、辛卯、十,9.25;卸。　八、甲午、十三,9.28; 入直,節制北洋各軍,管兵。　八、丁未、廿六, 10.11;欽,節制四軍及北洋各軍。　　④	(滿)**榮禄**(軍)(總) 　　　　　　　　　　　④
東閣	(宗室)**崐岡** 閏三、丁巳、四,4.24;兼翰掌。 四、壬寅、廿,6.8;殿試讀卷。 四、辛亥、廿九,6.17;教庶。　　②ï	(宗室)**崐岡** 　(兼翰掌) 　　　　　　　　　　　②
體仁閣	(漢)**徐桐** 　(兼翰掌) 　　　　　　　　　　　③	(漢)**徐桐** 　(兼翰掌) 　　　　　　　　　　　③
協辦	(滿)**榮禄**(總)　　(滿)**剛毅**(軍) (兼步統)四、甲辰、　　四、甲辰;兵尚授。 廿二,6.10;遷。 **翁同龢**(軍)(總)　　**孫家鼐** 四、己酉;解。　　　五、丁巳、五,6.23; 　　　　　　　　吏尚授。	(滿)**剛毅**(軍) 　(兵尚) **孫家鼐**　　　　　**王文韶**(軍)(總) 十一、戊辰、廿四　十一、己巳、廿五, 12.26;病免。　　12.27;户尚授。

光緒二六年　庚子(1900)	光緒二七年　辛丑(1901)
	(滿)**榮祿**(軍) 　　十二、丙辰、廿四, 2.2；文淵改。 　　　　　　　　　　　　　　　②
李鴻章 　　四、丁酉、廿六, 5.24；授廣督。 　　六、壬午、十二, 7.8；改直督，留任。 　　　　　　　　　　　　　　　①	**李鴻章** 　　(直督留任) 九、己丑、廿七, 11.7；死(文忠)。
(滿)**榮祿**(軍)(總) 　　　　　　　　　　　　　　　③	(滿)**榮祿**(軍)(總) 　　六、甲辰、十, 7.25；管户、罷總。 　　十二、丙辰；改文華。
	王文韶(軍)(外會) 　　十二、丙辰；體仁改。 　　　　　　　　　　　　　　　⑧
(宗室)**崐岡** 　　(兼翰掌) 　　　　　　　　　　　　　　　②	(宗室)**崐岡** 　　(兼翰掌) 六、甲辰；管兵。 　　　　　　　　　　　　　　　①
(漢)**徐桐**　　　　　　　**王文韶**(軍)(總) 　　(兼翰掌) △十一、癸未、　十、癸丑、十五, 12.6； 　　十五, 1.5；死。　　　十二、壬　授，管户。 　　戌、廿五, 2.13；追革。 　　　　　　　　　　　　　　　④	**王文韶**(軍)(外會)　　　　**孫家鼐** 　　六、甲辰；總署改設外務部，解。　(兼翰掌) 十二、 　　六、癸卯、九, 7.24；任爲外務部　甲寅、廿二, 1.31； 　　會辦大臣。九、己丑；署全權大　吏尚遷。十二、丙 　　臣。十二、丙辰；改文淵。　　　辰；授，管吏。　④
(滿)**剛毅**(軍)　　　　　　(漢)**崇禮** 　　三、庚申、十八, 4.17；　　十、癸丑、十五, 　　改吏尚。九月死。　　　12.6；户尚授。 　　十二, 壬戌；追革。	(漢)**崇禮**(總) 　　(户尚) 六、甲辰；解總。
王文韶(軍)(總)　　　　**徐郙** 　　十、癸丑；遷。　　　十、癸丑；吏尚授。	**徐郙** 　　三、癸巳、廿七, 5.15；改禮尚。

大學士年表

年代	光緒二八年　壬寅(1902)	光緒二九年　癸卯(1903)
文華殿	(滿)**榮祿**(軍)　　　　　　②	(滿)**榮祿**(軍) 　三、己巳、十四，4.11；死(文忠)。
武英殿		**王文韶**(軍) 　五、戊午、四，5.30；文淵改。 　九、丙申、十六，11.4；卸外會，管户。　①
文淵閣	**王文韶**(軍) 　(外會)　　　　　　③	(宗室)**崐岡**　　　　　(漢)**崇禮** 　(兼翰掌)五、戊午、東閣　八、丙子、廿五， 　改。七、辛卯、九，8.31；　10.15；東閣改。 　休。(卅三年死，文達)　　　　　　　③ **王文韶**(軍) 　(外會)　五、戊午；改武英。
東閣	(宗室)**崐岡** 　(兼翰掌)　　　　　　①	(宗室)**崐岡**　　　　　(漢)**崇禮** 　(兼翰掌)五、戊午；　五、戊午，授。八、 　改文淵。　　丙子；改文淵。 **孫家鼐** 　(兼翰掌)二、丙戌、一，2.27；會試正考。 　八、丙子；體仁改。　　　　　　②
體仁閣	**孫家鼐** 　(兼翰掌)　　　　　　④	(宗室)**敬信** 　八、丙子；授。　　　　　　④ **孫家鼐** 　(兼翰掌)八、丙子；改東閣。
協辦	(漢)**崇禮** 　(户尚) **徐　郙** 　(禮尚)	(漢)**崇禮**　　　(宗室)**敬信**　　(滿)**裕德** 　四、辛亥、廿　四、辛亥、吏　八、壬申、廿 　七，5.23；遷。尚授。八、　一，10.11；兵 　　　　壬申；遷。尚授。兼翰掌。 **徐　郙** 　(禮尚)

光緒三十年　甲辰(1904)	光緒三一年　乙巳(1905)
王文韶(軍) 　五、戊戌、廿,7.3;殿試讀卷。 　　　　　　　　　①	**王文韶**(軍) 　五、庚子、廿八、6.30;罷直。 　　　　　　　　　①
(漢)**崇禮** 　　　　　　　　　③	(漢)**崇禮** 　五、己亥、廿七,6.29;休。(卅三年死,文恪)
	孫家鼐 　(兼翰掌)六、丙寅、廿四,7.26;東閣改。 　　　　　　　　　②
	(滿)**裕德**　　　　　　　(滿)**世續** 　(兼翰掌)六、丙寅;體仁改。　十二、甲寅、十六, 　十、壬子、十三,11.9;管禮。　1.10;體仁改。 　十一、辛未、二,11.28;死(文慎)。　③
孫家鼐 　(兼翰掌) 　　　　　　　　　②	**孫家鼐** 　(兼翰掌)　六、丙寅;改文淵。
(宗室)**敬信**　　　(滿)**裕德** 　九、壬午、七,10.15;休。　(兼翰掌)十、己酉、 　(卅三年死,文恪)。　五,11.11;授。 　　　　　　　　　④	(滿)**裕德**　(滿)**世續**　(滿)**那桐** 　(兼翰掌)六、丙　六、丙寅;授。　(兼步統)十 　寅;改東閣。　十二、甲寅;改　二、甲寅;授。 　　　　　　東閣。　仍兼外會。④
(滿)**裕德**　　　　(滿)**世續** 　(兼翰掌)四、癸亥、十　十、丁未;吏尚授。 　五,5.29;改禮尚。十、 　丁未、三,11.9;遷。	(滿)**世續**　(滿)**那桐**　(蒙)**榮慶**(軍) 　六、己未、十七,　(兼步統)六、己未;　(兼翰掌) 　7.19;遷。　外會授。十二、辛　十二、辛亥; 　　　亥、十三,1.7;遷。　學尚授。
徐　郙 　(禮尚)	**徐　郙** 　(禮尚)

大學士年表

年代	光緒三二年　丙午(1906)	光緒三三年　丁未(1907)
文華殿		
武英殿	**王文韶**　　　　　　　　　①	**王文韶**　　　　　　**孫家鼐** 五、辛丑、十一,6.21;　（兼翰掌）六、丁丑、 休。（卅四年死,文勤）　十八,7.27;文淵改。　①
文淵閣		(滿)**世續**(軍) 六、丁丑;東閣改。 　　　　　　　　　②
	孫家鼐 （兼翰掌） 　　　　　　　　　②	**孫家鼐** （兼翰掌）六、丁丑;改武英。
東閣	(滿)**世續**(軍) 九、甲寅、廿,11.6;入直。 　　　　　　　　　③	(滿)**世續**(軍)　　　(滿)**那桐** 六、丁丑;改文淵。　（兼步統）（外會） 　　　　　　　　　　六、丁丑;體仁改。③
體仁閣	(滿)**那桐** （外會）（兼步統） 　　　　　　　　　④	(滿)**那桐** （外會）（兼步統）　三、庚子、九,4.21;署民 尚。六,丁丑;改東閣。 **張之洞**(軍) 六、丁丑;授。七、辛卯、二,8.10;召京,入閣 辦事。七、丙辰、廿七,9.4;入直。 八、癸酉、十四,9.21;管學。　　④
協辦	(蒙)**榮慶**(軍) （兼翰掌）（學尚）　九、甲寅、廿,11.6;罷直。	(蒙)**榮慶** （學尚）（兼翰掌）
	徐　郙　　　　**瞿鴻禨**(軍) 正、壬辰、廿四,2.17;　正、甲午、廿六, 休。（卅三年死）　　2.19;外尚授。	**瞿鴻禨**(軍)　**張之洞**　　**鹿傳霖**(軍) 五、丁酉、七、　五、辛丑;湖督授,　六、癸酉 6.17;解。　　留任。六、癸酉,　吏尚改軍機 　　　　　　十四,7.23;遷。　大臣授。

光 緒 三 四 年　戊申(1908)	宣 統 元 年　己酉(1909)
	(滿)**世續**(軍) 十一、丁卯、廿一,1.2;文淵改。　①
孫家鼐 （兼翰掌）　①	**孫家鼐** （兼翰掌）十、甲午、十八,11.30;死(文正)。
(滿)**世續**(軍)　②	(滿)**世續**(軍)　　　　　　(滿)**那桐**(軍) 二、戊辰、十八,3.9;署　　（外會)十一、丁卯; 外會。　　　　　　　　　東閣改。 十一、丁卯;改文華。　　　　　　　　　②
(滿)**那桐**(軍、學) （外會）十二、壬戌、十一,1.2;學習入直。 十二、甲子、十三,1.4;卸兼步統。　③	(滿)**那桐**(軍) 正、癸未、二,1.23;入直。 五、己未、十一,6.28;署直督。 十一、丁卯;改文淵。 　**鹿傳霖**(軍) 　十一、丁卯;體仁改。 　　　　　　　　　　　　③
張之洞(軍)　④	**張之洞**(軍)　　**鹿傳霖**(軍)　　**陸潤庠** 八、己亥、廿三,　九、庚午、廿四,　（兼翰掌） 10.6;死(文襄)。　11.6;授。十一、　十一、丁卯; 　　　　　　　丁卯;改東閣。　授。　④
(蒙)**榮慶** （學尚）（兼翰掌）	(滿)**榮慶** （學尚）（兼翰掌）
鹿傳霖(軍)	**鹿傳霖**(軍)　　**陸潤庠**　　　　　**戴鴻慈**(軍) 九、丙寅、　九、丙寅;吏尚授。十、　十一、丙寅、 廿,11.2;　甲午、十八,11.30;兼　廿,1.1;法 遷。　　翰掌。十一、丙寅;遷。　尚授。

大學士年表

年代	宣統二年 庚戌(1910)	宣統三年 辛亥(1911)	
文華殿	(滿)**世續**(軍) 七、甲寅、十三,8.17;罷直。 ①	(滿)**世續** 九、癸酉、九,10.30;休。 ①	〔四、戊寅、十,5.8;奕劻內閣成立。〕
武英殿			
文淵閣	(滿)**那桐**(軍) (外會) ②	(滿)**那桐**(軍) (外會) ②	(授內閣協理大臣)
東閣	**鹿傳霖**(軍) 七、甲子、廿三,8.27;死(文端)。　**陸潤庠** (兼翰掌)八、戊戌、廿七,9.30;體仁改。 ③	**陸潤庠** (兼翰掌) ③	(授弼德院院長)
體仁閣	**陸潤庠** (兼翰掌)八、戊戌;改東閣。　**徐世昌**(軍) 八、戊戌;授。 ④	**徐世昌**(軍) ④	(授內閣協理大臣)
協辦	(蒙)**榮慶** (兼翰掌)二、丙申、廿二,4.1;改禮尚。	(蒙)**榮慶** (禮尚)(兼翰掌)	(授弼德院副院長)
	戴鴻慈(軍) 正、癸亥、十八,2.27;死(文誠)。　**徐世昌**(軍) 正、癸亥、十七、甲寅、入直,卸郵尚。八、丙申、廿五,9.28;遷。　**李殿林** 八、丙申;吏尚授。	**李殿林** (吏尚)	(授典禮院掌院學士)

附録: 清代內閣重要變化概況

順治元年、甲申、1644; 仍用關外制度，設置內三院: 內國史院、內秘書院、內弘文院。大學士無定員，兼各部尚書銜。

順治二年、乙酉、1645; 裁翰林院，併入內三院，改稱內翰林國史院、內翰林秘書院、內翰林弘文院。

順治十五年、戊戌、九、七(辛丑)，1658.10.3; 改設殿閣大學士: 以中和殿、保和殿、文華殿、武英殿、文淵閣、東閣繫銜。

順治十八年、辛丑、七、二(己酉)，1661.7.27; 復改設內三院。

康熙九年、庚戌、八、十一(乙未)，1670.9.24; 仍改設殿閣大學士。(中和殿繫銜，自康熙二十年圖海死後，即未再授。)

康熙六一年、壬寅、十一、十七(戊戌)，1722.12.24; 初授"協理大學士事務"; 其後或稱"署大學士事"，或稱"額外大學士"，即協辦大學士的前身。

乾隆十三年、戊辰、十二、四(甲申)，1749.1.22; 定內閣大學士以三殿三閣(保和殿、文華殿、武英殿、文淵閣、東閣、體仁閣)繫銜，共四員，滿漢各二員; 又協辦大學士滿漢各一員。(保和殿繫銜，自乾隆三五年傅恒死後，即未再授。)

乾隆五八年、癸丑，1793; 罷大學士兼各部尚書虛銜。

宣統三年、辛亥、四、十(戊寅)，1911.5.8; 廢殿閣大學士，改設近代式內閣。

軍 機 大 臣 年 表

雍正八年至宣統三年

1730—1911

雍正八年
庚戌 （1730）

張廷玉 保和**

蔣廷錫 文淵**

（滿）**馬爾賽** 武英

　　五、丁丑、十，6.24；入直。

雍正九年
辛亥 （1731）

（滿）**馬爾賽** 武英**·

張廷玉 保和**

蔣廷錫 文淵

雍正十年
壬子 （1732）

張廷玉 保和**

蔣廷錫 文淵

　　七、乙巳、廿一，9.9；死（文肅）。

雍正十一年
癸丑 （1733）

張廷玉 保和**

馬蘭泰

　　二、己未、七，3.22；領侍衛內大臣、蒙古都統、一等英誠侯入直。

（滿）**訥親** 御前大臣，三等果毅公。

　　十一、甲辰、廿七，1.1；入直。

雍正十二年
甲寅 （1734）

張廷玉 保和**

（滿）**訥親** 御前大臣

雍正十三年
乙卯 （1735）

張廷玉 保和**

〔續上〕

（滿）**訥親**

　　△八月，授滿洲都統、領侍衛內大臣。

徐本 *刑尚

　　十、辛巳、十六，11.29；入直。

　　辦理軍機事務：

（蒙）**班第** 理右

索柱 閣學

豐盛額 都統

（滿）**海望** 內大臣、户左

（滿）**莽鵠立** 都統

（蒙）**納延泰** 理左

　　八、戊子、廿二，10.7；命總理事務王大臣：

（莊親王）**允祿**

（果親王）**允禮**

（蒙）**鄂爾泰** 保和

張廷玉 保和

　　——餘略：徐本及班第等均協辦總理事務或差委辦事。

　　〔十、甲午、廿九，12.12；辦理軍機處事務由總理事務王大臣兼理。〕

乾隆元年
丙辰 （1736）

（莊親王）**允祿**

（果親王）**允禮**

（滿）**鄂爾泰** 保和**

張廷玉 保和**

　　（總理事務大臣兼理軍機處事務。）

　　〔十、乙酉、十五，11.27；請解職，不准。〕

乾隆二年
丁巳 （1737）

　　〔十一、辛巳、廿八，1.17；准總理事務王大臣解職，復設"辦理軍機處"：〕

（滿）**鄂爾泰** 保和

張廷玉 保和

〔續上〕

（滿）**訥親** 兵尚

（滿）**海望** 户尚

（蒙）**納延泰** 刑左

（蒙）**班第** 理左

乾隆三年
戊午 （1738）

（滿）**鄂爾泰** 保和**

張廷玉 保和**

（滿）**訥親** 兵尚、吏尚

　　十二、己卯、一，1.10；兵尚改吏尚。

（滿）**海望** 户尚

（蒙）**納延泰** 刑左、吏尚

　　四、辛卯、九，5.27；刑左遷吏尚。

（蒙）**班第** 理左、兵右

　　四、辛丑、十九，6.6；理左改兵右。

徐本 東閣

　　△入直。

乾隆四年
己未 （1739）

（滿）**鄂爾泰** 保和**

張廷玉 保和**

徐本 東閣**

（滿）**訥親** *吏尚

　　三、丁卯、廿一，4.28；授協。

（滿）**海望** 户尚

（蒙）**納延泰** 理尚

（蒙）**班第** 兵右

　　七、丙寅、廿二，8.25；改湖督。

乾隆五年
庚申 （1740）

（滿）**鄂爾泰** 保和

張廷玉 保和

徐本 東閣

〔續上〕

（滿）**訥親** ＊吏尚

（滿）**海望** 戶尚

（蒙）**納延泰** 理尚

乾隆六年
辛酉 （1741）

（滿）**鄂爾泰** ＊＊保和

張廷玉 ＊＊保和

徐　本 ＊＊東閣

（滿）**訥親** ＊吏尚

（滿）**海望** 戶尚

（蒙）**納延泰** 理尚

（蒙）**班第** 兵尚
　　正、甲午、廿八，3.15；前湖督入直。
　　三、庚寅、廿五，5.10；授兵尚。

乾隆七年
壬戌 （1742）

（滿）**鄂爾泰** ＊＊保和

張廷玉 ＊＊保和

徐　本 東閣
　　七、己巳、十二，8.12；兼戶尚。

（滿）**訥親** ＊吏尚

（滿）**海望** 戶尚

（蒙）**班第** 兵尚

（蒙）**納延泰** 理尚

乾隆八年
癸亥 （1743）

（滿）**鄂爾泰** ＊＊保和

張廷玉 ＊＊保和

徐　本 ＊東閣
　　十、己巳、廿，12.5；兼戶尚。

（滿）**訥親** ＊吏尚

（滿）**海望** 戶尚

（蒙）**班第** 兵尚

（蒙）**納延泰** 理尚

乾隆九年
甲子 （1744）

（滿）**鄂爾泰** ＊＊保和

張廷玉 ＊＊保和

徐　本 ＊＊東閣
　　六、己酉、三，7.12；休。
　　（十二年死，文穆）

（滿）**訥親** ＊戶尚

（滿）**海望** 戶尚

（蒙）**班第** 兵尚

（蒙）**納延泰** 理尚

乾隆十年
乙丑 （1745）

（滿）**鄂爾泰** ＊＊保和
　　四、乙卯、十三，5.14；死（文端）。

張廷玉 ＊＊保和

（滿）**訥親** ＊＊保和
　　五、戊子、十七，6.16；協、吏尚遷。

（滿）**海望** 戶尚
　　十二、乙卯、十八，1.9；衰老罷直。

（蒙）**班第** 兵尚

（蒙）**納延泰** 理尚

（滿）**傅恒** 戶右
　　六、庚戌、九，7.8；入直。

（滿）**高斌** ＊吏尚
　　十二、乙卯；入直。

蔣溥 吏右
　　十二、乙卯；入直。

乾隆十一年
丙寅 （1746）

（滿）**訥親** ＊＊保和

張廷玉 ＊＊保和

（滿）**高斌** ＊吏尚

（蒙）**班第** 兵尚

（蒙）**納延泰** 理尚

〔續上〕

（滿）**傅恒** 戶右、戶左
　　七、庚戌、十六，9.1；戶右改戶左。

蔣溥 吏右、吏左
　　三、乙酉、十九，4.9；吏右改吏左。

汪由敦 刑尚
　　十、壬午、廿，12.2；入直。

乾隆十二年
丁卯 （1747）

（滿）**訥親** ＊＊保和

張廷玉 ＊＊保和

（滿）**高斌** 文淵
　　三、丙午、十六，4.25；協、吏尚遷。

（蒙）**班第** 兵尚

汪由敦 刑尚

（蒙）**納延泰** 理尚

（滿）**傅恒** 戶左、戶尚
　　三、丙午；戶左遷戶尚。

蔣溥 吏左

乾隆十三年
戊辰 （1748）

（滿）**訥親** ＊＊保和
　　十、壬午、一，11.21；革。

張廷玉 ＊＊保和

（滿）**高斌** ＊文淵
　　閏七、戊辰、十六，9.8；暫管南河。
　　十二、丁酉、十七，2.4；革、專管南河。

（蒙）**班第** 兵尚
　　閏七、己巳、十七，9.9；署川撫。

（滿）**傅恒** ＊＊保和
　　四、甲子；吏尚授協。
　　九、辛酉、十，10.31；署川陝總督。
　　十、丁亥、六，11.26；協、吏尚遷。

汪由敦 刑尚

（蒙）**納延泰** 理尚

[續上]	[續上]	

蔣　溥　吏左、户尚
四、乙丑、十二，5.8；吏左遷户尚。
四、丁卯、十四，5.10；罷直。

陳大受　*吏尚
四、丁卯；入直。
四、癸酉、廿，5.16；授協。

（滿）**舒赫德**　户尚
九、己卯、廿八，11.18；户右暫時入直。
十、丙戌、五，11.25；户右遷兵尚，入直。
十一、庚辰、卅，1.18；兵尚改户尚。

（滿）**來保**　武英
九、辛巳、卅，11.20；入直。

（滿）**尹繼善**　*户尚
十一、己巳、十九，1.7；入直。
十一、甲戌、廿四，1.12；暫署陝督。

乾隆十四年
己巳　（1749）

（滿）**傅恒**　**保和
　　張廷玉　**保和
十一、戊辰、廿三，1.1；休。

（滿）**來保**　**文華
九、辛未、十六，11.5；武英改文華。

陳大受　*吏尚
七、壬子、六，8.18；署直督。

汪由敦　*刑尚
十一、癸亥、十八，12.27；署協，旋革。

（蒙）**納延泰**　理尚

（滿）**舒赫德**　户尚
十二、辛卯、十七，1.24；罷直。

乾隆十五年
庚午　（1750）

（滿）**傅恒**　保和
（滿）**來保**　**文華
陳大受　*吏尚
正、丁未、三，2.9；改廣督。

汪由敦　刑尚、兵右
七、庚申、廿，8.21；刑尚降兵右。

（蒙）**納延泰**　理尚

劉綸　工右
正、壬戌、十八，2.24；入直。

（滿）**兆惠**　户左
三、壬申、廿九，5.5；刑右入直。
十一、己酉、十，12.8；刑右改户右，旋改户左。

（滿）**舒赫德**　兵尚
十一、丙辰、十七，12.15；入直。

乾隆十六年
辛未　（1751）

（滿）**傅恒**　**保和
（滿）**來保**　**文華
（滿）**舒赫德**　兵尚
（蒙）**納延泰**　禮尚
汪由敦　兵右、户右
八、癸亥、卅，10.18；兵右改户右。

劉綸　工右
九、壬申、九，10.27；憂免。

（滿）**兆惠**
八、庚申、廿七，10.15；署魯撫。

乾隆十七年
壬申　（1752）

（滿）**傅恒**　**保和
（滿）**來保**　**文華
（滿）**舒赫德**　兵尚
（蒙）**納延泰**　理尚
汪由敦　户右、工尚
九、庚辰、廿三，10.29；户右遷工尚。

（滿）**兆惠**　户左
（蒙）**班第**　都統
△九、辛巳、廿四，10.30；以都統銜入直，旋授漢軍都統。

劉統勳　刑尚
十一、甲子、七，12.12；入直。

乾隆十八年
癸酉　（1753）

（滿）**傅恒**　保和
（滿）**來保**　文華
（滿）**舒赫德**　兵尚
　　劉統勳　刑尚
　　汪由敦　工尚
（蒙）**納延泰**　理尚
（蒙）**班第**　都統
正、戊寅、廿二，2.24；署廣督。
九、壬申、廿，10.16；召京。

（滿）**兆惠**　户左
　　劉綸　户右
（八、癸巳、十一，9.7；服闋授户右，旋復入直。）

乾隆十九年
甲戌　（1754）

（滿）**傅恒**　**保和
（滿）**來保**　**文華
（滿）**舒赫德**　兵尚
七、丙午、廿九，9.15；革。

　　劉統勳　刑尚
五、戊戌、廿，7.9；協理陝甘總督。

　　汪由敦　工尚
（蒙）**納延泰**　理尚
（蒙）**班第**　兵尚
九、辛丑、十五，11.9；授兵尚。

（滿）**兆惠**　户左
　　劉綸　户右、户左
十、戊辰、廿三，12.6；户右改户左。

（覺羅）**雅爾哈善**　兵左
六、壬申、廿四，8.12；浙撫署户左，入直。
十、戊辰；授兵左。

　　阿蘭泰　盛將
八、戊申、一，9.17；入覲，入直。

乾隆二十年
乙亥　（1755）

（滿）**傅恒**　保和 * *

（滿）**來保**　文華 * *

劉統勳　刑尚
九、丙申、廿五，10.30；革、逮。

汪由敦　工尚、刑尚
九、丁酉、廿六，10.31；工尚改刑尚。

（蒙）**納延泰**　理尚

劉綸　戶左

（覺羅）**雅爾哈善**　兵左

乾隆二一年
丙子　（1756）

（滿）**傅恒**　保和 * *

（滿）**來保**　文華 * *

汪由敦　刑尚、工尚
六、壬子、十六，7.12；刑尚改工尚。

（蒙）**納延泰**　理尚

劉綸　戶左
四、癸亥、廿六，5.24；罷直。

（覺羅）**雅爾哈善**　兵左
四、癸亥；罷直。

（滿）**阿里袞**　戶尚
四、甲寅、十七，5.15；暫入直。

裘曰修　吏右
四、癸亥；入直。

劉統勳　刑尚
六、壬子；革刑尚起用，入直。

（蒙）**夢齡**　工右
八、癸卯、七，9.1；學習入直。

乾隆二二年
丁丑　（1757）

（滿）**傅恒**　保和 * *

（滿）**來保**　文華 * *

劉統勳　刑尚

汪由敦　工尚、吏尚
正、甲辰、十二，3.1；工尚改吏尚。

[續上]

裘曰修　吏右、吏左、戶右
九、壬寅、十三，10.25；吏右改吏左。
十、乙亥、十六，11.27；吏左改戶右。

（蒙）**夢麟**　工右、戶右
九、壬寅；工右改戶右，入直。

乾隆二三年
戊寅　（1758）

（滿）**傅恒**　保和 * *

（滿）**來保**　文華 * *

劉統勳　刑尚、吏尚
正、壬子、廿五，3.4；刑尚改吏尚。

汪由敦　吏尚
正、己酉、廿二，3.1；死（文端）。

裘曰修　戶右
十二、癸亥、十一，1.9；罷直。

（蒙）**夢麟**　戶右、工右
四、甲戌、十九，5.25；戶右改工右。
九、丁亥、四，10.5；死。

（漢）**三泰**　吏左、戶左
正、壬子；吏左入直。
四、壬申、十七，5.23；吏左改戶左。
△七月，授參贊。（十一月死）

劉綸　戶左
正、壬子；入直。

乾隆二四年
己卯　（1759）

（滿）**傅恒**　保和 * *

（滿）**來保**　文華 * *

劉統勳　*吏尚
正、癸卯、廿一，2.18；授協。

劉綸　戶左、左都
閏六、丁未、廿九，8.21；戶左遷左都。

乾隆二五年
庚辰　（1760）

（滿）**傅恒**　保和 * *

[續上]

（滿）**來保**　文華

劉統勳　*吏尚

劉綸　左都

（滿）**富德**　理尚
二、乙巳、卅，4.15；定邊右副將軍、都統，領侍衞內大臣、一等靖遠侯，入直。

（滿）**兆惠**　戶尚
△二月，入直。

（滿）**阿里袞**　兵尚（兼步統）
△七、甲寅、十二，8.22；入直。

于敏中　戶右
八、己亥、廿八，10.6；入直。

乾隆二六年
辛巳　（1761）

（滿）**傅恒**　保和 * *

（滿）**來保**　文華 * *

劉統勳　東閣
五、丁未、九，6.11；吏尚遷。

（滿）**兆惠**　*戶尚
七、辛丑、五，8.4；授協。

（滿）**阿里袞**　兵尚（兼步統）

劉綸　左都、兵尚
五、丁未；左都改兵尚。

（滿）**富德**　理尚

于敏中　戶右、戶左
十一、辛酉、廿七，12.22；戶右改戶左。

乾隆二七年
壬午　（1762）

（滿）**傅恒**　保和 * *

（滿）**來保**　文華 * *

劉統勳　東閣

（滿）**兆惠**　*戶尚

（滿）**阿里袞**　兵尚（兼步統）

劉綸　兵尚

（滿）**富德**　理尚
九、戊子、廿九，11.14；革、逮。

于敏中　戶左

軍機大臣年表

〔續上〕

乾隆二八年
癸未 (1763)

(滿)傅恒 **保和
(滿)來保 **文華
劉統勳 *東閣
(滿)兆惠 *戶尚
(滿)阿里袞 兵尚(兼步統)
劉綸 *戶尚
　五、甲戌、十八,6.28;兵尚改戶尚,授協。
于敏中 戶左
(滿)阿桂 工尚
　正、壬申、十四,2.26;入直。

乾隆二九年
甲申 (1764)

(滿)傅恒 **保和
(滿)來保 **文華
　三、癸丑、二,4.2;死(文端)。
劉統勳 東閣
(滿)兆惠 *戶尚
　十一、乙丑、十八,12.10;死(文惠)。
劉綸 *戶尚
(滿)阿里袞 *戶尚(兼步統)
　十一、丁卯、廿,12.12;兵尚改戶尚,授協。
(滿)阿桂 工尚
　三、壬戌、十一,4.11;赴西寧,暫署川督。
　六月,召京。
于敏中 戶左

乾隆三十年
乙酉 (1765)

(滿)傅恒 **保和
劉統勳 *東閣
劉綸 *戶尚
　正、癸丑、七,1.27;憂免。
(滿)阿里袞 *戶尚(兼步統)

(滿)阿桂 工尚
　十二、戊申、七,1.17;解工尚。
于敏中 戶左、戶尚
　正、癸丑;戶左還戶尚。
(滿)尹繼善 **文華
　三、乙未、廿,5.9;江督入閣辦事。
　△九月,入直。

乾隆三一年
丙戌 (1766)

(滿)傅恒 **保和
(滿)尹繼善 **文華
劉統勳 東閣
(滿)阿里袞 *戶尚(兼步統)
于敏中 戶尚

乾隆三二年
丁亥 (1767)

(滿)傅恒 **保和
(滿)尹繼善 **文華
劉統勳 東閣
(滿)阿里袞 *戶尚(兼步統)
于敏中 戶尚
劉綸 *吏尚
　△五月,入直。

乾隆三三年
戊子 (1768)

(滿)傅恒 **保和
(滿)尹繼善 **文華
劉統勳 東閣
(滿)阿里袞 *戶尚(兼步統)
劉綸 *吏尚
于敏中 戶尚
(滿)福隆安 兵尚、工尚
　二、丙戌、廿八,4.14;兵尚學習入直。
　四、戊寅、廿一,6.5;兵尚改工尚。
(滿)索琳 署戶右
　十一、癸卯、十九,12.27;入直。

乾隆三四年
己丑 (1769)

(滿)傅恒 **保和
(滿)尹繼善 **文華
劉統勳 **東閣
劉綸 *吏尚
于敏中 戶尚
(滿)福隆安 工尚
　十一、乙酉、七,12.4;兼步統。
(滿)索琳 戶右
　二、乙亥、廿二,3.29;授戶右。

乾隆三五年
庚寅 (1770)

(滿)傅恒 **保和
　七、丁巳、十三,9.2;死(文忠)。
(滿)尹繼善 **文華
劉統勳 **東閣
劉綸 *吏尚
于敏中 戶尚
(滿)福隆安 工尚(兼步統)
(滿)索琳 戶右
(滿)溫福 吏右、理尚
　閏五、己未、十四,7.6;吏右入直。
　七、丙午、二,8.22;吏右遷理尚。
(滿)豐昇額 署兵尚
　八、丙戌、十三,10.1;學習入直。

乾隆三六年
辛卯 (1771)

(滿)尹繼善 **文華
　四、壬辰、廿二,6.4;死(文端)。
劉統勳 **東閣
劉綸 文淵
　二、辛卯、廿,4.4;吏尚遷。
于敏中 *戶尚
　二、辛卯;授協。
(滿)福隆安 工尚(兼步統)

〔續上〕

（滿）**溫福**　武英
十一、丙辰、廿，12.25；理尚遷。

（滿）**豐昇額**　署兵尚

（滿）**索琳**　戶右
三、壬寅、一，4.15；降三調。
（署閣學），罷直。

（滿）**桂林**　戶右
四、甲戌、四，5.17；學習入直。

（滿）**慶桂**　理右
九、癸卯、六，10.13；學習入直。

乾隆三七年
壬辰 （1772）

劉統勳　東閣
劉綸　文淵
于敏中　*戶尚
（滿）**福隆安**　工尚（兼步統）
（滿）**豐昇額**　署兵尚
（滿）**慶桂**　理右
（滿）**福康安**　戶右
五、壬寅、八，6.8；學習入直。

乾隆三八年
癸巳 （1773）

劉統勳　東閣
十一、辛未、十六，12.29；死（文正）。

劉綸　文淵
六、癸丑、廿五，8.13；死（文定）。

于敏中　文華
八、戊子、二，9.17；戶尚遷。

（滿）**福隆安**　工尚（兼步統）

（滿）**慶桂**　理右
閏三、庚申、一，4.22；赴滇。

（滿）**索琳**　閣學署禮右
四、庚戌、廿二，6.11；學習入直。
十一、戊辰、十三，12.26；署理左，派歸化城辦事。

（滿）**舒赫德**　武英
△七、甲子、七，8.24；戶尚遷，入直。

袁守侗　刑左
九、丙子、廿，11.4；學習入直。

〔續上〕

△十月，赴浙。

梁國治　署禮左
十一、壬申、十七，12.30；湘撫召入直。
十二、壬子、廿八，2.8；署禮左。

乾隆三九年
甲午 （1774）

于敏中　文華
（滿）**舒赫德**　武英
（滿）**福隆安**　工尚（兼步統）
袁守侗　刑左、吏右
十二、癸巳、十四，1.15；刑左改吏右。

梁國治　戶左
六、庚子、十八，7.26；署禮左授戶左。

（滿）**阿思哈**　左都
七、甲戌、廿三，8.29；入直。

乾隆四十年
乙未 （1775）

于敏中　文華
（滿）**舒赫德**　武英
（滿）**福隆安**　工尚（兼步統）
（滿）**阿思哈**　左都
袁守侗　吏左
十二、丁未、四，1.24；吏右改吏左。

梁國治　戶左

乾隆四一年
丙申 （1776）

于敏中　文華
（滿）**舒赫德**　武英
（滿）**福隆安**　工尚、兵尚
正、己丑、十七，3.6；工尚改兵尚。

（滿）**阿思哈**　左都
四、甲子、廿三，6.9；改漕督。

袁守侗　戶尚
三、辛卯、廿，5.7；吏左還戶尚。

〔續上〕

梁國治　戶左

（滿）**和珅**　戶右
三、庚子、廿九，5.16；入直。

（滿）**豐昇額**　戶尚
△四月入直。
十、己亥、一，11.11；兼步統。

（滿）**福康安**　戶左
△四月回京，入直。

（滿）**明亮**　成都將軍
十二、丙午、九，1.17；入覲，命留京日入直。

（滿）**阿桂**　*吏尚
四、辛丑、十，5.27；入直。

乾隆四二年
丁酉 （1777）

于敏中　文華

（滿）**舒赫德**　武英
四、丁巳、廿二，5.28；死（文襄）。

（滿）**阿桂**　武英
五、丁亥、廿三，6.27；協、吏尚遷。

（滿）**福隆安**　兵尚

（滿）**豐昇額**　戶尚（兼步統）
十、戊戌、六，11.5；死（誠武）。

袁守侗　刑尚
十一、甲戌、十二，12.11；戶尚改刑尚。

梁國治　戶尚
十一、甲戌；戶左還戶尚。

（滿）**和珅**　戶左
六、乙卯、十一，7.25；戶右改戶左。
十、戊戌、六，11.5；兼步統。

（滿）**福康安**　戶左
六、乙卯；改吉將。

乾隆四三年
戊戌 （1778）

于敏中　文華
（滿）**阿桂**　武英
（滿）**福隆安**　兵尚
袁守侗　刑尚

〔續上〕

梁國治 戶尚
(滿)和珅 戶左(兼步統)

乾隆四四年
己亥　(1779)

于敏中 文華**
　十二、戊午、七，1.14；死(文襄)。
(滿)阿桂 武英****
(滿)福隆安 兵尚
袁守侗 刑尚
　四、戊寅、廿四，6.8；改東河。
梁國治 戶尚
(滿)和珅 戶左(兼步統)
董誥 戶左
　十二、甲寅、四，1.10；入直。

乾隆四五年
庚子　(1780)

(滿)阿桂 武英****
(滿)福隆安 兵尚
梁國治 戶尚
(滿)和珅 戶尚(兼步統)
　三、辛丑、廿二，4.26；戶左遷戶尚。
董誥 戶左
(滿)福長安 署工右、戶右
　正、丙午、廿七，3.2；入直。
　三、辛丑；授戶右。

乾隆四六年
辛丑　(1781)

(滿)阿桂 武英****
(滿)福隆安 兵尚
梁國治 戶尚
(滿)和珅 戶尚(兼步統)
董誥 戶左
(滿)福長安 戶右

乾隆四七年
壬寅　(1782)

(滿)阿桂 武英****
(滿)福隆安 兵尚
梁國治 戶尚
(滿)和珅 戶尚(兼步統)
董誥 戶左
(滿)福長安 戶右

乾隆四八年
癸卯　(1783)

(滿)阿桂 武英****
(滿)福隆安 兵尚
梁國治 *戶尚
　七、乙卯、廿六，8.23；授協。
(滿)和珅 戶尚(兼步統)
董誥 戶左
(滿)福長安 戶左
　七、乙卯；戶右改戶左。
(滿)福康安 署工尚
　四、辛巳、廿一，5.21；入直。

乾隆四九年
甲辰　(1784)

(滿)阿桂 武英****
梁國治 *戶尚
(滿)福隆安 兵尚
　閏三、丙辰、一，4.20；死(勤恪)。
(滿)和珅 *吏尚(兼步統)
　七、癸酉、廿，9.4；戶尚改吏尚，授協。
(滿)福康安 兵尚
　閏三、丙辰；授兵尚。
　五、庚辰、廿六，7.13；改陝督。
(滿)福長安 戶左
董誥 戶左
(滿)慶桂 工尚、兵尚
　五、丁巳、三，6.20；入直。
　七、辛巳、廿八，9.12；改兵尚。

乾隆五十年
乙巳　(1785)

(滿)阿桂 武英****
梁國治 東閣
　五、丙子、廿八，7.4；協、戶尚遷。
(滿)和珅 *吏尚(兼步統)
(滿)慶桂 兵尚
　九、己酉、三，10.5；暫署陝督。
(滿)福長安 戶左
董誥 戶左

乾隆五一年
丙午　(1786)

(滿)阿桂 武英****
梁國治 東閣
　十二、壬子、十三，1.31；死(文定)。
(滿)和珅 文華**(兼步統)
　閏七、乙未、廿四，9.16；協、吏尚遷。
(滿)福長安 戶尚、署兵尚
　閏七、乙未；戶左遷戶尚。
　九、甲午、廿四，11.14；署兵尚。
董誥 戶左
王杰 兵尚
　十二、壬子、十三，1.31；入直。

乾隆五二年
丁未　(1787)

(滿)阿桂 武英****
(滿)和珅 文華(兼步統)
(滿)慶桂 兵尚
　十、丁未、十三，11.22；回京。
(滿)福長安 署兵尚、工尚
　十、丁未；署兵尚授工尚。
王杰 東閣
　正、丁亥、十八，3.7；兵尚遷。
董誥 戶尚
　正、庚寅、廿一，3.10；戶左遷戶尚。

乾隆五三年
戊申 （1788）

(滿) 阿桂　武英**

(滿) 和珅　文華**（兼步統）
　　二、甲午、一，3.8；封三等伯。

王　杰　東閣**

(滿) 慶桂　兵尚

　　董誥　戶尚

(滿) 福長安　工尚

乾隆五四年
己酉 （1789）

(滿) 阿桂　武英**

(滿) 和珅　文華**（兼步統）

王　杰　東閣**

(滿) 慶桂　兵尚
　　四、庚子、十四，5.8；署定左。

董誥　戶尚

(滿) 福長安　工尚

孫士毅　兵尚
　　六、庚午、十六，8.6；入直。
　　十一、癸巳、十一，12.27；署川督。

乾隆五五年
庚戌 （1790）

(滿) 阿桂　武英**

(滿) 和珅　文華**（兼步統）

王　杰　東閣**

(滿) 慶桂　兵尚

董誥　戶尚

(滿) 福長安　工尚

乾隆五六年
辛亥 （1791）

(滿) 阿桂　武英**

(滿) 和珅　文華**

王　杰　東閣**

〔續上〕

(滿) 慶桂　兵尚

董誥　戶尚

(滿) 福長安　工尚、戶尚
　　十、癸丑、十二，11.7；工尚改戶尚。

乾隆五七年
壬子 （1792）

(滿) 阿桂　武英**

(滿) 和珅　文華**（兼步統）

王　杰　東閣**

(滿) 福長安　戶尚

(滿) 慶桂　兵尚

董誥　戶尚

乾隆五八年
癸丑 （1793）

(滿) 阿桂　武英**

(滿) 和珅　文華**（兼步統）

王　杰　東閣**

(滿) 福長安　戶尚

(滿) 慶桂　兵尚
　　四、辛卯、廿九，6.7；改荊將。

董誥　戶尚

(蒙) 松筠　戶左
　　四、庚寅、廿八，6.6；入直。

乾隆五九年
甲寅 （1794）

(滿) 阿桂　武英**

(滿) 和珅　文華**（兼步統）

王　杰　東閣**

(滿) 福長安　戶尚

董誥　戶尚

(蒙) 松筠　戶左、工尚
　　七、甲辰、十九，8.14；遷工尚（駐藏）。

乾隆六十年
乙卯 （1795）

(滿) 阿桂　武英**

(滿) 和珅　文華**（兼步統）

王　杰　東閣**

(滿) 福長安　戶尚

董誥　戶尚

(蒙) 台布　閣學、工左
　　九、庚申、十二，10.24；學習入直。
　　九、壬戌、十四，10.26；閣學遷工左，入直。

嘉慶元年
丙辰 （1796）

(滿) 阿桂　武英**

(滿) 和珅　文華**（兼步統）

王　杰　東閣**
　　十、己卯、七，11.6；罷直。

(滿) 福長安　戶尚

董誥　東閣
　　十、己卯；戶尚遷。

(蒙) 台布　工左、戶右
　　六、己亥、廿五，7.29；工左改戶右。

沈　初　左都、兵尚
　　十、己卯；學習入直。
　　十、丙戌、十四，11.13；左都改兵尚，入直。

嘉慶二年
丁巳 （1797）

(滿) 阿桂　武英**
　　八、己未、廿三，10.12；死（文成）。

(滿) 和珅　文華**（兼步統）

董誥　東閣
　　三、癸亥、廿三，4.19；憂免。

(滿) 福長安　戶尚

沈　初　兵尚、戶尚、吏尚
　　三、癸亥；兵尚改戶尚。

〔續上〕

八、丙辰、廿,10.9;戶尚改吏尚。

(蒙)**台布**　戶右
正、丙午、五,2.1;暫署贛撫。
四、丁亥、十七,5.13;改署桂撫。

(滿)傅森　兵右、戶右
閏六、壬戌、廿四,8.16;學習入直。
十、丙午、十一,11.28;兵右改戶右。

戴衢亨　講學
閏六、壬戌;學習入直。
(加三品卿銜)

吳熊光　通參
閏六、壬戌;學習入直。
(加三品卿銜)
十二、壬戌、廿七,2.12;改直布。

嘉慶三年
戊午　(1798)

(滿)**和珅**　文華(兼步統)
(滿)**福長安**　戶尚
沈初　戶尚
(滿)傅森　戶右
二、乙卯、廿一,4.6;罷直。

戴衢亨　閣學、禮右、戶右
正、甲午、廿九,3.16;由少詹遷閣學。
二、丙辰、廿二,4.7;閣學遷禮右。
七、己卯、十七,8.28;禮右改戶右。

(滿)那彥成　閣學、工右
二、乙卯;學習入直。
五、庚寅、十七,7.10;閣學遷工右。

嘉慶四年
己未　(1799)

(滿)**和珅**　文華(兼步統)
正、丁卯、八,2.12;革。

(滿)**福長安**　戶尚
正、丁卯;革。

沈初　戶尚
正、丁卯;罷直。

〔續上〕

戴衢亨　戶右
正、丁卯;入直。

(滿)那彥成　工右、戶右、工尚
正、乙丑、六,2.10;工右改戶右。
正、丁卯;入直。
正、庚辰、九,2.13;戶右遷工尚。
八、己酉、廿三,9.22;赴陝督辦軍務。

(成親王)永瑆
正、丁卯;入直。
十、丁未、廿二,11.19;罷直。

董誥　文華
正、丁卯;署刑尚入直。
五、甲申、廿七,6.29;遷文華。

(滿)慶桂　文淵
正、丁卯;兵尚入直,改刑尚,授協。
三、己未、一,4.5;遷文淵。

(滿)傅森　兵尚
十、丁未;入直。

嘉慶五年
庚申　(1800)

(滿)慶桂　文淵
董誥　文華
(滿)傅森　兵尚
(滿)那彥成　工尚
五、丁未、廿六,7.17;革。

戴衢亨　戶右、戶左
正、辛酉、八,2.1;戶右改戶左。

嘉慶六年
辛酉　(1801)

(滿)慶桂　文淵
董誥　文華
(滿)傅森　兵尚、戶尚
正、壬午、五,2.17;兵尚改戶尚。
△二月死。

戴衢亨　戶左
(滿)成德　戶尚
二、癸酉、廿七,4.9;學習入直。

嘉慶七年
壬戌　(1802)

(滿)**慶桂**　文淵
董誥　文華
戴衢亨　戶左、兵尚
七、戊戌、卅,8.27;戶左遷兵尚。

(滿)**成德**　戶尚
三、辛卯、廿一,4.22;死。

劉權之　吏尚
六、甲寅、十五,7.14;學習入直。

(滿)**德瑛**　刑尚
六、甲寅;學習入直。

嘉慶八年
癸亥　(1803)

(滿)**慶桂**　文淵
董誥　文華
劉權之　吏尚
戴衢亨　兵尚、工尚
六、戊子、廿五,8.12;兵尚改工尚。

(滿)**德瑛**　刑尚

嘉慶九年
甲子　(1803)

(滿)**慶桂**　文淵
董誥　文華
劉權之　吏尚、兵尚
六、戊辰、十一,7.17;吏尚改兵尚。

戴衢亨　工尚
(滿)**德瑛**　刑尚、吏尚
六、戊辰;改吏尚,罷直。

(滿)**那彥成**　禮尚
六、戊辰;入直。
六、乙亥、十八,7.24;改陝督。

(滿)**英和**　戶左
六、戊辰;**學習入直。**

〔續上〕

嘉慶十年
乙丑 （1804）

(滿)**慶桂**　＊文淵
董誥　文華
劉權之　＊兵尚、禮尚
二、辛未、十七，3.17；兵尚改禮尚，授協。
閏六、壬午、一，7.26；降，罷直。
戴衢亨　工尚、戶尚
正、辛亥、廿六，2.25；工尚改戶尚。
(滿)**英和**　戶左
閏六、壬午；降太僕，罷直。
(滿)**託津**　吏左
閏六、壬午；學習入直。

嘉慶十一年
丙寅 （1806）

(滿)**慶桂**　＊＊文淵
董誥　文華
戴衢亨　戶尚
(滿)**託津**　吏左、戶左
正、丁巳、九，2.26；吏左改戶左。

嘉慶十二年
丁卯 （1807）

(滿)**慶桂**　＊＊文淵
董誥　＊＊文華
戴衢亨　＊戶尚
正、丙午、四，2.10；授協。
(滿)**託津**　戶左

嘉慶十三年
戊辰 （1808）

(滿)**慶桂**　＊＊文淵
董誥　＊＊文華
戴衢亨　＊戶尚
(滿)**託津**　戶左

(滿)**英和**　工左、戶右
閏五、丙寅、一，6.24；學習入直。
六、庚申、廿六，8.17；工左改戶右。
十一、甲申、廿三，1.8；罷直。

嘉慶十四年
己巳 （1809）

(滿)**慶桂**　文淵
董誥　文華
戴衢亨　＊戶尚、工尚
七、丁卯、九，8.19；戶尚改工尚。
(滿)**託津**　戶左

嘉慶十五年
庚午 （1810）

(滿)**慶桂**　＊＊文淵
董誥　文華
戴衢亨　體仁
五、癸亥、十，6.11；工尚遷。
(滿)**託津**　戶左、工尚、戶尚
二、壬辰、八，3.12；戶左遷工尚。
五、癸亥；工尚改戶尚。

嘉慶十六年
辛未 （1881）

(滿)**慶桂**　＊＊文淵
董誥　文華
戴衢亨　體仁
四、戊申、一，5.22；死(文端)。
(滿)**託津**　戶尚
方維甸　(未任)
四、己酉、二，5.23；原閩督入直。
四、癸酉、廿六，6.16；乞養。
盧蔭溥　光少、通副
七、戊寅、二，8.20；加四品卿銜，學習入直。

嘉慶十七年
壬申 （1812）

(滿)**慶桂**　＊文淵
九、甲午、廿五，10.29；罷直。
董誥　＊＊文華
(滿)**託津**　戶尚
盧蔭溥　通政、閣學
十一、辛巳、十二，12.15；光禄改通政。
十二、壬子、十三，1.15；通政遷閣學。
(蒙)**松筠**　＊吏尚
九、甲午；入直。

嘉慶十八年
癸酉 （1813）

董誥　＊＊文華
(蒙)**松筠**　＊吏尚
五、乙亥、七，2.7；罷直。
(滿)**託津**　＊戶尚
九、甲申、廿一，10.14；授協。
盧蔭溥　戶左
三、甲戌、七，4.7；閣學遷兵右。
八、辛酉、廿七，9.21；兵右改兵左。
九、乙亥、十二，10.5；兵左改戶左。
(滿)**勒保**　武英
正、乙亥；入直。
(覺羅)**桂芳**　戶右
十、甲寅、廿一，11.13；學習入直。

嘉慶十九年
甲戌 （1814）

董誥　＊＊文華
(蒙)**勒保**　武英
八、辛巳、十三，9.26；休。
(滿)**託津**　＊＊東閣
八、辛未；戶尚遷。
盧蔭溥　戶左

[續上]

（覺羅）桂芳　戶右
三、癸卯、十二、5.1；改漕督。

（滿）英和　吏尚
十一、丁未、廿、12.31；暫直，旋罷。

嘉慶二十年
乙亥　（1815）

董誥　文華**
（滿）託津　東閣**
盧蔭溥　戶左

嘉慶二一年
丙子　（1816）

董誥　文華**
（滿）託津　東閣**
盧蔭溥　戶左、戶右
六、庚申、十二、7.6；戶左改戶右。
章煦　*禮尚、刑尚
十、己亥、廿四、12.12；入直。
十一、己巳、廿四、1.11；禮尚改刑尚。

嘉慶二二年
丁丑　（1817）

董誥　文華**
（滿）託津　東閣**
章煦　*刑尚
三、辛未、廿八、5.13；病免。
盧蔭溥　戶右、禮尚、兵尚、戶尚。
三、戊辰、廿五、5.10；戶右遷禮尚。
三、辛未；禮尚改兵尚。
九、辛酉、廿、10.30；兵尚改戶尚。

嘉慶二三年
戊寅　（1818）

董誥　文華**
三、乙亥、七、3.13；病免。

[續上]

（滿）託津　東閣**
盧蔭溥　戶尚
戴均元　*吏尚
二、辛未、三、3.9；學習入直。
（滿）和甯　兵尚
二、辛未；學習入直。

嘉慶二四年
己卯　（1819）

（滿）託津　東閣**
戴均元　*吏尚
盧蔭溥　戶尚
（滿）和甯　兵尚
正、丁巳、廿四、2.8；罷直。
（滿）文孚　刑右
正、丁巳；學習入直。

嘉慶二五年
庚辰　（1820）

（滿）託津　東閣**
九、庚申、七、10.31；罷直。
戴均元　文淵
二、癸卯、十七、3.30；協、吏尚遷。
九、庚申；罷直。
盧蔭溥　戶尚、工尚
九、壬戌、九、10.15；戶尚改工尚。
（滿）文孚　刑右、戶左、工右、左都
三、丁丑、廿一、5.3；刑右改戶左。
九、壬戌；戶左改工右。
十一、甲戌、廿一、12.26；工右遷左都。
曹振鏞　體仁
九、庚申；入直。
黃鉞　禮尚、戶尚
九、庚申；入直。
九、壬戌；禮尚改戶尚。
（滿）英和　吏尚、戶尚
九、庚申；入直。
十、戊子、五、11.10；吏尚改戶尚。
十二、乙未、十三、1.16；罷直。

道光元年
辛巳　（1821）

曹振鏞　武英**
五、甲子、十五、6.14；體仁改武英。
盧蔭溥　工尚
十二、癸巳、十七、1.9；罷直。
黃鉞　戶尚
（滿）文孚　左都、禮尚
正、己未、七、2.9；左都改禮尚。
（蒙）松筠　吏尚
八、丁亥、十、9.5；入直。

道光二年
壬午　（1822）

曹振鏞　武英**
（蒙）松筠　吏尚
正、癸酉、廿七、2.18；署直督。
六、壬戌、廿、8.6；降。
（滿）文孚　禮尚、工尚、吏尚
三、庚戌、五、3.27；禮尚改工尚。
六、戊辰、廿六、8.12；工尚改吏尚。
黃鉞　戶尚

道光三年
癸未　（1823）

曹振鏞　武英**
（滿）文孚　吏尚
黃鉞　戶尚
（蒙）長齡　文華
正、乙未、廿五、3.7；入直。

道光四年
甲申　（1824）

（蒙）長齡　文華**
十二、己卯、廿一、2.8；授雲督。
曹振鏞　武英

〔續上〕

(滿) **文孚** 吏尚
黃鉞 戶尚
(滿) **玉麟** 兵尚
　　十一、甲寅、廿六、1.14；入直。

道光五年
乙酉 （1825）

曹振鏞 武英
(滿) **文孚** 吏尚
黃鉞 戶尚
　　五、丁酉、十一、6.26；罷直。
(滿) **玉麟** 兵尚
王鼎 署戶左、署工左。
　　五、丁酉、前左都署左入直。
　　十一、壬辰、九，12.18；改署工左。
(漢) **蔣攸銛** 體仁
　　十一、庚子、十七，12.26；入直。

道光六年
丙戌 （1826）

曹振鏞 武英
(漢) **蔣攸銛** 體仁
(滿) **文孚** 吏尚
(滿) **玉麟** 兵尚
王鼎 署工左、戶尚
　　九、庚辰、二，10.2；遷戶尚。

道光七年
丁亥 （1827）

曹振鏞 武英
(漢) **蔣攸銛** 體仁
　　三、己亥、廿四，4.19；差江南。
　　五、丙戌、十一，6.5；授江督。
(滿) **文孚** 吏尚
(滿) **玉麟** 兵尚
王鼎 戶尚
(滿) **穆彰阿** 工尚
　　五、丁亥、十二，6.6；學習入直。

道光八年
戊子 （1828）

曹振鏞 武英
(滿) **文孚** 吏尚
(滿) **玉麟** 兵尚
王鼎 戶尚
(滿) **穆彰阿** 工尚

道光九年
己丑 （1829）

曹振鏞 武英*
(滿) **文孚** 吏尚
(滿) **玉麟** 兵尚
　　六、甲戌、十二，7.12；改伊將。
王鼎 戶尚
(滿) **穆彰阿** 工尚

道光十年
庚寅 （1830）

曹振鏞 武英*
(滿) **文孚** 吏尚
王鼎 戶尚
(滿) **穆彰阿** 工尚

道光十一年
辛卯 （1831）

曹振鏞 武英*
(滿) **文孚** *吏尚
　　十二、乙酉、七，1.9；授協。
王鼎 戶尚
　　二、乙未、十二，3.25；署直督。
(滿) **穆彰阿** 工尚
　　八、乙未、十六，9.21；工尚改兵尚。
　　十二、乙酉；兵尚改工尚。

道光十二年
壬辰 （1832）

曹振鏞 武英*
(滿) **文孚** *吏尚
王鼎 戶尚
(滿) **穆彰阿** 工尚

道光十三年
癸巳 （1833）

曹振鏞 武英*
(滿) **文孚** *吏尚
王鼎 戶尚
(滿) **穆彰阿** 工尚、戶尚
　　五、丁酉、廿七，7.14；工尚改戶尚。

道光十四年
甲午 （1834）

曹振鏞 武英*
(滿) **文孚** 東閣
　　十一、丙戌、廿五，12.25；吏尚遷。
王鼎 戶尚
(滿) **穆彰阿** *戶尚、吏尚
　　十一、丙戌；戶尚改吏尚，授協。
潘世恩 體仁
　　五、丁亥、廿一，3.1；入直。

道光十五年
乙未 （1835）

曹振鏞 武英*
　　正、甲子、四，2.1；死（文正）。
(滿) **文孚** 文淵
　　二、甲寅、廿五，3.23；東閣改文淵。
　　七、甲辰、十七，9.9；罷直。
潘世恩 東閣
　　二、甲寅；體仁改東閣。
(滿) **穆彰阿** *吏尚

軍機大臣年表

〔續上〕

王鼎 *戶尚
　二、己亥、十,3.8；授協。

趙盛奎　刑右、戶左
　七、甲辰；學習入直。
　八、癸亥、七,9.28；刑右改戶左。

賽尚阿　工右
　七、甲辰；學習入直。

道光十六年
丙申 （1836）

潘世恩 東閣 **
（滿）**穆彰阿** 武英 **
　七、庚子、十九,8.30；協、吏尚遷。

王鼎 *戶尚

趙盛奎　戶左
　七、壬寅、廿一,9.1；降四品，罷直。

（蒙）賽尚阿　工右、戶右
　十一、庚子、廿一,12.28；工右改戶右。

道光十七年
丁酉 （1837）

（滿）**穆彰阿** 武英 **
潘世恩 東閣 **
王鼎 *戶尚
（蒙）賽尚阿　戶右
　七、壬午、七,8.7；改察都。
（滿）奎照　左都
　六、壬戌、十六,7.18；學習入直。
（滿）文慶　戶左
　六、壬戌；學習入直。

道光十八年
戊戌 （1838）

（滿）**穆彰阿** 文華 **
　五、丙寅、廿六,7.17；武英改文華。
潘世恩 武英 **
　五、丙寅；東閣改武英。

〔續上〕

王鼎 東閣 **
　五、癸丑、十三,7.4；協、戶尚遷。

（滿）**奎照** 左都、禮尚
　正、甲戌、一,2.26；入直。
　八、己丑、廿,10.8；左都改禮尚。

（滿）**文慶** 戶左
　正、甲戌；入直。

道光十九年
己亥 （1839）

（滿）**穆彰阿** 文華 **
潘世恩 武英
王鼎 東閣
（滿）**奎照** 禮尚
　正、壬戌、廿五,3.10；罷直。
（滿）**文慶** 戶左
　十二、丙戌、廿四,1.28；罷直。
（滿）**隆文** 刑尚
　十二、癸未、廿一,1.25；入直。

道光二十年
庚子 （1840）

（滿）**穆彰阿** 文華 **
潘世恩 武英 **
王鼎 東閣 **
（滿）**隆文** 刑尚、戶尚
　正、己亥、八,2.10；刑尚改戶尚。
何汝霖　理少、府丞
　三、丙申、六,4.7；入直。
　三、己酉、十九,4.2?；理少改府丞。

道光二一年
辛丑 （1841）

（滿）**穆彰阿** 文華 **
潘世恩 武英 **
王鼎 東閣 **
　七、丙辰、四,8.2?；馳往南河。

〔續上〕

　八、壬辰、十一,9.25；暫署河東。

（滿）**隆文** 戶尚
　正、甲午、八,1.30；授參贊赴粵。
　五、己卯、廿六,7.14；死(端愍)。

何汝霖　府丞、左副
　十二、己丑、十,10.20；府丞改左副。

（蒙）**賽尚阿** 理尚、工尚
　正、乙未、九,1.3?；入直。
　五、己卯；理尚改工尚。

祁寯藻　戶尚
　九、己未、八,10.22；入直。

道光二二年
壬寅 （1842）

（滿）**穆彰阿** 文華 **
潘世恩 武英 **
王鼎 東閣 **
　五、己酉、一,6.9；死(文恪)。
祁寯藻　戶尚
（蒙）**賽尚阿** 工尚
　五、丁卯、十九,6.27；赴津防堵。
何汝霖　左副、兵右、戶右
　五、己未、十一,6.19；左副改兵右，入直。
　十一、庚戌、六,12.7；兵右改戶右。

道光二三年
癸卯 （1843）

（滿）**穆彰阿** 文華 **
潘世恩 武英 **
祁寯藻　戶尚
（蒙）**賽尚阿** 工尚
何汝霖　戶右

道光二四年
甲辰 （1844）

（滿）**穆彰阿** 文華 **

〔續上〕

潘世恩 武英
祁寯藻 戶尚
(蒙)**賽尚阿** 工尚
何汝霖 戶右、戶左
　十二、己酉、十七、1.24; 戶右改戶左。

道光二五年
乙巳 （1845）

(滿)**穆彰阿** 文華**
潘世恩 武英**
祁寯藻 戶尚
(蒙)**賽尚阿** 工尚、戶尚
　二、癸丑、廿二、3.29; 工尚改戶尚。
何汝霖 戶左、兵尚
　四、丙辰、廿六、5.31; 戶左遷兵尚。

道光二六年
丙午 （1846）

(滿)**穆彰阿** 文華**
潘世恩 武英**
(蒙)**賽尚阿** 戶尚
祁寯藻 戶尚
何汝霖 兵尚

道光二七年
丁未 （1847）

(滿)**穆彰阿** 文華**
潘世恩 武英**
(蒙)**賽尚阿** 戶尚
祁寯藻 戶尚
何汝霖 兵尚
　五、丙戌、八、6.20; 憂免。
(滿)**文慶** 兵尚
　五、丁亥、九、6.21; 入直。
陳孚恩 署兵左、刑右
　五、丁亥、入直。
　十一、壬辰、十六、12.23; 授刑右。

道光二八年
戊申 （1848）

(滿)**穆彰阿** 文華**
潘世恩 武英**
(蒙)**賽尚阿** 戶尚
祁寯藻 戶尚
(滿)**文慶** 兵尚、吏尚
　二、壬子、八、3.12; 兵尚改吏尚、罷直。
陳孚恩 刑右

道光二九年
己酉 （1849）

(滿)**穆彰阿** 文華**
潘世恩 武英**
　十、甲申、廿、12.4; 罷直。
(蒙)**賽尚阿** 戶尚
祁寯藻 *戶尚
　七、己亥、四、8.21; 授協。
陳孚恩 刑右、工左
　七、己亥、刑右改工左。
　十二、乙酉、廿二、2.3; 工左遷刑尚。
何汝霖 署禮左、署戶尚
　九、戊午、廿四、11.8; 服関兵尚署禮左。
　十、丙寅、二、11.16; 署戶尚。
季芝昌 署吏右、戶左
　九、戊申、十四、10.29; 入直。
　十二、丙寅、三、1.15; 署吏右改戶左。

道光三十年
庚戌 （1850）

(滿)**穆彰阿** 文華*
　十、丙戌、廿八、12.1; 革。
祁寯藻 體仁**
　六、癸亥、三、7.11; 協、戶尚遷。
(蒙)**賽尚阿** *戶尚
　十、丙戌; 授協。
何汝霖 署禮左、禮尚
　五、庚戌、十九、6.28; 署禮左遷禮尚。

〔續上〕

陳孚恩 刑尚
　五、庚戌; 乞養。
季芝昌 戶左、左都
　六、甲子、四、7.12; 戶左遷左都。

咸豐元年
辛亥 （1851）

祁寯藻 禮仁**
(蒙)**賽尚阿** 文華
　正、戊申、廿一、2.21; 協、戶尚遷。三、丙申、九、4.10; 欽，赴湘防堵。
何汝霖 禮尚
季芝昌 左都
　五、乙巳、十九、6.18; 改閩督。
(滿)**穆蔭** 祭酒
　三、丙申、九、4.10; 五京候，學習入直。
　△十二月授祭酒。
(滿)**舒興阿** 戶左
　四、己未、三、5.3; 入直。
　閏八、辛亥、廿八、10.22; 署陝督。
　(十、癸卯、廿一、12.13; 授。)
彭蘊章 工右
　五、壬子、廿六、6.25; 入直。

咸豐二年
壬子 （1852）

(蒙)**賽尚阿** 文華**
　九、己酉、二、10.14; 革、戍。
祁寯藻 體仁**
何汝霖 禮尚
　三、丁卯、十七、5.5; 罷直。
彭蘊章 工右
(滿)**穆蔭** 光祿、閣學
　二、戊戌、十七、4.6; 祭酒遷光祿。△八月，光祿遷閣學。
邵燦 吏左
　五、癸亥、十三、6.3; 入直。
(滿)**麟魁** 戶右、工尚
　五、癸亥; 入直。
　七、甲戌、廿六、9.9; 戶右遷工尚。

軍機大臣年表

咸豐三年
癸丑 （1853）

祁寯藻 *＊體仁

（滿）**麟魁** 工尚、禮尚
　　九、丁未、五，10.7；工尚改禮
　　尚。十、戊寅、七，11.7；罷直。

彭蘊章 工右、兵左
　　十二、丙申、廿六，1.24；工右改
　　兵左。

邵燦 吏左
　　十二、乙未、廿五，1.23；改漕督。

（滿）**穆蔭** 閣學、禮左
　　九、丁未；閣學遷禮左。
　　十、戊寅；入直。

（恭親王）**奕訢**
　　十、戊寅；入直。

（滿）**瑞麟** 戶右
　　十、戊寅；入直。

杜翰 工左
　　十二、丙申；入直。

咸豐四年
甲寅 （1854）

（恭親王）**奕訢**

祁寯藻 *＊體仁
　　十一、庚寅、廿五，1.13；休。

彭蘊章 兵左、禮左、工尚
　　三、辛亥、十二，4.9；兵左改禮
　　左。五、辛丑、三，5.29；禮左遷
　　工尚。

（滿）**瑞麟** 戶右、戶左
　　閏七、乙亥、八，8.31；戶右改戶
　　左。

杜翰 工左

（滿）**穆蔭** 禮左、吏右
　　十、丙辰、廿一，12.10；禮左改
　　吏右。

咸豐五年
乙卯 （1855）

（恭親王）**奕訢**
　　七、壬午、廿一，9.2；罷直。

彭蘊章 *工尚
　　十二、乙巳、十六，1.23；授協。

（滿）**穆蔭** 吏右
（滿）**瑞麟** 戶左
　　四、己未、廿七，6.11；改西將。

杜翰 工左

（滿）**文慶** *文淵
　　七、壬午、廿一，9.2；戶尚入直。
　　九、庚午、十，10.20；授協。
　　十二、乙巳；遷文淵。

咸豐六年
丙辰 （1856）

（滿）**文慶** *＊武英
　　十一、乙丑、十一，12.8；文淵
　　改武英。十一、辛未、十七，
　　12.14；死（文端）。

彭蘊章 文淵
　　十一、乙丑；協、工尚遷。

（滿）**穆蔭** 吏右

杜翰 工左

（蒙）**柏葰** *戶尚
　　十一、壬申、十八，12.15；入直。
　　十二、己酉、廿六，1.21；授協。

咸豐七年
丁巳 （1857）

彭蘊章 *＊文淵

（蒙）**柏葰** *戶尚

（滿）**穆蔭** 吏左

杜翰 工左

咸豐八年
戊午 （1858）

彭蘊章 *＊武英
　　九、癸巳、廿一，10.27；文淵改
　　武英。

（蒙）**柏葰** *文淵
　　九、癸巳；協、戶尚遷。
　　十、戊辰、廿六，12.1；革（殺）。

（滿）**穆蔭** 吏右、理尚
　　十二、庚午、廿九，2.1；吏右遷
　　理尚。

杜翰 工左
　　五、甲午、廿，6.30；憂免。

匡源 吏左
　　五、戊戌、廿四，7.4；學習入直。

（滿）**文祥** 閣學署刑左、禮右、吏右
　　五、戊戌；學習入直。
　　六、辛酉、十七，7.27；遷禮右。
　　十二、庚午；禮右改吏右。

咸豐九年
己未 （1859）

彭蘊章 *＊武英

（滿）**穆蔭** 理尚、兵尚
　　十二、壬寅、七，12.30；理尚改
　　兵尚。

匡源 吏左
　　△十月，入直。

（滿）**文祥** 吏右、工右、戶左
　　十、壬戌、廿六，11.20；吏右改
　　工右。△十月，入直。十一、乙
　　酉、廿，12.13；工右改戶左。

杜翰 署吏右
　　十、癸卯、七，11.1；入直。

咸豐十年
庚申 （1860）

彭蘊章 *＊武英
　　六、壬申、十，7.27；罷直。

（滿）**穆蔭** 兵尚

匡源 吏左

（滿）**文祥** 戶左（總）
　　十二、己巳、十，1.20；直總。

杜翰 署吏右、署禮右
　　九、甲午、四，10.17；署吏右改
　　署禮右。

焦佑瀛 常少
　　十、戊子、廿八，12.10；學習入
　　直。

咸豐十一年
辛酉 （1861）

（滿）**穆蔭** 兵尚

匡源 吏左

杜翰 署禮右

〔續上〕

焦佑瀛　　常少、太僕

　　八、庚申、四，9.8；常少遷太僕。

　　以上四人，均：
　　△七月，隨怡親王載垣等同稱
　　贊襄政務大臣。
　　九、乙卯、卅，11.2；革。

文祥　　戶左（總）

（恭親王）**奕訢**　　議政王（總）
　　十、丙辰、一，11.3；並管理總署。

（滿）**桂良**　　文華（總）
　　十、丙辰、并直總。

沈兆霖　　戶尚

（滿）**寶鋆**　　戶右（總）
　　十、丙辰、并直總。

曹毓瑛　　鴻少、理少

　　以上五人，均：
　　十、丙辰；入直。

同治元年
壬戌　（1862）

（恭親王）**奕訢**　　議政王（總）

（滿）**桂良**　　文華（總）
　　六、癸酉、廿二，7.18；死（文端）。

沈兆霖　　戶尚
　　五、己亥、十六，2.14；署陝督。

（滿）**寶鋆**　　戶右、戶左、戶尚（總）
　　正、庚子、十七，2.15；戶右改戶
　　左。二、辛酉、八，3.8；戶左遷
　　戶尚。

（滿）**文祥**　　戶左、左都、工尚（總）
　　正、己亥、戶左遷左都。
　　閏八、丙申、十六，10.9；左都改
　　工尚。

曹毓瑛　　大理
　　十、己丑、十，12.1；入直。

李棠階　　左都
　　閏八、癸巳、十三，10.6；入直。

同治二年
癸亥　（1863）

（恭親王）**奕訢**　　議政王（總）

（滿）**文祥**　　工尚（總）

（滿）**寶鋆**　　戶尚（總）

〔續上〕

李棠階　　左都、工尚
　　二、乙酉、九，3.27；左都改工
　　尚。

曹毓瑛　　大理、工左、兵左
　　正、己酉、二，2.19；大理遷工
　　左。二、乙酉；工左改兵左。

同治三年
甲子　（1864）

（恭親王）**奕訢**　　議政王（總）

（滿）**文祥**　　工尚（總）

（滿）**寶鋆**　　戶尚（總）

李棠階　　工尚、禮尚
　　七、壬戌、廿四，8.25；工尚改禮
　　尚。

曹毓瑛　　兵左

同治四年
乙丑　（1865）

（恭親王）**奕訢**　　（總）
　　三、壬寅、七，4.2；撤去一切
　　差使，罷直。四、戊寅、十四，
　　5.8；入直，毋庸議政名義。

（滿）**文祥**　　工尚（總）

（滿）**寶鋆**　　戶尚（總）

李棠階　　禮尚
　　十一、壬申、十一，12.28；死（文
　　靖）。

曹毓瑛　　兵左、左都、兵尚
　　二、戊子、廿二，3.19；兵左遷左
　　都。十一、壬申；左都改兵尚。

李鴻藻　　閣學署戶右
　　十一、壬申；學習入直。
　　十一、癸酉、十二，12.29；署戶
　　右。

同治五年
丙庚　（1866）

（恭親王）**奕訢**　　（總）

（滿）**文祥**　　工尚、吏尚（總）
　　二、乙巳、十五，3.31；工尚改吏
　　尚。

（滿）**寶鋆**　　戶尚（總）

曹毓瑛　　兵尚
　　三、甲戌、十五，4.29；死（恭愨）。

〔續上〕

李鴻藻　　閣學、禮右、戶右
　　二、甲寅、廿四，4.9；閣學遷禮
　　右。三、丙寅、七，4.21；禮右改
　　戶右。三、戊子、廿九，5.13；入
　　直。七、丙寅、十，8.19；憂免。

胡家玉　　左副、兵左
　　三、戊子；學習入直。
　　七、丙寅；左副改兵左。
　　十二、辛卯、六，1.11；罷直。

汪元方　　左都
　　十、辛丑、十六，11.22；入直。

同治六年
丁卯　（1867）

（恭親王）**奕訢**　　（總）

（滿）**文祥**　　吏尚（總）

（滿）**寶鋆**　　戶尚（總）

汪元方　　左都
　　十、癸巳、十四，11.9；死（文端）。

沈桂芬　　禮右
　　十、甲午、十五，11.10；前晉撫
　　署禮右，學習入直。
　　十二、辛卯、十二，1.6；授禮右。

同治七年
戊辰　（1868）

（恭親王）**奕訢**　　（總）

（滿）**文祥**　　吏尚（總）

（滿）**寶鋆**　　戶尚（總）

沈桂芬　　禮右、戶左、吏左
　　三、丙子、十八，4.20；禮右改戶
　　左，入直。七、丙戌、十一，8.28；
　　戶左改吏左。

李鴻藻　　服闋戶右署禮左
　　十、戊午、十五，11.28；入直。

同治八年
己巳　（1869）

（恭親王）**奕訢**　　（總）

（滿）**文祥**　　吏尚（總）

（滿）**寶鋆**　　戶尚（總）

沈桂芬　　吏左、左都（總）
　　六、辛酉、廿一，7.29；吏左遷左
　　都。

軍機大臣年表

〔續上〕

李鸿藻 户右
六、辛酉；授户右。

同治九年
庚午 （1870）

（恭親王）**奕訢** （總）
（滿）**文祥** 吏尚（總）
（滿）**寶鋆** 戶尚（總）
沈桂芬 左都、兵尚（總）
四、甲辰、八、5.8；左都改兵尚。
李鸿藻 户右

同治十年
辛未 （1871）

（恭親王）**奕訢** （總）
（滿）**文祥** *吏尚（總）
二、戊子、廿八、4.17；授協。
（滿）**寶鋆** 戶尚（總）
沈桂芬 兵尚（總）
李鸿藻 户右、左都
七、乙卯、廿七、9.11；戶右遷左都。

同治十一年
壬申 （1872）

（恭親王）**奕訢** （總）
（滿）**文祥** *體仁（總）
六、甲子、十一、7.16；協、吏尚遷。
（滿）**寶鋆** 戶尚、吏尚（總）
六、甲子；戶尚改吏尚。
沈桂芬 兵尚（總）
李鸿藻 左都、工尚
八、庚申、八、9.10；左都改工尚。

同治十二年
癸酉 （1873）

（恭親王）**奕訢** （總）
（滿）**文祥** *體仁（總）

〔續上〕

（滿）**寶鋆** 吏尚（總）
沈桂芬 兵尚（總）
李鸿藻 工尚

同治十三年
甲戌 （1874）

（恭親王）**奕訢** （總）
（滿）**文祥** **武英（總）
十二、辛未、二、1.9；體仁改武英。
（滿）**寶鋆** 體仁（總）
三、丙午、四、4.19；吏尚授協。
八、癸酉、三、9.13；吏尚改兵尚。十一、己酉、十、12.18；遷體仁。
沈桂芬 兵尚（總）
李鸿藻 工尚

光緒元年
乙亥 （1875）

（恭親王）**奕訢** （總）
（滿）**文祥** **武英（總）
（滿）**寶鋆** 體仁（總）
沈桂芬 *兵尚（總）
正、己亥、一、2.6；授協。
李鸿藻 工尚

光緒二年
丙子 （1876）

（恭親王）**奕訢** （總）
（滿）**文祥** 武英（總）
五、乙未、五、5.27；死（文忠）。
（滿）**寶鋆** 體仁*（總）
沈桂芬 *兵尚（總）
李鸿藻 工尚（總）
十、癸丑、廿六、12.11；直總。
（滿）**景廉** 左都（總）
三、丁未、十五、4.9；學習入直。
十、癸丑；直總。

光緒三年
丁丑 （1877）

（恭親王）**奕訢** （總）
（滿）**寶鋆** 武英（總）
二、乙巳、十九、4.2；體仁改武英。
沈桂芬 *兵尚（總）
李鸿藻 工尚（總）
九、丙寅、十四、10.2；憂免。
（滿）**景廉** 左都、工尚（總）
正、戊午、二、2.14；入直。
正、癸亥、七、2.19；左都改工尚。

光緒四年
戊寅 （1878）

（恭親王）**奕訢** （總）
（滿）**寶鋆** 武英（總）
沈桂芬 *兵尚（總）
（滿）**景廉** 工尚、戶尚（總）
五、甲子、十五、6.15；工尚改戶尚。
王文韶 禮左（總）
二、乙酉、五、3.8；前湘撫署兵左、學習入直。
四、癸巳、十四、5.15；授禮左。
七、辛未、廿三、8.21；直總。

光緒五年
己卯 （1879）

（恭親王）**奕訢** （總）
（滿）**寶鋆** **武英（總）
沈桂芬 *兵尚（總）
（滿）**景廉** 戶尚（總）
王文韶 禮左、戶左（總）
正、乙巳、一、1.22；入直。
正、辛未、廿七、2.17；禮左改戶左。

光緒六年
庚辰 （1880）

（恭親王）**奕訢** （總）
（滿）**寶鋆** **武英（總）

〔續上〕
沈桂芬　*兵尚(總)
(滿)景廉　戶尚(總)
王文韶　戶左(總)
李鴻藻　(總)
　正、丙子、八,2.17;服闋工尚入直,并直總。

光緒七年
辛巳 (1881)

(恭親王)奕訢　(總)
(滿)寶鋆　**武英(總)
沈桂芬　*兵尚(總)
　正、丙寅、死(文定)。
李鴻藻　兵尚(總)
　正、丙寅、三,2.1;服闋工尚授兵尚。
　六、己未、廿九,7.24;授協。
(滿)景廉　戶尚(總)
王文韶　戶左(總)
左宗棠　**東閣(總)
　正、壬辰、廿九,2.27;入直。
　九、乙未、六,10.28;授江督。

光緒八年
壬午 (1882)

(恭親王)奕訢　(總)
(滿)寶鋆　**武英(總)
李鴻藻　*兵尚、吏尚(總)
　正、辛亥、廿四,3.13;兵尚改吏尚。
(滿)景廉　戶尚(總)
王文韶　戶左(總)
　正、辛亥、署戶尚。
　十一、丁亥、五,12.14;乞養。
翁同龢　工尚
　十一、丁亥、入直。
潘祖蔭　刑尚
　十一、戊子、六,12.15;入直。

光緒九年
癸未 (1883)

(恭親王)奕訢　(總)

〔續上〕
(滿)寶鋆　武英(總)
李鴻藻　*吏尚(總)
(滿)景廉　戶尚、兵尚(總)
　六、庚午、廿二,7.25;戶尚降二調。十一、乙未、十八,12.17;吏左遷兵尚,入直。
翁同龢　工尚
潘祖蔭　刑尚
　正、丙午、廿四,3.3;憂免。

光緒十年
甲申 (1884)

(恭親王)奕訢　(總)
　三、戊子、十三,4.8;罷直。
(滿)寶鋆　**武英(總)
　三、戊子、休。
李鴻藻　*吏尚(總)
　三、戊子、降二調。
(滿)景廉　兵尚(總)
　三、戊子、降二調。
翁同龢　工尚
　三、戊子、罷直。

(禮親王)世鐸
　三、戊子、入直。
(滿)額勒和布　體仁
　三、戊子、入直。
　五、戊子、十四,6.7;戶尚授協。
　九、甲子、廿三,11.10;協、戶尚遷。
閻敬銘　*戶尚(總)
　三、戊子、入直。
　三、戊戌、十三,4.8;直總。
　五、戊子、授協。
張之萬　刑尚
　三、戊子、入直。
孫毓汶　工左
　三、戊子、學習入直。
許庚身　刑右(總)
　三、癸巳、十八,4.13;學習入直。三、戊戌、廿三,4.18;直總。
　八、壬申、一,9.19;入直。
左宗棠　**東閣
　五、己亥、廿六,6.18;入直。
　七、庚申、十八,9.7;授欽,督辦閩軍。

光緒十一年
乙酉 (1885)

(禮親王)世鐸
(滿)額勒和布　武英
　十二、戊寅、十四,1.18;體仁改武英。
閻敬銘　東閣(總)
　十一、癸亥、廿九,1.3;協、戶尚遷。
張之萬　*刑尚
　十一、癸亥、授協。
許庚身　刑右(總)
　十二、乙丑、一,1.5;署兵尚。
孫毓汶　工左(總)
　六、癸未、十六,7.27;直總。
　六、甲午、廿七,8.7;入直。

光緒十二年
丙戌 (1886)

(禮親王)世鐸
(滿)額勒和布　**武英
閻敬銘　*東閣(總)
　九、丁巳、廿七,10.24;罷直。
張之萬　*刑尚
許庚身　刑右(總)(署兵尚)
孫毓汶　工右(總)

光緒十三年
丁亥 (1887)

(禮親王)世鐸
(滿)額勒和布　武英
張之萬　*刑右
許庚身　刑右、吏右(總)(署兵尚)
　九、戊午、四,10.20;刑右改吏右,仍署兵尚。
孫毓汶　工左(總)

光緒十四年
戊子 (1888)

(禮親王)世鐸

〔續上〕

（滿）**額勒和布**　武英
張之萬　*刑尚
許庚身　吏右、兵尚（總）
　七、壬子、二，8.9；吏右還兵尚。
孫毓汶　工左、吏右（總）
　七、壬子；工左改吏右。

光緒十五年
己丑 （1889）

（禮親王）**世鐸**
（滿）**額勒和布**　武英
張之萬　體仁
　正、辛酉、十五，2.14；協、刑尚遷。
許庚身　兵尚（總）
孫毓汶　吏右、刑尚（總）
　正、辛酉；吏右還刑尚。

光緒十六年
庚寅 （1890）

（禮親王）**世鐸**
（滿）**額勒和布**　武英
張之萬　體仁
許庚身　兵尚（總）
孫毓汶　刑尚（總）

光緒十七年
辛卯 （1891）

（禮親王）**世鐸**
（滿）**額勒和布**　武英
張之萬　體仁
許庚身　兵尚（總）
孫毓汶　刑尚（總）

光緒十八年
壬辰 （1892）

（禮親王）**世鐸**
（滿）**額勒和布**　武英

〔續上〕

張之萬　東閣
　九、甲午、九，10.29；體仁改東閣。
許庚身　兵尚（總）
孫毓汶　刑尚（總）

光緒十九年
癸巳 （1893）

（禮親王）**世鐸**
（滿）**額勒和布**　武英
張之萬　東閣
許庚身　兵尚（總）
　十二、庚戌、二，1.8；死（恭慎）。
孫毓汶　刑尚、兵尚（總）
　十二、丁巳、九，1.15；刑尚改兵尚。
徐用儀　吏左（總）
　十二、辛亥、三，1.9；學習入直。

光緒二十年
甲午 （1894）

（禮親王）**世鐸**
（滿）**額勒和布**　武英
　十、壬戌、十九，11.16；罷直。
張之萬　東閣
　十、壬戌；罷直。
孫毓汶　兵尚（總）
徐用儀　吏左（總）
　六、辛未、廿六，7.28；入直。
翁同龢　戶尚
　十、己酉、六，11.3；入直。
李鴻藻　禮尚
　十、己酉；入直。
（滿）**剛毅**　禮右、禮左
　十、己酉；粵撫開缺以侍郎候補，入直。
　十一、壬午、十，12.6；授禮右。
　十二、乙巳、三，12.29；禮右改禮左。
（恭親王）**奕訢**　（總）
　十一、庚辰、八，12.4；入直。

光緒二一年
乙未 （1895）

（恭親王）**奕訢**　（總）
（禮親王）**世鐸**
孫毓汶　兵尚（總）
　六、甲戌、五，7.26；病免。
翁同龢　戶尚（總）
　六、乙酉、十六，8.6；直總。
李鴻藻　禮尚（總）
　六、乙酉；直總。
徐用儀　吏左（總）
　六、乙酉、十六，8.6；罷直。
（滿）**剛毅**　禮左、戶右
　十、丙戌、十九，12.5；禮左改戶右。
錢應溥　禮左
　六、乙酉；入直。

光緒二二年
丙申 （1896）

（恭親王）**奕訢**　（總）
（禮親王）**世鐸**
翁同龢　戶尚（總）
李鴻藻　*禮尚、吏尚（總）
　十、己丑、廿八，12.2；授協。
　十、辛卯、廿，12.4；禮尚改吏尚。
（滿）**剛毅**　戶右、工尚
　四、庚寅、廿五，6.6；戶右遷工尚。
錢應溥　禮左、左都
　十、辛卯；禮左遷左都。

光緒二三年
乙酉 （1897）

（恭親王）**奕訢**　（總）
（禮親王）**世鐸**
翁同龢　*戶尚（總）
　八、壬申、十五，9.11；授協。
李鴻藻　*吏尚（總）
　七、庚寅、三，7.31；死（文正）。
（滿）**剛毅**　工尚、刑尚
　七、甲午、七，8.4；工尚改刑尚。

〔續上〕

錢應溥　左都、工尚
七、壬辰、五，8.2；左都改工尚。

光緒二四年
戊戌　（1898）

（恭親王）**奕訢**　（總）
四、壬辰、十，5.29；死。

（禮親王）**世鐸**

翁同龢　＊戶尚（總）
四、己酉、廿七，6.15；罷直。

（滿）**剛毅**　＊刑尚、兵尚
四、甲辰、廿二，6.10；刑尚改兵尚，授協。

錢應溥　工尚

廖壽恒　刑尚、禮尚（總）
二、甲子、十，3.2；學習入直。
八、辛丑、廿，10.5；刑尚改禮尚。

王文韶　戶尚（總）
五、丁巳、五，6.23；入直。

（滿）**裕祿**　禮尚（總）
五、乙亥、廿三，7.11；原川督入直。七、癸酉、廿二，9.7；授禮尚，直總。
八、甲午、十三，9.28；改直督。

（滿）**榮祿**　＊＊文淵（總）
八、甲午；入直。

（滿）**啓秀**　禮尚
十一、甲寅、五，12.17；入直。

光緒二五年
己亥　（1899）

（禮親王）**世鐸**

（滿）**榮祿**　＊＊文淵（總）

（滿）**剛毅**　＊兵尚

王文韶　＊戶尚（總）
十一、己巳、廿五，12.27；授協。

錢應溥　工尚
五、甲寅、八，6.15；病免。

（滿）**啓秀**　禮尚

廖壽恒　禮尚（總）
十一、甲寅、十，12.12；罷直。

趙舒翹　刑尚（總）
十一、甲寅；學習入直。

光緒二六年
庚子　（1900）

（禮親王）**世鐸**

（滿）**榮祿**　＊＊文淵（總）

（滿）**剛毅**　＊兵尚、吏尚
三、庚申、十八，4.17；兵尚改吏尚。九、庚寅、廿二，11.13；革（已死）。

王文韶　體仁（總）
十、癸丑、十五，12.6；協、戶尚遷。

（滿）**啓秀**　禮尚（總）
五、甲寅、十四，6.10；直總。
十二、壬戌、廿五，2.13；革。

趙舒翹　刑尚（總）
九、庚寅；革。

（端郡王）**載漪**　（總）
八、丙子、七，8.31；入直。
閏八、辛丑、二，9.25；罷直。

鹿傳霖　左都、禮尚、戶尚
閏八、辛丑；廣督隨扈，入直。
九、癸酉、五，10.27；授左都。
九、丁丑、九，10.31；左都改禮尚。十、癸丑；禮尚改戶尚。

光緒二七年
辛丑　（1901）

（禮親王）**世鐸**
七、丙寅、三，8.16；罷直。

（滿）**榮祿**　文華（總）
十二、丙辰、廿四，2.2；文淵改文華。

王文韶　＊＊文淵（外會）
六、癸卯、九，7.24；兼外會。
十二、丙辰；體仁改文淵。

鹿傳霖　戶尚

瞿鴻禨　工尚、外尚
四、甲辰、九，5.26；學習入直。
六、癸卯；工尚改外尚。
十二、甲寅、廿二，1.31；入直。

光緒二八年
壬寅　（1902）

（滿）**榮祿**　＊＊文華

〔續上〕

王文韶　＊＊文淵（外會）
鹿傳霖　戶尚
瞿鴻禨　外尚

光緒二九年
癸卯　（1903）

（滿）**榮祿**　＊＊武英
三、己巳、十四，4.11；死（文忠）。

王文韶　＊＊武英（外會）
五、戊午、四，5.30；文淵改武英。
九、丙申、十六，11.4；卸外會。

鹿傳霖　戶尚
瞿鴻禨　外尚

（慶親王）**奕劻**　（外總）
三、庚午、十五，4.12；入直。

（蒙）**榮慶**　戶尚
九、丙申；學習入直。
△十二月，入直。

光緒三十年
甲辰　（1904）

（慶親王）**奕劻**　（外總）

王文韶　＊＊武英

鹿傳霖　戶尚、署工尚
七、庚辰、四，8.14；戶尚署工尚。

瞿鴻禨　外尚

（蒙）**榮慶**　戶尚

光緒三一年
乙巳　（1905）

（慶親王）**奕劻**　（外總）

王文韶　＊＊武英
五、庚子、廿八，6.30；罷直。

鹿傳霖　署工尚、吏尚
四、丙午、四，5.7；署工尚改吏尚。

瞿鴻禨　外尚

（蒙）**榮慶**　＊戶尚、學尚
十一、己卯、十，12.6；戶尚改學尚。十二、辛亥、十三，1.7；授協。

〔續上〕

徐世昌　署兵左、巡尚
五、庚子；署兵左學習入直。
九、庚辰、十，10.8；署兵左遷巡尚。
十二、癸丑、十五，1.9；入直。

(滿)**鐵良**　戶右、戶尚
七、丁酉、廿六，8.26；戶右學習入直。十一、己卯；戶右兼署兵尚改戶尚。十二、癸丑；入直。

光緒三二年
丙午 （1906）

(慶親王)**奕劻**　（外總）

鹿傳霖　吏尚
九、甲寅、廿，11.6；罷直。

瞿鴻禨　*外尚
正、甲午、廿六，2.19；授協。

(蒙)**榮慶**　*學尚
九、甲寅；罷直。

(滿)**鐵良**　戶尚
九、甲寅；罷直。

徐世昌　巡尚
九、甲寅；罷直。

(滿)**世續**　**東閣
九、甲寅；入直。

林紹年　候侍
九、甲寅；桂撫開缺以侍郎候補，學習入直。

光緒三三年
丁未 （1907）

(慶親王)**奕劻**　（外總）

(滿)**世續**　**文淵
六、丁丑、十八，7.27；東閣改文淵。

瞿鴻禨　*外尚
五、丁酉、七，6.17；解。

林紹年　度右
四、己卯、十九，5.30；候侍授度右。
七、癸巳、四，8.12；改豫撫。

鹿傳霖　*
五、己亥、九，6.19；解吏尚，專任軍機大臣。
六、癸酉；授協。

〔續上〕

(醇親王)**載灃**
五、己亥；學習入直。

張之洞　體仁
七、丙辰、廿七，9.4；入直。

袁世凱　外尚
七、丙辰；入直。

光緒三四年
戊申 （1908）

(慶親王)**奕劻**

(醇親王)**載灃**
正、丁亥、一，2.2；入直。
十、癸酉、廿一，11.14；授攝政王，罷直。

(滿)**世續**　**文淵

張之洞　體仁

鹿傳霖　*

袁世凱　外尚
十二、壬戌、十一，1.2；免。

(滿)**那桐**　**東閣（外會）
十二、壬戌；學習入直。

宣統元年
己酉 （1909）

(慶親王)**奕劻**

(滿)**世續**　**文華
十一、丁卯、廿一，1.2；文淵改文華。

張之洞　體仁
八、乙亥、廿三，10.6；死(文襄)。

(滿)**那桐**　**文淵（外會）
正、癸未、二，1.23；入直。
十一、丁卯；東閣改文淵。

鹿傳霖　東閣
九、丙寅、廿，11.2；遷體仁。
十一、丁卯；體仁改東閣。

戴鴻慈　*法尚
八、己亥、廿三，10.6；學習入直。
十一、丙寅、廿，1.1；授協。

宣統二年
庚戌 （1910）

(慶親王)**奕劻**

(滿)**世續**　**文華
七、甲寅、十三，8.17；罷直。

(滿)**那桐**　**文淵（外會）

鹿傳霖　東閣
七、甲子、廿三，8.27；死(文端)。

戴鴻慈　*法尚
正、癸亥、十八，2.27；死(文誠)。

吳郁生　閣學署吏左
正、癸亥；學習入直。
二、丙申、廿二，4.1；署吏左。
七、甲寅；罷直。(以侍郎候補)

(貝勒)**毓朗**
七、甲寅；入直。

徐世昌　體仁
七、甲寅；協(卸郵尚)入直。
八、丙申、廿五，9.28；遷體仁。

宣統三年
辛亥 （1911）

(慶親王)**奕劻**

(貝勒)**毓朗**

(滿)**那桐**　**文淵

徐世昌　體仁

〔四、戊寅、十，5.8；裁撤。〕

附：立憲內閣成立後職位：

奕劻　內閣總理大臣
毓朗　軍諮大臣
那桐　內閣協理大臣
徐世昌　內閣協理大臣

部院大臣年表

附： 奕劻內閣職官
　　袁世凱內閣職官

順治元年至宣統三年

(1644—1911)

部院大臣年表

年 代	順治元年　甲申(1644)	順治二年　乙酉(1645)
吏部	(滿)鞏阿岱	(滿)鞏阿岱
户部	(滿)英額爾岱(三等子)	(滿)英額爾岱 　　　(晉封三等公)
禮部	(滿)郎球	(滿)郎球
兵部	(宗室)韓岱	(宗室)韓岱
刑部	(宗室)吳達海(貝子)	(宗室)吳達海
工部	(滿)星訥	(滿)星訥
理藩院	(貝勒)博洛	(貝勒)博洛
都察院	(貝子)滿達海	(貝子)滿達海

順治三年　丙戌（1646）	順治四年　丁亥（1647）
（滿）鞏阿岱	（滿）鞏阿岱　　　　（滿）譚拜 　　　　　　　　（封三等男，晉二等男） 　　　　　　　　四、乙亥、四，5.8；兵尚改。
（滿）英俄爾岱	（滿）英俄爾岱（晉二等公）
（滿）郎球	（滿）郎球
（宗室）韓岱　　　　（滿）譚拜 　正、壬戌、十四，3.1；　二、甲申、七，3.23； 　改鑲白固山。　　　　兵左遷。	（滿）譚拜　　　　（滿）阿哈尼堪 　四、乙亥、四，5.8；　四、乙亥；都統授。 　改吏尚。
（宗室）吳達海	（宗室）吳達海
（滿）星訥	（滿）星訥
（貝勒）博洛 　二、丙午、廿九，4.14；授征南大將軍。	（貝洛）博洛　　　　（滿）尼堪 　六、己丑、廿，7.21；　六、戊戌、廿九，7.30； 　晉封端重郡王，卸。　理左遷。
（貝子）滿達海 　（△出征入陝）	（貝子）滿達海　　（蒙）多爾濟達爾漢 　　　　　　　六、戊戌、廿九，7.30；參政遷。

部院大臣年表

年 代	順治五年　戊子(1648)　[七、丁丑、十四,9.1;各部設漢尚書一員,都察院增設漢左都御史一員]	順治六年　己丑(1649)
吏部	(滿)**譚拜**	(滿)**譚拜**
	陳名夏　七、丁丑、十四,9.1;吏左遷。	**陳名夏**
戶部	(滿)**英俄爾岱**　二、丁卯、二,2.24;死。　(覺羅)**巴哈納**　三、己酉、十四,4.6;固山授。	(覺羅)**巴哈納**
	謝啓光　七、丁丑;倉侍遷。	**謝啓光**
禮部	(滿)**郎球**	(滿)**郎球**　七、丙子、十九,8.26;兼正藍滿都。　(滿)**卓羅**　九、戊辰、十二,10.17;刑左遷。
	李若琳　七、丁丑;禮左遷。	**李若琳**
兵部	(滿)**阿哈尼堪**	(滿)**阿哈尼堪**
	劉餘祐　七、丁丑;兵左遷。	**劉餘祐**
刑部	(宗室)**吳達海**　四、庚辰、十五,5.7;駐防漢中。	(宗室)**吳達海**　(駐防漢中)　(順十二死,襄敏)
	党崇雅　七、丁丑;刑左遷。	**党崇雅**
工部	(滿)**星訥**	(滿)**星訥**
	金之俊　七、丁丑;吏右遷。	**金之俊**
理藩院	(滿)**尼堪**	(滿)**尼堪**
都察院	(蒙)**多爾濟達爾漢**	(蒙)**多爾濟達爾漢**
	徐起元　七、丁丑;左副遷。	**徐起元**

年代	順治七年　庚寅(1650)　[十二、乙巳、廿六,1.17;吏、户、刑三部各設滿尚書二員]	
吏部	(滿)譚拜 △三月死。	(宗室)韓岱(公) 十二、乙巳;任。
		(滿)譚泰 十二、乙巳;固山額真授。
	陳名夏	
户部	(覺羅)巴哈納	
		(滿)噶達渾 十二、乙巳;前吏左授。
	謝啓光	
禮部	(滿)卓羅 三、癸酉、廿,4.20;改左都。	(滿)阿哈尼堪 三、癸酉;兵尚改。
	李若琳	
兵部	(滿)阿哈尼堪 三、癸酉;改禮尚。	(蒙)明安達禮 三、癸酉;兵左遷。
	劉餘祐	
刑部	(滿)郎球 四、己亥、十六,5.16;禮尚授。革。	(滿)濟席哈 十二、乙巳;刑右遷。
	(滿)阿喇善 三、乙卯、二,4.2;刑右遷。 三、癸未、卅,4.30;解。	(滿)陳泰　(三等子) 十二、乙巳;前禮右授。
	党崇雅	
工部	(滿)星訥　(二等男)	
	金之俊	
理藩院	(滿)尼堪	
都察院	(蒙)多爾濟達爾漢 △授內大臣。	(滿)卓羅 三、癸酉;禮尚改。
	徐起元	

部院大臣年表

年代	順治八年　辛卯(1651)		
吏部	(宗室)韓岱 二、庚子、廿二,3.13; 刑尚互改。	(滿)陳泰** 二、庚子;刑尚改。 三、己丑、十二,5.1;遷國史。	(滿)朱瑪喇 (三等男) 三、己丑;兵左遷。
	(滿)譚泰 八、壬戌、十七,10.1;附多爾袞,死。	(滿)卓羅 (一等子) 九、丙戌、十二,10.25;固山任。	
	陳名夏** 七、己亥、廿四,9.8;遷弘文。	高爾儼 八、己酉、四,9.18;右都管吏左遷。	
戶部	(覺羅)巴哈納 四、辛亥、五,5.23;附多爾袞,革。	(滿)雅賴 (一等男) 三、己丑;議政大臣授。九、丙戌;解。	(滿)車克 九、丙戌;右副遷。
	(滿)噶達渾 三、己丑;改左都。五、乙酉、九,6.26;左都改回。		
	謝啓光 閏二、甲寅、七,3.27;改工尚。	党崇雅 閏二、甲寅;刑尚改。	
禮部	(滿)阿哈尼堪 (一等男) △十二月死。		
	李若琳 閏二、乙丑、十八,4.7;革。	陳之遴 閏二、戊辰、廿一,4.10;禮右遷。	
兵部	(蒙)明安達禮		
	劉餘祐 閏二、甲寅;改刑尚。	金之俊 閏二、甲寅;工尚改。	
刑部	(滿)濟席哈		
	(滿)陳泰 二、庚子;吏尚互改。	(宗室)韓岱 二、庚子;吏尚改。	
	党崇泰 閏二、甲寅;改戶尚。	劉餘祐 閏二、甲寅;兵尚改。	
工部	(滿)星訥 正、甲寅、六,1.26;解。 (七月,革。)	(滿)譚布 三、己丑;甲喇章京授。 九、丙戌;罷。	(滿)藍拜 九、丙戌;禮左遷。
	金之俊 閏二、甲寅;改兵尚。	謝啓光 閏二、甲寅;戶尚改。乙丑;革。(十五年死)	張鳳翔 閏二、戊辰;吏左遷。
理藩院	(滿)尼堪		
都察院	(滿)卓羅 閏二、乙丑;解。	(滿)噶達渾 三月,戶尚改;五月,改回。	(滿)覺善 五、乙酉、九,6.26;副都兼授。九、丙戌;解,專任副都。(康三死,敏勇)	(滿)俄羅塞臣 九、丙戌、十二,10.25;固山任。
	徐起元 閏二、乙丑;休。(十六年死,敬僖)	趙開心 八、乙卯、十,9.24;僉都起用。	

順治九年 壬辰(1652)

(滿)**朱瑪喇**		
(滿)**卓羅** △出征。解(靖南將軍)。	(宗室)**韓岱** 四、乙卯、十四,5.21;刑尚改。	
高爾儼 三、乙未、廿四,5.1;殿試讀卷。		
(滿)**車克**		
(滿)**噶達渾**		
党崇雅 △十月免。	**劉餘祐** 十、壬子、十四,11.14;刑尚改。	
(滿)**陳泰** 正、辛巳、九,2.17;起用。二月,會試主考。 三、乙未、廿四,5.1;改鑲黃滿都。	(滿)**郎球** 三、乙未;殿試讀卷。 三、乙未;原任授。	
陳之遴 * * 二、辛酉、十九,3.28;遷弘文。	**王 鐸** 三、乙亥、四,4.11;禮左遷。 未任先死(文安)。	**胡世安** 三、癸巳、廿二,4.29;禮左遷。
(蒙)**明安達禮**		
金之俊		
(滿)**濟席哈**		
(宗室)**韓岱** 四、乙卯;改吏尚。	(滿)**藍拜** 四、乙卯;工尚改。 十、甲寅、十六,11.16;解。	(覺羅)**巴哈納** 十、甲寅;革户尚起用。
劉餘祐 十、壬子;改户尚。	**李化熙** 十、丙寅,廿八,11.28;兵左遷。	
(滿)**藍拜** 四、乙卯;改刑尚。	(滿)**星訥** 四、乙卯;原任授。	
張鳳翔		
(滿)**尼堪**		
(滿)**俄羅塞臣** 四、乙卯;休。	(滿)**阿喇善** 四、乙卯;固山任。	
趙開心 二、庚申、十八,3.27;革。	**房可壯** 三月,左副遷。十二月休。(十年死)	

年代	順治十年　癸巳(1653)　[二、己未、廿二,3.21;各部均設滿尚書一員]			
吏部	(滿)**朱瑪喇** 十一、乙卯、廿三,1.11;革。			
	(宗室)**韓岱**			
	高爾儼 二、甲辰、七,3.6;病休。秘書陳名夏署。	**成克鞏** 四、己未、廿四,5.20;吏左遷。閏六月,遷秘書。	**金之俊** 閏六、乙亥、十二,8.4;左都改。十一月,調用。	**劉正宗**＊＊ 十一、丙辰、廿四,1.12;弘文管。
户部	(滿)**車克**			
	(滿)**噶達渾** 三、丙戌、廿,4.17;改兵尚。			
	劉餘祐 二、辛酉、廿四,3.23;革。(旋死)	**陳之遴**(＊＊) 二、甲寅、十七,3.16;弘文改。		
禮部	(滿)**郎球**			
	胡世安			
兵部	(蒙)**明安達禮** 二、辛酉、廿四,3.23;革。	(滿)**噶達渾** 三、丙戌;户尚改。		
	金之俊 正、庚寅、廿三,2.20;改左都。	**王永吉** 二、甲寅;户左遷。		
刑部	(滿)**濟席哈** 三、丙戌;解。			
	(覺羅)**巴哈納**			
	李化熙 五、癸未、十八,6.13;乞養。(康八死)	**張秉貞** 五、壬辰,廿七,6.22;兵左遷。		
工部	(滿)**星訥** 四、戊午、廿三,5.19;休。(康十三年死,敏襄)			
	張鳳翔 正、丙申、廿九,2.26;休。(十四年死)	**劉　昌** 正、庚寅;工左遷。		
理藩院	(滿)**尼堪** 四、戊午;休。(十七年死)			
都察院	(滿)**阿喇善** △革。	(滿)**屠賴** △十月,吏左遷。		
	金之俊 正、庚寅;兵尚改。閏六、乙亥;改吏尚。	**趙開心** 閏六、戊子、十五,8.17;起用。		

年代	順治十一年　甲午(1654)		
吏部	(宗室)**韓岱** 十、乙丑、九、11.17；革。	(滿)卓羅 固山署。	(滿)**陳泰** 寧南靖寇大將軍，二等子。 十一、丁亥、一，12.9；鑲黄滿都授。
	劉正宗＊＊ (弘文管)		
戶部	(滿)**車克**		
	陳之遴		
禮部	(滿)**郎球**		
	胡世安		
兵部	(滿)**噶達渾**		
	王永吉 三、乙巳、十五，5.1； 改左都。	**孟明輔** 三、乙卯、廿五，5.11；吏左遷。 八、辛未、十四，9.24；降三調。	**張秉貞** 八、丙子、十九，9.29；刑尚改。
刑部	(覺羅)**巴哈納**	(覺羅)**伊圖** 七、乙巳、十八，8.29；宗人府啓心郎署。	
	張秉貞 八、丙子；改兵尚。	**任濬** 八、庚辰、廿三，10.3；倉侍遷。	
工部	(滿)**郭科** 七、己巳、十八，8.29；工左署。		
	劉昌		
理藩院	(滿)**沙齊達喇** 十一、辛卯、五，12.13；理右遷。		
都察院	(滿)**屠賴**	(覺羅)**阿克善** 七、乙巳；梅勒章京署。	
	趙開心 三、己未、五，4.21；降三調。	**王永吉**＊＊ 三、乙巳；兵尚改。 四、丁亥、廿八，6.12；遷秘書。	**龔鼎孳** 五、丙午、十七，7.1；戶左遷。

部院大臣年表

年代	順治十二年　乙未(1655)	
吏　部	(滿)**陳泰** (晉一等子)。 　(出征)△十月死(忠襄)。	(宗室)**韓岱** 　正、辛丑、十六、2.21；原任授。
	劉正宗 ＊＊ 　三、乙巳、廿、4.26；回內院辦事。	**王永吉** ＊＊ 　三、庚戌、廿五、5.1；國史管。 　十、甲寅；武殿讀卷。
戶　部	(滿)**車克** 　△三月、遷秘書。	(滿)**郎球** 　五、乙巳、廿二、6.25；禮尚改。
	陳之遴 ＊＊ 　二、庚辰、廿五、4.1；遷弘文。	**戴明說** 　三、戊子、三、4.9；刑左遷。 　十、甲寅；武殿讀卷。
禮　部	(滿)**郎球** 　五、乙巳；改戶尚。	(滿)**恩格德** 　五、丁未、廿四、6.27；禮左遷。
	胡世安 　十、甲寅、四、11.1；武殿讀卷。	

年代	兵　部		
	(滿)**噶達渾**		
	張秉貞 　△五月、休。 　八月死(僖和)。	**李際期** 　五、丙午、廿三、6.26；工尚改。 　十一月死(僖平)。	**孫廷銓** 　十、癸酉、廿三、11.20；兵左遷。

年代	刑　部		
	(覺羅)**巴哈納** ＊＊ 　五、庚子、十七、6.20；遷弘文。	(滿)**圖海** ＊＊ 　五、乙酉、二、6.5；弘文授。	
	任濬 　二、丁巳、二、3.9；休。(十三年死)	**劉昌** 　二、戊午、三、3.10；工尚改。	

年代	工　部		
	(滿)**郭科**		
	劉昌 　二、戊午；改刑尚。	**李際期** 　二、戊午；刑左遷。三、戊戌、十三、 　4.19；殿試讀卷。五、丙午；改兵尚。	**衛周祚** 　五、己酉、廿六、6.20；吏左遷。 　十、甲寅；武殿讀卷。

年代	理藩院 都察院	
理藩院	(滿)**沙濟達喇**	
都察院	(滿)**屠賴**	
	龔鼎孳 　三、戊戌；殿試讀卷。十、甲寅；武殿讀卷。 　十、丙子、廿六、11.23；降八調。	**成克鞏** ＊＊ 　十二、癸丑、三、12.30；秘書暫管。

順治十三年　丙申(1656)		順治十四年　丁酉(1657)	
(宗室)韓岱 四、己酉、一,4.24; 革。	(覺羅)科爾昆 四、丁卯、十九,5.12; 兵左遷。	(覺羅)科爾昆	
王永吉＊＊ (國史管)		王永吉＊＊ (國史管)	
(滿)郎球 五、乙酉、七,5.30; 革。(康五死)	(滿)車克＊＊ 六、辛巳、四,7.25; 秘書管。	(滿)車克＊＊ (秘書管)	
戴明説 四、己酉;降四調。	孫廷銓 四、己巳、廿,5.14;兵尚改。	孫廷銓	
(滿)恩格德		(滿)恩格德	
胡世安		胡世安	
(滿)噶達渾		(滿)噶達渾 五、甲辰、二,6.13;死 (敏壯)。	(覺羅)伊圖 五、丁巳、十五,6.26; 宗人府啟心郎遷。
孫廷銓 四、己巳;改戶尚。	梁清標 四、壬申、廿四,5.17; 吏左遷。	梁清標	
(滿)圖海＊＊ (弘文)		(滿)圖海＊＊ (弘文)	
劉昌		劉昌 二、己亥、廿六,4.9; 葬假。	白允謙 四、癸巳、廿一,6.2; 吏左遷。
(滿)郭科 △三月解。	(滿)孫塔(三等男) △三月,鑲藍滿副授。	(滿)孫塔	
衛周祚		衛周祚	
(滿)沙濟達喇 閏五、戊辰、廿一, 7.12;死(正直)。	(蒙)明安達禮 五、己亥、廿一,6.13; 固山授。	(蒙)明安達禮	
(滿)屠賴		(滿)屠賴	
成克鞏＊＊ 十二、庚子、廿七,2.9;回院辦事。		魏裔介 正、癸丑、十,2.22;左副遷。	

部院大臣年表

年　代	順治十五年　戊戌(1658)	順治十六年　己亥(1657)
吏 部	(覺羅)**科爾昆** **王永吉****　　**衛周祚****　　　**孫廷銓** 四、辛卯、廿　五、癸卯、七,6.7;　六、丁卯、 五,5.26;降　工尚改。五、癸亥、　一,7.1; 五調。　　廿七,6.27;遷弘文。戶尚改。	(覺羅)**科爾昆** **孫廷銓** 九、辛未、十三,10.28;殿試讀卷。
戶 部	(滿)**車克**** 　(秘書管) **孫廷銓**　　　　　**王宏祚** 三、壬戌;殿試讀卷。　七、己酉、十四,8.12; 六、丁卯;改吏尚。　　戶左遷。	(滿)**車克**** 　(秘書管) **王宏祚**
禮 部	(滿)**恩格德**　　　(滿)**渥赫** 十一、甲寅、廿一,　十二、乙酉、廿三, 12.15;革。　　　1.15;禮右遷。 **胡世安**　　**王崇簡** 五、癸亥;遷　六、甲申、十八,7.18;吏左遷。 國史。　　十、戊寅、十五,11.9;武殿讀卷。	(滿)**渥赫** **王崇簡**
兵 部	(覺羅)**伊圖** **梁清標**	(覺羅)**伊圖** **梁清標**
刑 部	(滿)**圖海**** 　(弘文) **白允謙** 十、戊寅、武殿讀卷。	(滿)**圖海**** 閏三、甲申、廿四,5.14;革。 **白允謙**　　　　　**杜立德** (常少、通政)九、壬申,　九、丁丑、十九, 十四,10.29;降三調。　11.3;刑左遷。
工 部	(滿)**孫塔**(晉二等男) **衛周祚**　　　　　**劉昌** 三、壬戌、廿五,4.27;殿試　五、戊申、十二, 讀卷。五、癸卯;改吏尚。　6.12;假滿刑尚授。	(滿)**孫塔** **劉昌**
理 藩 院	(蒙)**明安達禮**	(蒙)**明安達禮** 二、丙子、十五,3.7;授安南將軍駐防荊州。
都 察 院	(滿)**屠賴**　　　(滿)**能圖** △九月免。　　九、己酉、十五,10.11; 　　　　左副遷。 **魏裔介** 三、壬戌;殿試讀卷。	(滿)**能圖** **魏裔介**

順治十七年　庚子(1660)

(覺羅)科爾昆 二、丁未、廿二,4.1;降三調。	(覺羅)伊圖 五、乙卯、一,6.8;兵尚改。	
孫廷銓		
(滿)車克＊＊ (秘書管)		
王宏祚		
(滿)渥赫		
王崇簡 四、丙申、十二,5.20;殿試讀卷。		
(覺羅)伊圖 五、乙卯;改吏尚。	(滿)阿恩哈 五、甲子、十,6.17;刑右遷。 六、乙酉、二,7.8;管左都。	(滿)蘇納海 六、己丑、六,7.12;工尚改。
梁清標		
(滿)能圖 正、庚辰、廿四,3.5;左都改。 七、癸未、卅,9.4;革。	(覺羅)雅布蘭 十、丁亥、五,11.7;吏右遷。	
杜立德 四、丙申;武殿讀卷。		

(滿)孫塔 二、丁未、廿二,4.1;解。 (康四死,忠襄)	(滿)蘇納海 五、甲子;學士遷。 六、乙丑;改兵尚。	(滿)穆里瑪 六、癸巳、十,7.16;一等侍衛授。 十、辛亥、廿九,12.1;改都統。	(滿)郭科 十、己亥、十七, 11.19;工左遷。
劉昌 二、壬辰、七,3.17;休。 (康九死,勤愨)	霍達 二、壬子、廿七,4.6;怊捕遷。四、丙申、 武殿讀卷。七、甲寅、一,8.6;管左都。		楊義 七、庚午、十七,8.22;倉侍遷。
(蒙)明安達禮 十一、丁巳、六,12.7;召回。			
(滿)能圖 正、庚辰;改刑尚。	(滿)阿恩哈 六、乙酉、二,7.8;兵尚管。		
魏裔介 六、己亥、十六,7.22;革。	霍達 七、甲寅、一,8.6;工尚管。		

年代	順治十八年　辛丑(1661)	
吏 部	(覺羅)伊圖＊＊ 　七、辛酉、十四,8.8;遷弘文。	(滿)車克＊＊ 　閏七、庚辰、三,8.27;秘書管户改。
	孫廷銓 　七、辛亥、四,7.29;省假。	衛周祚 　七、癸酉、廿六,8.20;國史暫署。
户 部	(滿)車克＊＊ 　閏七、庚辰;改管吏。	(滿)阿思哈 　閏七、庚辰;左都改。
	王宏祚 　六、甲申、七,7.2;省假。	杜立德 　七、甲寅、一,8.1;刑尚改。
禮 部	(滿)渥赫	
	王崇簡 　十一、乙未、廿,1.9;病免。 　(康十七死,文貞)	沙澄 　十二、丁未、二,1.21;禮左遷。
兵 部	(滿)蘇納海＊＊ 　九、癸未、七,10.29;遷國史。	(蒙)明安達禮 　九、甲午、十八,11.9;理尚改。
	梁清標	
刑 部	(覺羅)雅布蘭	
	杜立德 　七、甲寅;改户尚。	高景 　七、癸亥、十六,8.10;工尚改。
工 部	(滿)郭科 　△四月,死。	(滿)喇哈達 　四、丙戌、七,5.5;督捕遷。
	楊義　　　　　　高景　　　　　　　　　　博維鱗 　△五月,休。　　五、己巳、廿一,6.17;倉侍遷。　　閏七、甲午、十七,9.10;工左遷。 　　　　　　　　七、癸亥;改刑尚。		
理 藩 院	(蒙)明安達禮 　九、甲午;改兵尚。	(蒙)博羅色冷 　九、庚子、廿四,11.15;内大臣授。
都 察 院	(滿)阿思哈 　閏七、庚辰;改户尚。	(滿)寧古禮 　閏七、癸巳、十六,9.9;禮右遷。
	霍達 　三、庚申、十一,4.9;病假。(六月死)	魏裔介 　四、乙未、十六,5.14;原任授。

康熙元年　壬寅(1662)		康熙二年　癸卯(1663)	
(滿)**車克**＊＊ 　七、壬申、一，8.14； 　回院辦事。	(滿)**阿思哈** 　七、辛卯、廿，9.2； 　户尚改。	(滿)**阿思哈**	
衞周祚＊＊ 　五、庚辰；回院辦事。	**孫廷銓** 　五、庚辰、八，6.23；假 　滿回任。	**孫廷銓** 　五、丙子、九，6.14； 　遷秘書。	**魏裔介** 　五、戊子、廿一，6.26； 　左都改。
(滿)**阿思哈** 　七、辛卯；改吏尚。	(滿)**寧古禮** 　七、戊戌、廿七，9.9； 　左都改。	(滿)**寧古禮** 　三、乙酉、十七，4.24； 　死(勤敏)。	(滿)**蘇納海**＊＊ 　三、甲戌、六，4.13； 　國史管。
杜立德		**杜立德**	
(滿)**渥赫** 　正、丁酉、廿三，3.12； 　休。(十一年死)	(滿)**祁徹白** 　二、庚戌、六，3.25； 　禮左遷。	(滿)**祁徹白**	
沙　澄		**沙　澄**	
(蒙)**明安達禮**		(蒙)**明安達禮**	
梁清標		**梁清標**	
(覺羅)**雅布蘭** 　八、丙辰、十六，9.27； 　改左都。	(覺羅)**科爾昆** 　八、丙辰；鑲黃蒙 　副任。	(覺羅)**科爾昆**	(滿)**尼滿** 　六、壬子、十六，7.20；刑左遷。
高　景		**高　景**	
(滿)**喇哈達**		(滿)**喇哈達**	
傅維鱗		**傅維鱗**	
(蒙)**博羅色冷**		(蒙)**博羅色冷**	
(滿)**寧古禮** 　七、戊戌；改户尚。	(覺羅)**雅布蘭** 　八、丙辰；刑尚改。	(覺羅)**雅布蘭**	
魏裔介		**魏裔介** 　五、戊子；改吏尚。	**龔鼎孳** 　六、戊申、十六，7.16； 　降輔侍郎授。

部院大臣年表

年代	康熙三年　甲辰(1664)	康熙四年　乙巳(1665)
吏部	⁽滿⁾阿思哈 魏裔介＊＊　　　　　杜立德 九、丁未、十九,11.6;武會正考。　十一、丁未; 十一、丁未、廿,1.5;遷秘書。　　户尚改。	⁽滿⁾阿思哈 杜立德
户部	⁽滿⁾蘇納海＊＊ （國史管） 杜立德　　　　　王宏祚 二、己亥、六、3.3;會試正考。　十一、丁未; 十一、丁未;改吏尚。　　刑尚改。	⁽滿⁾蘇納海＊＊ （國史管） 王宏祚
禮部	⁽滿⁾祁徹白 沙　澄	⁽滿⁾祁徹白 沙　澄
兵部	⁽蒙⁾明安達禮 梁清標	⁽蒙⁾明安達禮 梁清標
刑部	⁽滿⁾尼滿 高　景　王宏祚　　龔鼎孳 閏六、乙亥、閏六、乙酉、廿五、　十一、癸丑、 十五,8.6;　8.16;原户尚授。　廿六,1.11; 解。　　十一、丁未;改户尚。　左都改。	⁽滿⁾尼滿 龔鼎孳
工部	⁽滿⁾喇哈達　　⁽滿⁾葉成額 十二、戊午、一,1.16;　十二、癸亥、六、 改鑲黃蒙都。　　1.21;户左遷。 傅維鱗	⁽滿⁾葉成額 傅維鱗
理藩院	⁽蒙⁾博羅色冷	⁽蒙⁾博羅色冷
都察院	⁽覺羅⁾雅布蘭 龔鼎孳 十一、癸丑;改刑尚。	⁽覺羅⁾雅布蘭 郝維訥 正、壬辰、五,2.19;吏左管右事遷。

康熙五年　丙午(1666)	康熙六年　丁未(1667)
(滿)阿思哈	(滿)阿思哈　　　　　(蒙)明安達禮 正、庚子、廿五、2.17；　正、乙巳、卅、2.22；兵尚 改鑲白滿都。三、乙酉、　改。三、辛巳、七、3.30； 十一、4.3；兵尚改。　　病免。(八年死，敏果)
杜立德	杜立德 九、丁未、六、10.22；武會正考。
(滿)蘇納海＊＊　　　(滿)馬希納 十二、庚申、十四、1.8；革　　十二、甲子、十八、 (殺)。　　　　　　　　1.12；督捕遷。	(滿)馬希訥　　　　　(滿)馬爾賽　〔增設一員〕 　　　　　　　　　十二、戊子、十八、1.31； 　　　　　　　　　工尚改。
王宏祚	王宏祚 二、辛亥、六、2.28；會試正考。
(滿)祁徹白	(滿)祁徹白　　　　　(覺羅)外庫 三、辛巳；解。　　　三、乙酉、十一、4.3；正紅 　　　　　　　　　滿副任。
沙　澄　　　　　梁清標 八、甲戌、廿六、9.24；　九、丁亥、十、10.7；兵 憂免。　　　　　　尚改。	梁清標　　　　　黄　機 二、辛亥；會試正考。　三、丁亥、十三、4.5； 三、辛巳；革。　　禮左遷。
(蒙)明安達禮	(蒙)明安達禮　(滿)阿思哈　　　(滿)噶褚哈 正、乙巳；　　二、戊辰、廿三、3.17；三、乙酉；正 改吏尚。　　鑲白滿都改。　　紅滿都任。 　　　　　三、乙酉；改吏尚。
梁清標　　　　　龔鼎孳 九、丁亥；改禮尚。　九、丙申、十九、10.16； 　　　　　　　　刑尚改。	龔鼎孳
(滿)尼滿　　　　(滿)對喀納 七、丁未、廿八、　　七、丁未；刑左遷。 8.28；改左都。	(滿)對喀納
龔鼎孳　　　　　郝維訥 九、丙申；改兵尚。　九、丙午、廿九、10.26； 　　　　　　　　工尚改。	郝維訥
(滿)葉成額	(滿)葉成額　　　　　(滿)馬爾賽 三、辛巳；降三調。　三、乙酉；正白滿副任。 (十年死)　　　　　十二、戊子；改戶尚。
傅維鱗　　　郝維訥　　　朱之弼 六、甲子、十五、六、癸酉、廿四、十、壬子、五、 7.16；病休。7.25；左都改。11.1；左都改。 (六年死)　九、丙午；改刑尚。	朱之弼
(蒙)博羅色冷	(蒙)博羅色冷
(覺羅)雅布蘭　　　　(滿)尼滿 八、乙卯、七、9.5；死。　七、丁未；刑尚改。	(滿)尼滿
郝維訥　朱之弼　　　王　熙 六、癸酉；七、庚辰、一、8.1；吏右 改工尚。遷。十、壬子；改工尚。11.26；禮左遷。	王　熙

部院大臣年表

年代	康熙七年　戊申(1668)		康熙八年　己酉(1669)		
吏部	(滿)阿思哈		(滿)阿思哈 五、庚申、廿八,6.26;鰲拜黨,革(殺)。	(滿)馬希納 六、壬戌、一,6.28;戶尚改。	
	杜立德		杜立德** 四、癸酉、十一,5.10;遷國史。	黃機 四、庚辰、十八,5.17;戶尚改。	
戶部	(滿)馬希納	(滿)馬爾賽	(滿)馬希納 六、壬戌、改吏尚。	(滿)米思翰 六、壬申、十一,7.8;禮右遷。	(滿)馬爾賽 三、己亥、六,4.6;予祭。[六、庚辰、十九,7.16;裁增設滿尚書。]
	王宏祚 八、壬申、六,9.11;革。	黃機 八、辛巳、十五,9.20;禮尚改。	黃機 四、庚辰;改吏尚。	郝惟訥 四、己丑、廿七,5.26;禮尚改。	
禮部	(覺羅)外廬	(滿)布顏 六、癸未、十六,7.24;禮左遷。	(滿)布顏 九、乙未、五,9.29;解。	(滿)恩額德 九、甲寅、廿四,10.18;工尚改。	
	黃機 八、辛巳;改戶尚。	郝維訥 八、戊子、廿二,9.27;刑尚改。	郝惟訥 四、己丑;改戶尚。	龔鼎孳 五、乙未、三,6.1;兵尚改。	
兵部	(滿)噶楮哈		(滿)噶楮哈 五、庚申;鰲拜黨(殺)。	(滿)科爾科代 六、癸亥、二,6.29;工左遷。	
	龔鼎孳		龔鼎孳 五、乙未;改禮尚。	王宏祚 五、壬寅、十,6.8;原戶尚改。	
刑部	(滿)對喀納** 九、癸卯、七,10.12;遷國史。	(滿)明珠 九、戊申、十二,10.17;弘文學士任。	(滿)明珠 七、乙未、四,7,31;解(左都)。	(滿)對喀納** 七、己未、廿八,8.24;國史管。	
	郝維訥 八、戊子;改禮尚。	朱之弼 九、丁酉、一,10.6;工尚改。	朱之弼		
工部	(滿)額赫里 正、丁未、八,2.19;督捕遷。△六月免。(十年死)	(滿)濟世 六、丁亥、廿,7.28;正藍滿都任。	(滿)濟世 五、庚申;鰲拜黨,革(殺),7.2;原禮尚遷。	(滿)恩額德 六、丙寅、五,	(滿)吳達禮 十、壬申、十二,11.5;刑右遷。
	朱之弼 九、丁酉;改刑尚。	王熙 九、甲辰、八,10.13;左都改。	王熙		
理藩院	(蒙)博羅色冷		(蒙)博羅色冷 △二月,免。	(蒙)喀蘭圖 △二月,任。	
都察院	(滿)尼滿		(滿)尼滿 九、乙未;解。	(滿)明珠 九、甲寅;原刑尚遷。	
	王熙 九、甲辰;改工尚。	馮溥 九、辛亥、十五,10.20;吏左遷。	馮溥		

康熙九年　庚戌(1670)		康熙十年　辛亥(1671)	
(滿)**馬希納** 十一、壬午、廿九，1.9； 病免。（十三年死）	(滿)**對喀納**＊＊ 十二、乙酉、二，1.12； 文華管刑尚改。	(滿)**對喀納**＊＊ （文華管）	
黃　機		**黃　機**	
(滿)**米思翰**		(滿)**米思翰**	
郝惟訥		**郝惟訥**	
(滿)**恩額德**		(滿)**恩額德** 正、辛未、十九， 2.27；病免。 （十二年死）	(滿)**祁徹白**　　(滿)**哈爾哈齊** 正、戊寅、廿六，3.6；　十一、壬申、 原任授。△十一　　廿五，12.25； 月，休。（十三年死）　護軍統領任。
龔鼎孳 二、甲子、六，2.25；會試正考。		**龔鼎孳**	
(滿)**科爾科代**		(滿)**科爾科代** 五、甲寅、四，6.10；解。 （十八年死）	(滿)**明珠** 十一、壬申；左都改。
王宏祚 閏二、己亥、十二，4.1； 休。（十三年死，端簡）	**朱之弼** 閏二、甲寅、廿七，4.16； 刑尚改。	**朱之弼**	
(滿)**對喀納**＊＊ 十、甲午、十，11.22；改授 文華。十二、乙酉；改管 吏尚。	(滿)**莫洛** 十二、癸卯、廿，1.30； 山陝總督遷。	(滿)**莫洛**	
朱之弼 閏二、甲寅；改兵尚。	**馮　溥** 三、辛酉、四，4.23；左 都改。	**馮　溥** 二、丁酉、十五，3.25； 遷文華。	**梁清標** 二、戊戌、十六，3.26；原 禮尚任。
(滿)**吳達禮**		(滿)**吳達禮**	
王　熙		**王　熙**	
(蒙)**喀蘭圖**		(蒙)**噶蘭圖** 五、辛酉、十一，6.17；解，改內 大臣。（十二年死，敏壯）	(滿)**阿穆瑚瑯** 三、戊寅；理右遷。
(滿)**明珠**		(滿)**明珠** 十一、壬申；改兵尚。	(蒙)**多諾** 十二、戊寅、一，12.31； 督捕遷。
馮　溥 三、辛酉； 改刑尚。	**杜篤祜**　　**艾元徵** 三、癸酉、十六，　十一、癸酉、廿， 5.5；吏左遷。　12.31；吏左遷。 　　　　　△十一月，休。	**艾元徵**	

年代	康熙十一年　壬子(1672)	
吏部	(滿)對喀納＊＊ 　　（文華管）	
	黃　機 　二、丁丑、一，2.28；葬假。	郝惟訥 　二、丁亥、十一，3.9；戶尚改。
戶部	(滿)米思翰	
	郝惟訥 　二、丁亥；改吏尚。	梁清標 　二、丁酉、廿一，3.19；刑尚改。
禮部	(滿)哈爾哈齊	
	龔鼎孳	
兵部	(滿)明珠	
	朱之弼	
刑部	(滿)莫洛	
	梁清標 　二、丁酉；改戶尚。	艾元徵 　三、己酉、三，3.31；左都改。
工部	(滿)吳達禮	
	王　熙	
理藩院	(滿)阿穆瑚瑯	
都察院	(蒙)多諾	
	艾元徵 　三、己酉；改刑尚。	杜篤祐 　三、庚申、十四，4.11；原任授。

康熙十二年 癸丑(1673)

(滿)**對喀納**＊＊ （文華管）				
郝惟納				
(滿)**米思翰**				
梁清標 八、壬子、十五，9.25；派往福建經理撤藩事宜。 十二、丁巳、廿二，1.28；吳三桂反清召回。				
(滿)**哈爾哈齊**				
龔鼎孳 二、丙午、六，3.23；會試正考。 九、戊辰、二，10.11；休。（十二月死，端毅）	**吳正治** 九、乙亥、九，10.18；工尚改。			
(滿)**明珠**				
朱之弼 △二月，假。	**王 熙** 五、辛卯、廿二，7.6；工尚改。			
(滿)**莫洛**				
艾元徵				
(滿)**吳達禮**				
王 熙 五、辛卯；改兵尚。	**吳正治** 五、丁酉、廿八，7.12；左都改。 九、乙亥；改禮尚。	**冀如錫** 九、辛巳、十五，10.24；左都改。		
(滿)**阿穆瑚瑯**				
(蒙)**多諾**				
杜篤祜 二、壬寅、二， 3.19；休。	**吳正治** 二、辛亥、十一，3.28；督 捕遷。五、丁酉；改工尚。	**冀如錫** 六、乙巳、七，7.20； 兵左遷。九、辛巳； 改工尚。	**劉鴻儒** 九、庚寅、廿四，11.2； 戶左遷。△降二調。	**姚文然** 十二、壬子、十七， 1.23；督捕遷。

部院大臣年表

年 代	康熙十三年　甲寅(1674)		康熙十四年　乙卯(1675)	
吏部	(滿)**對喀納**＊＊ 　　（文華管）		(滿)**對喀納**＊＊ 　九、乙巳、廿,11.7; 　死(文端)。	(滿)**明珠** 　十、乙卯、一, 　11.17;兵尚改。
	郝惟訥		**郝惟訥**	
戶部	(滿)**米思翰**		(滿)**米思翰** 　二、辛丑、十三,3.8; 　死(敏果)。	(覺羅)**勒德洪** 　四、己丑、一,4.25; 　吏左遷。
	梁清標		**梁清標**	
禮部	(滿)**哈爾哈齊** 　三、壬辰、廿八,5.3;授定南副將軍(師出江西)。 　八、壬寅、十一,9.10;繼任平寇將軍。		(滿)**哈爾哈齊**	
	吳正治		**吳正治**	
兵部	(滿)**明珠**		(滿)**明珠** 　十、乙卯;改吏尚。	(滿)**塞色黑** 　十、壬戌、八,11.24; 　刑尚改。
	王　熙		**王　熙**	
刑部	(滿)**莫洛** 　二、辛酉、廿七,4.2;經略陝西,遷武英,管兵尚 　事。十二、癸巳、四,12.30;王輔臣反清被殺(忠 　愍)。		(滿)**塞色黑** 　四、己丑;兵左遷。 　十、壬戌;改兵尚。	(滿)**吳達禮** 　十、丁丑、廿三, 　12.9;工尚改。
	艾元徵		**艾元徵**	
工部	(滿)**吳達禮**		(滿)**吳達禮** 　十、丁丑;改刑尚。	(滿)**常鼐** 　十、壬午、廿八, 　12.4;禮左遷。
	冀如錫		**冀如錫**	
理藩院	(滿)**阿穆瑚瑯**		(滿)**阿穆瑚瑯**	
都察院	(蒙)**多諾** 　三、丁卯、三,4.8;往荊州經理糧餉。		(滿)**多諾** 　十二、庚申、七, 　1.21;革。	(滿)**介山** 　十二、壬申、十九, 　2.2;戶右遷。
	姚文然		**姚文然**	

康熙十五年　丙辰(1676)	康熙十六年　丁巳(1677)
(滿)明珠	(滿)明珠＊＊　　　　(滿)吳達禮 七、甲辰、廿九，8.27；　八、戊午、十四，9.10； 遷武英。　　　　　禮尚改。
郝惟訥	郝惟訥
(覺羅)勒德洪	(覺羅)勒德洪＊＊　　　(滿)伊桑阿 七、甲辰；遷武英。　八、辛未、廿七，9.23； 　　　　　　　工尚改。
梁清標	梁清標
(滿)哈爾哈齊	(滿)哈爾哈齊　(滿)吳達禮　　(滿)塞色黑 三、壬寅、廿六，　三、癸卯、廿七，　八、辛未、 4.27；革。　　4.28；刑尚改。　兵尚改。 　　　　　八、戊午；改吏尚。
吳正治 二、戊午、六，3.19；會試正考。	吳正治
(滿)塞色黑	(滿)塞色黑　　(滿)喀代 八、辛未；改禮尚。　十、庚午、廿七，11.21； 　　　　　　左都遷。
王　熙	王　熙
(滿)吳達禮	(滿)吳達禮　　　(滿)介山 三、癸卯；改禮尚。　四、庚戌、四，5.5；左都改。
艾元徵　　　　　姚文然 九、丙午、廿七，11.2；　七、丁未、廿七，9.4； 死。　　　　　左都改。	姚文然
(滿)常鼐	(滿)常鼐　　(滿)伊桑阿　　　(滿)瑪喇 四、壬子、六，　四、丙寅、廿，5.21；戶左　十、庚午、 5.7；革。　　遷。八、辛未；改戶尚。　禮右遷。
冀如錫	冀如錫　　　　　陳敱永 四、壬子；革。　四、己未、十三，5.14； 　　　　　左都改。
(滿)阿穆瑚瑯	阿穆瑚瑯
(滿)介山	(滿)介山　　(滿)喀代 四、庚戌；改刑尚。　四、丁巳、十一，5.12；倉侍遷， 　　　　十、庚午、廿七，11.21；改兵尚。
姚文然　　　　陳敱永 七、丁未；改刑尚。　八、丙辰、六，9.13；吏左遷。	陳敱永　　　　宋德宜 四、己未；改工尚。　四、丙寅；吏左遷。

部院大臣年表

年 代	康熙十七年　戊午(1678)	康熙十八年　己未(1679)
吏 部	(滿)吳達禮 郝惟訥	(滿)吳達禮 郝惟訥
戶 部	(滿)伊桑阿 梁清標	(滿)伊桑阿 梁清標
禮 部	(滿)塞色黑 吳正治	(滿)塞色黑 吳正治
兵 部	(滿)喀代　　　(滿)郭四海 △十二月免。　十二、乙亥、九,1.20; (十九年死)　左都改。 王　熙　　　宋德宜 十二、甲戌、八,1.19;　十二、丙子、十,1.21; 憂免。　　　刑尚改。	(滿)郭四海 宋德宜 二、辛未、六,3.17;會試正考。
刑 部	(滿)介山 姚文然　宋德宜　　　劉　楗 七、庚申、廿,　七、戊申、十,8.26;　十二、壬午、 9.7;死(端恪)。　左都改。十二、丙　十六,1.27; 　　　子;改兵尚。　吏右遷。	(滿)介山 劉　楗　　魏象樞　　　黃　機 四、戊辰、四,　四、丁亥、廿三,6.1;六、庚午、七, 5.13;病免。　左都改。五、乙未、7.14;原吏尚 (十月死,端敏)　2,6.9;仍左都。任。管刑。
工 部	(滿)瑪喇 陳諛永　　　朱之弼 △三月,休。(廿年　三、辛卯、廿,4.11; 死,文和)　　　原兵尚改。	(滿)瑪喇 朱之弼
理藩院	(滿)阿穆瑚瑯	(滿)阿穆瑚瑯
都察院	(滿)郭四海 正、壬辰、廿,2.11;倉侍遷, 十二、乙亥;改兵尚。 宋德宜　　　魏象樞 七、戊申;改刑尚。　七、壬戌、廿四,9.9; 　　　戶左遷。	(覺羅)舒恕 四、辛巳、十七,5.20;吏左遷。 魏象樞 四、丁亥;改刑尚。 五、乙未;刑尚改回。

康熙十九年　庚申(1680)	康熙二十年　辛酉(1681)
(滿)吳達禮	(滿)吳達禮　　　　　(滿)介山 三、乙亥、廿二,5.9;病免　五、庚申、八,6.23; (旋死)。　　　　　　刑尚改。
郝惟訥　　　　　黃　機 △十一月憂免。　十一、癸酉、十八,1.7; (廿二年死,恭定)　刑尚改。	黃　機
(滿)伊桑阿	(滿)伊桑阿
梁清標	梁清標
(滿)塞色黑	(滿)塞色黑　(滿)郭四海　　　(滿)帥顏保 二、丁亥、　二、己亥、十五,4.3;　十二、乙未、 三,3.22;　兵尚改。七、丁巳、　十六,1.24; 休。　　六,8.19;管刑尚。　工尚改。
吳正治	吳正治
(滿)郭四海	(滿)郭四海　　　　　(滿)折爾肯 二、己亥;改禮尚。　三、壬申、十九,5.6; 　　　　　　　　　左都改。
宋德宜	宋德宜
(滿)介山	(滿)介山　　　　　(滿)郭四海 五、庚申;改吏尚。　七、丁巳;禮尚銜管。
黃　機　　　　　魏象樞 十一、癸酉;改吏尚。　十一、戊寅、廿三,1.12; 　　　　　　　　　左都改。	魏象樞
(滿)瑪喇	(滿)瑪喇　(滿)帥顏保　　　(滿)薩穆哈 △三月,　五、庚申;總漕任。　十二、丁酉、十八, 革。　　十二、乙未;改禮尚。　1.26;左都改。
朱之弼	朱之弼
(滿)阿穆瑚瑯	(滿)阿穆瑚瑯
(覺羅)舒恕　　　　　(滿)折爾肯 七、丁酉、十,8.4;革。　七、乙巳、十八,8.12; 　　　　　　　　　吏左遷。	(滿)折爾肯　　　　　(滿)薩穆哈 三、壬申;改兵尚。　五、壬戌、十,6.25;吏左遷。 　　　　　　　　　十二、丁酉;改工尚。
魏象樞　　　　　徐元文 十一、戊寅;改刑尚。　十一、壬辰、七,1.26; 　　　　　　　　　閣學遷。	徐元文

部院大臣年表

年代	康熙二一年　壬戌(1682)			康熙二二年　癸亥(1683)		
吏 部	(滿)介山			(滿)介山 二、丁丑、五,3.2; 改禮尚。	(滿)伊桑阿 六、戊寅、七,7.1; 戶尚改。	
	黃　機＊＊ 二、甲申、六,3.14;會 試正考。十、己丑、十 六,11.14;遷文華。	宋德宜 十、丁酉、廿四,11.22; 兵尚改。		宋德宜		
戶 部	(滿)伊桑阿			(滿)伊桑阿 六、戊寅;改吏尚。	(滿)杭艾 六、癸未、十二, 7.6;兵尚改。	
	梁淸標			梁淸標		
禮 部	(滿)帥顏保			(滿)帥顏保 正、丁卯、廿五,2.20; 病免。(廿三年死)	(滿)介山 二、丁丑;吏尚改。	
	吳正治＊＊ 十、己丑;遷武英。	沙澄 十、丁酉;原任授。		沙澄		
兵 部	(滿)折爾肯 十二、辛巳、八, 1.5;死。	(滿)杭艾 十、庚寅、十七,11.15; 左都改。		(滿)杭艾 六、癸未;改戶尚。	(滿)哈占 八、戊申、九,9.29; 川陝總督遷。	
	宋德宜 十、丁酉;改吏尚。	李之芳 十一、甲寅、十一,12.9; 浙督授。		李之芳		
刑 部	(滿)郭四海 △十二月,死(文敏)。			(滿)喀爾圖 二、癸酉、一,2.26;左都遷。		
	魏象樞			魏象樞		
工 部	(滿)薩穆哈			(滿)薩穆哈		
	朱之弼 二、甲申、六,3.14;會試正考。			朱之弼 十二、丙辰、十九,2.4;降三調。		
理藩院	(滿)阿穆瑚瑯			(滿)阿穆瑚瑯		
都 察 院	(滿)達都 二、庚辰、二,3.10; 吏左遷。七、戊辰、 廿三,8.25;死。	(滿)杭艾 七、庚戌、五,8.7; 盛刑遷。十、庚寅、 改兵尚。	(滿)喀爾圖 十、丁酉; 倉侍遷。	(滿)喀爾圖 二、癸酉; 改刑尚。	(滿)禧佛 二、己卯、七,3.4;吏 右遷。八、戊午、十九, 10.9;改川陝總督。	(滿)科爾坤 八、癸亥、 廿四,10.14; 吏左遷。
	徐元文			徐元文 十二、丙辰;降三調。		

康熙二三年　甲子(1684)	康熙二四年　乙丑(1685)
(滿)伊桑阿	(滿)伊桑阿　　　(滿)達哈他 五、己丑、卅、7.1；改　九、己卯、廿二、10.19； 兵尚。　　　　　　左都改。
宋德宜**　　　李之芳 七、乙亥、十一、8.21；　八、辛亥、十八、9.26； 遷文華。　　　兵尚改。	李之芳
(滿)杭艾　　　(滿)科爾坤 十二、乙巳、十四、1.18；　十二、乙巳；左都改。 改禮尚。	(滿)科爾坤
梁清標　　　余國柱 九、丁卯、四、10.12；　九、丁卯；左都改。 原銜管兵尚。	余國柱
(滿)介山　　　(滿)杭艾 十二、乙巳；病免。　十二、乙巳；戶尚改。 (廿四年死)	(滿)杭艾　　　(滿)哈占 四、戊戌、九、5.11；革。　四、辛丑、十二、5.14； 　　　　　　　兵尚改。
沙　澄	沙　澄
(滿)哈占	(滿)哈占　　　(滿)伊桑阿 四、辛丑；改禮尚。　五、己丑；吏尚改。
李之芳　　　梁清標 八、辛亥；改吏尚。　九、丁卯；以戶尚原銜管。	梁清標
(滿)喀爾圖　　　(滿)諾敏 四、甲辰、九、5.22；休。　四、癸丑、十八、5.31； (廿五年死)　　護統授。	(滿)諾敏
魏象樞　　　張士甄 八、乙卯、廿二、9.30；　九、丙寅、三、10.11； 休。(廿六年死，敏果)　吏左遷。	張士甄 二、丙申、六、3.10；會試正考。
(滿)薩穆哈	(滿)薩穆哈
杜　臻 正、丙戌、廿、3.5；吏左管右事遷。	杜　臻
(滿)阿穆瑚瑯　　　(滿)阿喇尼 九、庚午、七、10.15；鑲黃蒙 都兼。(理左)	(滿)阿喇尼
(滿)科爾坤　　　(滿)達哈他 十二、乙巳；改戶尚。　十二、己酉、十八、1.22； 　　　　　吏右遷。	(滿)達哈他　　　(滿)佛倫 九、己卯；改吏尚。　十二、甲辰、十八、1.12； 　　　　　刑左遷。
余國柱　　　陳廷敬 正、丙戌；江寧巡撫遷。　九、壬申、九、10.17； 九、丁未；改戶尚。　吏左遷。	陳廷敬

年代	康熙二五年　丙寅(1686)	
吏部	(滿)達哈他 李之芳	
戶部	(滿)科爾坤 余國柱	
禮部	(滿)哈占 　△病免(旋死)。 沙　澄 　九、辛亥、卅，11.15；休。	(滿)諾敏 　九、庚寅、九，10.25；刑尚改。 張士甄 　十、丙辰、五，11.20；刑尚改。
兵部	(滿)伊桑阿 梁清標	
刑部	(滿)諾敏 　九、庚寅；改禮尚。 張士甄 　十、丙辰；改禮尚。	(滿)禧佛 　九、乙未、十四，10.30；川陝總督遷。 胡昇猷 　十、庚申、九，11.24；吏右遷。
工部	(滿)薩穆哈 　六、戊辰、十六，8.4；革。 杜　臻 　九、辛丑、廿，11.5；憂免。	(滿)佛倫 　六、乙亥、廿三，8.11；左都改。 陳廷敬 　九、丁未、廿六，11.11；左都改。
理藩院	(滿)阿喇尼	
都察院	(滿)佛倫 　六、乙亥；改工尚。 陳廷敬 　九、丁未；改工尚。	(滿)阿蘭泰 　六、戊寅、廿六，8.14；吏左遷。 董　訥 　九、庚戌、廿九，11.14；吏右遷。

康熙二六年　丁卯(1687)

(滿)**達哈他** △八月,死。	(滿)**科爾坤** 九、甲申、九,10.14;戶尚改。		
李之芳＊＊ 九、壬午、七,10.12;遷文華。	**陳廷敬** 九、戊子、十三,10.18;戶尚改。		
(滿)**科爾坤** 九、甲申;改吏尚。	(滿)**佛倫** 九、戊子;刑尚改。		
余國柱 二、甲寅、六,3.18;遷武英。	**陳廷敬** 二、己未;工尚改。 九、戊子;改吏尚。	**王日藻** 九、丙申、廿一,10.26;工尚改。	
(滿)**諾敏** 正、乙巳、廿六,3.9;改正黃蒙都。	(滿)**伊桑阿** 二、辛亥;兵尚改。		
張士甄			
(滿)**伊桑阿** 二、辛亥、三,3.15;改禮尚。	(滿)**鄂爾多** 二、壬戌、十四,3.26;內務府總管任。		
梁清標			
(滿)**禧佛** 二、丁巳、九,3.21;革。	(滿)**佛倫** 二、辛酉、十三,3.25;工尚改。 九、戊子;改戶尚。	(滿)**廖旦** 九、戊子;左都改。	
胡昇猷 二、庚申、十二,3.24;降二調。	**張玉書** 二、丁卯、十九,3.31;原禮右遷。		
(滿)**佛倫** 二、辛酉;改刑尚。	**阿蘭泰** 二、辛酉;左都改。		
陳廷敬 二、己未、十一,3.23; 改刑尚。	**王日藻** 二、丁卯、十九,3.31;戶右 遷。九、丙申;改戶尚。	**湯斌** 九、丙申;禮尚管詹任。 十一月,死(文正)。	**熊一瀟** 十、甲子、十九,11.23; 吏右遷。
(滿)**阿喇尼**			
(滿)**阿蘭泰** 二、辛酉;改工尚。	(滿)**廖旦** 二、癸酉、廿五,4.6;盛工 遷。九、戊子;改刑尚。	(滿)**葛思泰** 九、戊子;刑左遷。	
蘆訥 三、己丑、十一,4.22;改兩江總督。	**王鴻緒** 三、甲午、十六,4.27;原戶右遷。 △夏免。	**徐乾學** 九、丙申;禮左遷。	

部院大臣年表

年代	康熙二七年　戊辰(1688)			
吏部	(滿)**科爾坤** 二、壬子、九，3.10；解。 (卅八年死)	(滿)**廖旦** 二、甲寅、十一，3.12；刑尚改。 四、戊午、十六，5.15；休。	(滿)**阿蘭泰** 五、癸未、十二，6.9；兵尚改。	
	陳廷敬 五、己卯、八，6.5；病免。	**張士甄** 五、癸未；禮尚改。		
戶部	(滿)**佛倫** 二、壬子；解，旋革。	(滿)**鄂爾多** 二、丙辰、十三，3.14；兵尚改。		
	王日藻 十二、壬子、十三，1.4；省假。	**徐元文** 十二、戊午、十九，1.10；刑尚改。		
禮部	(滿)**伊桑阿** * * 二、甲寅；遷文華。	(滿)**麻爾圖** 二、丁巳、十四，3.15；戶左遷。		
	張士甄 五、癸未；改吏尚。	**熊賜履** 六、戊辰、廿七，7.24；原武英任。 十二、庚子、一，12.23；憂免。	**張玉書** 十二、己酉、十，1.1；兵尚改。	
兵部	(滿)**鄂爾多** 二、丙辰；改戶尚。	(滿)**阿蘭泰** 二、丙辰；工尚改。 五、癸未；改吏尚。	(滿)**紀爾他布** 五、丁亥、十六，6.13；正紅滿都授。	
	梁清標 * * 二、甲寅；遷保和。	**張玉書** 二、壬戌、十九，3.20；刑尚改。 十二、己酉；改禮尚。	**李天馥** 十二、己酉、十，1.1；刑尚改。	
刑部	(滿)**廖旦** 二、甲寅、十一，3.12；改吏尚。	(滿)**圖納** 二、丁巳、十四，3.15；川陝總督遷。		
	張玉書 二、壬戌；改兵尚。 五、己卯；病免。	**徐乾學** 二、己巳；左都改。	**李天馥** 五、癸未；工尚改。 十二、己酉；改兵尚。	**徐元文** 十二、己酉；左都改。 十二、戊午；改戶尚。
工部	(滿)**阿蘭泰** 二、丙辰；改兵尚。	(滿)**蘇赫** 二、庚申、十七，3.18；倉侍升。		
	熊一瀟 二、壬子；解，旋革。	**李天馥** 二、甲寅；吏左遷。 五、癸未；改刑尚。	**翁叔元** 六、戊辰；吏左遷。	
理藩院	(滿)**阿喇尼**			
都察院	(滿)**葛思泰** 二、甲子、廿一，3.22；改川陝總督。	(滿)**馬齊** 三、乙亥、二，4.2；晉撫遷。		
	徐乾學 二、己未、十六，3.17；會試正考。 二、己巳、廿六，3.27；改刑尚。	**徐元文** 六、戊辰；原任授。 十二、己酉；改刑尚。		

康熙二八年　己巳（1689）	康熙二九年　庚午（1690）
（滿）阿蘭泰＊＊　　　　（滿）鄂爾多 五、乙巳、十，6.26；　　五、乙巳；户尚改。 遷武英。	（滿）鄂爾多
張士甄	張士甄
（滿）鄂爾多　　　　　（滿）麻爾圖 五、乙巳；改吏尚。　　五、己巳；禮尚改。	（滿）麻爾圖　　　　　（滿）蘇赫 正、癸卯、十一、2.19；　正、己酉、十七、2.25； 降五調。　　　　　　工尚改。
徐元文　　　　王　騭 五、乙巳；遷文華。　五、丁未、十二，6.28； 　　　　　　閩浙總督遷。	王　騭
（滿）麻爾圖　　　　（滿）顧八代 五、乙巳；改户尚。　五、乙巳；禮侍遷。	（滿）顧八代
張玉書	張玉書　　　　張英　　　　　　　熊賜履 六、乙酉、廿六，　七、庚寅、一，8.5；工尚　十一、己亥、 7.31；遷文華。　改、兼翰、詹。十、辛巳、　十二、12.12； 　　　　　廿四、11.24；革，仍兼。　服闋原任授。
（滿）紀爾他布	（滿）紀爾他布
李天馥	李天馥
（滿）圖訥	（滿）圖訥
杜　臻 三、壬辰、廿五，4.14；原工尚授。	杜　臻
（滿）蘇赫	（滿）蘇赫　　　　　　（滿）席柱 正、己酉；改吏尚。　　正、己酉；督捕遷。
翁叔元　　　　張　英 五、乙丑、卅，7.16；　十二、戊辰、六，1.15； 葬假。　　　　　禮左遷，兼詹。	張　英　　　　　　陳廷敬 六、辛巳、廿二，7.27；兼翰掌、　七、己亥、十，8.14； 並詹。七、庚寅；改禮尚。　　左都改。
（滿）阿喇尼	（滿）阿喇尼 十一、庚寅、三，12.3；解。　左都馬齊署
（滿）馬齊	（滿）馬齊 十一、庚寅；署理尚。
郭　琇 五、丁未；吏右遷。 十、癸酉、十，11.21；降五調。	陳廷敬　　　　　　　（漢）于成龍 二、戊子、廿六，4.5；原吏　七、己亥；直撫遷。 尚授。七、己亥；改工尚。

部院大臣年表

年代	康熙三十年　辛未(1691)	康熙三一年　壬申(1692)
吏部	(滿)鄂爾多　闰七、甲戌、廿一,9.13;死(敏悟)。　　(滿)蘇赫　闰七、庚申、七,8.30;户尚改。 張士甄　五、乙巳、廿,6.16;降三調。(卅三年死)　　李天馥　六、乙卯、一,6.26;兵尚改。	(滿)蘇赫　二、甲辰、廿四,4.10;死。　　(滿)庫勒納　二、庚子、廿,4.6;户尚改。 李天馥＊＊　二、庚辰、五,11.12;遷武英。　　熊賜履　十、癸巳;禮尚改。
户部	(滿)蘇赫　闰七、庚申;改吏尚。　　(滿)席勒納　闰七、庚申;禮左、翰掌遷。 王騭	(滿)庫勒納　二、庚子;改吏尚。　　(滿)馬齊　二、乙巳、廿五,4.11;兵尚改。 王騭
禮部	(滿)顧八代 熊賜履　九、乙丑、十四,11.3;武會正考。	(滿)顧八代 熊賜履　十、癸巳、十八,11.25;改吏尚。　　張英　十、戊戌、廿三,11.30;翰掌兼詹遷,仍兼。
兵部	(滿)紀爾他布　正、己卯、廿九,2.26;解(出兵)。　　(滿)馬齊　正、乙卯;左都改。 李天馥　六、乙卯;改吏尚。　　杜臻　六、乙亥、九,7.4;刑尚改。	(滿)馬齊　二、乙巳;改户尚。　　(滿)索諾和　二、乙巳;工尚改。 杜臻
刑部	(滿)圖納 杜臻　六、癸亥;改兵尚。　　陳廷敬　六、癸亥;工尚改。	(滿)圖納 陳廷敬　八、己丑、十二,9.22;憂免。　　翁叔元　八、戊戌、廿一,10.1;原任授。
工部	(滿)席柱　十、戊申、廿七,12.16;降五調。　　(滿)索諾和　十一、丁巳、七,12.25;左都改。 陳廷敬　二、壬戌、六,3.5;會試正考。六、癸亥;改刑尚。　　(滿)高爾位　六、辛未、十七,7.12;刑左遷。十、戊申;降五調。　　李根裕　十一、丁巳;吏右遷。	(滿)索諾和　二、乙巳;改兵尚。　　(滿)沙穆哈　二、乙巳;吏左遷。 李振裕
理藩院	(滿)班迪　正、乙卯、廿九,2.29;内大臣任。	(滿)班迪
都察院	(滿)馬齊　正、乙卯;改兵尚。　　(滿)索諾和　六、癸亥;吏右遷。十一、丁巳;改工尚。　　(滿)薩海　十一、癸亥、十三,12.31;吏左遷。 (漢)于成龍	(滿)薩海 (漢)于成龍　十二、壬午、八,1.13;改總河。　　董訥　十二、辛卯、十七,1.22;漕督遷。

康熙三二年　癸酉(1693)	康熙三三年　甲戌(1694)
(滿)庫勒納	(滿)庫勒納
熊賜履	熊賜履 二、甲戌、六，3.1；會試正考。
(滿)馬齊	(滿)馬齊
王騭	王騭　　　　　陳廷敬 三、戊午、廿，4.14；休。　十一、戊寅、十四，12.3； (卅四年死)　　　　　　原刑尚任。
(滿)顧八代　　　(滿)沙穆哈 九、己巳、廿八，10.27；　十、甲戌、四，11.1； 革。(四七年死)　　　工尚改。	(滿)沙穆哈　　　(滿)佛倫 三、丁未、九，4.3；革。　三、乙卯、十七，4.11； 　　　　　　　　川都遷，留任。
張英 (兼翰掌、詹事)	張英 (兼翰掌、詹事)
(滿)索諾和	(滿)索諾和
杜臻	杜臻 二、甲戌；會試正考。
(滿)圖納	(滿)圖納
翁叔元	翁叔元
(滿)沙穆哈　　　(滿)薩穆哈 十、甲戌；改禮尚。　十、己卯、九，11.6；步軍 　　　　　　　總尉遷。	(滿)薩穆哈
李振裕	李振裕
(滿)班迪	(滿)班迪
(滿)薩海	(滿)薩海　　　　(滿)傅臘塔 閏五、辛未、五，6.26；　閏五、壬午、十六，7.7； 休。(四一年死)　　　吏右遷。
童訥	童訥　范承勳　　　蔣宏道 三、戊午；革。　三、乙丑、廿七，4.21；　七、丁卯、一， (四十年死)　雲督遷。六、丙辰、　8.21；戶左遷。 　　　廿，8.10；改江督。

部院大臣年表

年　代	康熙三四年　乙亥(1695)	康熙三五年　丙子(1696)
吏部	(滿)庫勒納 熊賜履	(滿)庫勒納 熊賜履
戶部	(滿)馬齊 陳廷敬	(滿)馬齊 　二、甲寅、廿八，3.30；署理尚。 陳廷敬
禮部	(滿)佛倫 張　英 　(兼翰掌、詹事)	(滿)佛倫 張　英 　(兼翰掌、詹事)
兵部	(滿)索諾和 　八、丁酉、十四， 　9.9，革。 杜　臻	(滿)索諾和　　(滿)開音布 　八、甲辰、廿一，9.16； 　八、丁酉、十四，步統任，薨。 　9.9，革。 杜　臻
刑部	(滿)圖納 翁叔元	(滿)圖納 翁叔元
工部	(滿)薩穆哈 李振裕	(滿)薩穆哈 李振裕
理藩院	(滿)班迪	(滿)班迪 　(從征)戶尚馬齊署。
都察院	(滿)傅臘塔 蔣宏道	(滿)傅臘塔 蔣宏道　　　　吳　璵 　六、己亥、十五，7.13；六、壬子、廿八，7.26； 　病免。(四三年死)　湖督遷。

康熙三六年　丁丑(1697)	康熙三七年　戊寅(1698)
(滿)**庫勒納**	(滿)**庫勒納**
熊賜履 二、丁亥、六，2.26；會試正考。	**熊賜履**
(滿)**馬齊**	(滿)**馬齊**
陳廷敬	**陳廷敬**
(滿)**佛倫**	(滿)**佛倫**
張　英 二、丁亥；會試正考。 十、己未、十二，11.25；解兼翰掌、詹事。	**張　英**
(滿)**關音布**　　　　(滿)**席爾達** 九、庚子、廿三，11.6；　九、乙巳、廿八，11.11； 改鑲白滿都。　　　　左都改。	(滿)**席爾達**
杜　臻	**杜　臻**
(滿)**圖納**　　　　(滿)**傅臘塔** 五、丙戌、七，6，25；　五、丁酉、十八，7.6； 死(文恪)。　　　　左都改。	(滿)**傅臘塔**
翁叔元　　　　**吳　琠** 五、辛巳、廿二，7.10；　五、壬寅、廿三，7.11；左都改。 病免。(四一年死)　九、庚寅、十三，10.27；武會正 　　　　考。	**吳　琠**＊＊　**張鵬翮**　　　　**李振裕** 七、癸酉、一，　七、庚辰、八、8.13，；　十一、丙申、 3.6；遷保和。　左都改。十一、壬辰、　廿六，12.27； 　　　　廿二，12.23；改江督。　工尚改。
(滿)**薩穆哈**	(滿)**薩穆哈**
李振裕	**李振裕**　　　　**熊一瀟** 十一、丙申；改刑尚。　十一、丙申；工右遷。
(滿)**班迪**	(滿)**班迪**
(滿)**傅臘塔**　(滿)**席爾達**　(滿)**哈雅爾圖** 五、丁酉；　五、辛丑；禮左遷。　九、乙巳； 改刑尚。　九、乙巳；改兵尚。　兵右遷。	(滿)**哈雅爾圖**
吳　琠　　　　**張鵬翮** 二、丁亥；會試副考。　五、壬寅；兵右遷。 五、壬寅；改刑尚。	**張鵬翮**　　　　**王士禎** 七、庚辰；改刑尚。　七、乙酉、十三，8.18；户左遷。

部院大臣年表

年代	康熙三八年　己卯(1699)		康熙三九年　庚辰(1700)	
吏部	(滿)庫勒納		(滿)庫勒納 十、壬午、廿三， 12.3；解。	(滿)席爾達 十、丁亥、廿八，12.8； 禮尚改，仍署川署。
	熊賜履＊＊ 十一、己亥、五，12.25； 遷東閣。	陳廷敬 十一、己亥；戶尚改。	陳廷敬	
戶部	(滿)馬齊＊＊ 十一、己亥；遷武英，仍管。		(滿)馬齊＊＊ (武英管)	
	陳廷敬 十一、己亥；改吏尚。	李振裕 十一、己亥；刑尚改。	李振裕	
禮部	(滿)佛倫＊＊ 十一、己亥，遷 文淵。	(滿)席爾達 十一、己亥；兵尚改， 仍署川督。	(滿)席爾達 十、丁亥；改吏尚。(署川陝總督)	
	張英＊＊ 十一、己亥；遷文華。	杜臻 十一、己亥；兵尚改。	杜臻 六、癸亥、二， 7.17；病免。 (四二年死)	王澤宏 六、己巳、八， 7.23；左都改。 十一、辛丑、十 三，12.22；休。	韓菼 十一、丙午、十 八，12.27；吏 右遷，仍兼翰 掌，教習。
兵部	(滿)席爾達 七、庚辰、十三，8.8；署川 督。十一、己亥；改禮尚。	(滿)馬爾漢 十一、己亥； 左都改。	(滿)馬爾漢	
	杜臻 十一、己亥；改禮尚。	范承勳 十一、己亥；原江督任。	范承勳	
刑部	(滿)傅臘塔		(滿)傅臘塔	
	李振裕 十一、己亥；改戶尚。	王士禎 十一、己亥；左都改。	王士禎	
工部	(滿)薩穆哈		(滿)薩穆哈	
	熊一瀟 二、辛丑、一，3.2；病 免。(四六年死)	王鴻緒 五、癸巳、廿五，6.22； 原左都任。	王鴻緒	
理藩院	(滿)班迪		(滿)班迪 △九月，免。	(滿)哈雅爾圖 九、丁巳、廿八，11.8；左都改。
都察院	(滿)哈雅爾圖 二、丙辰、十六，3.17；降 五調。五、己丑、廿一， 6.18；授內務府總管。 十一、己亥；內務府總管任。	(滿)萬爾漢 五、乙亥、十九， 6.16；兵左遷。 十一、己亥；改 兵尚。	(滿)哈雅爾圖 九、丁巳；改理尚。	(滿)安布祿 十、乙丑、六，11.16； 理左遷。
	王士禎 十一、己亥；改刑尚。	王澤宏 十一、己亥；吏左遷。	王澤宏 六、己巳；改禮尚。	李柟 六、己巳；戶左遷。

康熙四十年　辛巳(1701)	康熙四一年　壬午(1702)
(滿)**席爾達** 　　十、壬申、十九，11.18；命回部辦事。(署川陝總督)	(滿)**席爾達**　　　　　　(滿)**敦拜** 　　九、己巳、廿一，11.10；　　九、己巳；左都改。 　　改禮尚。
陳廷敬	**陳廷敬**
(滿)**馬齊＊＊**　　　　(滿)**凱音布** 　　(武英卸管)　　　　　十、壬申；禮左遷。	(滿)**凱音布**
李振裕	**李振裕**
(滿)**席爾納** 　　十、壬申；禮右遷。	(滿)**席哈納＊＊**　　　　(滿)**席爾達** 　　九、己巳；遷文淵。　　　九、己巳；吏尚改。
韓　菼 　　(兼翰掌)	**韓　菼** 　　(兼翰掌)
(滿)**馬爾漢**	(滿)**馬爾漢**
范承勳	**范承勳**
(滿)**傅臘塔**　　　　(滿)**安布祿** 　　十一、丁未、廿四，　　十一、辛亥、廿八，12.23； 　　12.23；革。　　　　　左都改。	(滿)**安布祿**
王士禎	**王士禎**
(滿)**薩穆哈**	(滿)**薩穆哈**
王鴻緒	**王鴻緒**
(滿)**哈雅爾圖**	(滿)**哈雅爾圖**
(滿)**安布祿**　　　　(滿)**敦拜** 　　十一、辛亥；改刑尚。　十二、辛未、十九，1.16； 　　　　　　　　　　　　工右遷。	(滿)**敦拜**　　　　　　(滿)**溫達** 　　九、己巳；改吏尚。　　九、己巳；吏右遷。
李　枬	**李　枬**

部院大臣年表

年代	康熙四二年　癸未(1703)	康熙四三年　甲申(1704)
吏部	(滿)敦拜	(滿)敦拜
	陳廷敬＊＊　　　李光地 二、辛巳、六、3.22；會　四、戊戌、廿三，6.7； 試正考。四、丙申、廿　直撫遷，留任。 一，6.5；遷文淵，仍管。	李光地 (管直隸巡撫，留任。)
户部	(滿)凱音布	(滿)凱音布
	李振裕	李振裕　　　　　徐　潮 十、庚辰、十三，11.10；　十、庚辰；豫撫遷。 改禮尚。
禮部	(滿)席爾達	(滿)席爾達
	韓菼 (卸兼翰掌)	韓菼　　　　　　李振裕 九、己未、廿二，10.22；　十、庚辰；户尚改。 死(文懿)。
兵部	(滿)馬爾漢	(滿)馬爾漢
	范承勳	范承勳　　　　　屠粹忠 四、乙亥、六，5.9；休。　十、庚辰；兵左遷。 (五三年死)
刑部	(滿)安布祿	(滿)安布祿
	王士禎	王士禎　　　　　王掞 九、戊午、廿一，10.19；　十、庚辰；吏左遷。 降三調。(五十年死)
工部	(滿)薩穆哈	(滿)薩穆哈　　　(滿)溫達 三、己酉、十，4.13；革。　三、丙寅、廿七， 　　　　　　　　4.30；左都授。
	王鴻緒	王鴻緒
理藩院	(滿)哈雅爾圖	(滿)哈雅爾圖
都察院	(滿)溫達	(滿)溫達　　　　(滿)舒輅 三、丙寅；改工尚。　四、壬申、三，5.6； 　　　　　　　　刑左遷。
	李柟	李柟　　　　　　吳涵 十、辛未、四，11.1；　十、己卯、十二，11.9；吏 病免。(四四年死)　右遷。仍兼翰掌。

康熙四四年　乙酉(1705)	康熙四五年　丙戌(1706)
(滿)敦拜	(滿)敦拜　　　　　　　(滿)溫達 十、乙酉、一，11.5；解。　十、乙酉；工尚改。
李光地＊＊　　　　　　宋　犖 十一、己巳、九，12.24；　十一、己巳；蘇撫遷。 遷文淵。	宋　犖
(滿)凱音布	(滿)凱音布 十二、乙巳、廿一，1.24；改禮尚。
徐　潮	徐　潮 四、甲辰、十七，5.28；兼管翰掌。 五、庚午、十三，6.23；教庶。
(滿)席爾達	(滿)席爾達　　　　　(滿)凱音布 △死。　　　　　　十二、乙巳；戶尚改。
李振裕	李振裕
(滿)馬爾漢	(滿)馬爾漢
屠粹忠	屠粹忠　　　　　　金世榮 五、癸未、廿六，　五、己未、二，6.12； 7.6；死。　　　　閩督遷。
(滿)安布祿	(滿)安布祿　　　　　(滿)阿山 十一、甲戌、廿，12.24；　十、甲戌；江督遷。 免。(五四年死)
王　掞	王　掞
(滿)溫達	(滿)溫達　　　　　　(滿)希福納 十、乙酉、一，11.5；　十、己丑、五，11.9； 改吏尚。　　　　左都改。
王鴻緒	王鴻緒
(滿)哈雅爾圖 (滿)常舒　　(滿)阿靈阿 (一等公) △正月，免。　正、庚申、廿五，2.18；、十二、甲辰；領侍 　　　　　吏右遷。十二、甲　衛內大臣兼管。 　　　　　辰、十四，1.28；革。	(滿)阿靈阿
(滿)舒輅　　　　(滿)希福納 五、戊寅、十六，7.6；　九、甲申、廿三，11.9； 革。　　　　　吏右遷。	(滿)希福納　　　　(滿)耿額 十、己丑；改工尚。　十、戊戌、十四，11.18； 　　　　　黑龍江副都任。
吳　涵 (兼翰掌)	吳　涵　　　　　梅　鋗 三、丙戌、廿八，5.10；　四、乙未、八，5.19； 病免。(四八年死)　兵左遷。

年代	康熙四六年　丁亥(1707)			
吏部	(滿)温達 ** 十二、丙戌、八，12.31；遷文華。	(滿)馬爾漢 十二、丙戌；兵尚改。		
	宋 犖			
户部	(滿)希福納 正、庚午、十六，2.18；工尚改。			
	徐 潮 (兼管翰掌)			
禮部	(滿)凱音布			
	李振裕			
兵部	(滿)馬爾漢 十二、丙戌；改吏尚。	(滿)耿額 十二、丙戌；刑尚改。		
	(漢)金世榮 九、庚申、十一，10.6；降五調。	(漢)蕭永藻 十、庚子、廿二，11.15；左都改。		
刑部	(滿)阿山 五、丙子、廿五，6.24；革。	(滿)耿額 六、癸未，二，7.1；左都改。 十二、丙戌；改兵尚。	(滿)巢可託 十二、丙戌；左都改。	
	王 掞			
工部	(滿)希福納 正、庚午、十六，2.18；改户尚。	(滿)赫碩咨 正、庚午；户右遷。		
	王鴻緒			
理藩院	(滿)阿靈阿			
都察院	(滿)耿額 六、癸未；改刑尚。	(滿)巢可託 六、丁亥、六，7.5；刑右遷。 十二、丙戌；改刑尚。	(滿)富寧安 十二、丙戌；漢缺改。	
	梅 鋗 正、乙亥、廿一， 2.23；革。	(漢)蕭永藻 正、辛巳、廿七，3.1；兵右 遷。十、庚子；改兵尚。	(滿)富寧安 十一、庚戌、二，11.25；倉侍 遷。十二、丙戌；改滿缺。	王九齡 十二、己亥、十一， 1.13；吏左遷。

康熙四七年　戊子(1708)	康熙四八年　己丑(1709)
(滿)馬爾漢	(滿)馬爾漢　　　　　(滿)富寧安 　　正、乙未、廿三，3.4；　　　(兼倉侍) 　　休。（五八年死）　　　　三、己亥、廿八，5.7； 　　　　　　　　　　　　禮尚改。
宋　犖　　　　　徐　潮 閏三、庚子、廿三，5.13；　四、己酉、三，5.22；户尚 休。（五二年死）　　　改，仍管翰掌。	徐　潮 （兼翰掌）
(滿)希福納	(滿)希福納
徐　潮　　王鴻緒 四、己酉；改吏尚。　　五、甲申、九，6.26，工尚改。	王鴻緒　　　　張鵬翮 正、乙未；休。（雍元死）　二、庚午、廿九，4.8； 　　　　　　　　刑尚改。
(滿)凱音布　　　(滿)富寧安 四、己亥、廿九，6.17；　五、乙酉、十，6.27；左都 休。（雍二死）　　改，仍兼倉侍。	(滿)富寧安　　　(滿)穆和倫 （兼倉侍）　　　四、甲辰、三，5.12；左都改。 三、己亥；改吏尚。
李振裕	李振裕　　　　許汝霖 正、乙未；休。　　二、庚午；户右遷。
(滿)耿額	(滿)耿額
(漢)蕭永藻	蕭永藻
(滿)巢可託	(滿)巢可託　　　(滿)齊世武 十二、甲寅、十八，　　七、庚寅、廿一，8.26； 1.17；革。　　　川督遷。
王　掞　　　　張鵬翮 九、乙卯、十三，11.24；　十、乙卯；河督遷。 改工尚。	張鵬翮　　　　張廷樞 二、庚午；改户尚。　二、庚午；吏左遷。
(滿)赫碩咨	(滿)赫碩咨
王鴻緒　　　　王　掞 五、甲申；改户尚。　十、乙卯；刑尚改。	王　掞
(滿)阿靈阿	(滿)阿靈阿
(滿)富寧安　　　(滿)穆和倫 五、乙酉；改禮尚。　五、辛卯、十六，7.3； 吏左遷。	(滿)穆和倫　　　(滿)穆丹 四、甲辰；改禮尚。　四、庚戌、九，5.18；吏左遷。
王九齡	王九齡 （△十二月死）

部院大臣年表

年代	康熙四九年　庚寅(1710)	康熙五十年　辛卯(1711)
吏部	（滿）富寧安 （兼倉侍）	（滿）富寧安 （兼倉侍）
	徐　潮（漢）蕭永藻＊＊　　桑　額 二、丁酉、二、　四、乙巳、十、5.8；兵　十一、乙卯、 3.1；休。（五　尚改。十一、乙巳、十　廿五、1.13； 四年死，文敬）五、1.3；遷文華。　漕督遷。	桑　額
戶部	（滿）希福納　　　　（滿）穆和倫 九、辛亥、廿、　　九、辛酉、卅,11.20； 11.10；革。　　　禮尚改。	（滿）穆和倫
	張鵬翮	張鵬翮
禮部	（滿）穆和倫　　　（滿）貝和諾 九、辛酉；改戶尚。　九、辛酉；雲督遷。	（滿）貝和諾　　　（滿）蒿祝 十、丙辰、一,11.10；　十、丁巳、二,11.11； 降一調（盛工）。　　都統署盛將授。
	許汝霖　　　王　掞 十一、丙申、六、　十一、癸卯、十三,1.1； 12.25；休。旋死。　兵尚改。	王　掞
兵部	（滿）耿額	（滿）耿額　　　（滿）殷特布 十、壬午、廿七、　十一、丙戌、一,12.10； 12.6；革、逮。　　左都改。
	（漢）蕭永藻　王　掞　　（漢）孫澂灝 四、己巳；　四、庚戌、十五、　十一、丁未、十 改吏尚。　5.13；工尚改。十　七、1.5；鑲白漢 　　　一、癸卯；改禮尚。都、一等公任。	（漢）孫澂灝
刑部	（滿）齊世武	（滿）齊世武　　　（滿）哈山 十、壬午、革、逮。　十一、丙戌；吏左遷。
	張廷樞　　　（漢）郭世隆 六、戊午、廿四、　十、丙子、十五,12.5； 7.20；革。　　湖督遷。	（漢）郭世隆　　　吳一蜚 十、丙辰、一、　十一、壬辰、七,12.16； 11.10；革。　　吏左遷。
工部	（滿）赫碩咨	（滿）赫碩咨
	王　掞　　　徐元正 四、庚戌；改兵尚。　十一、癸卯、十三,11.1； 　　　　　左都改。	徐元正　　　陳詵 三、乙卯、廿六,5.13；　四、庚申、二,5.18； 乞養。（五九年死）湖廣巡撫遷。
理藩院	（滿）阿靈阿	（滿）阿靈阿
都察院	（滿）穆丹	（滿）穆丹　（滿）殷特布　　（滿）滿篤 △三月，　三、壬寅、十三，　十一、壬辰、 病免。　4.30；兵左遷。十　兵左遷。 　　　一、丙戌；改兵尚。
	王九齡　　徐元正　　趙申喬 二、癸丑、　正、癸巳、廿七、　十二、辛巳、廿 十八、3.17；　2.25；吏右遷。十　、2.8；偏沅 死。　　　一、癸卯；改工尚。巡撫遷。	趙申喬 八、癸亥、六、9.18；順鄉正考。

康熙五一年　壬辰(1712)			康熙五二年　癸巳(1713)		
(滿)**富寧安**（兼倉侍）			(滿)**富寧安**（兼倉侍）		
桑額 △四月,死。	**吳一蜚** 四、丙子、廿四,5.28;刑尚改。		**吳一蜚** 五、丙戌、十,6.2;死。	**張鵬翮** 十、丙子、二,11.19;户尚改。	
(滿)**穆和倫**			(滿)**穆和倫**		
張鵬翮 二、甲寅、六,3.2;順鄉正考。			**張鵬翮** 十、丙子;改吏尚。	**趙申喬** 十、丙子;左都改。	
(滿)**蒿祝** ** 四、乙亥、十三,5.27;遷文華。	(滿)**赫碩咨** 四、乙亥、工尚改。		(滿)**赫碩咨**		
王掞 四、乙亥;遷文淵。	**陳詵** 四、乙亥、工尚改。		**陳詵**		
(滿)**殷特布**			(滿)**殷特布**		
(漢)**孫澂灝**			(漢)**孫澂灝**		
(滿)**哈山**			(滿)**哈山** 十二、辛卯、十八,2.2;革。		
吳一蜚 四、丙子;改吏尚。	**胡會恩** 四、丙子;吏左遷。		**胡會恩** 五、戊寅、二,5.25;葬假。(五四年死)	**張廷樞** 五、丙戌;工尚改。十、丁亥、十三,11.30;武會正考。	
(滿)**赫碩咨** 四、乙亥、廿三,5.27;改禮尚。	(滿)**滿篤** 四、乙亥、左都改。		(滿)**滿篤** 十一、甲寅、十,12.27;降二調。	(滿)**赫奕** 十二、己卯、六,1.21;內務府總管任。	
陳詵 四、乙亥;改禮尚。	**張廷樞** 四、乙亥、已革刑尚任。		**張廷樞** 五、丙戌;改刑尚。	**王頊齡** 五、丙戌;吏左遷。八、辛巳、六,9.25;會試正考。	
(滿)**阿靈阿**			(滿)**阿靈阿**		
(滿)**滿篤** 四、乙亥;改工尚。	(滿)**穆丹** 五、戊申、廿六,6.29;原任授。十一、己酉,卅,12.27;死。	(滿)**揆叙** 十、丙寅、十六,11.14;工左遷,仍管翰掌。	(滿)**揆叙** （兼翰掌）十一、丁巳、十三,12.30;教庶。		
趙申喬 二、己未、六,3.12;會試正考。			**趙申喬** 十、丙子;改户尚。	**劉謙** 十、丙子;工右遷。	

部院大臣年表

年代	康熙五三年　甲午(1714)	康熙五四年　乙未(1715)
吏部	(滿)**富寧安** （兼倉侍）	(滿)**富寧安** （兼倉侍）
	張鵬翮	**張鵬翮**
戶部	(滿)**穆和倫**	(滿)**穆和倫** 十、戊辰、六，11.1；休。
	趙申喬	**趙申喬**
禮部	(滿)**赫碩咨**	(滿)**赫碩咨**
	陳　詵	**陳　詵**
兵部	(滿)**殷特布**	(滿)**殷特布**
	(漢)**孫澂灝**	(漢)**孫澂灝**
刑部	(滿)**賴都** 正、戊辰、廿六，3.11；鑲藍蒙副任。	(滿)**賴都**
	張廷樞	**張廷樞**
工部	(滿)**赫奕**	(滿)**赫奕**
	王頊齡	**王頊齡** 二、癸酉、六，3.11；會試正考。
理藩院	(滿)**阿靈阿**	(滿)**阿靈阿**
都察院	(滿)**揆叙** （兼翰掌）	(滿)**揆叙** （兼翰掌）五、丙午、十一，6.12；教庶。
	劉　謙	**劉　謙**　　　　　　　**范時崇** 二、癸酉；會試正考。　　十一、甲午、二， 十、己亥、廿五、、11.20；革。　11.27；閩督遷。

・　200　・

康熙五五年　丙申(1716)	康熙五六年　丁酉(1717)
(滿)富寧安	(滿)富寧安
張鵬翮	張鵬翮
(滿)穆和倫 五、辛酉、二,6.21；原任復授。	(滿)穆和倫
趙申喬	趙申喬
(滿)赫碩咨　　　(滿)荆山 六、己丑、一,7.19；革。　六、丁酉、九,7.27；禮右遷。	(滿)荆山　　(滿)殷特布　　　(宗室)吞珠(鎮國公) 三、辛未、十六,4.27；死(端簡)。　四、丙申、十二,5.22；兵尚改。六、乙未、十二,7.20；革。　十、丁未、廿七,11.29；任。
陳詵	陳詵
(滿)殷特布	(滿)殷特布　　　(滿)邏柱 四、丙申；改禮尚。　四、丙申；吏左遷。
(漢)孫澂灝　　　趙宏燦 十、乙未、九,11.22；死(清端)。　十、壬辰、六,11.19；廣督遷。	趙宏燦　　　范時崇 △四月,死(敏恪)。　四、丙申；左都改。
(滿)賴都	(滿)賴都
張廷樞	張廷樞
(滿)赫奕　　　(滿)孫渣濟 五、丁丑、十八,7.7；革。　五、乙酉、廿六,7.15；正黃滿都任。	(滿)孫渣濟
王頊齡	王頊齡
(滿)阿靈阿 十一、癸酉、十七,12.30；死。	(滿)赫壽 四、丙申；江督遷。
(滿)揆叙	(滿)揆叙　　　(滿)徐元夢 二、辛卯、六,3.18；死(文端)。　正、壬午、廿七,3.9；浙撫遷,兼翰掌。四、甲午、十,5.20；教庶。
范時崇	范時崇　　　蔡升元 四、丙申；改兵尚。　十、丁未；閣學遷。

部院大臣年表

年代	康熙五七年　戊戌(1718)		康熙五八年　己亥(1719)	
吏部	(滿)**富寧安**		(滿)**富寧安**	
	張鵬翮 二、乙酉、六、3.7；會試正考。		**張鵬翮**	
戶部	(滿)**穆和倫** 四、辛卯、十三、5.12； 降調（旋死）。	(滿)**孫渣濟** 四、甲午、十六、5.15； 工尚改。	(滿)**孫渣濟**	
	趙申喬 二、乙酉；會試正考。		**趙申喬**	
禮部	(宗室)**吞珠** 九、庚辰、五、 10.28；死。	(滿)**貝和諾** 十、丙午、二、11.23； 盛工遷。	(滿)**貝和諾**	
	陳詵		**陳詵** 十一、丙子、八、12.18； 休。（六一年死，清恪）	**蔡升元** 十二、壬寅、四、1.13； 左都改。
兵部	(滿)**遜柱**		(滿)**遜柱**	
	范時崇		**范時崇**	
刑部	(滿)**賴都**		(滿)**賴都**	
	張廷樞		**張廷樞**	
工部	(滿)**孫渣濟** 四、甲午；改戶尚。	(滿)**徐元夢** 五、癸丑、五、6.3；左都 改，仍兼翰掌。十、庚 午、廿六、12.27；教庶。	(滿)**徐元夢** （兼翰掌）	
	王頊齡** 九、丙戌、十一、11.3； 遷武英。	**陳元龍** 九、丙戌；桂撫遷。	**陳元龍**	
理藩院	(滿)**赫壽**		(滿)**赫壽** 十一、辛卯、廿三、1.2；死。	
都察院	(滿)**徐元夢** 五、癸丑；改工尚。	(滿)**黨阿賴** 五、戊辰、廿、6.18； 兵左遷。	(滿)**黨阿賴**	
	蔡升元		**蔡升元** 十二、壬寅；改禮尚。	**田從典** 十二、己酉、十一、 1.20；兵右遷。

康熙五九年　庚子(1720)	康熙六十年　辛丑(1721)
(滿)富寧安	(滿)富寧安
張鵬翮	張鵬翮 二、丁酉、六,3.3;會試正考。
(滿)孫渣濟	(滿)孫渣濟
趙申喬　　　田從典 四、戊午、廿二,5.28;　十一、戊寅、十五,12.14; 休,(十月死,恭毅)　左都改。	田從典 二、丁酉;會試正考。
(滿)貝和諾	(滿)貝和諾　　(滿)賴都 △二月,死。　四、丁酉、七,5.2;刑尚改。
蔡升元	蔡升元　　　陳元龍 閏六、庚午、十一,8.3;　十二、丁丑、廿一,2.6; 葬假。　工尚改。
(滿)遜柱	(滿)遜柱
范時崇　　　(漢)白　潢 十、甲寅、廿一,11.20;　十、癸亥、卅,11.29; 病免,旋死。　戶右遷。	(漢)白　潢
(滿)賴都	(滿)賴都　　　(滿)託賴 四、丁酉;改禮尚。　四、丁酉;鑲藍蒙都任。
張廷樞	張廷樞
(滿)徐元夢 (兼翰掌)	(滿)徐元夢 (兼翰掌)五、壬申、十二,6.6;教庶。
陳元龍	陳元龍 十二、丁丑;改禮尚。
(滿)隆科多 十一、庚寅、廿七,12.26;步統任,仍兼。	(滿)隆科多 (兼步統)
(滿)黨阿賴	(滿)黨阿賴　　　(滿)安鉝 十一、辛丑、十四,1.1;　十二、丁丑;正紅漢都任。 病免。
田從典　　　朱　軾 十一、戊寅;改戶尚。　十一、戊寅;浙撫遷。	朱　軾 (△三月,憂。命在任守制。)

部院大臣年表

年代	康熙六一年　壬寅(1722)	雍正元年　癸卯(1723)
吏部	(滿)富寧安＊＊　　　(滿)隆科多 十二、甲子、十三,　　十二、甲子;理尚改, 1.19;遷武英。　　　　仍兼步統。	(滿)隆科多 (兼步統)
	張鵬翮	張鵬翮＊＊　　　田從典 二、壬子、二,3.8;　九、壬午、六,10.4;戶尚改, 遷文華。　　　十一、癸巳、十七,12.14; 　　　　武會正考。
户部	(滿)孫渣濟 十一、乙未、十四,12.21;暫理工部。	(滿)孫渣濟　　　　(滿)徐元夢＊ 五、丁酉;辦工尚事。十、　十、癸酉; 癸酉、廿七,11.24;工尚互改。工尚改。
	田從典	田從典　　　　張廷玉 九、壬午;改吏尚。　九、壬午;禮尚改,仍兼翰掌。
礼部	(滿)賴都　　　(覺羅)蘇庫 五、壬辰、八,6.21;十一、庚戌、廿九,1.5, 降五調。　　　盛工遷。	(覺羅)蘇庫　　　(滿)阿爾松阿 九、庚寅、十四,10.12;十、癸酉;任。 病免。(乾五死)　十二、甲寅;改刑尚。
	陳元龍　　　　張廷玉 二、乙酉、卅,4.15;教庶。十二、壬申、廿一, 十二、己巳、十八,1.24;1.27;吏右遷。 改兵尚。	張廷玉　　　　張伯行 四、乙卯、六,5.10;順鄉副　九、壬午;戶右遷。 考。八、丙辰、九,9.8;兼翰 掌。九、壬午、六,10.4;改 戶尚,會試副考。
兵部	(滿)遜柱	(滿)遜柱
	(漢)白　潢＊＊　　　陳元龍 十一、戊戌、十七,12.24;協　十二、己巳;禮 辦。十二、己巳;遷文華。尚改。	陳元龍　　　　(漢)盧　詢 (命守景陵)　　　九、壬午;刑右遷。
刑部	(滿)託賴	(滿)託賴　(宗室)佛格　　(滿)阿爾松阿 正、壬寅、廿　二、辛亥、一,3.7;十二、甲寅; 二,2.26;降閣學遷。十二、甲　禮尚改。 四調。　寅、九,1.4;解。
	張廷樞	張廷樞　　　勵廷儀 正、壬寅;　二、辛亥、一,3.7;兵左遷,仍兼翰 降五調。掌。八、丙辰;卸兼翰掌。
工部	(滿)徐元夢 (兼翰掌)十一、乙未;戶尚孫渣濟暫理。	(滿)徐元夢＊　　　(滿)孫渣濟 五、丁酉、十九,6.21;署大　五、丁酉;戶尚辦理。 學士事。十、癸酉;戶尚改。十、癸酉;戶尚改。
	李先復 正、乙巳、十九,3.6;兵左遷。	李先復
理藩院	(滿)隆科多　　　(廉親王)允禩 十一、乙未;總理事務。十二、甲子;任。 十二、甲子、十三,1.19;改吏尚。	(廉親王)允禩
都察院	(滿)安飴　　　　(滿)敦拜 十、戊辰、十六,　十一、庚戌;戶左遷。 111.24;改杭將。	(滿)敦拜　　　　(滿)尹泰 乙十月;免。　　　十、癸酉;工左遷。
	朱軾 二、乙酉、卅,4.15;葬假。	朱軾 四、乙卯;順鄉正考。 九、壬午;會試正考。

雍 正 二 年　甲辰(1724)	雍 正 三 年　乙巳(1725)
(滿)**隆科多** 六、丙子、五,7.24;兼理理藩院事。	(滿)**隆科多** △正月,解兼步統。七、壬子、十七,8.24;派往阿蘭善山等處。七、癸丑、十八,8.25;兵尚遞柱兼理。
田從典 * 二、庚戌、六,2.29;順鄉正考。　左都朱軾兼理 六、癸未、十二,7.31;協理大學士事。	**田從典** **　　　　(漢)**蔡珽** 四、辛卯、廿四,6.4;　　九、甲寅、廿,10.25; 遷文華。朱軾兼理。　兵尚改,仍兼兵、左都。
(滿)**徐元夢** *	(滿)**徐元夢** *
張廷玉 (兼翰掌)八、丙子、六,9.22;會試正考。	**張廷玉** * 七、壬子;署大學士事。
(滿)**塞爾圖**　　　(滿)**賴都** 閏四、庚子、廿七,6.18;兵侍　十二、辛卯、廿二, 遷。五月,署川撫。十、丙申、　2.4;原任授。 廿六,2.11;改刑尚。	(滿)**賴都**
張伯行	**張伯行**　　　　　**李周望** 二、辛卯、廿三,4.5;　二、丁酉、廿九,11.11; 死(清恪)。　　　　戶左遷。
(滿)**遞柱**	(滿)**遞柱**　　　　(滿)**法海** 七、癸丑、十八,8.25;　八、辛未、六,9.12;原浙撫 兼理吏尚。　　　　署。十二、甲子、一,1.3; 　　　　　　　　改左都,仍兼。
(漢)**盧詢**	(漢)**盧詢**　　　　(漢)**蔡珽** 七、丙辰;解　　　七、丙辰、廿一,8.28;左都改,仍 (專任正黃漢都)。　兼。八、乙酉、廿,9.26;署直督。 　　　　　　　　九、甲寅;改吏尚,仍兼。
(滿)**阿爾松阿**　　　(滿)**塞爾圖** 十、丙申;解。(四年殺)　十、丙申;禮尚改。	(滿)**塞爾圖**
勵廷儀	**勵廷儀**
(滿)**孫渣濟**　　　(滿)**綽奇** 十、己丑、十九,12.4;　十、己丑;甘撫遷 革。(八年死)　　　(留蘭州)。	(滿)**綽奇**
李光復　　　　**李永紹** 六、丙申、廿五,8.13;　七、乙巳、四,8.22; 休。　　　　　　盛工遷。	**李永紹**
(廉親王)**允禩**　　　(滿)**隆科多** 　　　　　　六、丙子;吏尚兼理。	(滿)**隆科多**　　　　(廉親王)**允禩** (吏尚兼理)七、壬子;解。　七、壬子;辦理。
(滿)**尹泰**	(滿)**尹泰**　　(滿)**能泰**　　(滿)**法海** 五、癸亥、廿六,　五、乙丑、廿八,　十二、甲子; 7.6;原品署盛　7.8;左副遷。　署兵尚改。 禮兼奉尹。　　　　　　　△十一月,革。
朱軾 六、癸未;兼吏尚。 八、丙子;會試正考。	**朱軾** **　　(漢)**蔡珽** 八月,會試主考。　正、壬戌、廿三,3.7;已革川撫 九、甲寅;遷文華。　遷。七、丙辰;改兵尚,仍兼。

部院大臣年表

年代	雍 正 四 年　丙午（1726）		
吏 部	(滿)**隆科多** 　正、辛酉、廿八, 3.1; 革。	(滿)**遜柱** 　二、甲子、一, 3.4; 兵尚改。 　七、辛亥、廿一, 8.18; 解, 管兵。	(滿)**查弼納** 　七、辛亥; 內務府總管任。 　十、庚申、二, 10.26; 協理兵尚。
	(漢)**蔡　珽** 　七、辛亥; 解, 管兵。	**楊名時** 　七、辛亥; 雲督管滇撫遷, 留任。	
戶 部	(滿)**徐元夢** * 　八、己巳、十, 9.5; 革。閣學行走。		
	張廷玉 * * 　二、辛卯、廿八, 3.31; 遷文淵。	**蔣廷錫** 　二、辛卯; 戶左遷。八、乙丑、卅, 9.25; 順鄉正考。 　十、壬午、廿四, 11.17; 兼管兵尚。	
禮 部	(滿)**賴都**		
	李周望		
兵 部	(滿)**遜柱** 　(兼理吏尚) 二、甲子; 改吏尚。 　七、辛亥; 仍管。	(滿)**法海** 　二、甲子; 左都改。 　十、庚申; 吏尚查弼納協理。	
	(漢)**蔡　珽** 　十、癸酉、十五, 11.8; 降奉尹。 　十、壬午; 戶尚蔣廷錫兼管。	(漢)**何天培** 　十二、壬午、廿五, 11.16; 京口將軍改。	
刑 部	(滿)**塞爾圖**		
	勵廷儀		
工 部	(滿)**綽奇**		
	李永紹		
理藩院	(?)**特古忒** 　理左管。		
都 察 院	(滿)**法海** 　二、甲子; 改兵尚。	(滿)**福敏** 　二、甲子; 吏右遷。四月, 兼翰掌。 　九、丙午、十七, 10.12; 署湖督。保和馬齊暫署。	
	(漢)**蔡　珽** 　四、庚寅、廿八, 5.20; 解。	**裴律度** 　五、丁酉、六, 6.5; 戶左遷。	

雍正五年　丁未（1727）

（滿）查弼納	（滿）福敏
四、己丑、三，5.23；降調，仍署兵尚。	四、己丑；左都改，仍兼翰掌。

楊名時（未任）	（漢）宜兆熊
△閏三月，解。（留滇；乾元召京，死，文定）	閏三、戊辰、十二，5.2；直督遷，留任。

〔按清史稿年表列"朱軾"，誤。清朝徵獻類編缺。〕

蔣廷錫

（滿）賴都	（滿）常壽
八、癸巳、十，9.24；休。	八、癸巳；戶左遷。

李周望

（滿）法海	（滿）邏柱＊＊	（滿）查弼納
八、癸巳；革。	正、乙巳、十八，2.8；署大學士事。 九、丙寅、十三，10.27；遷文淵。	八、己丑、六，9.20；降調吏尚署任改授。

（漢）何天培	（漢）黃國材
四、癸巳、七，5.27；署江寧將軍。	四、己丑；正黃漢都署。 五、甲申、廿九，7.17；辦刑尚事。

（滿）塞爾圖	（滿）德明
六、乙巳、廿，8.7；革。	六、乙巳；晉撫遷。

勵廷儀	（漢）黃國材
三、癸巳、六，3.28；會試正考。	五、甲申、廿九，7.17；署兵尚辦事。 七、己未、五，8.21；改工尚。

（滿）綽奇	（滿）夸岱
七、己巳、十五，8.31；革。	七、己巳；內大臣任。

李永紹	黃國材
七、戊午、四、，8.20；降三休。	七、己未、五，8.21；兵尚辦刑尚事改。

（？）特古忒

（滿）福敏	（滿）查郎阿
閏三、戊辰、十二，5.2；回任。 四、己丑；改吏尚。	四、己丑；吏左遷。

裴徫度	沈近思	唐執玉
△正、乙巳、十八，2.8；革。	正、丙辰、廿九，2.19；吏左遷，仍兼。 三、癸巳、六，3.28；會試副考。 六、甲午、九，7.27；教庶。 十二、戊戌、十七，1.27；死（端恪）。	十二、壬寅、廿一，1.31；禮左遷。

部院大臣年表

年代	雍 正 六 年　戊申（1728）		
吏部	(滿)福敏 四、癸卯、廿三，5.31；革。	(滿)傅爾丹 議政大臣署。	(滿)查郎阿 四、癸卯；左都改。
	(漢)宜兆熊 四、丁亥、七，5.15；降調，仍暫署直督。	嵇曾筠 四、乙巳、廿五，6.2；兵尚改，仍辦河南副總河事。	
戶部	(漢)范時繹 　三、戊午、八，4.16；江署遷，留任。		
	蔣廷錫＊＊ 　三、戊午；遷文淵，仍兼。		
禮部	(滿)常壽		
	李周望 　△憂免。（八年死）	(漢)石文焯 　十、癸巳、十六，11.17；兵尚改。	
兵部	(滿)查弼納		
	(漢)何天培 　二、庚戌、廿九，4.8；降。 　三、辛酉、十一，4.19；署，旋革。	嵇曾筠 二、庚戌；吏左遷。 四、乙巳；改吏尚。	(漢)石文焯 五、辛未、廿一，6.28；吏 左遷。十、癸巳；改禮尚。	路振楊 十、癸巳；陝提遷。
刑部	(滿)德明		
	勵廷儀		
工部	(滿)夸岱		
	(漢)黃國材		
理藩院	(?)特古忒		
都察院	(滿)查郎阿 　四、癸卯；改吏尚。	(滿)三泰 　四、癸卯；兵右遷。	
	唐執玉		

雍正七年　己酉(1729)	雍正八年　庚戌(1730)
(滿)查郎阿 二、戊寅、三、3.2；協辦陝西軍需。 四、甲午、廿、5.17；署川陝總督。	(滿)查郎阿 （署川陝總督）
嵇曾筠 三、辛亥、七、4.4；河南副總河改河南山東河督。	嵇曾筠 四、癸亥、廿五、6.10；署河東改署南河。
(漢)范時繹 （江督留任）	(漢)范時繹　　　　　　　(滿)德明 三、甲午、廿六、5.12；解江督。　　五、癸酉、六、 五、己巳、二、6.16；協辦北河，　　6.20；刑尚改。 旋革。
蔣廷錫＊＊ （文淵兼）	蔣廷錫＊＊ （文淵兼）
(滿)常壽	(滿)常壽
(漢)石文焯	(漢)石文焯　　　　　　　鏤以塏 六、癸亥、廿六、8.9；革。　　六、癸亥；禮左遷。
(滿)查弼納 十一、戊子、十八、1.6；總辦陝西軍需。 十一、庚子、卅、1.18；東閣尹泰署。	(滿)查弼納 十、癸丑、十八、11.27；大學士遞柱兼管。十、癸亥、 廿八、12.7；任北路副將軍。
路振揚　　　　　　馬會伯 十一、丙子、六、12.25；　十一、丙子；鄂撫署廉 改鑾儀使。　　　　州總兵遷，仍兼。	馬會伯　　　　　　唐執玉 六、癸亥；革。　　六、癸亥；左都改，仍署直督。十二、 　　　　　　癸丑、十九、1.26；大學士朱軾兼管。
(滿)德明	(滿)德明　　　　　　　(滿)海壽 五、癸酉、六、6.20；改戶尚。　五、癸酉；刑右遷。
勵廷儀	勵廷儀
(滿)夸岱 八、辛未、廿九、10.21；死。	〔按：清史稿年表二至九年均作緯奇，誤。清朝徵獻類編缺。〕
(漢)黃國材　　　　　(漢)李永陞 四、戊戌、廿四、5.21；革。　四、戊戌；鑲紅漢都任。	(漢)李永陞　　　　　張大有 六、己亥、二、7.16；革。　六、己亥；刑左遷。
(？)特古忒 三、乙丑、廿一、4.18；兼太僕。	(？)特古忒 （兼太僕）
(滿)三泰	(滿)三泰
唐執玉 六、己卯、六、7.1；署直督。	唐執玉　　　　　　史貽直 六、癸亥；改兵尚。　六、癸亥；吏左遷，仍署江督。

部院大臣年表

年代	雍正九年　辛亥(1731)	雍正十年　壬子(1732)
吏部	(满)查郎阿 嵇曾筠（署江南河道总督）　励廷仪　九、戊寅、十八,10.18;刑尚改,仍管刑尚。	(满)查郎阿　七、戊戌、十四,9.2;署陕甘总督,改署宁远大将军。 嵇曾筠（署南河）　励廷仪　五、丁丑、廿一,6.13;死(文恭)。
户部	(满)德明 蒋廷锡＊＊（文渊兼）	(满)德明　四、癸卯、十六,5.10;死(端勤)。　(满)海寿　四、乙巳、十八,5.12;刑尚改。七、丙申、十二,8.31;管刑。　(满)鄂尔奇　闰五、癸丑;兵尚兼署。七、丙申、十二,8.31;兵尚改。 蒋廷锡＊＊　闰五、癸丑、廿八,7.19;病,兵尚鄂尔奇、左都彭维新署。七、乙巳、廿一,9.9;死(文肃)。　彭维新　九、丁未、廿三,10.10;左都迁。
礼部	(满)常寿　四、乙卯、廿三,5.28;死。　(满)三泰　三、乙酉、廿二,4.28;左都改。 钱以垲　九、丙戌、廿六,10.26;休。(十年死,恭恪)。　魏廷珍　十、戊申、十八,11.17;鄂抚迁。	(满)三泰 魏廷珍　二、乙未、七,3.3;改漕督。　张大有　四、丙午;工尚改。十二、庚辰、廿七,2.11;死(文敬)。
兵部	(满)查弼纳　△六月,战死。　(满)鄂尔奇　(兼工右)九、丁卯、七,10.7;左都改。 唐执玉　九、丁亥、廿七,10.27;病免。　史贻直　十一、乙丑、六,12.4;左都迁。	(满)鄂尔奇　闰五月,署步统。闰五、癸丑;兼署户尚。七、丙申;改户尚。　(满)性桂　七、丙申;刑尚改。九月,仍署漕督;十二月,卸。 史贻直　十一、丁酉、十四,12.30;署陕抚。　七、癸丑、廿九,9.17;工尚范时绎兼办。
刑部	(满)海寿 励廷仪　九、戊寅;改吏尚,仍管。　刘于义　九、戊寅;北河迁,仍署北河总督。九、丁亥、廿七,10.27;改署直督。	(满)海寿　四、乙巳;改户尚。七、丙申;仍管。　(满)性桂　二、乙未;漕督署。四、乙巳;授。七、丙申;改兵尚。 刘于义　七、戊戌、十四,9.2;改署陕甘总督。　唐执玉　七、癸丑、廿九,9.17;原左都任。
工部	(满)马喇（驻藏）十二、辛卯、二,12.30;正黄护统任。 张大有	(满)马喇　七、乙酉、一,8.20;革。　(满)武格　七、丙戌、二,8.21;刑左迁。十二、丙寅、十三,1.28;革。　七、丙申;左都福敏署。 张大有　四、丙午、十九,5.13;改礼尚。　(汉)范时绎　四、丙午;镶黄汉都任。七、癸丑;兼兵(卸刑)。
理藩院	(?)特古忒（兼太仆,七月卸。）	(?)特古忒
都察院	(满)三泰　三、乙酉;改礼尚。九、丁卯;改兵尚。　(满)鄂尔奇　三、壬辰、廿九,5.5;工右迁,仍兼。　(满)福敏　九、丁卯;协理兵侍迁。协理兵左并兼户右,仍兼。 史贻直　八、庚子、十,9.10;协办陕抚。十一、乙丑;改兵尚。兼署户左。　彭维新　十一、己卯、廿,12.18;吏左迁。	(满)福敏＊　七、丙申;署工尚。七、己酉、廿三,9.13;协理大学士事。 彭维新　闰五、癸丑;署户尚。九、丁未;改户尚。　吴士玉　十、戊午、四,11.21;吏左迁。

雍 正 十 一 年　癸丑（1733）

(滿)查郎阿
　　十、丁巳、九，11.15；大學士鄂爾泰署。

嵇曾筠 ＊＊	劉於義
四、乙卯、四，5.17；遷文華。	四、乙卯；刑尚改，仍署陝督。

(滿)鄂爾奇	**(漢)慶復**
三、壬午、一，4.14；會試正考。 四、己未、十，7.20；教庶。 九、辛丑、廿三，10.30；革。	十、甲寅、六，11.12；署刑尚改。

彭維新 ＊	**史貽直**
二、壬戌、十，3.25；辦理內閣事務。 十二、己未、十二，1.16；解、革。	十二、己未；兵尚改，仍署陝撫。

(滿)三泰

吳士玉	吳 襄
二、庚申、八，3.23；左都改。 三、癸卯、廿二，5.5；死（文恪）。	四、乙卯、四，5.17；禮右遷。 十二、癸亥、十六，1.20；署左都。

(滿)性桂
　　六、丁巳、八，7.18；派往北路軍營辦理軍需。

史貽直	涂天相
十二、己未；改戶尚。	十二、己未；刑尚改。

(滿)海壽
四、丙子、廿五，6.7；署奉將。	四、丙子；工尚慶復署。十、甲寅；改戶尚。 十、甲寅；忠達公馬禮善署。十一、癸卯、廿六，12.31；福敏署。

劉於義	唐執玉	涂天相	張 照
四、乙卯；改吏尚。	正、戊子、六，2.19；署直督。 三、甲辰、廿三，5.6；死。	四、乙卯；左都改。 十二、己未；改兵尚。	十二、己未；左都改。

(漢)慶 復	**(蒙)憲德**
二、己未、七，3.22；領侍衛內大臣任。 四、丙子；署刑尚。十、甲寅；改戶尚。	十二、庚申、十三，1.17；川撫遷。

(漢)范時繹

(？)特古忒	**(漢)僧 格**
	十二、戊辰、廿一，1.25；額外侍郎遷。

(滿)福敏 ＊
　　十一、癸卯；署刑尚。

吳士玉	涂天相	張 照	徐 本
二、庚申、八，3.23；改禮尚。	二、庚申；倉侍遷。 四、乙卯；改刑尚。	四、乙卯；刑左遷。 十二、己未；改刑尚。	十二、己未；皖撫遷。

部院大臣年表

年代	雍正十二年　甲寅(1734)	雍正十三年　乙卯(1735)
吏部	(滿)查郎阿 劉於義 （署陝督）	(滿)查郎阿　　　(滿)性桂 七、辛酉、廿四、　八、乙酉、十九、10.4； 9.10；遷文華。　　兵尚改。 劉於義 七、辛酉；署陝督召京。
戶部	(漢)慶　復 史貽直	(漢)慶　復　　(滿)海望 △九月，差。　九、辛亥、十五、10.30；戶左署。 　　　　　　十、甲申、十九、12.2；授。 史貽直 十一、戊申、十三、12.26；暫署湖督。
禮部	(滿)三泰* 十、己酉、七、11.2；協辦大學士事。 吳　襄	(滿)三泰* 吳　襄　　魏廷珍　　　　任蘭枝 三、戊戌、廿　二、庚戌、九、3.3；兵尚　十、辛未、 八，4.20；死　改。五、丁卯、廿八，7.18；　六、11.19； （文簡）。　兼工尚。△十月，休。　吏左遷。
兵部	(滿)性桂 （辦理北路軍需）　六、甲寅、十、7.10； 　　　　　　大學士鄂爾泰兼管。 涂天相　　　　魏廷珍 四、丁卯、廿二，5.24；　十二、丁巳、十六， 兼左都。△十二月，免。　1.9；漕督遷。	(滿)性桂　　(滿)通智　(滿)傅鼐 八、乙酉、　八、乙酉兵左　九、丁酉、一、10.16； 改吏尚。　遷。（辦理歸　內務府總管署。九、 　　　　化城事務）　辛亥、十五、10.30； 　　　　　　　　署刑尚，仍兼。 魏廷珍　　(漢)高　起　　甘汝來 二、丙戌；　二、丙戌；兵右遷。　九、丁酉； 改禮尚。　九、丁酉；解。　　禮右遷。
刑部	(滿)海壽　　　　(蒙)憲德 七、丙戌、十三、8.11；　七、丙戌；工尚改。 改工尚。　　　九、辛卯、十九， 福敏卸署，　10.15；兼工尚。 回左都任。 張　照	(蒙)憲德　　　(滿)傅鼐 九、丁酉；解。　九、辛亥、十五、10.30；署兵 （泰陵督工）　尚兼署。十二、庚辰、十五、 　　　　　1.27；授，仍兼署兵尚。 張　照　　徐　本*（軍） 十一、己未、廿　五、丁卯；工尚署。十、甲戌、 四，1.6；革。　九、11.22；工尚改。十月，入直。
工部	(蒙)憲德　　(滿)海壽　　(滿)巴泰 七、丙戌；改刑　七、丙戌；刑尚　十、己未、十 尚。九、辛卯；　改。九、辛卯；　七，11.12； 刑尚兼。　　解。　　　原工右遷。 (漢)范時繹　　　徐　本* 三、丁丑、一、　三、戊戌、廿二，4.25；左都改。 4.4；革。　　十、己酉；授協。	(滿)巴泰*　　(滿)查克旦　(滿)來保 二、甲子、廿三，　六、癸未、十五、　△十月，內 3.17；協辦。　8.3；額外尚書　務府總管 五、甲子；革。　授。　　　署。 徐　本*　　　　涂天相 二、癸亥、廿二，3.16；兼管左　十、甲戌、九、 都。五、丁卯；署刑尚，禮尚　11.22；原兵尚授。 魏廷珍兼。十、甲戌；改刑尚。
理藩院	(漢)僧　格	(漢)僧　格
都察院	(滿)福敏* 七、丙戌、十三，8.11；署刑尚回任。 徐　本　　　　孔毓璞 三、戊戌、廿二，　四、丁卯；吏右遷。 4.25；改工尚。　留軍前，兵尚涂天相兼。	(滿)福敏* 十、辛巳、十六、11.29；兼管翰掌。 孔毓璞　　　彭維新　　　孫嘉淦 二、己巳、廿八，3.　十、戊寅、十三、　十一、庚戌 22；革。二、癸亥、　11.26；原戶尚　十五，12.28； 工尚徐本兼管。　任。△憂免。　吏右遷。

乾隆元年　丙辰(1736)	乾隆二年　丁巳(1737)
(滿)性桂　　　(漢)慶　復 　　六、己巳、六,7.14;前户尚署。 　　九、戊戌、七,10.11;改刑尚,仍兼。	(滿)性桂　　〔協辦〕(滿)顧琮 　　三、甲辰、十六,4.15;原蘇撫任。 　　八、丙子、廿,9.14;改北河總督。
劉於義 　　三、戊戌、四,4.14;署甘撫。 　　六、戊辰、五,7.13;署川陝總督。	劉於義
(滿)海望	(滿)海望(軍) 　　十一、辛巳、廿八,1.17;入直。
史貽直 　　(署湖督)	史貽直 　　九、甲辰、十九,10.12;署湖督回任。
(滿)三泰 * 　　四、乙丑、一,5.11;殿試讀卷。	(滿)三泰 　　四、丁亥、廿九,5.28;殿試讀卷。
任蘭枝 　　八、丁亥、廿六,9.30;順鄉迴避卷閱卷。	任蘭枝
(滿)通智　　　(滿)那蘇圖 　　八、丁亥、廿六,9.30;解。　八、丁亥、奉將改。九、戊 　　十、乙丑、五,11.7;革。　戌、已革刑尚傅鼐署。	(滿)那蘇圖　　　(滿)訥親(軍) 　　正、庚子、十一、,2.10;　正、庚子;内大臣任。 　　改刑尚。　　　　十一、辛巳;入直。
甘汝來 　　四、乙丑;殿試讀卷。	甘汝來 　　四、丁亥;殿試讀卷。
(滿)傅鼐　　　(漢)慶　復 　　八、庚午、九,9.13;革。　九、戊戌、署吏尚改,仍兼。	(漢)慶　復　　(滿)那蘇圖　　(滿)尹繼善 　　正、庚子、十一、正、庚子;兵尚改。闰九、丁卯; 　　2.10;改江督。闰九、丁卯、十二、雲帑改,兼 　　　　　　11.4;改江督。兵尚。
徐　本 **　　　孫嘉淦 　　二、癸未、十九,3.30;迴避子弟閱卷。十一、甲午、五、 　　四、乙丑、一,5.11;殿試讀卷。12.6;左都改。 　　十一、甲午、五,12.6;遷東閣,仍兼。	孫嘉淦 　　九、己亥、十四,10.7;武會主考。
(滿)查克旦 　　　　　　(滿)來保内務府總管署。	(滿)查克旦　　　　(滿)來保 　　十二、甲申、一,1.20;　十二、甲申;内務府 　　改漕督。　　　　總管授。
涂天相	涂天相　　　　　趙宏恩 　　三、甲辰;免。　　三、甲辰;江督遷, 　　(學士行走)　　旋解。革。
(漢)僧　格	(漢)僧　格
(滿)福敏 * 　　(兼翰掌) 二、癸未;迴避子弟閱卷。四、乙丑; 　　殿試讀卷。八、丁卯、六,9.10;順鄉正考。	(滿)福敏 * 　　(兼翰掌) 三、甲午、六,4.6;會試主考。 　　四、丁亥、廿九,5.28;殿試讀卷。 　　七、壬辰、六,8.1;教庶。
孫嘉淦　　　　　楊汝穀 　　(兼管吏右) 四、乙丑;殿試　十一、甲午;户左遷。 　　讀卷。十一、甲午;改刑尚。	楊汝穀

部院大臣年表

年 代	乾 隆 三 年　戊午 (1738)		
吏 部	(滿)**性桂** 十一、乙亥、廿七,1.6;休。 (十二年死,恭簡)	(滿)**訥親**(軍) 十二、己卯、一,11.10;兵尚改。	
	劉於義 四、丙戌、四,5.22;解(七月革)。	**孫嘉淦** 四、己丑、七,5.25;刑尚改。 八、丙戌、六,9.19;順鄉正考。 十、丁酉、十八,11.29;署直督,旋授。	**甘汝來** 十、甲辰、廿五,12.6;兵尚改。
戶 部	(滿)**海望**(軍)		
	史貽史 七、乙丑、十五,8.29; 工尚互調。	**高其倬** 七、乙丑;工尚改。 十、甲午、十五,11.26;死(文良)。	**任蘭枝** 十、丙申、十七,11.28; 禮尚改。
禮 部	(滿)**三泰** *		
	任蘭枝 十、丙申;改戶尚。	**趙國麟** 十、丙申;刑尚改。	
兵 部	(滿)**訥親**(軍) 十二、己卯;改吏尚。	(滿)**鄂善** 十二、己卯;吏左遷,兼步統。	
	甘汝來 十、丁酉;暫行協辦吏尚。 十、甲辰;改吏尚。	**楊超曾** 十、甲辰;桂撫遷。	
刑 部	(滿)**尹繼善** 九、己巳、廿,11.1;憂,工尚來保署。		
	孫嘉淦 四、己丑;改吏尚。	**趙國麟** 四、己丑;皖撫遷。 十、丙申;改禮尚。	**史貽直** 十、丙申;工尚改。
工 部	(滿)**來保** 九、己巳;署刑尚。		
	(漢)**高其倬** 三、壬子、卅,4.18;湘撫遷。 七、乙丑;戶尚互改。	**史貽直** 七、乙丑;戶尚改。 十、丙申;改刑尚。	**趙殿最** 十、丙申;吏右遷。
理 藩 院	(漢)**僧　格** 四、甲申、二,5.20;休。	(蒙)**納延泰**(軍) 四、辛卯、九,5.27;刑左遷。	
都 察 院	(滿)**福敏** ** 正、乙卯、二,2.20;遷武英。	(滿)**馬爾泰** 正、乙卯;刑右遷。 七、丁卯、十七,8.31;改廣督。	(滿)**查克旦** 七、丁卯;漕督遷。
	楊汝毅 六、丙午、廿五,8.10;休。 (五年死,勤恪)	**彭維新** 七、壬子、二,8.16;起用。 十二、丙戌、八,1.17;革。	**魏廷珍** 十二、丙戌;原禮尚任。

乾 隆 四 年　己未(1739)

（滿）**訥親** * (軍)
　　三、丁卯、廿一，4.28；協辦大學士事。

甘汝來
　　二、癸未、六，3.15；會試正考。
　　三、丙子、卅，5.7；殿試讀卷。
　　七、丙寅、廿二，8.25；死(莊恪)。

郝玉麟
　　七、丙寅；閩督遷。　　　　　　　十一、壬子、九，12.9；
　　十一、戊申、五，12.5；改江督。　兵尚楊超曾署。

（滿）**海望** (軍)

任蘭枝
　　正、壬申、廿五，3.4；改禮尚。

陳惠華
　　正、壬申；刑左遷。三、丙子；殿試讀卷。
　　九、丁巳、十三，10.5；武會正考。

（滿）**三泰** *

趙國麟 * *
　　正、壬申；遷文淵。

任蘭枝
　　正、壬申；戶尚改。

（滿）**鄂善**
　　(兼步統)

楊超曾
　　十一、壬子、九，12.9；署吏尚。

（滿）**尹繼善**
　　二、丙申、十九，3.28；迴避子弟閱卷。三、丙子；殿試讀卷。
　　五、庚午、廿五，6.30；教庶。

史貽直

（滿）**來保**

趙殿最
　　三、庚申、十四，4.21；降一調。

魏廷珍
　　三、壬申、廿六，5.3；左都改。
　　三、丙子；殿試讀卷。

（蒙）**納延泰** (軍)

（滿）**查克旦**

魏廷珍
　　二、丙申；迴避子弟閱卷。
　　三、壬申；改工尚。

陳世倌
　　四、乙未、十九，5.26；戶左遷。

部院大臣年表

年代	乾隆五年　庚申(1740)	乾隆六年　辛酉(1741)
吏部	（滿)**訥親** *（軍)	（滿)**訥親** *（軍)
	（漢)**郝玉麟**　　　**楊超曾** （江督留任）八、丙寅、　九、癸酉、五,10.25；兵 廿八,10.18；降二調。　尚改。（署江督留任）	**楊超曾** 八、己酉、十七,9.26；署江都回部。
户部	（滿)**海望**（軍)	（滿)**海望**（軍)
	陳惠華	**陳惠華**
禮部	（滿)**三泰** *	（滿)**三泰** *
	任蘭枝	**任蘭枝**
兵部	（滿)**鄂善** （兼步統）	（滿)**鄂善**　　　（蒙)**班第**（軍)　　工尚哈達 三、庚寅、廿五,　三、庚寅；　哈兼。 5.10；革、逮。　原湖督任。
	楊超曾　　　　　**史貽直** 五、甲子、廿五,6.18；署江　九、癸酉；刑尚改。 督。九、癸酉；改吏尚。　九月，代教庶。	**史貽直**
刑部	**尹繼善**　（滿)**那蘇圖**　（滿)**來保** 三、庚戌、九,　四、庚寅、廿,5.15；　十一、己巳； 4.5；改川陜　服闋江督遷。　工尚兼。 總督。　十一、己巳、二,　十一、庚午、 　　12.20；改湖督。　工尚改。	（滿)**來保**
	史貽直　　　　　**韓光基** 九、癸酉；改兵尚。　九、癸酉；工尚改。	**韓光基**　　　　**劉吳龍** 九、己卯、十七,　九、己卯；左都改。 10.26；改工尚。
工部	（滿)**來保**　　　（滿)**哈達哈** 十一、己巳；兼刑尚。十一、　十一、庚午；鑲紅 庚午、三,12.21；改刑尚。　滿都任。	（滿)**哈達哈** 三、庚寅、廿五,5.10；兼工尚。
	魏廷珍　　**韓光基**　　　**陳世倌** 二、癸未、十二,　二、戊戌、廿七,　九、癸酉； 3.9；革。（廿一　3.24；刑右遷。　左都遷。 年死,文簡。　九、癸酉；改刑尚。	**陳世倌** **　　　　**韓光基** 七、庚辰、十八,　九、己卯、七,10.26； 8.28；遷文淵。　刑尚改。
理藩院	（蒙)**納延泰**（軍)	（蒙)**納延泰**（軍)
都察院	（滿)**查克旦**　　　**杭奕祿** 三、辛酉、廿,4.16；革。三、己巳、廿八,4.24； 　　刑左遷。	（滿)**杭奕祿**
	陳世倌 **王安國**　　　**劉吳龍** 九、癸酉；　九、甲午、廿六,11.15；　十一、壬午、 改工尚。　刑左遷。十一、　1.2； 　　十二,12.30；管粵撫。　左副升。	**劉吳龍**　　　　**劉統勳** 九、己卯；改刑尚。　九、丁亥、廿五,11.3； 　　刑右遷。

乾 隆 七 年　壬戌(1742)	乾 隆 八 年　癸亥(1743)
(滿)**訥親**＊(軍)	(滿)**訥親**＊(軍)
楊超曾　　　　　**史貽直** △正、壬戌、二,2.6;憂　　正、壬戌;兵尚改。 免。(十二月死,文敏。)	**史貽直**＊ 十一月,代教庶。 十二、辛亥、二,1.16;協辦大學士事。
(滿)**海望**(軍)	(滿)**海望**(軍)
陳悳華　　　　　　**徐　本**＊＊(軍) 三、己丑;殿試讀卷。　　七、己巳;東閣兼。 七、己巳、十二,8.12;改兵尚。	**徐　本**＊＊(軍)　　　**劉於義** 十、己巳、廿,12.5;　　十、己巳;晉撫遷。 東閣仍兼。
(滿)**三泰** 三、己丑、卅,5.4;殿試讀卷。	(滿)**三泰**＊
任蘭枝　　　　　**趙國麟** 正、壬戌;改兵尚。　　正、壬戌;兵左遷。 七、己巳;兵尚改。　　七、乙丑、八,8.8;革。	**任蘭枝**
(蒙)**班第**(軍)	(蒙)**班第**(軍)
史貽直　　**任蘭枝**　　**陳悳華** 正、壬戌;　　正、壬戌;禮尚改。　　七、己巳; 改吏尚。　　七、己巳;改禮尚。　　户尚改。	**陳悳華**
(滿)**來保**	(滿)**來保**
劉吳龍　　　　　　**張　照** 三、丙申、六,3.12;會試主考。　四、丁巳、廿八, 四、丙辰、廿七,5.31;死(清愨)。　6.1;刑左遷。	**張　照**
(滿)**哈達哈**	(滿)**哈達哈**
韓光基	**韓光基**
(蒙)**納延泰**(軍)	(蒙)**納延泰**(軍)
(滿)**杭奕禄**	(滿)**杭奕禄**
劉統勳	**劉統勳**

部院大臣年表

年　代	乾隆九年　甲子(1744)	乾隆十年　乙丑(1745)
吏部	(滿)**訥親****(軍)	(滿)**訥親****(軍)　　(滿)**高斌***(軍)十二、乙卯; 入直。 四月,殿試讀卷。　　五、辛卯、廿,6.19; 直督遷, 五、戊子、十七,　　仍管直河總督。十二、壬子、 6.16; 遷保和。　　十五,1.6; 協辦大學士事。
吏部	**史貽直****　　　　**劉於義*** 正、辛巳、三,2.15;　　正、辛巳; 户尚改, 遷文淵。　　　　協辦大學士事。	**劉於義*** 正、庚子、廿八,2.28; 暫署直督。 五、己亥、廿八,6.27; 兼管户尚。
户部	(滿)**海望**(軍)	(滿)**海望**(軍) 十二、乙卯、十八,1.9; 衰老罷直。
户部	**劉於義**　(漢)**張　楷**　(滿)**阿爾賽** 正、辛巳;　正、辛巳; 倉侍遷,　二、丁丑; 改吏尚。　△二、丁丑、廿九,　湖督遷。 　　　　4.11; 死。	**阿爾賽**　　　　**梁詩正** △五、辛卯、廿,6.19; 死。　五、辛卯; 户左遷。
禮部	(滿)**三泰***	(滿)**三泰**　　　　(滿)**來保** 三、己丑、十七,4.18;　三、庚寅、十八, 休。(廿四年死,文恭)　4.19; 刑尚改。
禮部	**任蘭枝**	**任蘭枝**　　　　**王安國** 十、戊午、廿,　十一、壬申、五,11.27; 11.13; 休。　服闋兵尚任。
兵部	(蒙)**班第**(軍)	(蒙)**班第**(軍)
兵部	**陳悳華**　　**王安國**　　**彭維新** 正、辛巳; 解。　正、辛巳; 左都。　正、庚子、廿二, 二、甲子、十六,　管粵撫改。　3.5; 户右遷。 3.29; 降二調。　正、庚子; 憂免。	**彭維新** 三、戊寅、六,4.7; 會試副考。 四、丁卯、廿五,5.26; 殿試讀卷。
刑部	(滿)**來保**	(滿)**來保**　　　　(滿)**盛安** 三、庚寅; 改禮尚。　三、庚寅; 刑左遷。
刑部	**張　照**　　　　**汪由敦** △十二、戊辰、廿五,1.27;　十二、戊辰; 工尚改。 憂免。(十年死,文敏)	**汪由敦** 四、丁卯; 殿試讀卷。 七、丁亥、五,8.2; 教庶。
工部	(滿)**哈達哈**	(滿)**哈達哈**
工部	**韓光基**　**汪由敦**　　**趙宏恩** △二月,死。　三、癸未、五,4.17; 户　十二、戊辰; 右遷。　八、庚戌、六,　工左遷。 9.11; 順鄉正考。 十二、戊辰; 改刑尚。	**趙宏恩**
理藩院	(蒙)**納延泰**(軍)	(蒙)**納延泰**(軍)
都察院	(滿)**杭奕祿**	(滿)**杭奕祿**
都察院	**劉統勳**	**劉統勳** 四、丁卯; 殿試讀卷。

乾隆十一年　丙寅(1746)	乾隆十二年　丁卯(1747)
(滿)**高斌** * (軍)	(滿)**高斌** ** (軍)　　(滿)**來保** **　　(宗室)**德沛** 三、丙午、十六、　三、丙午、十六，4.25；　十二、庚辰； 4.25；遷文淵。　　禮尚改。十二、庚辰、　吏右遷。 　　廿四，1.24；遷武英。
劉於義 *	**劉於義** * 七、癸卯、十五，8.20；解兼戶尚。
(滿)**海望**	(滿)**海望**　　　　　　(滿)**傅恒**(軍) 三、丙午；改禮尚。　　三、丙午；戶左遷。
梁詩正	**梁詩正**
(滿)**來保**	(滿)**來保**　　　　　　(滿)**海望** 三、丙午；改吏尚。　　三、丙午；戶尚改。
王安國	**王安國**
(蒙)**班第**(軍) 九、壬戌、廿九，11.12；署晉撫。 十二、癸亥、二，1.12；召回。	(蒙)**班第**(軍)
彭維新	**彭維新**　　　　　　**陳大受** 九、甲辰、十七，10.20；　九、丁巳、卅，11.2； 解，旋革。　　　　　閩撫遷。
(滿)**盛安**　　　　(滿)**阿克敦** 五、丙申、一，6.19；　五、丙申；左都改， 改左都。　　　　仍兼翰掌。	(滿)**阿克敦** (兼翰掌) 八、甲子、六，9.10；順鄉正考。
汪由敦(軍) 閏三、丙午、十，4.30；署左都。 十、壬午、廿，12.2；入直。	**汪由敦**(軍)
(滿)**哈達哈**	(滿)**哈達哈**
趙宏恩	**趙宏恩**
(蒙)**納延泰**(軍)	(蒙)**納延泰**(軍)
(滿)**杭奕祿**　　(滿)**阿克敦**　　(滿)**盛安** 閏三、癸丑、　　閏三、癸丑；吏左遷。　五、丙申； 十七，5.7；休。　五、丙申；改刑尚。　刑尚改。	(滿)**盛安**
劉統勳 閏三、庚子、四，4.24；　閏三、丙午；刑尚 署漕督。　　　　汪由敦署。	**劉統勳** 八、甲子；順鄉副考。

年代	乾隆十三年　戊辰(1748)		
吏 部	(宗室)德沛 　七、戊戌、十六,8.9;病免。	(滿)達勒當阿 　七、戊戌;刑尚改。	
部	劉於義 * 　三、乙未、十一,4.8;死(文恪)。	陳大受 　四、乙卯、二,4.28;兵尚改。四、癸酉、廿,5.16;協 　辦大學士事。四、戊寅、廿五,5.21;殿試讀卷。 　六、丙子、廿三,7.18;教庶。	
戶 部	(滿)傅恒 * *(軍) 　四月,殿試讀卷。四、甲子、 　十一,5.7;協。九月,署陝督。 　十、丁亥、六,11.26;遷保和。	(滿)尹繼善 　十、乙酉、四,11.24;廣督授。十、己酉、廿 　八,12.18;協授。　十一、己巳、十九,1.7; 　直軍(未任)。十一、庚辰、卅,1.18;改陝督。	(滿)舒赫德(軍) 　十一、庚辰;兵尚 　改,管步統。
部	梁詩正 　四、乙丑、十二,8.8;改兵尚。	蔣　溥(軍) 　四、乙丑、吏左遷。 　四、丁卯、十四,5.10;罷直軍機。	
禮 部	(滿)海望		
部	王安國		
兵 部	(蒙)班第(軍) 　閏七、己巳、十七,9.9;署川撫。 　十、丙戌、五,11.25;降侍郎。	(滿)舒赫德(軍) 　十、丙戌、戶右遷、兼署戶尚。 　十一、庚辰;改戶尚。	(漢)瑚寶 　十一、庚辰;署甘撫遷。十二、己 　丑、九,1.27;工尚哈達哈署。
部	陳大受 　三、庚寅、六,4.3;會試正考。 　四、乙卯;改吏尚。	梁詩正 　四、乙丑;戶尚改。	
刑 部	(滿)阿克敦 * 　正月,協;四月,解。十月,仍協。 　四、癸酉;革。閏七、癸丑、一,8.24;工右署。	(滿)達勒當阿 　四、癸酉;盛將改。 　七、戊戌;改吏尚。	(滿)盛安 　七、戊戌;左都改。 　旋革。
部	汪由敦(軍) 　四、戊寅;殿試讀卷。		
工 部	(滿)哈達哈 　十一、己丑;署兵尚。		
部	趙宏恩		
理 藩 院	(蒙)納延泰(軍)		
都 察 院	(滿)盛安 　七、戊戌;改刑尚。	(滿)德通 　　　閏七、癸丑;吏右遷。	
	劉統勳		

乾隆十四年　己巳(1749)	乾隆十五年　庚午(1750)
(滿)**達勒當阿**	(滿)**達勒當阿**
陳大受＊(軍) 七、壬子、六,8.18；署直督。	**陳大受**＊(軍)　　**梁詩正**＊ 正、丁未、三,2.9；　正、丁未；兵尚改，並授協。 改廣督。　　　　七、辛酉、廿一,8.22；卸兼翰掌。
(滿)**舒赫德**(軍)　　　(滿)**海望** 十二、辛卯、十七,1.24；　　　十二、辛卯；禮尚改。 改兵尚，罷直。	(滿)**海望**
蔣　溥	**蔣　溥**
(滿)**海望**　　　　(滿)**木和林** 十二、辛卯；改戶尚。　　十二、辛卯；禮左遷。	(滿)**木和林**　　　(蒙)**伍齡安** 十一、丙辰、十七,12.15；　十一、丙辰；戶左遷。 改左都。
王安國	**王安國**
(滿)**瑚寶**　　　(滿)**哈達哈**　(滿)**舒赫德** 正、戊午、九,2.25；　四、戊戌；工尚　十二、辛卯； 署陝督。四、戊戌、　改。　十二、辛　戶尚改，管 廿一,6.5；改漕督。　卯；改工尚。　步統。	(滿)**舒赫德**(軍) (管步統) 十一、丙辰；直軍。
梁詩正 十一、甲戌、廿九,1.7；兼翰掌。	**梁詩正**　　　　**李元亮** (兼翰掌)　　　　正、丁未；戶左遷。 正、丁未；改吏尚。
(滿)**阿克敦**＊ (兼翰掌)	(滿)**阿克敦**＊ (兼翰掌)
汪由敦＊(軍) 十一、癸亥、十八,12.27；署大學士，旋革。	**汪由敦**(軍)　　　**劉統勳** 七、庚申、廿,8.21；　七、庚申；工尚改，兼翰掌。 降兵右。
(滿)**哈達哈**　　　　(滿)**三和** 四、戊戌；改兵尚。　　四、戊戌；戶右遷。 十二、辛卯；兵尚改。　十二、辛卯；降工右。	(滿)**哈達哈**
趙宏恩　　　　**劉統勳** 十二、庚辰、六,1.13；　十二、庚辰；左都改。 改京口將軍。	**劉統勳**　　　　**孫嘉淦** 七、庚申；改刑尚。　七、庚申；兵右遷。
(蒙)**納延泰**(軍)	(蒙)**納延泰**(軍)
(滿)**德通**	(滿)**德通**　　(滿)**拉布敦**　　　(滿)**木和林** 八、甲午、廿　九、辛亥、十二,10.11；　十一、丙辰、 四,9.24；降。　工左遷。△、十一月，　禮尚改。 　　　　　戰死(壯果)。
劉統勳　　　　**彭維新** 十二、庚辰；改工尚。　十二、辛巳、七,1.14； 　　　　　已革兵尚任。	**彭維新**　　　　**梅瑴成** 八、甲午；革。　九庚子、一,9.30；刑右遷。

部院大臣年表

年代	乾隆十六年　辛未(1751)	乾隆十七年　壬申(1752)
吏部	(滿)**達勒當阿** **梁詩正** ＊	(滿)**達勒當阿** **梁詩正** ＊　　　　**孫嘉淦** 九、庚辰、廿三，　　　九、庚辰；工尚改，並授協。 10.29；乞養。　　　　九、壬午、廿五，10.31；殿試 　　　　　　　　　　　讀卷。
户部	(滿)**海望** **蔣　溥**	(滿)**海望** **蔣　溥** 九、壬午；殿試讀卷。
禮部	(蒙)**伍齡安** **王安國**	(蒙)**伍齡安** **王安國**
兵部	(滿)**舒赫德**(軍) (管步統) 九、甲申、廿一，11.8；差江南。 (漢)**李元亮**	(滿)**舒赫德**(軍) (管步統) (漢)**李元亮**
刑部	(滿)**阿克敦** ＊ (兼翰掌) 五、乙巳、九，6.2；殿試讀卷。 六、甲辰、九，7.31；教庶。 **劉統勳** (兼翰掌) 三、癸卯、六，4.1；會試正考。	(滿)**阿克敦** ＊ (兼翰掌) 九、壬午；殿試讀卷。 **劉統勳**(軍) (兼翰掌) 九、壬午；殿試讀卷。 十一、甲子、七，12.12；入直。
工部	(滿)**哈達哈** 九、甲申；署步統。 **孫嘉淦** 三、癸卯；會試正考。 六、甲辰；教庶。	(滿)**哈達哈** **孫嘉淦**　　　　　**汪由敦**(軍) 三、丁卯、六，4.19；順鄉　九、庚辰；户右遷。 正考(辛未科)。 九、庚辰；改吏尚。
理藩院	(蒙)**納延泰**(軍)	(蒙)**納延泰**(軍)
都察院	(滿)**木和林** **梅毂成** 五、乙巳；殿試讀卷。	(滿)**木和林** **梅毂成**

乾隆十八年　癸酉(1753)	乾隆十九年　甲戌(1754)
(滿)**達勒當阿**	(滿)**達勒當阿** 八、癸丑、六,9.22;署黑將。 十、辛未、廿六,12.9;吏左鄂彌達署。
孫嘉淦 *　　　　(漢)**黄廷桂** 八、戊子、六,9.2;順鄉正考。　十二、庚寅、十,1.2; 十二、丁亥、七,12.30;死　川督遷,留任。 (文定)。	(漢)**黄廷桂** 正、乙亥、廿五,2.16;左都楊錫綬署。
(滿)**海望**	(滿)**海望**
蔣　溥 * 十二、庚寅、十,1.2;協。	**蔣　溥** * 四、甲辰、廿五,5.16;殿試讀卷。 十、己未、十四,11.27;暫管翰掌。
(蒙)**伍齡安**	(蒙)**伍齡安**
王安國	**王安國**
(滿)**舒赫德**(軍)　(滿)**策楞** 　　　　　　六、癸巳、九,7.9;原川督署。 　　　　　　八、庚子、十八,9.14;改南河。	(滿)**舒赫德**(軍)　　(蒙)**班第**(軍) 七、丙午、廿九,　　七、丙午;廣督署定邊。 9.15;革。　　　九、辛丑、廿五,11.9;授。
李元亮	**李元亮**
(滿)**阿克敦** * (兼翰掌)	(滿)**阿克敦** * (兼翰掌)四、甲辰;殿試讀卷。
劉統勳(軍) (兼翰掌)	**劉統勳** (兼翰掌)四、甲辰;殿試　七、己未、十四,11.27; 讀卷。五、戊戌、廿,7.9;　工尚汪由敦管。 協理陝甘總督。
(滿)**哈達哈** 四、丙申、十一,5.13;署步統。	(滿)**哈達哈**
汪由敦(軍)	**汪由敦**(軍) 十、己未、十四,11.27;管刑。
(蒙)**納延泰**(軍)	(蒙)**納延泰**(軍)
(滿)**木和林**	(滿)**木和林**
梅瑴成　　　　　**楊錫綬** 九、甲戌、廿二,10.18;休。　十、辛丑、廿,11.14; (廿九年死,文穆)　　湘撫遷。	**楊錫綬** 正、乙亥、廿五,2.16;署吏尚。 四、甲辰;殿試讀卷。

年代	乾隆二十年 乙亥（1755）		
吏部	(滿)**達勒當阿** * 五、癸巳、廿,6.29；回任,授協。	鄂彌達署：六、癸丑、十一,7.9；遷刑尚仍署。	
	(漢)**黄廷桂** 五、辛卯、十八,6.27； 遷武英(川督留任)。	左都楊錫綬署；二、己未、十五,3.27； 改署湘撫。戶尚蔣溥署。	**王安國** 五、辛卯；禮尚改。
戶部	(滿)**海望** 九、己亥、廿八,11.2；死(勤恪)。	(滿)**阿里袞** 十、甲辰、四,11.7；戶右遷,兼步統。 十、己未、十九,11.22；卸署工尚。	
	蔣溥 * 十、壬子、十二,11.15；兼翰掌。		
禮部	(蒙)**伍齡安**		
	王安國 五、辛卯；改吏尚。	**楊錫綬** 五、辛卯；左都署湘撫改。	
兵部	(蒙)**班第**(一等誠勇公) 十、甲子、廿四,11.27；戰死(義烈)。	(滿)**傅森** 十二、庚戌、十一,1.12；吉將改。	
	(漢)**李元亮** 十、己未、十九,11.22；署工尚。		
刑部	(滿)**阿克敦** * 六、癸丑；病免。 (廿一年死,文勤)	(滿)**鄂彌達** 六、癸丑；吏左遷,仍署吏尚。 九、丙申、廿五,10.30；署直督。	九、丁酉、廿六,10.31；戶右阿 里袞署。十、甲辰；遷戶尚。
	劉統勳(軍) 六、癸丑、十一,7.19；召回。 九、丙申、廿五,10.30；革。	**汪由敦**(軍) 九、丁酉；工尚改。	
工部	(滿)**哈達哈** 十、丙寅、廿六,11.29；掌理定邊左副將軍印。	戶右阿里袞：六、癸丑；署。十、己未；卸。	
	汪由敦(軍) 九、丁酉、廿六,10.31；改刑尚。	**衛哲治** 四、甲辰、四,11.7；桂撫遷。 十、己未；兵尚李元亮署。	
理藩院	(蒙)**納延泰**(軍)		
都察院	(滿)**木和林**		
	楊錫綬 二、己未；署湘撫。 五、辛卯；改禮尚。	**何國宗** 五、辛卯；工左遷。	

乾隆二一年　丙子(1756)

(滿)**達勒當阿**＊
十二、丙戌、廿三，2.11；解協。

王安國　　　　　　　　　　**汪由敦**
十一、壬戌、廿九，1.18；休。(廿二年死，文肅)　　十一、壬戌；工尚署。

(滿)**阿里袞**(軍)
(兼步統)　四、甲寅、十七，5.15；暫在軍機處行走。

蔣　溥＊
(兼翰掌)

(蒙)**伍齡安**

楊錫紱

(滿)**傅森**

(漢)**李元亮**

(滿)**鄂彌達**＊
十二、丙戌；授協。

汪由敦(軍)　　　　　　　　　**劉統勳**(軍)
六、壬子、十六，7.12；改工尚。　　六、壬子；起用。
　　　　　　　　　　　　　　　八、壬寅、六，8.31；順鄉正考。

(滿)**哈達哈**
八、乙巳、九，9.3；回任。

衛哲治　　　　　　**趙宏恩**　　　　　　　　**汪由敦**(軍)
二、甲子、廿六，3.26；病免。　二、甲子；左副遷。六、壬子；改左都。　八、壬子；刑尚改。
　　　　　　　　　　十一、壬戌；左都署。　　　　十一、壬戌；署吏尚。

(蒙)**納延泰**(軍)
八、癸卯、七，9.1；罷直。

(滿)**木和林**

何國宗　　　　　　**趙宏恩**
五、壬午、十五，6.12；降調。　六、壬子；工尚改。
十一、壬戌；仍署。　　　　十一、壬戌；署工尚。

年代	乾隆二二年　丁丑（1757）
吏部	(滿)**達勒當阿**　　　　　　　　　(滿)**傅森** 　　二、乙酉、廿三，4.11；革。　　　　　　二、乙酉；兵尚改。 　　**汪由敦**(軍) 　　　正、甲辰、十二，3.1；授。
戶部	(滿)**阿里袞**　　　　　　　　　(滿)**兆惠** 　　△二月，襲公爵。二、乙酉；降戶左。　　二、乙酉；戶左遷。 　　**蔣　溥**_* 　　（兼翰掌）五、己亥、九，6.24；殿試讀卷。
禮部	(蒙)**伍齡安** 　　**楊錫綬**　　　　　　**何國宗**　　　　　　　**歸宣光** 　　正、甲辰；改漕督。　　正、甲辰；左都改。　　　　四、己丑、廿八，6.14；吏左遷。 　　　　　　　　　　　　四、乙酉、廿四，6.10；革。
兵部	(滿)**傅森**　　　(滿)**舒赫德**　　　　(滿)**哈達哈**　　　　(覺羅)**雅爾哈善** 　　二、乙酉；改吏尚。　二、乙酉；都統任。三、　三、辛亥；兵左遷。八、　九、戊戌、九，10.21； 　　　　　　　　　辛亥、廿，5.7；革（兵左）。丁亥、廿八，10.10；革。　　戶右遷。 　　**李元亮**
刑部	(滿)**鄂彌達** 　　五、己亥；殿試讀卷。 　　**劉統勳**(軍) 　　　三、丁酉、六，4.23；會試正考。
工部	(滿)**哈達哈**　　　　　　　　(蒙)**納木扎勒** 　　二、乙酉；降兵左。　　　　　　二、乙酉；戶右遷。 　　**汪由敦**(軍)　　　　　　　　**秦蕙田** 　　　正、甲辰；改吏尚。　　　　　正、甲辰；刑左遷。 　　　　　　　　　　　　　　　五、己亥；殿試讀卷。
理藩院	(蒙)**納延泰**
都察院	(滿)**木和林**　　　　　　　　(滿)**吳拜** 　　十、壬子、廿四，1.3；休。　　十一、壬子；盛刑遷。 　　**何國宗**　　　　　　　　　**趙宏恩** 　　　正、甲辰；改禮尚。　　　　正、甲辰；署工尚回任。

乾隆二三年　戊寅(1758)	乾隆二四年　己卯(1759)
(滿)傅森	(滿)傅森
汪由敦(軍)　　　　　劉統勳(軍) 正、己酉、廿二,3.1;　　正、壬子、廿五, 死(文端)。　　　　　　3.4;刑尚改。	劉統勳 *(軍) 正、癸卯、廿一,2.18;授協。
(滿)兆惠 △十一月,封一等公。	(滿)兆惠
蔣　溥 * (兼翰掌)	蔣　溥 * *　　　　(漢)李元亮 正、癸卯、遷(武英)。　正、癸卯;兵尚授。
(蒙)伍齡安	(蒙)伍齡安
歸宣光　　　　　　嵇　璜 九、戊戌、十五,10.16;　九、戊戌;工尚改。 改左都。	嵇　璜　　　　　陳惠華 閏六、乙巳、廿七,　閏六、乙巳;左都改。 8.19;乞養。
(覺羅)雅爾哈善　(滿)都賚　(滿)阿里袞 二、己未、三,3.11;　八、甲戌、廿一,　(兼步統)十 授靖逆將軍。七、　9.22;西安將軍　二、戊午、六, 乙巳、廿一,8.24;　任。十二、丁巳、　1.4;吏左升。 革。　　　　　　　五,1.3;革。	(滿)阿里袞 (兼步統)
(漢)李元亮	(漢)李元亮　　　　梁詩正 正、癸卯;改戶尚。　正、癸卯;工尚授。 　　　　　　　　八、癸未、六,9.26;順鄉正考。
(滿)鄂彌達 *	(滿)鄂彌達 *
劉統勳(軍)　　　　　秦蕙田 正、壬子;改吏尚。　　正、壬子;工尚改。	秦蕙田
(蒙)納木扎勒　　　(滿)舒赫德 十一、丁未、廿四,12.24;　十一、丁未;吏左遷。 戰死(武毅)。	(滿)舒赫德 正、癸卯;吏右蘇昌署。 九、庚午、廿三,11.12;改署湘督。
秦蕙田　　嵇　璜　　　　　梁詩正 正、壬子;　正、壬子;南河副總河　九、戊戌、 改刑尚。　遷。九、戊戌;改禮尚。原吏尚遷。	梁詩正　　　　　歸宣光 正、癸卯;改兵尚。　正、癸卯;左都改。
(蒙)納延泰	(蒙)納延泰
(滿)吳拜　　　　　(滿)德敏 十、甲戌、廿一,11.21;休。　十、甲戌;江寧將軍改。	(滿)德敏
趙宏恩　　　　　歸宣光 △九、丙申、十三,10.14;死。　九、戊戌;禮尚改。	歸宣光　陳惠華　　　　劉綸(軍) 正、癸卯;　正、癸卯;工右遷。　閏六、丁未、廿九, 改工尚。　閏六、乙巳;改禮尚。8.21;戶左遷。

部院大臣年表

年代	乾隆二五年　庚辰(1760)	乾隆二六年　辛巳(1761)
吏部	(滿)傅森	(滿)傅森 正、癸亥、廿三，2.27；署左都。
	劉統勳＊(軍)	劉統勳＊＊(軍)　　　　　梁詩正＊ 三月、會試主考。四、己丑、　五、丁未；兵尚改， 廿、5.24；殿試讀卷。五、丁　授協，兼翰掌。 未、九，6.11；遷東閣。
戶部	(滿)兆惠(軍) △二月，軍機處入直。 二、壬寅、廿七，4.12；回京。	(滿)兆惠＊(軍) 七、辛丑、五，8.4；授協，署刑尚。
	(漢)李元亮	(漢)李元亮　　　　　　(漢)李侍堯 四、壬辰、廿三，5.27；　四、壬辰；廣督授。 病免。（五月死，勤恪）。
禮部	(蒙)伍齡安	(蒙)伍齡安　　　　(滿)永貴 十一、癸丑、十九，　十一、甲寅、廿，12.15；左 12.14；革。　都改。兵尚阿里袞署。
	陳惠華	陳惠華
兵部	(滿)阿里袞(軍) (兼步統) △七、甲寅、十二，8.22；軍機處入直。	(滿)阿里袞(軍) (兼步統) 十一、甲寅、廿，12.15；署禮尚。
	梁詩正 七、癸卯、一，8.11；教庶。	梁詩正　　　　　　劉綸(軍) 正、丙寅、廿六，3.2；署　五、丁未；左都改。 翰掌。四、己丑；殿試　六、戊子、廿一， 讀卷。五、丁未；改吏尚。　7.22；教庶。
刑部	(滿)鄂彌達＊ 五、丁未；殿試讀卷。	(滿)鄂彌達＊　　　　　(滿)舒赫德 四月，殿試讀卷。七、丁未、　七、辛丑；工尚改， 十一，8.10；死(文恭)。　戶尚兆惠署。
	秦蕙田 三、辛亥、六，4.21；會試正考。 五、丁未、四，6.16；殿試讀卷。	秦蕙田 四、己丑；殿試讀卷。
工部	(滿)舒赫德	(滿)舒赫德　　　　(滿)阿桂 七、辛丑；改刑尚。　七、辛丑；工右遷。
	歸宣光	歸宣光
理藩院	(蒙)納延泰　　　　(滿)富德(軍) 三、己未、十四，　三、己未；定邊左副 4.29；革。　將軍授。	(滿)富德(軍)
都察院	(滿)德敏　　　　　(滿)永貴 十二、丙申、廿六，　十二、丙申；倉侍遷。 1.31；改荊州將軍。	(滿)永貴　　　　　　　　(覺羅)勒彌森 正、癸亥；差喀什噶爾，吏尚傅森署。十一、丙辰、廿二， 十一、甲寅；改禮尚。　12.17；吏左遷。
	劉綸(軍) 八、丁丑、六，9.14；順鄉正考。	劉綸(軍)　　　　　金德瑛 四、己丑；殿試讀卷。　五、丁未；禮左遷。 五、丁未；改兵尚。

乾隆二七年　壬午(1762)	乾隆二八年　癸未(1763)
(滿)傅森	(滿)傅森
梁詩正* （兼翰掌）八、丙申、六，9.23；順鄉正考。	梁詩正**　　　　陳宏謀 六、壬寅、十六，7.26；　六、壬寅；兵尚署湖督改。 遷(東閣)。
(滿)兆惠*(軍)	(滿)兆惠*(軍)
(漢)李侍堯	(漢)李侍堯　　　　劉　綸*(軍) 五、甲戌、十八，6.28；　五月，教庶。五、甲戌；兵尚 改湖督。　　　　　改。六、壬寅；授協。
(滿)永貴	(滿)永貴 （△八月回京）
陳惠華	陳惠華
(滿)阿里袞(軍) （兼步統）	(滿)阿里袞(軍) （兼步統）四、丁未、廿，6.1；殿試　八、庚寅、六， 讀卷。五、癸亥、七，6.17；差陝。　9.12；託恩多 六、戊戌、十二，7.22；暫管陝撫。　署。
劉　綸(軍)	劉　綸(軍)　　陳宏謀　　　彭啓豐 四、丁未；殿試讀　五、甲戌；湘撫遷，　六、壬寅； 卷。五、甲戌；改　署湖督。　　　左都改。 戶尚。　　　　六、壬寅；改戶尚。
(滿)舒赫德	(滿)舒赫德 五、癸亥；暫兼署步統。
秦蕙田	秦蕙田 三、癸亥、六，4.18；會試正考。
(滿)阿桂	(滿)阿桂(軍) 正、壬申、十四，2.26；直軍。
歸宣光　　　　董邦達 十二、丁未、十九，2.1；　十二、丁未；左都改。 死(昭簡)。	董邦達
(滿)富德(軍)　　(滿)新柱 九、戊子、廿九，　九、己丑、卅，11.15；葉爾 11.14；革。　　羌辦事都統授。	(滿)新柱
(覺羅)勒彌森	(覺羅)勒彌森
金德瑛　　董邦達　　　　彭啓豐 正、戊申、十四，　正、戊申；吏左遷，　十二、丁未； 2.7；死。　　　十二、丁未；改工尚。　吏左遷。	彭啓豐　　　　張泰開 四、丁未；殿試讀卷。　六、壬寅；禮右遷。九、丁卯、 六、壬寅；改兵尚。　十三，10.19；會試正考。

年代	乾隆二九年　甲申（1764）		
吏部	(滿)**傅森**		
	陳宏謀 * 七、辛亥、一，7.29；授協。		
戶部	(滿)**兆惠** *(軍) 十一、乙丑、十八，12.10；死(文襄)。	(滿)**阿里袞** *(軍) (兼步統)十一、丁卯、廿，12.12；兵尚改，授協。	
	劉　綸 *(軍) 九、丙寅、十七，10.12；兼署刑尚。		
禮部	(滿)**永貴**		
	陳惠華 十二、甲午、十七，1.8；病免。	**董邦達** 十二、甲午；工尚改。	
兵部	(滿)**阿里袞**(軍) (兼步統)十一、丁卯；改戶尚。	(滿)**託恩多** 十一、丁卯；理尚改。	
	彭啟豐		
刑部	(滿)**舒赫德**		
	秦蕙田 九、丙寅；死(文恭)。	**莊有恭** 九、丙寅；蘇撫遷，留任。戶尚劉綸兼署。	
工部	(滿)**阿桂**(軍) 三、壬戌、十一，4.11；赴西寧在辦，暫署川督。戶尚兆惠署。 六月，召回。		
	董邦達 十二、甲午；改禮尚。	(漢)**楊廷璋** 十二、甲午；正紅漢都授。	
理藩院	(滿)**新柱** 十、己未、十七，11.10； 改西安將軍。	(滿)**託恩多** 十、丙申、十八，11.11；署戶尚授。 十一、丁卯；改兵尚。	(?)**五吉** 十一、丁卯；理左遷。
都察院	(覺羅)**勒彌森**		
	張泰開		

乾隆三十年　乙酉(1765)	乾隆三一年　丙戌(1766)
(滿)傅森　　　　　(滿)託恩多 十一、乙酉、十四,12.25;　十一、乙酉;兵尚改。 休,改授内大臣。　　　十二、丁卯;兼署兵尚。	(滿)託恩多
陳宏謀*	陳宏謀* 四、己未、廿,5.28;殿試讀卷。
(滿)阿里衮*(軍) (兼步统)三、癸卯、廿八,5.17;兼管禮尚。	(滿)阿里衮*(軍) (兼步统)
劉　綸*(軍)　　　于敏中(軍) 正、癸丑、七,1.27;憂免。　正、癸丑;戸左遷。	于敏中(軍)
(滿)永貴 三、壬寅、廿七,5.16;赴喀什噶爾。 三、癸卯;戸尚阿里衮兼管。	(滿)永貴
董邦達 六、己酉、五,7.22;兼署工尚。	董邦達　　　　　　張泰開 正、乙未、廿五,3.5;改工尚。　正、乙未;左都改。
(滿)託恩多　　　　(滿)託庸 二、辛酉、十六,4.5;署工尚。　十一、乙酉; 十一、乙酉;改吏尚。　　皖撫遷。 十二、丁卯、廿六,2.5;仍兼署。	(滿)託庸
彭啓豐 八、己酉、六,9.20;順鄉正考。	彭啓豐　　　　　　陸宗楷 四、己未;殿試讀卷。　　十、甲寅、十八, 十、癸丑、十七,11.18;降兵左。　11.19;吏左遷。
(滿)舒赫德	(滿)舒赫德 二、辛亥、十一,3.21;暫署陝督。
莊有恭* 正、癸丑;授協,暫留蘇撫。 大學士劉統勳兼管。	莊有恭*　　　　　(漢)李侍堯 正、庚寅、廿,2.28;革。　正、乙未;署工尚調署。
(滿)阿桂(軍)　　　(宗室)蘊著 二、辛酉、十六,4.5;兵尚託恩多　十二、戊申;綏 署。十二、戊申、七,1.17;解。　將授。	(宗室)蘊著
楊廷璋　　　　　(漢)李侍堯 六、己酉、五,7.22;署廣　八、辛丑、廿八,11.11; 督。禮尚董邦達兼署。　前廣督署。	(漢)李侍堯　　　　　董邦達 正、乙未;改署刑尚。　正、乙未;禮尚改。
(?)五吉　　　　　(滿)新柱 十一、甲午、廿三,　十一、甲午;西安將軍 1.3;革。　　　　授。	(滿)新柱
(覺羅)勒彌森　　　(滿)觀保 七、戊子、十五,8.30;死。　七、戊子;兵右遷, 　　　　　　　　仍兼翰掌。	(滿)觀保 (兼翰掌)四、己未;殿試讀卷。
張泰開	張泰開　　　　　　范時綬 正、乙未;改禮尚。　　正、乙未;吏右遷。

年代	乾隆三二年　丁亥(1767)
吏部	(滿)**託恩多** 　　五、丙寅、二,3.31;署兵尚。 　　**陳宏謀**＊＊　　　　　　　　　　　**劉綸**＊(軍) 　　　三、辛巳、十七,4.15;遷(東閣)。　　三、辛巳;服闋戶尚授,並授協。 　　　　　　　　　　　　　　　　　　　　△五月,直軍。
户部	(滿)**阿里袞**＊(軍) 　　(兼步統) 　　**于敏中**(軍)
禮部	(滿)**永貴** 　　**張泰開**　　　　　　**嵇璜**　　　　　　**裘日修**　　　　　　**董邦達** 　四、庚申、廿七,5.24;管　四、庚申;署。五、庚午;　七、辛巳;戶左遷。八、癸　八、癸酉;工尚改。 　左都。五、庚午、七,6.3;　授。七、辛巳、十九,8.13;　酉、十二,10.4;工尚互 　改左都。　　　　　　　　改河東。　　　　　　　　調。
兵部	(滿)**託庸**　　　　　　　　　　　　　　(滿)**明瑞** 　　三、丙寅、二,3.31;改工尚。　　　　　　三、丙寅;雲督改,留辦軍務。吏尚託恩多署。 　　　　　　　　　　　　　　　　　　　　十、庚辰、廿,12.10;以將軍管理總督事務。 　　**陸宗楷**
刑部	(滿)**舒赫德** 　(漢)**李侍堯**　　　　　　　　　　　　(漢)**楊廷璋** 　　三、庚寅、廿六,4.24;服闋回廣督任。　　三、庚寅;廣督授。
工部	(宗室)**蘊著**　　　　　　　　　　　　(滿)**託庸** 　　三、丙寅;解。　　　　　　　　　　　　三、丙寅;兵尚改。 　　**董邦達**　　　　　　　　　　　　　　**裘日修** 　　八、癸酉;禮尚互調。　　　　　　　　八、癸酉;禮尚改。
理藩院	(滿)**新柱**　　　　　　　　　　　(蒙)**色布騰巴勒珠爾** 　　七、己丑、廿七,8.21;改盛將。　　　七、己丑;額駙授。
都察院	(滿)**觀保** 　　(兼翰掌)九、癸丑、廿二,11.13;教庶。 　(漢)**范時綬**　　　　　　　　　　　**張泰開** 　　五、庚午;改鄂撫。　　　　　　　　四、庚申;禮尚專管。五、庚午;改。

乾隆三三年　戊子（1768）

（滿）**託恩多**   （滿）**永寶**
　二、丙戌、廿八，4.14；署步統。四、戊寅、廿一，　　　　　十二、庚申；禮尚改。
　6.5；署兵尚。十二、庚申、六，1.13；革。

　劉　綸 *（軍）

（滿）**阿里袞** *（軍）
　（兼步統）二、丙戌；暫署雲督。左都觀保署。

　于敏中（軍）

（滿）**永寶**   （滿）**觀保**
　七月，署伊將。十二、庚申；改吏尚。　　　　　十二、庚申；左都改，仍兼翰掌。

　董邦達

（滿）**明瑞**   （滿）**福隆安**（軍、學）   （滿）**阿桂**   （滿）**託庸**
　二、丙戌；戰死　　二、丙戌；鑾儀衛大臣授。　（副將軍）四、戊寅；伊將授。　七、甲午、九，
　（果烈）。　　　　四、戊寅；改工尚。　　　　六、壬午、廿六，8.8；改雲督。　8.20；刑尚改。

　陸宗楷
　八、辛酉、六，9.16；順鄉正考。

（滿）**舒赫德**   （滿）**託庸**   （滿）**官保**
　二、丙戌；授參贊大臣。　　四、戊寅；工尚改。　　　七、甲午；署理尚改。
　四、戊寅；解勘。　　　　　七、甲午；改兵尚。

（漢）**楊廷璋**   **裘日修**   **蔡　新**
　八、壬申、十七，9.27；改直督。　　八、壬申；工尚改。九、辛亥；憂免。　　九、辛亥、廿六，11.5；工尚改。

（滿）**託庸**   （滿）**福隆安**（軍、學）
　四、戊寅；改刑尚。　　　　　　四、戊寅；兵尚改。十二月，兼署步統。

　裘日修   **蔡　新**   **嵇　璜**
　八、壬申；改刑尚。（管順尹）　八、壬申；刑右遷。九、辛亥；改刑尚。　九、辛亥；河東改。

（蒙）**色布騰巴勒珠爾**   （滿）**伊勒圖**
　九、乙丑、九，7.22；病免。官保署。　　六、乙丑；喀什噶爾辦事大臣授。
　　　　　　　　　　　　　　　　　　七月，改伊將，仍兼。

（滿）**觀保**   （滿）**素爾訥**
　（兼翰掌）正、戊申；署戶尚。十二、庚申；改禮尚。　十二、庚申；閣學遷。

　張泰開   （漢）**范時綬**
　六、戊寅、廿二，8.4；休。（卅九年死，文恪）　六、辛巳、廿五，8.7；正白漢都授。

部院大臣年表

年代	乾隆三四年　己丑（1769）			
吏 部	（滿）**永貴** 　十、壬申、廿四，11.21；改禮尚。		（滿）**託庸** 　十、壬申；兵尚改，仍兼署。	
	劉　綸 *（軍） 　三、己丑、六，4.12；會試正考。			
戶 部	（滿）**阿里衮** * 　十一、乙酉、七，12.4；死（襄壯）。		（滿）**官保** * 　正、辛丑；刑尚兼署。十一、乙酉；改。	
	于敏中（軍）			
禮 部	（滿）**觀保** 　十、辛未、廿三，11.20；革。	（滿）**永貴** 　十、壬申；吏尚改。 　十二、丙辰；降三調。	（滿）**阿桂** 　十二、丙辰、八，1.4；副將軍授。 　刑尚索爾訥兼署。	
	董邦達 　七、戊戌、十八，8.19； 　死（文恪）。	**陸宗楷** 　七、己亥、十九，8.20；兵尚 　改。十、辛未；降二調。	**吳紹詩** 　十一、壬申；刑尚改。 　十一、丁亥、九，12.6；革。	**王際華** 　十一、庚寅、十二， 　12.9；戶左遷。
兵 部	（滿）**託庸** 　十、壬申；改吏尚，仍兼署。		（滿）**伊勒圖** 　（副將軍）（兼伊將）十、壬申；理尚改。	
	陸宗楷 　四、辛未、十九，5.24；殿試讀卷。 　七、己亥；改禮尚。		**蔡　新** 　七、己亥；刑尚改。	
刑 部	（滿）**官保** * 　正、戊申、廿四，3.2；授協。 　十一、乙酉；改戶尚。		（滿）**索爾訥** 　十一、乙酉；左都改。	
	蔡　新 　四、辛未；殿試讀卷。 　七、己亥；改兵尚。	**吳紹詩** 　七、己亥；皖撫遷。 　十、壬申；改禮尚。	**袞日修** 　十、壬申；原任授。	
工 部	（滿）**福隆安**（軍） 　正、戊申；署理尚。十一、乙酉；兼步統。			
	嵇　璜 　二、甲寅、一，3.8；降三調（左副）。		**程景伊** 　二、甲寅；吏左授。	
理藩 院	（滿）**伊勒圖** 　（副將軍）十、壬申；改兵尚。正、戊申；工尚福 　隆安署。十二、辛亥、三，12.30；回伊將任。		（宗室）**增海** 　十、壬申；福將授。	
都 察 院	（滿）**索爾訥** 　十、壬申；兼署禮尚。 　十一、乙酉；改刑尚。	（滿）**託恩多** 　十一、乙酉；原吏尚署。 　十一、乙未、十七，12.14；改西陵總管。	（滿）**觀保** 　十一、乙未；原禮尚署。	
	（滿）**范時綬**			

乾隆三五年　庚寅(1770)	乾隆三六年　辛卯(1771)
(滿)**託庸**	(滿)**託庸**
劉　綸 *(軍) 八、己卯、六,9.24;順鄉正考。	**劉　綸** * *(軍)　　**程景伊** 二、辛卯、廿一,4.4;遷　　二、辛卯;刑尚改。 (文淵)。　　　　　　　　四、庚寅、廿,6.2;殿試讀卷。
(滿)**官保** *　　　　　(滿)**索爾訥** 六、丁亥、十三,8.3;刑尚互調。　六、丁亥;刑尚改。	(滿)**索爾訥**　　　　　(滿)**舒赫德** 十一、丁巳、廿一,12.16;　十一、丁巳;前刑尚、 改理尚,仍兼署。　　　　伊將授(留任)。
于敏中(軍)	**于敏中** *(軍) 二、辛卯;授協。
(滿)**阿桂**　　　　　(滿)**永貴** 八、戊寅、五,9.23;革。　八、己卯;左都改。	(滿)**永貴**
王際華	**王際華**
(滿)**伊勒圖**　　　(滿)**豐昇額**(軍、學) 六、壬辰、十八,8.8;　六、壬辰;公爵署。八、丙 授伊將。　　　　　　戌、十三,10.1;軍、學。	(滿)**豐昇額**(軍) (署)五、乙巳、五,6.17;工尚福隆安兼管。
蔡　新	**蔡　新**
(滿)**索爾訥**　　　　　(滿)**官保** * 六、丁亥;户尚互調。　　六、丁亥;户尚改。	(滿)**官保** *
裘日修　　　　**程景伊** 閏五、甲子、十九,7.11;　閏五、甲子;工尚改。 解(降順尹)。	**程景伊　范時綬**　　(漢)**楊廷璋** 二、辛卯;　二、辛卯;工尚改。　十、丁亥、廿, 改吏尚;　十、丁亥、廿,11.26;　11.26;直督改。 　　　　改正白漢都。
(滿)**福隆安**(軍) (兼步統) 七、丁巳、十三,9.2;夏,理尚溫福署。 十、癸巳、廿一,12.7;襲一等忠勇公。	(滿)**福隆安**(軍) (兼步統) 五、乙巳;管兵。
程景伊　　　　(漢)**范時綬** 閏五、甲子;改刑尚。　閏五、甲子;左都改。	(漢)**范時綬**　　　　**裘日修** 二、辛卯;改刑尚。　　二、辛卯;工左遷。
(宗室)**增海**　　　(滿)**溫福**(軍) 七、丙午、二,8.22;　七、丙午;吏右遷。 改黑將。　　　　　七、丁巳;署工尚。	(滿)**溫福** * *(軍)　　(滿)**索爾訥** 十一、丙辰、廿,12.25;　十一、丁巳;户尚改, 遷武英。　　　　　　仍兼署。
(滿)**觀保**　　　　　(滿)**永貴** 五、壬午、六,5.30;革。　五、壬午;降調禮尚授。 八、戊寅;仍授。　　　八、己卯;改禮尚。 八月、己卯;順鄉副考。	(滿)**觀保** 三、丁未、六,4.20;會試副考。 四、庚寅;殿試讀卷。
(漢)**范時綬**　　　　**張若淳** 閏五、甲子;改工尚。　閏五、甲子;刑右遷。	**張若淳** 四、庚寅、廿,6.2;殿試讀卷。 八、甲戌、六,9.14;順鄉正考。

部院大臣年表

年代	乾隆三七年　壬辰(1772)	乾隆三八年　癸巳(1773)
吏部	(滿)**託庸** 　　五、辛丑、七,6.7;兼管兵尚。 **程景伊** 　　四、甲申、十九,5.21;殿試讀卷。	(滿)**託庸**　　　　　　　(滿)**官保** * 　九、庚辰、廿四,11.8;　　九、庚辰;刑尚改。 　休。十月死(誠毅)。 **程景伊** * 　八、己丑、三,9.18;授協。
户部	(滿)**舒赫德** 　　(伊將留任) **于敏中** *(軍)	(滿)**舒赫德**　　　　　　　　　　　　(滿)**阿桂** 七、戊午、一,　　　正、戊午、廿八,　七、甲子;禮尚 8.18;伊將留任,　2.19;禮尚永貴　改。(六月,定 七、甲子、　　　改。　　　　　召京。七、甲子、 署。七、甲子、　　　　　　　　邊將軍;八月、 七,8.24;遷武英、　　　　　　定西將軍。) 授禮尚,仍署。 **于敏中** **(軍)　　　　　**王際華** 八、戊子、二,9.17;遷文華。　八、己丑;禮尚改。
礼部	(滿)**永貴** **王際華**	(滿)**永貴**　　　　　　　　(滿)**阿桂** 正、戊戌;署戶尚。　　正、戊午;右副將軍授,理 七、甲子;回任,仍　　尚素爾訥署。七、甲子; 署戶尚。　　　　　　改戶尚,素爾訥仍署。 **王際華**　　　　　　　**蔡　新** 八、己丑、三,9.18;　　八、己丑;兵尚改。 改戶尚。
兵部	(滿)**豐昇額**(軍) 　　(署)工尚福隆安兼管。 　**蔡　新** 　　四、甲申;殿試箴卷。	(滿)**豐昇額** 　　(署)吏尚託庸兼管。 　**蔡　新**　　　　　　**嵇　璜** 　八、己丑;改禮尚。　　八、己丑;工尚改。
刑部	(滿)**宮保** * (漢)**楊廷璋**　　　　　**崔應階** 正、癸卯、七,2.10;　　正、癸卯;漕督遷。 死(勤愨)。	(滿)**官保** *　　　　　(漢)**英　廉** 九、庚辰;改吏尚。　　九、庚辰;戶左遷,仍兼。 **崔應階**
工部	(滿)**福隆安**(軍) 　　(兼步統)三、乙巳;兼管兵尚。 　　五、辛丑;差川。 　**裘日修**	(滿)**福隆安**(軍) 　　(兼步統) 　**裘日修**　　　**嵇　璜**　　　**圖循琦** 　五、辛酉、三,　　五、辛酉;工右遷。　八、己丑; 　6.22;死(文達)。八、己丑;改兵尚。　工左遷。
理藩院	(滿)**索爾訥**	(滿)**索爾訥** 　　正、戊午、七、甲子;署禮尚。
都察院	(滿)**觀保** 　　四、甲申;殿試讀卷。 　**張若淮**	(滿)**觀保** 　**張若淮**

乾隆三九年 甲午(1774)	乾隆四十年 乙未(1775)
(滿)官保 *	(滿)官保 *
程景伊 *	程景伊 * 四、丁酉、廿，5.19；殿試讀卷。 五、丙寅、廿，6.17；教庶。
(滿)阿桂 （定西將軍）	(滿)阿桂 （定西將軍）
王際華	王際華
(滿)永貴	(滿)永貴
蔡 新	蔡 新　　　　　　曹秀先 十二、丁未、四，1.24；改兵尚。　十二、丁未；吏左遷。
(滿)豐昇額 六、壬辰；授。	(滿)豐昇額
嵇 璜	嵇 璜　　　　　　蔡 新 三、癸丑、六，4.5；會試正考。　十二、丁未；禮尚改。 十二、丁未；改工尚。
(漢)英 廉 （兼辦戶左）	(漢)英 廉 （兼辦戶左）
崔應階	崔應階
(滿)福隆安(軍) （兼步統）	(滿)福隆安(軍) （兼步統）
閻循琦	閻循琦　　　　　　嵇 璜 十二、丁未；死(恭定)。　十二、丁未；兵尚改。
(滿)索爾訥	(滿)索爾訥
(滿)觀保　　　　(滿)阿思哈(軍) 七、甲戌、廿三，8.29；革。　七、甲戌；左副遷。	(滿)阿思哈(軍)
張若澄	張若澄 四、丁酉；殿試讀卷。

部院大臣年表

年代	乾隆 四一 年　丙申（1776）			
吏部	（滿）**官保** * 　　正、己丑、十七，3.6；休。（三月死，文勤）		（滿）**阿桂** *（軍） 　　正、己丑；户尚改，授協。禮尚永貴署。 　　四、辛亥、十，5.27；直軍。回京。	
	程景伊 *			
户部	（滿）**阿桂** 　　（定西將軍）正、己卯、七，2.25；封頭等 　　誠謀英勇公。正、己丑；改吏尚。		（滿）**豐昇額**（軍） 　　正、己丑；兵尚改。四、甲子、廿三，6.9；入直。 　　十、己亥、一，11.11；兼步統。	
	王際華 　　三、辛卯、廿，5.7；死（文莊）。		**袁守侗**（軍） 　　三、辛卯；吏左遷（差）。工尚稽璜署。	
禮部	（滿）**永貴** 　　正、庚寅、十八，3.7；四、戊午、十七，6.3；署吏尚。			
	曹秀先			
兵部	（滿）**豐昇額** 　　正、己丑；改户尚，仍兼理兵尚。		（滿）**福隆安**（軍） 　　正、己丑；工尚改，仍理工尚。 　　十、己亥；卸兼步統。	
	蔡　新			
刑部	（漢）**英　廉** 　　（兼辦户左：正、庚寅；免兼）			
	崔應階 　　十、辛亥、十三，11.23；改左都。		**余文儀** 　　十、辛亥；閩撫遷。	
工部	（滿）**福隆安**（軍） 　　（兼步統）正、己丑；改兵尚，仍理工尚。		（滿）**綽克託** 　　正、己丑；烏什參贊大臣授。邁拉遜吏左署。	
	稽　璜 　　三、辛卯；暫署户尚。			
理藩院	（滿）**索爾訥** 　三、庚寅、十九，5.6；署 都。四、甲子；改左都。	（滿）**索琳** 四、甲子；庫倫辦事大 臣授。七、壬申、三， 8.16；降理右。	（蒙）**伍彌泰** 七、壬申；正紅漢都授。 十、壬寅、四，11.14；改 綏將。	（滿）**奎林** 十、甲辰、六，11.16； 鑲紅漢都授。
都察院	（滿）**阿思哈**（軍） 　　三、庚申；署漕督。四、甲子；改漕督。		（滿）**索爾訥** 　　三、庚辰；理尚署。四、甲子；理尚改。	
	張若淮 　　十、丁未、九，11.19；休。		**崔應階** 　　十、辛亥；刑尚改。	

乾隆四二年　丁酉(1777)	乾隆四三年　戊戌(1778)
(滿)阿桂＊＊(軍)　　　　(滿)永貴 　五、丁亥、廿三,6.27; 　遷(武英)。　　　五、丁亥;禮尚改。	(滿)永貴　　　　　　(滿)綽克託 　二、己酉、十八,3.16;革,賞三　二、己酉;工尚改。 　品往烏什辦事。九、甲寅、廿八,　九、甲寅;革, 　11.16;喀什噶爾辦事大臣仍授。　左都邁拉遜署。
程景伊＊	程景伊＊ 　四、己酉、十九,5.15;殿試讀卷。
(滿)豐昇額(軍)　　　(漢)英　廉＊ 　(兼步統)十、戊戌、六,　(兼翰掌) 　11.5;死(誠武)。　　十、戊戌;刑尚改。	(漢)英　廉＊ 　(兼翰掌)六、甲午、六,6.27;教庶。
袁守侗(軍)　　　　梁國治(軍) 　十一、甲戌、十二,　十一、甲戌;戶左遷。 　12.17;改刑尚。	梁國治(軍) 　四、己酉;殿試讀卷。
(滿)永貴　　　　　(滿)富勒渾 　五、丁亥;改吏尚。　五、丁亥;湘督授。	(滿)富勒渾　(蒙)特成額　(滿)鍾音　(滿)德保 　二、己酉;　二、己酉;領侍　二、壬子;　九、己亥、十 　改工尚。　衛內大臣授。閩督授。　三,11.1;閩 　　　　　二、壬子、廿一,九、戊戌;撫遷。 　　　　　3.19;改成將。死(文恪)。
曹秀先	曹秀先
(滿)福隆安(軍)	(滿)福隆安(軍)
蔡　新	蔡　新 　四、己酉;殿試讀卷。
(漢)英　廉＊　　　(滿)德福 　(兼翰掌)五、丁亥、授協。　十、戊戌;倉侍遷。 　十、戊戌;改戶尚。	(滿)德福
余文儀　　　　　袁守侗 　十一、壬申、十,12.9;休。十一、壬申;戶尚改。	袁守侗(軍)
(滿)綽克託	(滿)綽克託　　　　(滿)富勒渾 　二、己酉;改吏尚。　　二、己酉;禮尚改。
嵇　璜	嵇　璜 　四、己酉;殿試讀卷。
(滿)奎林	(滿)奎林
(滿)素爾訥　　　(滿)邁拉遜 　三、辛未、五,4.12;休。三、戊寅、十二,4.19; 　　　　　　　吏左遷。	(滿)邁拉遜 　九、乙卯、廿九,11.17;署吏尚。
崔應階	崔應階

部院大臣年表

年代	乾隆四四年　己亥(1779)	乾隆四五年　庚子(1780)
吏部	(滿)永貴 程景伊**　十二、己巳、十九,1.25;遷(文淵)。　稽璜*（兼翰掌)十二、己巳;工尚改,授協。	(滿)永貴*　三、壬寅、廿三,4.27;授協。 稽璜**　五、丁亥;殿試讀卷。六月,教庶。九、戊寅,三,9.30;遷文淵。　蔡新*　九、戊寅;兵尚改,授協。九、戊子、十三,10.10;卸武舉。
户部	(漢)英廉*（兼翰掌)三、丙申、十二,4.27;署直督。 梁國治(軍)	(漢)英廉**　三、辛丑、廿二,4.26;遷(東閣)。　(滿)和珅(軍)（兼步統)三、辛丑;戶左遷。十一、丙申;兼署理尚。 梁國治(軍)
礼部	(滿)德保　三、丙申;署翰掌、教庶(英廉)。 曹秀先	(滿)德保　三、乙酉、六,4.10;會試正考。 曹秀先　三、乙酉;會試正考。
兵部	(滿)福隆安(軍) 蔡新　八、丁巳、六,9.15;順鄉正考。	(滿)福隆安(軍)　十一、丁酉、廿三,4.18;管工。 蔡新　五、丁亥、九,6.11;殿試讀卷。八月,順鄉正考。九、戊寅;改吏尚。　周煌　九、戊寅;工尚改。
刑部	(滿)德福(*)　三、丙申;署協(英廉)。 袁守侗(軍)　四、戊寅、廿四,6.8;改河東。　胡季堂　四、戊寅;刑左遷。	(滿)德福 胡季堂
工部	(滿)富勒渾　十二、戊午、八,1.14;改湖督。　(滿)綽克託　十二、戊午;吏左遷,仍兼署吏右。 稽璜　十二、己巳;改吏尚。十二月,兼翰掌。　周煌　十一、己巳;兵左遷。	(滿)綽克託　十一、壬午、八,12.3;兼署理尚。十一、丙申、廿二,12.17;授烏什辦事大臣。兵尚福隆安管。 周煌　三、乙酉;會試副考。九、戊寅;改兵尚。　周元理　九、戊寅;兵左遷。
理藩院	(滿)奎林	(滿)奎林　三、壬午、三,4.7;改烏魯木齊都統。　(滿)博清額　三、乙酉;兵左遷。十一、壬午;駐藏辦事,綽克託、和珅兼署。
都察院	(滿)邁拉遜　二、癸亥、八,3.25;病免。　(滿)申保　二、丙子、十一,4.7;禮左遷。 崔應階	(滿)申保 崔應階　三、壬辰、十三,4.7;休。　羅源漢　四、癸巳、十四,4.18;兵右遷。五、丁亥;殿試讀卷。六月,浙鄉正考。

乾隆四六年　辛丑(1781)	乾隆四七年　壬寅(1782)
(滿)永貴*	(滿)永貴*
蔡　新* 四、癸亥、廿，5.13；殿試讀卷。	蔡　新* 四、壬辰、廿六，6.6；　左都劉墉署。四、甲午、廿八， 准假一年。　6.8；改工尚，仍署。
(滿)和珅(軍) （兼步統）	(滿)和珅(軍) （兼步統）
梁國治(軍) 四、癸亥；殿試讀卷。 閏五、乙巳、三，6.24；教庶。	梁國治(軍)
(滿)德保 三、己卯、六，3.30；會試正考。	(滿)德保
曹秀先	曹秀先
(滿)福隆安(軍)	(滿)福隆安(軍)
周　煌	周　煌
(滿)德福	(滿)德福　　　　　(滿)喀寧阿 九、癸卯、九，10.15；　　九、癸卯；署刑左遷。 死(勤肅)。
胡季堂	胡季堂
(滿)綽克託 （烏什辦事大臣）	(滿)綽克託 （烏什辦事大臣）
周元理　　　　　羅源漢 十一、庚子、二，12.16；休。　十一、庚子；左都改。	羅源漢　　　　　劉　墉 四、甲午；休。　　四、甲午；左都改，仍署吏尚。
(滿)博清額 （駐藏）	(滿)博清額 （駐藏）
(滿)申保　　　　　(滿)復興 十一、丁巳、十九，1.2；死。　十一、丁巳；理右遷。	(滿)復興
羅源漢　　　　　劉　墉 四、癸亥；殿試讀卷。　十一、庚子；湘撫遷。 十一、庚子；改工尚。	劉　墉　　　　　王　杰 四、壬辰；署吏尚。　四、甲午；吏左遷。 四、甲午；改工尚。

年代	乾隆四八年　癸卯（1783）	
吏　部	(滿)**永貴** * 　五、丙午、十六，6.15，死(文勤)。	(蒙)**伍彌泰** * 　五、丁未、十七，6.16，西安將軍改，授協。
	蔡　新 ** 　七、乙卯、廿六，8.23，遷(文華)。	**劉　墉** * 　七、乙卯，工尚改。八月，順鄉正考。
戶　部	(滿)**和珅**(軍) 　(兼步統)	
	梁國治 *(軍) 　七、乙卯，授協。	
禮　部	(滿)**德保**	
	曹秀先	
兵　部	(滿)**福隆安**(軍)	
	周　煌	
刑　部	(滿)**喀寧阿**	
	胡季堂	
工　部	(滿)**綽克託** 　(烏什辦事大臣)	(滿)**福康安**(軍) 　四、辛巳、廿一，5.21，川督召京署，直軍。
	劉　墉 　五、丁未，署直督。七、乙卯，改吏尚。	(漢)**金　簡** 　七、乙卯，戶左(滿缺)遷。
理藩院	(滿)**博清額** 　(駐藏)	
都察院	(滿)**復興**	
	王　杰 　五、甲辰、十四，6.13，憂免。	**朱　椿** 　五、甲辰，兵右遷。

乾隆四九年　甲辰（1784）

(蒙)**伍彌泰** ＊＊
　七、癸酉、廿,9.4;遷(東閣)。

(滿)**和珅** ＊(軍)
　(兼步統)七、癸酉;戶尚改,授協。

劉墉
　三、己酉、四,3.24;署兵尚。
　四、己酉、廿五,6.12;殿試讀卷。

(滿)**和珅**(軍)
　(兼步統)七、癸酉;改吏尚。

(滿)**福康安**
　七、癸酉;兵尚改,仍留陝督任。
　五、庚午、十六,7.3;差甘(回民起義)。

梁國治 ＊(軍)

(滿)**德保**
　三、辛卯、六,3.26;會試正考。

曹秀先
　七、丁巳、四,8.19;死(文恪)。

姚成烈
　七、丁巳;鄂撫遷。

(滿)**福隆安**(軍)
　閏三、丙辰、一,4.20;死(勤恪)。

(滿)**福康安**(軍)
　閏三、丙辰;署工尚。五、庚辰、廿七,7.13;改陝督。七、甲子、十一,8.26;由嘉勇男封侯。七、癸酉;改戶尚。

(滿)**慶桂**(軍)
　七、辛巳、廿八,9.12;工尚改,仍兼署。

周煌
　三、丁亥、二,3.22;改左都。

王杰
　三、己丑;(服)署。吏尚劉墉署。

(滿)**喀寧阿**

胡季堂

(滿)**綽克託**
　五、乙卯、一,6.18;革。

福康安(軍)署:閏三、丙辰;授兵尚。

(滿)**慶桂**(軍)
　五、乙卯;福將改。五、辛巳;改兵尚。五、丁巳、三,6.20;直軍。

(滿)**復興**
　五、辛巳、廿七,7.14;左都改。

(漢)**金簡**

(滿)**博清額**
　(駐藏:十一、庚辰、廿九,1.9;召京。)

(滿)**復興**
　五、庚午;差甘(回民起義)。
　五、辛巳;改工尚。

(覺羅)**阿揚阿**
　五、辛巳;刑左遷。

朱珪
　三、丁亥;免。

周煌
　三、丁亥;兵尚改。

年代	乾隆五十年 乙巳(1785)
吏 部	(滿)**和珅** *(軍) 　(兼步統) 　**劉　墉** * 　五、丙子、廿八,7.4;授協。
户 部	(滿)**福康安** 　(陝督留任) 　**梁國治** * *(軍)　　　　　　**曹文埴** 　五、丙子;遷(東閣)。　　　　五、丙子;户右遷。
禮 部	(滿)**德保** 　**姚成烈**
兵 部	(滿)**慶桂**(軍) 　九、己酉、三,10.5;差,暫署陝督。 　十二、丙戌、十一,1.10;差塔爾巴哈台。 　**王　杰**
刑 部	(滿)**喀寧阿** 　**胡季堂**
工 部	(滿)**復興**　　　　　　　　　(滿)**舒常** 　三、戊辰、十九,4.27;改定　　三、戊辰;廣督改。 　邊左副將軍。　　　　　　　五、壬子、四,6.10;暫署贛撫。 (漢)**金　簡**
理 藩 院	(滿)**博清額**　　　　　　　(蒙)**留保住** 　六、乙酉、八,7.13;死(恭勤)。　六、丙戌、九,7.14;理右遷(駐藏)。
都 察 院	(覺羅)**阿揚阿** 　**周　煌**　　　　　　　　　　**紀　昀** 　正、丁巳、七,2.15;休。(死,文恭)　正、丁巳;兵左遷。

乾隆五一年　丙午(1786)	乾隆五二年　丁未(1787)
(滿)和珅＊＊(軍)　　　(滿)福康安 　閏七、乙未、廿四,9.16;　閏七、乙未;戶尚改,授 　遷(文華)。　　　協。(陝督)	(滿)福康安 　(陝督留任)七、丙戌、廿一,9.2;赴台(林爽文起義)。 　八、丁巳、廿二,10.3;授將軍。 　十二、丁巳、十四,1.21;封公爵。
劉墉	劉墉＊ 　四、戊午、廿一,6.6;殿試讀卷。
(滿)福康安　　(滿)福長安　　(滿)綽克託 　閏七、乙未;改吏　閏七、乙未;戶左遷　九、甲午; 　尚。(陝督留任)　九、甲午、廿四,　署兵尚授。 　　　11.14;改署兵尚。	(滿)綽克託 　六、壬戌、廿六,8.9;暫辦兵尚事。工尚金簡暫署。
曹文埴	曹文埴　　　　董誥(軍) 　正、庚寅、廿一,3.10;乞養。　正、庚寅;戶左遷。 　(嘉三死,文敏)
(滿)德保	(滿)德保
姚成烈　　　　彭元瑞 　正、辛酉、十六,2.14;死。　正、辛酉;吏右遷。 　　　八月,順鄉正考。	彭元瑞　　　　紀昀 　正、丁亥、十八,3.7;　正、丁亥;左都改。 　改兵尚。　　四、戊午;殿試讀卷。
(滿)慶桂 　(差塔爾巴哈台)　前工尚綽克託署,九、甲午;改戶 　　尚。九、甲午;戶尚福長安(軍)署。	(滿)慶桂(軍) 　十、丁未、十三,　　福長安(軍)署:十、丁未; 　11.22;回京。　　卸,改署工尚。
王杰(軍) 　十二、壬子、十三,1.31;直軍。	王杰＊＊(軍)　　彭元瑞 　正、丁亥;遷(東閣)。　正、丁亥;禮尚改。 　　　四、戊午;殿試讀卷。
(滿)喀寧阿	(滿)喀寧阿
胡季堂	胡季堂
(滿)舒常	(滿)舒常　　　　(滿)福長安(軍) 　正、己卯、十,2.27;署湖　十、丁未;署兵尚改署。 　督。十二、己酉、十六,　十二、己酉;授。 　1.23;授湖督。
(漢)金簡	(漢)金簡 　六、壬戌;暫署戶尚(滿缺)。
(蒙)留保住 　(駐藏:八、己未、十九,10.10;召京。)	(蒙)留保住
(覺羅)阿揚阿	(覺羅)阿揚阿
紀昀	紀昀　　　　李綬 　正、丁亥;改禮尚。　二、甲辰、六,3.24;工左遷。 　　　四、戊午;殿試讀卷。

年代	乾隆五三年　戊申(1788)	乾隆五四年　己酉(1789)
吏部	(滿)**福康安** * 　(陝督留任)　　四、乙卯；戶尚綽克託署。 　　　　　　　十一、癸亥、五，12.2；改閩督， 　　　　　　　仍留任。	(滿)**福康安** * 　(閩督留任) 　正、癸未、廿六，2.20；改廣督，仍留任。
	劉　墉	**劉　墉**　　　　**彭元瑞** 三、乙丑、八，　三、乙丑；兵尚改，仍兼署兵尚。 4.3；隆侍郎　四、丙午、廿，5.14；殿試讀卷。 (授閩學)。　　五月，教庶。
戶部	(滿)**綽克託** 　四、乙卯、廿三，5.28；署吏尚。工尚金簡署。	(滿)**綽克託**　　　　(覺羅)**巴延三** 七、庚子、十六，9.5；　七、丙午、廿二， 死(恪勤)。　　　　　9.11；陝撫遷。
	董　誥(軍)	**董　誥**(軍)
禮部	(滿)**德保** 　八、乙未、六，9.5；順鄉正考。	(滿)**德保**　　　　　(滿)**常青** 正、癸酉、十六，2.10；死。正、癸酉；前福將授。
	紀　昀	**紀　昀** 九、癸卯、廿，11.7；武會正考。
兵部	(滿)**慶桂**(軍)	(滿)**慶桂**(軍) 四、庚子、十四，5.8；署定邊左副將軍。 工尚福長安署。
	彭元瑞	**彭元瑞**　　　　**孫士毅**(軍) 三、己丑；改　三、乙丑；廣督授。　六、庚午、十 吏尚，仍兼　六，8.6；直軍。　八月，順鄉正考。 署。　　　十一、癸巳、十一，12.27；署川督； 　　　　　彭元瑞署。
刑部	(滿)**喀寧阿**	(滿)**喀寧阿**
	胡季堂	**胡季堂**
工部	(滿)**福長安**(軍)	(滿)**福長安**(軍) 四、庚子；署兵尚。
	(漢)**金　簡** 　四、乙卯；署戶尚。	(漢)**金　簡**
理藩院	(蒙)**留保住**	(蒙)**留保住**
都察院	(覺羅)**阿揚阿**	(覺羅)**阿揚阿**　　　　(滿)**舒常** 九、庚戌、廿七，　　九、庚戌；內大臣授。 11.4；死。
	李　綬	**李　綬** 四、丙午、廿，5.14；殿試讀卷。

乾隆五五年　庚戌(1790)	乾隆五六年　辛亥(1791)
(滿)福康安 * （廣督留任）	(滿)福康安 （廣督留任）
彭元瑞 四、庚午、廿,6.2;殿試讀卷。 五、乙未、十五,6.27;教庶。 十二、戊辰、廿二,1.26;授協。	彭元瑞 *　　　　孫士毅 四、丁卯、廿三,5.25;降　四、丁卯;江督授,授協。 侍郎(禮右)。
(覺羅)巴延三	(覺羅)巴延三　　(滿)福長安(軍) 十、癸丑、十二,11.7;革。　十、癸丑;工尚改。 （十二月,授盛刑）
董　誥(軍)	董　誥(軍)
(滿)常青	(滿)常青
紀　昀	紀　昀　　　　劉　墉 正、甲辰、廿九,3.3;左都互調。　正、甲辰;左都改。
(滿)慶桂(軍)	(滿)慶桂(軍)
孫士毅　　李世傑(未任)　　劉　峩 四、癸酉、廿　四、癸酉;原川督　七、己亥、廿 三,6.5;改　授。七、戊戌、廿,　一,8.30;兵 川督。　　8.29;休。　　右遷。	劉　峩
(滿)喀寧阿　　　(滿)明亮 八、庚午、廿二,9.30;死。　八、庚午;喀什噶爾辦 左都舒常兼署。　　事大臣授。	(滿)明亮 十二、丁卯、廿七,1.20;改黑將。
胡季堂 九、庚子、廿三,10.30;暫理魯撫事。	胡季堂
(滿)福長安(軍)	(滿)福長安(軍)　　　(漢)金　簡 十、癸丑;改户尚。　　十、癸丑;漢缺改。
(漢)金　簡	(漢)金　簡　　　　彭元瑞 十、癸丑;改滿缺。　　十、癸丑;禮右遷。
(蒙)留保住	(蒙)留保住
(滿)舒常 八、庚午;兼署刑尚。	(滿)舒常
李　綬	李　綬　　劉　墉　　　紀　昀 正、戊戌、廿三,　正、戊戌;禮右遷。　正、甲辰; 2.25;死。　正、甲辰;禮尚互調。禮尚改。

部院大臣年表

年代	乾隆五七年　壬子(1792)	乾隆五八年　癸丑(1793)
吏部	(滿)福康安**　　　　　(漢)金　簡 八、癸酉、七,9.22;　　　八、癸酉;工尚改。 遷(武英)。 孫士毅**　　　　　　劉　墉 八、癸酉;遷(文淵)。　　八、癸酉;禮尚改。	(漢)金　簡 劉　墉 三、己亥、六,4.16;會試正考。
戶部	(滿)福長安(軍) 董　誥(軍)	(滿)福長安(軍) 董　誥(軍)
禮部	(滿)常青 劉　墉　　　　紀　昀 八、壬申、六,9.21;順鄉　八、癸酉;左都改。 正考。八、癸酉;改吏尚。	(滿)常青　　　　　　(滿)德明 三、甲辰、十一,4.21;　三、甲辰;吏左遷。 死(恭簡)。 紀　昀 四、壬午、廿,5.29;殿試讀卷。
兵部	(滿)慶桂(軍) 劉　峩	(滿)慶桂(軍) 四、辛卯、廿九,6.7;改荊將。 八、戊子、廿八,10.2;仍任。 劉　峩
刑部	(滿)蘇凌阿 正、甲午、廿四,2.16;倉侍遷。 胡季堂	(滿)蘇凌阿 胡季堂
工部	(漢)金　簡　　(滿)和琳 八、癸酉;改吏尚。　(駐藏辦事大臣) 　　　　　八、癸酉;兵右遷,仍兼。 彭元瑞 十、己卯、十四,11.27;兼翰掌。	(滿)和琳 (駐藏大臣留任) 彭元瑞 (兼翰掌)五、壬寅、十一,6.18;教庶。
理藩院	(蒙)留保住	(蒙)留保住
都察院	(滿)舒常 紀　昀　　　　寶光鼐 八、癸酉;改禮尚。八、癸酉;禮左遷。	(滿)舒常 寶光鼐 四、壬午;殿試讀卷。

· 248 ·

乾隆五九年　甲寅(1794)	乾隆六十年　乙卯(1795)
(漢)金　簡　　　　(蒙)保寧 十二、丙子、廿三,1.13；　十二、丙子；伊將授。 死(勤恪)。	(蒙)保寧 九、丙寅、十八,10.30；授伊將,留任。
劉　墉	劉　墉 六、丙申、十六,6.2；殿試讀卷。 九、庚申、十二,10.24；武會正考。
(滿)福長安(軍)	(滿)福長安(軍)
董　誥(軍)	董　誥(軍) 六、丙申；殿試讀卷。
(滿)德明	(滿)德明
紀　昀	紀　昀 四、癸巳、十三,5.30；兼署左都。 六、丙申；殿試讀卷。
(滿)慶桂	(滿)慶桂
劉　峩	劉　峩　　　　朱　珪 八、丙申、十八,9.30；　八、丙申；左都改 休。(九月死,恪簡)　(粵撫留任)。
蘇凌阿 七、甲辰、十九,8.14；署江督,大學士阿桂代管。	(滿)蘇凌阿 正、丙戌、三,1.23；卸署江督。
胡季堂	胡季堂
(滿)和琳　　　　(蒙)松筠 七、甲辰；改川督。　　(駐藏大臣留任) 　　　　　　七、甲辰；戶左遷。	(蒙)松筠 (駐藏大臣留任)
彭元瑞 (兼翰掌)	彭元瑞 (兼翰掌)四、戊申、廿八,6.14；教庶。 八、甲申、六,9.18；順鄉正考。
(蒙)留保住	(蒙)留保住
(滿)舒常	(滿)舒常
竇光鼐 八、庚申、六,8.30；順鄉正考。	竇光鼐　　朱　珪　　金士松 三、丁巳、六,　四、癸巳；粵撫授。　八、丙申；吏左 4.24；會試正考。　禮尚紀昀兼署。　遷。 四、癸巳；解。　八、丙申；改兵尚。

年代	嘉 慶 元 年　丙辰（1796）		
吏部	(蒙)**保寧** 　　（伊將留任）		
	劉　墉 　　四、乙未、廿，5.26；殿試讀卷。		
户部	(滿)**福長安**(軍)		
	董　誥(軍) 　　四、乙未；殿試讀卷。 　　十、己卯、七，11.6；遷(東閣)。	(漢)**范宜恒** 　　十、乙卯；工右遷。	
禮部	(滿)**德明**		
	紀　昀 　　三、壬子、六，4.13；會試正考。 　　六、乙亥、一，7.5；改兵尚。	**金士松** 　　六、乙亥；左都改。	
兵部	(滿)**慶桂**		
	朱　珪 　六、乙亥；授廣督。	**紀　昀** 禮尚改。十、丙戌、十四，11.13；改左都。	**沈　初**(軍) 　十、丙戌；左都改。
刑部	(滿)**蘇凌阿** 　　六、癸卯、廿九，8.2；署江督。		
	胡季堂		
工部	(蒙)**松筠** 　　（駐藏大臣留任）　　八、己丑、十七，9.17；惠齡署。 　　　　　　　　十一、庚午、廿九，12.27；統軍，卸署。		
	彭元瑞 　　（兼翰掌）四、乙未；殿試讀卷。五、己酉、五，6.9；教庶。 　　九、壬子、十，10.10；武會正考。		
理藩院	(蒙)**留保住** 　　三、壬申、廿六，5.3；病免。	(蒙)**烏爾圖納遜** 　　三、壬申；綏將授。	
都察院	(滿)**舒常**		
	金士松 　三、壬子；會試副考。 　六、乙亥；改禮尚。	**沈　初**(軍、學) 　六、乙亥；吏左遷。十、丙戌；改兵尚。 　十、乙卯；學習人直。	**紀　昀** 　十、丙戌；兵尚改。

嘉慶二年　丁巳(1797)	嘉慶三年　戊午(1798)
(蒙)**保寧** ＊ （伊將留任）十一、戊子、廿三，1.9；授協。	(蒙)**保寧** ＊ （伊將留任）
劉墉 ＊＊　　**沈　初**(軍)　　**朱　珪** 三、癸亥、廿三，　三、癸亥；兵尚改。　八、丙辰；兵 4.19；遷體仁。　八、丙辰、廿，10.9；　尚改，仍署 　　　　　　　改戶尚。　　　　皖撫。	**朱　珪** （署皖撫）
(滿)**福長安**(軍)	(滿)**福長安**(軍) 八、庚子、九，9.18；封一等侯。
(漢)**范宜恒**　　　　**沈　初**(軍) 八、丙辰；死。　　八、丙辰；吏尚改。	**沈　初**(軍) 八、丁酉、六，9.15；順鄉正考。
(滿)**德明**	(滿)**德明**
金士松　　　　**紀　昀** 八、丙辰；改兵尚。　八、丙辰；左都改。	**紀　昀**
(滿)**慶桂**	(滿)**慶桂**
沈　初(軍)　**朱　珪**　　　　**金士松** 三、癸亥；　三、癸亥；皖撫遷，仍署。八、丙辰； 改吏尚。　八、丙辰；改吏尚。　　禮尚改。	**金士松**
(滿)**蘇凌阿** ＊＊ （卸署江督）九、甲申，　前工尚舒常暫署；旋卸。十 十八，11.6；遷(東閣)。　一、辛巳、十六，1.2；仍兼署。	(滿)**蘇凌阿** ＊＊ （東閣兼署）
胡季堂	**胡季堂**　　　**梁肯堂** 正、庚午、五，　正、庚午；直督改。　六、甲寅、廿二， 2.20；改直督。　六、甲寅；署漕督。　8.3；丁憂，東閣 　　　　　　　　　　　　　董誥(服)署。
(蒙)**松筠** （駐藏大臣留任）	(蒙)**松筠** （駐藏大臣留任）
彭元瑞 （兼翰掌）	**彭元瑞** （兼翰掌）
(蒙)**烏爾圖納遜**　　　　(蒙)**惠齡** 三、己未、十九，4.15；　三、己未；前戶右遷。 降(正黃蒙副)。　　總署軍務；五月，革。	(蒙)**惠齡**
(滿)**舒常**	(滿)**舒常**　　　　(滿)**成德** 十一、丁亥、廿八，1.3；　十一、丁亥；吏左遷。 死(恪僖)。
紀　昀　　　　**胡高望** 八、丙辰；改禮尚。　八、丙辰；吏左遷。	**胡高望**　　　　**吳省欽** 二、壬子、十八，4.3；　二、壬子；吏左遷。 休(尋死，文恪)。

部院大臣年表

年代	嘉慶四年　己未(1799)			
吏 部	(蒙)保寧＊＊ 正、戊辰、九，2.13；遷(武英)。	(滿)晉麟＊ 正、戊辰；烏魯木齊都統授。 三、癸亥、五，4.9；授協，閩督。	七月，大學士慶桂署。八月署川 督，十月，改雲督。閩督魁倫署。	
	朱　珪 正月，署皖撫召京。三、甲子、六，4.10；會試正考。 五、癸亥、六，6.8；教庶。十、壬辰、七，11.4；改戶尚。	劉權之 十、壬辰；左都改。		
戶 部	(滿)福長安 正、丁卯、八，2.12；革。	(蒙)松筠 正、戊辰；工尚改。 二、己丑、一，3.6；改陝督。	(蒙)布彦達賚 二、庚寅、二，3.7；戶左遷。 六、己丑、二，7.4；兼步統。	
	沈　初 正、丁卯；罷軍。 三、丙戌、廿八，5.2；死(文恪)。	(漢)范建中 三、庚申、二，4.6；戶左遷。 十、壬申；改左都。	朱　珪 十、壬辰；吏尚改。	
禮 部	(滿)德明			
	紀　昀 四、丁未、十九，5.23；殿試讀卷。 十、辛卯、六，11.3；武會正考。			
兵 部	(滿)慶桂(軍) 正、丁卯；直軍，改刑尚。	(滿)富銳 正、戊辰；鑲藍蒙都授。 五、庚辰、廿三，6.25；病免。	(滿)傅森(軍) 五、庚辰；左都改。十月，直軍。	
	金士松			
刑 部	(滿)蘇凌阿＊＊ 正、丁卯；休。	(滿)慶桂(軍)＊＊ 正、丁卯；兵尚改，授協。 三、己未、一，4.5；遷(文淵)。	(滿)成德 三、庚申、二，4.6；左都改。	
	董　誥署(軍) 正、丁卯；直軍。 五、甲申、廿七，6.29；服闋授(文華)。	梁肯堂 二、戊戌、十，3.15；署漕督召回。 三、甲戌、十六，4.20；守陵。		
工 部	(蒙)松筠 正、戊辰；改戶尚(駐藏大臣卸)。 八月，戶右盛住署。	(滿)那彦成(軍) (兼翰掌)正、戊辰；戶左遷。三、癸亥；教庶。 八、己酉、廿三，9.22；督陝軍務。		
	彭元瑞 (兼翰掌)			
理藩院	(蒙)惠齡 六、己亥、十二，7.14；降兵右。	(蒙)烏爾圖納遜 六、己亥；前綏將授。		
都察院	(滿)成德 三、庚申；改刑尚。 五、庚辰；改兵尚。	(滿)傅森 三、庚申；倉侍遷。	(滿)阿迪斯 五、庚辰；兵右遷。 九、壬戌、七，10.5；改成將。	(滿)達椿 (兼翰掌) 九、壬戌；吏右遷。
	吳省欽 正、癸酉、十四， 2.18；革。	劉權之 正、乙亥；吏左遷。三月， 會試副考。十、壬辰；改吏尚。	(漢)范建中 十、壬辰；戶尚改。十、壬 寅、十七，11.14；改杭將。	趙　佑 十、壬 寅；吏左遷。

嘉慶五年　庚申(1800)	嘉慶六年　辛酉(1801)
(滿)**書麟** 十、戊辰、十九，12.5； 雲督改湖督，留任。大學士慶桂署。	(滿)**書麟**　　　　　　(宗室)**琳寧** 四、辛酉、十五，5.27；湖督召京。　四、戊辰、廿二， 四、壬戌、十六，5.28；死(文勤)。　6.3；工尚改。
劉權之 八、丙辰、六，9.24；順鄉正考。	**劉權之**
(蒙)**布彥達賚** 　　(兼步統)	(蒙)**布彥達賚**　(滿)**傅森**(軍)　(滿)**成德**(軍、學) 正、辛巳、四，　五、壬午、五，　二、癸酉、廿 2.16；死(恭　2.17；兵尚改，　七，4.9；刑尚 勤)。　　　　旋死。　　　改，直軍。
朱　珪	**朱　珪**
(滿)**德明**　　　(滿)**達椿** 七、丙申、十六，9.4；　(兼翰掌)七、丙申；左都改。 死(恪勤)。	(滿)**達椿** 　(兼翰掌) 三、壬午、六，4.18；會試正考。
紀　昀	**紀　昀**
(滿)**傅森**(軍)	(滿)**傅森**(軍)　(宗室)**祿康**　(滿)**豐紳濟倫** 正、壬午；改戶尚。　正、壬午；左都改。　二、癸酉； 　　　　　二、癸酉；改刑尚。　前戶左遷。
金士松　　**張若淳**　　　**汪承霈** 正、癸亥、十，　正、甲子、十一，2.4；戶　六、丁卯； 2.3；死(文簡)。　右遷。管順。六、丁卯；左都改。 　　　　　十六，8.6；改刑尚。　管順。	**汪承霈**
(滿)**成德**	(滿)**成德**　　　　(宗室)**祿康** 二、癸酉；改戶尚。　二、癸酉；兵尚改。
梁肯堂　　　　**張若淳** 六、丁卯；休。(六年死)　六、丁卯；兵尚改。	**張若淳**
(滿)**那彥成**(軍)　(宗室)**琳寧** 五、丁未、廿六，　五、丁未；鑲　盛住署。閏四 7.17；革。　　白漢都授。　月，革。左都達 　　　　　椿兼署。	(宗室)**琳寧**　　　(滿)**縕布** 四、戊辰；改吏尚。　四、戊辰；兵左遷。
彭元瑞 　(兼翰掌)	**彭元瑞** 　(兼翰掌) 三、壬午；會試正考。
(蒙)**烏爾圖納遜**	(蒙)**烏爾圖納遜**　(滿)**額勒登保** 五、乙巳、卅，　五、乙巳；經　十二、壬戌、 7.10；休。　略大臣授　廿，1.23；察 　　　　(未任)　都博興署。
(滿)**達椿**　　(宗室)**書敬**　　(宗室)**祿康** 　(兼翰掌)七、　七、丙申；吏右遷。　八、己卯；廿 丙申；改禮尚。　八、戊寅、廿八，　九，10.17； 　　　　　10.16；改廣將。　吏左遷。	(宗室)**祿康**　　　(滿)**西成** 正、壬午；改兵尚。　　正、壬午；工右遷。
趙　佑　　**汪承霈**　　　**馮光熊** 正、壬申、十九，　二、辛卯、八，3.3；工　六、丁卯； 1.12；病免(死)。　左遷。六、丁卯、十　兵左遷。 　　　　　六，8.6；改兵尚。	**馮光熊**　　　　　**熊　枚** 九、甲申、十，10.17；死。　九、甲申；刑左遷。

部院大臣年表

年代	嘉慶七年　壬戌（1802）		
吏部	（宗室）**琳寧** 　十一、庚寅、廿三，12.17；授協。 　　**劉權之**（軍、學） 　四、己未、十九，5.20；殿試讀卷。 　六、甲寅、十五，7.14；直軍。		
戶部	（滿）**成德**（軍、學） 　三、辛卯、廿一，4.22；死（恪慎）。 　　**朱珪*** 　四、己未；殿試讀卷。八、庚子、二，8.29；授協。	（宗室）**祿康** 　三、辛卯；步統授，仍兼。	
禮部	（滿）**達椿** 　六、乙卯、十六，7.15；死。 　　**紀昀** 　三、丙子、六，4.7；會試正考。	（覺羅）**長麟** 　（兼翰掌）六、乙卯；兵右遷。 　十一、庚寅；改廣督。	（滿）**永慶** 　十一、庚寅、廿三，12.17； 　鑲白蒙都授。
兵部	（滿）**豐紳濟倫** 　　**汪承霈** 　七、戊戌、卅，8.27；改左都。	**戴衢亨**（軍） 　七、戊戌；戶左遷，管順。	
刑部	（宗室）**祿康** 　正、丙申、廿四，2.26；兼步統。 　正、丁酉；專辦步統。 　**張若淳** 　七、戊戌；死（勤恪）。	（滿）**德瑛**（軍、學） 　正、丁酉、廿五，2.27；刑左遷。 　六、甲寅；直軍。 　**熊枚** 　七、戊戌；左都改。	
工部	（滿）**縕布** 　　**彭元瑞** 　（兼翰掌）四、己未；十九，5.20；殿試讀卷。 　五、辛未、二，6.1；教庶。		
理藩院	（滿）**額勒登保** 　二、乙卯、十四，3.17；改西將。	（滿）**博興** 　二、乙卯；授。	
都察院	（滿）**西成** 　四月，死。 　　**熊枚** 　三月，會試副考。四月，先出闈署直督。 　七，戊戌；改刑尚。	（蒙）**普福** 　四、壬子、十二，5.13；杭將授。 　十月，死。	（滿）**恭阿拉** 　十、丙寅、廿八，11.23；京營左翼授。 　　**汪承霈** 　七、戊戌；兵尚改。

嘉慶八年　癸亥(1803)	嘉慶九年　甲子(1804)
(宗室)琳寧 *	(宗室)琳寧 *　六、戊辰、十一，7.17；革(禮尚)。　　(滿)德瑛　六、戊辰刑尚改，罷直。
劉櫆之(軍)	劉櫆之(軍)　六、戊辰；兵尚互調。　　費淳　六、戊辰；兵尚改。
(宗室)禄康　(兼步統)	(宗室)禄康 *　六、戊辰；授協。(兼步統)
朱珪 *　六、戊子、廿五，8.12；兼翰掌。	朱珪 *　(兼翰掌)
(滿)永慶　七、乙巳、十三，8.29；革。(十年死)　　(滿)那彦成　七、乙巳；闌學署吏左遷。	(滿)那彦成(軍)　六、戊辰直軍。六、乙亥、十八，7.24；改陝督。　　(宗室)琳寧　六、乙亥；革吏尚授。十一、壬辰、七，12.8；病免。(十年死，勤僖)　　(滿)恭阿拉　十一、庚戌、廿五，12.26；左都改。
紀昀	紀昀
(滿)豐紳濟倫　閏二、癸酉、八，3.30；革。　　(覺羅)長麟　閏二、癸酉；署鑲白蒙都授。	(覺羅)長麟　六、戊辰；改刑尚。　　(滿)明亮(一等男)　六、戊辰；鑲藍蒙都授。
戴衢亨(軍)　六、戊子、廿五，8.12；改工尚。　左都汪承霈兼署。　費淳　六、戊子；江都授。	費淳　六、戊辰；吏尚互調。　　劉櫆之(軍)　六、戊辰；吏尚改。
(滿)德瑛(軍)	(滿)德瑛(軍)　六、戊辰；改吏尚。　　(覺羅)長麟　六、戊辰；兵尚改。
熊枚	熊枚　九、庚戌、廿四，10.27；改左都。　　姜晟　九、庚戌；刑左遷。
(滿)緼布	(滿)緼布
彭元瑞　六、戊子；休。(九月死，文勤)　　戴衢亨(軍)　六、戊子；兵尚改。	戴衢亨(軍)　六、戊辰；卸管順。
(滿)博興	(滿)博興
(滿)恭阿拉	(滿)恭阿拉　十一、庚戌；改禮尚。　　(滿)英善　十一、庚戌；刑右遷。
汪承霈　七、乙巳；兼署兵尚。	汪承霈　九、庚戌；休。(十年死)　　熊枚　九、庚戌；刑尚改。

年代	嘉慶十年　乙丑（1805）				
吏部	（滿）**德瑛**				
	費　淳 四、癸酉、廿，5.18；殿試讀卷。 閏六、壬午、一，7.26；授協。				
戶部	（宗室）**祿康*** （兼步統）				
	朱　珪＊＊ （兼翰掌）正、辛亥、廿六，2.25；遷（體仁）。		**戴衢亨**（軍） 正、辛亥；工尚改。 三、庚寅、六，4.5；會試正考。		
禮部	（滿）**恭阿拉**				
	紀　昀* 正、辛亥；授協。 二、己巳、十五，3.15；死（文達）。	**劉權之***（軍） 二、辛未、十七，3.17；兵尚改，授協。 四、癸酉；殿試讀卷。 閏六、壬午；降編修。		**王懿修** 閏六、壬午；左都改。	
兵部	（滿）**明亮**（△一等子）				
	劉權之（軍） 二、辛未；改禮尚。	**陳大文** 二、辛未；左都改。 五、己亥、十六，6.13；病免。		**鄒炳泰** 五、己亥；左都改。 六月，兼工。	
刑部	（覺羅）**長麟** 閏六、壬午；兼翰掌。				
	姜　晟				
工部	（滿）**縕布**				
	戴衢亨（軍） 正、辛亥；改戶尚。	**熊　枚** 正、辛亥；左都改。		六、庚申、八，7.4；暫署直督。 兵尚鄒炳泰兼署。	
理藩院	（滿）**博興**				
都察院	（滿）**英蘙**				
	熊　枚 正、辛亥； 改工尚。	**陳大文** 正、辛亥；江督授。 二、辛未；改兵尚。	**鄒炳泰** 二、辛未；倉侍遷。 四月，殿試讀卷。 五、己亥；改兵尚。	**王懿修** 五、己亥；禮左遷。 閏六、壬午；改禮尚。	**秦承恩** 閏六、壬午； 贛撫遷。

嘉慶十一年　丙寅（1806）

(滿)德瑛 十一、庚申、十七，12.26；改戶尚。	(滿)瑚圖禮 十一、庚申；鄂撫遷。

費　淳 *

(宗室)祿康 ** 十一、庚申；遷(東閣)。	(滿)德瑛 十一、庚申；吏尚改。

戴衢亨(軍)
十一、壬申、廿九，1.7；兼翰掌。

(滿)恭阿拉

王懿修

(滿)明亮

鄒炳泰
九、辛亥、七，10.18；管順。

(覺羅)長麟
(兼翰掌) 十一、庚申；授協。

姜　晟 六、戊寅、二，7.17；工尚互調。	秦承恩 六、戊寅；工尚改。九月，署直督。

(滿)緼布

熊　枚	秦承恩	姜　晟	汪志伊	曹振鏞
五、癸亥；改左都。	五、癸亥；左都改。 六、戊寅；刑尚互調。	六、戊寅；刑尚改。 八、庚寅、十六，9.27； 病免。	八、庚寅；蘇撫遷。 十、甲申、十一， 11.20；改湖督。	十、甲申；吏右遷。

(滿)博興
五、辛亥、四，6.20；兼署左都。

(滿)英善	(滿)慶音	
四、乙巳、廿八，6.14；降三調(太常)。	五、己酉、二，6.18；倉侍遷，仍署。	理尚博興兼署。

秦承恩	熊　枚	劉權之
五、癸亥；改工尚。	五、癸亥、十六，7.2；工尚改。 九、癸丑、九，10.20；降四品。	九、庚申、十六，10.27；閣學遷。

部院大臣年表

年 代	嘉慶十二年　丁卯(1807)	嘉慶十三年　戊辰(1808)
吏部	(滿)瑚圖禮	(滿)瑚圖禮 四、丙戌、廿，5.15；殿試讀卷。
	費　淳＊＊　　　鄒炳泰 正、丙午、四，2.10；　正、丙午；兵尚改。 遷(體仁)。	鄒炳泰 三、壬寅、六，4.1；會試正考。
戶部	(滿)德瑛	(滿)德瑛
	戴衢亨＊(軍) (兼翰掌)正、丙午；授協。 八、乙亥、六，9.7；順鄉正考。	戴衢亨＊(軍) (兼翰掌)
禮部	(滿)恭阿拉	(滿)恭阿拉
	王懿修	王懿修 四、丙戌；殿試讀卷。
兵部	(滿)明亮	(滿)明亮
	鄒炳泰　　　　劉權之 正、丙午；改吏尚。　正、丙午；左都改。	劉權之
刑部	(覺羅)長麟＊ (兼翰掌)	(覺羅)長麟＊ (兼翰掌)
	秦承恩	秦承恩　　　吳　璥　　　金光悌 六、乙巳、十　六、乙巳；河東授。　十二、庚申、 一，8.2；降編　十二、庚申、廿九，　廿九，2.13； 修。　　　　2.13；改南河。　贛撫遷。
工部	(滿)縕布	(滿)縕布
	曹振鏞	曹振鏞 四、丙戌；殿試讀卷。 八、己亥、六，9.25；順鄉正考。
理藩院	(滿)博興	(滿)博興
都察院	(滿)廣音　　　(宗室)宜興 七、甲辰、四，2.7；降。　七、甲辰；任。	(宗室)宜興　　　　(蒙)特克慎 五、甲辰、九，6.2；改步統。　五、甲辰；理右遷。
	劉權之　　　　周廷棟 正、丙午；改兵尚。　正、丙午；刑左遷。	周廷棟　　　　　周興岱 十二、乙巳、十四，1.29；　十二、乙巳；兵右遷。 休。

嘉 慶 十 四 年　己 巳（1809）

（滿）**瑚圖禮**

鄒炳泰
　　四、己酉、廿,6.2；殿試讀卷。

（滿）**德瑛**　　　　　　　　　　　　　　　（宗室）**祿康** ＊
　　十二、辛丑、十六,1.20；降工左。　　　　　　（兼步統）十二、辛丑；東閣降,仍協。

　　戴衢亨 ＊（軍）　　　　　　　　　　　　**曹振鏞**
　　　四、己酉；殿試讀卷。　　　　　　　　　　　七、丁卯；工尚改。
　　　七、丁卯、九,8.91；工尚互調。

（滿）**恭阿拉**

　　王懿修
　　　三、丙寅、六,4.20；會試正考。

（滿）**明亮**
　　　△正月,晉封三等伯。

　　劉權之

（覺羅）**晨麟**
　　　（兼翰掌）十二、辛丑；革協。

　　金光悌
　　　四、己酉；殿試讀卷。

（滿）**縕布**　　　　　　　（滿）**蘇楞額**　　　　　　（滿）**秀林**
　　六、甲寅、廿五,8.6；病免（死）。　六、甲寅；工右遷。　　　　　十二、辛丑；吉將授。
　　　　　　　　　　　　　十二、戊戌、十三,1.17；革。

　　曹振鏞　　　　　　　　　　　　　　**戴衢亨** ＊（軍）
　　　四、己酉；殿試讀卷。七、丁卯；戶尚互調。　（兼翰掌）七、丁卯；戶尚改。

（滿）**博興**

（蒙）**特克慎**　　　　　　　　　　（漢）**王　集**
　　　十二、甲辰、十九,1.23；休。（十五死）　十二、甲辰；正紅蒙都授。

　　周興岱　　　　　　　　　　　　**邵自昌**
　　　四、己酉；殿試讀卷。九月,武會正考。　十一、丙寅；兵左遷。
　　　十一、丙寅、十,12.16；死。

部院大臣年表

<table>
<tr><td>年代</td><td colspan="5" align="center">嘉慶十五年　庚午（1810）</td></tr>
<tr>
<td rowspan="2">吏
部</td>
<td colspan="3">（滿）瑚圖禮
　二、壬辰、八，3.12；改刑尚。
　六、辛丑、十八，7.19；刑尚改。</td>
<td colspan="2">（滿）秀林
　二、壬辰；工尚改。
　六、甲午、十一，7.12；降。</td>
</tr>
<tr><td colspan="5">鄒炳泰</td></tr>
<tr>
<td rowspan="2">戶
部</td>
<td colspan="3">（宗室）祿康＊＊
　（兼步統）五、癸亥、十，6.11；遷（東閣）。</td>
<td colspan="2">（滿）託津（軍）
　五、癸亥；工尚改。</td>
</tr>
<tr><td colspan="5">曹振鏞</td></tr>
<tr>
<td rowspan="2">禮
部</td>
<td colspan="3">（滿）恭阿拉
　九、壬戌、十，10.8；改工尚。</td>
<td colspan="2">（滿）福慶
　九、壬戌；工左遷。</td>
</tr>
<tr><td colspan="5">王懿修</td></tr>
<tr>
<td rowspan="2">兵
部</td>
<td colspan="5">（滿）明亮＊
　五、癸亥；授協。</td>
</tr>
<tr><td colspan="5">劉權之＊
　正、丙子、廿一，2.24；授協。
　八、戊子、六，9.4；順鄉正考。</td></tr>
<tr>
<td rowspan="2">刑
部</td>
<td colspan="2">（覺羅）長麟
　（兼翰掌）二、壬辰；病免。
　（十六年死，文敏）</td>
<td colspan="2">（滿）瑚圖禮
　二、壬辰；吏尚改。
　六、辛丑；改吏尚。</td>
<td>（滿）勒保
　六、辛丑；工尚改。</td>
</tr>
<tr><td colspan="5">金光悌</td></tr>
<tr>
<td rowspan="2">工
部</td>
<td>（滿）秀林
　二、壬辰；
　改吏尚。</td>
<td>（滿）託津（軍）
　二、壬辰；戶左遷。
　五、癸亥；改戶尚。</td>
<td>（滿）勒保
　五、癸亥；武英降。
　六、辛丑；改刑尚。</td>
<td>（漢）馬慧裕
　六、辛丑；工右遷。
　九、壬戌；改湖督。</td>
<td>（滿）恭阿拉
　九、壬戌；禮尚改。</td>
</tr>
<tr><td colspan="2">藏衢亨＊＊（軍）
　五、癸亥；遷（體仁）。</td><td colspan="3">費淳
　五、癸亥；兵右遷。</td></tr>
<tr>
<td>理
藩
院</td>
<td colspan="3">（滿）博興
　三、辛酉、七，4.10；病免。</td>
<td colspan="2">（蒙）佛爾卿額
　三、辛酉；正紅漢都授。</td>
</tr>
<tr>
<td rowspan="2">都
察
院</td>
<td colspan="5">（漢）王集</td>
</tr>
<tr><td colspan="5">邵自昌</td></tr>
</table>

嘉慶十六年　辛未（1811）

(滿)瑚圖禮 四、丁卯、廿，6.10；殿試讀卷。 九、乙未、廿，11.5；降(副都)。	(蒙)松筠 * 九、乙未；廣督，協授。		
鄒炳泰 * 四、丁卯；殿試讀卷。五、辛巳、四，6.24；授協。			
(滿)託津(軍)			
曹振鏞 三、甲寅、六，3.29；會試正考。四、己酉、二，5.23；兼翰掌。			
(滿)福慶			
王懿修 四、丁卯；殿試讀卷。			
(滿)明亮 * 六、壬子、六，7.25；革。	(滿)恭阿拉 六、丙辰、十，7.29；工尚改。		
劉權之 * * 四、丁卯；殿試讀卷。五、辛巳；遷(體仁)。	劉鐶之 五、辛巳；戶右遷。		
(滿)勒保 正、癸酉、廿三，2.16；改江督。	(漢)百　齡 正、癸酉；廣督授。 五、癸卯、廿六，7.16；改左都。	(滿)崇祿 五、癸卯；左都改，	
金光悌			
恭阿拉 六、丙辰；改兵尚。	(滿)吉綸 (兼步統)六、丁巳、十一，7.30；理右遷。		
費　淳 三、乙亥、廿七，4.19；死(文恪)。	(漢)王　集 三、乙亥；滿缺左都改。		
(蒙)佛爾卿額			
(漢)王　集 三、乙亥；改漢缺工尚。	(滿)崇祿 三、乙亥；盛刑遷。 五、癸卯；改刑尚。	(漢)百　齡 五、癸卯；刑尚改。 六、甲寅、八，7.27；改江督。	(滿)德文 六、甲寅；禮左遷。
邵自昌			

年代	嘉慶十七年　壬申（1812）		
吏部	（蒙）松筠 *（軍） 　九、甲午、廿五，10.29；直軍。		
	鄒炳泰 *		
戶部	（滿）託津（軍）		
	曹振鏞 　（兼翰掌）		
禮部	（滿）福慶 　十、丁卯、廿八，12.1；兵尚互調。	（滿）恭阿拉 　十、丁卯；兵尚改。 　十二、己未、廿，1.22；死（勤愨）。	（滿）鐵保 　十二、壬子、十三， 　1.15；吏左遷。
	王懿修		
兵部	（滿）恭阿拉 　十、丁卯；禮尚互調。	（滿）福慶 　十、丁卯；禮尚改。	
	劉鐶之		
刑部	（滿）崇祿		
	金光悌 　十二、壬子；死。	祖之望 　十二、壬子；服闋刑左遷。	
工部	（滿）吉綸 　（兼步統）		
	（漢）王　集 　十二，壬子；改左都。	潘世恩 　十二、壬子；吏左遷。	
理藩院	（蒙）佛爾卿額 　十一、辛未、二，12.5；免。	（滿）景安 　十一、辛未；戶左遷。	
都察院	（滿）德文		
	邵自昌 　十二、壬子；病免。	（漢）王　集 　十二、壬子；工尚改。	

嘉慶十八年　癸酉（1813）

(蒙)**松筠**(軍)		(滿)**鐵保**	
正、乙亥、七,2.7; 罷直。六、庚申、廿五,7.22; 兼伊將。九、甲申、廿一,10.14; 遷(東閣)。		六、庚申; 禮尚署。九、甲申; 改。	

鄒炳泰	**曹振鏞 * ***	**章　煦**
八、戊戌、四,8.29; 解管順。九、庚辰、十七,10.10; 降。	九、庚辰; 戶尚改,授協。九、甲申; 遷(體仁)。	九、甲申; 工尚改。(署直督)

(滿)**託津 ***(軍)
九、甲申; 授協。

曹振鏞	**潘世恩**
(兼翰掌) 九、庚辰; 改吏尚。	九、庚辰; 工尚改。

(滿)**鐵保**	(滿)**德文**	(滿)**成寧**
六、庚申; 署吏尚。九、甲申; 改。	九、甲申; 左都改。九、癸巳、卅,10.23; 革。	九、癸巳; 工尚改。

王懿修	**胡長齡**
九、癸未、廿,10.13; 休。(廿一年死,文僖)	九、甲申; 禮左遷。

(滿)**福慶**	(滿)**明亮**
十、壬戌、廿九,11.21; 革。	十、壬戌; 左都署。十一、丁亥、廿四,12.16; 授。

劉鐶之
八、戊戌; 管順。

(滿)**崇禄**

祖之望	**韓崶**
十、丙申、三,10.26; 病免。	十、丙申; 粵撫授。

(滿)**吉綸**	(滿)**成寧**	(滿)**英和**
(兼步統) 九、己卯、十六,10.9; 革。	九、己卯; 吏左遷。九、癸巳; 改禮尚。	九、癸巳; 步統授,仍兼。

潘世恩	**章　煦**	**周兆基**
九、庚辰; 改戶尚。	九、庚辰; 刑右遷。九、甲申; 改吏尚。	九、甲申; 吏左遷。

(滿)**景安**	(滿)**和世泰**
十一、丁亥; 改左都。	十一、丁亥; 內務授。

(滿)**德文**	(滿)**明亮**	(滿)**景安**
九、甲申; 改禮尚。	九、甲申; 鑲白蒙都授。十一、丁亥; 改兵尚。	十一、丁亥; 理尚授。

(漢)**王　集**

年代	嘉慶十九年　甲戌（1814）
吏　部	（滿）鐵保　　　　　（滿）英和(軍) 　二、丙辰、廿四,3.15;革。　（兼步統）二、丙辰,工尚改。 　　　　　　　　　　十一、丁未、廿,12.31;暫直,旋罷。 章　煦 * 　三、丁酉、六,4.25;會試正考。七、乙未、七,8.21;署魯撫。 　十二、癸未、廿七,2.5;授協。
戶　部	（滿）託津 * *(軍)　　　（滿）瑚圖禮　　　　（滿）景安 　八、辛未、十三,9.26;遷(東閣)。　八、辛未;兵尚改。　　九、乙未;禮尚改。 　　　　　　　　　　　九、乙未、八,10.20;禮尚互調。 潘世恩　　　　　　　劉鐶之 　四、辛巳、廿,6.8;殿試讀卷。　六、辛巳;兵尚改。 　六、辛巳、廿二,8.7;憂免。
禮　部	（滿）成寧　　（滿）和寧　　　（滿）景安　　（滿）瑚圖禮　（滿）穆克登額 閏二、甲子、二,　閏二、甲子;熱都授。三、　三、甲寅;左都改。　九、乙未;戶尚改。十二、辛酉、五, 3.23;解。　甲寅、廿三,5.12;改兵尚。九、乙未;戶尚互調。十二、辛酉;死。　1.14;工左遷。 胡長齡　　　　　　戴均元 　八、乙亥、十七,9.30;病免。　八、乙亥;左都授。
兵　部	（滿）明亮 *　　　　　（滿）和寧　　　　（滿）瑚圖禮 　三、甲寅;改左都。八、辛未;　三、甲寅;禮尚改。　　四、己卯;禮左遷。 　十三,9.26;左都改,授協。　四、己卯、十八,6.6;降。　八、辛未;改戶尚。 劉鐶之　　　　　　　初彭齡 　四、辛巳、廿,6.8;殿試讀卷。　六、辛巳;倉侍遷。 　六、辛巳;改戶尚。
刑　部	（滿）崇祿 韓　崶
工　部	（滿）英和　　　　　　（滿）蘇楞額 　（兼步統）二、丙辰;改吏尚。　二、丙辰;戶左遷。 周兆基 　三、丁酉;會試正考。
理藩院	（滿）和世泰
都察院	（滿）景安　　　（滿）明亮　　　（宗室）伊沖阿　　　（滿）慶溥 　三、甲寅;改禮尚。　三、甲寅;兵尚改。　八、辛未;署正白漢都授。　十、乙丑;定左改。 　　　　　　　八、辛未;改兵尚。　十、乙丑、八,11.19;定左互調。 （漢）王　集　　　　戴均元　　　　　茹　棻 　二、丁巳、廿五,3.16;休。　二、丁巳;吏右遷。　四、辛巳;殿　八、乙亥;工左遷。 　　　　　　　　試讀卷。八、乙亥;改禮尚。

嘉慶二十年　乙亥(1815)	嘉慶二一年　丙子(1816)
(滿)英和 　　(兼步統)	(滿)英和 　　(兼步統)
章　煦 * 十二、丁卯、十七，1.15；管刑。	章　煦 *　　　　　戴均元 閏六、壬寅、廿四，8.17；　閏六、壬寅；禮尚改。 禮尚互調。
(滿)景安	(滿)景安
劉鐶之	劉鐶之
(滿)穆克登額	(滿)穆克登額　(漢)馬慧裕　　(滿)成寧 七、乙卯、八，　七、丁巳、十，9.1；左　八、己亥； 8.30；降。　　都授。　八、己亥、廿　泰寧鎮授。 　　　　　　三，10.13；死(清恪)。
戴均元	戴均元　章　煦 *(軍)　　　周兆基 閏六、壬　閏六、壬寅；吏尚改。十、己　十一、 寅；吏尚　亥、廿四，12.12；入直。十　己巳； 互調。　一、己巳、廿四，1.11；改刑尚。工尚改。
(滿)明亮 *	(滿)明亮 *
初彭齡　　　　　吳　璸 正、丁酉、十一，2.19；　正、癸卯、十七，2.25； 降閣學候補。　　河東授。	吳　璸
(滿)崇祿	(滿)崇祿
韓　鈄	韓　鈄　　　　　章　煦 *(軍) 十一、己巳；憂免。　十一、己巳；禮尚改。
(滿)蘇楞額	(滿)蘇楞額　　　(滿)和寧 七、乙卯；降工左。　七、乙卯；熱都授。
周兆基	周兆基　　　　　茹　棻 十一、己巳；改禮尚。　十一、己巳；吏右遷。
(滿)和世泰	(滿)和世泰　　　(滿)慶溥 七、乙卯；降。　七、丁巳；左都授。
(滿)慶溥	(滿)慶溥　　　　(滿)景祿 七、丁巳；改理尚。　七、丁巳；工左遷。
茹　棻	茹　棻　(漢)馬慧裕　　戴聯奎 五、辛卯、十二，　五、辛卯；湖督授。七、丙辰、九， 6.7；降。　七、丁巳；改禮尚8.31；吏左 　　　(滿缺)。　遷。

年代	嘉慶二二年　丁丑（1817）
吏部	（滿）**英和** 　（兼步統） **戴均元** * 　三、辛未、廿八，5.13；授協。 　三、己酉、六，4.21；會試正考。
戶部	（滿）**景安** **劉鐶之**　　　　　　　　　**盧蔭溥**（軍） 　四、癸巳、廿，6.4；殿試讀卷。　　九、辛酉；兵尚改。 　九、辛酉、廿，10.30；降。
禮部	（滿）**成寧**　　　　　（滿）**和寧**　　　　　（滿）**穆克登額** 　七、甲寅、十二，8.24；　七、丙辰、十四，8.26；兵尚改。　十一、乙丑；泰寧鎮授。 　降閣讀學。　　　十一、乙丑、廿六，1.2；改兵尚。 **周兆基**　　　　　　　**盧蔭溥**（軍）　　　　　**戴聯奎** 　△死。　　　　三、戊辰、廿五，5.10；戶右遷。　三、辛未；左都授。 　　　　　　三、辛未；改兵尚。
兵部	（滿）**明亮** **　　　　（滿）**和寧**　　　　　（宗室）**伊沖阿** 　六、甲戌、二，7.15；遷　六、甲戌；工尚改。　　七、丙辰；工尚改。 　（武英）。　　　七、丙辰；改禮尚。　　十一、乙丑；改熱都。 　　　　　十一、乙丑；禮尚改回。 **吳　璥**　　　　　　　**盧蔭溥**（軍）　　　　　**章　煦** 　三、辛未；改刑尚。　三、辛未；禮尚改。　九、辛酉；改戶右。　九、辛酉；病痊授，管順。
刑部	（滿）**崇祿** **章　煦** *（軍）　　　　　**吳　璥** 　三、辛未；病免。　　　三、辛未；兵尚改。
工部	（滿）**和寧**　　　　　（宗室）**伊沖阿**　　　　（滿）**蘇楞額** 　二、壬午、八，3.25；署陝督。　六、甲戌；理尚改。　七、丙辰；工左遷。 　六、甲戌、二，7.15；改兵尚。　七、丙辰；改兵尚。 **茹　棻**
理藩院	（滿）**慶溥**　　　（宗室）**伊沖阿**　　　（滿）**晉隆**　　　（滿）**和世泰** 　四、壬辰、十九，6.3；　四、壬辰；定左授。　六、甲戌；領衛授。　七、己巳；內務授。 　改熱都。　　　六、甲戌；改工尚。　七、己巳、廿七，9.8；革。
都察院	（滿）**景祿** **戴聯奎**　　　　　　　**汪廷珍** 　三、辛未；改禮尚。　　三、辛未；禮左遷。四、癸巳；殿試讀卷。

嘉慶二三年　戊寅(1818)	嘉慶二四年　己卯(1819)
(滿)**英和** (兼步統)	(滿)**英和** (兼步統)
戴均元 *(軍、學) 二、辛未、三、3.9;學習入直。	**戴均元** *(軍) 三、戊戌、六、3.31;會試正考。
(滿)**景安**	(滿)**景安**
盧蔭溥(軍)	**盧蔭溥**(軍)
(滿)**穆克登額**　　(蒙)**松筠** 十二、辛卯、廿八、1.23;　十二、辛卯; 改左都。　　　　　正白漢都授。	(蒙)**松筠**　(滿)**崇祿**　(滿)**穆克登額** 六、癸卯、十　六、癸卯;兵尚改。　九、戊子; 三、8.3;兵　九、戊子、廿九、11.16;　工右遷。 尚互調。　　降禮左。
戴聯奎　　　**汪廷珍** 三、庚戌、十三、4.17;　三、庚戌;左都改。 改兵尚。	**汪廷珍**　　　　黃　鉞 四、庚辰、十九、5.12;殿試讀卷。　九、戊子;戶左遷。 九、戊子;降禮左。
(滿)**和寧**(軍、學) 二、辛未;學習入直。	(滿)**和寧**(軍)　崇祿　(蒙)**松筠**　(滿)**和世泰** 正、丁巳、廿　正、丁巳;刑尚　六、癸卯;禮尚　九、癸酉; 四、2.18;刑　改。六、癸卯;　改。九、癸　理尚改。 尚互調。　　禮尚互調。　酉;改盛將。
章　熙 **　　　戴聯奎** 三、庚戌;遷文淵。　三、庚戌;禮尚改。	**戴聯奎** 三、戊戌;會試正考。
崇祿	(滿)**崇祿**　　　(滿)**和寧** 正、丁巳;兵尚互調。　正、丁巳;兵尚改。罷直。
吳　璥 六、庚辰、十四、7.16;署豫撫。	吳　璥　　　　韓　崶 閏四、庚戌、十九、6.11;病免。　閏四、庚戌;署刑右遷。
(滿)**蘇楞額**	(滿)**蘇楞額**
茹　棻	茹　棻 八、乙未、六、9.24;順鄉正考。
(滿)**和世泰**	(滿)**和世泰**　　　(滿)**賽沖阿** 九、癸酉、十四、11.1;改兵尚。　九、癸酉;盛將授。
(滿)**景祿**　　　(滿)**穆克登額** 十二、庚寅、廿七、　十二、辛卯;禮尚改。 1.22;降一調。	(滿)**穆克登額**　(滿)**誠安**　(滿)**普恭** 二、辛未、九、3.4;　二、辛未;工右遷。　五、壬申、十 降工右。　　五、辛未、十一、7.2;　二、7.3;吏 　改熱都。　　左遷。
汪廷珍　吳芳培　　劉鐶之 三、庚戌;　三、庚戌;吏右　十二、辛卯; 改禮尚。　遷。十二、庚寅;署兵左遷。 　降一調。	劉鐶之 閏四;管順。

部院大臣年表

年代	嘉慶二五年　庚辰（1820）		
吏部	(滿)**英和**(軍) （兼步統）九、庚申、七，10.13；入直。 十、戊子、五，11.10；改戶尚。	(滿)**那彥成** 十、戊子；理尚授。	
	穀均元＊＊(軍) 二、癸卯、十七，3.30；遷(文淵)。	**吳璥**＊ 二、癸卯；前刑尚授，協。三月署河東。 九、壬戌；督辦儀封大工。	**劉鐶之** 九、壬戌、九，10.15； 兵尚改。
戶部	(滿)**景安** 十、戊子；解(旋死)。	(滿)**英和**(軍) （兼步統）十、戊子；吏尚改。 十二、乙未、十三，1.16；罷直。	
	盧蔭溥(軍) 三、壬戌、六，4.18；會試正考。 九、壬戌；改工尚。	**黃鉞**(軍) 九、壬戌；禮尚改。	
禮部	(滿)**穆克登額** 十、戊子；改工尚。 十一、辛巳、廿八，1.2；工尚兼署。	(滿)**普恭** 十、戊子；左都改。十一、辛巳；改江將。	
	黃鉞(軍) 三、壬戌；會試正考。九、庚申、七，10.13； 入直。九、壬戌；改戶尚。	**汪廷珍** 九、壬戌；左都改。	
兵部	(滿)**和世泰** 四、乙巳、廿，5.31；革。	(滿)**伯麟**＊ 四、戊申、廿三，6.3；雲督授。	
	戴聯奎 三、甲子、八，4.20；降 (以三京候)。	**劉鐶之** 三、戊辰、十二，4.24；左都改，仍管順。四、乙巳、廿，5.31；殿試讀卷。九、壬戌；改吏尚。	**茹棻** 九、壬戌；工尚改。
刑部	(滿)**和寧**		
	韓崶		
工部	(滿)**蘇楞額** 十、戊子；解(旋死)。	(滿)**穆克登額** 十、戊子；禮尚改。	
	茹棻 四、乙巳；殿試讀卷。九、壬戌；改兵尚。	**盧蔭溥**(軍) 九、壬戌；戶尚改。	
理藩院	(滿)**賽沖阿** 九、壬戌；改領衛。 　(滿)**那彥成** 　九、壬戌；倉侍遷。 　十、戊子；改吏尚。	(滿)**和世泰** 十、戊子；內務授。 十二、丙戌；改福將。	(宗室)**晉昌** 十二、丙戌、四，1.7； 右宗人授。
都察院	(滿)**普恭** 十、戊子；改禮尚。 　(蒙)**松筠** 　十、戊子；左副遷。 　癸酉、廿，12.25；改熱都。	(滿)**誠安** 十一、癸酉；熱都授。十一、甲戌、廿一，12.26；改鑲紅漢都。	(滿)**文孚**(軍) 十一、甲戌；工右遷。
	劉鐶之 三、戊辰；改兵尚。	**汪廷珍** 三、戊辰；禮左遷。四、乙巳； 殿試讀卷。九、壬戌；改禮尚。	**顧德慶** 九、壬戌；吏右遷。 十、癸巳、十，11.15；武會正考。

道 光 元 年　辛 巳（1821）

（滿）**那彥成** 五、庚午、廿一，6.20；兼翰掌。 七、庚戌、二，7.30；改刑尚。	（蒙）**松筠**（軍） 七、庚戌；兵尚改。 八、丁亥、十，9.5；入直。
劉鐶之 十二、癸巳、十七，1.9；死（文恭）。	**盧蔭溥** 十二、癸巳；工尚改，管順，罷直。
（滿）**英和** 　（兼步統）	
黃　鉞（軍）	
（滿）**文孚**（軍） 正、己未、七，2.9；左都改。	
汪廷珍	

（滿）**伯麟**＊＊ 五、庚申、十一，6.10；遷（體仁）。	（蒙）**松筠** 五、己巳、廿，6.19；熱都授。 七、庚戌；改吏尚。	（宗室）**晉昌** 七、庚戌；理尚改。
茹　棻 八、癸巳、十六，9.11；死。	**初彭齡** 八、癸巳；禮右遷。十二、乙酉、九， 1.1；管順。十二、癸巳；改工尚。	**戴聯奎** 十二、癸巳；禮右遷。
（滿）**和寧** 七、庚戌、二，7.30；死（簡勤）。	（滿）**那彥成** 　（兼翰掌）七、庚戌；吏尚改。 九、癸丑、六，10.1；順鄉副考。	
韓　崶		
（滿）**穆克登額**		
盧蔭溥（軍） 十二、癸巳；改吏尚。	**初彭齡** 十二、癸巳；兵尚改。	
（宗室）**晉昌** 七、庚戌；改兵尚。	（滿）**穆克登布** 七、庚戌；正藍蒙都授。	
（滿）**文孚**（軍） 正、己未；改禮尚。	（滿）**那清安** 正、己未；工右署。四、庚寅、十，5.11；授。	
顧德慶		

年 代	道光二年　壬午（1822）
吏 部	（蒙）**松筠**（軍） 　正、癸酉、廿七，2.18；署直督。 　六、壬戌、廿，8.6；降。　　　　　　　　　　　　　（滿）**文孚**（軍） 　　　　　　　　　　　　　　　　　　　　　　　　　　六、戊辰、廿六，8.12；工尚改。 **盧蔭溥** 　閏三、乙未、廿，5.11；殿試讀卷。
戶 部	（滿）**英和** * 　（兼步統）三、辛亥、六，3.28；會試正考。六、戊辰；授協。 　六、庚申、十八，8.4；署翰掌。十、己酉、八，11.21；兼翰掌。 **黃　鉞**（軍） 　八、丁未、六，9.20；順鄉正考。
禮 部	（滿）**文孚**（軍）　　　　　　　（滿）**穆克登額**　　　　　　（滿）**玉麟** 　三、庚戌、五，3.27；工尚互調。　三、庚戌；工尚改。　　　　　十一、乙酉、十五，12.27； 　　　　　　　　　　　　　　　　十一、辛巳、十一，12.23；降禮左。　左都改。 **汪廷珍** 　三、辛亥；會試副考。四、丙午、二，5.22；教庶。
兵 部	（宗室）**晉昌**　　　　　　　　　　（滿）**那清安** 　正、庚午、廿四，2.15；改盛將。　　正、庚午；左都署。六、戊辰；授。 **戴聯奎**　　　　　　　　　**王宗誠** 　二、壬辰、十六，3.9；死。　　二、壬辰；禮左遷。
刑 部	（滿）**那彥成**　　　　　　　　　　　　　（漢）**蔣攸銛** 　（兼翰掌）六、己未、十七，8.3；署陝撫。　九、庚辰、九，10.23；川督署。 　八、辛未、卅，10.14；署陝督。十、己酉；授。十、己酉、八，11.21；授。 **韓　對**
工 部	（滿）**穆克登額**　　　　　　（滿）**文孚**（軍）　　　　　　　　（宗室）**禧恩** 　三、庚戌；改禮尚。　　　　　三、庚戌；禮尚改。五月，署陝撫。　六、戊辰；理尚改。 　　　　　　　　　　　　　　六、戊辰；改吏尚。 **初彭齡** 　閏三、乙未；殿試讀卷。
理藩院	（滿）**穆克登布**　　　　　　（宗室）**禧恩**　　　　　　　（蒙）**富俊** 　閏三、己卯、四，4.25；解。　　閏三、乙酉、十，5.1；戶左遷。　六、己巳、廿七，8.13；吉將授。 　　　　　　　　　　　　　　六、戊辰；改工尚。
都 察 院	（滿）**那清安**　　　（滿）**玉麟**　　　（滿）**慶保**　　　　　　（蒙）**松筠** 　六、戊辰；改兵尚。　六、戊辰；刑左遷。　十一、乙酉；鑲白蒙都授。　十二、癸丑；光少賞。 　十一、乙酉；改禮尚。　　　　　　　十二、癸丑、十三，1.24；改熱都。二品授。 **顧德慶**　　　　　　　　**王　鼎** 　正、辛未、廿五，2.16；降兵左。　正、辛未；戶右遷。 　　　　　　　　　　　　　　　七、甲申、十二，8.28；署豫撫。

道 光 三 年　癸未(1823)	道 光 四 年　甲申(1824)
(滿)**文孚**	(滿)**文孚**(軍)
盧蔭溥 四、己未、廿,5.30;殿試讀卷。	**盧蔭溥** 三、壬辰、廿九,4.27;卸管順。
(滿)**英和** * (兼翰掌)（兼步統) 五、甲戌、六,6.14;教庶。	(滿)**英和** * (兼翰掌)（兼步統)
黃　鉞(軍) 四、己未;殿試讀卷。	**黃　鉞**(軍)
(滿)**玉麟**　　　　(滿)**穆克登額** 四、甲辰、五,5.15;　　四、甲辰;戶左遷。 改兵尚。	(滿)**穆克登額**
汪廷珍 三、己亥、六,4.16;會試副考。	**汪廷珍**
(滿)**那清安**　　　(滿)**玉麟** 四、甲辰;改刑尚。　四、甲辰;禮尚改。	(滿)**玉麟**(軍) 十一、甲寅、廿六,1.14;入直。
王宗誠 四、己未;殿試讀卷。	**王宗誠**
(漢)**蔣攸銛**　　　(滿)**那清安** 四、甲辰;改直督。　四、甲辰;兵尚改。 　　　　　　　四、己未;殿試讀卷。	(滿)**那清安**　　　　(滿)**明山** 十二、癸未、廿五,2.12;　十二、癸未;鑲紅漢 改熱都。　　　　　都授。
韓　崶	**韓　崶**　　　　　**陳若霖** 七、丙子、十五,8.9;解(革)。　七、丙子;工尚改。
(宗室)**禧恩**	(宗室)**禧恩**
初彭齡	**初彭齡**　　**陳若霖**　　　　**陸以莊** 三、丁亥、廿四,　三、丁亥;前川督授。　七、丙子; 4.22;老休。(五　三、壬辰;管順。　　左都改。 年死)　　　　七、丙子;改刑尚。
(蒙)**富俊**	(蒙)**富俊**　　　　　(滿)**穆彰阿** 二、丁酉、三,3.3;改吉將。　二、丁酉;左都改。
(蒙)**松筠**　　　　(滿)**穆彰阿** 九、壬辰、廿七,10.30;　九、壬辰;戶左遷。 改吉將。	(滿)**穆彰阿**　　　　(蒙)**松筠** 二、丁酉;改理尚。　　二、丁酉;吉將改。
王鼎　　**史致光**　　　　　**陸以莊** △正月,憂免。　正、己未、廿五,3.7;　七、戊辰; 　　　　前雲督授。七、戊辰;　署吏右遷。 　　　　二,8.7;病免。	**陸以莊**　　　　　**姚文田** 七、丙子;改工尚。　七、丁丑、十六,8.10; 　　　　　　　戶左遷。

部院大臣年表

年代	道光五年　乙酉(1825)	道光六年　丙戌(1826)
吏部	(滿)**文孚**(軍) **盧蔭溥**	(滿)**文孚**(軍) **盧蔭溥**
户部	(滿)**英和** * (兼翰掌)(兼步統) **黃　鉞**(軍) 五、丁酉、十一,6.26;罷直。	(滿)**英和** *　　　　(宗室)**禧恩** (兼翰掌)(兼步統)十二、　十二、戊午； 戊午、十一,1.8;改理尚。　工尚改。 **黃　鉞**　　　　　**王　鼎**(軍) 四、辛未、廿,5.26;殿試讀卷。　九、庚辰； 九、庚辰、二,10.2;病免。　署工左遷。
禮部	(滿)**穆克登額** **汪廷珍** * 六、戊午、二,7.17;授協。	(滿)**穆克登額**　(蒙)**松筠** 五、乙未、十四,　五、乙未；　七、壬午、二,8.5; 6.19;病免。　左都改。　戶左博啓圖署。 **汪廷珍** * 四、辛巳、卅,6.5;教庶。
兵部	(滿)**玉麟**(軍) 八、庚申、六,9.17;順鄉正考。 **王宗誠**	(滿)**玉麟**(軍) 四、辛巳；教庶。 **王宗誠**
刑部	(滿)**明山**　　　　(宗室)**嵩孚** 八、丁巳、三,9.14;解。　八、丁巳;桂撫授。 **陳若霖**	**嵩孚**　　　　(滿)**明山** 五、戊戌、十七,6.22;　五、戊戌;熱都授。 改湖督。 **陳若霖**
工部	(宗室)**禧恩** **陸以莊**	(宗室)**禧恩**　　　(滿)**穆彰阿** 十二、戊午;改戶尚。　十二、戊午;理尚改。 **陸以莊** 三、丁亥、六,4.12;會試副考。
理藩院	(滿)**穆彰阿** 六、乙亥、十九,8.3;署漕督。　六、乙亥；十一、 十、壬午、廿九,12.8;回京。　壬辰;前江將普 十一、壬辰、九,11.18;憂。　恭署。	(滿)**穆彰阿**　　　(滿)**英和** * 七月至九月,署漕督。　(兼翰掌)(兼步統) 十二、戊午;改工尚。　十二、戊午;戶尚改。
都察院	(蒙)**松筠** 正、乙卯、廿七,3.16;赴熱審辦。 九、甲辰、廿,10.31;署左左。 十、壬申、十九,11.28;回京。　普恭署 **姚文田** 八、庚申;順鄉副考。	(蒙)**松筠**　　　(滿)**那清安** 五、乙未,改禮尚。　五、乙未;熱都授。 **姚文田**

道 光 七 年　丁亥(1827)	道 光 八 年　戊子(1828)
(滿)**文孚**(軍)	(滿)**文孚**(軍)
盧蔭溥 ＊ 五、壬午、七、6.1；管順。 七、丁巳、十四、9.4；授協。	**盧蔭溥** ＊ 八、癸酉、六、9.14；順鄉正考。
(宗室)**禧恩**	(宗室)**禧恩**
王　鼎(軍) 七、丙辰、十三、9.3；教庶。	**王　鼎**(軍) 八、癸酉；順鄉副考。
(蒙)**松筠**	(蒙)**松筠** 正、乙巳、五、2.19；署熱都。　　左都那清安署。 七、丁未、九、8.19；署熱都。
汪廷珍 ＊　　**姚文田**　　　**湯金釗** 七、壬子、九、　七、丙辰；左都改。　十、丙戌； 8.30；死(文　十、丙戌、十四、　　左都改。 端)。　　　12.2；死(文僖)。	**湯金釗**
(滿)**玉麟** 七、癸亥、廿、9.10；兼翰掌。	(滿)**玉麟**(軍) (兼翰掌)
王宗誠 四、壬子、七、5.2；署工尚。	**王宗誠**
(滿)**明山** 十一、丙午、五、12.22；署直督。 十一、庚戌、九、12.26；卸。	(滿)**明山**
陳若霖	**陳若霖**
(滿)**穆彰阿**(軍、學) 二、壬申、廿六、3.23；兼步統。 五、丁亥、十二、6.6；學習入直。卸步統。	(滿)**穆彰阿**(軍)
陸以莊　　　　**王引之** 四、壬子、病假，兵尚王宗誠署。　五、壬午；吏左遷。 七、丙午、三、8.24；死(文恭)。	**王引之**
(滿)**英和** ＊　　　　(蒙)**富俊** ＊ 二、壬申；辦陵工，卸步統。　七、癸亥；協授。 七、癸亥、廿、9.10；革(賞二 品授熱都)。	(蒙)**富俊** ＊
(滿)**那清安** 七、辛酉、十八、9.8；改熱都。 七、癸亥；仍任。	(滿)**那清安** 正、乙巳；七、丁未；署禮尚。
姚文田　　**湯金釗**　　　**潘世恩** 七、丙辰；　七、丙辰；戶左遷。　十、丙戌； 改禮尚。　十、丙戌；改禮尚。　吏左遷。	**潘世恩**

部院大臣年表

年 代	道 光 九 年　己丑（1829）	道 光 十 年　庚寅（1830）
吏　部	（滿）**文孚**（軍） **盧蔭溥** ＊ 四、癸未、廿，5.22；殿試讀卷。	（滿）**文孚**（軍） **盧蔭溥** ＊＊　　　　**湯金劍** 九、戊寅、廿三，11.8；　九、戊寅；禮尚改。 遷（體仁）。
户　部	（宗室）**禧恩** **王　鼎**（軍） 四、癸未；殿試讀卷。	（宗室）**禧恩** **王　鼎**（軍）
禮　部	（蒙）**松筠**　　（滿）**傅啓圖**　　（宗室）**耆英** 四、壬午、十九，　六、甲戌；内大臣　九、己酉、十 5.21；署直督。　授。九、己酉；革　八，10.15； 六、甲戌、十二，　（降兵右）。　户右遷。（兼 7.12；改兵尚。　　　　　　　　步統） **湯金劍**	（宗室）**耆英** （兼步統） **湯金劍**　　　　　**王引之** 九、戊寅；改吏尚。　九、戊寅；工尚改。
兵　部	（滿）**玉麟**（軍）　　　（蒙）**松筠** 三、庚子、六，4.9；會試副　六、甲戌；禮尚改， 考。六、甲戌；改伊將。　仍署直督。 **王宗誠**	（蒙）**松筠** **王宗誠**
刑　部	（滿）**明山** **陳若霖** 四、癸未；殿試讀卷。	（滿）**明山** **陳若霖**
工　部	（滿）**穆彰阿**（軍） 五、戊戌、五，6.6；教庶。 六、甲戌；兼翰掌。 **王引之**	（滿）**穆彰阿**（軍） （兼翰掌） **王引之**　　　　　**潘世恩** 九、戊寅；改禮尚。　九、戊寅；左都改。
理藩院	（蒙）**富俊** ＊	（蒙）**富俊** ＊
都察院	（滿）**那清安** **潘世恩** 四、癸未；殿試讀卷。	（滿）**那清安** 九、甲子、九，10.25；憂，户右寶興署。 **潘世恩**　　　　　**朱士彦** 九、戊寅；改工尚。　九、戊寅；兵左遷。

道光十一年　辛卯(1831)	道光十二年　壬辰(1832)
(滿)**文孚** * (軍) 　十二、己酉、七，1.9；授協。	(滿)**文孚** * (軍)
湯金釗　　　　**潘世恩** 　五、丙寅、十五，6.24；　五、丙寅；工尚改。 　降兵右。	**潘世恩** 　三、癸丑、六，4.6；會試正考。 　十、辛亥、九，11.30；教庶。
(宗室)**禧恩**	(宗室)**禧恩** 　八、甲午、廿，9.14；署廣督。
王　鼎(軍) 　二、乙未、十二，3.25；署直督。	**王　鼎**(軍) 　八、庚辰、六，8.31；順鄉正考。 　十二、丙午、四，1.24；管刑。
(宗室)**耆英** 　（兼步統）	(宗室)**耆英** 　（兼步統）
王引之	**王引之**　　　　**汪守和** 　正、癸酉、廿五，2.26；憂免。　正、癸酉；戶左遷。
(蒙)**松筠**　(滿)**穆彰阿**(軍) . (滿)**那清安** 　八、乙未、十六，（兼翰掌）八、乙未；　十二、乙酉； 　9.21；病免。　工尚改。十二、己酉；　左都改。 　　　　　仍改工尚。	(滿)**那清安** 　八、庚辰；順鄉副考。
王宗誠	**王宗誠**
(滿)**明山**	(滿)**明山**
陳若霖	**陳若霖**　　　　**戴敦元** 　正、丁卯、十九，2.20；　正、丁卯；刑左署。 　休（旋死）。　二、辛卯、十四，3.15；授。 　　　　　三、癸丑；會試副考。
(滿)**穆彰阿**(軍)　　　(蒙)**富俊** * * 　（兼翰掌）八、乙未，改兵　八、乙未；理尚改。 　尚。十二、乙酉，改回。　十二、乙酉；遷。	(滿)**穆彰阿**(軍) 　（兼翰掌）三、癸丑；會試副考。
潘世恩　　　　**朱士彥** 　五、丙寅；改吏尚。　五、丙寅；左都改。	**朱士彥** 　三、癸丑；會試副考。 　四、丙午、卅，5.29；教庶。十、辛亥；卸。
(蒙)**富俊** * *　　　(滿)**博啓圖** 　八、乙未；改工尚。　八、乙未；戶右遷。	(滿)**博啓圖**
(滿)**那清安**　　　(滿)**昇寅** 　十二、乙酉；改　十二、乙酉；綏將授。 　兵尚（仍署）。	(滿)**昇寅**
朱士彥　　　　**白　鎔** 　五、丙寅；改工尚。　五、丙寅；吏右遷。	**白　鎔** 　四、丙申、廿，5.19；殿試讀卷。 　八、庚辰；順鄉副考。

年代	道光十三年　癸巳（1833）		
吏　部	（滿）**文孚**＊（軍）		
	潘世恩＊＊ 四、己酉、九，5.27；遷（體仁）。		**朱士彦** 四、己酉；工尚改。
戶　部	（宗室）**禧恩** 五，丁酉、廿七，7.14，革，授理尚。		（滿）**穆彰阿**（軍） （兼翰掌）五、丁酉；工尚改。 六、庚子、一，7.17；教庶。
	王　鼎（軍） 四、庚申、廿，6.7；殿試讀卷。		
禮　部	（宗室）**耆英** （兼步統）		
	汪守和		
兵　部	（滿）**那清安** 三、丁丑、六，4.25；會試副考。		
	王宗誠		
刑　部	（滿）**明山**		
	戴敦元		
工　部	（滿）**穆彰阿**（軍） （兼翰掌）五、丁酉；改户尚。		（滿）**博啓圖** 五、丁酉；理尚改。
	朱士彦 四、己酉；改吏尚。	**白　鎔** 四、己酉；左都改。九、戊寅、十一，10.23； 武會正考。十、辛酉；解（降大理）。	**湯金釗** 十、辛酉、廿四，12.5；左都改。
理藩院	（滿）**博啓圖** 五、丁酉；改工尚。		（宗室）**禧恩** 五、丁酉；革户尚授。
都察院	（滿）**昇寅**		
	白　鎔 四、己酉；改工尚。	**湯金釗** 四、己酉；户左遷。 十、辛酉；改工尚。	**史致儼** 十、辛酉；刑左遷。

道光十四年　甲午(1834)

(滿)**文孚**＊＊（軍）
　十一、丙戌、廿五,12.25;遷(東閣)。

(滿)**穆彰阿**＊（軍）
　(兼翰掌)（兼步統)
　十一、丙戌;户尚改,並授協。

朱士彦
　二、丙申、一,3.10;乞養。

湯金釗
　二、辛酉、廿六,4.4;工尚改。

(滿)**穆彰阿**（軍）
　(兼翰掌)八、戊戌、六,9.8;順鄉正考。
　十一、丙戌;改吏尚。

(宗室)**耆英**
　(兼步統)十一、丙戌;工尚改。

王　鼎（軍）

(宗室)**耆英**　　(滿)**昇寅**　　(宗室)**奕顥**　　　　　　　　(宗室)**戴銓**
七、丙子、十三,　七、丙子;左都改。　七、丙子、正黃蒙都署。十、辛酉、　十一、丙戌;領衛授。
8.17;改工尚。　十一、壬申;死(勤直)。　卅,11.30;改右都。十一、壬申;
　　　　　　　　　　左都改。十一、丙戌;改兵尚。

汪守和　　　　　　　　　　**史致儼**
二、辛酉、廿六,4.4;改工尚。　二、辛酉;左都改。八、戊戌;
十一、乙丑、四,12.4;工尚互調。　順鄉正考。十一、乙丑;改工尚。

(滿)**那清安**　　　　　(宗室)**敬徵**　　　　　　(宗室)**奕顥**
十、辛酉、病免(旋死,勤直)。　十、辛酉;左都改。　十一、丙戌;禮尚改。
　　　　　　　　　十一、丙戌;改工尚。

王宗誠

(滿)**明山**　　　　　　　　　(滿)**成格**
三、庚午、五,4.13;病免(旋死)。　三、庚午;烏魯木齊都統授。

戴敦元　　　　　　　　　　　　　　**史致儼**
十一、癸酉、十二,12.12;病免(旋死,簡恪)。　十一、癸酉;工尚署。
　　　　　　　　　　　　　　　十一、己卯、十八,12.18;授。

(滿)**博啓圖**　　　　(宗室)**耆英**　　　　　　(宗室)**敬徵**
七、丙子;死(敬僖)。　(兼步統)七、丙子;禮尚改。　十一、丙戌;兵尚改。
　　　　　　十一、丙戌;改户尚。

湯金釗　　　**汪守和**　　　　**史致儼**　　　　**王引之**　　　　**何淩漢**
二、辛酉;改吏尚。　二、辛酉;禮尚改。　十一、乙丑;禮尚改。　十一、癸酉;服闋授。　十一、丁亥;
　　　　　　八、戊戌;順鄉副考。　十一、癸酉;改刑尚。　十一、己卯;死(文簡)。　左都改。
　　　　　　十一、乙丑;禮尚互調。

(宗室)**禧恩**

(滿)**昇寅**　　　　(宗室)**敬徵**　　　(宗室)**奕顥**　　　　　　(滿)**恩銘**
七、丙子、十三,8.17;　七、丙子;户左遷。　十、辛酉;禮尚改。　　十一、壬申;漕督授。
改禮尚。　　十、辛酉;改兵尚。　十一、壬申、十一,12.11;改禮尚。

史致儼　　　　　**何淩漢**　　　　　　　　**吳椿**
二、辛酉;改禮尚。　二、辛酉;吏右遷。　　十一、丁亥;户右遷。
　　　　　十一、丁亥、廿六,12.26;改工尚。

年代	道光十五年 乙未 (1835)	
吏部	(滿)**穆彰阿** *(軍) 　　(兼翰掌) 三、乙丑、六,4.3; 會試正考。 　　五、己未、一,5.27; 教庶。	
	湯金釗 　　八、壬戌、六,9.27; 順鄉正考。	
戶部	(宗室)**耆英** 　　(兼步統)	
	王　鼎 *(軍) 　　二、己亥、十,3.8; 授協。	
禮部	(宗室)**載銓** 　　閏六、丁卯、九,8.3; 改工尚。	(滿)**恩銘** 　　閏六、丁卯; 左都改。
	汪守和	
兵部	(宗室)**奕顥**	
	王宗誠	
刑部	(滿)**成格**	
	史致儼 　　四、己酉、廿,5.17; 殿試讀卷。	
工部	(宗室)**敬徵** 　　閏六、丁卯; 革。	(宗室)**載銓** 　　閏六、丁卯; 禮尚改。
	何凌漢 　　三、乙丑; 會試副考。五、己未; 教庶。	
理藩院	(宗室)**禧恩**	
都察院	(滿)**恩銘** 　　閏六、丁卯; 改禮尚。	(滿)**武忠額** 　　閏六、丁卯; 定左授。
	吳　椿 　　(留浙辦工) 五、丁卯、九,6.4; 服閼戶左申啓賢署。 　　七、癸丑、廿六,9.18; 授吏右,仍署。	

道光十六年　丙申(1836)	道光十七年　丁酉(1837)
(滿)**穆彰阿****(軍)　(宗室)**耆英**　(宗室)**奕經** 五、丁亥、五,6.18;教　(兼步統)七、庚子;　九、己酉, 庶。七、庚子、十九,　戶尚改。九、己酉　盛將授, 8.30;遷(武英)。　　廿九,11.7;降侍候。兼步統。	(宗室)**奕經** (兼步統)
湯金釗 九、辛卯、十一,10.20;赴陝,署撫。 服闋吏尚朱士彥署。	**湯金釗** 　朱士彥署:正、壬辰、十四, 　2.18;授兵尚。
(宗室)**耆英**　　　(宗室)**奕顥** (兼步統)七、庚子;改吏尚。　七、庚子;兵尚改。	(宗室)**奕顥**
王　鼎*(軍) 三、己丑、六,4.21;會試副考。	**王　鼎***(軍) 八、辛亥、六,9.5;順鄉正考。
(滿)**恩銘**　　　　(滿)**貴慶** 七、壬寅、廿一,9.1;革　七、壬寅;刑左遷。 (降授刑左)。	(滿)**貴慶**　　　(宗室)**奕紀** 五、戊寅、二,6.4;病免。　五、戊寅;理尚改。
汪守和　　　　**吳　椿** 五、戊戌、十六,6.29;死。　五、戊戌;左都改。	**吳　椿**
(宗室)**奕顥**　　　(宗室)**禧恩** 七、庚子;改戶尚。　七、庚子;理尚改。	(宗室)**禧恩**
王宗誠	**王宗誠**　　　**朱士彥** 正、壬辰;死。　正、壬辰;署吏尚授。
(滿)**成格** 四、壬申、廿,6.3;殿試讀卷。	(滿)**成格**
史致儼	**史致儼**
(宗室)**戴銓**　　　(宗室)**敬徵** 十一、庚子、廿一,12.28;　十一、庚子;左都改。 襲定親王爵。	(宗室)**敬徵**
何凌漢	**何凌漢**
(宗室)**禧恩**　(滿)**武忠額**　(宗室)**奕紀** 七、庚子;改兵尚。七、庚子;左都改。十一、庚子; 　　　　　十一、庚子;改左都。戶左遷。	(宗室)**奕紀**　　　(滿)**武忠額** 五、戊寅;改禮尚。　五、戊寅;左都改。
(滿)**武忠額**　(滿)**凱音布**　(宗室)**敬徵** 七、庚子;改禮尚。七、庚子;察都改。九、己酉;前工 十一、庚子;禮尚改。九、己酉;改成將。尚授。十一、 　　　　　　庚子;改工尚。	(滿)**武忠額**　　　(滿)**奎照**(軍、學) 五、戊寅;改禮尚。　五、戊寅;工右遷。 　　　六、壬戌、十六,7.18; 　　　學習入直。
吳　椿　　　　**李宗昉** 五、戊戌;改禮尚。　五、戊戌;吏左遷。	**李宗昉**　　　　**卓秉恬** 十二、己巳、廿六,　十二、己巳;吏左遷。 1.21;憂免。

部院大臣年表

年代	道光十八年　戊戌（1838）			
吏　部	（宗室）**奕經** （兼步統）			
	湯金劍 四、亥酉、廿，5.13；殿試讀卷。四、庚午、廿九、 5.22；教庶。五、癸丑、十三，7.11；改戶尚。 九、乙丑、廿七，11.13；戶尚調回。	**朱士彥** 五、癸丑；兵尚改。 九、乙丑；死（文定）。		
户　部	（宗室）**奕顥** 閏四、庚寅、十九，6.11；改兵尚。	（宗室）**奕紀** 閏四、庚寅；禮尚改。 八、己丑、廿，10.8；管藩。		
	王　鼎＊＊（軍） 五、癸丑；遷（東閣）。	**湯金劍**＊ 五、癸丑；吏尚改，授協。 九、乙丑；仍改吏尚。	**吳　椿** 九、乙丑；禮尚改。	
礼　部	（宗室）**奕紀** 閏四、庚寅；改戶尚。	（滿）**成格** 閏四、庚寅；兵尚改。 八、丙戌、十七，10.5；革。	（滿）**奎照**（軍） 八、己丑；左都改。	
	吳　椿 九、乙丑；改戶尚。	**龔守正** 九、乙丑；吏右署。 十二、乙未、廿八，2.11；授左都仍署。		
兵　部	（宗室）**禧恩** 正、乙亥、二，1.27；管藩。 閏四、己丑、十八，6.10；革（閣學）。	（滿）**成格** 閏四、己丑；刑尚改。 閏四、庚寅；改禮尚。	（宗室）**奕顥** 閏四、庚寅；戶尚改。 十一、乙丑；革。	（滿）**裕誠** 十一、乙丑、廿七， 1.12；左都改。
	朱士彥 二、癸卯、一，2.24；管順。三、戊寅、六， 3.31；會試正考。五、癸丑；改吏尚。	**卓秉恬** 五、癸丑；左都改。九、乙丑；管順。		
刑　部	（滿）**成格** 閏四、己丑；改兵尚。	（滿）**鄂山** 閏四、己丑；川督授。 七、戊申、九，8.28；死。	（覺羅）**寶興** 七、戊申；川督授。十一、壬子、 十四，12.30；改回川督。	（滿）**恩銘** 十一、壬子； 左都改。
	史致儼 二、乙巳、三，2.26；病免（旋死）。	刑左劉彬士署。	**祁　塪** 二、乙巳；粵撫授。	
工　部	（宗室）**敬徵**			
	何凌漢			
理藩院	（滿）**武忠額** 八、丙戌、十七，10.5；降。	（蒙）**賽尚阿** 八、己丑、廿，10.8；察都署。 十二、辛卯、廿四，2.7；授。		
都察院	（滿）**奎照**（軍） 正、甲戌、一，1.26；入直。 八、己丑；改禮尚。	（滿）**恩銘** 八、己丑；刑左遷。 十一、壬子；改刑尚。	（滿）**裕誠** 十一、壬子；戶右遷。 十一、乙丑；改兵尚。	（滿）**隆文** 十一、乙丑；戶右遷。
	卓秉恬 四、辛酉；殿試讀卷。 五、癸丑；改兵尚。	**姚元之** 五、癸丑；刑左遷。 十二、乙未；降二調。	**龔守正** 十二、乙未；吏右署禮尚授，仍署禮尚。	

道光十九年　己亥(1839)	道光二十年　庚子(1840)
(宗室)**奕經** （兼步統）	(宗室)**奕經** （兼步統）
湯金釗 *	**湯金釗** * 四、庚辰、廿，5.21；殿試讀卷。
(宗室)**奕紀**	(宗室)**奕紀**　　　　(滿)**隆文**(軍) 正、己亥、八，　　　正、己亥；刑尚改。 2.10；革。　　　　三、丙申、六，4.7；會試副考。 　　　　　　　　五、癸巳、四，6.3；教庶。
吳　椿　　　　**何凌漢** 三、辛丑、五，4.18；　三、辛丑；工尚改。八、己 病免。　　　　　巳、六，9.13；順鄉副考。	**何凌漢**　　　　**卓秉恬** 二、丁卯、六，3.9；　二、丁卯；兵尚改。 死（文安）。
(滿)**奎照**(軍) 正、壬戌、廿五，3.10；罷直。	(滿)**奎照**
龔守正 三、辛丑；授。	**龔守正** 三、丙申；會試副考。
(滿)**裕誠**	(滿)**裕誠**
卓秉恬	**卓秉恬**　　　　**祁寯藻** 二、丁卯；改戶尚。　二、丁卯；　五、庚寅、一，5.31； 　　　　　　左都改。　服闋左都改李宗昉署。
(滿)**恩銘**　　　　(滿)**隆文**(軍) 三、乙卯、十九，5.2；三、乙卯；左都改。三、丙辰、 改熱都。　　　廿，5.3；赴甘。十二、癸未、 　　　　　　廿一，1.25；入直。	(滿)**隆文**(軍)　　　　(滿)**阿勒清阿** 正、己亥；　左都鐵麟署。十二　正、己亥； 改戶尚。　月，賽尚阿兼署。　熱都授。
祁　墳	**祁　墳** 四、庚辰；殿試讀卷。
(宗室)**敬徵**	(宗室)**敬徵**
何凌漢　　**陳官俊**　　**廖鴻荃** 三、辛丑；　三、辛丑；吏左遷。十二、戊子、廿六， 改戶尚。　十二、戊子；革。　1.30；左都改。	**廖鴻荃** 四、庚辰；殿試讀卷。 八、癸亥、六，9.1；順鄉副考。
(蒙)**賽尚阿**	(蒙)**賽尚阿** 十二月，兼署刑尚。
(滿)**隆文**　　　　(宗室)**鐵麟** 三、乙卯；改刑尚。　三、丙辰；倉侍遷。	(宗室)**鐵麟**　　　　(宗室)**恩桂** 正、己亥；署刑尚。　　　十二、戊寅、十二， 十二、戊寅、廿二，1.14；改察都。　1.14；吏右遷。
龔守正　　**廖鴻荃**　　　**祁寯藻** 三、辛丑；　三、辛丑；吏右遷　十二、戊子；吏 授禮尚。　十二、戊子；改工尚。　右遷。（蘇學）	**祁寯藻**　　　　**沈　岐** 二、丁卯；改兵尚。　二、丁卯；吏右遷。 　　　　四、庚辰；殿試讀卷。

部院大臣年表

年代	道光二一年　辛丑（1841）		
吏部	(宗室)**奕經** * 二、己巳、十四，3.6；授協。 九、乙卯、四，10.18；授揚威將軍，赴浙防英。	理尚恩桂兼署，並署步統。	
	湯金釗 * 閏三、丙寅、十二，5.2；降四調。 (廿二年，光祿)	**卓秉恬** * 閏三、丙寅；戶尚改，授協。 四、甲辰、廿，6.9；殿試讀卷。	
戶部	(滿)**隆文**(軍) 正、甲午、八，1.30；授參贊赴粵。 五、己卯、廿六，7.14；死(端毅)。	(宗室)**敬徵** 正、甲午；工尚兼署。 五、己卯；授。	
	卓秉恬 閏三、丙寅；改吏尚。	**祁寯藻**(軍) 閏三、丙寅；兵尚改。五、甲寅、一，6.19； 教庶。九、己未、八，10.22；入直。	
禮部	(滿)**奎照** 四、甲辰；病免。		
	龔守正 四、甲辰；殿試讀卷。		
兵部	(滿)**裕誠**		
	祁寯藻 三、辛卯、六，3.28；會試副考。 閏三、丙寅；改戶尚。	**許乃普** 閏三、丙寅；戶左遷。 四、甲辰；殿試讀卷。	
刑部	(滿)**阿勒清阿**		
	祁墳 正、乙巳、十九，2.10；赴粵辦糧台。 二、辛酉、六，2.26；署廣督。 七、壬戌、十，8.26；授廣督。	**李振祜** 二、辛酉；倉侍署。七、壬戌；授。	
工部	(宗室)**敬徵** 正、甲午；兼署戶尚。五、己卯；改戶尚。	(蒙)**賽尚阿**(軍) 五、己卯；理尚改，管藩。	
	廖鴻荃		
理藩院	(蒙)**賽尚阿**(軍) 正、乙未、九，1.31；入直。 五、己卯；改工尚。	(宗室)**恩桂** 五、己卯；左都改，仍署。 九、乙卯；署吏尚，步統。	
都察院	(宗室)**恩桂** 五、己卯；改理尚，仍署。	(宗室)**奕山**(未到) 五、己卯；御前大臣授 (靖逆將軍赴粵)。	九、丙辰、五，10.19；戶左文蔚署。 次日赴浙，吏左麟魁署。
	沈岐		

道光二二年　壬寅(1842)	道光二三年　癸卯(1843)
(宗室)奕經＊　　　　(宗室)**恩桂** 十、甲午、十九，11.21；　　十、乙未、廿，11.22； 革、逮。　　　　　　　禮尚改，兼步統。	(宗室)**恩桂** （兼步統）
卓秉恬＊	**卓秉恬**＊
(宗室)**敬徵**＊ 十、乙未；授協。	(宗室)**敬徵**＊
祁寯藻(軍)	**祁寯藻**(軍)
(滿)**色克精額**　(宗室)**恩桂**　(滿)**麟魁** 五、己未、十一，　　五、己未；理尚改。　十、乙未； 6.19；死。　　　　十、乙未；改吏尚。　吏左署。	(滿)**麟魁** 四、丙子、三，5.2；授。 八、丙午、六，9.29；順鄉正考。
龔守正	**龔守正**　　　　　　**陳官俊** 十二、丁巳、十九，2.7；　十二、丁巳；吏左遷。 病免。
(滿)**裕誠**	(滿)**裕誠**
許乃普	**許乃普** 八、丙午；順鄉副考。
(滿)**阿勒清阿**	(滿)**阿勒清阿**
李振祜	**李振祜**
(蒙)**賽尚阿**(軍) 五、丁卯、十九，6.27；赴津防堵(英軍)。	(蒙)**賽尚阿**(軍)
廖鴻荃 十一、丙辰、十二，12.13；署漕督兼署南河。 十二、辛巳、七，1.7；召回。	**廖鴻荃**
(宗室)**恩桂**　　　　(滿)**吉倫泰** 五、己未；改禮尚。　五、己未；理左遷。	(滿)**吉倫泰**
(宗室)**奕山**(未到)　　(滿)**奎照** 五、戊午、十，6.18；革。　二、辛丑、廿二，4.2；前 　　　　　　　　　禮尚署。五、戊午；授。	(滿)**奎照**　　　　(滿)**特登額** 四、丁丑、四，5.3；病免。　四、丁丑；刑左遷。
沈岐　　　　**李宗昉** 九、丁未、二，10.5；乞養。　九、丁未；前署兵尚授。	**李宗昉**

部院大臣年表

年代	道光二四年　甲辰（1844）
吏　部	（宗室）**恩桂** 　　　（兼步統） 　　**卓秉恬** ＊＊　　　　　　　　　　　　　　**陳官俊** ＊ 　　　十二、戊申、十六，1.23；遷（體仁）。　　　　　十二、戊申；工尚改，授協。
户　部	（宗室）**敬徵** ＊ 　　**祁寯藻**（軍）
禮　部	（滿）**麟魁**　　　　　　　　　　　　　（滿）**特登額** 　　　二、庚戌、十三，3.31；革。　　　　　　二、庚戌；左都改。 　　　　　　　　　　　　　　　　　　　　　四、丙辰、廿，6.5；殿試讀卷。 　　**陳官俊**　　　　　　　　　　　　　　**李宗昉** 　　　二、庚戌；改工尚。　　　　　　　　　二、庚戌；左都改。
兵　部	（滿）**裕誠** 　　**許乃普** 　　　四、丙辰；殿試讀卷。
刑　部	（滿）**阿勒清阿** 　　**李振祜**
工　部	（蒙）**賽尚阿**（軍） 　　**廖鴻荃**　　　　　**陳官俊**　　　　　　　　　　**杜受田** 　　二、庚戌；革。　　二、庚戌；禮尚改。三、辛未、四，4.21；　十二、戊申；左都改。 　　　　　　　　　　會試正考。十二、戊申；改吏尚。
理藩院	（滿）**吉倫泰**
都察院	（滿）**特登額**　　　　　　　　　（滿）**文慶** 　　　二、庚戌；改禮尚。　　　　　　二、庚戌；吏左遷。三、辛未；會試副考。 　　　　　　　　　　　　　　　　四、丙辰；殿試讀卷。五、丁卯、一，6.16；教庶。 　　**李宗昉**　　　　　　　**杜受田**　　　　　　　　**祝慶蕃** 　　　二、庚戌；改禮尚。　　二、庚戌；户左遷。八、戊戌、四，9.15；　十二、戊申；户左遷。 　　　　　　　　　　　　順鄉正考。十二、戊申；改工尚。

道 光 二 五 年 乙 巳（1845）

（宗室）**恩桂**
（兼步統）

陳官俊 *

（宗室）**敬徵** *	（蒙）**賽尚阿**（軍）
二、癸丑、廿二，3.29；革（閣學候補）。	二、癸丑；工尚改。

祁寯藻（軍）
　五、辛酉、一，6.5；教庶。

（滿）**特登額**	（滿）**保昌**
四、庚戌、廿，5.25；殿試讀卷。 八、甲寅、廿五，9.26；改工尚。	八、甲寅；正藍漢都授。

李宗昉	**祝慶蕃**
十、辛丑、十三，11.12；病免。（廿六年死）	十、辛丑；左都改。

（滿）**裕誠**	（滿）**文慶**
二、癸丑；改工尚。	二、癸丑；左都改。

許乃普	**何汝霖**（軍）
三、丁卯、六，4.12；會試副考。 四、丙辰、廿六，5.31；降五調。	四、丙辰；戶左遷。

（滿）**阿勒清阿**

李振祜

（蒙）**賽尚阿**（軍）	（滿）**裕誠**	（宗室）**敬徵**	（滿）**特登額**
二、癸丑；改戶尚。	二、癸丑；兵尚改。 四、丙辰；降五調。	四、丙辰；閣學遷。 八、甲寅；革。	八、甲寅；禮尚改。

杜受田

（滿）**吉倫泰**

（滿）**文慶**	（宗室）**成剛**
二、癸丑；改兵尚。	二、癸丑；戶右遷。

祝慶蕃	**魏元烺**
十、辛丑；改禮尚。	十、辛丑；刑右遷。

部院大臣年表

年 代	道光二六年　丙午(1846)	道光二七年　丁未(1847)
吏部	(宗室)**恩桂** （兼步統）	(宗室)**恩桂** （兼步統）
	陳官俊 *	**陳官俊** * 四、戊辰、廿，6.2；殿試讀卷。
戶部	(蒙)**賽尚阿**(軍)	(蒙)**賽尚阿**(軍)
	祁寯藻(軍) 八、戊午、六，9.25；順鄉正考。	**祁寯藻**(軍)
禮部	(滿)**保昌**	(滿)**保昌**
	祝慶蕃	**祝慶蕃**　　**魏元烺**　　　　**賈　楨** 三、乙巳、廿　三、乙巳；左都改。　五、丙戌 六，5.10；降　四、戊辰；殿試讀　左都改。 二調。　　　卷。五、丙戌、八， 　　　　　　6.20；改兵尚。
兵部	(滿)**文慶** 八、戊午；順鄉副考。	(滿)**文慶**(軍) 五、丁亥、九，6.21；入直。　　　十、癸酉、廿七， 五、辛巳、三，6.15；教庶。　　12.4；卸。 八、甲子、十八，9.26；署陝督。
	何汝霖(軍)	**何汝霖**(軍)　　　　**魏元烺** 五、丙戌、八，6.20；　五、丙戌；禮尚改。 憂免。
刑部	(滿)**阿勒清阿**	(滿)**阿勒清阿**
	李振祜	**李振祜**
工部	(滿)**特登額**	(滿)**特登額**
	杜受田	**杜受田** 三、乙酉、六，4.20；會試副考。
理藩院	(滿)**吉倫泰**	(滿)**吉倫泰**
都察院	(宗室)**成剛**	(宗室)**成剛**
	魏元烺	**魏元烺**　　　**賈　楨**　　　　**孫瑞珍** 三、乙巳；　三、乙巳；戶左遷。　五、丙戌； 改禮尚。　五、丙戌；改禮尚。　戶左遷。

道光二八年　戊申(1848)	道光二九年　己酉(1849)
(宗室)恩桂　　　　　(滿)文慶 二、壬子、八，3.12；　二、壬子；兵尚改，罷直， 死(文勤)。　　　　兼步統。十二、乙丑、廿 　　　　　　　　五，1.19；兼翰掌。	(滿)文慶 （兼翰掌）（兼步統）
陳官俊*	陳官俊*　　　　　賈　楨 七、戊戌、三，8.20；　七、戊戌；禮尚改。 死(文慤)。
(蒙)賽尚阿(軍)	(蒙)賽尚阿(軍)
祁寯藻(軍)	祁寯藻*(軍) 七、己亥、四，8.21；授協。　服闋兵尚(一品銜署禮 十、丙寅、二，11.16；赴川　左)何汝霖(軍)署。 查案。
(滿)保昌　　(滿)麟魁　　　(宗室)成剛 二、壬子；　二、壬子；刑左遷。　十二、乙丑； 改兵尚。　十、甲寅、十四，11.9；兼　左都改。 　　　　翰掌。十二、乙丑；革。	(宗室)成剛　　　　(滿)惠豐 六、己丑、廿三，8.11；死。　六、己丑；熱都授。
賈　楨	賈　楨　　　　　孫瑞珍 七、戊戌；改吏尚。　七、戊戌；左都改。 　　　　　　八、己巳、四，9.20；順鄉正考。
(滿)文慶(軍)　　　(滿)保昌 二、壬子；改吏尚。　二、壬子；禮尚改。	(滿)保昌
魏元烺	魏元烺
(滿)阿勒清阿	(滿)阿勒清阿
李振祜	李振祜　　　　　陳孚恩(軍) 十二、乙酉、廿二，2.3；　十二、乙酉；工左遷。 病免。(卅年死，莊肅)
(滿)特登額	(滿)特登額
杜受田	杜受田
(滿)吉倫泰	(滿)吉倫泰
(宗室)成剛　　　　(蒙)柏葰 十二、乙丑；改禮尚。　十二、乙丑；戶左遷。	(蒙)柏葰
孫瑞珍	孫瑞珍　　　　　王廣蔭 七、戊戌；改禮尚。　七、戊戌；工左遷。 　　　　　　八、己丑；順鄉副考。

部院大臣年表

年代	道光三十年　庚戌（1850）		
吏部	（滿）**文慶** （兼翰掌）（兼步統） 七、丙辰、廿六，9.2；革。	（蒙）**柏葰** 七、丙辰；兵尚改。 七、丁巳、廿七，9.3；兼翰掌。	
	賈楨 三、戊戌、六，4.17；會試副考。 四、壬午、廿，5.31；殿試讀卷。		
戶部	（蒙）**賽尚阿** *（軍） 七、丙辰；兼步統。 十、丙戌、廿八，12.1；授協。		
	祁寯藻 * *（軍） 四、壬午；殿試讀卷。 六、癸亥、三，7.11；遷（體仁）。	**孫瑞珍** 六、癸亥；工尚改，兼翰掌。	
禮部	（滿）**惠豐**		
	孫瑞珍 四、壬午；殿試讀卷。 五、庚戌、十九，6.28；改工尚。	**何汝霖**（軍） 五、庚戌；前兵尚（署禮左）授。	
兵部	（滿）**保昌** 三、癸巳、一，4.12；死（敬僖）。	（蒙）**柏葰** 三、癸巳；左都改。四、壬午； 殿試讀卷。七、丙辰；改吏尚。	（滿）**裕鍼** 七、丙辰；前成將授。
	魏元烺		
刑部	（滿）**阿勒清阿**		
	陳孚恩（軍） 五、庚戌、十九，6.28；乞養。	**杜受田** * 五、庚戌；工尚改。六、癸亥；授協。	
工部	（滿）**特登額**		
	杜受田 四、壬午；殿試讀卷。 廿九，6.9；教庶。五、庚戌；改刑尚。	**孫瑞珍** 四、辛卯； 五、庚戌；禮尚改。 六、癸亥；改戶尚。	**王廣蔭** 六、癸亥；左都改。 九、己亥、十一，10.15；武會正考。
理藩院	（滿）**吉倫泰**		
都察院	（蒙）**柏葰** 三、癸巳；改兵尚。	（蒙）**花沙納** 三、甲午、二，4.13；吏左遷。三、戊戌；會試副考。	
	王廣蔭 六、癸亥；改工尚。	**季芝昌**（軍） 六、甲子、四，7.12；戶左遷。	

咸豐元年　辛亥(1851)	咸豐二年　壬子(1852)
(蒙)**柏葰** （兼翰掌）三、丙申、九,4.10;署兼步統。 八、庚申、六,9.1;順鄉副考。	(蒙)**柏葰** （兼翰掌）四、庚子、廿,6.7;殿試讀卷。
賈　楨	**賈　楨**＊ 五、丙辰、六,6.23;教庶。 九、辛亥、四,10.16;授協。
(蒙)**賽尚阿**＊＊　(軍)　(滿)**裕誠**＊ （兼步統）正、戊子、一,　正、戊子；兵尚改。五、乙 2.1;遷(文華)。　巳、十九,6.18;授協。	(滿)**裕誠**＊＊　(宗室)**禧恩**＊　(滿)**文慶** 正、辛酉、十,　正、辛酉；戶左遷。九、　十一、甲 2.29;遷(文　辛亥；授協。十一、甲　子;閣學 華)。　子、十八,12.28;死(文莊)。　遷。
孫瑞珍 （兼翰掌）	**孫瑞珍** （兼翰掌）
(滿)**惠豐**　　(宗室)**奕湘** 八、戊辰、十四,9.9;　八、戊辰；成將授。 死(恪慎)。	(宗室)**奕湘**
何汝霖(軍)	**何汝霖**(軍)　　　(漢)**徐澤醇** 三、丁卯、十七,5.5;罷直。　十二、辛巳; 十二、辛巳、六,1.14;死(恪慎)。　川督授。
(滿)**裕誠**　　(滿)**特登額** 正、戊子；改戶尚。　正、戊子；工尚改。	(滿)**特登額**　　(滿)**桂良** 四、辛丑、廿一,6.8;病免。　四、辛丑；福將授。
魏元烺	**魏元烺**
(滿)**阿勒清阿**　　(滿)**恒春** 閏八、丁酉、十四,10.8;病免。閏八、丁酉；察都授。	(滿)**恒春**　　　(滿)**阿靈阿** 七、甲戌、廿六,9.9;降四調。七、甲戌；工尚改。
杜受田＊　　　**周祖培** 五、乙巳;病,解任　五、乙巳;刑左遷。 (以協辦管禮)。	**周祖培** 三、丙辰、六,4.24;會試正考。
(滿)**特登額**　　(滿)**阿靈阿** 正、戊子；改兵尚。　正、戊午；戶左遷。	(滿)**阿靈阿**　　(滿)**麟魁**(軍) 七、甲戌；改刑尚。　七、甲戌；戶右遷。 八、甲申、六,9.19;順鄉正考。
王廣蔭　　　　**翁心存** 十二、乙未、十四,　十二、乙未；戶右遷。 2.3;死(文慎)。	**翁心存** 四、庚子；殿試讀卷。 九、己未、十二,10.24;武會正考。
(滿)**吉倫泰**	(滿)**吉倫泰**
(蒙)**花沙納**	(蒙)**花沙納** 四、庚子；殿試讀卷。
季芝昌(軍)　　　**朱鳳標** 五、乙巳;改閩督。　五、乙巳；戶左遷。	**朱鳳標** 四、庚子；殿試讀卷。 八、甲申；順鄉副考。

部院大臣年表

年 代	咸 豐 三 年　癸丑 (1853)
吏部	(蒙)**柏葰** （兼翰掌）四、甲午、廿,5.27;殿試讀卷。 五、戊申、四,6.10;敎庶。 **賈　楨**＊ 四、甲午;殿試讀卷。 十二、丙申、廿六,1.24;管順。
戶部	(滿)**文慶** 四、甲午;殿試讀卷。 **孫瑞珍** （兼翰掌）

禮部	(宗室)**奕湘** 九、丁未、五,10.7;病免(旋授理尙)。	(滿)**麟魁**(軍) 九、丁未;工尙改。 十、戊寅、七,11.7;罷直,授內務。
	徐澤醇 三、庚戌、六,4.13;會試正考。 四、甲午;殿試讀卷。	

兵部	(滿)**桂良** 九、丙午、四,10.6;授直督。	(滿)**阿靈阿** 九、丁未;刑尙改。
	魏元烺	

刑部	(滿)**阿靈阿** 九、丁未;改兵尙。	(滿)**德興** 九、丁未;工左遷。
	周祖培 五、辛酉、十七,6.23;降三調。	**翁心存** 五、辛酉;工尙改。 五、癸亥、十九,6.25;工尙互調。	**許乃普** 五、癸亥;工尙改。

工部	(滿)**麟魁**(軍) 九、丁未;改禮尙。	(蒙)**花沙納** 九、丁未;左都改。 九、癸丑、十一,10.13;卸兼步統。
	翁心存 五、辛酉;改刑尙。五、癸亥;仍改回。 十二、丙申、廿六,1.24;革。	**許乃普** 五、辛酉;刑右遷。 五、癸亥;改刑尙。	**趙　光** 十二、丙申;兵左遷。

理藩院	(滿)**吉倫泰** 三、壬子、八,4.15;死(敬僖)。	(宗室)**恩華** 三、壬子;兵左遷。六、辛巳、八,7.13; 幫辦軍務。九、庚戌、八,10.10;革、拿。	(宗室)**奕湘** 九、癸丑;病痊禮尙授。

都察院	(蒙)**花沙納** 正、壬申、廿七,3.6;兼步統。 九、丁未;改工尙。	(滿)**聯順** 九、丁未;禮左遷,仍兼京右。 九、癸丑、十一,10.13;兼步統。
	朱鳳標 九、癸丑、十一,10.13;武會正考。	

咸豐四年　甲寅(1854)	咸豐五年　乙卯(1855)
(蒙)**柏葰**　　　(蒙)**花沙納** （兼翰掌）十、丙辰、廿一，　　十、丙辰；工尚改。 12.10；降左副。	(蒙)**花沙納** 八、丙申、六，9.16；順鄉副考。
賈　楨 * *　　　**翁心存** 五、辛丑；兼翰掌。十一、庚寅、　十一、庚寅；兵尚改。 廿五，1.13；遷（體仁）。	**翁心存**
(滿)**文慶** 十、丙辰；兼翰掌。	(滿)**文慶** * *(軍)　　　(蒙)**柏葰** （兼翰掌）七、壬午、廿一，9.2；入　十二、乙巳、 直。九、庚午、十，10.20；授協。　十六，1.23； 十二、乙巳、十六，1.23；遷（文淵）。熱都授。
孫瑞珍　　　**朱鳳標** （兼翰掌）五、辛丑、三，5.29；　五、辛丑；刑尚改。 病免。（八年死，文定）	**朱鳳標**
(滿)**麟魁**	(滿)**麟魁**　　　(滿)**瑞麟** 十一、己卯、廿，12.28；　十一、己卯；西將授。 改刑尚。
(漢)**徐澤醇**	(漢)**徐澤醇**
(滿)**阿靈阿**	(滿)**阿靈阿**
魏元烺　　**翁心存**　　　**周祖培** 九、乙未、廿九，　九、乙未；戶右遷。十一、庚寅； 11.19；死（勤恪）。十一、庚寅；改吏尚。左都改。	**周祖培**
(滿)**德興**	(滿)**德興**　　　(滿)**麟魁** 十一、己卯；死（文恭）。十一、己卯；禮尚改。
許乃普　　**朱鳳標**　　　**趙　光** 二、己卯、十，　二、己卯；左都改。五、辛丑； 3.8；降閣學。五、辛丑；改戶尚。工尚改。	**趙　光**
(蒙)**花沙納**　　　(滿)**全慶** 十、丙辰；改吏尚。十、丙辰；倉侍遷。	(滿)**全慶**
趙　光　　　**彭蘊章**(軍) 五、辛丑；改刑尚。五、辛丑；禮左遷。	**彭蘊章** * (軍) 十二、乙巳；授協。
(宗室)**奕湘**	(宗室)**奕湘**　　　(滿)**聯順** 九、乙丑、五，10.15；（兼步統）九、乙丑； 改定左。　　左都遷。
(滿)**聯順** （兼步統）	(滿)**聯順**　　　(宗室)**文彩** （兼步統）九、乙丑；改理尚。九、乙丑；倉侍遷。
朱鳳標　　**周祖培**　　　**許乃普** 二、己卯；　二、己卯；吏左遷。十一、庚寅； 改刑尚。十一、庚寅；改兵尚。吏左遷。	**許乃普**

部院大臣年表

年代	咸豐六年　丙辰(1856)	咸豐七年　丁巳(1857)
吏部	(蒙)花沙納	(蒙)花沙納
	翁心存 *　　　　　　周祖培 十、壬寅、十八,11.15;兼翰掌。　十一、癸酉; 十一、乙卯、一,11.28;授協。　　兵尚改。 十一、癸酉、十九,12.16;改户尚。	周祖培
户部	(蒙)柏葰 *(軍) 十一、壬申、十八,12.15;入直。 十二、己酉、廿六,1.21;授協,兼翰掌。	(蒙)柏葰 *(軍) (兼翰掌)
	朱鳳標　　　　　　翁心存 * 四、乙巳、十九,5.22;殿試　(兼翰掌)十一、 讀卷。六、乙卯、卅,7.31;　癸酉;吏尚改。 教庶。十一、癸酉;改兵尚。	翁心存 * (兼翰掌)
禮部	(滿)瑞麟	(滿)瑞麟
	(漢)徐澤醇	(漢)徐澤醇
兵部	(滿)阿靈阿	(滿)阿靈阿　　　　　　(滿)全慶 正、丁卯、十四,2.8;　正、戊辰、十五, 死(懋勤)。　　　2.9;工尚改。
	周祖培　　　　　朱鳳標 十一、癸酉;改吏尚。　十一、癸酉;户尚改。	朱鳳標
刑部	(滿)麟魁 五、戊午、二,6.4;教庶。	(滿)麟魁
	趙　光 九、丁卯、十三,10.11;武會正考。	趙　光
工部	(滿)全慶 三、癸亥、六,4.10;會試副考。 四、乙巳;殿試讀卷。	(滿)全慶　　　　(宗室)文彩 正、戊辰;改兵尚。　正、戊辰;左都改。 　　　　六、乙亥;兼步統。
	彭蘊章 **(軍)　　許乃普 十一、乙卯、一,11.28;　十一、乙卯;左都改。 遷(文淵)。	許乃普
理藩院	(滿)聯順 (兼步統)	(滿)聯順　　　(滿)廣福　　(宗室)肅順 六、乙亥、廿六,8.15;七、甲申;前烏都　八、乙丑; 卸兼步統。七、甲申、授。八、乙丑、十　左都改。 五、8.24;解。　　一,10.4;死。
都察院	(宗室)文彩	(宗室)文彩　　(宗室)肅順　　(蒙)瑞常 正、戊辰;　　正、戊辰;户左遷。　八、乙丑; 改工尚。　　八、乙丑;改理尚。　吏左遷。
	許乃普　　　　　　朱嶹 三、癸亥;會試副考。　十一、乙卯;户左遷。 十一、乙卯;改工尚。	朱嶹

咸豐八年　戊午（1858）

（蒙）**花沙納**
　　四、辛酉、十六，5.28；赴津（英軍北上）。
　　六、己酉、五，7.15；赴滬議約。

周祖培 *
　　九、壬午、十，10.16；授協。

（蒙）**柏葰** * *（軍）	（滿）**瑞麟** * *	（宗室）**肅順**
（兼翰掌）八、戊申、六，9.12；順遷鄉正考。	九、壬午；禮尚改。	十二、庚午；禮尚改，管藩。
九、壬午；遷（文淵）。	十二、庚午、廿九，2.1；遷（文淵）。	

翁心存 * *	**朱鳳標**	
（兼翰掌）九、壬午；遷（體仁）。	九、壬午；兵尚改。	

（滿）**瑞麟**	（宗室）**肅順**	（滿）**麟魁**
六、庚申、十六，7.26；署直督。	九、壬午；理尚改。	（兼翰掌）十二、庚午；刑尚改。
九、壬午；改戶尚。	十二、庚午；改戶尚。	

（漢）**徐澤醇**		**朱　嶟**
十一、己卯、八，12.12；死（恭勤）。	九、庚辰、八，10.14；署兵左陳孚恩署，	十一、己卯；左都改。
	九、壬午；授兵尚。	

（滿）**全慶**

朱鳳標	**陳孚恩**
八、戊申；順鄉副考。	九、壬午；署禮尚授。
九、壬午；改戶尚。	

（滿）**麟魁**	（蒙）**瑞常**
十二、丁巳、十六，1.19；兼翰掌。	十二、庚午；理尚改。
十二、庚午；改禮尚。	

趙　光

（宗室）**文彩**
　　四、丙寅、廿一，6.2；卸兼步統。

許乃普

（宗室）**肅順**	（蒙）**瑞常**	（滿）**穆蔭**（軍）
九、壬午；改禮尚。	九、壬午；左都改。	十二、庚午；吏右遷，仍兼京右。
	十二、庚午；改刑尚。	

（蒙）**瑞常**	（宗室）**綿森**
九、壬午；改理尚。	九、壬午；馬蘭鎮授。

朱　嶟	**張祥河**
十一、己卯；改禮尚。	十一、庚辰、九，12.13；吏右遷。

部院大臣年表

年代	咸豐九年　己未（1859）
吏 部	（蒙）花沙納　　　　　　　　　　　　　　（滿）全慶 　十二、壬寅、七，12.30；死（文定）。　　　十二、壬寅；兵尚改。
	周祖培*　　　　　　　賈　楨**　　　　　　　　　　　許乃普 　二、乙卯、十四，3.18；　二、乙卯；以大學士銜任。三、丙子、六，4.8；會　五、乙未；工尚改。 　改戶尚。　　　　　　試正考。四、庚申、廿，5.22；殿試讀卷。 　　　　　　　　　　　五、乙未、廿六，6.26；遷（體仁）。
戶 部	（宗室）肅順
	朱鳳標　　　　　　　　　　周祖培* 　二、甲寅、十三，3.17；革。　二、乙卯、十四，3.18；吏尚改。四、庚申；殿 　　　　　　　　　　　　　試讀卷。八、癸卯、六，9.2；順鄉正考。
禮 部	（滿）麟魁 　（兼翰掌）四、庚申；殿試讀卷。
	朱　嶟 　四、庚申；殿試讀卷。
兵 部	（滿）全慶　　　　　　　　　　　　（滿）穆蔭（軍） 　四、戊辰、廿八，5.30；教庶。　　　十二、壬寅；理尚改。 　十二、壬寅；改吏尚。
	陳孚恩
刑 部	（蒙）瑞常 　四、庚申；殿試讀卷。八、癸卯；順鄉副考。
	趙　光 　三、丙子；會試副考。四、戊辰；教庶。
工 部	（宗室）文彩
	許乃普　　　　　　　　　　張祥河 　五、乙未；改吏尚。　　　　五、乙未；左都改。
理 藩 院	（滿）穆蔭（軍）　　　　　　　　（宗室）春佑 　十二、壬寅；改兵尚。　　　　　十二、壬寅；吏左遷。
都 察 院	（宗室）綿森
	張祥河　　　　　　　　　　沈兆霖 　五、乙未；改工尚。　　　　五、乙未；戶左遷。

咸豐十年　庚申(1860)	咸豐十一年　辛酉(1861)
(滿)**全慶** 三、庚午、六,3.27;會試副考。 五、丁酉、四,6.22;兼翰掌。	(滿)**全慶** (兼翰掌)
許乃普　　　　**陳孚恩** 九、甲午、四,10.17;　　九、甲午;兵尚改。 病免。(同五死,文恪)	**陳孚恩**　　　　**朱鳳標** 十、壬戌、七,11.9;革。　十、癸亥、八,11.10; 　　　　　　　　　　兵尚改。
(宗室)**肅順** * 十二、丙戌、廿七,2.6;授協。	(宗室)**肅順** *　　　　(蒙)**瑞常** 九、乙卯、卅,11.2;解。　(兼步統)十、丙辰、一, 十、辛酉、六,11.8;殺。　11.3;工尚改。
周祖培 * *　　　　**沈兆霖** 三、庚午;會試正考。四、　十二、丙戌;兵尚改。 甲申、廿,6.9;殿試讀卷。 十二、丙戌;遷(體仁)。	**沈兆霖**(軍) 十、丙辰;入直。
(滿)**麟魁**　　(宗室)**綿森**　　(滿)**倭什琿布** (兼翰掌)五、丁　五、丁酉;左都改。　六、乙亥; 酉、四,6.22;降　六、乙亥、十三,　理尚改。 三調(刑右)。　7.30;改工尚。	(滿)**倭什琿布**
朱　嶟 三、庚午、六,3.27;會試副考。	**朱　嶟**　　　　**祁寯藻**(* *) 十二、戊寅、廿五,1.24;　十二、戊寅; 病免,吏左李菡兼署。　前大學士署。 (同元死,文端)
(滿)**穆蔭**(軍) 七、乙卯、廿三,9.8;欽,通州辦撫(英軍)。 八、戊辰、七,9.21;撤銷。	(滿)**穆蔭**(軍)　　　　(滿)**麟魁** 九、己丑、四,10.7;管藩。九、乙　十、壬戌;左都改。 卯;罷直。十、辛酉、六,11.8;革。
陳孚恩　　**沈兆霖**　　　**朱鳳標** 九、甲午;　九、甲午;左都改。　十二、丙戌; 改吏尚。　十二、丙戌;改戶尚。　左副遷。	**朱鳳標**　　　**萬青藜** 十、癸亥;　三、辛亥、廿三,　十、癸亥;左都改。 改吏尚。　5.2;前大學士　十一、癸卯、十九, 　　　彭蘊章署。　12.20;管順。
(蒙)**瑞常** 四、甲申;殿試讀卷。	(蒙)**瑞常**　　　　(宗室)**綿森** 九、己丑、四,10.7;工尚互調。　九、己丑;工尚改。
趙　光	**趙　光** 十、戊辰、十三,11.15;武會正考。
(宗室)**文彩**　　　　(宗室)**綿森** 六、乙亥;病免(旋死)。　六、乙亥;禮尚改。	(宗室)**綿森**　　(蒙)**瑞常**　　(蒙)**愛仁** 九、己丑;刑尚　九、己丑;刑尚改,　十、丙辰;理 互調。　兼步統。十、丙辰;　尚改,管藩。 　　改戶尚。
張祥河	**張祥河**　　　　**王慶雲** 十一、癸卯;卸管順。十二、庚午　十二、庚午; 十七,1.16;病免。(同元死,溫和)　左都改。
(宗室)**春佑**　　(滿)**倭什琿布**　(滿)**伊勒東阿** 二、己未、廿四,　二、己未;寧將授。　六、乙亥; 3.16;改熱都。　六、乙亥;改禮尚。　工左遷。	(滿)**伊勒東阿**
(宗室)**綿森**　　　　(蒙)**愛仁** 五、丁酉;改禮尚。　五、丁酉;吏右遷。	(蒙)**愛仁**　　(滿)**麟魁**　　(蒙)**倭仁** 十、丙辰;　十、丙辰;刑右遷。　十、壬戌; 改工尚。　十、壬戌;改兵尚。　盛戶遷。
沈兆霖　　　　**萬青藜** 四、甲申;殿試讀卷。　九、甲午;吏右遷。 九、甲午;改兵尚。	**萬青藜**　　　**王慶雲**　　　**羅惇衍** 九、辛卯、六,10.9;　十、甲子、九,11.11;前廣　十二、庚 順鄉正考。　督授。十一、庚午;改工　午;前戶 十、癸亥;改兵尚。　尚。前大學士彭蘊章署。　左遷。

年代	同治元年　壬戌（1862）			
吏部	（滿）**全慶** （兼翰掌）二、庚申、七、3.7；降四調。	（蒙）**瑞常** * 二、辛酉、八、3.8；戶尚改。四、辛巳、廿九、5.27； 殿試讀卷。八、丙辰、六、8.30；順鄉副考。 十、戊子、九、11.30；授協，卸兼步統。		
	朱鳳標 四、辛巳；殿試讀卷。			
戶部	（蒙）**瑞常** （兼步統）二、辛酉；改吏尚。	（滿）**寶鋆**（軍）（總） 二、辛酉；戶左遷。		
	沈兆霖（軍） 正、己亥、十六、2.14；署陝督。 七、庚子、十九、8.14；死（文忠）。	**羅惇衍** 七、庚子；左都改。 八、丙辰；順鄉副考。		
禮部	（滿）**倭什琿布**			
	祁寯藻（＊＊） 二、壬戌、九、3.9；大學士銜授。			
兵部	（滿）**麟魁** * 正、甲申、一、1.30；授協。 2.11；署陝督。正、己亥；死（文端）。	（蒙）**愛仁** 正、丙申、十三、 正、己亥；工尚改。		
	萬青藜 三、戊子；會試副考。四、辛巳；殿試讀卷。			
刑部	（宗室）**綿森**			
	趙　光 九、壬戌、十三、11.4；武會正考。			
工部	（蒙）**愛仁** 正、己亥；改兵尚。 （蒙）**倭仁** ＊＊ 正、己亥；左都改。二、辛酉兼翰掌。三、戊子、六、4.4； 會試正考。五、己亥、十八、6.14；教庶。七、壬辰、十一、 8.6；授協。閏八、丙申、十六、10.9；遷（文淵）。			（滿）**文祥**（軍）（總） 閏八、丙申；左都改。
	王慶雲 三、庚子、十八、4.16；死（文勤）。	**李菡** 三、庚子；吏左遷。		
理藩院	（滿）**伊勒東阿**			
都察院	（蒙）**倭仁** 正、己亥；改工尚。	（滿）**文祥**（軍）（總） 正、己亥；戶左遷。 閏八、丙申；改工尚。	（宗室）**載齡** 閏八、丁酉、十七、 10.10；吏左遷。	
	彭蘊章 五、辛卯、十、 6.6；病休。	**羅惇衍** 七、庚子； 改戶尚。	**李棠階**（軍） 七、庚子；禮右遷。閏八、 癸巳、十三、10.6；入直。	

同治二年　癸亥(1863)	同治三年　甲子(1864)
(蒙)瑞常 ﹡ 四、丙申、廿,6.6;殿試讀卷。 五、庚戌、五,6.20;教庶。	(蒙)瑞常 ﹡ 八、甲戌、六,9.6;順鄉正考。
朱鳳標 五、庚戌;教庶。	朱鳳標 八、甲戌;順鄉副考。
(滿)寶鋆(軍)(總) 四、丙申;殿試讀卷。	(滿)寶鋆(軍)(總)
羅惇衍	羅惇衍 八、甲戌;順鄉副考。
(滿)倭什琿布	(滿)倭什琿布
祁寯藻(﹡﹡)	祁寯藻(﹡﹡)　　　　李棠階(軍) 七、壬戌、廿四,8.25;解。仍　七、壬戌;工尚改。 以大學士衘在弘德殿行走。　八、甲戌;順鄉副考。
(蒙)愛仁　　　　　　(宗室)戴齡 十二、戊子、十六,1.24;　　十二、戊子;左都遷。 死(清恪)。	(宗室)戴齡
萬青藜 四、丙申;殿試讀卷。	萬青藜
(宗室)綿森	(宗室)綿森
趙　光	趙　光
(滿)文祥(軍)(總)	(滿)文祥(軍)(總)
李　茝　　　　　李棠階(軍) 二、乙酉、九,3.27;　二、乙酉;左都改。 死(文恪)。　　　　三、壬子、六,4.23;會試正考。	李棠階(軍)　　　　單懋謙 七、壬戌;改禮尚。　　七、癸亥、廿五,8.26; 　　　　　　　　　左都改。
(滿)伊勒東阿　　　(宗室)存誠 正、己巳、廿二,3.11;　(兼步統)正、庚午、 改杭將。　　　　　廿三,3.12;禮右遷。	(宗室)存誠 (兼步統)
(宗室)戴齡　　　　(滿)全慶 三、壬子;會試副考。　十二、戊子;工右遷。 十二、戊子;改兵尚。	(滿)全慶
李棠階(軍)　　　單懋謙 二、乙酉;改工尚。　二、乙酉;吏左遷。 　　　　　　　三、壬子;會試副考。	單懋謙　　　　齊承彥 七、癸亥;改工尚。　七、癸亥;刑左遷。

部院大臣年表

年代	同治四年　乙丑(1865)	同治五年　丙寅(1866)
吏部	(蒙)瑞常 * 四、甲申、廿，5.14；殿試讀卷。 朱鳳標 四、甲申：殿試讀卷。	(蒙)瑞常 *　　　　(滿)文祥(軍)(總) 二、乙巳、十五，3.31；　二、乙巳；工尚改。 工尚互調。 朱鳳標
戶部	(滿)寶鋆(軍)(總) 三、辛丑、六，4.1；會試副考。 羅惇衍	(滿)寶鋆(軍)(總) 羅惇衍
禮部	(滿)倭什琿布 李棠階(軍)　　萬青藜 十一、壬申、十一，　十一、壬申；兵尚改。 12.28；死(文清)。	(滿)倭什琿布　　(滿)全慶 十二、壬子、廿七，　十二、癸丑、廿八， 2.1；病免。　　　2.2；左都改。 萬青藜
兵部	(宗室)載齡 萬青藜　　　　曹毓瑛(軍) 正、丁酉、一，1.27；管順。十一、壬申；左都改。 十一、壬申；改禮尚。	(宗室)載齡 曹毓瑛(軍)　　　董恂(總) 三、甲戌、十五，4.29；三、丙戌、廿七，5.11； 死(恭愨)。　　　左都改。
刑部	(宗室)綿森 趙光　　　　齊承彥 二、丁亥、廿一，3.15；二、戊子、廿二，3.19； 死(文恪)。　　　左都改。	(宗室)綿森 齊承彥
工部	(滿)文祥(軍)(總) 單懋謙	(滿)文祥(軍)(總)　(蒙)瑞常 * 二、乙巳；吏尚互調。　二、乙巳；吏尚改。 單懋謙
理藩院	(宗室)存誠 (兼步統)	(宗室)存誠 (兼步統)
都察院	(滿)全慶 五、癸卯、九，6.2；教庶。 齊承彥　曹毓瑛(軍)　董恂(總) 二、戊子；二、戊子；兵左遷。十一、壬申； 改刑尚。十一、壬申；改兵尚。戶右遷。	(滿)全慶　　　(宗室)靈桂 十二、癸丑；改禮尚。十二、癸丑；刑左遷。 董恂(總)　　　汪元方(軍) 三、丙戌；改兵尚。三、丙戌；戶左遷。十、 　　　　　　辛丑、十六，11.22；入直。

同治六年　丁卯(1867)	同治七年　戊辰(1868)
(滿)**文祥**(軍)(總)	(滿)**文祥**(軍)(總) 三、甲寅、六，3.29；會試副考。
朱鳳標	**朱鳳標** * *　　　　**單懋謙** 正、庚戌、一，1.25；授　三、丙子、廿八，4.20；工尚改。 協。三、甲寅、六，3.29；　四、戊戌、廿，5.12；殿試讀卷。 會試正考。三、乙亥、廿　閏四、癸丑、六，5.27；教庶。九、 七，4.19；遷(體仁)。　　丁亥、十三，10.28；武會正考。
(滿)**寶鋆**(軍)(總)	(滿)**寶鋆**(軍)(總)
羅惇衍	**羅惇衍**
(滿)**全慶**	(滿)**全慶** 四、戊戌；殿試讀卷。
萬青藜	**萬青藜**
(宗室)**載齡**	(宗室)**載齡**
董恂(總)	**董恂**(總) 三、甲寅；會試副考。
(宗室)**綿森**	(宗室)**綿森**　　　　(蒙)**瑞常** * 六、庚戌、四，7.23；　(兼翰掌)六、庚戌； 死(端愨)。　　　　工尚改。
齊承彥　　　　**譚廷襄**(總) 十二、辛卯、十二，　十二、辛卯；左都改。 1.6；死(恭勤)。	**譚廷襄**(總)
(蒙)**瑞常** * 六、乙未、十三，7.14；兼翰掌。 八、丙戌、六，9.3；順鄉副考。	(蒙)**瑞常** *　　　　(宗室)**存誠** (兼翰掌)閏四、癸丑；教　(兼步統)六、庚戌； 庶。六、庚戌；改刑尚。　理尚改。
單懋謙 八、丙戌；順鄉副考。	**單懋謙**　　　　**鄭敦謹** 三、丙子；改吏尚。　三、丙子；左都改(署晉撫)。 　　　　八、壬申、廿八，10.13；吏左 　　　　沈桂芬兼署。
(宗室)**存誠** (兼步統)	(宗室)**存誠**　　　　(漢)**崇綸**(總) (兼步統)六、庚戌；改工尚。　六、庚戌；戶左遷。
(宗室)**靈桂**	(宗室)**靈桂**
汪元方(軍)　　**譚廷襄**(總)　　**鄭敦謹** 八、丙戌；順鄉副考。　十、癸巳；戶左　十二、辛卯； 十、癸巳、十四，11.9；　遷。　十二、辛　刑左遷。 死(文端)。　　　　卯；改刑尚。	**鄭敦謹**　　　　**毛昶熙** 二、壬午、四，2.26；署晉　三、丙子；戶左遷。 撫。三、丙子；改工尚。

部院大臣年表

年代	同治八年　己巳(1869)	同治九年　庚午(1870)
吏部	(滿)**文祥**(軍)(總) **單懋謙**	(滿)**文祥**(軍)(總) **單懋謙**
户部	(滿)**寶鋆**(軍)(總) **羅惇衍**　　　　**董　恂**(總) 六、辛酉、廿一,7.29;憂　六、辛酉;兵尚改。 免。(十三年死,文恪)	(滿)**寶鋆**(軍)(總) **董　恂**(總)
禮部	(滿)**全慶** **萬青藜**	(滿)**全慶** **萬青藜**
兵部	(宗室)**戴齡** **董　恂**(總)　　　**鄭敦謹** 六、辛酉;改户尚。　六、辛酉;工尚改。	(宗室)**戴齡** **鄭敦謹**　　　**沈桂芬**(軍)(總) 四、甲辰、八,5.8;　四、甲辰;左都遷。 改刑尚。
刑部	(蒙)**瑞常** * (兼翰掌) **譚廷襄**(總)	(蒙)**瑞常** * (兼翰掌) 八、庚子、六,9.1;順鄉副考。 **譚廷襄**(總)　　　**鄭敦謹** 四、甲辰;死(端恪)。　四、甲辰;兵尚改。 　　　　　　　　八、庚子;順鄉副考。
工部	(宗室)**存誠** (兼步統) **鄭敦謹**　　**毛昶熙**(總) 五、己亥、廿八,7.7;六、辛酉;左都改 署晉撫召回。　　十、丁未、九,11.12;直總。 六、辛酉;改兵尚。	(宗室)**存誠** (兼步統) **毛昶熙**(總) 六、癸亥、廿八,7.26;赴津會辦教案。 八、己酉、十五,9.10;召回。
理藩院	(漢)**崇　綸**(總)	(漢)**崇　綸**(總)
都察院	(宗室)**靈桂** **毛昶熙**　　　**沈桂芬**(軍)(總) 六、辛酉;改工尚。　六、辛酉;吏左遷。 　　　　　　十、丁未;直總。	(宗室)**靈桂** **沈桂芬**(軍)(總)　　**龐鍾璐** 四、甲辰;改兵尚。　四、甲辰;吏右遷。

同 治 十 年　辛未(1871)	同 治 十一年　壬申(1872)
(滿)**文祥** *(軍)(總) 二、戊子、廿八，4.17；授協。	(滿)**文祥** **(軍)(總)　　　(滿)**寶鋆**(軍)(總) 六、甲子、十一，7.16；　　六、甲子；戶尚改。 遷(體仁)。
單懋謙	**單懋謙** **　　　　　　**毛昶熙**(總) 六、丁卯、十四，7.19；授協，　八、庚申；工尚改。 兼翰掌。八、庚申、八，9.10； 遷(文淵)。
(滿)**寶鋆**(軍)(總) 四、庚辰、廿一，6.8；殿試讀卷。	(滿)**寶鋆**(軍)(總)　　　(宗室)**戴齡** 六、甲子；改吏尚。　　六、甲子；兵尚改。
董　恂(總)	**董　恂**(總)
(滿)**全慶**　　　　　(宗室)**存誠** 二、庚寅、卅，4.19；　　(兼步統) 二、庚寅； 改刑尚。　　　　　　工尚改。	(宗室)**存誠**　　　　(宗室)**靈桂** (兼步統) 七、己亥、十七，　七、己亥；理尚改。 8.20；死(勤恪)。
萬青藜	**萬青藜**
(宗室)**戴齡** 五、庚寅、一，6.18；教庶。	(宗室)**戴齡**　　　　(滿)**英桂** 六、甲子；改戶尚。　六、甲子；內大臣授。 　　　　　　　七、己亥；管藩。
沈桂芬(軍)(總)	**沈桂芬**(軍)(總)
(蒙)**瑞常** **　　　(滿)**全慶** (兼翰掌) 二、戊子；　二、庚寅；禮尚改。 遷(文淵)。　　　四、庚辰；殿試讀卷。	(滿)**全慶** * 四、癸亥、十，5.16；兼翰掌。 六、甲子；授協。
鄭敦謹　　　　　**龐鍾璐** 七、乙卯、廿七，9.11；病　七、乙卯；左都改。 免。(十一年死，恪慎)　九、庚子、十三，10.26； 　　　　　　武會正考。	**龐鍾璐**　　　　　**桑春榮** 八、壬戌、十，9.12；休。　八、壬戌；左都改。 (光二死，文恪)
(宗室)**存誠**　　　　(漢)**崇　綸**(總) (兼步統) 二、庚寅；　二、庚寅；理尚改。 改禮尚。	(漢)**崇　綸**(總)
毛昶熙(總) 三、丙申、六，4.25；會試副考。 四、庚辰；殿試讀卷。	**毛昶熙**(總)　　　　**李鴻藻**(軍) 八、庚申；改吏尚。　八、庚申；左都改。
(漢)**崇　綸**(總)　　(宗室)**靈桂** 二、庚寅；改工尚。　二、庚寅；左都改。	(宗室)**靈桂**　　　　(滿)**卓保** 七、己亥；改禮尚。　七、己亥；左都改。
(宗室)**靈桂**　　　　(滿)**卓保** 二、庚寅；改理尚。　二、庚寅；吏左遷。 　　　　　　三、丙申；會試副考。	(滿)**卓保**　　　　　(宗室)**英元** 七、己亥；改理尚。　七、己亥；倉侍遷， 　　　　　　兼步統。
龐鍾璐　　　　　**李鴻藻**(軍) 四、庚辰；殿試讀卷。　七、乙卯；戶右遷。 七、乙卯；改刑尚。	**李鴻藻**(軍)　　**桑春榮**　　**胡家玉** 八、庚申；改工尚。　八、庚申；刑右遷。　八、壬戌； 　　　　　八、壬戌；改刑尚。　吏右遷。

部院大臣年表

年代	同治十二年　癸酉(1873)	同治十三年　甲戌(1874)
吏部	(滿)**寶鋆**(軍)(總) 十二、己丑、十五、2.1；兼翰掌。 **毛昶熙**(總)	(滿)**寶鋆** *(軍)(總)　　　(滿)**英桂** (兼翰掌)三、丙午、四,4.19；授　八、癸酉；兵尚 協。五、乙巳、四,6.17；教庶。　改，兼步統。 八、癸酉、三,9.13；兵尚互調。 **毛昶熙**(總) 四、庚辰、八,5.23；兼翰掌。四、壬辰、 廿,6.4；殿試讀卷。五、乙巳；教庶。
戶部	(宗室)**戴齡** **董恂**(總)	(宗室)**戴齡** **董恂**(總) 四、壬辰；殿試讀卷。
禮部	(宗室)**靈桂** **萬青藜**	(宗室)**靈桂** **萬青藜** 三、戊申、六,4.21；會試正考。
兵部	(滿)**英桂** **沈桂芬**(軍)(總)	(滿)**英桂**　(滿)**寶鋆** **(軍)(總)　(滿)**廣壽** 八、癸酉；　八、癸酉吏尚改。　十一、己酉 吏尚互調。　十一、己酉、十，　左都改。 　　　　　12.18；遷(體仁)。 **沈桂芬**(軍)(總)
刑部	(滿)**全慶**　　　　(滿)**崇實** (兼翰掌)八、壬午、六，　十二、己丑； 9.27；順鄉正考。十二、　鑲白蒙都授。 戊子、十四、1.31；降二調。 **桑春榮**	(滿)**崇實** 三、戊申；會試副考。 **桑春榮** 四、壬辰；殿試讀卷。
工部	(漢)**崇綸**(總) **李鴻藻**(軍)	(漢)**崇綸**(總) **李鴻藻**(軍) 三、戊申；會試副考。
理藩院	(滿)**卓保**	(滿)**卓保**
都察院	(宗室)**英元** (兼步統) **胡家玉**　　　　**賀壽慈** 八、壬午；順鄉副考。　十二、己丑；刑左遷。 十二、戊子；降二調。	(宗室)**英元**　(滿)**廣壽**　(滿)**魁齡** (兼步統)八、癸　八、癸酉；刑右　十一、己酉 酉；死(恭毅)。　遷。十一、己　吏左遷。 　　　　　酉；改兵尚。 **賀壽慈** 四、壬辰；殿試讀卷。

光 緒 元 年　乙亥(1875)	光 緒 二 年　丙子(1876)
(滿)**英桂** * （兼步統）正、己亥、一,2.6；授協。	(滿)**英桂** * （兼步統）
毛昶熙(總) （兼翰掌）八、庚午、六,9.5；順鄉正考。	**毛昶熙**(總) （兼翰掌）四、辛巳、廿,5.13；殿試讀卷。
(宗室)**載齡**	(宗室)**載齡**
董　恂(總)	**董　恂**(總) 三、戊戌、六,3.31；會試正考。
(宗室)**靈桂** 二、己卯、十一,3.18；兼署刑尚。	(宗室)**靈桂**
萬靑藜	**萬靑藜**
(滿)**廣壽**	(滿)**廣壽**
沈桂芬 *(軍)(總) 正、己亥；授協。	**沈桂芬** *(軍)(總) 四、辛巳；殿試讀卷。
(滿)**崇實** 二、己卯、十一,3.18；署盛將。禮尚靈桂兼署。	(滿)**崇實**　　　(滿)**卓保** 十、庚戌、廿三,12.8；　十、癸丑、廿六,12.11； 死(文勤)。　　　　理尚改。
桑春榮	**桑春榮** 三、戊戌；會試副考。
(漢)**崇綸**(總)　　(滿)**魁齡** 九、己亥、六,10.4；　九、己亥；左都改。 死(勤恪)。	(滿)**魁齡** 四、辛巳；殿試讀卷。 八、甲午、六,9.23；順鄉正考。
李鴻藻(軍)	**李鴻藻**(軍)(總) 十、癸丑；直總。
(滿)**卓保**	(滿)**卓保**　　　(滿)**察杭阿** 十、癸丑；改刑尚。　十、甲寅、廿七,11.12； 　　　　　　　　禮左遷。
(滿)**魁齡**　　　(滿)**景廉** 九、己亥；改工尚。　九、己亥；正白漢都授。	(滿)**景廉**(軍、學)(總) 三、丁未、十五,4.9；學習入直。五、辛卯、 一,5.23；教庶。十、癸丑；直總。
賀壽慈	**賀壽慈**

部院大臣年表

年代	光緒三年　丁丑（1877）	
吏 部	（滿）**英桂** * * 　正、癸亥、七，2.19；遷（體仁），卸兼步統。	**戴齡** * 　正、癸亥；戶尚改，授協。
	毛昶熙（總） 　（兼翰掌）三、壬戌、六，4.19；會試副考。	
戶 部	（宗室）**戴齡** 　正、癸亥；改吏尚。	（滿）**魁齡** 　正、癸亥；工尚改。
	董恂（總）	
禮 部	（宗室）**靈桂**	
	萬青藜 　四、乙巳、廿，6.11；殿試讀卷。	
兵 部	（滿）**廣壽**	
	沈桂芬 *（軍）（總） 　五、乙卯、一，6.11；教庶。	
刑 部	（滿）**卓保**	
	桑春榮	
工 部	（滿）**魁齡** 　正、癸亥；改工尚。	（滿）**景廉**（軍）（總） 　正、癸亥；左都改。
	李鴻藻（軍）（總） 　四、乙巳；殿試讀卷。 　九、丙寅、十四，10.20；憂免。	**賀壽慈** 　九、丙寅；左都改。
理 藩 院	（滿）**察杭阿**	
都 察 院	（滿）**景廉**（軍）（總） 　正、戊午、二，2.14；入直。 　正、癸亥；改工尚。	（滿）**全慶** 　正、癸亥；禮右遷。 　五、乙卯；教庶。
	賀壽慈 　九、丙寅；改工尚。	（漢）**徐桐** 　九、丙寅；吏右遷。

光 緒 四 年　戊 寅（1878）

(宗室)戴齡 ＊＊	(宗室)靈桂
五、庚戌、一，6.1；遷(體仁)。	五、辛亥、二，6.2；禮尚改。

毛昶熙(總)	萬青藜
(兼翰掌)五、戊辰、十九，6.19；憂免。	五、戊辰；禮尚改。

(滿)魁齡	(滿)景廉(軍)(總)
五、癸亥、十四，6.14；病免。(旋死，端恪)	五、甲子、十五，6.15；工尚改。

董　恂(總)

(宗室)靈桂	(滿)恩承
三、己卯、廿九，5.1；管藩。 五、辛亥；改吏尚。	五、辛亥；左都改。

萬青藜	(漢)徐　桐
五、戊辰；改吏尚。	五、戊辰；左都改。

(滿)廣壽

沈桂芬 ＊(軍)(總)
五、己巳、廿，6.20；兼翰掌。

(滿)卓保	(滿)全慶 ＊	(滿)文煜
三、癸亥、十三，4.15；解 (留正紅蒙都)。(八年死)	三、癸亥；左都改。五、庚戌；授協。 十二、癸卯、廿八，1.20；改工尚。	十二、癸卯；左都改。

桑春榮

(滿)景廉(軍)(總)	(滿)榮祿	(滿)全慶 ＊
五、甲子；改戶尚。	(兼步統)五、甲子；左都改。 十二、壬寅、廿七，1.19；解。	十二、癸卯；刑尚改。

賀壽慈

(滿)寮杭阿

(滿)全慶	(滿)恩承	(滿)榮祿	(滿)文煜	(滿)崇厚
三、癸亥； 改刑尚。	三、癸亥；吏左遷。 五、辛亥；改禮尚。	(兼步統) 五、辛亥；戶左遷。 五、甲子；改工尚。	五、甲子；鑲白都授。 十二、癸卯；改刑尚。 十二、癸卯；戶左志和署。	十二、癸卯；吏 左遷(使俄)。

(漢)徐　桐	翁同龢
五、戊辰；改禮尚。	五、戊辰；戶右遷。

部院大臣年表

年代	光緒五年 己卯(1879)	光緒六年 庚辰(1880)
吏部	(宗室)靈桂	(宗室)靈桂* 十一、己巳、五，12.6；授協。
	萬青藜	萬青藜 六、丙辰、廿，7.26；卸管順。
戶部	(滿)景廉(軍)(總)	(滿)景廉(軍)(總) 三、癸酉、六，4.14；會試正考。
	董恂(總)	董恂(總) 四、丁巳、廿，5.28；殿試讀卷。 六、丙辰；罷總。
禮部	(滿)恩承 十一、戊寅、九，12.21；兼步統。	(滿)恩承 (兼步統)
	(漢)徐桐 八、丁未、六，9.21；順鄉正考。	(漢)徐桐 四、丁巳；殿試讀卷。 五、戊辰、一，6.8；教庶。
兵部	(滿)廣壽	(滿)廣壽
	沈桂芬*(軍)(總) (兼翰掌)	沈桂芬*(軍)(總) (兼翰掌)
刑部	(滿)文煜	(滿)文煜
	桑春榮　　翁同龢　　潘祖蔭 正、辛未、廿七，　正、辛未；左都改。　四、壬申， 2.17；病免。　四、壬申、廿九，　工尚改 6.18；工尚互調。	潘祖蔭
工部	(滿)全慶*	(滿)全慶**　　　　　(宗室)瑞聯 十一、己巳；遷(體仁)。　十一、庚午、六， 12.7；杭將授。
	賀壽慈　　潘祖蔭　　翁同龢 三、庚戌、六，　三、乙卯、十一，　四、壬申， 3.28；降三調。　4.2；左都改。四、　刑尚改 壬申；刑尚互調。	翁同龢 三、癸酉；會試副考。
理藩院	(滿)察杭阿	(滿)察杭阿　　　　　(滿)志和 十、辛酉、廿六，11.28；死。　十、辛酉；左都改。
都察院	(滿)崇厚　　　　　(滿)志和 (使俄)十一、庚寅、廿一，　十一、辛卯、廿二， 1.2；解、議。十二、乙卯；　1.3；吏左遷。 十六，1.27；革、拿。	(滿)志和　　　　　(宗室)麟書(總) 十、辛酉；改理尚。　十、辛酉；吏左遷。
	翁同龢　　潘祖蔭　　　　童華 正、辛未；　正、辛未；戶左遷。　三、乙卯； 改刑尚。　三、乙卯；改工尚。　吏左遷。	童華 六、丙辰；管順。

光 緒 七 年　辛巳(1881)	光 緒 八 年　壬午(1882)
(宗室)靈桂 **　　　　(滿)廣壽 十、癸酉、十四,12.5;　　十、癸酉;兵尚改。 遷(體仁)。	(滿)廣壽
萬青藜 正、丙寅、三,2.1;兼翰掌。 六、癸卯、十三,7.8;卸兼翰掌。	萬青藜　　　　　李鴻藻 *(軍)(總) 正、辛亥、廿四,3.13;　　正、辛亥;兵尚改。 休。(九年死)
(滿)景廉(軍)(總)	(滿)景廉(軍)(總)
董　恂	董　恂　　　　　閻敬銘 正、辛亥;休。　　　　正、辛亥;前工右授。 戶左王文韶(軍)署。
(滿)恩承 (兼步統)	(滿)恩承 五、壬辰、七,6.22;卸兼步統。
(漢)徐　桐	徐　桐 二、戊辰、十二,3.30;兼翰掌。 八、己未、六,9.17;順鄉正考。
(滿)廣壽　　　　　(滿)志和 十、癸酉;改吏尚。　　十、癸酉;理尚改。	(滿)志和
沈桂芬 *(軍)(總)　李鴻藻 *(軍)(總) (兼翰掌)正、丙寅;　　正、丙寅;前工尚授。六、 死(文定)。　　　　己未、廿九,7.24;授協。	李鴻藻 *(軍)(總)　毛昶熙(總)　　　張之萬 正、辛亥;改吏尚。　正、辛亥;前吏尚(翰　二、戊辰; 掌)授。二、丁卯、十　前閩督授。 一,3.29;死(文達)。
(滿)文煜 * 十、癸酉;授協。	(滿)文煜 *
潘祖蔭	潘祖蔭(軍) 十一、戊子、六,12.15;入直。
(宗室)瑞聯	(宗室)瑞聯
翁同龢	翁同龢(軍) 十一、丁亥、五,12.14;入直。
(滿)志和　　　　　(宗室)麟書(總) 十、癸酉;改兵尚。　　十、癸酉;左都改。	(宗室)麟書(總) 五、壬辰、七,6.22;兼步統。
(宗室)麟書(總)　　　(滿)烏拉喜崇阿 十、癸酉;遷理尚。　　十、癸酉;吏左遷。	(滿)烏拉喜崇阿 八、己未;順鄉副考。
童　華	童　華　　　　　畢道遠 正、辛亥;解。(九月,　正、辛亥;倉侍遷,兼管順。 授禮右)　　　　　八、己未;順鄉副考。

部院大臣年表

年代	光緒九年 癸未（1883）		
吏部	（滿）**廣壽**		
	李鴻藻 *（軍）（總） 四、庚午、廿，5.26；殿試讀卷。		
戶部	（滿）**景廉**（軍）（總） 六、庚午、廿二，7.25；降二調。	（滿）**額勒和布** 六、庚午；理尚改。	
	閻敬銘 正、丙午、廿四，3.3；兼署兵尚。		
禮部	（滿）**恩承**		
	（漢）**徐　桐** （兼翰掌）三、丙戌、六，4.12；會試正考。		
兵部	（滿）**志和** 二、甲寅、三，3.11；解 （旋死）。	（宗室）**瑞聯** 二、甲寅；工尚改。三、丙戌；會試副 考。四、戊寅；教庶。十一、乙未、十 八，12.17；病免（江將）。	（滿）**景廉**（軍）（總） 十一、乙未；吏左遷，並入直。
	張之萬 正、丙午、廿四，3.3； 改刑尚。	**彭玉麐**（未到） 戶尚閻敬銘兼署。　正、丙午；前兵右授。	
刑部	（滿）**文煜** *		
	潘祖蔭（軍） 正、丙午；憂免。	**張之萬** 正、丙午；兵尚改。三、丙戌；會試副考。	
工部	（宗室）**瑞聯** 二、甲寅；改兵尚。	（宗室）**麟書**（總） （兼步統）二、甲寅；理尚改。	
	翁同龢（軍） 四、戊寅、廿八，6.3；教庶。		
理藩院	（宗室）**麟書**（總） （兼步統）二、甲寅；改工尚。	（滿）**額勒和布** 二、甲寅；熱都授。 六、庚午；改戶尚。	（滿）**烏拉喜崇阿** 六、庚午；左都改。
都察院	（滿）**烏拉喜崇阿** 六、庚午；改理尚。	（宗室）**延煦** 六、庚午；前熱都授。	
	畢道遠		

光 緒 十 年　甲 申（1884）

（滿）**廣壽**
　　五、戊子、十四,6.7;管滿。
　　八、癸未、十二,9.30;死（敏達）。

（滿）**恩承**
　　八、乙酉、十四,10.2;刑尚改。
　　九、乙丑、廿四,11.11;授協。

李鴻藻＊（軍）（總）
　　三、戊子、十三,4.8;降二調。

（漢）**徐　桐**
　　（兼翰掌）三、庚寅、十五,4.10;禮尚改。
　　五、戊子;兼署兵尚。

（滿）**額勒和布**＊＊（軍）
　　三、戊子;入直。五、戊子;授協。
　　九、甲子、廿三,11.10;遷（體仁）。

（蒙）**崇綺**
　　九、乙丑;前盛將授。

閻敬銘（軍）（總）
　　三、戊子;入直。三、戊戌、廿三,4.18;直總。
　　五、戊子;授協,卸兼署兵尚。

（滿）**恩承**
　　五、戊子;改刑尚。

（宗室）**延煦**
　　五、戊子;理尚改。

（漢）**徐　桐**
　　（兼翰掌）正、庚辰、四,1.31;差。
　　三、庚寅;改吏尚。

畢道遠
　　前晉撫曾國荃署。　　三、庚寅;左都改。
　　正、丙申、廿,2.16;改署江督。

（滿）**景廉**（軍）（總）
　　三、戊子;降二調。

（滿）**烏拉喜崇阿**
　　三、庚寅;理尚改。

彭玉麐（未任）
　　戶尚閻敬銘兼署:五、戊子;卸。
　　吏尚徐桐兼署。

（滿）**文煜**＊＊
　　五、丁亥、十三,6.6;遷（武英）。

（滿）**恩承**
　　五、戊子;禮尚改。
　　八、乙酉;改吏尚。

（蒙）**錫珍**
　　八、乙酉;左都改。

張之萬（軍）
　　三、戊子;入直。

（宗室）**麟書**（總）
　　（兼步統）五、癸卯、廿九,6.22;病免。

（宗室）**福錕**（總）
　　五、癸卯;戶左遷,兼步統。
　　閏五、乙巳、二,6.24;直總。

翁同龢（軍）
　　三、戊子;罷直。

（滿）**烏拉喜崇阿**
　　三、庚寅;改兵尚。

（宗室）**延煦**
　　三、庚寅;左都改。
　　五、戊子;改禮尚。

（宗室）**崑岡**（總）
　　五、戊子;左都改。閏五、乙巳;直總。
　　十、乙酉、十四,12.1;罷總。

（宗室）**延煦**
　　三、庚寅;改理尚。

（宗室）**崑岡**
　　三、庚寅;吏左遷。
　　五、戊子;改理尚。

（蒙）**錫珍**（總）
　　五、戊子;倉侍遷。閏五、乙巳;
　　直總。八、乙酉;改刑尚。

（宗室）**奎潤**
　　八、乙酉;吏左遷。

畢道遠
　　三、庚寅;改禮尚。

祁世長
　　三、庚寅;吏左遷。

部院大臣年表

年代	光緒十一年　乙酉（1885）	
吏 部	（滿）**恩承**＊＊ 　　十一、癸亥、廿九，1.3；遷（體仁）。	（蒙）**崇綺** 　　十一、癸亥；戶尚改。
	（漢）**徐　桐** 　　（兼翰掌）五、丁未、九，6.21；卸兼署兵尚。	
戶 部	（蒙）**崇綺** 　　十一、癸亥；改吏尚。	（宗室）**福錕**＊（總） 　　（兼步統）十一、癸亥；工尚改，授協。
	閻敬銘＊＊（軍）（總） 　　十一、癸亥；遷（東閣）。	**翁同龢** 　　十一、癸亥；工尚改。
禮 部	（宗室）**延煦**	
	畢道遠	
兵 部	（滿）**烏拉喜崇阿**	
	彭玉麐（未任） 　　吏尚徐桐兼署：五、丁未；卸。前刑尚潘祖蔭署：八、壬申、六，9.14；順鄉正考。 　　十一、癸亥；授工尚。十二、乙丑、一，1.5；刑右許庚身（軍）（總）署。	
刑 部	（蒙）**錫珍**（總）	
	張之萬＊（軍） 　　十一、癸亥；授協。	
工 部	（宗室）**福錕**（總） 　　（兼步統）十一、癸亥；改戶尚。	（宗室）**麟書** 　　十一、癸亥；前工尚授，兼翰掌。
	翁同龢 　　八、壬申；順鄉副考。十一、癸亥；改戶尚。	**潘祖蔭** 　　十一、癸亥；署兵尚授。
理藩院	（宗室）**崑岡**	
都察院	（宗室）**奎潤** 　　八、壬申；順鄉副考。	
	祁世長	

光緒十二年　丙戌(1886)	光緒十三年　丁亥(1887)
(蒙)崇綺　　　　(蒙)錫珍(總) 　二、乙亥、十一，3.16；　二、乙亥；刑尚改。三、辛 　病免。(廿六年死)　　丑、八，4.11；會試正考。	(蒙)錫珍(總)
(漢)徐　桐 　　(兼翰掌)	(漢)徐　桐 　　(兼翰掌)
(宗室)福錕＊(總) 　(兼步統)四、癸未、廿，5.23；殿試讀卷。	(宗室)福錕＊(總) 　(兼步統)
翁同龢 　四、癸未；殿試讀卷。	翁同龢
(宗室)延煦	(宗室)延煦　　　　(宗室)奎潤 　二、戊子、卅，3.24；死。　二、戊子；左都改。
畢道遠	畢道遠　　　　李鴻藻 　九、丁巳、三，10.19；　九、丁巳；吏右遷。十二、 　病免。(十五年死)　丁亥、五，1.17；督辦鄭州河 　　　　工。左都祁世長兼署。
(滿)烏拉喜崇阿	(滿)烏拉喜崇阿
彭玉麐(未任) 　　刑右許庚身(軍)(總)署。	彭玉麐(未任) 　　刑右許庚身(軍)(總)署：九、戊 　午、四，10.20；改吏右，仍署。
(蒙)錫珍(總)　　(宗室)麟書 　二、乙亥；改吏尚。　(兼翰掌)二、乙亥；工尚改。 　　　　四、辛卯、廿八，5.31；教庶。	(宗室)麟書 　　(兼翰掌)
張之萬＊(軍) 　四、癸未；殿試讀卷。四、辛卯；教庶。	張之萬＊(軍)
(宗室)麟書　　　　(宗室)崑岡 　(兼翰掌)二、乙亥；改刑尚。　二、乙亥；理尚改。	(宗室)崑岡
潘祖蔭 　四、癸未；殿試讀卷。	潘祖蔭
(宗室)崑岡　　　　(滿)紹祺 　二、乙亥；改工尚。　　二、乙亥；察都授。	(滿)紹祺
(宗室)奎潤	(宗室)奎潤　　　　(宗室)松森 　二、戊子；改禮尚。　　二、戊子；盛刑遷。
祁世長 　三、辛丑、八，4.11；會試副考。 　九、癸卯、十三，10.10；武會正考。	祁世長 　十二、丁亥；兼署禮尚。

部院大臣年表

年代	光緒十四年　戊子(1888)	光緒十五年　己丑(1889)
吏部	(蒙)錫珍(總) (漢)徐　桐 （兼翰掌）	(蒙)錫珍(總)　　　(宗室)麟書 九、丙辰、十三,10.7;死。（兼翰掌） 　　　　　　　九、丙辰;刑尚改。 (漢)徐　桐 * （兼翰掌）正、辛酉、十五,2.14;授協。 四、乙未、廿,5.19;殿試讀卷。 八、己卯、六,8.31;順鄉正考。
戶部	(宗室)福錕 * (總) （兼步統）八、乙酉、六,9.11;順鄉正考。 翁同龢 八、乙酉;順鄉副考。	(宗室)福錕 * (總) （兼步統）四、甲辰、廿九,5.28;教庶。 翁同龢 四、甲辰;教庶。
禮部	(宗室)奎潤 李鴻藻 署河東,督辦鄭工;左都祁世長兼署。	(宗室)奎潤 李鴻藻 三、辛亥、六,4.5;會試正考。 四、乙未;殿試讀卷。
兵部	(滿)烏拉喜崇阿 彭玉麟(未任)　　許庚身(軍)(總) 六、甲辰、廿四,8.1;　七、壬子、二,8.9;吏右 病免，仍巡閱長江　遷。 水師。　　　　　　八、乙酉;順鄉副考。	(滿)烏拉喜崇阿 許庚身(軍)(總) 四、乙未;殿試讀卷。
刑部	(宗室)麟書 （兼翰掌） 張之萬 * (軍)	(宗室)麟書　　　(滿)嵩申 （兼翰掌）　　九、丙辰;理尚改。 九、丙辰;改吏尚。 張之萬 * * (軍)　孫毓汶(軍)(總) 正、辛酉、遷(體仁)。　正、辛酉;吏右遷。
工部	(宗室)崑岡 潘祖蔭 九、戊午、十,10.14;管順。	(宗室)崑岡 三、辛亥;會試副考。 潘祖蔭 三、辛亥;會試副考。 四、乙未;殿試讀卷。
理藩院	(滿)紹祺　　　(滿)嵩申 十一、戊午、十一,　十一、戊午;戶左遷。 12.13;死。	(滿)嵩申　　　(宗室)松森 八、己卯;順鄉副考。　九、丙辰;左都改。 九、丙辰;改刑尚。
都察院	(宗室)松森 祁世長 兼署禮尚。	(宗室)松森　　　(滿)熙敬 九、丙辰;改理尚。　九、丙辰;正紅漢都授。 祁世長 四、乙未;殿試讀卷。

光緒十六年　庚寅(1890)	光緒十七年　辛卯(1891)
(宗室)麟書 （兼翰掌）四、己未、廿，6.7；殿試讀卷。	(宗室)麟書 （兼翰掌）
(漢)徐　桐 * （兼翰掌）四、己未；殿試讀卷。	(漢)徐　桐 * （兼翰掌）
(宗室)福錕 *（總） （兼步統）四、己未；殿試讀卷。	(宗室)福錕 *（總） （兼步統）
翁同龢 四、己未；殿試讀卷。	翁同龢
(宗室)奎潤　　　　　(宗室)崑岡 二、庚辰、十，2.28；死。　　二、庚辰、工尚改。	(宗室)崑岡
李鴻藻 四、丁卯、廿，6.15；教庶。	李鴻藻
(滿)烏拉喜崇阿	(滿)烏拉喜崇阿
許庚身（軍）（總）	許庚身（軍）（總） 八、丁酉、六，9.8；順鄉正考。
(滿)嵩申 四、己未；殿試讀卷。 四、丁卯、廿八，6.15；教庶。	(滿)嵩申　　　　　(滿)賣恒 十一、丁卯、七，12.7；　十一、丁卯；左都改。 死(文恪)。
孫毓汶（軍）（總） 三、乙亥、六，4.24；會試正考。	孫毓汶（軍）（總）
(宗室)崑岡　　　　　(滿)熙敬 二、庚辰；改禮尚。　　二、庚辰；左都改。	(滿)熙敬
潘祖蔭　　　　　祁世長 十一、壬辰、廿六，1.6；　十一、己巳、三，12.14； 死(文勤)。　　　左都改，管順。	祁世長
(宗室)松森	(宗室)松森
(滿)熙敬　　　　　(滿)賣恒 二、庚辰；改工尚。　　二、壬午、十二，3.2；刑右 　　　　　遷。三、乙亥；會試副考。	(滿)賣恒　　　　　(滿)懷塔布 十一、丁卯；改刑尚。　十一、丁卯；盛禮遷。
祁世長　　　　　孫家鼐 十一、己巳；改工尚。　十一、己巳；吏右遷。	孫家鼐

部院大臣年表

年代	光緒十八年　壬辰(1892)	光緒十九年　癸巳(1893)
吏 部	(宗室)麟書 * 　（兼翰掌）八、甲申、廿九、10.19；授協。	(宗室)麟書 * 　（兼翰掌）
	(漢)徐　桐 * 　（兼翰掌）	(漢)徐　桐 * 　（兼翰掌）
戶 部	(宗室)福錕 **(總)　　(滿)熙敬 　（兼步統）　　　　　　　八、甲申；工尚改。 　八、甲申、遷（體仁）。	(滿)熙敬
	翁同龢 　三、甲子、六、4.2；會試正考。 　四、癸丑、廿五、5.21；殿試讀卷。	翁同龢 　八、乙卯、六、9.15；順鄉正考。
禮 部	(宗室)崑岡	(宗室)崑岡
	李鴻藻 　四、癸丑；殿試讀卷。	李鴻藻
兵 部	(滿)烏拉喜崇阿	(滿)烏拉喜崇阿
	許庚身(軍)(總)	許庚身(軍)(總)　　孫毓汶(軍)(總) 　十二、庚戌、二、1.8；　十二、丁巳、九、1.15； 　死（恭慎）。　　　　刑尚改。
刑 部	(滿)賣恒 　五、庚申、三、5.28；教庶。	(滿)賣恒　　　　　(滿)松溎 　九、辛巳、二、10.11；　九、乙酉、六、10.15； 　病免。　　　　　　工尚改。
	孫毓汶(軍)(總)	孫毓汶(軍)(總)　　薛允升 　八、乙卯、順鄉副考。　十二、丁巳；刑右遷。 　十二、丁巳；改兵尚。
工 部	(滿)熙敬　　　　　(滿)松溎 　八、甲申、改戶尚。　八、甲申、吏左遷。	(滿)松溎　　　　　(滿)懷塔布 　九、乙酉、改刑尚。　九、乙酉；左都改。
	祁世長　　　　　孫家鼐 　三、甲子；會試副考。八、壬申、十七、10.7； 　八、癸亥、八、9.28；左都改。管順。 　死（文恪）。	孫家鼐
理藩院	(宗室)松森	(宗室)松森
都 察 院	(滿)懷塔布	(滿)懷塔布　　　(宗室)敬信 　九、乙酉、改工尚。　九、乙酉、吏左遷。
	孫家鼐　　　徐郙 　五、庚申；教庶。　八、壬申；吏左遷。九、庚子、 　八、壬申；改工尚。十五、11.4；武會正考。	徐郙

光緒二十年　甲午(1894)	光緒二一年　乙未(1895)
(宗室)**麟書**＊ (兼翰掌) 四、丙寅、廿，5.24；殿試讀卷。 四、甲戌、廿八，6.1；教庶。	(宗室)**麟書**＊＊　　　(滿)**熙敬** (兼翰掌) 六、乙酉、十六，　　六、庚寅、廿一， 8.6；遷(文淵)。　　　　8.11；戶尚改。
(漢)**徐　桐**＊ (兼翰掌)	(漢)**徐　桐**＊ (兼翰掌) 三、丁丑、六，3.31；會試正考。 四、辛酉、廿，5.14；殿試讀卷。
(滿)**熙敬**	(滿)**熙敬**　　　　(宗室)**敬信**(總) 六、庚寅；改吏尚。　　六、庚寅；兵尚改。
翁同龢(軍) 四、丙寅；殿試讀卷。 四、甲戌；教庶。十、己酉、六，11.3；入直。	**翁同龢**(軍)(總) 六、乙酉；直總。
(宗室)**崑岡**	(宗室)**崑岡**＊ 六、乙酉；授協。
李鴻藻 正、丁未、廿九，3.6；知貢舉。三、癸未、六，4.11； 會試正考。四、丙寅；殿試讀卷。十、己酉；入直。	**李鴻藻**(軍)(總) 四、乙巳、廿八，5.22；教庶。 六、乙酉；直總。
(滿)**烏拉喜崇阿**　(宗室)**敬信** 正、壬寅、廿四，3.1；休。　正、癸卯、廿五，3.2；左 　　　　　　　　　都改。七、壬寅、廿八， 　　　　　　　　　8.28；直總。	(宗室)**敬信**(總)　　　(滿)**榮祿**(總) 六、庚寅；改戶尚。　　六、庚寅；步統授，仍兼。
孫毓汶(軍)(總)	**孫毓汶**(軍)(總)　　　**徐　郙** 六、甲戌、五，7.26；病免。六、己卯、十，7.31； (廿五年死，文恪)　　　左都改。
(滿)**松溎**	(滿)**松溎**
薛允升 四、丙寅；殿試讀卷。 八、庚戌、六，9.5；順鄉正考。	**薛允升** 四、辛酉；殿試讀卷。
(滿)**懷塔布**	(滿)**懷塔布**
孫家鼐	**孫家鼐**
(宗室)**松森**　(漢)**崇禮**(總)　(滿)**啟秀** 正、壬寅；休。正、癸卯；戶左遷。八、乙丑、廿 　　　八、癸亥、十九，9.18；一，9.20；盛 　　　改熱都。　　　　兵遷。	(滿)**啟秀** 三、丁丑；會試副考。
(宗室)**敬信**　　(蒙)**裕德** 正、癸卯；改兵尚。　正、癸卯；刑右遷。	(蒙)**裕德** 四、己巳；教庶。
徐　郙 三、癸未；會試副考。 八、庚戌；順鄉副考。	**徐　郙**　　　　**許應騤** 六、己卯；改兵尚。六、己卯；倉侍遷。

部院大臣年表

年代	光緒二二年　丙申（1896）	光緒二三年　丁酉（1897）
吏部	（滿）熙敬	（滿）熙敬
吏部	（漢）徐　桐 **　　　　　李鴻藻*(軍)(總) （兼翰掌）十、己丑、　　十、辛卯、卅, 12.4; 廿八, 12.2;遷(體仁)。　禮尚改。	李鴻藻*(軍)(總)　　　　孫家鼐 七、庚寅、三, 7.31;　七、壬辰、五, 8.2;禮尚 死(文正)。　　　　　改。八、癸亥、六, 9.2; 　　　　　　　　　順鄉正考。
戶部	（宗室）敬信(總)	（宗室）敬信(總)
戶部	翁同龢(軍)(總)	翁同龢*(軍)(總) 八、壬申、十五, 9.11;授協。
禮部	（宗室）崑岡 **　　　（滿）懷塔布 四、戊子、廿三, 6.4;　四、庚寅、廿五, 6.6; 遷(體仁)。　　　　工尚改。	（滿）懷塔布
禮部	李鴻藻*(軍)(總)　　孫家鼐 十、己丑;授協。　　十、辛卯;工尚改。 十、辛卯;改吏尚。	孫家鼐　　　　　　許應騤(總) 七、壬辰;改吏尚。　七、壬辰;工尚改。
兵部	（滿）榮祿*(總) （兼步統）四、戊子;授協。	（滿）榮祿*(總) （兼步統）
兵部	徐　郙	徐　郙 八、癸亥;順鄉副考。
刑部	（滿）松溎	（滿）松溎　　　　　（滿）剛毅(軍) 七、甲午、七, 8.4;　七、甲午;工尚改。 工尚互調。
刑部	薛允升	薛允升　　　　　　廖壽恒(總) 八、丙子、十九, 9.15;　九、辛卯、五, 9.30; 降三調。　　　　　左都改。
工部	（滿）懷塔布　　　（滿）剛毅(軍) 四、庚寅;改禮尚。　四、庚寅;戶右遷。	（滿）剛毅(軍)　　　（滿）松溎 七、甲午;刑尚互調。　七、甲午;刑尚改。
工部	孫家鼐　　　　　許應騤 十、辛卯;改禮尚。　十、辛卯;左都改。	許應騤(總)　　　　錢應溥(軍) 二、己卯、廿, 3.22;直總。　七、壬辰;左都改。 七、壬辰;改禮尚。
理藩院	（滿）啓秀	（滿）啓秀
都察院	（蒙）裕德	（蒙）裕德 八、癸亥;順鄉副考,前熱都崇禮(總)署。
都察院	許應騤　　　　　錢應溥(軍) 十、辛卯;改工尚。　十、辛卯;禮左遷。	錢應溥(軍)　　廖壽恒(總)　　　徐樹銘 七、壬辰;　　七、壬辰;倉侍遷。　九、辛卯; 改工尚。　　七、丙申、九, 8.6;直　吏右遷。 　　　　　總。九、辛卯;改刑尚。

光緒二四年　戊戌(1898)	光緒二五年　己亥(1899)
(滿)**熙敬**	(滿)**熙敬**
孫家鼐＊ 三、己丑、六，3.27；會試正考。 五、丁巳、五，6.23；授協。	**孫家鼐**＊　　　　　**徐　郙** 十一、戊辰、廿四，　十一、己巳、廿五， 12.26；病免。　　　12.27；兵尚改。
(宗室)**敬信**(總) 七、癸酉、廿二，9.7；罷總。	(宗室)**敬信**
翁同龢＊(軍)(總)　　　**王文韶**(軍)(總) 四、己酉、廿七，　　　五、丁巳；直督授，入直， 6.15；解。　　　　　直總。	**王文韶**＊(軍)(總) 十一、己巳；授協。
(滿)**懷塔布**　(滿)**裕祿**(軍)(總)　(滿)**啓秀**(軍) 七、庚午、十　七、癸酉、廿二，9.7；鑲　八、乙未、十四，9.29， 九，9.4；革。　藍漢都授。八、甲午，　理尚改。十一、甲寅， 　　　　　　十三，9.28；授直督。　五，12.17；入直。	(滿)**啓秀**(軍)
許應騤(總)　　**李端棻**　　　**廖壽恒**(軍、學)(總) 四、辛亥、廿九，七、癸酉；倉侍　八、辛丑、廿，10.5； 6.17；教庶。　　遷。八、庚子、十　刑尚改。 七、庚午、革。　　九，10.4；革、戍。	**廖壽恒**(軍、學)(總) 十一、甲寅、十，12.12；罷直。
(滿)**榮祿**＊＊(總)　　　(滿)**剛毅**＊(軍) 四、甲辰、廿二，6.10；　四、甲辰；刑尚改，授協。 遷(文淵)。	(滿)**剛毅**＊(軍)
徐　郙 七、乙亥、廿四，9.9；教庶。	**徐　郙**　　　　　**徐用儀**(總) 十一、己巳；改吏尚。　十一、己巳；左都改。
(滿)**剛毅**(軍)　　　　(漢)**崇　禮**(總) 四、甲辰；改兵尚。　　四、甲辰；鑲白蒙都授。四、 　　　　　　　　　庚戌、廿八，6.16；署步統。	(漢)**崇　禮**(總) (兼步統)
廖壽恒(軍、學)(總)　　**趙舒翹**(總) 二、甲子、十，3.2；學習入直。　八、辛丑；刑左遷。 八、辛丑；改禮尚。　　　　十一、甲寅；直總。	**趙舒翹**(軍、學)(總) 十一、甲寅；學習入直。 十一、己巳；管順。
(滿)**松溎**	(滿)**松溎**
錢應溥(軍)	**錢應溥**(軍)　　　　**徐樹銘** 五、甲寅、八，6.15；　五、乙卯、九，6.16； 病免。(廿七年死)　左都改。
(滿)**啓秀**　　　　(蒙)**裕德** 八、乙未；改禮尚。　八、乙未；左都改。	(蒙)**裕德**
(蒙)**裕德**　　　　(滿)**懷塔布** 八、乙未；改理尚。　八、丙申、十五，9.30； 　　　　　　　前禮尚授。	(滿)**懷塔布**
徐樹銘 三、己丑；會試副考。 四、壬寅、廿，6.8；殿試讀卷。	**徐樹銘**　　**徐用儀**(總)　　　**徐會灃** 五、乙卯；　五、乙卯；吏左遷。　十一、己巳； 改工尚。　十一、己巳；改兵尚。　吏左遷。

部院大臣年表

年代	光緒二六年　庚子(1900)

<table>
<tr><td rowspan="2">吏
部</td><td colspan="4">
(滿)熙敬　　　　　　(滿)剛毅＊(軍)　　　　　　　　　　(宗室)敬信
三、己未、十七,4.16；死。　三、庚申、十八,4.17；兵尚改。　(兼步統)九、癸酉、五,10.27；
　　　　　　　　　　　　　九、庚子、廿二,11.13；革(已死)。　戶尚改。
</td></tr>
<tr><td colspan="4">
徐　郙＊
十、癸丑、十五,12.6；授協。
</td></tr>
</table>

户部

(宗室)**敬信**　　　　　　　　　(蒙)**立山**　　　　　(蒙)**崇綺**　　　(漢)**崇　禮**＊(總)
(兼步統)三、庚申；改兵尚。八、甲　三、庚申；戶左遷。　六、庚寅；前吏尚　九、癸酉；刑尚改。
申、十五,9.8；回任。閏八、癸卯、四,　六、庚寅、廿,7.16；　授。八、壬午、十　十、癸丑；授協。
9.27；兼步統。九、癸酉；改吏尚。　革(旋殺)。　　　三,9.16；死。

王文韶＊＊(軍)(總)　　　　　　　**鹿傳霖**(軍)
十、癸丑；遷(體仁)。　　　　　十、癸丑；禮尚改。

禮部

(滿)**啓秀**(軍)(總)　　　　　　　(滿)**世續**
五、甲寅、十四,6.10；直總。　　十二、甲子、廿七,2.15；理尚改。
十二、壬戌、廿五,2.13；革。(廿七年正法)

廖壽恒(總)　　　　　　**鹿傳霖**(軍)　　　　　**孫家鼐**
五、甲寅；罷總。　　　　九、丁丑；左都授。　　(兼翰掌)十、癸丑；前協、吏尚授。
九、丁丑、九,10.31；病免。　十、癸丑；改戶尚。

兵部

(滿)**剛毅**＊(軍)　　　(宗室)**敬信**　　　　　(蒙)**裕德**
三、庚申；改吏尚。　三、庚申；戶尚改。(署步統)　八、甲申；理尚改。
　　　　　　　　　八、甲申；改戶尚。八、癸未、
　　　　　　　　　十四,9.7；兵尚兼署步統。

徐用儀(總)　　　　　　**徐會灃**
七、丙辰、十七,8.11；殺。　七、戊午、十九,8.13；工尚改。
　　　　　　　　　　　　八、己丑、廿,9.13；管順。

刑部

(漢)**崇　禮**(總)　　　　　　(滿)**貴恒**
(兼步統)九、癸酉；改戶尚。　九、癸酉；前刑尚授。
五、乙丑、廿五,6.21；卸兼步統。

趙舒翹(軍)(學)(總)　　　　**薛允升**
九、庚寅；革。十二、壬戌；殺。　十二、甲子、廿七,2.15；署刑左遷。

工部

(滿)**松溎**

徐樹銘　　　**徐會灃**　　　　　**陳學棻**　　　　　**瞿鴻禨**
四、丁酉、廿六,　四、丁酉；左都改。　七、戊午；吏左遷。九、　九、戊子；左都改。
5.24；死。　　七、戊午；改兵尚。　戊子、廿,11.11；死(文恪)。

理藩院

(蒙)**裕德**　　　(滿)**懷塔布**　　　(滿)**世續**　　　　(宗室)**阿克丹**
八、甲申；改兵尚。八、甲申；左都改。十二、　十二、庚子；工左遷。　十二、甲子；兵左遷。
　　　　　　　庚子、三,1.22；死(恪勤)。十二、甲子；改禮尚。

都察院

(滿)**懷塔布**　　　　(漢)**英　年**　　　　　(宗室)**溥良**
八、甲申；改理尚。　八、甲申；戶左遷。九、庚寅；　九、壬辰、廿四,11.15；戶右遷。
　　　　　　　　　降。十二、壬戌；殺。

徐會灃　　**吳廷芬**(總)　　**鹿傳霖**(軍)　　**瞿鴻禨**　　　**張百熙**
四、丁酉；　四、丁酉；戶右遷。九、癸酉；廣督授。九、丁丑；禮右遷。九、戊子；
遷工尚。　九、癸酉；病免。九、丁丑；改禮尚。九、戊子；改工尚。禮左遷。

年代	光緒二七年　辛丑（1901）			
外務部	總理大臣	（慶親王）**奕劻** 六、癸卯、九，7.24；授。		
	會辦大臣	**王文韶** ＊＊（軍） 六、癸卯；體仁閣大學士授。（十二、丙辰、廿四，2.2；改文淵。）		
	會辦大臣兼尚書	**瞿鴻禨**（軍） 六、癸卯；工尚改。（十二、甲寅、廿二，1.31；入直。）		
吏部	（宗室）**敬信** （兼步統）六、甲辰、十，7.25；管藩。			
	徐郙 ＊ 三、癸巳、廿七，5.15；禮尚互調。	**孫家鼐** ＊＊ （兼翰掌）三、癸巳；禮尚改。 十二、甲寅，遷（體仁）。	**張百熙** 十二、乙卯、廿三，2.1；刑尚改。	
戶部	（漢）**崇禮** ＊（總）			
	鹿傳霖（軍）			
禮部	（滿）**世續**			
	孫家鼐 （兼翰掌）三、癸巳；吏尚互調。	**徐郙** ＊ 三、癸巳；吏尚改。		
兵部	（滿）**裕德**			
	徐會灃			
刑部	（滿）**貴恒**			
	薛允升 十、丙申、四，11.14；死。	**張百熙** 十、丙申；工尚改。 十二、乙卯；改吏尚。	**葛寶華** 十二、乙卯；工尚改。	
工部	（滿）**松溎**			
	瞿鴻禨（軍、學） 四、甲辰、九，5.26；學習 入直。六、癸卯；改外尚。	**張百熙** 六、甲辰；左都改。 十、丙申；改刑尚。	**葛寶華** 十、丙申；戶右遷。 十二、乙卯；改工尚。	**呂海寰** 十二、乙卯；左都改。
理藩院	（宗室）**阿克丹**			
都察院	（宗室）**溥良**			
	張百熙 六、甲辰、十，7.25； 改工尚。	**呂海寰**（使德任滿） 六、甲辰；戶右遷。九、乙酉、廿三，11.3； 兼署外左（未任）。十二、乙卯；改工尚。	**陸潤庠** 十二、乙卯；禮右遷。	

部院大臣年表

年 代		光緒二八年　壬寅（1902）
外務部	總理大臣	（慶親王）**奕劻**
	會辦大臣	**王文韶**＊＊（軍）
	會辦大臣兼尚書	**瞿鴻禨**（軍）
吏部		（宗室）**敬信** （兼步統）四、壬寅、十二，5.19；卸兼步統。
		張百熙
戶部		（漢）**崇　禮**＊
		鹿傳霖（軍）
禮部		（滿）**世續**
		徐　郙＊
兵部		（滿）**裕德** 六、戊午、卅，8.3；順鄉正考。
		徐會灃
刑部		（滿）**貴恒**　　　　　　　　　　　　　　　（蒙）**榮慶** 十二、甲辰、十八，1.16；病免。　　　　　十二、甲辰；倉侍遷。
		葛寶華 （兼署工尚）
工部		（滿）**松溎**
		呂海寰 （未任，留滬辦理商約）刑尚葛寶華兼署。
理藩院		（宗室）**阿克丹**
都察院		（宗室）**溥良**
		陸潤庠 十、戊午；順鄉副考。

年 代	光緒二九年　癸卯（1903）		
外務部	**總理大臣**	（慶親王）**奕劻**（軍） 三、庚午、十五，4.12；入直。		
	會辦大臣	**王文韶**＊＊（軍） 九、丙申、十六，11.4，卸。	（滿）**那桐** 九、丙申；戶尚改。十二、丙子、廿七，2.12；兼步統。
	會辦大臣兼尚書	**瞿鴻禨**（軍）	
商部	（貝子）**載振** 七、戊戌、十六，9.7；授。		
吏部	（宗室）**敬信**＊＊ 四、辛亥、廿七，5.23；授協。八、壬申；遷（體仁）。	（滿）**世續** 八、壬申、廿一，10.11；禮尚改。	
	張百熙 五、丁丑、廿三，6.18；殿試讀卷。		
戶部	（漢）**崇禮**＊＊ 四、辛亥；遷（文淵）。	（滿）**那桐** 四、辛亥；戶右遷。 九、丙申；改外會。	（蒙）**榮慶**（軍） 九、丙申；禮尚改，學習入直。 十二月，入直。
	鹿傳霖（軍）		
禮部	（滿）**世續** 八、壬申；改吏尚。	（蒙）**榮慶** 八、壬申；刑尚改。九、丙申；改戶尚。	（宗室）**溥良** 九、丙申；左都改。
	徐郙＊ 七、己酉、廿七，9.18；順鄉正考。		
兵部	（滿）**裕德**＊ 五、丁丑；殿試讀卷。七、壬辰、十，9.1；兼翰掌。八、壬申；授協。		
	徐會澧 二、丙戌、一，2.27；會試副考。		
刑部	（蒙）**榮慶** 二、丙戌；會試副考。八、壬申；改禮尚。	（滿）**奎俊** 八、壬申；理尚改。	
	葛寶華 （兼署工尚）七、己酉；順鄉副考。		
工部	（滿）**松湉**		
	呂海寰 （未任，留滬辦理商約）	刑尚葛寶華兼署。七、乙酉、三，8.25；左都陸潤庠兼署。	
理藩院	（宗室）**阿克丹** 正、丁卯、十一，2.8；死。	（滿）**奎俊** 正、丁卯；前川督授。 八、壬申；改刑尚。	（宗室）**溥興** 八、癸酉、廿二，10.12；工右遷。
都察院	（宗室）**溥良** 五、丁丑；殿試讀卷。七、己酉；順鄉副考。九、丙申；改禮尚。	（蒙）**清銳** 九、丙申；理右遷。	
	陸潤庠 五、丁丑；殿試讀卷。七、乙酉；兼署工尚。		

部院大臣年表

年 代	光緒三十年　甲辰（1904）	
外務部	總理大臣	（慶親王）**奕劻**（軍）
	會辦大臣	（滿）**那桐** （兼步統）
	會辦大臣 兼尚書	**瞿鴻禨**（軍）
商部	（貝子）**載振**	
吏部	（滿）**世續** * 　　十、丁未、三，11.9；授協。	
	張百熙 　　二、乙卯、六，3.23；會試副考。	
戶部	（蒙）**榮慶**（軍）	
	鹿傳霖（軍） 　　五、戊戌、廿，7.3；殿試讀卷。 　　七、庚辰、四，8.14；改署工尚。	（漢）**趙爾巽** 　　七、庚辰；湘撫遷。
禮部	（宗室）**溥良** 　　四、癸亥、十五，5.29；署左都。 　　十、戊申、四，11.10；回任。	**裕德** ** 　　（兼翰掌）四、癸亥；兵尚署。 　　十、戊申；遷（體仁）。
	徐郙 *	
兵部	（滿）**裕德** * 　　二、乙卯；會試正考。四、癸亥、十五，5.29；改署禮尚。	（滿）**晨庚** 　四、癸亥；成將署。十、戊申；授。
	徐會灃	
刑部	（滿）**奎俊**	
	葛寶華 　　五、戊戌；殿試讀卷。七、庚辰；卸兼署工尚。	
工部	（滿）**松溎**	
	呂海寰 　（未任，留滬辦理商約）	**鹿傳霖**（軍） 　四、庚辰；戶尚調署。
理藩院	（宗室）**溥興**	
都察院	（蒙）**清銳** 　　四、癸亥；調署荊將。禮尚溥良署；十、戊申；回任。	（宗室）**溥頲** 　十、戊申；盛戶遷。
	陸潤庠 　　二、乙卯；會試副考。五、戊戌；殿試讀卷。	

年　代	光　緒　三　一　年　　乙巳（1905）		
外務部	總理大臣	（慶親王）**奕劻**（軍）	
	會辦大臣	（滿）**那桐** ＊＊ 　　（兼步統）六、己未、十七，7.19；授協。十二、辛亥、十三，1.7；遷（體仁）。	
	會辦大臣 兼尚書	**瞿鴻禨**（軍）	
商部	（貝子）**載振**		
吏部	（滿）**世續** ＊＊ 　六、己未；遷（體仁）。		（滿）**奎俊** 　六、己未；刑尚改。
	張百熙 　四、丙午、四，5.7；改戶尚。		**鹿傳霖**（軍） 　四、丙午；戶尚署工尚改。
戶部	（蒙）**榮慶**（軍） 　十一、辛未、二，11.28；兼翰掌。 　十一、己卯、十，12.6；改學尚。		（滿）**鐵良**（軍） 　十一、己卯；戶右兼署兵尚授。 　十二、癸丑；入直。
	（漢）**趙爾巽** 　四、丙午；改盛將。		**張百熙** 　四、丙午；吏尚改。
學部	（蒙）**榮慶** ＊（軍） 　（兼翰掌）十一、己卯；戶尚改。十二、辛亥；授協。		
禮部	（宗室）**溥良**		
	徐郙 ＊		
兵部	（滿）**長庚** 　六、庚戌、八，7.10；改伊將。	（滿）**鐵良**（軍） 　六、庚戌；戶右兼署。十一、己卯；授戶尚。	（滿）**松壽** 　十一、己卯；熱都授。
	徐會灃 　十二、庚戌、十二，1.6；死。	**呂海寰**（未到） 　十二、庚戌；工尚改，留滬辦理商約。	巡尚徐世昌兼署。
刑部	（滿）**奎俊** 　六、己未；改吏尚。		（宗室）**溥興** 　六、己未；理尚改。
	葛寶華		
巡警部	**徐世昌**（軍） 　五、庚子、廿八，6.30；學習入直。九、庚辰、十，10.8；署兵左遷。 　十二、庚戌；兼署兵尚。十二、癸丑、十五，1.9；入直。		
工部	（滿）**松溎**		
	呂海寰（未到） 　十二、庚戌；改兵尚。	**鹿傳儒**（軍） 　戶尚署；四、丙午；改吏尚，仍兼。	**陸潤庠** 　十二、庚戌；左都改。
理藩院	（宗室）**溥興** 　六、己未；改刑尚。		（蒙）**特圖慎** 　六、己未；左都改。
都察院	（宗室）**溥頲** 　正、乙未、廿二，2.25；改察都。	（蒙）**特圖慎** 　正、乙未；吏左遷。六、己未；改理尚。	（宗室）**壽耆** 　六、己未；吏右遷。
	陸潤庠 　十二、庚戌；遷工尚。		**陸寶忠** 　十二、庚戌；兵右遷。

部院大臣年表

年　代		光緒三二年　丙午（1906）[上]　　〔九月改組前〕
外務部	總理大臣	（慶親王）**奕劻**（軍）
	會辦大臣	（滿）**那桐**＊＊ 　　（兼步統）
	會辦大臣 兼　尚　書	**瞿鴻禨**＊（軍） 　正、甲午、廿六，2.19；授協。
商部		（貝子）**載振** 　九、丙申、二，10.19；赴奉查辦，旋赴吉黑。
吏部		（滿）**奎俊**
		鹿傳霖（軍） 　九、甲寅、廿，11.6；罷直。
户部		（滿）**鐵良**（軍） 　九、甲寅；罷直。
		張百熙
學部		（蒙）**榮慶**＊（軍） 　九、甲寅；罷直。（兼翰掌）
禮部		（宗室）**溥良**
		徐郙＊　　　　　　　　　　　　　　**戴鴻慈** 　正、壬辰、廿四，2.17；休。　　　　　正、癸巳、廿五，2.18；户右遷。
兵部		（滿）**松壽**　　　　　　　　　　　　（蒙）**清銳** 　正、癸巳；改工尚。　　　　　　　　　正、癸巳；荊將授。
		呂海寰
刑部		（宗室）**溥興**
		萬寶華
巡警部		**徐世昌**（軍） 　九、丙申；赴奉查辦，旋赴吉黑。九、甲寅；罷直。
工部		（滿）**松湉**　　　　　　　　　　　　（滿）**松壽** 　正、癸巳，改西將。　　　　　　　　　正、癸巳；兵尚改。
		陸潤庠
理藩院		（蒙）**特圖慎**
都察院		（宗室）**壽耆**
		陸寶忠

年　代	光緒三二年　丙午(1906)　[下]	[九、甲寅、廿,11.6;改組。次日全部任 命，各部各設尚書一員，不分滿漢。]		
外 務 部	總理大臣	(慶親王)**奕劻**(軍) 　管理陸軍部事務。		
	會辦大臣	(滿)**那桐**＊＊ 　　(兼步統)		
	會辦大臣 兼　尚　書	**瞿鴻禨**＊(軍)		
吏 部	[(滿)**奎俊**] 　改內務。		**鹿傳霖** 　(原任)	
民 政 部	**徐世昌** 　巡尚改授。			
度 支 部	[(滿)**鐵良**] 　改陸尚,仍暫兼署。	[**張百熙**] 　改郵尚。	(宗室)**溥頲** 　察都授。	
禮 部	(宗室)**溥良** 　(原任)	[**戴鴻慈**] 　改授法尚。		
學 部	(蒙)**榮慶**＊ 　(兼翰掌)(原任)			
陸 軍 部	[(蒙)**清銳**] 　改鑲黃蒙都。	[**呂海寰**] 　改正黃蒙都。	(滿)**鐵良** 　原戶尚授。	
法 部	[(宗室)**溥興**] 　改正白漢都。	[**葛寶華**] 　改鑲紅蒙都。	**戴鴻慈** 　原禮尚授。	
農 工 商 部	(貝子)**載振** 　(商尚仍授)	[(滿)**松壽**] 　原工尚,改察都。	[**陸潤庠**] 　原工尚,以尚書管順。	
郵 傳 部	**張百熙** 　(原戶尚授)			
理 藩 部	[(蒙)**特圖慎**] 　改鑲藍蒙都。		(宗室)**壽耆** 　(原左都授)	
都 御 史	[(宗室)**壽耆**] 　改授理尚。		**陸寶忠** 　(原任)	

部院大臣年表

年　代		光　緒　三　三　年　丁　未（1907）		
外 務 部	總理大臣	（慶親王）奕劻（軍）		
	會辦大臣	（滿）那桐＊＊ （兼步統）		
	會辦大臣 兼　尚　書	瞿鴻禨＊（軍） 　五、丁酉、七，6.17；劾、解。	呂海寰 　五、丁酉；正黃蒙都授。 　七、丙辰、廿七，9.4；改會辦稅務。	袁世凱 　七、丙辰；直督授， 　入直。
吏 部		鹿傳霖（軍） 　五、己亥、九，6.19；改專任軍機大臣。	陸潤庠 　五、己亥；裁缺工尚授。	
民 政 部		徐世昌 　三、己亥、八，4.20；改東三省總督。	（肅親王）善耆 　五、戊戌、八，6.18；授。	
度 支 部		（宗室）溥頲 　四、丁卯、七，5.18；改農尚。	（鎮國公）載澤 　四、丁卯；授。	
禮 部		（宗室）溥良		
學 部		（蒙）榮慶＊ （兼翰掌）		
陸 軍 部		（滿）鐵良		
法 部		戴鴻慈		
農 工 商 部		載振 　四、丙寅、六，5.17；解。	（宗室）溥頲 　四、丁卯；度尚改。	
郵 傳 部		張百熙 　二、己卯、十八，3.31；死 　（文達）。候侍林紹年署。	岑春煊 　三、壬子、廿，5.3；川督授。 　四、丁丑、十七，5.28；改廣督。	陳璧 　四、戊寅、十八，5.29；度右遷。
理 藩 部		（宗室）壽耆		
都 御 史		陸寶忠 　九、壬辰、四，10.10；戒烟停職。鑲黃漢都張英麟署。		

光緒三四年 戊申（1908）

總理大臣	（慶親王）**奕劻**（軍）	
會辦大臣	（滿）**那桐** **（軍、學） 十二、壬戌、十一，1.2；學習入直。 十二、甲子、十三，1.4；卸兼步統。	
會辦大臣 兼 尚 書	**袁世凱**（軍） 十二、壬戌；免。	**梁敦彥** 十二、癸亥、十二，1.3；外右署。
陸潤庠		
（肅親王）**善耆**		
（鎮國公）**載澤**		
溥良		
（蒙）**榮慶** （兼翰掌）		
（滿）**鐵良**		
戴鴻慈 八、戊午、五，8.31；病假，鑲紅蒙都葛寶華署。		
（宗室）**溥頤**		
陳璧		
（宗室）**壽耆**		
陸寶忠 （正月回任）四、戊寅、廿四，5.23；病免。（旋死，文慎）	**張英麟** 四、戊寅；授。	

部院大臣年表

年　代		宣　統　元　年　己　酉（1909）	
外務務部	總理大臣	（慶親王）**奕劻**（軍） 　　六、甲申、七，7.23；解管陸部事務。	
	會辦大臣	（滿）**那桐**＊＊（軍） 　　正、癸未；入直。二、戊辰、十八，3.9；憂，改署。　　均由大學士世續署。 　　五、己未、十一，6.28；署直督。	
	會辦大臣 兼　尚　書	**梁敦彥** 　　正、癸未、二，1.23；授。	
吏部		**陸潤庠**＊＊ 　　九、丙寅、廿，11.2；授協。十、甲午、十八，11.30； 　　兼翰掌。十一、丙寅、廿，1.1；遷（體仁）。	**李殿林** 　　十一、丁卯、廿一，1.2；正黃漢都授。
民政部		（肅親王）**善耆**	
度支部		（鎮國公）**載澤**	
禮部		（宗室）**溥良** 　　八、己亥、廿三，10.6；改察都。	**葛寶華** 　　八、己亥；鑲紅蒙都授。
學部		（蒙）**榮慶**＊ 　　（兼翰掌）	
陸軍部		（滿）**鐵良**	
法部		**戴鴻慈**＊（軍、學） 　　八、己亥；學習入直。十一、丙寅；授協。　　四、庚辰、二，5.20；派往俄國，法左紹昌署。 　　　　　　　　　　　　　　　　　　　八、己亥；熱都廷杰署。	
農工商部		（宗室）**溥頲**	
郵傳部		**陳璧** 　　八、己亥、十八，2.8；革。　　鑲紅漢都李殿林署。	**徐世昌** 　　正、庚子、十九，2.9；東三省總督授。
理藩部		（宗室）**壽耆**	
都御史		**張英麟**	

年　代		宣　統　二　年　　庚　戌（1910）		
外務部	總理大臣	（慶親王）**奕劻**（軍）		
	會辦大臣	（滿）**那桐**＊＊（軍）		
	會辦大臣兼　尚　書	**梁敦彥** 四、癸巳、廿，5.28；病假。 六、甲午、廿二，7.28；病免。	**鄒嘉來** 四、癸巳；外左署。六、甲午；授。	
吏部		**李殿林**＊ 八、丙申、廿五，9.28；授協。		
民政部		（肅親王）**善耆**		
度支部		（鎮國公）**載澤**		
禮部		**葛寶華** 二、己未、廿一，3.31；死（勤恪）。	（蒙）**榮慶**＊ （兼翰掌）二、丙申、廿二，4.1；學尚改。	
學部		（蒙）**榮慶**＊ （兼翰掌）二、丙申；改禮尚。	**唐景崇** 二、丙申；吏左遷。	
陸軍部		（滿）**鐵良** 正、壬子、七，2.16；病假。二、辛巳、 七，3.17；病免。陸左壽勳署。	（滿）**廕昌** 正、壬子；陸右署。 二、辛巳；授。	［十一、癸卯、三，12.4； 改稱陸軍大臣。］
海軍部		（貝勒）**載洵** 十一、癸卯；授。　　　［尚書改稱海軍大臣，侍郎改稱副大臣。］		
法部		**戴鴻慈**＊（軍、學） 正、癸亥、十八，2.27；死（文誠）。	（滿）**廷杰** △正月，候侍授。 十二、戊戌、廿八，1.28；死。	（滿）**紹昌** 十二、戊戌；法左遷。
農商工部		（宗室）**溥頲**		
郵傳部		**徐世昌**＊（軍） 正、癸亥；授協。 七、甲寅；改授軍機大臣。	**唐紹怡** 七、甲寅、十三，8.17；候侍署。十二、丙 子、六，1.6；病免。署郵右沈雲霈暫署。	**盛宣懷** 十二、丙子；郵右遷。
理藩部		（宗室）**壽耆**		
都御史		**張英麟**		

年　代		宣 統 三 年　辛 亥（1911）〔上〕〔四月改制前〕	
外務部	總理大臣	（慶親王）**奕劻**（軍）	
	會辦大臣	（滿）**那桐**＊＊（軍）	
	會辦大臣兼尚書	**鄒嘉來**	
吏部	**李殿林**＊		
民政部	（肅親王）**善耆**		
度支部	（鎮國公）**載澤**		
禮部	（蒙）**榮慶**＊ 　　（兼翰掌）		
學部	**唐景崇**		
陸軍部	（滿）**廕昌**		
海軍部	（貝勒）**載洵**		
法部	（滿）**紹昌**		
農工商部	（宗室）**溥頣** 　二、辛卯、廿二，3.22；改熱都。		（貝子）**溥倫** 　二、辛卯；授。
郵傳部	**盛宣懷**		
理藩部	（宗室）**壽耆**		
都御史	**張英麟**		

年　代	宣　統　三　年　　辛亥(1911)　　[中]	奕劻內閣 [四、戊寅、十，5.8；任命。 九、乙亥、十一，11.1；解任。]
總理大臣	(慶親王)**奕劻** （管理外務部）	九、乙亥；改授弼德院院長。
協理大臣	(滿)**那桐**＊＊ 　 **徐世昌**＊＊	
外　務　部 （大臣）	**梁敦彥** 前外尚授。	原任外尚鄒嘉來署：六、辛巳、十五，7.10；改授弼德副院長。
民　政　部 （大臣）	(肅親王)**善耆** （原任）閏六、丁巳、 廿一，8.15；改理藩。 倉侍桂春署： 九、癸酉；卸。	**趙秉鈞** 九、癸酉、九，10.30；前民右署。
度　支　部 （大臣）	(鎮國公)**戴澤** （原任）	
學　部 （學務大臣）	**唐景崇** （原任）	
陸　軍　部 （大臣）	(滿)**廕昌** （原任）	
海　軍　部 （大臣）	(貝勒)**戴洵** （原任）	
法　部 （司法大臣）	(滿)**紹昌** （原任）	
農工商部 （大臣）	(貝子)**溥倫** （原任）	
郵　傳　部 （大臣）	**盛宣懷** （原任）九、己巳、五，10.26；革。	**唐紹怡**（未到） 九、己巳；前郵尚授。郵右吳郁生署。
理　藩　部 （大臣）	(宗室)**壽耆** （原任）閏六、丁巳；改刑將。	(肅親王)**善耆** 閏六、丁巳；民政改。
都　御　史	**張英麟** （原任）	
弼　德　院	院　長	**陸潤庠**＊＊ 六、辛巳、十五，7.10；解。	(蒙)**榮慶** （原禮尚授）六、辛巳；改院長。
	副院長	(蒙)**榮慶** 六、辛巳；副院長改。	**鄒嘉來** 六、辛巳；署外務授。
典　禮　院	**李殿林** 六、辛卯、廿六，7.20；禮部改設，原任授。	

部院大臣年表

年　代		宣統三年　辛亥(1911)　〔下〕	袁世凱內閣 〔九、乙亥、十一，11.1；任命。〕 〔九、庚寅、廿六，11.11；組成。〕
總理大臣		**袁世凱** 十二、辛丑、八，1.26；封一等侯。	
外務部	大臣	**梁敦彥** （前任）副大臣胡惟德暫署。	
	副大臣	**胡惟德** （前任左侍郎）暫署大臣；前任右侍郎曹汝霖署。	
民政部	大臣	**趙秉鈞** （前任）	
	副大臣	**烏珍** （前任左侍郎）十一、癸巳、卅，1.18；授步統，仍兼。	
度支部	大臣	**嚴　修** （宣二曾任左侍郎）	
	副大臣	**陳錦濤**　　　　　　　　　　　**周自齊** 十、辛亥、十七，12.7；病免。　　十、辛亥；外左丞遷。	
學部	大臣	**唐景崇** （前任）	
	副大臣	**楊　度**　　　　　**劉廷琛**　　　　　　**張元濟** （奕閣統計局長）九、辛　九、辛卯；大學堂總監督授。　十一、己丑、廿六，1.14；前郵左 卯、廿七，11.17；辭免。　十、辛亥、廿九，12.19；病免。　參授。　十二、己酉、十六，2.3； 　　　　　　　　　　　　　　　　　　　　　前奉民政張元奇署。	
陸軍部	大臣	**王士珍** （署江北提督）前任副大臣壽勳暫署。	
	副大臣	**田文烈**	
海軍部	大臣	**薩鎮冰** （原任籌辦海軍大臣）前任副大臣譚學衡署。	
	副大臣		
法部	大臣	**沈家本** （前任左侍郎）	
	副大臣	**梁啓超**　　　　　　　　　　　　**曾　鑑** 大理院正卿定成署。十一、甲戌、十一，12.30；辭免。　十一、甲戌；左丞遷。	
農工商部	大臣	**張　謇** 副大臣熙彥暫署。	
	副大臣	（滿）**熙彥** （前任左侍郎）暫署大臣，左丞祝瀛元署。	
郵傳部	大臣	**楊士琦** （前任右侍郎署）十一、己卯、十六，1.4；辭免。郵左參梁士詒署。	
	副大臣	**梁如浩** 郵左參梁士詒署。十一、丙戌、廿三，1.11；鑲紅蒙副李經邁署。 十二、戊申、十五，2.2；法制院參議院忠樞署。	
理藩部	大臣	（滿）**達壽**	
	副大臣	（滿）**榮勳**	

附録一: 清代部院組織重要變化概況

順治元年、甲申、1644: 仍用關外制度,設吏、戶、禮、兵、刑、工六部,及理藩院、都察院。各部院尚書一員,都察院左都御史一員(合稱八卿),均滿缺。

順治五年、戊子、七、十四(丁丑)、1648.9.1: 六部均增設漢缺尚書一員,都察院增設漢缺左都御史一員。

順治七年、庚寅、十二、廿六(乙巳)、1651.1.17: 吏、戶、刑三部增設滿缺尚書一員。

順治十年、癸巳、二、廿二(己未)、1653.3.21: 裁吏、戶、刑三部增設滿尚書缺。

康熙六年、丁未、十二、十八(戊子)、1668.1.31: 戶部增設滿缺尚書一員。

康熙八年、己酉、六、十九(庚辰)、1669.7.16: 裁戶部增設滿尚書缺。

光緒二七年、辛丑、六、九(癸卯)、1901.7.24: 清政府應各帝國主義者的要求,根據和議大綱的規定,設置"班在六部之上"的外務部,以代原設的總理各國事務衙門。組織特殊,設"總理大臣"及"會辦大臣"各一員,"會辦大臣兼尚書"一員,均不分滿漢。

光緒二九年、癸卯、七、十六(戊戌)、1903.9.7: 設置商部,尚書一員,不分滿漢。

光緒三一年、乙巳、九、十(庚辰)、1905.10.8: 設置巡警部,尚書一員,不分滿漢。十一,十(己卯),12.6: 設置學部,尚書一員,不分滿漢。

光緒三二年、丙午、九、廿(甲寅)、1906.11.6: 清政府根據所謂"宣示預備立憲"中的"釐定官制"的規定,改組各部院,其重要變化如下: 巡警部改為民政部,戶部改為度支部,兵部改為陸軍部,刑部改為法部,商部併入工部改設農工商,增設郵傳部;理藩院改為理藩部(其他變化從略)。外務部、吏部、學部、禮部仍舊,共設十一部。除外務部照舊外,其餘各部均設尚書一員,不分滿漢。都察院左都御史二員(滿漢各一)改設都御史一員,亦不分滿漢。

宣統二年、庚戌、十一、三(癸卯)、1910.12.4: 增設海軍部(由籌辦海軍處擴改),不設尚書,置"海軍大臣"一員,不分滿漢。陸軍部尚書同時改稱"陸軍大臣"。

宣統三年、辛亥、四、十(戊寅)、1911.5.8: 根據內閣官制改組,成立新內閣,撤銷原設殿閣大學士及軍機大臣。總理大臣一員,協理大臣二員;外務、民政、度支、學、陸軍、海軍、法、農工商、郵傳、理藩等十部,均設大臣一員,不分滿漢。裁撤吏部及禮部;都御史仍舊。另設弼德院,正副院長各一員;典禮院(由禮部改組而成),掌院學士一員;均不分滿漢。

附録二: 清季部院組織變化簡圖

年　代	光緒廿六庚子1900 以　前	光緒廿七辛丑1901 六、九 7.24	光緒廿九癸卯1903 七十、六 9.7	光緒卅一乙巳1905 九、十、10.8 十一、十、12.6	光緒卅二丙午1906 九、廿一 11.7	宣統二年庚戌1910 十一、三 12.4	宣統三年辛亥1911 四、十 5.8
各　部	6	7	8	10	11	12	10
		外務	外務	外務	外務	外務	外務
	吏	吏	吏	吏	吏	吏	
				巡警	民政	民政	民政
	戶	戶	戶	戶	度支	度支	度支
	禮	禮	禮	禮	禮	禮	*
				學	學	學	學
	兵	兵	兵	兵	陸軍	陸軍	陸軍
						海軍	海軍
	刑	刑	刑	刑	法	法	法
	工	工	工	工	農工商	農工商	農工商
			商	商			
				郵傳	郵傳	郵傳	郵傳
				*理藩	理藩	理藩	理藩
各　院	2	2	2	2	1	1	3
	理藩	理藩	理藩	理藩	*		
							弼德
							*典禮
	都察	都察	都察	都察	都察	都察	都察

部院滿侍郎年表

六部左侍郎各一人

六部右侍郎各一人

總督倉場戶部右侍郎一人

兵部督捕右侍郎一人

    （順治十一年設，康熙三八年裁）

都察院左副都御史二人

順治元年至光緒三二年
1644—1906

（注一）順治十五年以前，六部左、右侍郎員額
        均不固定，一律用虛線分開。

（注二）理藩院侍郎另見滿缺侍郎年表。

（注三）光緒卅二年（1906）改組後部分及光緒
        廿七年（1901）後新設各部，均見新設
        各部侍郎年表。

部院滿侍郎年表

年　代		順　治　元　年　甲申(1644)		順　治　二　年　乙酉(1645)	
吏 部	左	(滿)喀喀木 △參政改。		(滿)喀喀木	
	右	(滿)和托 (崇德八年由梅勒章京授)		(滿)和托	
戶 部	左	(滿)碩詹 △參政改。		(滿)碩詹	
	右	(滿)庫禮 △參政改。		(滿)庫禮	
禮 部	左	(滿)俄莫克圖 △四月，革。	(滿)藍拜 △四月，兵左改。	(滿)藍拜	
	右	(蒙)明安達禮 △參政改。		(蒙)明安達禮	
兵 部	左	(滿)藍拜 △參政改。△四月，改禮左。	(滿)譚拜 △參政改。	(滿)譚拜	
	右	(滿)巴都禮 △死。	(滿)朱瑪喇 十一、己未、十一，12.9，兵理事遷。	(滿)朱瑪喇 十一、甲寅、六，12.23，駐防杭州左翼。	
刑 部	左	(滿)卓羅		(滿)卓羅	
	右	(滿)阿喇齊 正、庚寅、一，2.8，遷。	(丁)提橋 六、癸亥、七，7.10，常少遷。	(滿)阿喇齊	(丁)提橋 十、丁酉、十九，12.6，病免。
工 部	左	(滿)濟席哈 △參政改。	(滿)巴山 七、壬子、廿七，8.28，工理事遷。	(滿)濟席哈	(滿)巴山 十一、甲寅，駐防江守。
	右	(滿)代都 九、丁亥、二，10.2，刑理事遷。		(滿)代都	
倉　　場		(未設滿缺)			
都 察 院		(蒙)多爾濟達爾漢　三等子 △前任復授。		(蒙)多爾濟達爾漢	
		(滿)庫爾闡 △崇德六年，授。		(滿)庫爾闡	

順 治 三 年　丙戌(1646)		順 治 四 年　丁亥(1647)	
(滿)喀喀木		(滿)喀喀木 　　　（出征）	
(滿)和托		(滿)和托	
(滿)碩詹		(滿)碩詹	(滿)噶達渾 　四、乙亥、四、5.8；巴牙 喇纛章京授。
(滿)庫禮		(滿)庫禮	
(滿)藍拜		(滿)藍拜	
(蒙)明安達禮 　△二、甲申、七、3.23；改兵左。		(滿)陳泰 　四、壬申、一、5.5；理事遷。	
(滿)譚拜 　二、甲申；遷兵尚。	(蒙)明安達禮 　二、甲申；禮右改。	(蒙)明安達禮	
(滿)朱瑪喇		(滿)朱瑪喇	
(滿)卓羅		(滿)卓羅	
(滿)阿喇善		(滿)阿喇善	
(滿)濟席哈		(滿)濟席哈	
(滿)代都		(滿)代都	
（未設滿缺）			
(蒙)多爾濟達爾漢 　六、戊戌、廿九、7.30； 遷左都。		(蒙)多爾濟達爾漢 　六、戊戌、廿九、7.30； 遷左都。	（？）羅璧 　八、辛未、三、9.1；梅勒 章京授。
(滿)庫爾闡		(滿)庫爾闡	

部院滿侍郎年表

年　代		順　治　五　年　　戊子(1648)		
吏 部	左	(滿)喀喀木 　　(出征)	(滿)噶達渾 三、己酉、十四，4.6；户**左**改。	
	右	(滿)和托		
户 部	左	(滿)碩詹	(滿)噶達渾 三、己酉；改吏左。	(滿)車克 三、己酉；理事遷。
	右	(滿)庫禮		
禮 部	左	(滿)藍拜		
	右	(滿)陳泰 七、戊寅、十五，9.2，授靖南將軍。	(?)達爾泰 四、辛未、六，4.28；任。	
兵 部	左	(蒙)明安達禮		
	右	(滿)朱瑪喇		
刑 部	左	(滿)卓羅		
	右	(滿)阿喇善		
工 部	左	(滿)濟席哈		
	右	(滿)代都 △八月，免。	(?)拜音達 四、辛巳、十六，5.8；梅勒章京授。	
倉　　場		(未設滿缺)		
都 察 院		(?)羅璧		
		(滿)庫爾闡 二、癸酉、八，3.1；解。三、己酉；仍任。		

順治六年　己丑(1649)		順治七年　庚寅(1650)	
(滿)喀喀木 （召還）	(滿)噶達渾	(滿)喀喀木 三、癸酉、廿,4.20; 改梅勒章京。	(滿)噶達渾 六、己酉、廿七, 7.25;解(户尚)。
(滿)和托 △出征。		(？)索洪 八、戊子、七,9.2;護軍統領授。	
(滿)碩詹	(滿)車克	(滿)碩詹	(滿)車克
(滿)庫禮		(滿)庫禮	
(滿)藍拜		(滿)藍拜 △九、丙戌、十二,10.25;遷工尚。	
(滿)陳泰 七、丙子、十九,8.26;改正藍護統。	(？)達爾泰	(？)達爾泰	
(蒙)明安達禮		(蒙)明安達禮 三、癸酉;遷兵尚。	(？)特晉 三、癸酉;理事遷。
(滿)朱瑪喇		(滿)朱瑪喇	
(滿)卓羅 九、戊辰、十二,10.17;遷禮尚。	(滿)俄羅塞臣 九、戊辰;固山額真授。	(滿)俄羅塞臣 三、庚辰、廿七,4.27;革。	(？)吳喇禪 五、辛酉、九,6.7;任。
(滿)阿喇善		(滿)阿喇善 三、乙卯、二,4.2;遷刑尚。	(滿)濟席哈 四、己亥、十六,5.16;工左改。十二、乙巳、廿六,1.17;遷刑尚。
(滿)濟席哈		(滿)濟席哈 四、己亥;改刑右。	(覺羅)阿克善 七、乙卯、四,7.31;任。
(？)拜音達		(？)拜音達	
		(？)綽貝 四、丁亥、四,5.4;理事遷。	
(？)羅璧		(？)羅璧	
(滿)庫爾闡 △出征戰死。	(？)哈剌庫 五、癸亥、五,6.14;禮副理遷。九、甲申、廿八,11.2;改延綏總兵。　(滿)董阿賴 七、丙子、十九,8.26;梅勒章京(駐杭)授。	(？)巴朗 三、癸酉;理事遷。	

部院滿侍郎年表

年　代		順 治 八 年　辛卯(1651)			
吏 部	左	(滿)**羅碩** 八、乙卯、十,9.24;工左改。 九、丙戌、十二,10.25;仍工左。		(滿)**層賴** 九、丙戌;任。	
	右	(?)**索洪** △改。		(滿)**雅泰** 三、己丑、十二,5.1;户部理事官授。 七、戊子、十三,8.28;遷國史院大學士。	
户 部	左	(滿)**碩詹**	**車克** 三、己丑、十二,5.1; 改左副。	(?)**索爾果** 三、己丑;任。 九、丙戌;解。	**布克沙** 九、丙戌;任。
	右	(滿)**庫禮** 閏二、丙寅、十九,4.8;病休。(十三年死, 僖恪)		(漢)**屯泰** 三、己丑;任。九、丙戌;解。	
礼 部	左	(漢)**佟圖賴**(二等男) 閏二、丙寅;都統授。		(滿)**恩格德** 四、乙丑、十九,6.6;理事遷。	
	右	(蒙)**畢立克圖** 正、庚申、十二,2.1;梅勒章京授。			
兵 部	左	(?)**特晉**			
	右	(滿)**朱瑪喇** 三、己丑;遷吏尚。		(覺羅)**阿克善** 三、己丑;工左改。	
刑 部	左	(?)**吳喇禪** △三、壬午、五,4.24;革,		(滿)**趙布泰** 九、丙戌;任。	
	右	(滿)**宜巴漢** 正、庚申;梅勒章京授。 五、乙酉、九,6.26;改左副。		(?)**碩爾對** 五、乙酉;任。 九、丙戌;解。	
工 部	左	(覺羅)**阿克善** 三、己丑;改兵右。	(?)**綽貝** 三、己丑;倉 侍改。	(滿)**羅碩** 三、己酉;任。 八、乙卯、十,9.24;改吏右。九、丙戌;仍任。	
	右	(?)**伊爾格德** 五、乙酉;任。九、丙戌;解。		(覺羅)**科爾昆** 八、乙卯;任。	
倉　場		(?)**綽貝** 三、己丑;改工左。		(滿)**孫塔** △三月,督理淮浙鹽務户侍任。	
都察院		(?)**羅璧** 閏二、乙丑、十八,4.7;革,	(滿)**車克** 三、己丑;户左改。九、丙戌;遷户尚。		(滿)**納都户** 九、丙戌;任。
		(?)**巴朗** 閏二、乙丑;革。		(滿)**宜巴漢** 五、乙酉;刑右改。	

順治九年　壬辰(1652)			順治十年　癸巳(1653)		
(滿)屠賴	(漢)屯泰 二、丁未、五，3.14；任。		(滿)屠賴 △遷左都。	(滿)蘇納海 十一、乙卯、廿三，1.11；弘文學士授。	(漢)屯泰
(？)噶爾哈圖 五、壬午、十二，6.17；任。			(？)噶爾哈圖	(滿)甯古里 △五月，禮啓心郎遷。	
(滿)碩詹 四、癸亥、廿二，5.29；革。	(滿)布克沙 四、癸亥；革。	(覺羅)額爾德 五、壬午；任。	(覺羅)額爾德	(蒙)畢立克圖 △四月，禮右改。	
(滿)孫塔 五、壬午；倉侍改。			(滿)孫塔		
(漢)佟圖賴	(滿)恩格德 三、乙未、廿四，5.1；殿試讀卷。		(漢)佟圖賴	(滿)恩格德	
(蒙)畢立克圖			(蒙)畢立克圖 △四月，改戶左。		
(？)特晉			(？)特晉		
(覺羅)阿克善			(覺羅)阿克善 二、辛酉、廿四，3.23；解。		
(滿)趙布泰	(滿)色冷 七、丁亥、十八，8.21；任。		(滿)趙布泰 △改內大臣	(滿)色冷	
(？)伊爾都齊 四、乙卯、十四，5.21；任。 五、辛未、一，6.6；出使朝鮮。			(？)伊爾都齊 十一、丙辰、廿四，1.12；解。	(滿)阿思哈 十二、丁卯、五，1.23；梅勒章京任。	
(？)綽貝	(滿)羅碩		(？)綽貝	(滿)羅碩	
(覺羅)科爾昆			(覺羅)科爾昆		
(滿)孫塔 五、壬午；改戶右。	(漢)宣永貴 六、庚戌、十，7.15；梅勒章京授。		(漢)宣永貴 七、辛丑、八，8.30；改南贛巡撫。	(漢)馬鳴佩 七、辛亥、十八，9.9；漢缺戶右改。	
(滿)納都戶			(滿)納都戶		
(滿)宜巴漢			(滿)宜巴漢		

年　代	順治十一年　　甲午(1654)		
吏　部	左	(滿)**蘇納海**	(漢)**屯　泰** 七、丙辰、廿九，9.9；改浙督。
	右	(滿)**甯古里**	(漢)**白色純** 九、庚寅、四，10.13；弘文學士授。
戶　部	左	(覺羅)**額爾德**	(蒙)**畢立克圖**
	右	(滿)**孫塔**	(漢)**海爾圖** 三、乙卯、廿五，5.11；梅勒章京授。
禮　部	左	(漢)**佟圖賴**	(滿)**恩格德**
	右	(滿)**渥赫** △七月，任。八月，順天鄉試主考。	
兵　部	左	(？)**特晉**	
	右	(覺羅)**科爾昆** （工右改）	
刑　部	左	(滿)**色冷**	
	右	(滿)**阿思哈**	
工　部	左	(滿)**羅碩** 十、乙丑、九，11.17；解。	(滿)**郭科** △三月，任。七、乙巳、十八，8.29；署工尚。
	右	(覺羅)**科爾昆** （改兵右）	(？)**胡沙** 十一、丁亥、一，12.9；梅勒章京授。
倉　場		(漢)**馬鳴佩** 二、壬午、廿一，4.8；改宣大總督。	(漢)**范達禮** 二、戊子、廿七，4.14；漢缺戶右改。
督　捕		(滿)**吳達禮** 正、己酉、十八，3.6；刑啟心郎遷。	
都察院		(滿)**納都戶**	
		(滿)**宣巴漢**	

順治十二年　乙未(1655)

(滿)蘇納海
三、戊戌、十三，4.19；殿試讀卷。

(滿)甯古里	(漢)白色純

(覺羅)額爾德	(蒙)畢立克圖	(漢)海爾圖
三、戊戌；殿試讀卷。		十一、甲申、四，12.1；右改。

(滿)孫塔	(漢)海爾圖
△改鑲藍滿副。	十一、甲申，改左。

(漢)佟圖賴　　(滿)恩格德	(滿)祁徹白
二、丙辰、一，3.8；會試副考。三、戊戌；殿 　　試讀卷。五、丁未、廿四，6.27；遷禮尚。	六、乙卯、二，7.5；國史學士授。

(滿)渥赫
二月，會試副主考。三月，殿試讀卷。

(滿)額赫里	(覺羅)科爾昆
△二月，任。	(右改)

(覺羅)科爾昆
(改左)　三、戊戌；殿試讀卷。

(滿)色冷

(滿)阿思哈

(滿)郭科
三、戊戌；殿試讀卷。

(?)胡沙	(滿)布丹
△改。	五、乙巳、廿二，6.25；任。

(漢)范達禮

(滿)吳達禮

(滿)納都戶

(滿)宜巴漢

部院滿侍郎年表

年 代		順治十三年　丙申（1656）			
吏 部	左	（滿）蘇納海 四、己酉、一，4.24；革。		（？）禪代 五、己卯、一，5.24；秘書學士授。	
	右	（滿）甯古里 四、己酉；革。	（漢）白色純 四、己酉；革。	（覺羅）碩博會 五、己丑、十一，6.3；宗人理事遷。	
戶 部	左	（覺羅）額爾德 四、己酉；革。	（蒙）畢立克圖 四、己酉；革。	（漢）海爾圖 四、己酉；革。	（滿）葉成額 五、己卯；國史學士授。
	右	（？）鏗特 閏五、癸亥、十六，7.7；秘書學士授。			
禮 部	左	（漢）佟圖賴（三等子） △八月，病免。		（滿）祁徹白	
	右	（滿）渥赫			
兵 部	左	（滿）額赫里		（覺羅）科爾昆 四、丁卯、十九，5.12；遷吏尚。	
	右	（？）石圖 五、乙未、十七，6.9；弘文學士授。			
刑 部	左	（滿）色冷		（？）吳喇禪 △正月，任。	
	右	（滿）阿思哈			
工 部	左	（滿）郭科			
	右	（滿）布丹			
倉　　場		（漢）范達禮			
督　　捕		（滿）吳達禮			
都 察 院		（滿）納都戶		（滿）能圖 正、庚寅、十一，2.5；學士授。	
		（滿）宜巴漢 十一、辛亥、七，12.22；病免。			

順治十四年　丁酉(1657)		順治十五年　戊戌(1658)	
(?)禪代		(?)禪代	
(覺羅)碩博會		(覺羅)碩博會	
(滿)葉成額		(滿)葉成額	
(?)鏗特		(?)鏗特	
(滿)祁徹白 　　十二、丙申、廿八，1.31；册封孫可望爲義王副使。		(滿)祁徹白	
(滿)渥赫		(滿)渥赫 　　十二、乙酉、廿三，1.15；遷禮尚。	
(滿)額赫里		(滿)額赫里	
(?)石圖		(?)石圖	
(滿)色冷 　　正、丙辰、十三，2.25；死。	(?)吳喇禪	(?)吳喇禪	
(滿)阿思哈		(滿)阿思哈	
(滿)郭科		(滿)郭科	
(滿)布丹		(滿)布丹	
(漢)范達禮		(漢)范達禮	
(滿)吳達禮		(滿)吳達禮	
(滿)納都户	(滿)能圖	(滿)納都户	(滿)能圖 　　九、己酉、十五，10.11；遷左都。
(滿)科爾坤 　　正、壬戌、十九，3.3；學士授。		(滿)科爾坤	

部院滿侍郎年表

年代	順治十六年　己亥(1659)	順治十七年　庚子(1660)
吏部 左	(?)禪代	(?)禪代　　　　　(滿)常鼐 四、辛丑、十七,5.25;　六、辛丑、十八,7.24; 降一調(左副)。　　武英學士授。
吏部 右	(覺羅)碩博會	(覺羅)碩博會　(覺羅)雅布蘭　(滿)科爾坤 四、辛丑、　　六、辛丑、通政遷。　十一、甲寅、 降一調;　　　十、丁亥、五,　　三,12.4;左 　　　　　　　11.7;遷刑尚。　副改。
户部 左	(滿)葉成額	(滿)葉成額
户部 右	(?)鏗特	(?)鏗特
禮部 左	(滿)祁徹白	(滿)祁徹白
禮部 右	(滿)甯古里 正、丁酉、五,1.27;候侍授。	(滿)甯古里
兵部 左	(滿)額赫里	(滿)額赫里　　　　(?)石圖 四、辛丑;降二調。　△四月右改。
兵部 右	(?)石圖	(?)石圖　　　　　(宗室)額奇 △四月改左。　　六、辛丑、一等侍衛授。
刑部 左	(?)吳喇禪	(?)吳喇禪　　　　(滿)宣理布(一等伯) 四、己丑、五,5.13;　六、辛丑、一等侍衛 病免。　　　　　授。
刑部 右	(滿)阿思哈	(滿)阿思哈　　　　(滿)尼滿 五、甲子、七,6.17;　六、辛丑;保和學士 遷兵尚。　　　　授。
工部 左	(滿)郭科	(滿)郭科　　　　　(滿)介山 十、己亥、十七,11.19;　十一、甲寅、三,12.4; 遷工尚。　　　　兵啓心郎遷。
工部 右	(滿)布丹	(滿)布丹　　　　　(?)霸進泰 二、乙未、十,3.20;　六、辛丑、一等侍衛 休。　　　　　　授。
倉場	(漢)范達禮	(漢)范達禮　　　　(漢)白色純 六、壬子、廿九,　　八、丙戌、三,9.7,文華 8.4;解。　　　　學士授。
督捕	(滿)吳達禮	(滿)吳達禮　　　　(滿)喇哈達 四、辛丑;降二調　六、辛丑、一等侍衛 (通政)。　　　　授。
都察院	(滿)納都户	(滿)納都户　　　　(滿)對喀納 五、辛巳、廿七,　　六、壬子、原刑啓心郎 7.4;死。　　　　授。
都察院	(滿)科爾坤	(滿)科爾坤　　　　(?)禪代 十一、甲寅、三,　　十二、甲申、三,1.3;降 12.4;改吏右。　　闕吏左授。

順治十八年　辛丑(1661)		

(滿)**常鼐**	(滿)**宜理布** 閏七、辛丑、廿四,9.17;右改。 八、辛亥、五,9.27;改正白蒙都。	(滿)**折庫納** 八、壬申、廿六,10.18;右改。

(滿)**科爾坤**	(滿)**宜理布** 正、戊寅、廿八,2.26;刑左改。 閏七、辛丑;改左。	(滿)**折庫納** 閏七、辛丑;國史學士授。 八、壬申;改左。	(滿)**吳達禮** 八、壬申;通政遷。

(滿)**葉成額**

(?)**鏗特**

(滿)**祁徹白**

(滿)**甫古里** 閏七、癸巳、十六,9.9;遷左都。	(滿)**布顏** 閏七、辛丑;弘文學士授。

(?)**石圖**

(宗室)**額奇** △二月,免。	(滿)**介山** 二、壬午、二,3.2;工左改。

(滿)**宜理布** 正、戊寅;改吏右。	(滿)**尼滿** 二、壬午;右改。

(滿)**尼滿** 二、壬午;改左。	(滿)**對喀納** 二、壬午;左副改。

(滿)**介山** 二、壬午;改兵右。	(滿)**科爾科代** 二、壬午;通政遷。

(?)**霸進泰** 三、己巳、廿,4.18;死。	(?)**雷虎** 正、戊寅;原工啓心郎授。

(漢)**白色純**

(滿)**喇哈達** 四、丙戌、七,5.5;遷工尚。	(滿)**馬希納** 四、癸巳、十四,5.12;原啓心郎授。

(滿)**對喀納** 二、壬午;改刑右。	(?)**圖爾特** 二、壬午;原都啓心郎授。

(?)**襌代**	(覺羅)**碩博會** 三、甲寅、五,4.3;降調吏右授。

部院滿侍郎年表

年代		康熙元年　壬寅(1662)	康熙二年　癸卯(1663)
吏部	左	(滿)折庫納	(滿)折庫納
	右	(滿)吳達禮	(滿)吳達禮
戶部	左	(滿)葉成額	(滿)葉成額
	右	(?)鏗特	(?)鏗特　　　(?)巴格 五、甲申、十七, 6.22; 任。
禮部	左	(滿)祁徹白　　　(滿)布顏 二、庚戌、六,　　二、乙卯、十一, 3.25; 遷禮尚。　3.30; 右改。	(滿)布顏
	右	(滿)布顏　　　(滿)查布海 二、乙卯; 改左。　二、乙卯; 國史 　　　　　學士授。	(滿)查布海
兵部	左	(?)石圖	(?)石圖
	右	(滿)介山	(滿)介山　　　(?)圖爾特 △二月,革。　六、戊申、十二, 　　　　7.16; 左副改。
刑部	左	(滿)尼滿	(滿)尼滿　　　(滿)對喀納 六、壬子、十六,　六、丁巳、廿一, 7.20; 遷刑尚。　7.25; 右改。
	右	(滿)對喀納	(滿)對喀納　　　(覺羅)勒德洪 六、丁巳; 改左。　六、丁巳; 宗人啟心 　　　　　郎遷。
工部	左	(滿)科爾科代	(滿)科爾科代
	右	(?)雷虎	(?)雷虎
倉場		(漢)白色純	(漢)白色純
督捕		(滿)馬希納	(滿)馬希納
都察院		(?)圖爾特 六、戊申; 改兵右。	(?)圖爾特　　　(滿)額赫里 六、甲子、廿八, 8.1; 通政遷。
		(覺羅)碩博會	(覺羅)碩博會

康 熙 三 年　甲辰(1664)		康 熙 四 年　乙巳(1665)
(滿)折庫納 △七、庚戌、廿一， 9.10；降調。	(滿)吳達禮 七、庚戌；右改。	(滿)吳達禮
(滿)吳達禮 七、庚戌；改左。	(?)羅敏 七、庚戌；弘文學士授。	(?)羅敏
(滿)葉成額 十二、癸亥、六， 1.21；遷工尚。	(?)雷虎 十二、乙亥、十八，2.2； 工右改。	(?)雷虎
(?)巴格		(?)巴格
(滿)布顏		(滿)布顏
(滿)查布海		(滿)查布海
(?)石圖		(?)石圖
(?)圖爾特		(?)圖爾特
(滿)對喀納		(滿)對喀納
(覺羅)勒德洪		(覺羅)勒德洪
(滿)科爾科代		(滿)科爾科代
(?)雷虎 十二、乙亥；改戶左。	(滿)杭艾 十二、乙亥；通政遷。	(滿)杭艾
(漢)白色純		(漢)白色純
(滿)馬希納		(滿)馬希納
(滿)額赫里		(滿)額赫里
(覺羅)碩博會		(覺羅)碩博會

部院滿侍郎年表

年代		康熙五年　丙午(1666)	康熙六年　丁未(1667)
吏部	左	(滿)**吳達禮**　　　　(?)**羅敏** 四、庚申、十、5.13；　四、戊辰、十八、 病免。　　　　　5.21；右改。	(?)**羅敏**　　　　(?)**常額** 三、乙酉、十一、　三、己丑、十五、4.7； 4.3；改兵左。　　右改。
	右	(?)**羅敏**　　　　(?)**常額** 四、戊辰；改左。　四、戊辰；弘文 　　　　　　　學士授。	(?)**常額**　　　　(滿)**泰璧圖** 三、己丑；改左。　三、乙酉；鑲黃滿都 　　　　　　授。
戶部	左	(?)**雷虎**	(?)**雷虎**
	右	(?)**巴格**	(?)**巴格**　　　　(?)**薩爾圖** 三、辛巳、七、3.30；　三、乙酉；戶郎遷。 降三調。
禮部	左	(滿)**布顏**	(滿)**布顏**
	右	(滿)**查布海**	(滿)**查布海**　　　(滿)**常鼐** △正月，休。(十四年，　正、辛卯、十六、2.8； 死)　　　　　大理遷。
兵部	左	(?)**石圖**	(?)**石圖**　　　　(?)**羅敏** 三、辛巳；降三調。　三、乙酉；吏左改。
	右	(?)**圖爾特**	(?)**圖爾特**　　　(?)**邁音達** 三、辛巳；降三調。　三、乙酉；兵郎遷。
刑部	左	(滿)**對喀納**　　　(覺羅)**勒德洪** 七、丁未、廿八、8.28；　八、丁巳、九、 遷刑尚。　　　　9.7；右改。	(覺羅)**勒德洪**　　**麻勒吉** 三、辛巳；解。　　三、己丑；改右。
	右	(覺羅)**勒德洪**　　(滿)**麻勒吉** 八、丁巳；改左。　八、丁巳；秘書學 　　　　　　士授。	(滿)**麻勒吉**　　　(滿)**阿哈碩塞** 三、己丑；改左。　三、乙酉；刑郎遷。
工部	左	(滿)**科爾科代**	(滿)**科爾科代**
	右	(滿)**杭艾**	(滿)**杭艾**　　　　(漢)**羅多** 三、辛巳；察、降三調。　三、乙酉；刑郎遷。
倉場		(漢)**白色純**	(漢)**白色純**
督捕		(滿)**馬希納** 　十二、甲子、十八、1.12；遷戶尚。	(滿)**額赫里** 　正、己卯、四、1.27；左副改。
都察院		(滿)**額赫里**	(滿)**額赫里**　　　(滿)**莫洛** 正、己卯；改督捕。　正、乙巳、卅、2.22； 　　　　　工郎遷。
		(覺羅)**碩博會**	(覺羅)**碩博會**　　(?)**納布** 三、辛巳；降二調。　三、己丑；刑郎遷。

康 熙 七 年 戊申(1668)	
(?)常額	(滿)泰璧圖 （右改）
(滿)泰璧圖 （改左）	(滿)索額圖 六、癸未、十六,7.24; 一等侍衞授。
(?)雷虎	
(?)薩爾圖	
(滿)布顏 六、癸未; 遷禮尚。	(滿)常鼐 六、乙未、廿八,8.5; 右改。
(滿)常鼐 六、乙未; 改左。	(滿)米思翰 六、乙未; 內務府總管授。
(?)羅敏	(?)邁音達 九、甲辰、八,10.13; 右改。
(?)邁音達 九、甲辰; 改左。	(滿)塞色黑 九、甲辰; 秘書學士授。
(滿)麻勒吉 十二、癸酉、九,1.10; 改江督。	(滿)阿哈碩塞 十二、辛巳; 右改。
(滿)阿哈碩塞 十二、癸巳、十七,1.18; 改左。	(滿)納布 十二、辛巳; 左副改。
(滿)科爾科代	
(漢)羅 多	
(漢)白色純 △解(降)。	(滿)喀代 十二、丁丑、十三,1.14; 通政遷。
(滿)額赫里 正、丁未、八,2.19; 遷工尚。	(?)岳思泰 正、壬子、十三,2.24; 國史學士授。
(滿)莫洛 正、戊申、九,2.20; 改山陝總督。	(滿)折庫納 正、丙辰、十七,2.28; 太僕遷。
(?)納布 十二、辛巳; 改刑右。	(?)阿思枯 十二、己丑、廿五,1.26; 大理遷。

部院滿侍郎年表

年　　代		康　熙　八　年　　己酉(1669)		
吏　部	左	(滿)**泰壁圖** 五　庚申、廿八,6.26;革(殺)。	(?)**岳思泰** 六、戊辰、七,7.4;督捕改。	
	右	(滿)**索額圖** △六月,解。	(滿)**帥顏布** 六、戊辰;國史學士授。 七、丙申、五,8.1;改總漕。	(覺羅)**勒德洪** 七、辛亥、廿,8.16; 原刑左授。
户　部	左	(?)**雷虎**		
	右	(?)**薩爾圖** 九、乙未、五,9.29;降。	(?)**納布** 十一、戊戌、九,12.1;降調刑右授。	
禮　部	左	(滿)**常鼐**		
	右	(滿)**米思翰** 六、壬申、十一,7.8;遷户尚。	(滿)**顧巴西** 六、甲申、廿三,7.20;護統授。	
兵　部	左	(?)**遺音達** 九、庚子、十,10.4;革。	(滿)**塞色黑** 六、辛未、十,7.7;右改。	
	右	(滿)**塞色黑** 六、辛未;改左。	(?)**羅敏** 六、辛未;原兵左授。	
刑　部	左	(滿)**阿哈碩塞**		
	右	(?)**納布** 九、乙未;降。	(滿)**吳達禮** 九、甲寅、廿四,10.18;原吏左授。 十、壬申、十二,11.5;遷工尚。	(蒙)**多諾** 十一、己亥、十,12.2; 未任陝督授。
工　部	左	(滿)**科爾科代** 六、癸亥、二,6.29;遷兵尚。	(漢)**羅多** 六、辛未,右改。 十、乙丑、五,10.29;改總河。	(覺羅)**查哈喇** 十二、庚辰、廿,1.12; 右改。
	右	(漢)**羅多** 六、辛未;改左。	(覺羅)**查哈喇** 六、辛未;一等侍衛授。 十二、庚辰;改左。	(滿)**禪布** 十二、庚辰、廿,1.12; 秘書學士授。
倉　　場		(滿)**喀代**		
督　　捕		(?)**岳思泰** 六、戊辰;改吏左。	(覺羅)**舒恕** 六、辛未;一等侍衛授。	
都察院		(滿)**折庫納** 九、乙未;降。	(覺羅)**阿範** 十二、庚辰;宗人啓心郎遷。	
		(?)**阿思祜** 九、乙未;降。	(滿)**鄂善** 九、甲寅;秘書學士授。	

康 熙 九 年　庚戌(1670)		康 熙 十 年　辛亥(1671)		
(？)岳思泰		(？)岳思泰 五、己未、九,6.15；休。		(覺羅)勒德洪 五、辛未、廿一,6.27； 右改。
(覺羅)勒德洪		(覺羅)勒德洪 五、辛未；改左。		(覺羅)舒恕 五、辛未；督捕改吏左 管吏右事。
(？)雷虎		(？)雷虎		
(？)納布		(？)納布		
(滿)常鼐		(滿)常鼐		
(滿)顧色西		(滿)顧色西		
(滿)塞色黑		(滿)塞色黑		
(？)羅敏		(？)羅敏 四、戊申、廿七,6.4； 休。		(滿)班迪 五、甲寅、四,6.10；一 等侍衛授。
(滿)阿哈碩塞		(滿)阿哈碩塞		
(蒙)多諾		(蒙)多諾 五、戊寅、廿八,7.4； 改督捕。		(滿)折爾肯 六、癸未、四,7.9；中和 學士授。
(覺羅)查哈喇		(覺羅)查哈喇		
(滿)襌布		(滿)襌布		
(滿)喀代		(滿)喀代		
(覺羅)舒恕		(覺羅)舒恕 五、辛未；改 吏右。	(蒙)多諾 五、戊寅；刑右改。 十二、戊寅、一, 12.31；遷左都。	(滿)折庫納 十二、甲申、七, 1.6；翰掌遷。
(覺羅)阿範		(覺羅)阿範		
(滿)鄂善 四、乙巳、十九,6.6；改 陝撫。	(滿)岳諾惠 五、丙寅、十一, 6.27；大理遷。	(滿)岳諾惠		

部院滿侍郎年表

年代		康熙十一年　壬子(1672)		
吏部	左	(覺羅)勒德洪		
	右	(覺羅)舒恕		
戶部	左	(?)雷虎 六、丙寅、廿五,12.13;病免。	(滿)班迪 十一、己卯、八,12.26;右改。	
	右	(?)納布 △十一月,兵右互改。	(滿)班迪 △十一月,兵右改。 十一、己卯;改左。	(滿)達都 十一、己卯;保和學士 授。
禮部	左	(滿)常顆		
	右	(滿)顧巴西		
兵部	左	(滿)塞色黑		
	右	(滿)班迪 △十一月,戶右互改。	(?)納布 △十一月,戶右改。	
刑部	左	(滿)阿哈碩塞		
	右	(滿)折爾肯		
工部	左	(覺羅)查哈喇 八、丁卯、廿五,10.15;革。	(滿)哈占 九、丙子、四,10.24;中和學士授。	
	右	(滿)褝布 八、丁卯;革。	(?)圖爾特 九、丙子;原兵右授。	
倉場		(滿)喀代		
督捕		(滿)折庫納		
都察院		(覺羅)阿範		
		(滿)岳諾惠		

康熙十二年　癸丑(1673)	康熙十三年　甲寅(1674)
(覺羅)**勒德洪**	(覺羅)**勒德洪**
(覺羅)**舒恕**	(覺羅)**舒恕**
(滿)**班迪**	(滿)**班迪**
(滿)**達都**	(滿)**達都**　　　　　　　(滿)**介山** 六、庚子、七,7.10;赴浙督糧。　十一、丙戌、廿七, 十一、庚午、十一,12.7;改浙撫。　12.23;大理遷。
(滿)**常鼐**	(滿)**常鼐**
(滿)**顧巴西**　　　　(滿)**折爾肯** 三、丙子、六,　　二、癸亥、廿三,4.9;刑左改禮 4.22;死。　　　左管。八月,往滇經理撤藩。	(滿)**折爾肯**
(滿)**塞色黑**	(滿)**塞色黑**
(?)**納布**	(?)**納布** 三、丁卯、三,4.8;赴荊州督糧。
(滿)**阿哈碩塞**　(滿)**折爾肯**　(覺羅)**阿範** △二月,死。　二、壬子、十二,　四、癸丑、十 　　　　　3.29;右改。二、　四,5.29;右 　　　　　癸亥;改禮右。　改。	(覺羅)**阿範**
(滿)**折爾肯**　(覺羅)**阿範**　(滿)**鄂爾多** 二、壬子;　二、壬子;左副改。　四、癸丑;一 改左。　四、癸丑;改左。　等侍衛授。	(滿)**鄂爾多**
(滿)**哈占**　　　　(?)**圖爾特** 九、乙酉、十九,　九、甲午、廿八,11.6;右改。 10.28;改陝督。	(?)**圖爾特**　　　　(滿)**廖旦** 　　　　　七、丁卯、五,8.6;右改。
(?)**圖爾特**　　　(滿)**廖旦** 九、甲午;改左。　九、甲午;大理遷。	(滿)**廖旦**　　　　(滿)**祁通額** 七、丁卯;改左。　七、丁卯;前盛刑改。
(滿)**喀代**	(滿)**喀代**
(滿)**折爾納**	(滿)**折庫納**
(覺羅)**阿範**　　　(滿)**額星格** 二、壬子;改刑右。　二、丁卯、廿七,4.13; 　　　　　　大理遷。	(滿)**額里格**
(滿)**岳諾惠**	(滿)**岳諾惠**

部院滿侍郎年表

年　代		康熙十四年　乙卯(1675)
吏部	左	（覺羅）勒德洪　　　　　　　　　　　　　　（覺羅）舒恕 四、乙丑、一，4.25；遷户尚。　　　　　四、甲午、六，4.30；右改。
吏部	右	（覺羅）舒恕　　　　　　　　　　　　　　　（滿）折爾肯 三月，赴江西參贊軍務。　　　　　　　四、甲午；禮左改吏左管。 四、甲午；改左。
户部	左	（滿）班迪
户部	右	（滿）介山　　　　　　　　　　　　　　　　（滿）伊桑阿 十二、壬申、十九，2.2；遷左都。　　　十二、丁丑、廿四，2.7；禮右改。
禮部	左	（滿）常鼐　　　　　　　　　　　　　　　　（滿）額星格 十、壬午、廿八，12.14；遷工尚。　　　十一、癸巳、九，12.25；右改。
禮部	右	（滿）折爾肯　　（滿）岳諾惠　　　　（滿）額星格　　　　（滿）伊桑阿 四、甲午；改吏右。　四、辛丑、十三，5.7；　閏五、戊戌、十一，7.3；　十一、癸巳；閣學授。 　　　　　　左副改。閏五月，死。　副改。十一、癸巳；改左。　十二、丁丑；改户右。
兵部	左	（滿）塞色黑　　（?）納布　　　（滿）郭四海　　　　（滿）吳努春 四、己丑；遷刑尚。　四、甲午；右改。十二、　十二、戊辰、十五，1.29；　十二、丁丑；右改。 　　　　　　庚申、七，1.21；革。　右改。十二、壬申；改督捕。
兵部	右	（?）納布　　（滿）郭四海　　　（滿）吳努春　　　　（滿）郭丕 四、甲午；改左。　四、甲午；閣學授。　十二、戊辰；閣學授。　十二、丁丑；刑右改。 　　　　　十二、戊辰；改左。　十二、丁丑；改左。
刑部	左	（覺羅）阿範　　　　　　　　　　　　　　　（滿）鄂爾多 閏五、乙未、八，6.30；病免。　　　　閏五、戊申、廿一，7.3；右改。
刑部	右	（滿）鄂爾多　　　　　　　　　　　　　　　（滿）郭丕 閏五、戊申；改左。　　　　　　　　　閏五、戊申；左副改。 　　　　　　　　　　　　　　　　　　十二、丁丑；改兵右。
工部	左	（滿）廖旦
工部	右	（滿）祁通額
倉　場		（滿）喀代
督　捕		（滿）折庫納　　　　　　　　　　　　　　　（滿）郭四海 △十二月，病休。（十五年死）　　　　十二、壬申；兵左改。
都察院		（滿）額星格　　　　　　　　　　　　　　　（滿）達哈他 閏五、戊戌；改禮右。　　　　　　　　閏五、乙卯、廿八，7.20；通政遷。
都察院		（滿）岳諾惠　　　　　（滿）郭丕　　　　　　　（滿）莽色 四、辛丑；改禮右。　四、庚戌、十二，5.16；通政遷。　六、癸亥、六，7.28； 　　　　　　　　閏五、戊戌；改刑右。　　　　太僕遷。

康熙十五年　丙辰(1676)	康熙十六年　丁巳(1677)
(覺羅)**舒恕** 　九、丙午、廿七,11.2;授鎮南將軍(廣東)。	(覺羅)**舒恕** 　六、丙辰、五,7.10;授安南將軍(贛州)。
(滿)**折爾肯**	(滿)**折爾肯**
(滿)**班迪**	(滿)**班迪**　　(滿)**伊桑阿**　　(丁)**察庫** 六、乙亥、卅,　四、癸丑、七,5.8;　六、庚申、十 7.29;降二調。　右改。四、丙寅、　五,7.14;右 　　　　廿,5.21;遷工尚。　改。
(滿)**伊桑阿**	(滿)**伊桑阿**　(丁)**察庫**　　(滿)**薩穆哈** 四、癸丑;改　四、癸丑;閣學授。　六、甲申;閣 左。　　　六、庚申;改左。　學授。
(滿)**額星格**	(滿)**額星格**
(滿)**瑪喇** 　正、丁酉、十四,2.27;通政遷。	(滿)**瑪喇**　　　　(滿)**吳努春** 十、庚午、廿七,11.21;　十一、丙子、三,11.27; 遷工尚。　　　　兵左改禮左管右事。
(滿)**吳努春**	(滿)**吳努春**　　　(滿)**郭丕** 十一、丙子;改禮左管右事。　十一、壬午、三,九、 十二月,參康親王軍務。　12.3;右改。
(滿)**郭丕**	(滿)**郭丕**　　　　(滿)**黨務禮** 十一、壬午;改左。　十一、壬午;閣學授。
(滿)**鄂爾多**	(滿)**鄂爾多**
(滿)**禪塔海** 　正、丁酉;閣學授。	(滿)**禪塔海**
(滿)**廖旦**	(滿)**廖旦**　　　　(滿)**祁通額** 　　　　　　十一、辛未、廿八, 　　　　　　11.22;右改。
(滿)**祁通額**	(滿)**祁通額**　　　(滿)**溫代** 十、辛未;改左。　十、辛未;閣學授。
(滿)**喀代**	(滿)**喀代**　　　　(滿)**郭四海** 四、丁巳、十一,5.12;　四、庚午、廿四,5.25; 遷左都。　　　　督捕改。
(滿)**郭四海**	(滿)**郭四海**　　　(滿)**達哈他** 四、庚午;改倉侍。　五、丙子、一,5.31; 　　　　　　左副改。
(滿)**達哈他**	(滿)**達哈他**　　　(滿)**邵甘** 五、丙子;改督捕。　五、戊子、十三, 　　　　　　6.12;通政遷。
(滿)**莽色**	(滿)**莽色**

部院滿侍郎年表

年　代		康熙十七年　戊午(1678)	
吏部	左	(覺羅)舒恕	
	右	(滿)折爾肯	
戶部	左	(丁)察庫	
	右	(滿)薩穆哈	
禮部	左	(滿)額星格	
	右	(滿)吳努春	
兵部	左	(滿)郭丕	
	右	(滿)黨務禮	
刑部	左	(滿)鄂爾多	
	右	(滿)禪塔海	
工部	左	(滿)祁通額	
	右	(滿)溫代	
倉　場		(滿)郭四海 　　正、壬辰、廿，2.11；遷左都。	(滿)邵甘 　　二、辛亥、十，3.2；左副改。
督　捕		(滿)達哈他	
都察院		(滿)邵甘 　　二、辛亥；改倉侍。	(滿)喀爾圖 　　二、戊午、十七，3.9；詹事遷。
		(滿)莽色	

康熙十八年　己未(1679)		康熙十九年　庚申(1680)	
(覺羅)**舒恕** 四、辛巳、十七，5.26； 遷左都。	(滿)**折爾肯** 四、戊子、廿四， 6.2，右改。	(滿)**折爾肯** 七、乙巳、十八，8.12； 遷左都。	(滿)**薩穆哈** 七、庚戌、廿三， 8.17；戶左改。
(滿)**折爾肯** 四、戊子；改左。	(？)**屯泰** 四、戊子；閣學授。	(？)**屯泰**	
(？)**察庫**	(滿)**薩穆哈** 八、癸未、廿一， 9.25；右改。	(滿)**薩穆哈** 七、庚戌；改吏左。	(滿)**達都** 七、乙卯、廿八， 8.22；右改。
(滿)**薩穆哈** 八、癸未；改左。	(滿)**達都** 八、癸未；原戶右授。	(滿)**達都** 七、乙卯；改左。	(覺羅)**沙賴** 七、乙卯；盛工改。
(滿)**額星格**		(滿)**額星格**	
(滿)**吳努春**		(滿)**吳努春**	
(滿)**郭丕**		(滿)**郭丕**	
(滿)**黨務禮**		(滿)**黨務禮** (△禮部互改)	(滿)**温代**
(滿)**鄂爾多**	(滿)**禪塔海** 四、庚辰、十六， 5.25；右改。	(滿)**禪塔海**	
(滿)**禪塔海** 四、庚辰；改左。	(滿)**宜昌阿** 四、庚辰；詹事遷。	(滿)**宜昌阿**	
(滿)**祁通額**		(滿)**祁通額**	
(滿)**温代**		(滿)**温代** (△兵部互改)	(滿)**黨務禮**
(滿)**邵甘** 四、庚辰；改督捕。	(滿)**喀爾圖** 四、戊子；左副改。	(滿)**喀爾圖**	
(滿)**達哈他** △降。	(滿)**邵甘** 四、庚辰；倉侍改。	(滿)**邵甘**	
(滿)**喀爾圖** 四、戊子； 改倉侍。	(？)**穆臣**　　(滿)**科爾坤** 五、己未、廿六，7.3，　七、辛丑、 晉按遷。八、辛巳，　九，8.14；大 十九，9.23；死。　理遷。	(滿)**科爾坤**	
(滿)**莽色**		(滿)**莽色**	

年　　代		康熙二十年　辛酉(1681)		
吏部	左	(滿)**薩穆哈** 五、壬戌、十,6.25;遷左都。	(滿)**達都** △右改。	
	右	(?)**屯泰**	(滿)**達都** 三、癸酉、廿,5.7;戶左改吏左 管右事。△改左。	(覺羅)**沙賴** 五、辛未、十九,7.4; 戶左改吏左管右事。
戶部	左	(滿)**達都** 三、癸酉;改吏左管右 事。	(覺羅)**沙賴** 四、壬子、廿九,6.15;右改。 五、辛未;改吏左管右事。	(滿)**科爾坤** 五、乙亥、廿三, 7.8;右改。
	右	(覺羅)**沙賴** 四、壬子;改左。	(滿)**科爾坤** 四、壬子;左副改。 五、乙亥;改左。	(滿)**額庫禮** 五、乙亥;閣學遷。
禮部	左	(滿)**額星格**		
	右	(滿)**吳努春**		
兵部	左	(滿)**郭丕**		
	右	(滿)**溫代** 六、癸未、二,7.16;改督捕。	(滿)**禧佛** 六、壬辰、十一,7.25;閣學遷。	
刑部	左	(滿)**襌塔海**		
	右	(滿)**宜昌阿**		
工部	左	(滿)**祁通額** 十二、壬辰、十三,1.21;病免。	(滿)**黨務禮** 十二、丁酉、十八,1.26;右改。	
	右	(滿)**黨務禮** 十二、丁酉;改左。	(?)**蘇拜** 十二、丁酉;左副改。	
倉　　場		(滿)**喀爾圖**		
督　　捕		(滿)**邵甘** 五、辛未;改漕督。	(滿)**溫代** 六、癸未;兵右改。	
都察院		(滿)**科爾坤** 四、壬子;改戶右。	(?)**蘇拜** 五、乙丑、十三,6.28;閣讀學遷。 十二、丁酉;改工右。	
		(滿)**莽色**		

康熙二一年　壬戌(1682)

(滿)**達都** 　二、庚辰、二,3.10;遷左都。	(覺羅)**沙賴** 　二、乙酉、七,3.15;右改。 十一、甲寅、十一,12.9;原衙管倉侍。	(滿)**科爾坤** 　十一、戊午、十五, 12.13;右改。
(覺羅)**沙賴** 　二、乙酉;改左。	(滿)**科爾坤** 　二、乙酉;户左改吏左管。 十一、戊午;改左。	(滿)**禧佛** 　十一、戊午;兵右改。
(滿)**科爾坤** 　二、乙酉;改吏左管右事。	(滿)**額庫禮** 　二、壬辰、十四,3.22;右改。	
(滿)**額庫禮** 　二、壬辰;改左。	(滿)**宜昌阿** 　二、壬辰;刑右改。	
(滿)**額星格**		
(滿)**吳努春**		
(滿)**郭丕**		
(滿)**禧佛** 　十一、戊午;改吏右。	(滿)**庫勒納** 　十一、戊辰、廿五,12.23;刑右改。	
(滿)**襌塔海**		
(滿)**宜昌阿** 　二、壬辰、十四,3.22;改户右。	(滿)**庫勒納** 　五、丁巳、十,6.15;翰掌遷。 十一、戊辰;改兵右。	(?)**鄂哈** 　十二、乙亥、二,12.30; 光禄遷。
(滿)**黨務禮**		
(?)**蘇拜**		
(滿)**喀爾圖** 　十、丁酉、廿四,11.22;遷左都。	(覺羅)**沙賴** 　十一、甲寅;以吏左原衙管。	
(滿)**温代**		
(?)**塞克德** 　正、戊辰、廿,2.26;御史擢。		
(滿)**莽色**		

部院滿侍郎年表

年代		康熙二二年　癸亥(1683)
吏部	左	(滿)**科爾坤**　八、癸亥、廿四,10.14;遷左都。　　(滿)**色赫**　九、庚午、二,10.21;右改。
	右	(滿)**禧佛**　二、己卯、七,3.4;遷左都。　(滿)**色赫**　三、辛亥、九,4.5;盛戶改。九、庚午;改左。　(滿)**額星格**　九、庚午;禮左改吏左管右。
戶部	左	(滿)**額庫禮**　十、戊申、十一,11.28,改正白蒙副。　　(滿)**薩海**　十、乙卯、十八,12.5;禮左改。
	右	(滿)**宜昌阿**　△革。　　(滿)**庫勒納**　十、甲寅、十七,12.4;兵右改。
禮部	左	(滿)**額星格**　九、庚午;改吏左管右。　(滿)**薩海**　九、丙子、八,10.27;右改。十、乙卯;改戶左。　(?)**鄂哈**　十、乙卯;右改。
	右	(滿)**吳努春**　六、甲午、廿三,7.17;革。　(滿)**薩海**　七、乙未、廿八,9.16;閣學遷。九、丙子;改左。　(?)**鄂哈**　九、丙子;刑右改。十、乙卯;改左。　(滿)**溫代**　十、乙卯;督捕改。十、壬戌、廿五,12.12;改黑龍江左翼副都統。　(?)**蘇拜**　十一、丁丑、十,12.27;工右改。
兵部	左	(滿)**郭丕**
	右	(滿)**庫勒納**　十、甲寅、十七,12.4;改戶右。　　(滿)**阿蘭泰**　十、甲寅;閣學遷。
刑部	左	(滿)**禪塔海**
	右	(?)**鄂哈**　九、丙子;改禮右。　　(滿)**佛倫**　九、丙子;閣學授。
工部	左	(滿)**黨務禮**
	右	(?)**蘇拜**　十一、丁丑;改禮右。　　(滿)**巴錫**　十一、丁亥、廿,1.6;甘撫遷。
倉　場		(覺羅)**沙賴**
督　捕		(滿)**溫代**　十、乙卯;改禮左管右。　　(滿)**達哈他**　十、庚申、廿三,12.10;左通遷。
都察院		(?)**塞克德**
		(滿)**莽色**　三、丙辰、十四,4.10;改盛戶。　　(?)**雅思哈**　三、乙丑、廿三,4.19;甘布遷。

康熙二三年　甲子(1684)			
(滿)**色赫**			
(滿)**額星格** 　九、乙亥、十二,10.20;改正白蒙副。		(滿)**達哈他** 　九、庚辰、十七,10.25;督捕改左管。 　十二、己酉、十八,1.22;遷左都。	
(滿)**薩海**			
(滿)**庫勒納** 　九、辛巳、十八,10.26;改督捕。		(滿)**鄂爾多** 　九、丙戌、廿三,10.31;刑右改。	
(ʔ)**鄂哈**			
(ʔ)**蘇拜**			
(滿)**郭丕**			
(滿)**阿蘭泰**			
(滿)**禪塔海** 　正、丙戌、廿,3.5;解。(五月革)		(滿)**佛倫** 　二、辛丑、五,3.20;右改。	
(滿)**佛倫** 　二、辛丑;改左。	(滿)**鄂爾多** 　二、辛丑;原任授。 　九、丙戌;改戶右。	(滿)**蘇赫** 　十二、壬辰、一,1.5;通政遷。	
(滿)**黨務禮**			
(滿)**巴錫** 　八、庚戌、十七,9.25;降二調。		(ʔ)**席特納** 　八、丁巳、廿四,10.2;左副改。	
(覺羅)**沙賴**			
(滿)**達哈他** 　九、庚辰;改吏左管右。		(滿)**庫勒納** 　九、辛巳;戶右改。	
(ʔ)**塞克德** 　正、丙申、卅,3.15;解。	(滿)**席爾達** 　二、丁未、十一,3.26;太常 　遷。△改閣學。	(ʔ)**席特納** 　△閣學遷。 　八、丁巳;改工右。	(覺羅)**孫果** 　九、丙寅、三,10.11; 　一等侍衛授。
(ʔ)**雅思哈** 　五、己卯、十四,6.26;死。		(ʔ)**拉篤祜** 　五、丁丑、十二,6.24;通政遷。	

部院滿侍郎年表

年　代		康熙二四年　　乙丑(1685)
吏部	左	(滿)**色赫** 二、庚申、卅，4.3；改正黄滿副。　　　　　(滿)**阿蘭泰** 三、己卯、十九，4.22；右改。
	右	(？)**蘇拜** 正、己酉、廿五，2.27；禮右改。 二、癸巳、三，3.7；解。　　(滿)**阿蘭泰** 二、己亥、九，3.13；兵右改。 三、乙卯；改左。　　(滿)**薩海** 三、己卯；户左改。
户部	左	(滿)**薩海** 三、己卯；改吏右。　　　　　　(滿)**鄂爾多** 四、壬辰、三，5.5；右改。
	右	(滿)**鄂爾多** 四、壬辰；改左。　　　　　　(滿)**蘇赫** 四、壬辰；刑左改户左管右事。
禮部	左	(？)**鄂哈**
	右	(？)**蘇拜** 正、乙酉；改吏右。　　　　　(滿)**額星格** 二、癸巳；正白蒙副授。
兵部	左	(滿)**郭丕**
	右	(滿)**阿蘭泰** 二、己亥；改吏右。　　　　(滿)**佛倫** 二、甲辰、十四，3.18；刑左改兵左管右事。 十二、甲辰、十八，1.12；遷左都。
刑部	左	(滿)**佛倫** 二、甲辰；改兵左管右。　　(滿)**蘇赫** △二月，右改。 四、壬辰；改户左管右。　　(滿)**席柱** 四、戊戌、九， 5.11；右改。
	右	(滿)**蘇赫** △二月，改左。　　(滿)**席柱** 二、甲辰；閣學遷。 四、戊戌；改左。　　(滿)**傅臘塔** 四、戊戌；通政遷。
工部	左	(滿)**黨務禮**
	右	(？)**席特納**
倉　　場		(覺羅)**沙賴**
督　捕		(滿)**庫勒納**
都察院		(覺羅)**孫果**
		(？)**拉篤祜**

康熙二五年　丙寅(1686)			
(滿)**阿蘭泰** 六、戊寅、廿六，8.14；遷左都。		(滿)**薩海** 七、丙戌、四，8.22；右改。	
(滿)**薩海** 七、丙戌；改左。		(滿)**傅臘塔** 七、丙戌；户右改。	
(滿)**鄂爾多** 十一、壬午、二，12.16；改內務府總管。		(滿)**麻爾圖** 十一、壬辰、十二，12.26；右改。	
(滿)**蘇赫** 三、癸酉、十九， 4.11；改倉侍。	(滿)**傅臘塔** 三、丁丑、廿三，4.15；兵右改。 七、丙戌；改吏右。	(滿)**麻爾圖** 七、己丑、七，8.25；閣學遷。 十一、壬辰；改左。	(滿)**賽弼漢** 十一、壬辰； 閣學遷。
(?)**鄂哈** 閏四、乙丑、十二，6.2；休。	(?)**穆稱額** 閏四、庚午、十七，6.7；理右改。 六、戊辰、十六，8.4；革。	(滿)**額星格** 七、丙戌；右改。	
(滿)**額星格** 七、丙戌；改左。		(覺羅)**孫果** 七、丙戌；理右改。	
(滿)**郭玉**			
(滿)**傅臘塔** 正、壬午、廿七，2.19；刑右改。 三、丁丑；改户左。		(?)**丹岱** 三、甲申、卅，4.22；刑右改。	
(滿)**席柱** 閏四、戊午、五，5.26；改督捕。		(滿)**噶爾圖** 閏四、癸亥、十，5.31；右改。	
(滿)**傅臘塔** 正、壬午；改兵右。	(?)**丹岱** 二、丁亥、三，2.24；閣學遷。 三、甲申；改兵右。	(滿)**噶爾圖** 四、己丑、五，4.27；盛刑改。 閏四、癸亥；改左。	(滿)**敦多禮** 閏四、癸亥； 閣學遷。
(滿)**黨務禮**			
(?)**席特納** 二、辛亥、廿七，3.20；休。		(覺羅)**沙賴** 三、甲子、十，4.2；倉侍改。	
(覺羅)**沙賴** 三、甲子；改工右。		(滿)**蘇赫** 三、癸酉、十九，4.11；户右改。	
(滿)**廩勒納** 四、辛亥、廿七，5.19；改禮左管翰掌。		(滿)**席柱** 閏四、戊午；刑左改。	
(覺羅)**孫果** 五、丙戌、三，6.23；改理右。		(?)**席珠** 五、甲午、十一，7.1；御史遷。	
(?)**拉篤祜** 七、己丑、七，8.25；改理右。		(?)**舒淑** 七、戊戌、十六，9.3；大理遷。	

部院滿侍郎年表

年　代		康熙二六年　丁卯(1687)
吏部	左	(滿)薩海
	右	(滿)傅臘塔
戶部	左	(滿)麻爾圖
	右	(滿)賽弼漢
禮部	左	(滿)額星格　十、甲辰、廿九、1.2；革。　　　　(滿)席爾達　十二、壬子、八、1.10；太常遷。仍兼。
	右	(覺羅)孫果　正、癸卯、廿四、3.7；陝撫遷。三、辛巳、三、4.14；改盛工。　(滿)圖爾宸　　(滿)顧八代　三月、閣學遷。内廷行走。　　(?)多奇　十二、壬子；閣學授。
兵部	左	(滿)郭丕　四、甲戌、廿七、6.6；改杭將。　　　　(?)丹岱　五、庚辰、三、6.12；右改。
	右	(?)丹岱　五、庚辰；改左。　　　(?)拉篤沽　五、庚辰；理右改。十、戊辰、廿三、11.27；解。　　(滿)禪布　十、壬申、廿七、12.1；閣學遷。
刑部	左	(滿)噶爾禮　二、丁卯、十九、3.31；革。　　(滿)葛思泰　二、辛酉、十三、3.25；閣學遷。九、戊子、十三、10.18；遷左都。　　(?)席珠　九、戊子；右改。
	右	(滿)敦多禮　二、丁巳、九、3.21；革。　　(?)席珠　二、辛酉；左副改。九、戊子；改左。　　(?)塞楞額　九、戊子；閣學遷。
工部	左	(滿)黨務禮　七、戊戌、十二、8.19；改西安副都。　　(覺羅)沙賴　七、乙未、十九、8.26；右改。十、壬申、廿七、12.1；革。　　(滿)傅拉塔　十一、己卯、四、12.8；右改。
	右	(覺羅)沙賴　七、乙未；改左。　　(滿)傅拉塔　七、乙未；左副改。十一、己卯；改左。　　(?)伊爾格圖　十一、己卯；任。
倉　場		(滿)蘇赫
督　捕		(滿)席柱
都察院		(?)席珠　二、辛酉；改刑右。三、庚寅、十二、4.23；改閣學。　(覺羅)舜拜　二、辛未、廿三、4.4；大理遷。　(滿)傅拉塔　三月、陝布遷。七、乙未；改工右。　(滿)阿山　七、己亥、廿三、8.30；通政遷。
		(?)舒淑　十、戊辰、廿三、11.27；解。　　　(滿)開音布　十、壬申、廿七、12.1；光祿遷。

康熙二七年　戊辰(1688)

(滿)薩海

(滿)傅臘塔

(滿)麻爾圖
　二、丁巳、十四,3.15;遷禮尚。

(滿)賽弼漢
　二、辛酉、十八,3.19;右改。

(滿)賽弼漢
　二、辛酉;改左。

(滿)開音布
　二、辛酉;左副改。

(滿)席爾達
　(兼太常)

(?)多奇

(滿)顧八代
　內廷行走

(?)丹岱
　三、乙亥、二,4.2;改杭州副都。

(滿)禪布
　三、庚辰、七,4.7;右改。
　十一、丙戌、十七,12.9;改江寧副都。

(覺羅)舜拜
　十一、辛卯、廿二,12.24;
　右改。

(滿)禪布
　三、庚辰;改左。

(覺羅)舜拜
　三、庚辰;閣學遷。
　十一、辛卯;改左。

(滿)薩穆哈
　十一、辛卯;閣學遷。

(?)席珠

(?)塞楞額
　二、丁卯、廿四,3.25;解。

(滿)傅拉塔
　二、壬申、廿九,3.30;工左改。
　四、戊申、六,5.5;改江督。

(滿)阿喇彌
　四、甲寅、十二,5.11;
　閣學遷。

(滿)傅拉塔
　二、壬申;改刑右。

(?)伊爾格圖
　二、癸酉、卅,3.31;右改。

(?)伊爾格圖
　二、癸酉;改左。

(?)齊穡
　二、癸酉;閣學遷。

(滿)蘇赫
　二、庚申、十七,3.18;遷工尚。

(?)洪尼喀
　二、癸亥、廿,3.21;杭州副督授。

(滿)席柱

(滿)阿山

(滿)開音布
　二、辛酉;改戶右。

(滿)噶爾圖
　二、丁卯;通政改。
　六、壬寅、一,6.28;改川撫。

(?)噶世圖
　六、丁未、六,7.3;通政遷。

部院滿侍郎年表

年　代		康熙二八年　己巳(1689)	
吏　部	左	（滿）**隆淖**	
	右	（滿）**傅臘塔** 　六、戊子、廿三，8.8；降二調。	（滿）**索諾和** 　六、甲午、廿九，8.14；閣學遷。
戶　部	左	（滿）**賽弼漢**	
	右	（滿）**開音布** 　（步統）三、癸巳、廿六，4.15；改正白滿副。	（滿）**阿山** 　閏三、戊戌、一，4.20；左副改。
禮　部	左	（滿）**席爾達** 　（兼太常）	
	右	（?）**多奇**	（滿）**顧八代** 　五、乙巳、十，6.26；遷禮尚。
兵　部	左	（覺羅）**舜拜**	
	右	（滿）**薩穆哈**	
刑　部	左	（?）**席珠**	
	右	（滿）**阿喇彌** 　六、壬辰、廿七，8.12；改盛戶。	（?）**噶世圖** 　七、丙申、二，8.16；左副改。
工　部	左	（?）**伊爾格圖**	
	右	（?）**齊穡**	
倉　場		（?）**洪尼喀** 　△十二月，免。（廿九年死）	（滿）**凱音布** 　十二、戊寅、十六，1.25；閣學遷。
督　捕		（滿）**席柱**	
都察院		（滿）**阿山** 　閏三、戊戌；改戶右。	（?）**恕舒** 　閏三、戊申、十一，4.30；少詹遷。
		（?）**噶世圖** 　七、丙申；改刑右。	（滿）**單疊** 　七、丁巳、廿三，9.6；通政遷。

康熙二九年　庚午(1690)		
(滿)薩海		
(滿)索諾和		
(滿)賽弼漢		
(滿)阿山		
(滿)席爾達 （兼太常）		
(？)多奇		
(覺羅)舜拜 　十一、庚寅、三,12.3；暫解。　倉侍凱音布署。		
(滿)薩穆哈		
(？)席珠 　正、己未、廿七,3.7；改督捕。	(？)噶世圖 　正、己未；右改。 　三、辛酉、卅,5.8；老休。	(？)噶爾泰 　四、乙丑、四,5.12；右改。
(？)噶世圖 　正、己未；改左。	(？)噶爾泰 　正、己未；通政遷。 　四、乙丑；改左。	(滿)傅臘塔 　四、乙丑；通政遷。
(？)伊爾格圖		
(？)齊穡		
(滿)凱音布 　十一、庚寅、三,12.3；暑兵左。		
(滿)席柱 　正、己酉、十七,2.25；遷工尚。	(？)席珠 　正、己未；刑左改。	
(？)恕舒		
(滿)單璧 　十、乙酉、廿八,11.28；改盛禮。	(滿)朱都納 　十一、庚寅；閣學授。	

部院滿侍郎年表

年　代		康熙三十年　辛未(1691)		
吏	左	(滿)薩海 十一、癸亥、十三,12.31;遷左都。	(?)布彥圖 十一、庚午、廿,1.7;右改。	
部	右	(滿)索諾和 六、癸亥、九,7.4;遷左都。	(?)布彥圖 六、辛未、十七,7.12;刑右改。 十一、庚午、改左。	(滿)薩穆哈 十一、庚午;兵左改 吏左管右。
戶	左	(滿)賽弼漢 八、丙戌、四,9.25;死。	(滿)阿山 閏七、庚申、七,8.30;右改。	
部	右	(滿)阿山 閏七、庚申;改左。	(?)博際 閏七、庚申;閣學遷。	
禮	左	(滿)席爾達 　(兼太常)		
部	右	(?)多奇		
兵	左	(覺羅)舜拜 三、甲寅、廿八,4.26;改盛兵。	(滿)薩穆哈 四、戊午、三,4.30;右改。 十一、庚午、改吏左管右。	(滿)朱都納 十一、丙子、廿六, 1.13;右改。
部	右	(滿)薩穆哈 四、戊午;改左。	(滿)朱都納 四、戊午;左副改。 十一、丙子;改左。	(?)恕舒 十一、丙子;左副改。
刑	左	(?)噶爾泰 正、辛亥、廿五,2.22;病免。	(滿)傅臘塔 正、乙卯、廿九,2.26;右改。	
部	右	(滿)傅臘塔 正、乙卯;改左。	(?)布彥圖 正、乙卯;閣學遷。 六、辛未;改吏右。	(?)邁途 六、戊寅、廿四,7.19; 閣學遷。
工	左	(?)伊爾格圖 十、戊申、廿七,12.16;降五調。	(滿)凱音布 十一、丁巳、七,12.25;倉侍改。	
部	右	(?)齊穡 十、戊申;降五調。	(滿)圖爾宸 十一、丁巳;盛工改。	
倉　　場		(滿)凱音布 十一、丁巳;改工左。	(滿)伊圖 十一、丙子、十四,1.1;甘撫遷。	
督　　捕		(?)席珠		
都 察 院		(?)恕舒 十一、丙子;改兵右。	(滿)佛葆 十二、甲申、四,1.21;督捕左理事遷。	
		(滿)朱都納 四、戊午;改兵右。	(?)多弼 四、丙寅、十一,5.8;光祿遷。 閏七、壬戌、九,9.1;改內務府總管。	(滿)君泰 閏七、乙巳、十六, 9.8;通政遷,仍兼。

康熙三一年　壬申(1692)

（?）布彦圖

（滿）薩穆哈		（滿）傅臘塔	
二、乙巳、廿五,4.11;遷工尚。		三、壬子、三,4.18;刑左改吏左管吏右事。	

（滿）阿山	（?）博霽	（滿）凱音布	（?）思格色
△降郎中。	二、丁亥、七,3.24;右改。四、乙巳、廿六,6.10;改督捕。	四、乙巳;右改。△改督統。	四、乙未、廿,11.27;右改。

（?）博霽	（滿）凱音布	（?）思格色	（?）法爾哈
二、丁亥;改左。	二、丁亥;工左改。四、乙巳;改左。	四、乙巳;閣學遷。十、乙未;改左。	十、乙未;左副改。

（滿）席爾達
（兼太常）

（?）多奇

（滿）朱都納

（?）恕舒

（滿）傅臘塔	（?）邁塗
三、壬子;改吏左管吏右事。	三、丙辰、七,4.22;右改。

（?）邁塗	（滿）尹泰
三、丙辰;改左。	三、丙辰;左副改,兼詹。

（滿）凱音布	（滿）圖爾宸
二、丁亥;改戶左管戶右事。	二、丁亥;右改。

（滿）圖爾宸	（滿）沙納海
二、丁亥;改左。	二、丁亥;鑲黃漢副授。

（滿）伊圖

（?）席珠	（?）博霽
四、己亥、廿,6.4;降三調。	四、乙巳;戶左改。

（滿）佛葆

（滿）尹泰	（?）噶邇薩	（?）法爾哈	（?）沈圖
三、丙辰;改刑右。	三、戊寅、廿九,5.14;大理遷。五、丙寅、十七,7.1;死。	四、丙午、廿七,6.11;通政遷。十、乙未;改戶右。	十、乙未;光祿遷。

部院滿侍郎年表

年　代		康熙三二年　癸酉(1693)
吏部	左	(?)**布彥圖**
	右	(滿)**傅臘塔**
戶部	左	(?)**思格色**
	右	(?)**法爾哈**
禮部	左	(滿)**席爾達** 　（兼太常）
	右	(?)**多奇**
兵部	左	(滿)**朱都納**
	右	(?)**恕舒**　　　　　　　　　　　　　　(滿)**安布祿** 　十一、丙寅、廿七,12.23;解。　　　　　　　十一、己巳、卅,12.26;閣學遷。
刑部	左	(?)**邁塗**
	右	(滿)**尹泰** 　（兼詹事）
工部	左	(滿)**圖爾宸**
	右	(滿)**沙納海**
倉場		(滿)**伊圖**　　　　　　　　　　　　(滿)**常書** 　十一、丁丑、七,11.4;死。　　　　　　　七、丙寅、廿四,8.25;閣學遷。
督捕		(?)**博隮**　　　　　　　　　　　　(?)**趙山** 　十一、丙寅;降三調。　　　　　　　　十一、戊辰、廿九,12.25;正紅滿副授。
都察院		(滿)**佛葆**　　　　　　　　　　　　(?)**沙哈里** 　十、壬申、二,10.30;改盛刑。　　　　　十、壬午、十二,11.9;盛刑理事遷。
		(?)**沈圖**　　　　　　　　　　　　(?)**碩羅** 　十一、己巳;改閣學。　　　　　　　　十二、丙子、七,1.2;督捕郎中遷。

康熙三三年　甲戌(1694)	康熙三四年　乙亥(1695)
(？)**布彥圖**　　　　　(滿)**常書** 六、丙寅、卅，8.20，革。　　七、己巳、三，8.23， 　　　　　　　　　　右改，兼翰掌。	(滿)**常書** （兼翰掌）
(滿)**傅臘塔**　　(滿)**常書**　　(滿)**安布祿** 閏五、壬午、十六，　閏五、己丑、廿三，　七、己巳， 7.7，遷左都。　　7.14，倉侍改。　　兵右改。 　　　　　　七、己巳，改左。	(滿)**安布祿**
(？)**思格色**	(？)**思格色**
(？)**法爾哈**	(？)**法爾哈**　　　(？)**阿爾拜** 　　　　　　七、丙戌、廿六，9.4，閣學遷。
(滿)**席爾達** （兼太常）	(滿)**席爾達** （兼太常）
(？)**多奇**	(？)**多奇**
(滿)**朱都納**	(滿)**朱都納**
(滿)**安布祿**　　　　(滿)**馬爾漢** 七、己巳，改吏右。　　七、甲戌、八，8.28， 　　　　　　　　翰講學遷。	(滿)**馬爾漢**
(？)**邁塗**	(？)**邁塗**
(滿)**尹泰** （兼詹事）	(滿)**尹泰** （兼詹事）
(滿)**圖爾宸**	(滿)**圖爾宸**
(滿)**沙納海**　　　　(？)**常綏** 五、辛亥、十四，6.6，　五、丁巳、廿，6.12， 改寧古塔副都。　　閣學遷。	(？)**常綏**
(滿)**常書**　　　　(？)**德珠** 三月，兼翰掌。閏五、己　閏五、己丑，閣學授。 丑、廿三，7.14，改吏右。	(？)**德珠**
(？)**趙山**	(？)**趙山**　　　　(？)**戴通** 八、辛丑、十二，　十、壬子、廿三，11.29，閣 9.19，革。　　學遷。
(？)**沙哈里**	(？)**沙哈里**　　　(？)**席密圖** 三、己丑、廿八，　三、丁卯、六，4.18，光祿遷。 5.10，死。
(？)**碩羅**　　(？)**傅德**　　　(滿)**阿山** 三、甲寅、十六，三、癸亥、廿五，4.19，六、丙午、 4.10，休。　翰講學遷。六、辛亥、十，7.31， 　　　　五，7.26，改盛工。原戶左授。	(滿)**阿山**

部院滿侍郎年表

年　代		康熙三五年　丙子(1696)	
吏 部	左	(滿)**常書** 　六、癸卯、十九，7.17；改翰掌。	(滿)**安布祿** 　六、壬子、廿八，7.26；右改。
	右	(滿)**安布祿** 　六、壬子；改左。	(?)**阿爾拜** 　六、壬子；户左改吏左管。
户 部	左	(?)**思格色** 　三、丁卯、十一，4.12；革。	(?)**阿爾拜** 　六、己亥、十五，7.13；右改。 　六、壬子；改吏右。	(滿)**陶岱** 　六、壬子；右改。
	右	(?)**阿爾拜** 　六、己亥；改左。	(滿)**陶岱** 　六、己亥；閣學遷。 　六、壬子；改左。	(?)**腐愛** 　六、壬子；盛禮改。
禮 部	左	(滿)**席爾達** 　　(兼太常)	
	右	(?)**多奇**	
兵 部	左	(滿)**朱都納** 　四、乙未、十，5.10；革。	(滿)**馬爾漢** 　六、癸卯、十九，7.17；右改。
	右	(滿)**馬爾漢** 　六、癸卯；改左。	(滿)**嵩祝** 　六、癸卯；閣學授。 　九、己巳、十六，10.11；改鑲藍護統。	(滿)**哈雅爾圖** 　九、乙亥、廿二， 　10.17；閣學遷。
刑 部	左	(?)**邁塗**	
	右	(滿)**尹泰** 　六、癸卯；改詹事。	(?)**綏色** 　七、乙卯、一，7.29；閣學遷。
工 部	左	(滿)**圖爾宸**	
	右	(?)**常綏**	
倉　場		(?)**德珠**	
督　捕		(?)**戴通** 　七、丙子、廿二，8.19；死。	(?)**席密圖** 　七、戊午、四，8.1；左副改。
都 察 院		(?)**席密圖** 　七、戊午；改督捕。	(?)**努赫** 　七、戊辰、十四，8.11；少詹遷。
		(滿)**阿山** 　六、壬子；改盛禮。	(滿)**貝和諾** 　七、戊午；大理遷。

康熙三六年　丁丑(1697)

(滿)**安布禄**
正、乙亥、廿三，2.14；改理右。

(?)**阿爾拜**
正、己卯、廿七，2.18；右改。

(?)**阿爾拜**
正、己卯；改左。

(滿)**陶岱**
正、己卯；户左改。

(滿)**陶岱**
正、己卯；改吏右。

(?)**庸愛**
正、己卯；右改。

(?)**庸愛**
正、己卯；改左。

(滿)**貝和諾**
正、己卯；左副改。

(滿)**席爾達**
五、辛丑、廿二，7.10；遷左都。

(?)**努赫**
五、丙午、廿七，7.15；右改。

(?)**多奇**
二、戊戌、十七，3.9；革。

(?)**努赫**
五、丁酉、十八，7.6；左副改。
五、丙午；改左。

(?)**楊舒**
五、丙午；閣學遷，兼太僕。

(滿)**馬爾漢**

(滿)**哈雅爾圖**
九、乙巳、廿八，11.11；遷左都。

(覺羅)**三寶**
十、庚申、十三，11.26；刑右改。

(?)**邁塗**
七、丁未、廿九，9.14；休。

(?)**綏色**
八、丙辰、九，9.23；右改。

(?)**綏色**
八、丙辰；改左。

(覺羅)**三寶**
八、丙辰；閣學遷。
十、庚申；改兵右。

(?)**孟額**
十、庚申；右庶子遷。
十一、辛丑、廿五，1.6；病休。

(?)**戴都里**
十一、丙午、卅，1.11；左副改。

(滿)**圖爾宸**

(?)**常綬**

(?)**德珠**

(?)**席密圖**
四、乙亥、廿六，6.14；革。

(滿)**朱都納**
五、癸巳、十四，7.2；閣學遷。

(?)**努赫**
五、丁酉；改禮右。

(?)**戴都里**
六、己酉、一，7.18；盛户理事遷。
十一、丙午；改刑右。

(?)**壽鼐**
十一、丙午；閣學授。

(滿)**貝和諾**
正、己卯；改户右。

(滿)**哈山**
二、癸未、二，2.22；閣學授。六、丁巳、九，7.26；改盛禮。

(滿)**噶禮**
六、癸亥、十五，8.1；通政遷。八、乙丑、十八，10.2；改閣學。

(?)**札賴**
八、丙寅、十九，10.3；閣學授。十、戊午、十一，11.24；病休。

(滿)**額倫特**
十、壬戌、十五，11.28；通政遷。

部院滿侍郎年表

年　　代		康熙三七年　戊寅(1698)	康熙三八年　己卯(1699)
吏	左	(？)阿爾拜	(？)阿爾拜
部	右	(滿)陶岱	(滿)陶岱 五、庚午、二,5.30;署江督。
戶	左	(？)廕愛	(？)廕愛
部	右	(滿)貝和諾　　(滿)魯伯赫 十二、己未、十九,　十二、庚申、廿, 1.19;改陝撫。　1.20;鑲黃滿副改。	(滿)魯伯赫　　(滿)溫達 閏七、癸丑、十七,　閏七、戊午、十二, 9.10;改鑲黃護統。　9.15;閣學遷。
禮	左	(滿)努赫　　(？)楊舒 △十一、甲午、廿四,　十一、甲午、右改, 12.25;降光祿。　仍兼太僕。	(？)楊舒 (兼太僕)
部	右	(？)楊舒　　(？)戴都里 (兼太僕)　十一、　十一、甲午;刑右 甲午;改左。　改。	(？)戴都里　　(？)努赫 十、壬申、八,11.28;光 祿遷,仍兼。
兵	左	(滿)馬爾漢	(滿)馬爾漢　　(覺羅)三寶 五、丁亥、十九,　五、乙未、廿七,6.24; 6.16;遷左都。　右改。
部	右	(覺羅)三寶	(覺羅)三寶　　(滿)布雅努 五、乙未;改左。　五、乙未;原陝撫授。
刑	左	(？)綴色	(？)綴色
部	右	(？)戴都里　　(？)辛寶 十一、甲午;改禮右。　十一、甲午;閣學 遷。	(？)辛寶　(滿)吳赫　　(？)常綬 △九月、　九、癸丑、十八,11.9;　十二、辛 革。　原川督授。十二、辛　未;工左 未、七,1.26;改工右。　改。
工	左	(滿)圖爾宸　　(？)常綬 四、甲寅、十,5.19;　四、戊午、十四, 休。　5.23;右改。	(？)常綬　　(？)羅察 十二、辛未;改刑　十二、辛未;右改。 左管刑右事。
部	右	(？)常綬　　(？)羅察 四、戊午;改左。　四、戊午;閣學遷。	(？)羅察　　(滿)吳赫 十二、辛未;改左。　十二、辛未;刑右改。
倉　　場		(？)德珠	(？)德珠
督　　捕		(滿)朱都納	(滿)朱都納 十一、庚子、六,12.26; 改兵部額外侍郎。　〔缺裁〕
都 察 院		(？)壽鼐	(？)壽鼐
		(滿)額倫特	(滿)額倫特

376

年　代		康熙三九年　庚辰(1700)		
吏部	左	(↑)阿爾拜 　十、壬午、廿三，12.3；解。	(↑)特默德 　十、丁亥、廿八，12.8；右改。	
	右	(滿)陶岱 　三、癸卯、十，4.28；署江督。 　五、癸卯、十一，6.27；改倉侍。	(↑)特默德 　五、丁未、十五，7.1；工右改。 　十、丁亥；改左。	(滿)傅繼祖 　十、丁亥；盛兵改。
戶部	左	(↑)廕愛		
	右	(滿)溫達		
禮部	左	(↑)楊舒 　　(兼太僕)	(覺羅)三寶 　四、壬辰、廿九，6.16；兵左改。 　十一、辛丑、十三，12.22；革。	(滿)凱音布 　十一、丙午、十八， 　12.27；正黃滿副授。
	右	努赫 　　(兼光祿)		
兵部	左	(覺羅)三寶 　四、壬辰；改禮左。	(滿)朱都納 　四、壬辰；裁缺督捕、額外侍郎授。	
	右	(滿)布雅努		
刑部	左	(↑)綏色		
	右	(↑)常綏		
工部	左	(↑)羅察 　十二、庚午、十二，1.20；降三調。	(滿)敦拜 　十二、丙子、十八，1.26；閣讀學遷。	
	右	(滿)吳赫 　三、丙申、三，4.21；革。	(↑)特默德 　三、丁未、十四，5.2；閣學兼詹 　事遷。五、丁未；改吏右。	(↑)白碩色 　五、壬子、廿，7.6； 　閣學遷。
倉　場		(↑)德珠 　四、戊子、廿五，6.12；解。	(滿)陶岱 　五、癸卯；吏右改。	
都察院		(↑)壽鼐		
		(滿)額倫特 　十一、壬辰、四，12.13；改盛兵。	(↑)禮賴 　十一、丁酉、九，12.18；原任授。	

部院滿侍郎年表

年　代		康熙四十年　辛巳(1701)
吏 部	左	(滿)特默德
	右	(滿)傅繼祖
戶 部	左	(滿)廣愛
	右	(滿)溫達
禮 部	左	(滿)凱音布　　　　　　　　　(滿)邵穆布 　十、壬申、十九，11.18；遷戶尚。　　　　　十、壬申；閣學遷。
	右	(滿)努赫　　　　　(滿)席哈納　　　　　　　(滿)羅察 　正、甲寅、廿六，3.5；革。　正、甲寅；閣學遷。　　　　　十、壬申；原工左授。 　　　　　　　　　　　十、壬申；遷禮尚。
兵 部	左	(滿)朱都納　　　　　　　　　(滿)法良 　六、癸未、廿七，8.1；革。　　　九、丁未、廿三，10.24；閣學管翰掌授，仍兼。
	右	(滿)布雅努
刑 部	左	(滿)綏色
	右	(滿)常綏　　　　　　　　　(滿)蘇赫納 　　　　　　　　　　　　十二、辛未、十九，1.16；閣學遷。
工 部	左	(滿)敦拜 　十二、辛未；遷左都。
	右	(滿)白碩色　　　　　　　　　(滿)舒輅 　正、甲寅；解(專管河工)。　　　正、甲寅；閣學遷。
倉　　場		(滿)陶岱　　　　　　　　　(滿)辛保 　十一、丁酉、十四，12.13；降五調(死)。　十一、辛亥、廿八，12.27；閣學遷。
都 察 院		(滿)壽蕭　　　　　　　　　(滿)常舒 　十一、甲申、一，11.30；休。　　十一、甲午、十一，12.10；吏郎遷。
		(滿)札賴　　　(滿)辛保　　　　　　(滿)岳蘭　　　　　　(滿)葉舒 　　　　正、辛亥、廿三，3.2；右庶子遷。　二、己未、一，3.10；戶郎遷。　十一、甲午 　　　　正、乙卯、廿七，3.6；改閣學。　十一、甲申；休。　　　吏郎遷。

康熙四一年　壬午(1702)

(?)特默德	(滿)傅繼祖
二、甲子、十二,**3.10**;革。	二、癸酉、廿一,**3.19**;右改。

(滿)傅繼祖	(滿)溫達	(滿)常舒
二、癸酉;改左。	二、癸酉;戶右改。 九、己巳、廿一,11.10;遷左都。	九、壬申、廿四,11.13;工左改吏 左管。

(?)廬愛

(滿)溫達	(滿)賴都
二、癸酉;改吏右。	三、癸未、二,3.29;額外閣學遷。

(滿)邵穆布

(?)羅察

(?)法良	(?)紀爾他渾
十二、辛丑、廿五,2.10;革。	十二、甲辰、廿八,2.13;閣學遷。

(滿)布雅努

(?)綏色	(?)蘇赫納
六、辛亥、一,6.25;革。	六、己未、九,7.3;右改。

(?)蘇赫納	(滿)舒輅
六、己未;改左。	六、己未;工左改刑左管。

(滿)舒輅	(滿)常舒	(?)恩特
三、癸未;右改。 六、己未;改刑右。	六、癸亥、十三,7.7;右改。 九、壬申;改吏右。	九、壬申;右改。

(滿)舒輅	(滿)常舒	(?)恩特	(?)哈肅	(?)來道
三、癸未;改左。	三、癸未;左副改。 六、癸亥;改左。	六、癸亥;大理遷。 九、壬申;改左。	九、壬申;大理遷。 △死。	十二、甲辰;閣 學遷。

(?)辛保

(滿)常舒	(?)杜喀禪
三、癸未;改工右。	三、戊子、七,4.3;大理遷。

(?)葉舒

部院滿侍郎年表

年代		康熙四二年　癸未(1703)	康熙四三年　甲申(1704)
吏部	左	(滿)傅繼祖	(滿)傅繼祖
	右	(滿)常舒	(滿)常舒
户部	左	(?)庸愛	(?)庸愛
	右	(滿)賴都	(滿)賴都
禮部	左	(滿)邵穆布	(滿)邵穆布
	右	(?)羅察	(?)羅察　六、甲戌、六、7.7；解。　(?)鐵圖　六、癸未、十五，7.16；閣學遷。
兵部	左	(?)紀爾他渾	(?)紀爾他渾　(滿)布雅努　二、癸酉、三，3.8；右改。
	右	(滿)布雅努	(滿)布雅努　二、癸酉；改左。　(滿)貝和諾　二、癸酉；川撫遷。
刑部	左	(?)蘇赫納	(?)蘇赫納
	右	(滿)舒輅	(滿)舒輅　四、壬申、三，5.6；遷左都。　(?)常綬　四、己卯、十，5.13；閣學遷。
工部	左	(?)恩特	(?)恩特　三、己酉、十，4.13；革。　(?)色德里　三、丙寅、廿七，4.30；閣學遷。
	右	(?)來道　正、丁卯、廿一，3.8；兼管詹事。	(?)來道　三、己酉；革。　(滿)穆和倫　三、丙寅；閣學兼管光禄遷。十月，兼署理左。
倉場		(?)辛保	(?)辛保
都察院		(?)杜喀襌	(?)杜喀襌　(?)布爾賽　十二、壬申、六，1.1；兵郎遷。
		(?)葉舒	(?)葉舒　(?)赫申　十二、壬申；禮郎遷。

康熙四四年　乙酉(1705)

(滿)**傅繼祖**

(滿)**常舒**
　　正、庚申、廿五，2.18；遷理尚。

(滿)**希福納**
　　正、庚申；盛户改。
　　九、甲申、廿三，11.9；遷左都。

(?)**杜敏**
　　九、乙酉、廿四，11.10；一等侍
　　衞授。

(?)**廣愛**
　　五、丙寅、四，6.24；革　。

(滿)**穆丹**
　　五、癸酉、十一，7.1；右改。

(滿)**賴都**
　　閏四、戊戌、五，5.27；改鑲藍蒙副。

(滿)**穆丹**
　　閏四、庚戌、十七，6.8；閣學兼
　　詹事遷。五、癸酉；改左。

(滿)**巴錫**
　　五、癸酉；雲督授。

(滿)**邵穆布**

(?)**鐵圖**

(滿)**布雅努**
　　十、戊戌、八，11.23；休。

(滿)**滿關**
　　十、甲辰、十四，11.29；右改。

(滿)**貝和諾**
　　五、庚辰、十八，7.8；改雲督。

(滿)**滿關**
　　五、乙酉、廿三，7.13；閣學遷。
　　十、甲辰；改左。

(滿)**殷特布**
　　十、甲辰；閣學遷。

(?)**蘇赫納**
　　十、丁酉、七，11.22；病免。

(?)**魯瑚**
　　十、甲辰；閣學遷。

(?)**常綬**

(?)**色德里**
　　九、庚辰、十九，11.5；病免。

(滿)**穆和倫**
　　九、乙酉；右改。

(滿)**穆和倫**
　　九、乙酉；改左。

(滿)**巢可託**
　　九、乙酉；盛刑改。

(?)**辛保**
　　五、己卯、十七，7.7；革。

(滿)**富寧安**
　　五、己卯；副都授。

(?)**布爾賽**
　　十、丙申、六，11.21；改盛刑。

(?)**赫申**
　　△十月；降調左副授。

(?)**赫申**
　　五、戊寅、十六，7.6；降三調。

(漢)**董國禮**
　　十、丁巳、廿七，12.12；盛禮理事遷。

部院滿侍郎年表

年　代		康熙四五年　丙戌(1706)
吏 部	左	(滿)傅繼祖
	右	(?)杜敏
戶 部	左	(滿)穆丹
	右	(滿)巴錫 　十一、癸酉、十九，12.23；解。　(滿)赫碩咨
禮 部	左	(滿)邵穆布 　十一、辛巳、廿七，12.31；改江督。　(?)鐵圖 　十二、丁亥、三，1.6；右改。
	右	(?)鐵圖 　十二、丁亥；改左。　(滿)赫壽 　十二、丁亥；閣學遷，仍兼。
兵 部	左	(?)滿關　(滿)殷特布 　八、己亥、十四，9.20；右改。
	右	(滿)殷特布 　八、己亥；改左。　(?)恩丕 　八、己亥；閣學遷。
刑 部	左	(?)魯瑚 　十、庚子、十六，1.20；降五調。　(?)魏齊 　十、丙午、廿二，11.26；光祿遷。
	右	(?)常綏 　十、壬子、廿八，12.2；工右互改。　(滿)巢可託 　十、壬子；工右互改。
工 部	左	(滿)穆和倫
	右	(滿)巢可託 　十、壬子；刑右互改。　(?)常綏 　十、壬子；刑右改。　(?)莫音代 　十二、丁亥、三，1.6；通政遷，兼光祿。
倉　場		(滿)富寧安
都 察 院		(?)赫申
		(漢)董國禮 　三、己未、一， 4.13；改盛戶。　(滿)郭瑝 　三、丁卯、九，4.21；太僕 遷。四、癸巳、六，5.17； 改滇撫。　(?)鸞成額 　四、壬寅、十五，5.26；理 郎遷。十一、癸亥、九， 12.13；改盛刑。　(?)張格 　十一、戊辰、十 四，12.18；通 政遷。

康熙四六年　丁亥(1707)	康熙四七年　戊子(1708)
(滿)傅繼祖	(滿)傅繼祖　　(滿)穆和倫　　(滿)穆丹 閏三、甲辰、廿　四、壬子、六,5.25;　五、戊戌、廿三, 七,5.17;解。　工右改。五、辛卯　7.10;戶左改。 　　　　　　　十六,7.8;遷左都。
(?)杜敏	(?)杜敏
(滿)穆丹	(滿)穆丹　　　　(滿)赫壽 五、戊戌;改吏左。　五、甲辰、廿九,7.16; 　　　　　　　　禮右改。
(滿)赫碩咨　　　　(?)赫申 正、庚午、十六,2.18;　正、辛巳、廿七; 遷工尚。　　　　3.1;左副改。	(?)赫申
(?)鐵圖	(?)鐵圖
(滿)赫壽 (兼閣學)	(滿)赫壽　　　　(?)二鬲 (兼閣學)　五、甲辰;　十、己酉、七,11.18; 改戶左。　　　閣學授,管詹。
(滿)殷特布	(滿)殷特布
(?)恩丕	(?)恩丕
(?)魏齊	(?)魏齊
(滿)巢可託　　　　(?)牛祜納 六、丁亥、六,7.5;　六、丁酉、十六, 遷左都。　　　　7.15;左副改。	(?)牛祜納
(滿)穆和倫	(滿)穆和倫　　　　(?)莫音代 四、壬子;改吏左。　(兼光祿)　四、壬子; 　　　　　　　　右改。
(?)莫音代 (兼光祿)	(?)莫音代　　　　(滿)溪叙 (兼光祿)　四、壬子;　四、壬子;翰掌遷, 改左。　　　仍兼。
(滿)富寧安 十一、庚戌、二,11.25;改漢缺左都,仍署。	(滿)富寧安 五、乙酉、十,6.27;遷禮尚,仍兼。
(?)赫申　(?)牛祜納　　(?)溫察 正、辛巳;　二、己丑、六,3.9;通政　六、壬寅、廿一, 改戶右。　遷。六、丁酉;改刑右。　7.20;通政遷。	(?)溫察
(?)張格	(?)張格

部院滿侍郎年表

年代		康熙四八年　己丑(1709)	康熙四九年　庚寅(1710)
吏部	左	(滿)穆丹　　　(滿)赫壽 四、庚戌、九,5.18;　四、丙辰、十五, 遷左都。　　　　5.24;戶右改。	(滿)赫壽 十二、癸酉、十三,1.31;改漕督。
	右	(?)杜敏　　　(?)恩丕 九、丁酉、卅,11.1;　十一、乙酉、十九, 革。　　　　12.19;兵右改。	(?)恩丕　　　(滿)哈山 五、庚午、六,6.2;　五、丙子、十二, 改禮左。　　　6.8;盛禮改。
戶部	左	(滿)赫壽　(滿)噶禮　　(?)赫申 四、丙辰;　四、丙辰;晉撫遷。　八、己亥、 改吏左。　七、辛卯、廿二,　一,9.4;右 　　　　8.27;改江督。　改。	(?)赫申　　　(?)塔進泰 十、癸酉、十二,12.2;　十、辛巳、廿, 病免。　　　　12.10;右改。
	右	(?)赫申　　　(滿)能泰 八、己亥;改左。　八、己亥;川撫遷。	(滿)能泰　(?)塔進泰　(滿)鄂奇 三、丁亥、　四、壬寅、七,　十、辛巳;甘 廿二,4.20;　5.5;大理遷。　撫遷。 革。　　十、辛巳;改左。
禮部	左	(?)鐵圖	(?)鐵圖　　　(?)恩丕 四、癸亥、廿八,　五、庚午;吏右改。 5.26;解。　　十二、戊寅、十八, 　　　　2.5;改孝陵總管。
	右	(?)二鬲 (兼詹事)	(?)二鬲 (兼詹事)
兵部	左	(滿)殷特布	(滿)殷特布
	右	(?)恩丕　　　(滿)滿篤 十一、乙酉;改吏　十一、辛卯、廿五, 右。　　　　12.25;理左改。	(滿)滿篤
刑部	左	(?)魏齊	(?)魏齊
	右	(?)牛牯納	(?)牛牯納
工部	左	(?)莫音代　　(?)拉都渾 (兼光祿)△解。十二、　七、庚寅、廿一, 甲寅、十八,1.17;革。　8.26;閣學遷。	(?)拉都渾　　(滿)揆叙 七、庚辰、十七,8.11;　七、庚辰;右改, 改理左管右事。　仍管翰。
	右	(滿)揆叙 (兼翰掌)	(滿)揆叙　　　(?)張格 (兼翰掌)七、庚辰;　七、庚辰;左副改。 改左。
倉　場		(滿)富寧安 三、己亥、廿八,5.7;禮尚改吏尚,仍兼。	(滿)富寧安 (吏尚兼)
都察院		(?)溫察　　　(?)蘇爾德 十一、丁丑、十一,　十一、辛卯;盛工 12.11;病免。　理事遷。 (?)張格	(?)蘇爾德　　(滿)綽奇 五、癸未、十九,　五、己丑、廿五, 6.15;改盛禮。　6.21;大理遷。 (?)張格　　　(?)瓦爾答 七、庚辰;改工右。　十一、癸卯、十三, 　　　　1.1;閣學授。

康熙五十年　辛卯(1711)

(滿)**哈山** 正、己酉、廿，3.8；右改。 十一、丙戌、一，12.10；遷刑尚。	(滿)**邏柱** 十一、壬辰、七，12.16；盛工改。
(滿)**哈山** 正、己酉；改左。	(?)**傅紳** 正、己酉；盛兵改。
(?)**塔進泰**	
(滿)**鄂奇** 四、庚申、二，5.18；改兵右。	(?)**噶敏圖** 四、庚申；閣學遷。
(?)**二鬲** 正、己酉；右改，仍兼管詹事。	
(?)**二鬲** 正、己酉；改左。	(?)**馮忠** 正、己酉；鑲白滿副授。

(滿)**殷特布** 三、壬寅、十三，4.30；遷左都。	(滿)**滿篤** 四、庚申；右改。 十一、壬辰；遷左都。	(?)**覺和託** 十一、乙未、十，12.19；右改。

(滿)**滿篤** 四、庚申；改左。	(滿)**鄂奇** 四、庚申；戶右改。 五、癸巳、五，6.20；革。	(?)**覺和託** 五、辛丑、十三，6.28；閣學遷。 十一、乙未；改左。	(?)**巴顏柱** 十一、乙未；閣學遷。

(?)**魏齊** 二、癸未、廿四，4.11；休。	(?)**牛祜納** 三、乙未、六，4.23；右改。
(?)**牛祜納** 三、乙未；改左。	(覺羅)**法喇** 三、乙未；一等侍衛授。
(滿)**揆叙** (兼翰掌)	
(?)**張格**	
(滿)**富寧安** (吏尚兼)	
(滿)**綽奇** 十、丁丑、廿二，12.1；改閩撫。 十、甲申、廿九，12.8；憂，仍留原任。	
(?)**瓦爾答**	

部院滿侍郎年表

年　代		康熙五一年　壬辰(1712)
吏部	左	(滿)**遜柱**
	右	(滿)**傳紳**
戶部	左	(滿)**塔進泰**
	右	(?)**噶敏圖**
禮部	左	(?)**二鬲**
	右	(?)**馮忠**
兵部	左	(?)**覺和託**
	右	(?)**巴顏拉**
刑部	左	(?)**牛枯納**　　　　　(覺羅)**法喇**　　　　　(?)**薩爾臺** 　　　　　　　　二、庚申、七，3.13；右改。　　四、戊午、六，5.10；右改。
	右	(覺羅)**法喇**　　　　　(?)**薩爾臺**　　　　　(?)**博音岱** 　二、庚申；改左。　　　二、庚申；闊學遷。　　四、戊午；理右改。 　　　　　　　　　　　四、戊午；改左。
工部	左	(滿)**揆叙**　　　　　　　　(?)**張格** 　十、丙寅、十六，11.14；遷左都。　十、庚午、廿，11.18；右改。
	右	(?)**張格**　　　　　　　　(?)**馬進泰** 　十、庚午；改左。　　　　十、庚午；闊學遷。
倉　　場		(滿)**富寧安** 　（吏尚兼）
都察院		(滿)**綽奇**　　　　　　　　(?)**明安** 　十、甲戌、廿四，11.22；改閣學。　十一、乙酉、六，12.3；工郎遷。
		(?)**瓦爾答**

康熙五二年　癸巳(1713)	康熙五三年　甲午(1714)
(滿)逊柱	(滿)逊柱
(?)傅紳	(?)傅紳
(?)塔進泰	(?)塔進泰　　　　　　(?)噶敏圖 　四、乙亥、四，5.17；休。　　四、辛巳、十，5.23； 　　　　　　　　　　　　　右改。
(?)噶敏圖	(?)噶敏圖　(滿)綽奇　　　　(?)傅爾笏納 　四、辛巳；　四、辛巳、閣學遷。六、　十二、甲午； 　改左。　　己卯、九，7.20；改甘撫。　閣學遷。
(?)二鬲 　（兼詹事）	(?)二鬲 　（兼詹事）
(?)馮忠　　　　　(滿)荆山 　十、丁丑、三，11.20；　（仍管太常）十、癸未、九， 　改正白漢副。　　11.26；大理兼太常遷。	(滿)荆山 　（兼管太常）
(?)覺和託	(?)覺和託
(?)巴顔柱	(?)巴顔柱
(?)薩爾臺	(?)薩爾臺
(?)博音岱	(?)博音岱
(?)張格　　　　　(滿)舒蘭 　十二、辛卯、十八，　十二、甲午、廿一，2.5； 　2.2；改正藍蒙副。　右改，兼光禄。	(滿)舒蘭　　　　　　(?)常泰 　十、壬辰、廿四，11.30；　十二、甲戌、六， 　降三調。　　　　　1.11；右改。
(?)馬進泰　(滿)舒蘭　　(?)常泰 　十一、甲寅、十，十二、己卯、六，　十二、甲午； 　12.27；降二調。1.21；閣學遷。　左副改。 　　　　　十二、甲午；改左。	(?)常泰　　　　　　(滿)滿丕 　十二、甲戌；改左。　　十二、甲戌；粵撫改。
(滿)富寧安 　（吏尚兼）	(滿)富寧安 　（吏尚兼）
(?)明安	(?)明安
(?)瓦爾答　(?)阿爾筷　　(?)常泰 　五、乙未、　五、己巳、廿九，　十一、丁巳、十三， 　十九，6.11；6.21；閣學授。△12.30；閣學授。十 　改盛刑。　病休。(五三年死)一、甲午；改工右。	(?)阿錫蕭 　正、戊辰、廿六，3.11；大理兼太僕遷，仍兼太僕。

部院滿侍郎年表

年代		康熙五四年　乙未(1715)	康熙五五年　丙申(1716)
吏部	左	(滿)遜柱	(滿)遜柱
	右	(?)傅紳	(?)傅紳
户部	左	(?)噶敏圖　十二、甲申、廿二,1.16;改正紅漢都。	(?)傅爾笏納　五、癸亥、四,6.23;右改。
	右	(?)傅爾笏納	(?)傅爾笏納　五、癸亥;改左。　(滿)敦拜　五、癸亥;閣遷學。
禮部	左	(?)二鬲　(兼詹事)	(?)二鬲 (兼詹事)　(?)薩哈布 (兼光禄)　十二、乙巳、十九,1.31;右改,兼管光禄。
	右	(滿)荊山　四、乙酉、廿,5.22;署倉侍。	(滿)荊山　六、丁酉、九,7.27;遷禮尚。　(?)薩哈布 (兼光禄)　十、壬辰、六,11.19;閣學遷。十二、乙巳;改左。　(?)羅瞻　十二、乙巳;左副授。
兵部	左	(?)覺和託	(?)覺和託　六、己丑、一,7.19;死。　(滿)黨阿賴　四、辛丑、十二,6.1;右改。
	右	(?)巴顏柱　十一、戊戌、六,12.1;革。　(滿)黨阿賴　十一、甲辰、十二,12.7;光禄遷。	(滿)黨阿賴　四、辛丑;改左。　(滿)查弼納　四、辛丑;閣學遷。
刑部	左	(?)薩爾臺	(?)薩爾臺　二、庚午、九,3.2;休。　(?)阿錫鼐 (兼太僕)　五、癸亥、四,6.23;左副授。
	右	(?)博音岱　十一、戊戌、革。　(?)明安　十一、己酉、十七,12.12;左副改。	(?)明安　四、戊申、十九,6.8;死。　(?)劉相　五、癸亥;左副改。
工部	左	(?)常泰	(?)常泰
	右	(滿)滿丕	(滿)滿丕　閏三、癸亥、三,4.24;署湖督。
倉場		(滿)富寧安　四、乙酉;禮右荊山署。	(滿)荊山　禮右署。六、丁酉;遷禮尚。
都察院		(?)明安　十一、己酉;改刑右。　(?)劉相　十二、甲子、二,12.27;通政遷。　(?)阿錫鼐 (兼太僕)	(?)劉相　五、癸亥;改刑右。　(?)楊柱　五、乙酉、廿六,7.15;通政遷。　(?)阿錫鼐 (兼太僕)　五、癸亥;改刑左。　(?)羅瞻　十、壬辰、六,11.19;左通遷。十二、乙巳;改禮右。

康熙五六年　丁酉(1717)		康熙五七年　戊戌(1718)	
(滿)**遜柱** 　　四、丙申、十二、5.22； 　　遷兵尚。	(滿)**色爾圖** 　　四、甲辰、廿、5.30； 　　盛兵改。	(滿)**色爾圖**	
(?)**傅紳**		(?)**傅紳**	
(?)**傅爾笏納**		(?)**傅爾笏納**	
(滿)**敦拜**		(滿)**敦拜**	
(?)**薩哈布**		(?)**薩哈布** 　　（兼光祿）	
(?)**羅瞻**		(?)**羅瞻**	
(滿)**黨阿賴**		(滿)**黨阿賴** 　　五、戊辰、廿，6.18；遷左 　　都。	(?)**渣克旦** 　　九、丙戌、十一， 　　11.3；閣學遷。
(滿)**查弼納**		(滿)**查弼納**	
(?)**阿錫鼐** 　　（兼太僕）　　三、甲申、廿九，5.10；署倉侍。		(?)**阿錫鼐** 　　（署倉侍）　（兼太僕）	
(?)**劉相**		(?)**劉相**	
(?)**常泰**		(?)**常泰**	
(滿)**滿丕** 　　（署湖督）		(滿)**滿丕** 　　（署湖督）	
禮尚阿山署 　　三、辛未、十六，4.27；死。 　　三、甲申；刑左阿錫鼐署。		刑左阿錫鼐署	
(?)**楊柱**		(?)**楊柱**	
(滿)**海壽** 　　正、己卯、廿四，3.6；通政遷。 　　十、乙酉、五，11.7；改盛兵。	(覺羅)**蘇庫** 　　十、壬辰、十二、 　　11.14；通政遷。	(覺羅)**蘇庫** 　　十、癸丑、九，11.30； 　　改盛工。	(?)**赫成額** 　　十、辛酉、十七， 　　12.8；通政遷。

部院滿侍郎年表

年　代		康熙五八年　己亥(1719)	康熙五九年　庚子(1720)
吏 部	左	(滿)色爾圖　　　(？)勒什布 △革。　　　　　四、癸丑、十一， 　　　　　　　　5.29；閣學遷。	(？)勒什布
	右	(？)傅紳	(？)傅紳
戶 部	左	(？)傅爾笏納　　(滿)敦拜 十一、己巳、一，　十一、庚寅、廿二， 12.11；革。　　　1.1；右改。	(滿)敦拜
	右	(滿)敦拜　　　　(？)赫成額 十一、庚寅；改左。十一、庚寅；左 　　　　　　　　副改。	(？)赫成額
禮 部	左	(？)薩哈布 　（兼光禄）	(？)薩哈布 　（兼光禄）
	右	(？)羅瞻	(？)羅瞻
兵 部	左	(？)渣克旦	(？)渣克旦
	右	(滿)查弼納	(滿)查弼納
刑 部	左	(？)阿錫鼐 　（署倉侍）（兼太僕）	(？)阿錫鼐 　（署倉侍）（兼太僕）
	右	(？)劉相	(？)劉相
工 部	左	(？)常泰　　　　(滿)滿丕 六、辛亥、十,7.26；（署湖督）六、丁巳、 革。　　　　　　十六,8.1；右改。	(滿)滿丕 　（署湖督）
	右	(滿)滿丕　　　　(？)穆爾台 六、丁巳；改左。　六、丁巳；閣學遷。	(？)穆爾台
倉　　場		刑左阿錫鼐署	刑左阿錫鼐署
都 察 院		(？)楊柱	(？)楊柱　　　　(滿)牛鈕 九、戊子、廿四，　十、己酉、十六， 10.25；改盛兵。　11.15；工郎遷。
		(？)赫成額　　　(？)伊特海 十一、庚寅；改戶　十二、癸卯、五、 右。　　　　　　1.14；通政遷。	(？)伊特海

康熙六十年　辛丑(1721)	康熙六一年　壬寅(1722)
(?)勒什布	(?)勒什布
(?)傅紳	(?)傅紳
(滿)敦拜	(滿)敦拜　　　　　　(?)吳爾泰 　　　　　　　　十一、庚戌、廿九，　　十二、丙寅、十五，1.21； 　　　　　　　　1.5；遷左都。　　　　閣學遷。
(?)赫成額	(?)赫成額
(?)薩哈布 　　(兼光禄，十月卸。)	(?)薩哈布
(?)羅瞻	(?)羅瞻
(?)渣克旦	(?)渣克旦
(滿)查弼納	(滿)查弼納　　　　　　(滿)阿克敦 　　　　　　　　十、辛未、十九，　　十、丁丑、廿五，12.3； 　　　　　　　　11.27；改江督。　　閣學遷，兼翰掌。
(?)阿錫鼐 　　(署倉侍)　(兼太僕)	(?)阿錫鼐 　　(署倉侍)　(兼太僕)
(?)劉相	(?)劉相
(滿)滿丕 　　(署湖督)	(滿)滿丕 　　十一、戊戌、十七，12.24；署湖督召京。 　　十二、辛未、廿，1.26；御史佟吉圖署。
(?)穆爾台　　　(滿)長壽 　　　　　　閏六、乙亥、十六，8.8；閣學遷。	(滿)長壽
刑左阿錫鼐署	刑左阿錫鼐署
(滿)牛鈕	(滿)牛鈕
(?)伊特海	(?)伊特海 　　十二、丙子、廿五，1.31；改盛兵。

部院滿侍郎年表

年　代		雍　正　元　年　癸卯(1723)		
吏 部	左	(?)**勒什布** 三、己亥、廿，4.24；改正黃滿副。	(滿)**巴泰** 三、壬寅、廿三，4.27；左副授。	
	右	(?)**傅紳**		
戶 部	左	(?)**吳爾泰** 七、甲午、十七，8.17；改盛兵。	(滿)**常壽** 七、甲午；兵左改。	
	右	(?)**赫成額** 三、丙戌、七，4.11；派往歸化城。	(滿)**托時** 三、丙戌；讀學署。 六、己未、十二，7.13；授。	
禮 部	左	(?)**薩哈布** 七、甲午；改額外侍郎。	(?)**登德** 七、甲午；工左改。	
	右	(?)**羅瞻**	(滿)**三泰** 六、壬戌、十五，7.16；閣學遷，仍管太常。	
兵 部	左	(?)**渣克旦** 三、庚寅、十一，4.15；派往布 隆吉爾。	(滿)**長壽** 三、庚寅；工右改。 七、甲午；改戶左。	(滿)**伊都立** 七、甲午；詹事遷。
	右	(滿)**阿克敦** 七、丙子；專管翰掌。	(滿)**牛鈕** 七、甲午；左副改。	
刑 部	左	(?)**阿錫鼐** (兼太僕)　正、戊戌、十八，2.22；卸兼倉侍。 十、癸酉、廿七，11.24；改工左。	(?)**馬爾齊哈** 十、癸酉；閣學授。	
	右	(?)**劉相** 九、癸卯、廿七，10.25；革。	(滿)**噶什圖** 九、癸卯；原陝撫授。	
工 部	左	(滿)**滿丕** 正、壬寅、廿二，2.26； 改鑲黃漢副。	(?)**登德** 正、壬寅；閣學遷。 七、甲午；改禮左。	(滿)**尹泰**　　(?)**阿錫鼐** 七、甲午；右改。　(兼太僕)　十、 十、癸酉；遷左都。　癸酉；刑左改。
	右	(滿)**長壽** 三、庚寅；改兵左。	(滿)**尹泰** 三、庚寅；閣學遷。 七、甲午；改左。	(?)**薩爾納** 七、甲午；左副改，仍兼。
倉　　場		(漢)**李英貴** 正、戊戌；漢缺倉侍病痊授。 八、戊申、一，8.31；革。	(滿)**法敏** 八、戊申；直隸巡道遷。	
都 察 院		(滿)**牛鈕** 七、甲午；改兵右。	(?)**岳色** 七、丙午、廿九，8.29；翰讀學遷。	
		(滿)**巴泰** 正、癸卯、廿三，2.27；翰講學遷。 三、壬寅；改吏左。	(?)**薩爾納** 五、己卯、一，6.3；內務府郎中遷。 七、甲午；改工右，仍兼。	

· 392 ·

雍正二年　甲辰(1724)	雍正三年　乙巳(1725)
(滿)巴泰　　　　　　　　　(滿)查郎阿 　十一、壬子、十二，　　　十一、壬子；吏 12.27；改工右。　　　　　郎遷。	(滿)查郎阿
(?)傅紳	(?)傅紳　　(滿)福敏 　四、壬午、十五，5.26；閣學遷。 　八、丙寅、一，9.7；署浙撫。 　八、辛未、六，9.12；鑲紅漢副唐喀署。
(滿)常壽	(滿)常壽
(滿)托時	(滿)托時　　　　　　　(覺羅)塞德 　五、丙辰、十九，6.29；　五、丙辰；左副改。 改倉侍。
(?)登德　　　　　　　　　(滿)牛鈕 　十二、丁丑、八，1.21；改以　十二、丁丑；兵 侍郎銜在閣學行走。　　　右改。	(滿)牛鈕　　　　　　　　　(滿)阿克敦 　十二、丙戌、廿三，　　　　十二、丙戌；翰掌遷。 1.25；降調。
(滿)三泰	(滿)三泰
(滿)伊都立　　　　　　　(?)欽拜 　二、丁卯、廿三，3.17；兼太僕。　十一、壬寅正 十一、壬寅、二，12.17；改刑左。　黃蒙副授。	(?)欽拜
(滿)牛鈕　　　　　　　　(滿)傅鼐 　十二、丁丑；改禮左。　　十二、丁丑；鑲 　　　　　　　　　　　　黃漢副授。	(滿)傅鼐　　　　　　　　　(滿)莽鵠立 　十二、丁丑、十四，　　　　十二、甲申、廿一，1.23； 1.16；改盛户。　　　　　　大理遷，仍管長蘆鹽政。
(?)馬爾齊哈　　　　(滿)伊都立 　　　　　　　　　十一、壬寅兵左 　　　　　　　　　改，仍兼太僕。	(滿)伊都立　　　　　　　　　(滿)綽爾岱 　正、甲子、廿五，3.9；　鑲白蒙副代格　十、庚午；工部 署晉撫。十、戊辰、　署。十、庚午，　額外侍郎授。 四，11.8；改雲督。　改盛刑。　　　郎中海壽署。
(滿)噶什圖　　(滿)馬喇　　(滿)塞楞額 　二、壬戌、十八，　二、壬戌、鑲黃　二、壬戌、一， 3.12；改盛禮。　滿副兼。十一、　丁卯、七，1.11；閣學 　　　　　　　丁卯、革。　　遷。	(滿)塞楞額
(?)阿錫鼐　　　　　　(?)薩爾圖 　二、辛酉、十七，3.11；革。　二、辛酉；右改。	(?)薩爾納
(?)薩爾圖　　(?)綽爾岱　　(滿)巴泰 　二、辛酉；改左。　二、辛酉；閣　十一、壬子； 　　　　　　　　學遷。　　　吏左改。	(滿)巴泰　　　　　　　　　(?)馬進泰 　二、戊寅、十，3.23；　　　十、庚午、六，11.10； 派往阿爾泰屯田。　　　　　盛刑改。
(滿)法敏	(滿)法敏　　　　　　　　(滿)托時 　五、丙辰、十九，6.29；　五、丙辰；户右改。 改鄂撫。
(?)岳色	(?)岳色　　(滿)能泰　　　　　(覺羅)常泰 　五、丁巳、廿，6.3；原　五、乙丑、 川撫授。五、乙丑、　　大理遷。 廿八，7.8；遷左都。
(覺羅)塞德 　三、甲午、廿，4.13；原員外郎遷。 　閏四、乙亥、二，5.24；改户部額外侍郎，仍兼。	(覺羅)塞德　　　　　　　(滿)杭奕祿 　五、丙辰；改户右。　　五、丙辰；光祿遷，仍管。

部院滿侍郎年表

年　代		雍　正　四　年　　丙午(1726)
吏 部	左	(滿)**查郎阿**
	右	(滿)**福敏**　二、甲子、一、3.4；遷左都。　(?)**綽爾岱**　二、甲子；刑左改。　(滿)**邁柱**　七、戊戌、八、8.5；工右改。　十、乙酉、廿七、11.20；署贛撫。
戶 部	左	(滿)**常壽**
	右	(覺羅)**塞德**　十、丁丑、十九、11.12；革。　(滿)**塞楞額**　十、丁丑；禮右改。(署魯撫)
禮 部	左	(滿)**阿克敦**　正、庚申、廿七、2.28；仍兼翰掌。　四、辛巳、十九、5.20；改兵左。　(滿)**三泰**　四、辛巳；右改。
	右	(滿)**三泰**　四、辛巳；改左。　(滿)**塞楞額**　四、辛巳；兵左改。十、丁丑；改戶右。九、己亥、十、10.5；署魯撫。　(滿)**莽鵠立**　十、丁丑、十九、11.12；兵右改。十一、庚戌；改刑右。
兵 部	左	(?)**欽拜**　二、庚寅、廿七、3.30；革。　(滿)**塞楞額**　二、庚寅；刑右改。四、辛巳；改禮右。　(滿)**阿克敦**　四、辛巳；禮左改。
	右	(滿)**莽鵠立**　十、丁丑；改禮右。　(滿)**圖理琛**　十、丁丑；陝撫遷。
刑 部	左	(?)**綽爾岱**　二、甲子；改吏右。　(滿)**海壽**　二、甲子；前盛兵授。
	右	(滿)**塞楞額**　二、庚寅；改兵左。　(?)**存柱**　二、庚寅；黔按遷。十一、庚戌、廿二、12.15；降調。　(滿)**莽鵠立**　十一、庚戌；禮右改。
工 部	左	(?)**薩爾納**　二、戊寅、十五、3.18；革。　(?)**常保**　二、戊寅；閣學遷。七、甲寅；改盛工。　(?)**明圖**　七、甲寅；右改。九、辛丑、十二、10.7；降閣學。　(滿)**鄂爾奇**　九、壬寅、十三、10.8；詹事遷。
	右	(?)**馬進泰**　三、庚子、八、4.9；革。　(滿)**邁柱**　三、庚子；御史遷。七、戊戌；改吏右。　(?)**明圖**　七、戊戌；閣學遷。七、甲寅；改左。　(?)**哲先**　七、甲寅、廿四、8.21；閣學遷。
倉　場		(滿)**托時**
都 察 院		(覺羅)**常泰** (滿)**杭奕祿**

雍 正 五 年　丁未(1727)

(滿)**查郎阿**	(滿)**阿克敦**
四、己丑、三,5.23;遷左都。	四、壬寅、十六,6.5;兵左改,仍署粤撫。 七、癸酉、十九,9.4;改署桂撫。十一月,回任。

(滿)**邁柱**	(?)**岳爾岱**	(滿)**圖理琛**	(?)**舒楞額**
閏三、戊辰、十二, 5.2;改湖督。	四、壬寅;正白滿副授。	六、甲寅;兵左改。 十二、庚子、十九,1.29;改兵右。	十二、庚子;正紅 漢副授。

(滿)**常壽**	(滿)**西琳**	(滿)**常德壽**
五、辛酉、六,6.24;署禮右。 八、癸巳、十,9.24;遷禮尚。	八、癸巳;刑右改。 十一、丁巳;改陝撫。	十一、丁巳、五,12.17;滇 布署。

(滿)**塞楞額**	(滿)**布蘭泰**	(滿)**傅泰**
五、癸亥、十三,6.2;改魯 撫。	四、己亥;署湘撫遷,留任。 五、癸酉、十八,7.6;改贛撫。	五、甲戌、十九,7.7;鑲 藍漢副授。

(滿)**三泰**
(兼閣學)

(?)**永壽**	(滿)**莽鵠立**	(?)**孫卓**
正、甲寅、廿七,2.17;正黄 滿副授。四、壬寅;改兵右。	四、壬寅;刑右改。十、己酉、 廿七,12.9;署甘撫,旋授。	十一、辛巳、廿九,1.10; 通政遷。

(滿)**阿克敦**	(滿)**圖理琛**	(?)**永壽**
四、壬寅;改吏左。	四、壬寅;右改。 六、甲寅、廿九,8.16;改吏右。	六、甲寅;右改。

(滿)**圖理琛**	(?)**永壽**	(滿)**那蘇圖**
四、壬寅;改左。 十二、庚子;吏右改。	四、壬寅;禮右改。 六、甲寅;改左。	六、甲寅;鑾儀使授。十二、 壬午、一,1.11;改黑將。

(滿)**海壽**

(滿)**莽鵠立**	(滿)**張保**	(滿)**西琳**
四、壬寅;改禮右。	四、壬寅;魯布遷。六、戊戌、十三,7.31;改陝撫。 八、癸巳;陝撫改,仍署。十一、丁巳;回任。	六、戊戌;御史遷。 八、癸巳;改户左。

(滿)**鄂爾奇**
五、甲申、廿九,7.17;協辦刑部事。 六、甲午、九,7.27;教庶。

(?)**哲先**	(?)**法保**
七、甲戌、廿,9.5;革。	七、甲戌;工郎遷。

(滿)**托時**

(覺羅)**常泰**

(滿)**杭奕祿**

部院滿侍郎年表

年代		雍正六年　戊申(1728)	雍正七年　己酉(1729)
吏部	左	(滿)阿克敦　九、甲寅、七,10.9;革。　(宗室)普泰　九、甲寅、御史擢。	(宗室)普泰
	右	(?)舒楞額　正、己卯、廿八,3.8;兼管左都事。	(?)舒楞額　八、壬戌、廿,10.12;左副塞爾赫署。
戶部	左	(滿)常德壽	(滿)常德壽　十一、戊子、十八,1.6;派陝辦軍需。　僕少阿山署。十一月,遷閣學,仍署。
	右	(滿)傅泰　八、乙酉、七,9.10;署粵撫。	(滿)傅泰　(署粵撫)
禮部	左	(滿)三泰　三、庚戌、廿九,4.8;改兵右。　(滿)通智　二、庚戌、改六、己丑十,7.16;改兵右。　(滿)鄂爾奇　六、己丑;盛工改工左改。	(滿)鄂爾奇　八、戊申、六,9.28;順鄉正考。八、辛巳、十,10.31;協辦步統。
	右	(?)孫卓	(?)孫卓　五、癸丑、九,6.5;降太常。　(?)傅德　五、癸丑;大理兼太常遷。
兵部	左	(?)永壽	(?)永壽
	右	(滿)圖理琛　二、庚戌;革。　(滿)三泰　二、庚戌、禮左改。四、癸卯、廿三,5.31;遷左都。　(滿)通智　六、己丑;禮左改。	(滿)通智
刑部	左	(滿)海壽　十、癸巳、十六,11.17;改右。　(滿)杭奕祿　十、癸巳;左副改。	(滿)杭奕祿
	右	(滿)張保　正、己卯;兼管左都事。十、癸巳;改工左。　(滿)海壽　十、癸巳;左改。	(滿)海壽
工部	左	(滿)鄂爾奇　六、己丑;改禮左。　(滿)塞楞額　六、己丑;魯撫遷。十、癸巳;刑右改。　(滿)張保　十、癸巳;刑右改。	(滿)張保　九、甲戌、三,10.24;革。　(滿)馬爾泰　九、甲戌;額外侍郎授。
	右	(?)法保	(?)法保　十一、丁酉、廿七,1.15;革。　(宗室)塞爾赫　十一、丁酉;左副改。
倉場		(滿)托時	(滿)托時　(?)岳爾岱　△前吏右授。
都察院		(覺羅)常泰　(宗室)塞爾赫　八、壬午、四,9.7;御史擢。	(宗室)塞爾赫　八、壬戌、署吏右。十一、丁酉、改工右。　(滿)二格　十一、丁酉、鑲白滿副授。
		(滿)杭奕祿　十、癸巳;改刑左。　(滿)性桂　十一、戊午、十二,12.12;大理遷。	(滿)性桂　二、戊戌、廿三,3.22;改漕督。　(?)申珠渾　四、乙未、廿一,5.18;理少遷,仍署盛禮。

雍 正 八 年　庚戌(1730)		雍 正 九 年　辛亥(1731)		
(宗室)**普泰**		(宗室)**普泰**		
(?)**舒楞額**		(?)**舒楞額**		
(滿)**常德壽** 十一、癸未、十八，12.17；死。	(滿)**傅泰** 閣學阿山署（六月，教庶）△九月，右改。	(滿)**傅泰** 二、戊戌、五，3.12；署寧將。七、甲戌、十三，8.15；改寧將。	(滿)**海望** 七、甲戌；内務府總管授。八、甲辰、十四，9.14；授内大臣仍兼。	
(滿)**傅泰** 五、癸巳、廿六，7.1；召京。(署粵撫)△九月，改左。	(?)**噶爾泰** 五、癸酉、六，6.20；皖布遷。十二、壬寅、八，1.15；死。　協理兵左福敏兼。	(滿)**福敏** △協理兵左兼。 九、丁卯、七，10.7；遷左都，仍兼户、兵侍郎。		
(滿)**鄂爾奇** 二、乙巳、六，3.24；會試副考。四、癸丑、十五，5.31；改工右。	(滿)**杭奕祿** 四、癸丑；刑左改。	(滿)**杭奕祿** 七、戊辰、七，8.9；協辦西安軍需。		
(?)**傅德**		(?)**傅德**		
(?)**永壽** △四月，已革吏尚福敏協理。 △五月，福敏兼户右。		(?)**永壽** 二、己未、廿六，4.2；死。	(滿)**喀爾吉善** 二、乙未、二，3.9；兵部額外侍郎授。	
(滿)**通智**		(滿)**通智**		
(滿)**杭奕祿** 四、癸丑；改禮左。	(蒙)**牧可登** 四、癸丑；任。	(蒙)**牧可登** 十二、辛卯、二，12.30；革。	(滿)**武格** 十二、辛卯；陝撫遷。	
(滿)**海壽** 四、癸丑；遷刑尚。	(滿)**常寶** 四、癸酉；原滇撫授。十二、丁巳、廿三，1.30；署寧夏將軍。	(滿)**常寶** 十一、丙子、十八，12.15；原陝布塔林授額外學士署。		
(滿)**馬爾泰**		(滿)**馬爾泰** 七、戊辰、七，8.9；署陝撫。		
(宗室)**塞爾赫** 四、癸丑；解，閣學行走。	(滿)**鄂爾奇** 四、癸丑；禮左改。六、癸亥、廿六，8.9；教庶。	(滿)**鄂爾奇** 三、壬辰、廿九，5.5；遷左都，仍兼。 九、丁卯、七，10.7；改兵尚，仍兼。		
(?)**岳爾岱**		(?)**岳爾岱**		
(滿)**二格**		(滿)**二格** 三、乙丑、二，4.8；協辦肅州軍需。六、癸巳、二，7.5；大理索柱兼署。八、甲辰、十四，9.14；遷額外閣學。		
(?)**申珠渾**		(?)**申珠渾** 九、丁卯、七，10.7；改盛禮管刑。	(蒙)**阿蘭泰** 九、戊子、廿八，10.28；讀學遷。十二、丁未、十八，1.15；降調。	(滿)**阿成阿** 十二、丁未；加副都銜任。

部院滿侍郎年表

年　代		雍　正　十　年　　壬子(1732)		
吏 部	左	(宗室)**普泰**		
	右	(?)**舒楞額**	(?)**塔林** 二、壬辰、四,2.29; 閣學署刑右授。	(滿)**阿山** 六、己未、四,7.25; 閣學遷。
户 部	左	(滿)**海望**		
	右	(滿)**福敏** △左都兼。 七、丙申、十二,8.31;署工尚,卸。	(?)**常有** 七、乙酉、一,8.20;鑲藍滿副授。	
禮 部	左	(滿)**杭奕祿** 七、己亥、十三,9.3;署西安將軍。		
	右	(?)**傅德**	(?)**舒喜** 五、己巳、十三,6.5;御史擢。	
兵 部	左	(滿)**喀爾吉善**		
	右	(滿)**通智**		
刑 部	左	(滿)**武格** 七、丙戌、二,8.21;遷工尚。	(滿)**托時** 七、丙戌;右改,兼工侍。	
	右	(滿)**常賚** 三、甲子、七,4.1;改内大臣。 塔林:二、壬辰;改吏右。	(滿)**托時** 三、甲子;原倉侍授。 七、丙戌;改左。	(?)**覺和託** 七、丙戌;刑事擢。 八月,協理步統。
工 部	左	(滿)**馬爾泰**		
	右	(滿)**鄂爾奇** 兵尚兼署:七、丙申、十二,8.31;改户尚。		
倉　　場		(?)**岳爾岱** 閏五月,病假。八月,病痊。 十二、丁卯、十四,1.29;病解。	(?)**兆華** 閏五、辛亥、廿六,7.17;禮給署。 十二、丁卯;盛户改。	
都 察 院		(滿)**二格** 　　索柱署:六、乙亥、廿,8.10;遷閣學。		
		(滿)**阿成阿**		

雍正十一年　癸丑(1733)	雍正十二年　甲寅(1734)
(宗室)普泰	(宗室)普泰
(滿)阿山 六、己未、十,7.20;教庶。	(滿)阿山
(滿)海望	(滿)海望
(?)常有　　　　　(滿)托時 十、己巳、廿一,11.27;　　十、己巳;工右改。 工右互改。	(滿)托時
(滿)杭奕禄　(?)舒喜　(滿)留保 七、辛巳、二、　七、庚子、廿一、　十二、庚申、十三, 8.11;革。　8.30;右改。　1.17;右改,仍兼 　△十二月,死。　翰掌、詹事。	(滿)留保 （兼翰掌、詹事）
(?)舒喜　　(滿)留保　　(滿)鍾保 七、庚子;　七、庚子;通政兼　十二、庚申; 改左。　翰、詹遷。十二、　鄂布遷,仍署 　庚申;改左。　湘撫。	(滿)鍾保
(滿)喀爾吉善	(滿)喀爾吉善
(滿)通智	(滿)通智
(滿)托時　　　　　　(滿)盛安 五、壬午、二,6.13;　五、壬午;太僕遷。 改工右。	(滿)盛安
(?)覺和託	(?)覺和託　　(?)葛森　　　　(?)申珠渾 二、壬子、六、　三、壬午、六,4.9;盛　十二、辛酉; 3.10;革。　戶改。十二、辛酉、　盛刑改。 　廿,1.13;改盛刑。
(滿)馬爾泰	(滿)馬爾泰 八、丙寅、廿三,9.20;召回。 十、丁未、五,10.31;理左納延泰署。
(滿)鄂爾奇　(滿)托時　(?)常有 △戶尚卸　五、壬午;刑左改。　十、己巳;戶 兼　十、己巳;戶右互改。　右改。	(?)常有　　(?)傅德 四、丁卯、十二,　四、丁卯;閣學授。 5.24;降調。　十、丁未;閣學柏修署。
(?)兆華	(?)兆華　　　　　(宗室)塞爾赫 二、甲戌、廿八,4.1;降調。　二、甲戌;閣學遷。
(滿)二格 　　　　閣學索柱署	(滿)二格 十二、己未、十八,1.11;署甘提。　閣學索柱署。
(滿)阿成阿　　　　(?)鄂爾賽 四、甲寅、三,5.16;　四、甲子;御史擢。 改鑲黄護統。	(?)鄂爾賽

部院滿侍郎年表

年　代		雍正十三年　乙卯(1735)
吏 部	左	(宗室)**普泰**
	右	(滿)**阿山**
戶 部	左	(滿)**海望**　九、辛亥、十五,10.30;署戶尚(旋授)。　(滿)**托時**　九、辛亥;右改。
	右	(滿)**托時**　九、辛亥;改左。　內大臣顧魯署。　(?)**申珠渾**　十、丙戌、廿一,12.4;刑左改。
禮 部	左	(滿)**留保**　△病免。　(滿)**鐘保**　十、庚午、五,11.18;右改。(署湘撫)　十一、丁巳;廿二,1.4;改湘撫。　(滿)**徐元夢**　十二、丁卯、二,1.14;右改。
	右	(滿)**鐘保**　十、庚午;改左。　(滿)**木和林**　八、癸巳、廿七,10.12;閣讀學署。十、庚午;授。十、辛未、六,11.19;刑右互改。十一月,丁巳;刑左改。　(滿)**徐元夢**　十、辛未;刑右改。十二、丁卯;改左。
兵 部	左	(滿)**喀爾吉善**　八、辛未、五,9.20;革。　(滿)**通智**　八、辛未;右改。八、乙酉、十九,10.4;遷兵尚。　(宗室)**德沛**　八、乙酉、鎮國將軍任。
	右	(滿)**通智**　八、辛未;改左。　(?)**希德慎**　八、辛未;閣學遷。
刑 部	左	(滿)**盛安**　△改授泰陵總管。　(?)**申珠渾**　十、庚午;右改。十、丙戌;改戶右。　(滿)**木和林**　十一、乙亥;右改。十一、丁巳;改禮右。　(滿)**法敏**　十二、丁卯;原陝撫授。　(蒙)**納延泰**　十二、丁卯;右改。
	右	(?)**申珠渾**　十、庚午;改左。　(滿)**徐元夢**　十、庚午;閣學遷。十、辛未;改禮右。　(滿)**木和林**　十、辛未;禮右改。十一、己亥;改左。　(蒙)**納延泰**　十一、己亥;理右改。十二、丁卯;改左。
工 部	左	(滿)**馬爾泰**　正、癸巳、廿二,2.14;協理刑侍。　五、乙巳、六,6.26;額外閣學阿克敦署。
	右	(?)**傅德**　△十一、丙辰;授豫撫。　柏修: 正、己丑、十八,2.10;署盛將。　(滿)**圖理琛**　十一、丁酉、二,12.15;閣學署。十二、甲戌、九,1.2;授。
倉　　場		(宗室)**塞爾赫**
都 察 院		(滿)**二格**　(署甘提)　閣學索柱署。
		(?)**鄂爾賽**　(?)**德希壽**　四、乙丑、廿五,5.17;通永道擢。十一、己未、廿四,1.6;革。　(?)**素蓄**　十二、壬午;通政遷。

乾隆元年　丙辰(1736)	乾隆二年　丁巳(1737)
(宗室)普泰　　　　　　(滿)鄂善 　七、癸卯、十一,8.17;　　　七、戊午、廿六,9.1; 改兵左。　　　　　　步統任,兼。	(滿)鄂善 　(兼步統)
(滿)阿山	(滿)阿山
(滿)托時	(滿)托時
(?)申珠渾	(?)申珠渾
(滿)徐元夢　　　　　(滿)木和林 　二、癸未、十九,3.30;迴避子弟閱卷。　八、乙亥; 五、辛亥、十八,6.20;教庶。八、丙　右改。 寅、五,9.9;休。(乾六死,文定)	(滿)木和林
(滿)木和林　　　　　　(?)滿色 　八、乙亥、十四,9.18;改左。　八、乙亥;通政遷。	(?)滿色
(宗室)德沛　　　　　　(宗室)普泰 　七、癸卯、十一,8.17;　　　七、癸卯;吏左改。 改古北口提督。	(宗室)普泰
(?)希德慎　　(滿)二格 　二、己巳、五,　二、乙酉、廿一,4.1;左副改。 3.16;改盛工。二、辛卯、廿七,4.7;署甘提。 　　　　五、己未、廿六,7.1;回任。	(滿)二格
(蒙)納延泰	(蒙)納延泰(軍) 　十一、辛巳、廿八,1.17;入直。
(滿)法敏　　(覺羅)柏修　　(滿)馬爾泰 　十、庚午、　十一、甲午、刑侍行走　十一、甲辰、 十,11.12;授。十一、甲辰、十五,　工左改。 改魯撫。12.16;改工右。	(滿)馬爾賽
(滿)馬爾泰　　　　(滿)杭奕祿 　十一、甲辰、十五,　十一、甲辰;右改。 12.16;改刑右。	(滿)杭奕祿 　(駐藏)
(滿)圖理琛　(滿)杭奕祿　(覺羅)柏修 　三、癸亥、廿　(駐藏)　三、癸亥;　十一、甲辰; 九,5.9;降　閣學遷。△十一、刑右改。 閣學。　　甲辰;改左。	(覺羅)柏修　　　　　(滿)鑣保 　八、辛巳、十五,9.19;　五、己酉、廿二,6.19;鄂撫署。 改鑲藍護統。　　八、癸卯、十八,10.11;授。
(宗室)塞爾赫	(宗室)塞爾赫
(滿)二格　　(?)索柱 　二、乙酉;　三、甲寅、廿,4.30;閣學授,仍兼。 改兵右。　八、丁亥、廿六,9.30;順鄉迴避閱卷。	(?)索柱 　(兼閣學)
(?)索著	(?)索著

年　代		乾　隆　三　年　　戊午(1738)		
吏　部	左	(滿)**鄂善** 　十二、己卯、一，1.10；遷兵尚。	(滿)**喀爾吉善** 　十二、己卯；戶左改。	
	右	(滿)**阿山**		
戶　部	左	(滿)**托時** 　七、丁卯、十七，8.31； 改漕督。	(滿)**喀爾吉善** 　七、辛未、廿一，9.4；閣學遷。七、庚辰、 卅，9.13；協辦步統。十一、戊午、十， 12.10；署步統。十二、己卯；改吏左。	(？)**申珠渾** 　十二、己卯；右改。
	右	(？)**申珠渾** 　十二、己卯；改左。	(滿)**留保** 　十二、己卯；原禮左授。	
禮　部	左	(滿)**木和林**		
	右	(？)**滿色**		
兵　部	左	(宗室)**普泰**		
	右	(滿)**二格** 　四、己亥、十七，6.4；改工左。	(滿)**班第**(軍) 　四、辛丑、十九，6.6；理左改。	
刑　部	左	(蒙)**納延泰**(軍) 　四、辛卯、九，5.27； 遷理尚。	(滿)**鍾保** 　四、辛卯；工右改。 　四、壬寅、廿，6.7；左右互改。	(漢)**岱奇** 　四、壬寅；右改。
	右	(滿)**馬爾泰** 　正、乙卯、二，2.20；遷左都。	(漢)**岱奇** 　二、癸巳、十一，3.30；閣學遷。 　四、壬寅；左右互改。	(滿)**鍾保** 　四、壬寅；左改。
工　部	左	(滿)**杭奕祿** 　(駐藏)　△召京。		
	右	(滿)**鍾保** 　四、辛卯；改刑左。	(滿)**二格** 　四、己亥；兵右改。	(滿)**阿克敦** 　十一、丙辰、八，12.18； 管泰陵工務授。
倉　場		(宗室)**塞爾赫**		
都察院		(？)**索柱** 　(兼閣學)		
		(？)**索著**		

<table>
<tr><td colspan="4" align="center">乾 隆 四 年　己未(1739)</td></tr>
<tr><td colspan="4">(滿)喀爾吉善</td></tr>
<tr><td colspan="4">(滿)阿山</td></tr>
<tr><td colspan="2">(?)申珠渾
六、壬午、七,7.12;革。</td><td colspan="2">(漢)岱奇
六、壬午;刑左改。</td></tr>
<tr><td colspan="4">(滿)留保
二、癸未、六,3.15;會試副考。</td></tr>
<tr><td colspan="4">(滿)木和林</td></tr>
<tr><td colspan="4">(?)滿色</td></tr>
<tr><td colspan="2">(宗室)菩泰
十二、己卯、七,1.5;革。</td><td colspan="2">(滿)舒赫德
十二、己卯;左副授。</td></tr>
<tr><td>(蒙)班第(軍)
六、己卯、四,7.9;仍管藩。
七、丙寅、廿二,8.25;改湖督。</td><td>(蒙)雅爾圖
七、戊辰、廿四,8.27;左副改。
十一、庚戌、七,12.7;改豫撫。</td><td colspan="2">(滿)阿里袞
十二、庚寅、十八,1.16;鑲
紅滿副授。</td></tr>
<tr><td colspan="2">(漢)岱奇
六、壬午;改户左。</td><td colspan="2">(滿)杭奕祿
六、壬午;工左改。</td></tr>
<tr><td colspan="4">(滿)鑪保</td></tr>
<tr><td colspan="2">(滿)杭奕祿
六、壬午;改刑左。</td><td colspan="2">(滿)阿克敦
七、丙午、二,8.5;右改。</td></tr>
<tr><td colspan="2">(滿)阿克敦
二、丙申、十九,3.28;迴避子弟閱卷。
三、丙子、卅,5.7;殿試讀卷。
七、丙午;改左。</td><td colspan="2">(?)索柱
七、丙午;左副改;仍兼閣學。</td></tr>
<tr><td colspan="4">(宗室)塞爾赫</td></tr>
<tr><td>(?)索柱
七、丙午;改工右。</td><td>(蒙)雅爾圖
七、丙午;户部遷。
七、戊辰;改兵右。</td><td>(滿)舒赫德
七、戊辰;閣讀學遷。
十二、己卯;改兵左。</td><td>(?)希德慎
十二、庚寅;降調
盛工授。</td></tr>
<tr><td colspan="4">(?)素著</td></tr>
</table>

部院滿侍郎年表

年　　代		乾　隆　五　年　　庚申(1740)
吏　部	左	(滿)**喀爾吉善**　　　　　　　　　(滿)**阿克敦** 閏六、辛亥、十二，8.4；改督撫。　　　　閏六、甲子、廿五，8.17；右改。
	右	(滿)**阿山**　　　　(滿)**阿克敦**　　　　　　　(滿)**留保** △五、甲寅、十五，6.8；解　(四月，教庶)五、丁卯、廿八，6.21；　　閏六、甲子； (盛兵)。　　　　　刑左改。閏六、甲子；改左。　　戶右改。
戶　部	左	(漢)**岱奇**
	右	(滿)**留保**　　　　　　　　　　(滿)**阿里袞** 閏六、甲子；改吏右。　　　　　　七、辛未、三，8.24；兵右兼。 　　　　　　　　　　十、丙午、九，11.27；兵右改。
禮　部	左	(滿)**木和林**
	右	(？)**滿色**
兵　部	左	(滿)**舒赫德**
	右	(滿)**阿里袞**　　　　　　　　(滿)**鄂爾達** 七、辛未；兼戶右。　　　　　　十、丙午；已革廣督起用。 十、丙午；改戶右。
刑　部	左	(滿)**杭奕祿**　　(滿)**阿克敦**　　(滿)**常安**　　　(滿)**鍾保** 三、己巳、廿八，4.24；三、己巳；工左改。五、丁卯；盛兵改。十、△十、戊戌； 改左都。　　　五、丁卯；改吏右。戊戌、一，11.19；改漕督。右改。
	右	(滿)**鍾保**　　　　　　　　(滿)**托時** △十、戊戌；改左。　　　　　十、戊戌；漕督改。
工　部	左	(滿)**阿克敦**　　　　　　　　(滿)**德齡** 三、己巳；改刑左。　　　　　三、己巳；盛工改。
	右	(？)**索柱** (兼閣學)
倉　　場		(宗室)**塞爾赫**
都 察 院		(？)**希德慎**　　　　　　　　(滿)**德爾敏** △二、乙未、廿四，3.21；降。　三、己未、十八，4.14；通政遷。
		(？)**寮菁**　　　　　　　　　(滿)**二格** 　　　　　　　　　　閏六、甲子；原工右授。

乾隆六年　辛酉(1741)	乾隆七年　壬戌(1742)
(滿)阿克敦	(滿)阿克敦 　　三、己丑、卅,5.4;殿試讀卷。
(滿)留保	(滿)留保
(漢)岱奇 　　六、丙申、三,7.15;署陝撫。 　　六、癸卯、十,7.22;內務府大臣三和署。	(漢)岱奇　　　　　　(滿)三和 (署陝撫)　十二、丙申、　　十、乙巳、廿,11.16;內 十一,1.6;死。　　　　務府總管大臣授。
(滿)阿里袞	(滿)阿里袞
(滿)木和林	(滿)木和林
(?)滿色	(?)滿色
(滿)舒赫德 　　三、庚寅、廿五,5.10;管步統。	(滿)舒赫德 　　(兼步統)
(滿)鄂爾達　　　　　(滿)馬爾泰 　　八、辛亥、十九,9.28;　　八、辛亥;原廣督 　　改吉將。　　　　　　署。	(滿)馬爾泰　　　　　(滿)紀山 　　九、丙子、廿,1.18;　　九、庚辰、廿四,10.22; 　　署川陝總督。　　　　駐藏副都授。
(滿)鑑保	(滿)鑑保　　　　　　(滿)盛安 　　四、癸丑、廿四,5.28;休。　四、癸丑;正藍滿都授。
(滿)托時	(滿)托時
(滿)德齡	(滿)德齡 　　二、丙申、六,3.12;迴避子弟閱卷。三、己丑;殿試 讀卷。六、戊申、廿一,7.22;教庶。
(?)索柱 　　(兼閣學)	(?)索柱 　　(兼閣學)
(宗室)塞爾赫	(宗室)塞爾赫
(滿)德爾敏	(滿)德爾敏
(滿)二格	(滿)二格

部院滿侍郎年表

年 代		乾 隆 八 年　癸亥(1743)	乾 隆 九 年　甲子(1744)
吏部	左	(滿)阿克敦	(滿)阿克敦
	右	(滿)留保　　　　　(宗室)德沛 六、壬戌、十一、　　　四、癸丑、卅,5.23;江 7.31;降閣學。　　　督署。六、壬戌;授。	(宗室)德沛
戶部	左	(滿)三和	(滿)三和
	右	(滿)阿里袞　　　　(滿)傅恒 十、己巳、廿,12.5;　十、己巳;內務府 改晉撫。　　　　　總管授。	(滿)傅恒
禮部	左	(滿)木和林	(滿)木和林
	右	(?)滿色　　　　　(覺羅)勒彌森 六、丁卯、十六,　　六、丁卯;理左改。 8.5;休。	(覺羅)勒彌森
兵部	左	(滿)舒赫德 (管步統)	(滿)舒赫德 (管步統)
	右	(滿)紀山　　　　　(滿)開泰 五、丙午、廿四,　　六、壬戌;閣學遷。 7.15;改川撫。	(滿)開泰
刑部	左	(滿)盛安	(滿)盛安
	右	(滿)托時	(滿)托時　　　　　(滿)兆惠 十一、壬寅、廿九,　十一、壬寅;盛 1.1;盛刑互改。　　刑改。
工部	左	(滿)德齡	(滿)德齡
	右	(?)索柱 (兼閣學)	(?)索柱 (兼閣學)
倉　場		(宗室)塞爾赫　　　(覺羅)吳拜 正、乙亥、廿,　　　正、乙亥;閣學遷。 2.14;改閣學。	(覺羅)吳拜
都察院		(滿)德爾敏	(滿)德爾敏
		(滿)二格	(滿)二格

乾隆十年　乙丑(1745)	乾隆十一年　丙寅(1746)
(滿)**阿克敦** 　　三、戊寅、六,4.7；會試主考。四、丁卯、廿五,5.26； 殿試讀卷。五、丁酉、廿六,6.25；兼翰掌。	(滿)**阿克敦**　　　(蒙)**雅爾圖**　　　(滿)**德齡** 　　閏三、癸丑、　　五、丙申、一,6.19；　七、庚戌； 十七,5.7；　　　刑左改。七、庚戌、　工左改。 遷左都。　　　　十六,9.1；改戶右。
(宗室)**德沛** 　　七、乙亥、五,8.2；教庶。	(宗室)**德沛**
(滿)**三和**	(滿)**三和**　　　　　　(滿)**傅恒**(軍) 　　七、庚戌；改工左。　　七、庚戌；右改。
(滿)**傅恒**(軍) 　　六、庚戌、九,7.8；直軍。	(滿)**傅恒**(軍)　　　　(蒙)**雅爾圖** 　　七、庚戌；改左。　　　七、庚戌；吏左改。
(滿)**木和林**	(滿)**木和林**
(覺羅)**勒彌森**	(覺羅)**勒彌森**　　　　(蒙)**伍齡安** 　　五、丙申；改刑左。　　五、丙申；閣學遷。
(滿)**舒赫德** 　　(管步統)	(滿)**舒赫德** 　　(兼步統)
(滿)**開泰**　　　　　　(滿)**鄂容安** 　　四、丁卯；殿試讀卷。　十一、丁丑；祭 十一、丁丑、十,12.2；改鄂撫。　酒署。	(滿)**鄂容安**
(滿)**盛安**　　　　　　(蒙)**雅爾圖** 　　三、庚寅、十八,4.19；　三月，鑲藍滿副 遷刑尚。　　　　授。	(蒙)**雅爾圖**　　　　　(覺羅)**勒彌森** 　　五、丙申；改吏左。　　五、丙申；禮右改。
(滿)**兆惠**	(滿)**兆惠**
(滿)**德齡** 　　四、丁卯；殿試讀卷。	(滿)**德齡**　　　　　　(滿)**三和** 　　七、庚戌；改吏左。　　七、庚戌；戶左改。
(?)**索柱** 　　(兼閣學)	(?)**索柱** 　　(兼閣學)
(覺羅)**吳拜**	(覺羅)**吳拜** 　　六、庚辰、十六,8.2；憂。　　閣學塞爾赫署。
(滿)**德爾敏**	(滿)**德爾敏**
(滿)**二格**	(滿)**二格**

部院滿侍郎年表

年代		乾隆十二年　丁卯(1747)
吏 部	左	(滿)**德齡**
	右	(宗室)**德沛** 十二、庚辰,廿四,1.24;遷吏左。
戶 部	左	(滿)**傅恒**(軍)　　　　　　　　　　　(滿)**德爾敏** 三、丙午、十六,4.25;遷戶尚。　　　　三、戊申、十八,4.27;左副改。
	右	(蒙)**雅爾圖**　　　　　　　　　　　　(滿)**舒赫德** 五、戊戌、九,6.16;病免(革)。　　　　五、戊戌;兵左改。(管步統)
禮 部	左	(滿)**木和林**
	右	(蒙)**伍齡安**
兵 部	左	(滿)**舒赫德**　　　　　　　　　　　　(滿)**鄂容安** 五、戊戌;改戶右。　　　　　　　　　　五、壬寅、十三,6.20;右改。
	右	(滿)**鄂容安**　(滿)**蘊著**　　　　(宗室)**塞爾赫**　　(蒙)**雅爾圖** 五、壬寅;　五、壬寅;盛戶改。九、壬　十、壬申、十五,11.17;　十一、辛卯、五, 改左。　　子、廿五,10.28;改漕督。　閣學遷。△未任死。　12.6;閣讀學遷。
刑 部	左	(覺羅)**勒彌森**
	右	(滿)**兆惠**
工 部	左	(滿)**三和**
	右	(?)**索柱** 　(兼閣學)
倉　場		(覺羅)**吳拜**
都 察 院		(滿)**德爾敏**　　　　　　　　　　　　(滿)**德通** 三、戊申;改戶左。　　　　　　　　　　五、庚寅、一,6.8;通政遷。
		(滿)**二格**

乾隆十三年　戊辰(1748)

(滿)**德齡**
四、戊寅、廿五,5.21;殿試讀卷。

(滿)**德通**
二、丙辰、二,2.29;左副改。
閏七、癸丑、一,8.24;遷左都。

(滿)**介福**
閏七、癸丑;盛刑改。

(滿)**德爾敏**

(滿)**舒赫德**(軍)
九、己卯、廿八,11.18;暫直軍。
十、丙戌、五,11.25;遷兵尚。

(滿)**三和**
十、辛卯、十,11.30;工左改,仍管。

(滿)**木和林**

(蒙)**伍齡安**

(滿)**鄂容安**
三、庚寅、六,4.3;會試副考。四、癸未、卅,5.26;兼翰掌。
十、乙酉、四,11.24;署豫撫。

馬靈阿署

(蒙)**雅爾圖**

(覺羅)**勒彌森**
四、戊寅;殿試讀卷。

(滿)**兆惠**
八、丁未、廿五,10.17;金山運糧。　閣學觀保署。

(滿)**三和**
十、辛卯;改户右。

(蒙)**班第**
(十、丙戌;兵尚降。)
十、辛卯;内大臣授。

(?)**索柱**
五、壬寅、十九,6.14;降調。

(滿)**阿克敦**
五、丙午、廿三,6.18;署。
閏七、癸丑;署刑尚。

(宗室)**恒禄**
閏七、癸丑;任。

(覺羅)**吳拜**
四、丙辰、三,4.29;改盛兵。

(滿)**書山**
四、丙辰;閣學署。閏七、戊午、六,8.29;授。

(滿)**德通**
二、丙辰;改吏右。

(滿)**完顏偉**
三、乙未、十一,4.8;河東改。
△六月,死。

(?)**積德**
閏七、戊辰、十六,9.8;
通政遷。

(滿)**二格**
△四月,革。

(滿)**萬壽**
六、戊寅、廿五,7.20;大理遷。
閏七、戊午;改閣學。

(?)**富德**
七、辛丑、十九,8.12;太常
遷。

部院滿侍郎年表

年代		乾隆十四年　己巳(1749)	
吏 部	左	(滿)**德齡** 十二、辛巳、七,1.14;降閣學。	(滿)**介福** 十二、癸未、九,1.16;右改。
	右	(滿)**介福** 十二、癸未;改左。	(?)**同寧** 十二、癸未;鑲黃漢副授。
戶 部	左	(滿)**德爾敏** 十二、辛巳;解(專辦工程)。	(蒙)**伍齡安** 十二、辛巳;禮右改,仍兼。
	右	(滿)**三和** 四、戊戌、廿一,6.5;遷工尚。	(?)**那木札勒** 四、戊戌;鑲藍滿副授。
禮 部	左	(滿)**木和林** 十二、辛卯、十七,1.24;遷禮尚。	(?)**馬靈阿** 十二、辛卯;兵左署。
	右	(蒙)**伍齡安** 十二、辛巳;改戶左,仍兼。	(滿)**嵩壽** 十二、辛巳;閣學遷。
兵 部	左	(滿)**鄂容安**　　　馬靈阿署 九、乙丑、廿,10.30;　十二、辛卯;改署禮左。 改豫撫。	(蒙)**雅爾圖** △十二、辛卯;右改。
	右	(蒙)**雅爾圖** △十二、辛卯;改左。	(滿)**觀保** 十二、辛卯;閣學署刑右改,仍署刑右。
刑 部	左	(覺羅)**勒彌森**	
	右	(滿)**兆惠**　　　觀保署 十二、辛卯;改兵右仍署。	
工 部	左	(蒙)**班第**	(滿)**拉布敦** 八、己卯、三,9.14;右改。 十二、壬寅、廿八,2.4;駐藏。
	右	(宗室)**恒祿**　　(滿)**納敏**　　(滿)**拉布敦**　　　　　(?)**衆佛保**　　　(滿)**三和** 四、庚子、廿　四、庚子;皖撫　正、癸酉、廿四,3.12;正白　八、己卯;副都授。　十二、辛卯; 三,6.7;解。　遷。七月,死。　滿副授。八、己卯;改左。　十二、辛卯;解。　工尚降。			
倉　　場	(滿)**書山**		
都察院	(?)**積德**		
	(?)**富德**		

乾隆十五年　庚午(1750)	乾隆十六年　辛未(1751)
(滿)介福　　　　　　(滿)鄂彌達 正、癸酉、廿九,3.7;　　正、癸酉;原湖督任。 降調(禮左)。	(滿)鄂彌達
(?)同寧　　　　　(?)慧中 四、丁丑、五,5.10;　　四、己亥、廿七,6.1;盛 派藏,旋革。　　　兵改。	(?)慧中
(蒙)伍齡安　　　(滿)兆惠(軍) 十一、丙辰、十七,　　十一、己酉、十,12.8;刑 12.15;遷禮尚。　　右改户右,旋改户左。	(滿)兆惠(軍) 八、庚申、廿七,10.15;署魯撫。
(?)那木札勒　　(覺羅)雅爾哈善 九、庚申、廿一,　　十一、丙辰;蘇撫遷, 10.20;改工左。　　兼工左。	(覺羅)雅爾哈善　　　　(滿)鐘音 十二、壬寅、十,1.25;　　　十二、丙午、十四, 改浙撫。　　　　　　1.29;盛刑改。
(?)馬靈阿　　　　(滿)介福 二、庚辰、七,3.14;　　二、庚辰;降調吏左授。 改詹事。	(滿)介福 三、癸卯、六,4.1;會試副考。
(滿)嵩壽 八、丙子、六,9.6;順鄉副考。	(滿)嵩壽 五、乙巳、九,6.2;殿試讀卷。
(蒙)雅爾圖	(蒙)雅爾圖
(滿)觀保	(滿)觀保
(覺羅)勒彌森	(覺羅)勒彌森
(滿)兆惠(軍)　　　(滿)舂山 三、壬申、廿九,5.5;直　　十一、己酉;倉侍改。 軍。十一、己酉;改户右。	(滿)舂山
(滿)拉布敦　　　(?)那木札勒 九、辛亥、十二,　　九、庚申;户右改。　户右雅爾 10.11;遷左都。　十一、甲寅、十五,　哈善兼。 　　　　12.13;駐藏。	(?)那木札勒 (駐藏)
(滿)三和	(滿)三和
(滿)舂山　　　　　(滿)鶴年 十一、己酉;改刑右。　　十一、己酉;閣學授。	(滿)鶴年
(?)積德	(?)積德
(?)富德　　(?)馬靈阿　　(?)廣成 四、乙酉、十　四、乙酉;詹事授。　九、甲辰、 三,5.18;革。　八、甲午、廿四,　五,10.4; 　　　　9.24;革。　大理授。	(?)廣成

部院滿侍郎年表

年　代		乾隆十七年　壬申(1752)		
吏部	左	(滿)**鄂彌達**		
	右	(?)**慧中**		
戶部	左	(滿)**兆惠**(軍) 　　三、己巳、八，4.21；署步統。		
	右	(滿)**鑑音** 　　二、乙未、三，3.18；改陝撫。	(滿)**三和** 　　三、乙未；工右改。	
禮部	左	(滿)**介福** 　　三、丁卯、六，4.19；順鄉(辛未科)副考。 　　九、壬午、廿五，10.31；殿試讀卷。		
	右	(滿)**嵩壽** 　　八、甲午、六，9.13；會試正考。		
兵部	左	(蒙)**雅爾圖**		
	右	(滿)**觀保**		
刑部	左	(覺羅)**勒彌森** 　　九、壬午；殿試讀卷。		
	右	(滿)**魯山**		
工部	左	(?)**那木札勒** 　　五、戊子、廿八，7.9；由藏召回。 　　△十、壬子、十五，11.30；免。	(滿)**德保** 　　△十、壬子；右改。	
	右	(滿)**三和** 　　三、乙未；改戶右。	(滿)**德保** 　　三、乙未；閏學遷。 　　△十、壬子；改左。	(滿)**德爾敏** 　　十、辛亥、廿四，11.29； 　　前戶左授。
倉　場		(滿)**鶴年**		
都察院		(?)**積德** 　　八、甲寅、廿六，10.3；死。	(?)**增壽保** 　　七、癸亥、五，8.13；僕少遷。	
		(?)**廣成**		

乾隆十八年　癸酉(1753)		乾隆十九年　甲戌(1754)	
(滿)鄂彌達		(滿)鄂彌達 十、辛未、廿六，12.9；署吏尚。	
(?)懿中		(?)懿中 三、癸亥、十三，4.5；休。	(滿)蘇昌 三、癸亥；原粵撫授。
(滿)兆惠(軍) 二、丁未、廿一，3.25； 赴藏。	閣學夢麟署。六月，江 鄉正考。	(滿)兆惠(軍) 　　　六、壬申、廿四，8.12；浙撫雅爾哈 善署。(軍)十、戊辰；改兵左。	
(滿)三和 九、壬申、廿，10.16； 改工右。	(滿)阿里袞 九、壬申；丁憂廣 督授。	(滿)阿里袞 七、丙午、廿九，9.15；兼步統。	
(滿)介福		(滿)介福 三、丙辰、六，3.29；會試副考。四、甲辰、廿五， 5.15；殿試讀卷。五、丙申、十八，7.7；教庶。	
(滿)嵩壽 八、戊子、六，9.2；順鄉副考。		(滿)嵩壽	
雅爾圖 △十月，病免。(卅二年， 死)	(滿)吳達善 十、辛丑、廿，11.14； 盛刑改。	(滿)吳達善 四、甲辰；殿試讀卷。 十、戊辰、廿三，12.6；改工右。	(覺羅)雅爾哈善(軍) 十、戊辰；署戶左授。
(滿)觀保		(滿)觀保	
(覺羅)勒彌森		(覺羅)勒彌森	
(滿)書山		(滿)書山	
(滿)德保 九、壬申；革。	(滿)德爾敏 (右改)	(滿)德爾敏 △十月，差。	(滿)三和 十、戊辰；右改。
(滿)德爾敏 (改左)	(滿)三和 九、壬申；戶右改。	(滿)三和 十、戊辰；改左。	(滿)吳達善 十、戊辰；兵左改。
(滿)鶴年 十一、己未、八，12.2； 改粵撫。	(滿)雙慶 十一、己未；閣學 遷。	(滿)雙慶	
(?)增壽保 △四月，死。	(?)麒麟保 四、己亥、十四， 5.16；通政遷。	(?)麒麟保	(蒙)舒明 八、己巳、廿二，10.8； 正白滿副授。
(?)廣成		(?)廣成	

部院滿侍郎年表

年　代		乾隆二十年　乙亥(1755)	乾隆二一年　丙子(1756)
吏部	左	(滿)鄂彌達　(蒙)納木札勒　(蒙)舒明 六、癸丑、十一、　十、甲辰、四、　十、甲辰； 7.19；遷刑尚。　11.7；改戶右。　左副改。	(蒙)舒明 (三月，一等男)
	右	(滿)蘇昌	(滿)蘇昌
戶部	左	(滿)兆惠	(滿)兆惠 二、辛亥、十三，3.13；授　五、癸酉、六， 內大臣。五、甲戌、七，　6.3；吉慶署。 6.4；授定邊右副將軍。
	右	(滿)阿里袞　(蒙)納木札勒 (兼步統)六月，署工尚；九　十、甲辰； 月，署刑尚。十、甲辰；遷戶尚。　吏左改。	(蒙)納木札勒
禮部	左	(滿)介福 七、甲申、十二，8.19；兼翰掌。	(滿)介福 (兼翰掌)六、庚申、廿四，7.20；江鄉正考。
	右	(滿)嵩壽　(?)多綸 七、癸未、十一，8.18；　六、庚戌、八， 死。　7.16；晉布遷。	(?)多綸
兵部	左	(覺羅)雅爾哈善(軍)	(覺羅)雅爾哈善(軍) 四、癸亥、廿六，5.24；罷直。
	右	(滿)觀保	(滿)觀保
刑部	左	(覺羅)勒彌森	(覺羅)勒彌森
	右	(滿)舊山 二、丁未、三，3.15；署工右。　鑲藍蒙副 五、己亥、廿六，7.5；回任。　德祿署。	(滿)舊山
工部	左	(滿)三和	(滿)三和
	右	(滿)吳達善　(蒙)夢麟 五、辛卯、十八，　二、丁未；刑　五、己亥、廿六， 6.27；改甘撫。　右書山署。　7.5；閣學遷。	(蒙)夢麟(軍、學) 八、癸卯、七，9.1；軍機處學習行走。
倉　場		(滿)雙慶	(滿)雙慶
都察院		(蒙)舒明　(滿)德爾敏 十、甲辰；改吏左。　十、甲辰；原 工左授。	(滿)德爾敏
		(?)廣成	(?)廣成

乾隆二二年　丁丑(1757)

(蒙)**舒明** 　十、乙丑、六、11.17；改理左。	(漢)**三泰** 　十、甲戌、十五、11.26；正紅漢副授。

(滿)**蘇昌**

(滿)**兆惠** 　二、乙酉、廿三，4.11；遷戶尚。	(滿)**阿里衮** 　(兼步統)　二、乙酉；戶尚降。

(蒙)**納木札勒** 　二、乙酉；遷工尚。	(覺羅)**雅爾哈善** 　二、乙酉；兵左改。 　九、戊戌、九，10.21；遷兵尚。	(蒙)**夢麟**(軍) 　九、壬寅、十三，10.25；工右改，入直。

(滿)**介福**
　(兼翰掌)　三、丁酉、六、4.23；會試副考。
　五、己亥、九，6.24；殿試閱卷。

(？)**多綸**

(覺羅)**雅爾哈善** 　二、乙酉；改戶右。	(滿)**哈達哈** 　二、乙酉；工尚降。 　三、辛亥、廿，5.7；遷兵尚。	(滿)**舒赫德** 　三、丁巳、廿六，5.13；革兵尚授。 　十二、庚辰、廿二，1.31；革。	(宗室)**如松** 　十二、庚辰；輔國公授。

(滿)**觀保**
　五、己亥；殿試讀卷。
　六、甲申、廿四，8.8；教庶。

(覺羅)**勒彌森**

(滿)**書山**
　五、己亥；殿試讀卷。

(滿)**三和**

(蒙)**夢麟**(軍、學) 　九、壬寅；改戶右。	(滿)**阿桂** 　九、壬寅；閣學遷。

(滿)**雙慶**

(滿)**德爾敏**

(？)**廣成**

部院滿侍郎年表

年　代		乾隆二三年　戊寅（1758）				
吏部	左	（漢）**三泰**（軍） 四、壬申、十 七，5.23；改 戶左。	（？）**石柱** 四、壬申；盛刑改。 十一、庚子、十七， 12.17；死。	（滿）**舒赫德** 十一、庚子；副都任。 十一、丁未、廿四， 12.24；遷工尚。	（滿）**阿里袞** 十一、丁未；副都 任。十二、戊午、 六，1.4；遷兵尚。	（覺羅）**勒彌森** 十二、戊午； 刑左改。
	右	（滿）**蘇昌** 八、丁丑、廿四，9.25；署工右。				
戶部	左	（滿）**阿里袞** 四、甲戌、十九，5.25； 革。		（漢）**三泰**（軍） 四、壬申；吏左改。七月，授參 贊大臣。十一、丁未；戰死。		（滿）**明瑞** 十一、丁未；正紅漢副 任。
	右	（蒙）**夢麟**（軍） 四、甲戌；改工右。		（？）**吉慶** 四、甲戌；任。		
禮部	左	（滿）**介福** （兼翰掌）				
	右	（？）**多綸**				
兵部	左	（宗室）**如松**				
	右	（滿）**觀保**				
刑部	左	（覺羅）**勒彌森** 十二、戊午；改吏左。		（？）**伊祿** 十二、戊午；副都任。		
	右	（滿）**魯山** 八、壬午、廿九，9.30；辦屯田。		（滿）**永貴** 八、壬午；未任署陝撫授。		
工部	左	（滿）**三和**				
	右	（滿）**阿桂** 四、甲戌；留軍營。 八、丁丑、廿四，9.25；仍任。		（蒙）**夢麟**（軍） 四、甲戌；戶右改。 九、丁亥、四，10.5；予祭。		吏右蘇昌署。
倉　場		（滿）**雙慶**				
都察院		（滿）**德爾敏**				
		（？）**廣成** △六月，免。		（？）**赫慶** 七、庚寅、六，8.9；太常遷。		

乾隆二四年　己卯(1759)	乾隆二五年　庚辰(1760)
(覺羅)勒彌森	(覺羅)勒彌森
(滿)蘇昌　　　　(宗)海明 　正、癸卯、廿一,2.18;署　喀什噶爾辦事大臣。九、辛未、 　工尚。九、庚午、廿三,　廿四,11.13;閣學遷。十一、己 　11.12;署湖督,旋改。　巳、廿三,1.10;差,工右恩丕署。	(宗)海明 　　（喀什噶爾　署工右恩丕署:五、丁未、四,6.16; 　辦事大臣）　殿試讀卷。
(滿)明瑞	(滿)明瑞
(宗)吉慶	(宗)吉慶
(滿)介福 　（兼翰掌）　閏六、辛卯、十三,8.5;浙鄉正考。	(滿)介福 　（兼翰掌）　三、辛亥、六,4.21;會試副考;五、丁未; 　殿試讀卷。八、丁丑、六,9.14;順鄉副考。
(宗)多齡　　　　(宗)五吉 　三、丙午、廿六,4.22;　三、己酉、廿九,4.25; 　休。　　　　　　閣學遷。	(宗)五吉
(宗室)如松	(宗室)如松　　　　(滿)定長 　十、戊寅、七,11.14;　十一、己未、十九, 　改綏將。　　　　　12.25;副都統銜授。
(滿)觀保 　八、癸未、六,9.26;順鄉副考。	(滿)觀保 　五、丁未;殿試讀卷。六、丁亥、五,7.16; 　浙鄉正考。七、癸卯、一,8.11;教庶。
(宗)伊祿	(宗)伊祿
(滿)永貴	(滿)永貴　　(滿)常鈞 　六、戊子、　六、戊子;正白漢副署。十、乙未、廿四, 　十六,7.27;　12.1;署贛撫。十二、丙戌、十六,1.21; 　改倉侍。　署皖撫。十二、丙申、廿六,1.31;改倉侍。
(滿)三和	(滿)三和
(滿)阿桂 　吏左蘇昌署。正、　正、癸卯;奉尹恩丕署。 　癸卯;署工尚。　　十一、己巳;署吏右。	(滿)阿桂 　　　恩丕署(署吏右)
(滿)雙慶	(滿)雙慶　　(滿)永貴　　　(滿)常鈞 　　　　　六、戊子;刑右改。　十二、丙申; 　　　　　十二、丙申;遷左都。　署刑右改。
(滿)德爾敏	(滿)德爾敏
(宗)赫慶	(宗)赫慶

部院滿侍郎年表

年　　代		乾隆二六年　辛巳(1761)
吏 部	左	(覺羅)**勒彌森**　十一、丙辰、廿二，12.17；遷左都。　　　(滿)**德保**　十一、丙辰；署兵右授。
	右	(？)**海明**　（喀什噶爾辦事大臣：正、甲寅、十四，2.18；赴阿克蘇。）　署工右恩盃署。
戶 部	左	(滿)**明瑞**
	右	(？)**吉慶**　二、庚辰、十，3.16；署步統。　十一、丙申、二，11.27；革。　　　(？)**安泰**　十一、丙申；刑左改。
禮 部	左	(滿)**介福**　（兼翰掌）　六、戊子、廿一，7.22；教庶。
	右	(？)**五吉**
兵 部	左	(滿)**定長**　五、戊午、廿，6.22；改閩撫。　　　(？)**永寧**　五、戊午；任。
	右	(滿)**覷保**　三、乙巳、六，4.10；會試副考。　十月，德保署。　十一、丙辰；改吏右。　四、己丑、廿，5.24；殿試讀卷。
刑 部	左	(？)**伊祿**　六、癸未、十六，7.17；死。　　　(？)**安泰**　五、戊申、十，6.12；任。　阿永阿署。　十一、丙申；改戶右。　　　(滿)**官保**　十一、丙申；右改。
	右	(滿)**官保**(駐藏)　正、癸亥、廿三，2.27；鑲黃漢副授。　十一、丙申；改左。　　　(覺羅)**阿永阿**　十一、丙申；署左授。
工 部	左	(滿)**三和**
	右	(滿)**阿桂**　七、辛丑、五，8.4；遷工尚。　　　(覺羅)**納世通**　七、己酉、十三，8.12；喀喇沙爾辦事大臣授。
倉　　場		(滿)**常鈞**　四、壬辰、廿三，5.27；改豫撫。　　　(滿)**溫福**　四、壬辰；閣學遷。
都 察 院		(滿)**德爾敏**　　　(滿)**溫敏**　九、壬寅、七，10.4；通政遷。
		(？)**赫慶**

乾隆二七年　壬午(1762)		乾隆二八年　癸未(1763)	
(滿)德保		(滿)德保 三、癸亥、六，4.18；會試副考。 五、丙戌、卅，7.10；教庶。	
(？)海明 五、戊申、十五， 6.7；改理右。	(滿)覯保 五、戊申；兵右改，兼翰掌。 閏五、丙子、十四，7.5；教 庶。八月，順鄉副考。	(滿)覯保 (兼翰掌)　九、戊寅、廿四，10.30；管兵工， 阿敏爾圖署。	
(滿)明瑞 三、庚子、七，3.31；派駐伊 犁。九、己丑、卅，11.15； 改正白旗領侍衛內大臣。	(漢)英廉 三、丙子；內務署。 九、己丑；授。	(漢)英廉	
(？)安泰		(？)安泰	
(滿)介福 四、丁丑、十四，5.7； 死。	(蒙)伍齡安 四、丁丑；原禮尚 授。	(蒙)伍齡安 五、辛未、十六， 6.25；解。	(？)五吉 五、辛未；右改。十、辛卯、八， 11.12；卸署工右，仍兼署理右。
(？)五吉		(？)五吉 正、甲申、廿六， 3.10；署工右。 五、辛未；改左。	(滿)雙慶 四、丁未、廿，6.1；殿試讀卷。 五、辛未；閣學遷。
(？)永寧		(？)永寧 二、甲辰、十六， 3.30；改盛禮。	(滿)旌額禮 二、甲辰；任。九、戊寅、廿四， 10.30；往烏魯木齊。十二、 丁未、廿五，1.27；召回。 　　　吏右 　　　觀保 　　　管。
(滿)覯保 五、乙巳、十二，6.4；兼翰 掌。五、戊申；改吏右。	(滿)鐘音 五、戊申；陝撫授。 原粵撫託恩多署。	(滿)鐘音	
(滿)官保		(滿)官保 十、辛卯；管工右，四達署。	
(覺羅)阿永阿		(覺羅)阿永阿	
(滿)三和		(滿)三和	
(覺羅)納世通		(覺羅)納世通 正、甲申；參贊大臣。	禮右五吉署；十、辛卯； 卸。刑左官保管。
(滿)溫福		(滿)溫福	
(滿)溫敏		(滿)溫敏	
(？)赫慶		(？)赫慶	(宗室)寶麟 五、戊午、二，6.12；通政遷。

部院滿侍郎年表

年　代		乾隆二九年　甲申(1764)	
吏 部	左	(滿)**德保**	
	右	(滿)**觀保** 　二、己丑、七，3.9；改兵左。	(滿)**旌額禮** 　二、己丑；兵左改，阿永阿署。
户 部	左	(漢)**英廉**	
	右	(？)**安泰**	
禮 部	左	(？)**五吉** 　十一、丁卯、廿，12.12；遷理尚。	(滿)**雙慶** 　十一、甲戌、廿七，12.19；右改。
	右	(滿)**雙慶** 　十一、甲戌；改左。	(滿)**鄂寧** 　十一、戊辰、廿一，12.13；鑲紅滿副授。
兵 部	左	(滿)**旌額禮** 　二、己丑；改吏右。	(滿)**觀保** 　二、己丑；吏右改，兼翰掌。
	右	(滿)**鍾音**	
刑 部	左	(滿)**官保** 　（管工右）　　　　　　　　　四達署	
	右	(覺羅)**阿永阿** 　二、己丑；署吏右。	
工 部	左	(滿)**三和**	
	右	(覺羅)**納世通** 　（參贊大臣）　　　　　　　刑左官保管	
倉　　場		(滿)**溫福**	
都 察 院		(滿)**溫敏**	
		(宗室)**實麟**	

乾隆三十年　乙酉(1765)

（滿）**德保**
　　六、己未、十五，8.1；贛鄉正考。　　　　十、己未、十七，11.29；慶桂署。
　　九、庚辰、七，10.21；順學。

（滿）**旌額禮**
　　三、己亥、廿四，5.13；署戶右。
　　五、丙子、二，6.19；改署刑右。

（漢）**英廉**

（ʔ）**安泰**　　　　　　　　　　　　　　　　（滿）**高恒**
　　七、甲午、廿一，9.5；改鑲黃蒙都。　　三、己亥；吏右旌額禮署。　　五、丙子；兩淮鹽政署。七、甲午；授。

（滿）**雙慶**　　　　　　　　　　　　　　　（ʔ）**額爾景額**
　　三、甲午、十九，5.8；降四調。　　　　三、己亥；葉爾羌辦事大臣授，閣學諾穆渾署。

（滿）**鄂寧**

（滿）**觀保**　　　　　　　　　　　　　　　（ʔ）**期成額**
　　七、戊子、十五，8.30；遷左都。　　　　七、甲午；鑲藍滿副授。

（滿）**鍾音**
　　八、己酉、六，9.20；順鄉副考。

（滿）**官保**　　　　　　　　　　　　　　　（ʔ）**四達**
　　三、壬寅、廿七，5.16；改工右。　　　　五、丙子；授。

（覺羅）**阿永阿**　　　　　　　　　　　　　（滿）**綽克託**
　　△革。　　　　　　　　　　　　　　　　五、丙子；授，吏右旌額禮署。

（滿）**三和**

（覺羅）**納世通**　　　　　　　　　　　　　（滿）**官保**
　　三、壬寅、廿七，5.16；革（殺）。　　　　三、壬寅；刑左改。

（滿）**溫福**

（滿）**溫敏**

（宗室）**實麟**

部院滿侍郎年表

年 代		乾隆三一年　丙戌(1766)
吏 部	左	(滿)**德保** （順學） 慶桂署
	右	(滿)**旌額禮** 　五、癸巳、廿五,7.1;往葉爾羌。 　六、甲寅、十六,7.22;閣學邁拉遜署。
户 部	左	(漢)**英廉**
	右	(滿)**高恒**
禮 部	左	(?)**額爾景額** 　（葉爾羌辦事大臣）　　　　諾穆渾署:　五、壬申、四,6.10;授禮右。正白蒙副德福署。
	右	(滿)**鄂寧**　　　　　　　　(滿)**珠魯訥**　　　　(?)**諾穆渾** 　二、辛亥、十一,3.21;改鄂撫。　　二、辛亥;荆州副都授。　　五、壬申;閣學署禮左授。 　　　　　　　　　　　　　　五、壬申;改工右。
兵 部	左	(?)**期成額** 　六、辛酉、廿三,7.29;署刑右。
	右	(滿)**鍾音** 　四、己未、廿,5.28;殿試讀卷。 　六、辛亥、廿三,7.19;教庶。
刑 部	左	(?)**四達**
	右	(滿)**綽克託** 　五、癸巳;往葉爾羌。　　　　六、辛酉;兵左期成額署。 　　　　　　　　　　　十一、甲戌、八,12.9;閣學邁拉遜兼署。
工 部	左	(滿)**三和**
	右	(滿)**官保**　　　　　　　　　　(滿)**珠魯訥** 　四、辛亥、十二,5.20;駐藏。　　　五、壬戌;禮右改。
倉　　場		(滿)**溫福** 　二、丁卯、廿七,4.6;往烏魯木齊。　　　左副實麟署。
都 察 院		(滿)**溫敏**
		(宗室)**寶麟** 　二、丁卯;署倉侍。　　十一、乙酉、十九,12.2?;庫車辦事大臣鄂寶署。 　　　　　　　　十二、乙巳、九,1.9;授鄂撫。

乾隆三二年　丁亥(1767)	乾隆三三年　戊子(1768)
(滿)**德保** 　九、丁未、十六,11.7;差,户右高恆兼署。	(滿)**德保**
(滿)**旌額禮**	(滿)**旌額禮**
(漢)**英廉**	(漢)**英廉**
(滿)**高恒** 　九、丁未;兼署吏左。	(滿)**高恒**　　　　(?)**伊克坦布** 　△革(殺)　　　十、丙辰、二,11.10; 　十、丙辰;索琳署(軍)。十一、　閣學遷。 　癸卯、十九,12.27;直軍。
(?)**額爾景額** 　十二、己卯、　　工右珠魯訥兼署:九、甲寅、廿三、 　十九,2.7;死。　11.14;差,正黄滿副德福署。	(?)**諾穆渾** 　二、甲子、六,3.23;　德福署:二、甲子;授禮右。 　右改(兼太常)。
(?)**諾穆渾** 　(兼太常)	(滿)**諾穆渾**　　　　(滿)**德福** 　(兼太常)二、甲子;　　二、甲子;正黄滿副署 　改左。　　　　禮左授。
(?)**期成額** 　五、己卯、十七,6.12;差,工右珠魯訥署。 　六、辛酉、廿九,7.24;回任。	(?)**期成額**
(滿)**鐘音**　　　　(覺羅)**奉寬** 　八、乙酉、廿四,10.16;　　八、乙酉;閣學遷。 　改粵撫。	(覺羅)**奉寬**
(?)**四達**	(?)**四達** 　六、壬午、廿六,8.8;管光。
(滿)**綽克託** 　(葉爾羌)　　九、丁未、十六,11.7;晉布喀寧阿署。	(滿)**綽克託** 　十、戊午、四,11.12;召回。
(滿)**三和** 　二、辛亥、十七,3.16;授内大臣,仍兼。	(滿)**三和**
(滿)**珠魯訥** 　五、己卯、署兵左。六、辛酉;署禮右。 　九、甲寅,差,工副鄂忻署。	(滿)**珠魯訥**　　　　(?)**鄂忻** 　二、戊子、卅,4.16;　　三、己丑、一,4.17; 　戰敗自殺。　　　　左副改。
(滿)**温福** 　(署甘提)　　工副實麟署。	(滿)**温福** 　(烏魯木齊)　　左副實麟署。
(滿)**温敏**　　　　(?)**鄂忻** 　八、丙子、十五,10.7;　　九、壬辰、一,10.23; 　改盛禮。　　　　刑郎中遷,署工右。	(?)**鄂忻**　　　　(滿)**景福** 　三、己丑;改工右。　四、甲子、七,5.22;大理授。 　　　　　八月、順鄉副考。九、癸巳、 　　　　　八,10.18;蘇學。
(宗室)**實麟** 　(署倉侍)	(宗室)**實麟** 　(署倉侍)

部院滿侍郎年表

年　代		乾隆三四年　己丑(1769)	
吏部	左	(滿)**德保** 三、己丑、六,4.12;會試副考官。四、辛未、十九, 5.24;殿試讀卷。十、壬申、廿四,11.21;兼翰掌。 十二、辛亥、三,12.30;改粵撫。	(滿)**旌額禮** 十二、辛亥;右改。
	右	(滿)**旌額禮** 十二、辛亥;改左。	(滿)**阿思哈** 十二、辛亥;革雲督授。
戶部	左	(漢)**英廉** 四、辛未;殿試讀卷。 七、甲申、四,8.5;署步統。	
	右	(?)**伊克坦布**	(滿)**索琳**(軍) 二、乙亥、廿二,3.29;授。 十、庚午、廿二,11.19;署理右。
禮部	左	(?)**諾穆渾** (兼太常)	
	右	(滿)**德福**	
兵部	左	(?)**期成額** 八、辛未、廿二,9.21;往萊爾羌。	(滿)**綽克託** 八、己卯、卅,9.25;刑右專署。
	右	(覺羅)**奉寬**	
刑部	左	(?)**四達**	
	右	(滿)**綽克託** 八、己卯;專署兵左。	(?)**伍訥畾** 八、己卯;任。
工部	左	(滿)**三和**	
	右	(?)**鄂忻**	(滿)**德成** 二、丙寅、十三,3.20;閩學遷。
倉　場		(滿)**溫福** 署甘提。四、己未、七,5.12;改閩撫。	(宗室)**寶麟** 五、乙酉、四,6.7;左副改。
都察院		(滿)**景福** (蘇學)	
		(宗室)**寶麟** 五、乙酉;改倉侍。	(覺羅)**志信** 五、壬寅、廿一,6.24;通政授。

乾隆三五年　庚寅(1770)

(滿)旌額禮

(滿)阿思哈
△革、戌。
鍾音：二、壬戌、十五、3.11；粤撫(服)署。
閏五、己未、十四、7.6；署閩撫。

(滿)温福(軍)
閏五、甲寅、九、7.1；閩撫改。
七、丙午、二、8.22；遷理尚。

(？)瑚世泰
七、丙午；刑左改。

(漢)英廉
七、丁巳、十三、9.2；署步統。

(滿)索琳(軍)

(？)諾穆渾
（兼太常）

(滿)德福

(滿)綽克託
七、丙午；改刑左，仍辦兵侍事。

(覺羅)奉寬

(？)四達
四、癸丑、六、5.1；病免。

(滿)喀寧阿
黔撫授，△降。

(滿)邁拉遜
閣學遷。
六月，改閣學。

(？)瑚世泰
六月，任。
七、丙午；改吏右。

(滿)綽克託
七、丙午；兵左改，閣學博清額署。

(？)伍訥罣
四、戊午、十一、5.6；管光。

(滿)三和

(滿)德成

(宗室)寶麟
七、己巳、廿五、9.14；盛戶互調。

(？)瓦爾達
七、己巳；盛戶改。

(滿)景福
（蘇學）

(覺羅)志信
十二、甲午、廿二、2.6；改盛禮。

部院滿侍郎年表

年　　代		乾隆三六年　　辛卯(1771)
吏 部	左	(滿)**旌額禮** 　二、癸酉、二，3.17；往烏什。 　七、丁未、九，8.18；授。　　　　　　　　(滿)**邁拉遜** 　二、癸酉；闓學署。七、丁未；授。 　九、癸亥、廿六，11.2；兼署刑右，管欽天監，暫管光。
	右	(?)**瑚世泰**
戶 部	左	(漢)**英廉** 　正、辛未、廿九，3.15；署步統。
	右	(滿)**索琳**(軍)　　　　(滿)**桂林**(軍、學)　　　　　　　(滿)**福康安** 　三、壬寅、一，4.15；降　　三、壬寅；暫按遷。四、甲戌、四，5.17；軍、學。　十一、丁巳、廿一， 　三調(署閣學)。　　九月，差川。十一、丙辰、廿，12.25；改川督。　12.26；頭等侍衛授。
禮 部	左	(?)**諾穆渾** 　(兼太常)
	右	(滿)**德福**
兵 部	左	(滿)**綽克託** 　十一、己亥、三，12.8；刑左仍授。
	右	(覺羅)**奉寬** 　四、庚寅、廿，6.2；殿試讀卷。五、壬戌、廿二，7.4；兼翰掌。 　六、壬申、三，7.14；教庶。
刑 部	左	(滿)**綽克託** 　十一、己亥；　博清額署：二、戊午、十七，　　　(滿)**瑪興阿** 　改兵左。　　　5.1；降閣學。　　　　　　　三、戊午；左副署。 　　　　　　　　　　　　　　　　　　　十二、己卯、十三，1.17；授。
	右	(?)**伍訥置** 　九、戊申、十一，10.18；派烏里雅蘇台。　　　　(滿)**鄂寶** 　吏左邁拉遜兼署。　　　　　　　　　　　十一、己亥、三，12.8；晉撫授。
工 部	左	(滿)**三和**
	右	(滿)**德成**
倉　　場		(?)**瓦爾達**
都 察 院		(滿)**景福** 　(蘇學)
		(滿)**瑪興阿**　　　　　　　　　　　　　　(?)**伊滿** 　正、戊辰、廿六，3.12；刑給遷。　　　　十二、乙酉、十九，1.23；通政授。 　三、戊午；署刑左。十二、己卯；改刑左。

乾隆三七年　壬辰(1772)	乾隆三八年　癸巳(1773)
(滿)邁拉遜	(滿)邁拉遜
(?)瑚世泰	(?)瑚世泰
(漢)英廉	(漢)英廉 九、庚辰、廿四,11.3;遷刑尚,仍兼辦。
(滿)福康安(軍、學) 五、壬寅、八,6.8;軍學。	(滿)福康安
(?)諾穆渾 (兼太常)	(?)諾穆渾　　(滿)德福　　　(滿)瑪興阿 (兼太常)　　閏三、庚申、一,　　十二、己丑、五, 　　　　　　4.22;右改。　　1.16;右改。
(滿)德福	(滿)德福　　(滿)瑪興阿　　　　　　(滿)德明 閏三、庚　閏三、庚申;前刑　閣學索　十二、己 申;改左。　左授(葉爾羌)　琳署。　丑;常少 　　　　　十二、己丑;改左。(軍、學)　遷。
(滿)綽克託　　　　　　(?)期成額 四、戊子、廿三,5.25;　　四、戊子;原任授, 改刑左。　　　　　　慶桂兼署。	(?)期成額 九、丙子、廿,11.4;左副高樸署。
(覺羅)奉寬 (兼翰掌)　三、辛丑、六,4.8;會試副考。 六、辛未、七,7.7;教庶。	(覺羅)奉寬 (兼翰掌)
(滿)瑪興阿　　　　　(滿)綽克託 四、癸未、十八,5.20;　　四、戊子;兵左改。 往葉爾羌。	(滿)綽克託 四、戊戌、十,5.30;參贊　四、己酉、廿一,6.10;粵按 大臣,往烏什。　　　　授正藍漢副阿揚阿署。
(滿)鄂寶　　　　　　(滿)雅德 三、庚申、廿五,4.27;署理　三、庚申;盛工署。 左。四、戊子;授理左。　四、戊子;授。	(滿)雅德
(滿)三和	(滿)三和　　　　　　　　(滿)德成 正、壬辰、二,1.24;病假,左副　八、壬子、廿六, 高樸署。八、壬子;死。　　10.11;右改。
(滿)德成	(滿)德成　　　　　　　(漢)劉浩 八、壬子;改左。　　　八、壬子;正紅漢 　　　　　　　　　副授。
(?)瓦爾達　　　　　　(滿)申保 三、庚申;改盛工。　　三、庚申;通政授。	(滿)申保
(滿)景福　　　　　　(滿)高樸 四、丁丑、十二,5.14;　　四、癸巳、廿八, 改盛工。　　　　　5.30;給事中遷。	(滿)高樸 正、壬辰;署工左。　　桂撫永德署。四、壬子、 九、丙子;署兵左。　　廿四,6.13;兼署理右。
(?)伊滿	(?)伊滿　　　　　　(覺羅)巴彥學 四月,革。　　　　　五、甲子、六,6.25; 　　　　　　　　通政授。

部院滿侍郎年表

年　　代		乾隆三九年　甲午(1774)	乾隆四十年　乙未(1775)
吏部	左	(滿)邁拉遜	(滿)邁拉遜
	右	(?)瑚世泰	(?)瑚世泰 十、丙子、二,10.25;署倉侍。
戶部	左	(漢)英廉 （刑尚兼辦）	(漢)英廉 （刑尚兼辦）
	右	(滿)福康安	(滿)福康安
禮部	左	(滿)瑪興阿	(滿)瑪興阿
	右	(滿)德明	(滿)德明
兵部	左	(?)期成額	(?)期成額　　　　(滿)高樸 △四月,死。　　四、辛丑、廿四,5.23; 　　　　　　　　右改。
	右	(覺羅)奉寬　　　(滿)高樸 三、辛巳、廿八,5.8;　四、庚戌、廿八, 死。　　　　　　6.6;左副授。	(滿)高樸　　　(滿)景福 四、辛丑;改左。　四、辛丑;盛工改。
刑部	左	(滿)綽克託　　　阿揚阿署 （烏什參贊大臣）	(滿)綽克託 （烏什參贊大臣）　阿揚阿署
	右	(滿)雅德	(滿)雅德
工部	左	(滿)德成	(滿)德成
	右	(漢)劉浩	(漢)劉浩
倉　　場		(滿)申保	(滿)申保　　　(滿)富察善 △革。　　　△閣學遷。十、丙子;改 　　　　　　盛工,吏右瑚世泰署。
都察院		(滿)高樸　　(滿)阿思哈　　(滿)阿肅 四、庚戌　五、庚戌;前吏　十、壬午、 改兵右。　右授。七、甲　二、11.5; 　　　　戌;遷左都。　光禄授。	(滿)阿肅 三、癸丑、六,4.5;會試副考。
		(覺羅)巴彦學	(覺羅)巴彦學

乾隆四一年　丙申(1776)

(滿)遇拉遜 　　正、己丑、十七,3.6;署工尚。　　四、丙辰、十五,6.1;原粵撫德保署。 　　　　　　　　　　　　　　　　　　十、辛亥、十三,11.23;授閩撫。	

(?)瑚世泰 　　正、庚寅、十八,3.7;署倉侍回任。	

(漢)英廉 　　刑尚兼辦:　正、庚寅;卸。	(滿)福康安(軍) 　　　　正、庚寅;右改。 　　△四月,入直。
(滿)福康安 　　正、庚寅;改左。	(滿)和珅(軍) 　　正、庚寅;任。 　　三、庚子、廿九,5.16;直軍。

(滿)瑪興阿 　　十、丙午、八,11.18;召回,兼署兵左。 　　十二、辛酉、廿四,2.1;留和闐,禮右阿肅兼署。	

(滿)德明 　　二、己酉、七,3.26;革。	(?)達敏 　　二、丙辰、十四,4.2;閱學遷。	(滿)阿肅 　　五、辛巳、十一,6.26;左副改。 　　十二、辛酉;兼署禮左、兵左。

(滿)高樸 　　十、甲辰、六,11.16;赴葉爾羌。	十、丙午;禮左瑪興阿署。 　十二、辛酉;禮右阿肅兼署。	

(滿)景福	

(滿)綽克託 　　正、己丑;遷工尚。	(覺羅)阿揚阿 　　正、庚寅;授。

(滿)雅德	

(滿)德成	

(漢)劉浩	

瑚世泰署 　　正、庚寅;回吏右任。	(滿)嘉謨 　　正、庚寅;漕督授。

(滿)阿肅 　　五、辛巳、十一,6.26;改禮右。	(?)耀海 　　五、辛巳:太常遷。

(覺羅)巴彥璧	

年　代		乾隆四二年　丁酉(1777)			
吏 部	左	(滿)**邁拉遜** 　三、戊寅、十二,4.19;遷左都。		(?)**瑚世泰** 　三、戊子、廿二,4.29;右改。	
	右	(?)**瑚世泰** 　三、戊子;改左。		(滿)**慶桂** 　三、戊子;理右改,戶左福康安、和珅署。	
戶 部	左	(滿)**福康安**(軍) 　正月,封三等男。 　六、乙卯、廿一,7.25;改吉將。		(滿)**和珅**(軍) 　六、乙卯;右改,署吏右。 　十、戊戌、六,11.5;兼步統。	
	右	(滿)**和珅**(軍) 　六、乙卯;改左。		(漢)**金簡** 　六、乙卯;漢缺戶右改。	
禮 部	左	(滿)**瑪興阿**			
	右	(滿)**阿肅** 　(兼署兵左:　七、戊辰、五,8.7;卸) 　八、己亥、六,9.7;順鄉副考。			
兵 部	左	(滿)**高樸**　　　　　　金輝署 　(葉爾羌)　禮右阿肅兼署。 　七、戊辰;卸。			
	右	(滿)**景福**			
刑 部	左	(覺羅)**阿揚阿**			
	右	(滿)**雅德** 　十、甲寅、廿二,11.21;改工右。		(滿)**喀寧阿** 　十、甲寅;刑員遷。	
工 部	左	(滿)**德成**			
	右	(漢)**劉浩** 　六、乙卯;改漢缺工右。	(滿)**舒常** 　六、乙卯;署川提授。 　十、己亥、七,11.6;改倉侍。		(滿)**雅德** 　十、甲寅;刑右改。
倉　　場		(滿)**嘉謨** 　二、丙辰、廿, 　3.28;革。	(滿)**敦福** 　二、戊午、廿二,3.30;湘撫授。 　七、戊辰、五,8.7;降五調。	(滿)**德福** 　七、戊辰;前禮左授。 　十、戊戌;遷刑尚。	(滿)**舒常** 　十、己亥; 　工右改。
都 察 院		(?)**耀海**			
		(覺羅)**巴彥學**			

乾隆四三年　戊戌(1778)	乾隆四四年　己亥(1779)
(？)瑚世泰	(？)瑚世泰　　(滿)綽克託　　　(滿)慶桂 　　　　四、壬午、廿八，6.12；革　　十二、戊午； 　　　　吏尚授。十二、戊午，八，　右改。 　　　　1.14；遷工尚，仍兼署右。
(滿)慶桂	(滿)慶桂　　　(蒙)惠齡 　十二、戊午；　　十二、戊午；工右改(伊犁領隊大臣)， 　改左。　　　　工尚綽克託兼署。
(滿)和珅(軍) 　　(兼步統)	(滿)和珅(軍) 　　(兼步統)
(漢)金簡	(漢)金簡
(滿)瑪興阿　　　　　(滿)申保 　十二、癸酉、十七，2.3；　十二、癸酉； 　降三調。(四四年，太僕)　署工左授。	(滿)申保　　　　(滿)阿肅 　二、丙子、廿七，　三、戊子、四，4.19；右改。 　4.7；遷左都。
(滿)阿肅	(滿)阿肅　　(滿)達椿 　三、戊子；　三、戊子；閣學遷。 　改左。　　八、丁巳、六，9.15；順鄉副考。
(滿)高樸　　　　　(？)金輝 　九、甲寅、廿八，11.16；　九、甲辰、十八， 　革(殺)。　　　　11.6；授。	(？)金輝　　(滿)博清額 　五月，死。　十二、丙辰、六，1.12；理左改 　　　　(差)，理左保泰署。
(滿)景福	(滿)景福
(覺羅)阿揚阿	(覺羅)阿揚阿
(滿)喀寧阿	(滿)喀寧阿
(滿)德成 　　　九、丙辰、卅，11.18；申保署。 　　　十二、癸酉；授禮左。	(滿)德成
(滿)雅德	(滿)雅德　　　(蒙)惠齡　　　(滿)海成 　三、戊戌、十　伊犁領隊大臣授，　十二、己未、九， 　四，4.29；改　福長安署。十二、　1.15；閣學遷(差)。 　倉侍。　　　戊午；改吏右。　福長安仍署。
(滿)舒常	(滿)舒常　　(滿)雅德　　　　　(滿)書麟 　三、戊戌；　三、戊戌；工右改。十二、　十二、乙卯； 　改黔撫。　乙卯、五，1.11；改晉撫。　前桂提署。
(？)耀海	(？)耀海
(覺羅)巴彥學 　四、己酉、十九，5.15；殿試讀卷。	(覺羅)巴彥學

部院滿侍郎年表

年　代		乾隆四五年　庚子(1780)	
吏 部	左	(滿)**慶桂** 　十一、壬午、八，12.3；改定邊左副將軍。	(蒙)**惠齡** 　十一、壬午；右改。
	右	(蒙)**惠齡** 　十一、壬午；改左。	(滿)**阿肅** 　十一、壬午；禮左改。
戶 部	左	(滿)**和珅**(軍) 　(兼步統)　三、辛丑、廿二，4.26；還戶尚。	(漢)**金簡** 　三、辛丑；右改。
	右	(漢)**金簡** 　三、辛丑；改左。	(滿)**福長安**(軍) 　三、辛丑；署工右授。
禮 部	左	(滿)**阿肅** 　五、丁亥、九，6.11；殿試讀卷。 　十一、壬午；改吏右。	(滿)**達椿** 　十一、壬午；右改。
	右	(滿)**達椿** 　十一、壬午；改左。	(滿)**德明** 　十一、壬午；革職原任授。
兵 部	左	(滿)**博清額** 　三、乙酉、六，4.10；遷理尚。	(滿)**瑪興阿** 　三、乙酉；閣學遷。
	右	(滿)**景福** 　十一、壬午；往喀什噶爾。	(滿)**諾穆親**署 　十一、乙酉、十一，12.6；授工右。
刑 部	左	(覺羅)**阿揚阿**	
	右	(滿)**喀寧阿** 　四、丁卯、十九，5.22；改晉撫。	(滿)**穆精阿** 　四、丁卯；盛刑改。
工 部	左	(滿)**德成**	
	右	(滿)**海成** 　△解。　　福長安(軍)署：正、丙午、廿七，3.2；直軍。	(滿)**諾穆親** 　十一、乙酉；署兵右授。
倉　　場		(滿)**書麟**	
都 察 院		(?)**耀海** 　三、壬辰、十四，4.17；休。	(?)**哈福納** 　△五月，通政授。
		(覺羅)**巴彥學**	

乾隆四六年　辛丑(1781)	乾隆四七年　壬寅(1782)
(蒙)惠齡	(蒙)惠齡
(滿)阿肅	(滿)阿肅
(漢)金簡	(漢)金簡 四、癸酉、七,5.18;署工右。
(滿)福長安(軍)	(滿)福長安(軍) 九、辛亥、十七,10.23;署閩督。
(滿)達椿	(滿)達椿
(滿)德明	(滿)德明
(滿)瑪興阿	(滿)瑪興阿 九、癸卯、九,10.15;召回。
(滿)景福	(滿)景福
(覺羅)阿揚阿	(覺羅)阿揚阿 革職原任喀寧阿署。九、癸卯、九,10.15;遷刑尚。 九、丁未、十三,10.19;湘按塔琦署。
(滿)穆精阿	(滿)穆精阿
(滿)德成	(滿)德成
(滿)諾穆親	(滿)諾穆親 四、庚午、四,5.15;差魯。　　　　四、癸酉;户左 四、己卯、十三,5.24;署魯撫。　　　金簡署。
(滿)書麟	(滿)書麟
(?)哈福納	(?)哈福納
(覺羅)巴彥學	(覺羅)巴彥學

部院滿侍郎年表

年　代		乾隆四八年　癸卯(1783)
吏 部	左	(蒙)**惠齡**
	右	(滿)**阿肅**　　　　　　(滿)**諾穆親**　　　　　　(宗室)**玉鼎柱** 　二、乙丑、四，3.6；革。　　二、乙丑；工右改。　　　　七、乙卯；盛禮改。 　賞翰讀學。　　　　　　七、乙卯、廿六，8.23；改户右。
户 部	左	(漢)**金簡**　　　　　　　　　(滿)**福長安**(軍) 　七、乙卯；遷工尚。　　　　　　七、乙卯；右改。
	右	(滿)**福長安**(軍)　　　　　　(滿)**諾穆親** 　七、乙卯；改左。　　　　　　七、乙卯；吏右改。
禮 部	左	(滿)**達椿**
	右	(滿)**德明**
兵 部	左	(滿)**瑪興阿**
	右	(滿)**景福**　　　　　　　　(滿)**勒保** 　△八月，死。　　　　　　　八、戊寅、十九，9.15；閣學遷。 　　　　　　　　　　　　(留庫倫辦事)保泰署。
刑 部	左	(覺羅)**阿揚阿** 　　　　　　塔琦署。
	右	(滿)**穆精阿**
工 部	左	(滿)**德成**
	右	(滿)**諾穆親**　　　　　　　(？)**塔彰阿** 　二、乙丑；改吏右。　　　　二、乙丑；授。
倉　　場		(滿)**富麟**
都 察 院		(？)**哈福納**
		(覺羅)**巴彥學**

乾隆四九年　甲辰(1784)	乾隆五十年　乙巳(1785)
(蒙)**惠齡**	(蒙)**惠齡** 十二、丙戌、十一, 1.10; 召京。
(宗室)**玉鼎柱**	(宗室)**玉鼎柱**
(滿)**福長安**(軍)	(滿)**福長安**(軍)
(滿)**諾穆親**	(滿)**諾穆親**
(滿)**達椿** 四、己酉、廿五, 6.12; 殿試讀卷。	(滿)**達椿**
(滿)**德明**	(滿)**德明**
(滿)**瑪興阿**	(滿)**瑪興阿**
(滿)**勒保** (庫倫辦事)　保泰署: 六、戊申、廿五, 8.10; 改倉侍。刑右塔琦署。	(滿)**勒保** △召京。　塔琦署。
(覺羅)**阿揚阿**　　　(滿)**穆精阿** 五、辛巳、廿七, 7.14;　　五、辛巳; 右改。 遷左都。	(滿)**穆精阿**
(滿)**穆精阿**　(滿)**塔琦**　　(滿)**景禄** 五、辛巳;　五、辛巳; 署刑左改。　六、戊申; 改左。　六、戊申; 署兵右改。　直布遷。	(滿)**景禄**　　　　　(覺羅)**琅玕** 四、丁酉、十八, 5.26;　　　四、丁酉; 蘇按遷。 革、戌。
(滿)**德成**	(滿)**德成**
(?)**塔彰阿**　　　(滿)**伊齡阿** 五、丁巳、三, 6.20;　五、丁巳; 任。 改閣學。	(滿)**伊齡阿**
(滿)**奮麟**　　　　(?)**保泰** 六、戊申; 廿五, 8.10;　六、戊申; 署 改皖撫。　　兵右改。	(?)**保泰**
(?)**哈福納**	(?)**哈福納**
(覺羅)**巴彥學**	(覺羅)**巴彥學**

年代		乾隆五一年　丙午(1786)
吏 部	左	(蒙)**惠齡** 　　蘇凌阿署：三、癸酉、廿九，4.27；改工右。
	右	(宗室)**玉鼎柱**
戶 部	左	(滿)**福長安**(軍)　　　　　　　　　　　　　　(滿)**諾穆親** 　　閏七、乙未、廿四，9.16；遷戶尚。　　　　　閏七、乙未；右改。
	右	(滿)**諾穆親**　　　　　　　　　　　　　　　(蒙)**松筠** 　　閏七、乙未；改左。　　　　　　　　　閏七、乙未；閱學遷。
禮 部	左	(滿)**達椿**
	右	(滿)**德明**
兵 部	左	(滿)**瑪興阿**
	右	(滿)**勒保**　　　　　　　　　　　　　　　(滿)**伊齡阿** 　　九、丁亥、十七，11.7；改晉撫。　　　　十、癸亥、廿三，12.13；浙撫改。
刑 部	左	(滿)**穆精阿**
	右	(覺羅)**琅玕**　　　　　　　　　　　　　(覺羅)**長麟** 　　九、乙未、廿五，11.15；改浙撫。　　　九、乙未；蘇布遷。
工 部	左	(滿)**德成**
	右	(滿)**伊齡阿**　　　　　　　(滿)**蘇凌阿**　　　　　(?)**鄂彌達** 　　三、辛未、廿七，4.25；改浙撫。　三、癸酉、署吏左改。　九、戊子、十八， 　　　　　　　　　　　　　九、戊子；改倉侍。　11.8；任。
倉　　場		(?)**保泰**　　　　　　　　　　　　　　　(滿)**蘇凌阿** 　　九、甲申、十四，11.4；改科布多參贊大臣。　九、戊子；工右改。
都 察 院		(?)**哈福納**
		(覺羅)**巴彥學**

乾隆五二年　丁未(1787)	乾隆五三年　戊申(1878)
(蒙)惠齡	(蒙)惠齡　　　　　　　　(滿)瑪興阿 　七、辛巳、廿一，　　　　　七、辛巳；右改。 　8.22；改鄂撫。
(宗室)玉鼎柱　　　　(滿)瑪興阿 　二、癸丑、十五，　　　二、癸丑；兵左改。 　4.2；改盛禮。	(滿)瑪興阿　　　　　　　(滿)保成 　七、辛巳；改左。　　　　　七、辛巳；閣學遷。
(滿)諾穆親	(滿)諾穆親
(蒙)松筠 　正、庚寅、廿一，3.10；庫倫辦事大臣。	(蒙)松筠
(滿)達椿	(滿)達椿
(滿)德明	(滿)德明
(滿)瑪興阿　　　　(滿)海寧 　二、癸丑；改吏右。　　二、癸丑；署正白蒙副授。	(滿)海寧　　　　　　　　(滿)伊齡阿 　七、辛巳；署晉撫。　　　　十一、癸亥、五， 　十一、癸亥；授。　　　　　12.2；右改。
(滿)伊齡阿	(滿)伊齡阿　　　　　　　(覺羅)吉慶 　十一、癸亥；改左。　　　　十一、癸亥；副都 　　　　　　　　　　　　　授，兼閣學。
(滿)穆精阿	(滿)穆精阿
(覺羅)長麟　　　　(滿)明興 　二、乙巳、七，　　　二、乙巳；魯撫改。九、 　3.25；魯撫互調。　　丁亥、廿三，11.2；署晉撫。	(滿)明興 　七、庚辰、廿，8.21；烏什辦事大臣。
(滿)德成	(滿)德成
(?)鄂彌達	(?)鄂彌達
(滿)蘇凌阿	(滿)蘇凌阿
(?)哈福納	(?)哈福納
(覺羅)巴彥學	(覺羅)巴彥學

部院滿侍郎年表

年　代		乾隆五四年　己酉(1789)	
吏部	左	(滿)**瑪興阿**	
	右	(滿)**保成**	
戶部	左	(滿)**諾穆親**	
	右	(蒙)**松筠**	
禮部	左	(滿)**達椿** 正、癸酉、十六,2.10;改閣學。	(滿)**鐵保** 正、癸酉;閣學遷。 三、癸亥、六,4.1;會試副考。
	右	(滿)**德明**	
兵部	左	(滿)**伊齡阿** 三月,知貢舉。 十、丙子、廿四,12.10;解。	(覺羅)**吉慶** 十、丙子;右改。
	右	(覺羅)**吉慶** 十、丙子;改左。	(滿)**明興** 十、丙子;刑右改(差),虎禮寶署。
刑部	左	(滿)**穆精阿**	
	右	(滿)**明興** 十、丙子;改兵右。	
工部	左	(滿)**德成**	
	右	(?)**鄂彌達**	
倉　場		(滿)**蘇凌阿**	
都察院		(?)**哈福納**	
		(覺羅)**巴彥學**	

乾隆五五年　庚戌(1790)	乾隆五六年　辛亥(1791)
(滿)瑪興阿	(滿)瑪興阿
(滿)保成	(滿)保成　　　　　(滿)德明 △改熱河副都。　　十一、甲午、廿三，12.18； 　　　　　　　　　禮右改。
(滿)諾穆親	(滿)諾穆親　(覺羅)吉慶　　(漢)慶成 九、乙亥、　　九、乙亥；兵左改。　十一、丙戌、十 三，9.30、　　十一、辛巳、十、　五，12.10；右 改理左；　　　12.5；改魯撫。　改。
(蒙)松筠　　(滿)舒濂　　　(漢)慶成 三、壬寅、廿　三、壬寅；駐藏辦事大臣　四、庚辰、 二，5.5；革。　改。四、庚辰、卅　6.12； 　　　　　　　革，仍以副都駐藏。　卅，6.12； 　　　　　　　　　　　　　任。	(漢)慶成　　　　(宗室)額勒春 十一、丙戌；改左。　十一、丙戌；黔撫改。
(滿)鐵保 三、丙戌、六，4.19；知貢舉。 四、庚午、廿，6.2；殿試讀卷。	(滿)鐵保
(滿)德明	(滿)德明　　　　(宗室)僧保住 十一、甲午；改吏右。　十一、壬寅、二，12.26； 　　　　　　　　　盛刑改。
(覺羅)吉慶	(覺羅)吉慶　　　　(滿)明興 九、乙亥；改户左。　九、乙亥；右改。
(滿)明興	(滿)明興　　　　(滿)和琳 九、乙亥；改左。　九、乙亥；閣學遷。
(滿)穆精阿	(滿)穆精阿
(滿)玉德	(滿)玉德
(滿)德成 正、丙午、廿五，3.10；降三品，帶降四品。 二、癸丑、二，3.17；降四品，留任。	(滿)德成　　　　(蒙)松筠 十、癸丑、十二，　十、癸丑；原庫倫辦事 11.7；革。　　　大臣授。
(?)鄂彌達	(?)鄂彌達　　　　(?)成策 正、丙申、廿一，　正、丙申；盛工改。 2.23；改副都。
(滿)蘇凌阿	(滿)蘇凌阿
(?)哈福納	(?)哈福納
(覺羅)巴彥犖	(覺羅)巴彥犖

部院滿侍郎年表

年　代		乾隆五七年　壬子(1792)		
吏 部	左	(滿)**瑪興阿** △正、己亥、廿九, 2.21; 死。	(滿)**德明** 正、己亥; 右改。	
	右	(滿)**德明** 正、己亥; 改左。	(滿)**穆精阿** 正、己亥; 刑左改。 十、壬申、七, 11.20; 死。	(宗室)**額勒春** 十、壬申; 戶右改。
戶 部	左	(漢)**慶成** 三、甲戌、五, 3.27; 改直提。	(蒙)**松筠** 四、甲辰、六, 4.26; 工左改。	
	右	(宗室)**額勒春** 十、壬申; 改吏右。	(滿)**阿迪斯** 十、癸酉、八, 11.21; 鑾儀使行走授。	
禮 部	左	(滿)**鐵保** 六、壬辰、廿五, 8.12; 江鄉正考。		
	右	(宗室)**僧保住**		
兵 部	左	(滿)**明興** 九、辛丑、五, 10.20; 刑右互調。	(滿)**伊齡阿** 九、辛丑; 刑右改。	
	右	(滿)**和琳** 二月、駐藏大臣。 八、癸酉、七, 9.22; 遷工尚。	(滿)**玉保** 八、丙申、卅, 10.15; 盛兵改。	
刑 部	左	(滿)**穆精阿** 正、己亥; 改吏右。	(滿)**玉德** 正、己亥; 右改。	
	右	(滿)**玉德** 正、己亥; 改左。	(滿)**伊齡阿** 正、己亥; 內府大臣授。 九、辛丑; 兵左互調。	(滿)**明興** 九、辛丑; 兵左改。
工 部	左	(蒙)**松筠** 四、甲辰; 改戶左。	(?)**成策** 四、甲辰; 右改。	
	右	(?)**成策** 四、甲辰; 改左。	(漢)**巴寧阿** 四、甲辰; 內府大臣授。	
倉　場		(滿)**蘇淩阿** 正、甲午、廿四, 2.16; 遷刑尚。	(滿)**諾穆親** 正、乙未、廿五, 2.17; 理左改。	
都 察 院		(?)**哈福納**		
		(覺羅)**巴彥學**		

乾隆五八年　癸丑(1793)	乾隆五九年　甲寅(1794)
(滿)**德明**　　　　(宗室)**額勒春** 三、甲辰、十一，　　三、甲辰；右改。 4.21；遷禮尚。	(宗室)**額勒春**
(宗室)**額勒春**　(滿)**明興**　　(滿)**諾穆親** 三、甲辰；　三、甲辰；刑右改。　六、甲申； 改左。　六、甲申、廿三，　倉侍改。 　　7.30；降四調。	(滿)**諾穆親**
(蒙)**松筠**(軍) 四、庚寅、廿八，6.6；直軍。	(蒙)**松筠**(軍)　　　　(滿)**永保** 七、甲辰、十九，8.14；　八、壬申、十八，9.11； 遷工尚。　　　　　喀什噶爾參贊授。
(滿)**阿迪斯**　　　(漢)**巴寧阿** 五、戊午、廿七，7.4；　五、戊午；粤關監 改工右。　　　　督授。	(漢)**巴寧阿**　　　(滿)**景安** 六、辛巳、廿六，7.22；　六、辛巳；倉侍改。 革。
(滿)**鐵保** 三、己亥、六，4.16；會試副考。	(滿)**鐵保** 七、庚寅、五，7.31；魯鄉正考。
(宗室)**僧保住**　　(滿)**多永武** 三、甲辰；改刑右。　三、甲辰；任。	(滿)**多永武**
(滿)**伊齡阿**　　　(滿)**玉保** 六、甲申；改工左。　六、甲申；右改。	(滿)**玉保** 八、庚申、六，8.30；順鄉副考。
(滿)**玉保**　　　　(？)**成策** 四、壬午、廿，5.29；殿試　六、甲申；副都 讀卷。六、甲申；改左。　(前工左)授。	(？)**成策**
(滿)**玉德**	(滿)**玉德**
(滿)**明興**　　　　(宗室)**僧保住** 三、甲辰；改吏右。　三、甲辰；禮右改。	(宗室)**僧保住**　(滿)**阿精阿**　　(宗室)**宜興** 八、壬申；　八、壬申；陝布遷　十一、丙午、 改倉侍。　十一、甲辰、廿，　廿二，12.14； 　　12.12；改豫撫。　盛刑改。
(？)**成策**　(滿)**景安**　　(滿)**伊齡阿** 五、戊午；　五、戊午；右改。　六、甲申； 改副都。　六、甲申；改倉侍。　兵左改。	(滿)**伊齡阿**
(漢)**巴寧阿**　(滿)**景安**　　(滿)**阿迪斯** 正、辛亥、十七，　正、辛亥；甘布遷　五、戊午； 2.27；改兩淮鹽　五、戊午；改左。　戶右改。 政。	(滿)**阿迪斯**
(滿)**諾穆親**　　　(滿)**景安** 六、甲申；改吏右。　六、甲申；工左改。	(滿)**景安**　　　　(宗室)**僧保住** 六、辛巳；改戶右。　八、壬申；刑右改。
(？)**哈福納**　　　(？)**世魁** 　　　　二、壬申、九， 　　　　3.20；太常改。	(？)**世魁**　　　　(？)**慶善** 　　　　二、癸亥、五，3.6； 　　　　大理改。
(覺羅)**巴彥學**	(覺羅)**巴彥學**　　　(滿)**成德** 　　　　十、丙辰、二，10.25； 　　　　通政授。

部院滿侍郎年表

年　代		乾隆六十年　乙卯(1795)
吏部	左	(宗室)**額勒春**
	右	(滿)**諾穆親** 正、丙戌、三、1.23；改刑左。　　　　　　(滿)**富綱** 　　　　　　　　　　　　　　　正、丙戌；江督降授。
戶部	左	(滿)**永保**
	右	(滿)**景安** 五、甲子、十四、6.30；改豫撫。　　(蒙)**惠齡** 五、丁卯、十七、7.3；皖撫授。 六月，留署鄂撫。　　(滿)**成德** 九、癸丑、五、10.17； 右副改。
禮部	左	(滿)**鐵保** 三、丁巳、六、4.24；知貢舉。 四、丙申、十六、6.2；殿試讀卷。
	右	(滿)**多永武**
兵部	左	(滿)**玉保** 八、甲申、六、9.18；順鄉副考。
	右	(軍)**成策** 二、庚申、八、2.26；解。　　　　(蒙)**伍彌烏遜** 　　　　　　　　　二、庚申；閣學遷。
刑部	左	(滿)**玉德** 正、丙戌；改魯撫。　　(滿)**諾穆親** 正、丙戌；吏右改。 △十月，死。　　(滿)**阿精阿** 十、甲辰、廿七、12.7； 豫撫改。
	右	(宗室)**宜興** 四、丙午、廿六、6.12；倉侍互調。　　(宗室)**僧保住** 　　　　　　　　　四、丙午；倉侍改。
工部	左	(滿)**伊齡阿** △九、壬戌、十四、10.26；死。　　(蒙)**台布**(軍) 　　　　　　　　　九、壬戌；閣學遷。
	右	(滿)**阿迪斯**
倉場		(宗室)**僧保住** 四、丙午；刑右互調。　　(宗室)**宜興** 　　　　　　　四、丙午；刑右改。
都察院		(軍)**慶善**
		(滿)**成德** 九、癸丑；改戶右。　　(軍)**順海** 十、己卯、二、11.12；通政改。

嘉慶元年　丙辰(1796)		嘉慶二年　丁巳(1797)	
(宗室)**額勒春**		(宗室)**額勒春** 五、己酉、十，6.4；革。	(滿)**玉保** 五、己酉；右改。
(滿)**富綱** 五、乙丑、廿一，6.25； 改漕督。	(滿)**玉保** 五、丁卯、廿五， 6.27；兵左改。	(滿)**玉保** 五、己酉；改左。	(滿)**成德** 八、丙辰、廿，10.9； 工左改。
(滿)**永保** 十一、庚午、廿九，12.27；革。		(蒙)**台布** (署桂撫，留任) 十、丙午、十一，11.28；右改。	
(滿)**成德** 六、己亥、廿五，7.29； 工左互調。	(蒙)**台布**(軍) 六、己亥；工左改。	(蒙)**台布** 正月，署贛撫。四月，署桂撫。 十、丙午；改左。	(滿)**傅森**(軍、學) 十、丙午；兵右改。
(滿)**鐵保** 三、壬子、六，4.13；知貢舉。		(滿)**鐵保**	
(滿)**多永武**		(滿)**多永武**	
(滿)**玉保** 四月，殿試讀 卷。五、丁卯； 改吏右。	(蒙)**伍彌烏遜** 五、丁卯； △革。　(蒙)**特成額** 十二、庚辰、 九，1.6；右 改。△死。	(蒙)**富俊** 正、癸亥、廿二，2.18；右改。	
(蒙)**伍彌烏遜** 五、丁卯； 改左。	(蒙)**特成額** 五、丁卯；鑲白 護統授。十二、 庚辰；改左。　(蒙)**富俊** 十二、庚辰； 閣學遷。	(蒙)**富俊** 正、癸亥； 改左。　(滿)**傅森**(軍、學) 正、己酉、八，2.4； 盛刑改。閏六月， 軍學。十、丙午； 改戶右。　(滿)**成林** 十、丙午；桂 撫授。十二、 甲寅；十、 2.4；工左互調。　(滿)**阿迪斯** 十二、甲 寅，工左 改。	
(滿)**阿精阿**		(滿)**阿精阿**	
(宗室)**僧保住** 八、辛丑、廿九，9.29； 改以副督留哈密。	(滿)**英善** 八、辛丑；粵撫授。	(滿)**英善** 五、乙丑、廿六，6.20；攝甘布並代辦陝甘總督事務。	
(蒙)**台布**(軍) 六、己亥；戶右互調。	(滿)**成德** 六、己亥；戶右 改。	(滿)**成德** 八、丙辰； 改吏右。　(滿)**阿迪斯** 八、丙辰；右改。十 二、甲寅；兵右互調。　(滿)**成林** 十二、甲寅；兵 右改。	
(滿)**阿迪斯**		(滿)**阿迪斯** 八、丙辰；改左。	(?)**泰寧** 八、丙辰；盛工改。
(宗室)**宜興**		(宗室)**宜興**	
(?)**慶善**	(?)**寶源** 四、丁亥、十二， 5.18；通政授。	(?)**寶源** 正、庚申、十九，2.15； 改盛禮。	(滿)**瑚圖靈阿** 三、戊午、十八， 4.14；通政授。
(?)**順海**	(蒙)**達慶** 十、甲戌、二， 11.1；通政授。	(蒙)**達慶**	

部院滿侍郎年表

年　代		嘉　慶　三　年　　戊午(1798)	
吏部	左	(滿)**玉保**　△八、甲寅、廿三，10.2；死。　(滿)**成德**　八、甲寅、右改。十一、丁亥、廿八，1.3；遷左都。	(滿)**鐵保**　正、乙丑、六，2.10；右改，教庶。二、癸巳、五，3.10；降閣學。
	右	(滿)**成德**　八、甲寅；改左。　(滿)**鐵保**　八、甲寅；禮左改。	(滿)**鐵保**　正、乙丑；改左。　(滿)**台費蔭**　正、乙丑，兵右改。二、庚寅、二，3.7；改戶右。
戶部	左	(蒙)**台布**　(署桂撫，留任)	(蒙)**台布**　正、乙丑；授桂撫。　(滿)**傅森**　正、戊辰、九，2.13；改刑右。
	右	(滿)**傅森**　二、乙卯、廿一，4.6；罷直軍學。	(滿)**傅森**　正、乙丑；改左。　(滿)**那彥成**(軍)　正、戊辰；改左。
禮部	左	(滿)**鐵保**　八、丁酉、六，9.15；順鄉副考。八、甲寅；改吏右。　(滿)**多永武**　八、甲寅、右改。	(滿)**多永武**
	右	(滿)**多永武**　八、甲寅；改左。　(宗室)**薔敬**　八、甲寅；盛兵改。	(宗室)**薔敬**　正、庚辰；改兵右。
兵部	左	(蒙)**富俊**	(蒙)**富俊**　△改烏魯木齊都統。　(蒙)**布彥達賚**　正、乙丑；鑾儀授。正、戊辰；改戶右。
	右	(滿)**阿迪斯**　正、壬申、七，2.22；革。　(滿)**伯麟**　正、乙酉、廿，3.7；盛戶改。四、庚申、廿六，6.10；改督撫。　(滿)**台費蔭**　五、庚寅、廿七，7.10；正紅滿副授。	(滿)**台費蔭**　正、乙丑；改吏右。　(宗室)**薔敬**　正、庚辰；禮右改。二、庚寅；改左。
刑部	左	(滿)**阿精阿**　△八月，死。　(蒙)**特克慎**　八、甲寅；理右改。	(蒙)**特克慎**　三、戊辰、十，4.14；解，勘。
	右	(滿)**英善**	(滿)**英善**　正、戊辰；改兵左。　(滿)**傅森**　正、戊辰；戶左改。二、辛丑、十三，3.18；改倉侍。
工部	左	(滿)**成林**	(滿)**成林**　二、癸巳；改吏左。
	右	(?)**泰寧**　　**那彥成**(軍、學)　五、庚寅；閣學遷。	(滿)**那彥成**(軍)　正、乙丑；改戶右。
倉　場		(宗室)**宜興**	(宗室)**宜興**　正、己卯、廿，2.24；署魯撫。二、辛丑；改蘇撫。
都察院		(滿)**瑚圖靈阿**　　　　(蒙)**達慶**	(滿)**瑚圖靈阿**　三、己巳、十一，4.15；改盛戶。　(蒙)**達慶**　三、庚申；改倉侍。

嘉慶四年　　己未(1799)

（滿）成林		（滿）英普	
二、癸巳；工左改。		（駐藏大臣留任）	
六、己亥、十二，7.14；改馬蘭鎮。		六、己亥；右改。	

（滿）英普	（滿）達椿	（滿）鐵保	（宗室）祿康
二、庚寅；兵右改。	六、己亥；禮右改。六月，兼翰掌。	九、壬戌；盛刑改。十二、	十二、癸巳、十，
六、己亥；改左。	九、壬戌、七，10.5；遷左都。	壬辰、九，1.3；改漕督。	1.4；刑左改。

（滿）那彥成（軍）	（蒙）布彥達賚	（滿）豐紳濟倫
正、戊辰；右改。	正、庚辰；右改。	二、庚寅；右改。
正、庚辰、廿一，2.25；遷工尚。	二、庚寅；遷户尚。	

（蒙）布彥達賚	（滿）豐紳濟倫	（滿）台費蔭	（滿）盛住
正、戊辰；兵左改。	正、庚辰；兵左改。	二、庚寅；吏右改。	五、丁亥；工右改。
正、庚辰；改左。	二、庚寅；改左。	五、丁亥、卅一，7.2；革。	八月，署工尚。

（?）恒傑	（滿）達椿	（滿）文寧
正、庚辰；閣學遷。	五、壬戌；閣學遷。	六、己亥；兵右改。
五、壬戌、五，6.7；降閣學。	六、己亥；改吏右。	八月，教庶。

（滿）英普	（滿）豐紳濟倫	（宗室）矗敬
正、戊辰；刑右改，赴藏。	正、乙丑；上駟授。	二、庚寅；右改。
二、庚寅；改吏右。	二、庚寅；改户右。	

（滿）阿斯迪	（滿）文寧	（蒙）惠齡
二、庚寅；鑾儀授。	五、庚辰；閣學遷。	六、己亥；理尚降。
五、庚辰；遷左都。	六、己亥；改禮右。	

（滿）瑚圖禮	（宗室）祿康	（滿）德瑛
三、戊辰；右改。	五、己卯；右改。	十二、癸巳；右改。
五、己卯、廿二，6.24；改盛兵。	十二、癸巳；改吏右。	

（滿）瑚圖禮	（宗室）祿康	（滿）德瑛	（覺羅）琅玗
二、辛丑；豫按遷。	三、戊辰；盛户改。	五、己卯；盛刑改。	十二、癸巳；古城領
三、戊辰；改左。	五、己卯；改左。	十二、癸巳；改左。	隊授。

（滿）緼布		（滿）明安	
二、癸巳；內府大臣授。		七、辛巳、廿五，8.25；右改。	
△降四品。			

（滿）盛住		（滿）明安	（滿）西成
（三等公）　正、乙丑；內府大臣授。		五、丁亥；奉宸授。	七、辛巳；太常授。
五、丁亥；改户右。		七、辛巳；改左。	

（滿）傅森		（蒙）達慶
二、辛丑；刑右改。三、庚申、二，4.6；遷左都。		三、庚申；左副改。

（?）舒聘
四、壬寅、十四，5.18；通政授。

（滿）廣興	（滿）廣音布
三、辛酉、三，4.7；刑給遷。	十、辛亥、廿六，11.23；通政授。
十、甲午、九，11.6；改閣學。	

部院滿侍郎年表

年　代		嘉　慶　五　年　　庚申(1800)
吏 部	左	(滿)**英善**　二、丁未、廿四,3.19;革。(賞四品,仍駐藏)　　(宗室)**禄康**　二、丁未;右改。八、己卯、廿九,10.17;遷左都。　　(滿)**文寧**　八、己卯;右改。
	右	(宗室)**禄康**　二、丁未;改左。　(宗室)**書敬**　二、丁未;兵左改。七、丙申、十六,9.4;遷左都。　(滿)**文寧**　七、丁酉、十七,9.5;禮右改。　(滿)**多永武**　八、己卯;禮左改。十一、乙酉、七,12.22;革(太常)。　(漢)**范建豐**　十一、乙酉;兵右改。
戶 部	左	(滿)**豐紳濟倫**　八、己卯;改內府大臣兼鑲紅漢部。　　(滿)**高杞**　八、己卯;刑右改。
	右	(滿)**盛住**　閏四、甲戌、廿二,6.14;革。　　(滿)**額勒布**　閏四、甲戌;正紅漢都授。
禮 部	左	(滿)**多永武**　八、己卯;改吏右。　　(滿)**英和**　八、己卯;右改。
	右	(滿)**文寧**　七、丁酉;改吏右。　(滿)**英和**　七、丁酉;閣學遷。八月,順鄉副考。八、己卯;改左。　(滿)**札郎阿**　八、己卯;閣學遷。
兵 部	左	(宗室)**書敬**　二、丁未;改吏右。　(蒙)**惠齡**　二、丁未;右改。閏四、己未、七,5.30;改魯撫。　(滿)**緼布**　閏四、己未;右改。
	右	(蒙)**惠齡**　二、丁未;改左。　(滿)**緼布**　二、丁未;內府大臣改。閏四、己未;改左。　(漢)**范建豐**　閏四、己未;泰寧鎮改。十一、乙酉;改吏右。　(滿)**那彥寶**　十一、乙酉;閣學遷。
刑 部	左	(滿)**德瑛**
	右	(覺羅)**琅玕**　二、庚戌、廿七,3.22;改黔撫。　(滿)**高杞**　二、庚戌;鄂撫授。八、己卯;改戶左。　(滿)**伊桑阿**　八、己卯;庫車大臣授。十、戊辰;改黔撫。　(滿)**瑚圖靈阿**　十、戊辰;盛刑改。
工 部	左	(滿)**明安**
	右	(滿)**西成**
倉　場		(蒙)**達慶**
都 察 院		(?)**舒聘**
		(滿)**廣音布**　三、壬午、卅,4.23;改盛禮。　　(?)**繼善**　四、庚戌、廿八,5.21;大理授。

嘉 慶 六 年　辛酉(1801)

（滿）**文寧**
　　（浙學）　六、己未、十四,7.24；浙鄉正考。
　　八、壬子、八,9.15；差浙學。

（漢）**范建豐**

（滿）**高杞**	（？）**和寧**	（滿）**英和**
三、壬午、六,4.18；知貢舉。	七、己亥；工左改。	九、乙亥；禮左改。
七、己亥、廿五,9.2；改兵左。	九、乙亥、一,10.8；改倉侍。	

（滿）**額勒布**

（滿）**英和**	（滿）**札郎阿**
五、戊寅、三,6.13；教庶。	九、乙亥；右改。
六、己巳、廿四,8.3；江鄉正考。九、乙亥；改戶右。	

（滿）**札郎阿**	（蒙）**恩普**
九、乙亥；改左。　　降留倉侍達慶署	（閩學）　九、乙亥；左副改。
十、己巳；仍授。	

（滿）**緼布**	（滿）**那彥寶**	（滿）**高杞**
四、戊辰、廿二,6.3；遷工尚。	四、戊辰；右改。	七、己亥；戶左改。
	七、己亥；改工左。	

（滿）**那彥寶**	（滿）**成善**
四、戊辰；改左。	四、戊辰；工左改。

（滿）**德瑛**

（滿）**瑚圖靈阿**

（滿）**明安**	（滿）**成善**	（蒙）**和寧**	（滿）**那彥寶**
正、壬午、五,2.17；	正、乙巳、廿八,3.12；右改。	四、戊辰；右改。	七、己亥；兵左改。
改步統。	四、戊辰；改兵右。	七、己亥；改戶左。	

（滿）**西成**	（滿）**成善**	（蒙）**和寧**	（滿）**蘇楞額**
正、壬午；	正、壬午；盛戶改。	正、乙巳；理右改。	四、戊辰；鑲紅滿副授。
遷左都。	正、乙巳；改左。	四、戊辰；改左。	

（蒙）**達慶**	（蒙）**和寧**
九、乙亥；降留，署禮右。	九、乙亥；戶左改。
十、己巳、廿六,12.1；仍授。	十、己巳、廿六,12.1；改皖撫。

（？）**舒聘**

（？）**繼善**	（蒙）**恩普**	（滿）**萬寧**
二、戊午、十二,3.25；改盛禮。	（閩學）　二、己巳、廿三,4.5；大理授。	九、庚子、廿六,
	四月,殿試讀卷。八月,差。九、乙亥；改禮右。	11.2；通政授。

部院滿侍郎年表

年　代		嘉慶七年　壬戌(1802)	嘉慶八年　癸亥(1803)
吏部	左	(滿)**文寧** (浙學) 二、壬戌、廿一, 3.24; 前陝督長麟署; 四、戊申、八, 5.9; 授兵右, 仍署。六、乙卯; 遷禮尚。	(滿)**文寧** (浙學)
	右	(漢)**范建豐**	(漢)**范建豐**
戶部	左	(滿)**英和** 四、己未、十九, 5.20; 殿試讀卷。 十一、庚寅、廿三, 12.17; 兼翰掌。	(滿)**英和** (兼翰掌)
	右	(滿)**額勒布**	(滿)**額勒布**
禮部	左	(滿)**札郎阿**	(滿)**札郎阿**　　(蒙)**恩普** 七、乙巳、十　蘇撫岳起　七、乙巳; 右改。 三, 8.29; 革　署; 旋死。　(閩學) (降閣學)。
	右	(蒙)**恩普** (閩學)	(蒙)**恩普**　　(滿)**玉麟** 七、乙巳; 改左。　七、乙巳; 閣 (閩學)　　　　學遷。
兵部	左	(滿)**高杞**　　(滿)**成書** 四、戊申、八,　四、戊申 5.9; 改湘撫。　右改。	(滿)**成書**
	右	(滿)**成書**　(覺羅)**長麟**　(滿)**那彦寶** 四、戊申;　四、戊申、署吏　六、乙卯; 工 改左。　左授。六、乙　左改。十二 卯; 遷禮尚。　月, 差滇。	(滿)**那彦寶**
刑部	左	(滿)**德瑛**　　　(滿)**瑚圖靈阿** 正、丁酉、廿五,　正、丁酉; 右改。三、丙 2.27; 遷刑尚。　子、六, 4.7; 知貢舉。	(滿)**瑚圖靈阿**
	右	(滿)**瑚圖靈阿**　(滿)**廣音** 正、丁酉; 改左。　正、丁酉; 盛刑改。	(滿)**廣音** 十二、乙丑、四, 1.16; 署湘撫。
工部	左	(滿)**那彦寶**　　(滿)**蘇楞額** 六、乙卯、十六,　六、乙卯; 右改。 7.15; 改兵右。	(滿)**蘇楞額**
	右	(滿)**蘇楞額**　(滿)**吉綸**　　(？)**明德** 六、乙卯;　六、乙卯; 閣學遷。十一、辛 改左。　十一、辛卯、廿四,　卯; 內務 12.18; 改漕督。大臣授。	(？)**明德**
倉　場		(蒙)**達慶**	(蒙)**達慶**　　　(滿)**托津** 十、戊子、廿七, 12.10; 十、丙子、十五,　喀什噶爾參贊授。 11.28; 降調。
都察院		(？)**舒聘**	(？)**舒聘**
		(滿)**萬寧**	(滿)**萬寧**

嘉 慶 九 年　甲子(1804)

(滿)文寧
　(浙學)　十二、庚午、十五,1.15;兼京左。

(漢)范建豐
　六、戊辰、十一,7.17;革。

(蒙)恩普
　(閩學)　六、戊辰;禮右改。

(滿)英和(軍、學)
　(兼翰掌)　六、戊辰;直軍。

(滿)額勒布
　七、庚戌、廿四,8.28;降(户郎)。

(滿)那彥寶
　七、庚戌;兵右改。

(蒙)恩普
　(閩學)　六、戊辰;改吏右。

(滿)玉麟
　六、戊辰;右改。六、乙亥、十八,7.24;教庶。
　八月,順鄉副考。

(滿)玉麟
　六、戊辰;改左。

(滿)札郎阿
　六、戊辰;閩學遷。

(滿)德文
　七、癸卯、十七,8.21;盛户改。
　十一、壬辰、七,12.8;改兵右。

(滿)多永武
　十一、壬辰;
　閩學遷。

(滿)成書
　十二、戊午、三,1.3;降四調。

(?)明志
　十二、戊午;閩學遷。

(滿)那彥寶
　七、庚戌;改户右。

(?)貢楚克札布
　七、庚戌;理左改。
　十一、壬辰;改刑右。

(滿)德文
　十一、壬辰;禮右改。
　十二、戊午;降閩學。

(滿)廣興
　十二、戊午;
　閩學遷。

(滿)瑚圖靈阿
　△降筆帖式

(滿)廣音
　七、癸卯;右改。

(滿)廣音
　七、癸卯;改左。

(滿)英普
　七、癸卯;頭等侍衞授。
　十一、壬辰;遷左都。

(?)貢楚克札布
　十一、壬辰;兵右改。

(滿)蘇楞額

(?)明德
　五、戊戌、十,6.17;免。

(滿)瑚圖禮
　五、戊戌;鑲藍漢副授。
　六月,贛鄉正考。九、丙午、廿,10.23;改鄂撫。

(滿)明興
　九、丙午;理左改。

(滿)托津

(?)舒聘
　九、庚戌、廿四,10.27;降佐領。

(?)廣敏
　十一、丁亥、二,12.3;大理授。
　十二、庚午;改閩學。

(滿)萬寧

部院滿侍郎年表

年　代		嘉 慶 十 年　乙丑(1805)		
吏 部	左	(滿)**文寧** 閏六、壬午、一,7.26;改禮右。	(滿)**托津**(軍、學) 閏六、壬午;倉侍改,學習入直。	
	右	(蒙)**恩普** 三、庚寅、六,4.5;會試副考。 閏六、壬午;改戶右。	(滿)**玉麟** 閏六、壬午;禮左改。	
戶 部	左	(滿)**英和**(軍、學) 三、庚寅;會試副考。 閏六、壬午;降太僕。	(滿)**那彥寶** 閏六、壬午;右改。	
	右	(滿)**那彥寶** 閏六、壬午;改左。	(蒙)**恩普** 閏六、壬午;吏右改。	
禮 部	左	(滿)**玉麟** 四、癸酉、廿,5.18;殿試讀卷。 五月,教庶。閏六、壬午;改吏右。	(滿)**多永武** 閏六、壬午;右改。△十二月,死。	
	右	(滿)**多永武** 閏六、壬午;改左。	(滿)**文寧** 閏六、壬午;吏左改。 十二、庚子;改工右。	(?)**多慶** 十二、庚子;盛禮改。
兵 部	左	(?)**明志**		
	右	(滿)**廣興**		
刑 部	左	(滿)**廣音** 閏六、壬午;改倉侍。	(?)**貢楚克札布** 閏六、壬午;右改。 十、壬辰、十三,12.3;西寧辦事大臣。	
	右	(?)**貢楚克札布** 閏六、壬午;改左。	(滿)**瑚素通阿**(瑚圖靈阿改名) 閏六、壬午;閣學遷。	
工 部	左	(滿)**蘇楞額**		
	右	(滿)**明興** 十二、庚子、廿一,2.9;革。 (賞頭等侍衛,任哈密辦事)	(滿)**文寧** 十二、庚子;禮右改。	
倉　場		(滿)**托津** 閏六、壬午;改吏左。	(滿)**廣音** 閏六、壬午;刑左改。	
都 察 院		(滿)**成格** 二、乙亥、廿一,3.21;大理授。		
		(滿)**萬寧**		

嘉慶十一年　丙寅（1806）

(滿)**托津**(軍、學)		(滿)**玉麟**
正、丁巳、九，2.26；改户左。		正、丁巳；右改。

(滿)**玉麟**	(？)**和寧**	(滿)**德文**
正、丁巳；改左。	正、丁巳；理左改。 五、己酉、二，6.18；改倉侍。	五、己酉；禮右改。

(滿)**那彥寶**		(滿)**托津**(軍)
正、丁巳；改工左。		正、丁巳；吏左改。

(蒙)**恩普**		(滿)**蘇楞額**
△死。		正、丁巳；工左改。

(？)**多慶**	(滿)**薩彬圖**	(覺羅)**桂芳**
二、丁未、廿九，4.17；右改。 八、癸卯；改兵右。	八、癸卯、廿九，10.10；盛工改。 十、癸巳；改倉侍。	十、癸巳、廿，11.29；右改。

(？)**多慶**	(滿)**德文**	(覺羅)**桂芳**	(漢)**普　恭**
二、丁未；改左。 五、己酉；改吏右。	二、丁未；盛禮改。 五、己酉；改吏右。	五、己酉；閣學遷。 十、癸巳；改左。	十、癸巳；閣學遷。

(？)**明志**	(滿)**廣興**	(？)**多慶**
八、癸卯；降閣學。	八、癸卯；右改。 九、己酉、五，10.16；降三調。	九、己酉；右改。

(滿)**廣興**	(？)**多慶**	(滿)**札郎阿**
八、癸卯；改左。	八、癸卯；禮左改。 九、己酉；改左。	九、己酉；閣學遷。

(？)**貢楚克札布**		
十二、壬午、九，1.17；召京。		

(滿)**瑚素通阿**		

(滿)**蘇楞額**	(滿)**那彥寶**	(滿)**英和**
正、丁巳；改户右。	正、丁巳；户左改。 正、壬戌、十四，3.3；改泰寧鎮。	正、壬戌；理左改。

(滿)**文寧**		(滿)**成書**
十一、庚申、十七，12.26；改步統。		十一、庚申；閣學遷。

(滿)**廣音**	(？)**和寧**	(滿)**薩彬圖**
五、己酉；遷左都。	五、己酉；吏右改。 十、癸巳；改烏魯木齊都統。	十、癸巳；禮左改。

(滿)**成格**		(滿)**鍼存**
二、丁未；改盛禮。		三、甲戌、廿六，5.14；大理授。

(滿)**萬寧**		(滿)**潤祥**
		十二、乙酉、十二，1.20；大理授。

部院滿侍郎年表

年代		嘉慶十二年 丁卯(1807)	嘉慶十三年 戊辰(1808)
吏部	左	(滿)**玉麟** 八、庚寅、廿一,9.22;皖學。	(滿)**玉麟** (皖學)
	右	(滿)**德文**	(滿)**德文** 三、壬寅、六,4.1;知貢舉。
戶部	左	(滿)**托津**(軍)	(滿)**托津**(軍)
	右	(滿)**蘇楞額**	(滿)**蘇楞額** 六、庚申、廿六,8.17;降三品。　(滿)**英和**(軍、學) 六、庚申;工左改。十一月,罷直。
禮部	左	(覺羅)**桂芳** 八、乙亥、六,9.7;順鄉副考。	(覺羅)**桂芳** 四、丙戌、廿,5.15;殿試讀卷。
	右	(漢)**普恭**	(漢)**普恭** 五、乙巳、十,6.3;兵左互調。　(?)**多慶** 五、乙巳;兵左改。六、庚申;改泰寧鎮。　(滿)**秀寧** 六、庚申;閣學遷。
兵部	左	(?)**多慶**	(?)**多慶** 五、乙巳;禮右互調。　(漢)**普恭** 五、乙巳;禮右改。
	右	(滿)**札郎阿**	(滿)**礼郎阿** 五、甲辰、九,6.2;改鑲白蒙都。　(滿)**成書** 五、甲辰;工右改。
刑部	左	(?)**貢楚克扎布** 四、癸未、十一,5.18;改察都。　(滿)**瑚素通阿** 四、癸未;右改。	(滿)**瑚素通阿** △正月,病免。　(滿)**廣興** 正、丁巳、廿,2.16;右改。廿三,1.8;革。　(滿)**穆克登額** 十一、甲申,甲申;右改。
	右	(滿)**瑚素通阿** 四、癸未;改左。　(滿)**廣興** 四、癸未;內務大臣授。	(滿)**廣興** 正、丁巳;改左。　(滿)**穆克登額** 正、丁巳;盛刑改。十一、甲申;改左。　(滿)**景祿** 十一、甲申;理右改。
工部	左	(滿)**英和**	(滿)**英和** 五月,教庶。閏五、丙寅、一,6.24;學習入直。六、庚申;改戶右。　(蒙)**慶惠** 六、庚申;理右改。
	右	(滿)**成書**	(滿)**成書** 五、甲辰;改兵右。　(漢)**常福** 五、甲辰;任。六、庚申;降三品。　(?)**阿明阿** 六、庚申;內務大臣授。
倉場		(滿)**隆彬圖** 五、己未、十八,6.23;改漕督。　(蒙)**達慶** 五、己未;正藍漢副授。	(蒙)**達慶**
都察院		(滿)**誠存** 二、庚辰、八,3.16;休。　(?)**長琇** 三、乙卯、十三,4.20;通政授。 (滿)**潤祥**	(?)**長琇** (滿)**潤祥**

嘉慶十四年　己巳(1809)

(滿)**玉麟**	
(蘇學)　六、壬辰、三,7.15;皖學與蘇學互調。	
(滿)**德文**	(覺羅)**桂芳**
六、丁未、十八,7.30;降(三京候)。	六、丁未;禮左改。
(滿)**托津**(軍)	
(滿)**英和**	
三、丙寅、六,4.20;會試副考。	
(覺羅)**桂芳**	(滿)**秀寧**
四、己酉、廿,6.2;殿試讀卷。 　六、丁未;改吏右。	六、丁未;右改。
(滿)**秀寧**	(滿)**成格**
六、丁未;改左。	六、丁未;盛禮改。
(漢)**普恭**	
(滿)**成書**	
三、丙寅、六,4.20;知貢舉。	
(滿)**穆克登額**	
(滿)**景禄**	

(蒙)**慶惠**	(?)**阿明阿**	(滿)**德瑛**	(滿)**福慶**
四、癸巳、四,5.17; 解、議。	四、甲午、五,5.18;右改。 十二、戊戌、十三,1.17;革。	十二、辛丑、十六,1.20;户尚降。 十二、庚戌、廿五,1.29;老休。	十二、庚戌; 右改。
(?)**阿明阿**	(滿)**蘇楞額**	(滿)**福慶**	(滿)**榮麟**
四、甲午;改左。	四、甲午;内務大臣授。 六、甲寅、廿五,8.6;遷工尚。	六、甲寅;理左改。 十二、庚戌;改左。	十二、庚戌; 盛户改。
(蒙)**達慶**	(滿)**福慶**		(滿)**玉寧**
三、辛酉、一,4.15;降三調。	三、辛酉;任。五、庚申、一,6.13;理左互調。		五、庚申;理左改
(?)**長琇**			
(滿)**潤祥**			

部院滿侍郎年表

年代		嘉慶十五年　庚午(1810)			
吏部	左	（滿）**玉麟**			
	右	（覺羅）**桂芳** 二、壬辰、八，3.12；改戶右。	（滿）**榮麟** 二、壬辰；工右改。 八、丁亥、五，9.3；降閣學。	（滿）**秀寧** 八、庚子、十八，9.16； 禮左改。	
戶部	左	（滿）**托津**（軍） 二、壬辰；遷工尚。	（滿）**英和** 二、壬辰；右改。		
	右	（滿）**英和** 二、壬辰；改左。	（覺羅）**桂芳** 二、壬辰；吏右改，兼翰掌。 六、乙巳、廿二，7.23；江鄉正考。		
禮部	左	（滿）**秀寧** 八、庚子；改吏右。	（滿）**德文** 八、庚子；右改。		
	右	（滿）**成格** 七、乙亥、廿三，8.22；改兵右。	（滿）**德文** 七、乙亥；左副改。 八、庚子；改左。	（?）**哈寧阿** 八、庚子；閣學遷。	
兵部	左	（漢）**普恭** 七、乙亥；降（員外郎）。	（滿）**成書** 七、乙亥；右改。		
	右	（滿）**成書** 七、乙亥；改左。	（滿）**成格** 七、乙亥；禮右改。 九、壬戌、十，10.8；改工右。	（?）**明志** 九、壬戌；閣學遷。	
刑部	左	（滿）**穆克登額**			
	右	（滿）**景祿**			
工部	左	（滿）**福慶** 九、壬戌；遷禮尚。	（漢）**常福** 九、壬戌；右改。		
	右	（滿）**榮麟** 二、壬辰；改吏右。	（漢）**馬慧裕** 二、壬辰；盛戶改。六、辛 丑、十八，7.19；遷工尚。	（漢）**常福** 六、辛丑；內務大臣授。 九、壬戌；改左。	（滿）**成格** 九、壬戌； 兵右改。
倉場		（滿）**玉寧**			
都察院		（?）**長琇** △死。	（滿）**德文** 五、乙亥、廿二，6.23；太 常授。七、乙亥；改禮右。	（滿）**鹹安** 八、己亥、十七，9.15； 太常授。	
		（滿）**潤祥**			

嘉慶十六年　辛未(1811)	
(滿)**玉麟** 　　九、辛丑、廿六，11.11；革(仍任京右)。 　　(十一月，授閣學)	(滿)**鐵保** 　　九、辛丑；浙撫(未任)授。
(滿)**秀寧** 　　四、丁卯、廿，6.10；殿試讀卷。 　　九、辛丑；禮右互調。	(滿)**凱音布** 　　九、辛丑；禮右改。
(滿)**英和**	
(覺羅)**桂芳** 　　(兼翰掌)	
(滿)**德文** 　　六、甲寅、八，7.27；遷左都。	(ィ)**哈寧阿** 　　六、甲寅；右改。
(ィ)**哈寧阿** 　　六、甲寅；改左。	(滿)**凱音布**　　　　　　　(滿)**秀寧** 　　六、甲寅；盛禮改。　　　　　九、辛丑；吏右改。 　　九、辛丑；吏右互調。
(滿)**成書**	
(ィ)**明志**	
(滿)**穆克登額** 　　六、丁巳、十一，7.30；改泰寧鎮。	(滿)**景禄** 　　六、丁巳；右改。
(滿)**景禄** 　　六、丁巳；改左。	(滿)**成寧** 　　六、丁巳；理少遷。八、甲寅、八，9.25；署晉撫。 　　十一、辛卯、十六，12.31；回任。
(漢)**常福**	
(滿)**成格**	
(滿)**玉寧** 　　六、己巳、廿三，8.11；革。	(滿)**蘂麟** 　　六、戊辰、廿二，8.10；閣學遷。
(滿)**鹹安**	
(滿)**潤祥** 　　十二、己巳、廿五，2.7；改盛戶。	

部院滿侍郎年表

年代		嘉慶十七年　壬申(1812)			
吏 部	左	(滿)**鐵保** 　十二、壬子、十三,1.15;遷禮尚。	(滿)**凱音布** 　十二、壬子;右改。		
	右	(滿)**凱音布** 　十二、壬子;改左。	(滿)**成寧** 　十二、壬子;戶左改。		
戶 部	左	(滿)**英和** 　五、戊寅、七, 　6.15;降三調。	(滿)**景安** 　五、戊寅;理右改。十一、 　辛未、二,12.5;遷左都。	(滿)**成寧** 　十一、辛未;刑右改。 　十二、壬子;改吏右。	(滿)**玉麟** 　十二、壬子; 　閣學遷。
	右	(覺羅)**桂芳** 　(兼翰掌)			
禮 部	左	(？)**哈寧阿**			
	右	(滿)**秀寧**			
兵 部	左	(滿)**成書**			
	右	(？)**明志**			
刑 部	左	(滿)**景祿**			
	右	(滿)**成寧** 　十一、辛未;改戶左。	(滿)**文孚** 　十一、辛未;閣學遷。		
工 部	左	(漢)**常福**			
	右	(滿)**成格**			
倉　場		(滿)**榮麟**			
都 察 院		(滿)**諴安**			
		(滿)**書明阿** 　二、癸丑、十,3.22;通政授。	(滿)**書敏**（書明阿改名） 　二、壬戌、十九,3.31;改名。		

嘉慶十八年 癸酉(1813)		
(滿)凱音布	(滿)成寧	(滿)文寧
三、庚午、三,4.3;解(革、戌)。	三、辛未、四,4.4;右改。 九、己卯、十六,10.9;遷工尚。	九、己卯;右改。十一、壬辰、 廿九,12.21;署直督。
(滿)成寧	(滿)文寧	(滿)秀寧
三、辛未;改左。	三、辛未;閱學改。 九、己卯;改左。	九、己卯;禮左改。
(滿)玉麟	(滿)蘇楞額	
△九、戊寅、十五,10.8;革。(廿二年駐藏)	九、己卯;內務授。	
(覺羅)桂芳(軍、學)		
(兼翰掌) 十、甲寅、廿一,11.13;學習入直。		
(?)哈寧阿	(滿)秀寧	(滿)瑚圖禮
三、庚午;解(革、戌)。	三、辛未;右改。九、己卯;改吏右。 六、癸卯、八,7.5;贛鄉正考。	九、己卯;理右改。
(滿)秀寧	(滿)英和	(滿)佛柱
三、辛未;改左。	三、辛未;閱學遷。 九、己卯;改步統。	九、己卯;左副授。
(滿)成書		
(?)明志	(宗室)果齊斯歡	
	九、丁亥、廿四,10.17;閱學遷。	
(滿)景祿	(滿)高杞	(滿)穆克登額
三、甲戌、七,4.7;降二調。 (十九年太常)	三、甲戌;浙撫授,仍署。 八、壬子、十八,9.12;改熱都。	八、壬子;右改。
(滿)文孚	(滿)穆克登額	(滿)成格
六、壬子、十七,7.14;改二等 侍衛。(閱學)	六、壬子;正藍蒙副授。 八、壬子;改左。	八、壬子;工右改。
(漢)常福		
(滿)成格	(蒙)慶祥	(滿)徽瑞
八、壬子;改刑右。	八、壬子;理左改。 十二、庚戌、十七,1.8;正黃漢都授。	十二、庚戌;內務授。
(滿)榮麟		
(滿)誠安	(滿)佛柱	(?)扎拉芬
二、癸卯、五,3.7;改盛禮。	二、乙丑、廿七,3.29;大理授。 九、己卯;改禮右。	十一、戊寅、十五,12.7;通 政授。
(滿)書敏	(?)廣泰	
四、辛酉、廿四,5.24;改盛兵。	五、丙戌、廿,6.18;通政授。	

部院滿侍郎年表

年 代		嘉慶十九年　甲戌(1814)
吏部	左	(滿)**文寧**　閏二、甲子、二,3.23;改熱都。　　(滿)**秀寧**　閏二、甲子;右改。三、癸卯、十二,5.1;兼翰掌。五、辛卯、一,6.18;教庶。
	右	(滿)**秀寧**　閏二、甲子;改左。四、辛巳、廿,6.8;殿試讀卷。　　(滿)**佛柱**　閏二、甲子;禮右改。
戶部	左	(滿)**蘇楞額**　二、丙辰、廿四,3.15;遷工尚。　　(宗室)**果齊斯歡**　二、丙辰;兵左改。
	右	(覺羅)**桂芳**(軍、學)　三、癸卯、十二,5.1;改漕督。　　(漢)**常福**　三、癸卯;兵右改。十、乙丑、八,11.19;解(兵右)。　　(滿)**成格**　十、乙丑;工右改。
禮部	左	(滿)**瑚圖禮**　四、己卯、十八,6.6;遷兵尚。　　(滿)**穆克登額**　四、己卯;右改。十、乙丑;改工右。　　(覺羅)**寶興**　十、乙丑;右改。
	右	(滿)**佛柱**　閏二、甲子;改吏右。　　(滿)**穆克登額**　閏二、甲子;工右改。四、己卯;改左。　　(覺羅)**寶興**　四、己卯;閣學遷。十、乙丑;改左。　　(滿)**穆彰阿**　十、乙丑;閣學遷。
兵部	左	(滿)**成書**　正、辛卯、廿九,2.18;改泰寧鎮　　(宗室)**果齊斯歡**　正、壬辰、卅,2.19;右改。二、丙辰;改戶左。　　(滿)**普恭**　二、丙辰;右改。三、丁酉、六,4.25;知貢舉。九、壬子、廿五,11.6;改倉侍。　　(宗室)**禧恩**　九、壬子;右改。
	右	(宗室)**果齊斯歡**　正、壬辰;改右。　　(滿)**普恭**　正、壬辰;理右改。二、丙辰;改左。　　(漢)**常福**　二、丙辰;工右改。三、癸卯;改戶右。　　(宗室)**禧恩**　三、癸卯;理左改。九、壬子;改左。　　(滿)**恩寧**　九、壬子;閣學遷。
刑部	左	(滿)**穆克登額**　二、丙辰;改工右。　　(滿)**成格**　二、丙辰;右改。八、戊辰、十,9.23;改工右。　　(滿)**那彥寶**　八、戊辰;右改。
	右	(滿)**成格**　二、丙辰;改左。　　(滿)**成林**　二、丙辰;桂撫授。五、乙未、五,6.22;革。　　(滿)**那彥寶**　五、乙未;工右改。八、戊辰;改左。　　(蒙)**熙昌**　八、戊辰;工右改。
工部	左	(漢)**常福**　二、丙辰;改兵右。　　(滿)**徵瑞**　二、丙辰;右改。十一、壬辰、五,12.16;解。　　(滿)**穆克登額**　十一、壬辰;右改。十二、辛酉、五,1.14;遷禮尚。　　(滿)**景祿**　十二、辛酉;左副授。
	右	(滿)**徵瑞**　二、丙辰;改左。　　(滿)**普恭**　〔見表末附載詳表〕
倉　場		(滿)**榮麟**　九、壬子;降筆帖式。　　(滿)**普恭**　九、壬子;兵左改。十一、壬寅、十五,12.26;工右互調。　　(滿)**潤祥**　十一、壬寅;工右改。
都察院		(?)**扎拉芬**
		(?)**廣泰**　九、辛卯、四,10.16;改閣學。　　(滿)**景祿**　九、癸卯、十六,10.28;通政授。十二、辛酉;改工左。　　(滿)**永祚**　十二、甲戌、十八,1.27;通政授。

嘉慶二十年　乙亥(1815)		
(滿)秀寧 　（兼翰掌）		
(滿)佛柱		
(宗室)果齊斯歡		
(滿)成格		
(覺羅)寶興		
(滿)穆彰阿 　十二、丁卯、十七,1.15;降三京候 　（廿一,光禄）。	(滿)貴慶 　十二、丁卯;署禮右授。 　十二、壬申、廿二,1.20;降奉尹。	(滿)文寧 　十二、壬申;盛京副都 　授。
(宗室)禧恩		
(滿)恩寧 　十二、丁卯;降大理。	(漢)常福 　十二、丁卯;内務授(前户右)。	
(滿)那彥寶		
(蒙)熙昌		
(滿)景禄		
(滿)普恭		
(滿)潤祥		
(?)扎拉芬	(滿)齊布森 　十一、壬辰、十一,12.11;太僕授。	
(滿)永祚 　八、乙丑、十三,9.15;改盛刑。	(蒙)多山 　九、癸卯、廿一,10.23;通政授。	

部院滿侍郎年表

年代		嘉慶二一年　丙子(1816)		
吏 部	左	(滿)**秀寧** 　（兼翰掌）　十一、庚午、廿五、1.12；刑左互調。	(蒙)**熙昌** 　十一、庚午；刑左改。	
	右	(滿)**佛柱** 　六、丁丑、廿九、7.23；革。	(滿)**普恭** 　六、丁丑；工右改。	
戶 部	左	(宗室)**果齊斯歡**		
	右	(滿)**成格** 　六、庚申、十二、7.6；改刑右。	(滿)**那彥寶** 　六、庚申；刑左改。	
禮 部	左	(覺羅)**寶興** 　六、癸酉、廿五、7.19；降大理。	(蒙)**多山** 　六、癸酉；右改。	
	右	(滿)**文寧** 　三、戊申、廿八、4.25；改黔撫。	(蒙)**多山** 　三、戊申；左副授。 　六、癸酉；改左。	(滿)**廉善** 　六、癸酉；盛工 　改。
兵 部	左	(宗室)**禧恩**		
	右	(漢)**常福**		
刑 部	左	(滿)**那彥寶** 　六、庚申；改戶右。	(蒙)**熙昌** 　六、庚申；右改。 　十一、庚午；吏左互調。	(滿)**秀寧** 　（兼翰掌） 　十一.庚午；吏左改
	右	(蒙)**熙昌** 　六、庚申；改右。	(滿)**成格** 　六、庚申；戶右改。	
工 部	左	(滿)**景祿** 　七、丁巳、十、9.1；遷左都。	(滿)**蘇楞額** 　七、乙卯、八、8.30；工尚降。	
	右	(滿)**普恭** 　六、丁丑；改吏右。	(滿)**誠安** 　六、丁丑；左副授。	
倉　場		(滿)**潤祥**		
都 察 院		(滿)**齊布森**		
		(蒙)**多山**　(滿)**昇寅** 　三、戊申；改禮　四、乙丑、十六、5.12；太僕授。 　右。　　　五、甲申、五、5.31；改盛禮。	(滿)**誠安** 　五、甲申；盛禮降。 　六、丁丑；改工右。	(?)**明興阿** 　閏六、甲午、十六、 　8.9；太僕授。

嘉慶二二年　丁丑(1817)

(蒙)熙昌
十二、己卯、十,1.16；署熱都。

(滿)普恭

(宗室)果齊斯歡	**(宗室)禧恩**
三、庚午、廿七,5.12；降閣學。	三、庚午；兵左改。

(滿)那彥寶

(蒙)多山
三、己酉、六,4.21；知貢舉。

(滿)廉善
十二、丙申、廿七,2.2；改刑右。

(宗室)禧恩	**(漢)常福**
三、庚午；改戶左。	三、庚午；右改。

(漢)常福	**(滿)穆彰阿**
三、庚午；改左。	三、庚午；閣學遷。

(滿)秀寧
（兼翰掌）　三、己酉；會試正考。五、丙午、三,6.17；教庶。

(滿)成格	**(滿)廉善**
十二、丙申；改晉撫。	十二、丙申；禮右改。

(滿)蘇楞額	**(宗室)果齊斯歡**
七、丙辰、十四,8.26；遷工尚。	七、丙辰；閣學遷。

(滿)鹹安

(滿)潤祥

(滿)齊布森

(?)明興阿

部院滿侍郎年表

年代		嘉慶二三年　戊寅(1818)
吏部	左	(蒙)**熙昌** 四、己卯、十二,5.16;兼京左。 十、丁亥、廿二,11.20;死(敬慎)。　　　(滿)**普恭** 十、丁亥;右改。
	右	(滿)**普恭** 十、丁亥;改左。　(滿)**成寧** 十、丁亥;正藍漢副授。 十一、辛丑、七,12.4;改倉侍。　(滿)**德文** (兼翰掌)　十一、辛丑; 兵右改。
戶部	左	(宗室)**禧恩**
	右	(滿)**那彥寶**
禮部	左	(蒙)**多山** 五、甲辰、七,6.10; 改盛工。　(?)**哈寧阿** 五、甲辰、右改。十一、己未、 廿,12.27;革(賞六品)。　(滿)**恩寧** 十一、己未;盛刑改。
	右	(滿)**德文** 正、庚子、二,2.6;盛戶改。 二、乙酉、十七,3.23;改工左。　(?)**哈寧阿** 二、乙酉、閣學遷。 五、甲辰、改左。　(滿)**同麟** 五、甲辰、盛工改。
兵部	左	(漢)**常福**
	右	(滿)**穆彰阿** 五、癸卯、六,6.9;改刑右。九、 丁酉、二,10.1;仍任。十、丁亥、 兼京右,工左互調。　(?)**明興阿** 五、癸卯、盛工改。 九、丁酉;改盛戶。　(滿)**德文** (兼翰掌)　十、丁亥; 工右改。十一、辛丑; 改吏右。　(滿)**英惠** 十一、辛丑; 閣學遷。
刑部	左	(滿)**秀寧** (兼翰掌)　五、癸卯;降(以頭等侍衛往新疆)。　(滿)**廉善** 五、癸卯;右改。
	右	(滿)**廉善** 五、癸卯;改左。　(滿)**穆彰阿** 五、癸卯、兵右改。 九、丁酉;改兵右。　(滿)**文孚** 九,丁酉;錦州副都授。
工部	左	(宗室)**果齊斯歡** 二、乙酉、十七,3.23;革。　(滿)**德文** 二、乙酉、禮右改。三、癸卯、兼翰 掌。十、丁亥;兵右互調。　(滿)**穆彰阿** 十、丁亥;兵右(京右) 改。
	右	(滿)**誠安**
倉場		(滿)**潤祥** △十一月,死。　　　　(滿)**成寧** 十一、辛丑;吏右改。
都察院		(滿)**齊布森** 十二、庚寅、廿七,1.22;改以從三京候。 (?)**明興阿** 正、庚子、二,2.6;改盛工。　(滿)**和桂** 二、丁亥、十九,3.25;通政授。

嘉慶二四年　己卯(1819)

(滿)**普恭**	(滿)**成寧**	(滿)**恩寧**(銘)
五、壬申、十二,7.3;遷左都。	五、壬申;倉侍改。	六、癸卯;禮左改。八、乙未、六,9.24;順鄉副考。十二、戊戌、十,1.25;署刑左。

(滿)**德文**	(滿)**常起**
△死。	正、戊戌、五,1.30;盛工改。

(宗室)**禧恩**

(滿)**那彥寶**

(滿)**恩寧**	(滿)**和桂**	(滿)**崇禄**
六、癸卯;改吏左。	六、癸卯;左副授。九、戊子、廿九,11.16;降(大理)。	九、戊子;禮尚降。

(滿)**同麟**	(滿)**那清安**
九、戊子;降(正三京)。	九、戊子;闈學遷。

(漢)**常福**

(滿)**英惠**	(蒙)**常英**
七、庚辰、廿,9.9;降(三等侍衞)。	七、庚辰;理左改。

(滿)**廉善**
正、戊戌;兼翰掌,工左穆彰阿署。十二、戊戌;赴魯,吏左恩銘署。

(滿)**文孚**(軍、學)
正、丁巳、廿四,2.18;學習入直。

(滿)**穆彰阿**
四、庚寅、廿九,5.22;教庶。十二、戊戌;署兼翰掌。

(滿)**誠安**	(滿)**穆克登額**	(滿)**善慶**
二、辛未、九,3.4;遷左都。	二、辛未;左都降。八、癸巳、四,9.22;授正白蒙都。九、戊子;遷禮尚。	八、癸巳;左副授。

(滿)**成寧**	(滿)**那彥成**
五、壬申;改吏左。	五、壬申;詹事遷。

(滿)**善慶**	(?)**潤德**
正、戊戌;通政授。八、癸巳;改工右。	九、壬申、十三,10.31;大理授。

(滿)**和桂**	(?)**齡禧**
六、癸卯;改禮左。	六、丁巳、廿七,8.17;大理授。十一、甲子、六,12.22;改盛工。十二、庚寅、二,1.17;候三京授。

部院滿侍郎年表

年　代		嘉慶二五年　庚辰(1820)		
吏 部	左	(滿)**恩銘** 　九、庚午、十七,10.23;署京右。		
	右	(滿)**常起**		
戶 部	左	(宗室)**禧恩** 　三、丁丑、廿一,5.3;改右。 　九、壬戌、九,10.15;右改。	(滿)**文孚**(軍) 　三、丁丑;刑右改。 　九、壬戌;改工右。	
	右	(滿)**那彥寶** 　三、丁丑;改鑲藍漢都。	(宗室)**禧恩** 　三、丁丑;左改。 　九、壬戌;改左。	(滿)**廉善** 　(兼翰掌)　九、壬戌; 　刑左改。
禮 部	左	(滿)**崇祿** 　六、甲寅、卅,8.8; 　改正白蒙都。	(滿)**那清安** 　六、甲寅;右改。 　九、壬戌;改刑左。	(滿)**善慶** 　九、壬戌;工右改。
	右	(滿)**那清安** 　三、壬戌;知貢舉。 　六、甲寅;改左。	(滿)**和桂** 　六、甲寅;大理授。 　九、壬戌;改倉侍。	(滿)**耆敏** 　九、壬戌;盛兵改。
兵 部	左	(漢)**常福** 　三、甲子、八,4.20;降。	(?)**阿克當阿** 　三、戊辰、十二,4.24;內務授。	
	右	(蒙)**常英** 　三、甲子;降(四京候)。	(?)**哈寧阿** 　三、戊辰;闈學遷。	
刑 部	左	(滿)**廉善** 　(兼翰掌)　三、壬戌、六,4.18; 　會試副考。九、壬戌;改戶左。	(滿)**那清安** 　九、壬戌;禮右改。十一、 　甲戌、廿一,12.26;改工右。	(滿)**那彥寶** 　十一、甲戌;理右改。
	右	(滿)**文孚**(軍) 　三、丁丑;改戶左。	(覺羅)**海齡** 　三、丁丑;闈學遷。	
工 部	左	(滿)**穆彰阿** 　四、乙卯、卅,6.10;教庶。		
	右	(滿)**善慶** 　三、壬戌、六,4.18;會試副考。 　九、壬戌;改禮左。	(滿)**文孚**(軍) 　九、壬戌;戶右改。 　十一、甲戌;遷左都。	(滿)**那清安** 　十一、甲戌;刑左改。
倉　　場		(滿)**那彥成** 　九、壬戌;遷理尚。	(滿)**和桂** 　九、壬戌;禮右改。	
都 察 院		(?)**潤德** 　九、壬戌;改盛兵。	(蒙)**松筠** 　九、甲子、十一,10.17;前盛將授。 　十、戊子、五,11.10;遷左都。	(滿)**凱音布** 　十、庚子、十七,11.22; 　前吏右授。
		(滿)**同麟** 　△降禮右授。		

道光元年　辛巳(1821)

(滿)恩銘	(滿)廉善	(滿)那彥寶
五、己巳、廿,6.19;改馬蘭鎮。	五、庚午、廿一,6.20;戶右改。 七、辛亥;三,7.31;刑左互調。	七、辛亥;刑左改。

(滿)常起		

(宗室)禧恩		

(滿)廉善	(滿)成書	(滿)穆彰阿
(兼翰掌)　五、庚午;改吏左,卸兼翰掌。	五、庚午;兵左改。 七、乙卯、七,8.4;死。	七、乙卯;工左改。

(滿)善慶		

(滿)書銘(書敏改名)	(?)佛住	
十二、壬午、六,12.29;盛兵互調。	十二、壬午;盛兵改。	

(?)阿克當阿	(滿)成書	(?)哈寧阿	(滿)玉麟
四、庚寅、十,5.11; 改工右。	四、庚寅;常少遷。 五、庚午;改戶右。	五、庚午;右改。　果齊斯歡署。七、乙 五、辛亥、二,6.1;赴魯。　卯;授工右。	十二、壬午; 署刑左授。

(?)哈寧阿	(蒙)常英	
五、庚午;改左。	五、庚午;理右改。	

(滿)那彥寶	(滿)廉善	
七、辛亥;吏左互調。	七、辛亥;吏左改。 十、辛卯、十四,11.8;病假。	十、辛卯;京右玉麟署。 十二、壬午;授兵左。

(覺羅)海齡	(?)承光	
六、戊子、十,7.8;盛刑互調。 八、己卯、二,8.28;候侍授。	六、戊子;盛刑改。	

(滿)穆彰阿	(?)阿克當阿	(宗室)果齊斯歡
七、乙卯;改戶右。	七、乙卯;右改。 十、丙戌、九,11.3;改東陵內務。	十、丙戌;右改。

(滿)那清安	(?)阿克當阿	(宗室)果齊斯歡	(宗室)裕恩
四、庚寅;任左都。	四、庚寅;兵左改。 七、乙卯;改左。	七、乙卯;署兵左授。 十、丙戌;改左。	十、丙戌; 理右改。

(滿)和桂		

(滿)凱音布		

(滿)同麟	(滿)齊布森	
六、己丑、十一,7.9;改盛刑。	六、戊戌、廿,7.18;光祿授。	

部院滿侍郎年表

年 代		道 光 二 年　壬午(1822)
吏 部	左	(滿)那彥寶　　　　　　　　　　　　　(滿)常起 正、辛未、廿五、2.16；降。　　　　　　正、辛未；右改。
	右	(滿)常起　　　(?)佛住　　　　　　　　　　　　　　　(宗室)裕恩 正、辛未；改左。　正、辛未；禮右改。五、　五、辛卯；降馬蘭鎮恩銘署；六、　六、戊辰； 　　　　　　　辛卯、十八、7.6；病免。戊辰、廿六、8.12；授刑右。　工右改。
戶 部	左	(宗室)禧恩　　(宗室)果齊斯歡　　　　　　　　　　(滿)穆克登額 閏三、乙酉、十，　閏三、丙戌、十一、5.2；兵左改。六、己酉、八、11.21；　十二、丙辰； 5.1；遷理尚。　署兵左。十二、丙辰、十六、1.27；改泰寧鎮。　禮左改。
	右	(滿)穆彰阿 四、丙午、二、5.22；教庶。六、丁卯、廿五、8.11；江鄉正考。
禮 部	左	(滿)善慶　　(滿)玉麟　　　　(?)明志　　　　(滿)穆克登額　　(滿)博啓圖 正、辛未、　正、辛未；兵右改。五、丁亥；右改。十一、禮尚　十二、丙辰； 回副都任。五、丁亥、十四、7.2；十一、辛巳、十一、降。十二、丙辰、右改。 　　　　　改刑左。　　12.23；降閣學。改戶左。
	右	(?)佛住　　(?)明志　　　(?)齡椿　　　(滿)博啓圖　　(覺羅)舒英 正、辛未；正、辛未；理右改。五、丁亥；盛工改。六、戊辰；理左改。十二、丙辰； 改吏右。正、丁亥；改左。六、戊辰；改工右。十二、丙辰；改左。理右改。
兵 部	左	(滿)玉麟　　(宗室)果齊斯歡　　　　　(漢)常福　　　　(滿)廉善 正、辛未；正、辛未；工左改。閏三、丙戌；閏三、丙戌；鑲紅漢十二、己未、 改禮左。改戶左、十、己酉；戶左署。副授。十、己酉；病十九、1.30； 　　　十二、丙辰；改泰寧鎮。免(死)。前熱都署。
	右	(蒙)常英
刑 部	左	(滿)廉善　　　(滿)玉麟　　　(滿)明山　　(宗室)敬徵　　(滿)恩銘 正、己巳、廿三、2.14；五、丁亥；禮左六、戊辰；右改。八、丁未；閣學署。十、壬戌； 知貢舉。五、丁亥；改。六、戊辰；八、丁未、六、十、壬戌、廿一、右改。 改熱都。遷左都。9.20；遷雲督。12.4；改工右。
	右	(覺羅)海齡　　　(滿)明山　　　(滿)恩銘　　　　　(滿)奎照 六、己未、十七、8.3；六、己未；黔撫授。六、戊辰；署吏右授。八、丁未；十、壬戌； 專辦鑲紅蒙副。六、戊辰；改左。順鄉副考。十、壬戌；改左。署工右授。
工 部	左	(宗室)果齊斯歡　　　　　　　(滿)舒明阿 正、辛未；改兵左。　　　　　正、辛未；正白滿副授。
	右	(宗室)裕恩　　(?)齡椿　　　　　　　　　　　(宗室)敬徵 六、戊辰；六、戊辰；禮右改。十、丁未、六、11.19；閣學十、壬戌；署刑 改吏右。△十月、病免。奎照署；十、壬戌；授刑右。左授。
倉 場		(滿)和桂
都 察 院		(滿)凱音布
		(滿)齊布森　　　　　　　　　　　(?)多福 五、丁亥；改盛工。　　　　五、丁酉、廿四、7.12；古城領隊授。

道光三年　癸未(1823)	道光四年　甲申(1824)
(滿)常起	(滿)常起　　　　　　　(滿)裕恩 　△七月,死。　　　　　　七、癸酉、十二, 　　　　　　　　　　　8.6;户左改。
(宗室)裕恩　　　　　(滿)奎照 　九、壬辰、廿七,10.30;　九、壬辰;刑右改。 　改户左。	(滿)奎照　　　　　　　(?)百榕 　七、癸酉;改禮右。　　七、癸酉;鑲白漢 　　　　　　　　　　　副署。
(滿)穆克登額　(滿)穆彰阿　(宗室)裕恩 　四、甲辰、五,　四、丙午、七,5.17;右　九、壬辰, 　5.15;遷禮尚。改。九、壬辰、遷左都。吏右改。	(宗室)裕恩　　　　　　(?)明志 　七、癸酉;改吏左。　　七、癸酉;禮右改。
(滿)穆彰阿　　　　　(滿)恩銘 　三、乙亥、六,4.16;會試　四、丙午;兵左改。 　副考。四、丙午;改左。	(滿)恩銘　　　　　　　(宗室)敬徵 　七、戊寅、十七,8.11;　七、壬午、廿一, 　解(革)。　　　　　　8.15;工右改。
(滿)博啓圖　　　　　(覺羅)舒英 　十二、丁巳、廿三,1.23;　十二、丁巳;右改。 　改倉侍。	(覺羅)舒英
(覺羅)舒英　　　　　(?)明志 　十二、丁巳;改左。　　十二、丁巳;理右 　　　　　　　　　　　改。	(?)明志　　　　　　　(滿)奎照 　七、癸酉;改户左。　　七、癸酉;吏右改。
(滿)廉善署　(滿)恩銘　(蒙)常英 　正、乙未、廿五,正、乙未,刑左改。四、丙午; 　3.7;刑左互調。四、丙午;改户右。右改。	(蒙)常英　　　　　　　(宗室)蓄英 　七、戊寅;解(革)。　　七、壬午;右改。
(蒙)常英　　　　　　(宗室)蓄英 　四、丙午;改左。　　　四、丙午;理右改。	(宗室)蓄英　(滿)凱音布　(覺羅)寶興 　七、壬午;七、壬午;理右改。閏七、辛丑、 　改左。閏七、辛丑、十一,左副授。 　　　9.3;改刑右。
(滿)恩銘　(滿)廉善　(滿)成格 　正、乙未;正、乙未;署兵左十一、乙亥; 　兵左互調。授。十一、乙亥、桂撫授。 　　　十一、12.12;死。	(滿)成格　　　　　　　(滿)凱音布 　八、丁亥、廿七,10.19;　八、丁亥;右改。 　改黴撫。
(滿)奎照　　　　　　(?)多福 　九、壬辰;改吏右。　　九、壬辰;左副授。	(?)多福　　(滿)凱音布　(滿)常文 　閏七、辛丑;閏七、辛丑;兵右改。八、丁亥; 　改盛刑。八、丁亥;改左。左副署。
(滿)舒明阿	(滿)舒明阿
(宗室)敬徵	(宗室)敬徵　　　　　　(滿)廣泰 　七、壬午;改户右。　　七、壬午;内務授。
(滿)和桂　　　　　　(滿)博啓圖 　十二、辛丑、七,1.7;解、　十二、丁巳;禮左 　勘。　　　　　　　　改。	(滿)博啓圖
(滿)凱音布	(滿)凱音布　(覺羅)寶興　(?)德奎 　三、庚辰、十七,四、辛酉、廿八,四、戊申、 　4.15;改理右。5.26;通參授。閏十八,9.10; 　　　七、辛丑;改兵右。鄂布授。
(?)多福　　　　　　(滿)那丹珠 　九、壬辰;改刑右。　　十、癸亥、廿八, 　　　　　　　　　　11.30;太僕授。	(滿)那丹珠　　　　　　(滿)常文 　七、壬午;改理右。　　八、壬戌、二,9.24;陝布 　　　　　　　　　　授。八、丁亥;署刑右。

部院滿侍郎年表

年　代		道　光　五　年　　乙酉(1825)		
吏部	左	(宗室)**裕恩** 三、癸酉、廿六,5.13;解(禮右)。		(滿)**凱音布** 三、甲辰、十七,5.4;刑左改。
	右	(?)**百椿** 三、甲辰;授。 十二、甲寅、二,1.9;改倉侍。		(滿)**貴慶** 十二、甲寅;兵右改。
戶部	左	(?)**明志**		
	右	(宗室)**敬徵**		
禮部	左	(覺羅)**舒英**		
	右	(滿)**奎照** 十、庚午、十七,11.26;署工左。		
兵部	左	(宗室)**耆英** 四、丙寅、九,5.26;改工右。	(覺羅)**寶興** 四、丙寅;右改。 九、己丑;改泰寧鎮。	(宗室)**奕經** 九、己丑、五,10.16;右改。
	右	(覺羅)**寶興** 四、丙寅;改左。	(宗室)**奕經**　(滿)**貴慶** 四、丙寅;閣學遷。　九、己丑;閣學遷。 九、己丑;改左。　十二、甲寅;改吏右。	(滿)**武忠額** 十二、甲寅;盛刑。 改。
刑部	左	(滿)**凱音布** 三、甲辰;改吏左。		(滿)**英瑞** 三、甲辰;鑲黃蒙副授。
	右	(滿)**常文** 　(左副署)		(滿)**昇寅** 四、丙寅;工右改。
工部	左	(滿)**舒明阿** 十、庚午;改杭將。　禮右奎照署。		(滿)**博啓圖** 十二、甲寅;倉侍改。
	右	(滿)**廣泰** 三、辛卯、四,4.21;改馬蘭鎮。	(滿)**昇寅** 三、壬辰、五,4.22;盛刑改。 四、丙寅;改刑右。	(宗室)**耆英** 四、丙寅;兵左改。
倉　場		(滿)**博啓圖** 十二、甲寅;改工左。		(?)**百椿** 十二、甲寅;吏右改。
都察院		(?)**德奎** 正、辛亥、廿三,3.12;降(四京候)。		(?)**惠端** 二、甲戌、十六,4.4;詹事授。
		(滿)**常文** 六、戊辰、十二,7.27;改盛戶。	(?)**多山** 七、戊子、三,8.16;前巴里坤領 隊大臣。十二、甲寅;改盛刑。	(覺羅)**海齡** 十二、癸亥、十一,1.18; 阿克蘇辦事改。

道 光 六 年　丙戌(1826)

(滿)**凱音布**

(滿)**貴慶**
正、乙巳、廿三,3.1;知貢舉。

(?)**明志**	(滿)**博啓圖**	(宗室)**敬徵**
	二、丙辰、四,3.12;工左改。七、壬午、二,8.5;署禮尚。九、戊子、十,10.10;改察都。	九、己丑、十一,10.11;右改。

(宗室)**敬徵**	(宗室)**奢英**
九、己丑;改左。	九、己丑;工右改。

(覺羅)**舒英**

(滿)**奎照**	(宗室)**裕恩**
九、己丑;改工左。	九、己丑;前吏左授。

(宗室)**奕經**

(滿)**武忠額**
四、辛未、廿,5.26;殿試讀卷。

(滿)**英瑞**

(滿)**昇寅**	(滿)**特登額**
十一、癸巳、十六,12.14;改熱都。	十一、癸巳;閣學遷。

(滿)**博啓圖**	(漢)**阿爾邦阿**	(滿)**奎照**
二、丙辰;改戶左。	二、丙辰;内務授。九、己丑;改右。	九、己丑;禮右改。

(宗室)**奢英**	(漢)**阿爾邦阿**
九、己丑;改戶右。	九、己丑;左改。

(?)**百椿**

(?)**惠端**	(滿)**福申**
二、甲子、十二,3.20;改盛兵。	三、己酉、廿八,5.4;大理授。(髮學)

(覺羅)**海齡**	(滿)**誠端**
十一、丙午、廿九,12.27;改盛工。	十二、庚申、十三,1.10;大理授。

部院滿侍郎年表

年　代	道　光　七　年　　丁亥(1827)			
吏　部	左	(滿)**凱音布**　八、丙申、廿三,10.13;署倉侍。			
	右	(滿)**貴慶**			
戶　部	左	(宗室)**敬徵**			
	右	(宗室)**耆英**　五、丁亥、十二,6.6;兼京左遷步統。			
禮　部	左	(覺羅)**舒英**			
	右	(宗室)**裕恩**			
兵　部	左	(宗室)**奕經**　五、丁亥;兼京左。五、己丑、十四,6.8;工左互調。	(滿)**奎照**　五、己丑;工左改。		
	右	(滿)**武忠額**　正、癸卯、廿七,2.22;改泰寧鎮。	(滿)**松廷**　正、癸卯;閣學(駐藏)遷。十二、乙未、廿四,2.9;改倉侍。	二、丁未、一,2.26;閣學鍾昌署;七、乙卯、十二,9.2;遷盛禮。閣學福勒洪阿署。	(滿)**保昌**　十二、乙未;盛工改。
刑　部	左	(滿)**英瑞**			
	右	(滿)**特登額**　八、乙酉、十二,10.2;盛禮互調。	(滿)**鍾昌**　八、乙酉;盛禮改。		
工　部	左	(滿)**奎照**　五、己丑;兵左互調。	(宗室)**奕經**　五、己丑;兵左改。		
	右	(漢)**阿爾邦阿**			
倉　場		(?)**百椿**　八、丙子、三,9.23;病假。八、丙申;病免。	閣學琦善署:八、丙申、廿三,10.13;遷魯撫。	(滿)**福綿**　八、丙申;晉撫授。十二、乙未;解。	(滿)**松廷**　吏左凱音布署　十二、乙未;兵右改。
都察院		(滿)**福申**　(翰學)二、乙丑、十九,3.16;改閣學。	(?)**惠顯**　三、壬寅、廿七,4.22;太僕授。三、癸卯、廿八,4.23;駐藏。	光禄保昌署:九、癸丑、十一,10.30;改盛工。太僕普保署。	
		滿)**誠端**　十二、丙申、廿五,2.10;改盛工。			

道光八年　戊子(1828)	道光九年　己丑(1829)
(滿)凱音布　十一、戊戌、二,12.8;改盛禮。　　(滿)貴慶　十一、戊戌;右改。	(滿)貴慶
(滿)貴慶　十一、戊戌;改左。　　(宗室)裕恩　十一、戊戌;禮右改。	(宗室)裕恩　十一、丁巳、廿七,12.22;改熱都。　　(滿)保昌　十一、丁巳;兵右改。
(宗室)敬徵	(宗室)敬徵
(宗室)耆英　(兼步統)	(宗室)耆英　(兼步統)　九、己酉、十八,10.15;遷禮尚。　　(覺羅)寶興　九、己酉;兵左改。
(覺羅)舒英	(覺羅)舒英　正、壬戌、廿七,3.2;署京左。
(宗室)裕恩　十一、戊戌;改吏右。　　(滿)色克精額　十一、戊戌;理左改。	(滿)色克精額
(滿)奎照　九、己酉、十二,10.20;革。　　(滿)常文　九、己酉;盛戶改。十一、癸卯、七,12.13;理右互改。　　(覺羅)寶興　十一、癸卯;理右改。	(覺羅)寶興　四、癸未、廿,5.22;殿試讀卷。九、己酉;改戶右。　　(滿)保昌　九、己酉;右改。十一、丁巳;改吏右。　　(滿)博啓圖　十一、丁巳;右改。
(滿)保昌	(滿)保昌　九、己酉;改左。　　(滿)博啓圖　九、己酉;禮尚降。十一、丁巳;改左。　　(蒙)桂輪　十一、丁巳;閣學遷。
(滿)英瑞　十一、戊戌;病免。　　(覺羅)海齡　十一、戊戌;盛刑改。	(覺羅)海齡
(滿)鍾昌　六、辛卯、廿三,8.3;江鄉正考。	(滿)鍾昌　正、己未、廿四,2.27;知貢舉。
(宗室)奕經	(宗室)奕經
(漢)阿爾邦阿	(漢)阿爾邦阿
(滿)松廷	(滿)松廷
(?)惠顯	(?)惠顯　　(宗室)鐵麟　八、己卯、十八,9.15;光禄授。
(蒙)多山　二、癸未、十三,3.28;候四京授。九、己酉;改盛戶。　　(?)嵩惠　十一、戊戌;光禄授。	(?)嵩惠

部院滿侍郎年表

年　代		道　光　十　年　庚寅(1830)
吏 部	左	(滿)**賁慶**
	右	(滿)**保昌** 七、丙子、廿一、9.7； 改倉侍。　　　　(滿)**鍾昌** 七、丙子；刑左改。 十一、癸未、廿九、1.12；改刑右。　　　　(宗室)**奕經** 十一、癸未；工右改。
戶 部	左	(宗室)**敬徵**
	右	(覺羅)**寶興** 九、甲子、九、10.15；署左都。
禮 部	左	(覺羅)**舒英**
	右	(滿)**色克精額**
兵 部	左	(滿)**博啓圖**
	右	(蒙)**桂輪**
刑 部	左	(覺羅)**海齡** 四、乙酉、廿七、5.19； 改泰寧鎮。　　　　(滿)**鍾昌** 四、乙酉；右改。 七、丙子；改吏右。　　　　(滿)**特登額** 七、丙子；盛刑改。
	右	(滿)**鍾昌** 四、乙酉；改左。 十一、癸未；吏右改。　　　　(滿)**阿勒清阿** 四、乙酉；粵布遷。 九、戊午、三、10.19；署晉撫。十一、癸未；授。
工 部	左	(宗室)**奕經** 十一、癸未；改吏右。　　　　(滿)**那丹珠** 十一、癸未；盛兵改。
	右	(漢)**阿爾邦阿**
倉　　場		(滿)**松廷** 七、甲戌、十九、9.5；解(三、四京候)。　　　　(滿)**保昌** 七、丙子；吏右改。
都 察 院		(宗室)**鐵麟**
		(?)**嵩惠** 十一、癸未；改理左。　　　　(滿)**德興** 十二、己丑、五、1.18；太常授。

道光十一年　辛卯(1831)

(滿)**貴慶** 正、壬申、十八，3.2；改刑左。 九、乙丑、十六，10.21；刑左改。 十、辛巳、三，11.6；改泰寧鎮。	(滿)**鐘昌** 正、壬申；刑右改。 三、丁卯、十五，4.26； 改馬蘭鎮。	(覺羅)**寶興** 三、丁卯；戶右改。八、乙酉、 六，9.11；順鄉副考。九、甲 子、十五，10.20；改吉將。	(宗室)**奕經** 十、辛巳；右改。
(宗室)**奕經** 十、辛巳；改左。		(蒙)**桂輪** 十、辛巳；戶右改。	
(宗室)**敬徵**			
(覺羅)**寶興** 三、丁卯；改吏左。	(滿)**博啓圖** 三、丁卯；兵左改。 八、乙未、十六，9.21；遷理尚。	(蒙)**桂輪** 八、乙未；兵左改。 十、辛巳；改吏右。	(漢)**阿爾邦阿** 十、辛巳；工右 改。
(覺羅)**舒英**			
(滿)**色克精額** 三、戊辰、十六，4.27；署理右。			
(滿)**博啓圖** 三、丁卯；改戶右。	(蒙)**桂輪** 三、丁卯；右改。 八、乙未；改戶右。	(滿)**那丹珠** 八、乙未；右改。 十、辛巳；改工右。	(滿)**裕誠** 十、辛巳；閣學 遷。
(蒙)**桂輪** 三、丁卯；改左。	(滿)**那丹珠** 三、丁卯；工左改。八、乙未；改左。	(宗室)**鐵麟** 八、乙未；盛禮改。	
(滿)**特登額** 正、壬申；改右。九、乙丑；右改。 十二、丙午、廿八，1.30；改馬蘭鎮。	(滿)**貴慶** 正、壬申；吏左改。 九、乙丑；改吏左。	(滿)**凱音布** 十二、丙午、廿八，1.30； 右改。	
(滿)**鐘昌** 正、壬申；改吏左。	(滿)**特登額** 正、壬申；右改。 九、乙丑；改左。	(滿)**凱音布** 九、乙丑；盛刑改。 十二、丙午；改左。	(滿)**恩銘** 十二、丙午；理 右改。
(滿)**那丹珠** 三、丁卯；改兵右。		(?)**惠顯** 三、丁卯；理右改，兼京右。	
(漢)**阿爾邦阿** 十、辛巳；改戶右。		(滿)**那丹珠** 十、辛巳；兵左改。	
(滿)**保昌** 八、癸卯、廿四，9.29；改熱都。	(滿)**蘇成額** 八、癸卯；湘撫授。 十二、乙巳、廿七，1.29；改漕督。	(滿)**鐘昌** 十二、丙午；馬蘭鎮改。	
(宗室)**鐵麟**　(滿)**普保** 正、丙子、廿二，　二、己亥、十六，3.29；通政授。 3.6；改盛禮。　七、戊寅、廿八，9.4；改理左。	(?)**德厚** 八、甲辰、廿五，9.30；大理授。 十、甲辰、廿六，11.29；降二調。	(滿)**鄂木順額** 十一、壬戌、十四，12.17； 大理(皖學)授。	
(滿)**德興**			

年　　代		道光十二年　　壬辰(1832)
吏部	左	(宗室)**奕經**
	右	(蒙)**桂輪**
戶部	左	(宗室)**敬徵**
	右	(漢)**阿爾邦阿**
禮部	左	(覺羅)**舒英**　　　　　　　　　　　　(滿)**色克精額** 　十、乙巳、三,11.24;病免。（十三年死）　　十、乙巳;右改。
	右	(滿)**色克精額**　　　　　　　　　　(滿)**文慶** 　十、乙巳;改左。　　　　　　十、乙巳;閣學署。十二、壬戌、廿,2.9;授。
兵部	左	(滿)**裕誠**　　　　　　(滿)**凱音布**　　　　　　(宗室)**鐵麟** 　正、甲戌、廿六,2.27;改工左。　正、甲戌;刑左改。　　　九、丁卯;右改。 　　　　　　　　　九、丁卯、廿四,10.7;改刑左。
	右	(宗室)**鐵麟**　　　　　　　　　　(宗室)**奕紀** 　正、庚午、廿二,2.23;知貢舉。　　九、丁卯;理右改。 　九、丁卯;改左。
刑部	左	(滿)**凱音布**　　　　　　　　　(滿)**鄂順安** 　正、甲戌;改兵左。　　　正、甲戌;盛戶改。九、丁未、四,9.27;署 　九、丁卯;兵左改。　　　督撫。九、丁卯;改右。
	右	(滿)**恩銘**　　　　　　(滿)**奎照**　　　　　　(滿)**鄂順安** 　四、丙申、廿,5.19;殿試讀卷。　九、丁卯;改泰寧鎮。　九、丁卯;左改。 　九、甲寅、十一,10.4;工左互調。　九、甲寅;工左改。
工部	左	(?)**惠顯**　　(滿)**裕誠**　　(滿)**常文**　　(滿)**奎照**　　(滿)**恩銘** 　正、癸酉、廿五,　正、甲戌;兵左　二、辛卯;盛刑改。　九、丁未;理右　九、甲寅;刑右改。 　2.26;改歸化城　改。二、辛卯;　九、丁未;死。　改。九、甲寅;　九、辛未、廿八, 　副都。　　　　改右。　　　　　　　　　改刑右。　　10.21;教庶。
	右	(滿)**那丹珠**　　　　　　　　　　(滿)**裕誠** 　二、辛卯、十四,3.15;改倉侍。　　二、辛卯;左改。
倉　　場		(滿)**鐘昌**　　　　　　(滿)**那丹珠**　　　　　　(滿)**貴慶** 　二、辛卯;降調。　　　二、辛卯;工右改。　　九、丁卯;泰寧鎮授。
都察院		(滿)**鄂木順額**　　　　　　　　　　(滿)**德春** 　(皖學)　△八月,死。　　　　　八、壬辰、十八,9.12;通政授。
		(滿)**德興**　　　　　　(滿)**文慶**　　　　　　(滿)**文蔚** 　正、甲戌;改盛兵。　　二、癸未、六,3.7;通政授。　十、戊辰、廿六,12.17; 　　　　　　　　　九、乙卯、十二,10.5;改閣學。　大理授。

道光十三年　癸巳(1833)

（宗室）**奕經**

（蒙）**桂輪**
　　四、戊申、八，5.26；兼京右。

（宗室）**敬徵**

（漢）**阿爾邦阿**

（滿）**色克精額**

（滿）**文慶**

（宗室）**鐵麟**
　　四、庚申、廿，6.7；殿試讀卷。十一、丁亥、廿一，12.31；署倉侍。

（宗室）**奕紀**

（滿）**凱音布**
　　九、壬辰、廿五，11.6；署倉侍。十一、丁亥、廿一，12.31；署察都，理右賽尚阿署。

（滿）**鄂順安**	（滿）**裕泰**	（蒙）**恩特亨額**
三、己亥、廿八，5.17；改鄂撫。	三、己亥；盛工改。十一、丙戌、廿，12.30；改黔撫。	十一、丙戌；盛工改。

（滿）**恩銘**	（蒙）**松筠**
三、丁丑、六，4.25；會試副考。四、戊申；改倉侍。	四、戊申；理左改。

（滿）**裕誠**

（滿）**貴慶**	（滿）**恩銘**	
四、戊申；改漕督。	四、戊申；工左改。九、壬辰；署漕督。	刑左凱音布署：十一、丁亥；署察都。兵左鐵麟署。

（滿）**德春**	（宗室）**奕澤**
正、乙未、廿三，3.14；知貢舉。五、癸酉、三，6.20；改盛兵。	五、癸巳、廿三，7.10；通政授。

（滿）**文蔚**

部院滿侍郎年表

年　代		道光十四年　甲午(1834)			
吏 部	左	(宗室)**奕經** 七、丙子、十三,8.17;改户左。		(蒙)**桂輪** 七、丙子;右改。	
	右	(蒙)**桂輪** 七、丙子;改左。	(宗室)**奕紀** 七、丙子;兵左改。 十二、乙巳、十五,1.13;改户左。	(滿)**文慶** 十二、乙巳;禮右 改。	
户 部	左	(宗室)**敬徵** 七、丙子;遷左都。	(宗室)**奕經** 七、丙子;吏左改。 十二、甲辰、十四,1.12;改黑將。	(宗室)**奕紀** 十二、乙巳;吏右 改。	
	右	(漢)**阿爾邦阿**			
禮 部	左	(滿)**色克精額**			
	右	(滿)**文慶** 十二、乙巳、十五,1.13;改吏右。		(滿)**聯順** 十二、乙巳;兵左改。	
兵 部	左	(宗室)**鐵麟**　(滿)**嵩溥** 六、壬戌、廿八,　五、己巳、五,6.11;漕督署。 8.3;授倉侍。　壬戌、授右。七、丙子;右改。八、 　　　　　　　癸丑、廿一,9.23;改熱都。		(宗室)**奕紀**　(滿)**聯順**　(滿)**寶善** 六、　六、壬戌;右　八、癸巳;　十二、丙午 壬戌、改。七、丙子;　理左。十二、乙　十六,1.14; 改吏右。　　巳;改禮右。　右改。		
	右	(宗室)**奕紀** 六、壬戌;改左。	(滿)**嵩溥** 六、壬戌;署左授。 七、丙子;改左。	(滿)**寶善** 七、丙子;左副授。 十二、丙午;改左。	(滿)**廉敬** 十二、丙午;庫 倫辦事授。
刑 部	左	(滿)**凱音布** 五、壬申、八,6.14;授察都。		(蒙)**恩特亨額** 五、壬申;右改。	
	右	(蒙)**恩特亨額** 五、壬申;改左。		(宗室)**祥康** 五、壬申;盛刑改。	
工 部	左	(蒙)**松筠** 正、戊子、廿二,3.2;休。(十五年死,文清)		(滿)**裕誠** 正、戊子;右改。	
	右	(滿)**裕誠** 正、戊子;改左。		(蒙)**賽尚阿** 正、戊子;理右改。	
倉　場		(滿)**恩銘** 五、己巳;署漕督。六、壬戌;授漕督。		(宗室)**鐵麟** 六、壬戌;兵左授。	
都 察 院		(宗室)**奕澤** 正、戊子;改理右。	(滿)**寶善** 二、辛亥、十六,3.25;通政授。 七、丙子;改兵右。	(?)**惟勤** 八、辛亥、十九,9.21; 詹事授。	
		(滿)**文蔚** 八、甲寅、廿二,9.24;改駐藏。		(宗室)**受慶** 九、甲戌、十二,10.14;通政授。	

道光十五年　乙未(1835)

(蒙)桂輪

(滿)文慶　　　　　　　　　　　　　　　　　　　　**(宗室)恩桂**
　　三、乙丑、六,4.3;會試副考。四、己酉、廿,5.17;殿試讀卷。　　　　十二、丙子;兵左改。
　　十二、丙子、廿二,2.8;改戶右。

(宗室)奕紀

(漢)阿爾邦阿　　　　　　　　　　　　　　　　　　　**(滿)文慶**
　　十二、丙子;病免。　　　　　　　　　　　　　　　　　十二、丙子;吏右改。

(滿)色克精額

(滿)聯順

(滿)寶彝

(滿)廉敬　　　　　　　　**(宗室)恩桂**　　　　　　　　　**(?)溥治**
　　二、己未、卅,3.28;改刑右。　　二、己未;盛工改。十二、丙子;改吏右。　　十二、丙子;左副授。

恩特亨額　　　　　　　　　　　　　　　　　　　　**(滿)廉敬**
　　八、丁丑、廿一,10.12;署漕督。　　　　　　　　　　九、丁未、廿一,11.11;右改。

(宗室)祥康　　　　**(滿)廉敬**　　　　**(滿)特登額**　　　　**(滿)寶慶**
　　二、戊午、廿九,3.27;　二、己未;兵右改。　九、丁未;馬蘭鎮授。　九、乙卯;盛刑
　　改黑將。　　　　　九、丁未;改左。　九、乙卯、廿九,11.19;盛刑互調。　改。

(滿)裕誠

(蒙)賽尚阿(軍、學)
　　七、甲辰、十七,9.9;學習入直。

(宗室)鐵麟

(?)惟勤　　　　　　　　　　　　　　　　　　　**(?)溥治**
　　正、辛巳、廿一,2.18;知貢舉。　　　　　　　　　　閏六、甲申、廿六,8.20;通政授。
　　閏六、庚辰、廿二,8.16;改理右。　　　　　　　　　十二、丙子;改兵右。

(宗室)受慶　　　　　　**(滿)容照**　　　　　　　　**(宗室)功普**
　　△閏六月,解。　　　△七月,大理授。九、丁未;改馬蘭鎮。　十、癸亥、八,11.27;通政授。

部院滿侍郎年表

年　代		道光十六年　丙申(1836)
吏部	左	(蒙)桂輪 　五、己亥、十七,6.30,卸京左,暫署京右。
	右	(宗室)恩桂 　正、丁未、廿三,3.10;知貢舉。
戶部	左	(宗室)奕紀　　　　　　　　　　　　　　　　(滿)文慶 　十一、庚子、廿一,12.28;遷理尚。　　　　　十一、庚子;右改。
	右	(滿)文慶　　　　　　　　　　　　　　　　　(蒙)賽尚阿(軍、學) 　十一、庚子;改左。　　　　　　　　　　　　十一、庚子;工右改。
禮部	左	(滿)色克精額
	右	(滿)聯順
兵部	左	(滿)寶善　　　　　　　　　　　　　　　　　(?)溥治 　△死。　　　　　　　　　　　　　　　　　　十二、壬戌、十三,1.19;右改。
	右	(?)溥治　　　　　　　　　　　　　　　　　　(宗室)耆英 　十二、壬戌;改左。　　　　　　　　　　　　十二、壬戌;降補侍郎授。
刑部	左	(滿)廉敬　　　　　　(滿)寶慶　　　　　　　(滿)恩銘 　五、己亥;改泰寧鎮。　五、己亥;右改。　　　七、壬寅;革禮尚、 　　　　　　　　　　七、壬寅、廿一,9.1;遷禮尚。　降三品授。
	右	(滿)寶慶　　　　　　(蒙)明訓　　　　　　　(滿)隆文 　五、己亥;改左。　　五、己亥;盛禮改。　　　九、丙午;理左改。 　　　　　　　　　　九、丙午、廿六,11.4;降閣學候補。
工部	左	(滿)裕誠
	右	(蒙)賽尚阿(軍、學)　　　　　　　　　　　　(滿)奎照 　十一、庚子;改戶右。　　　　　　　　　　　十一、庚子;京左授。
倉　場		(宗室)鐵麟
都察院		(滿)麟魁 　二、丙辰、三,3.19;通政授。
		(宗室)功普　　　　　　　　　　　　　　　　(滿)琦琛 　九、丙午;改理右。　　　　　　　　　　　　十、丁卯、十七,11.25;大理授。

道光十七年　丁酉(1837)		
(蒙)**桂輪**		
(宗室)**恩桂** △四月，降閣學。	(滿)**隆文** 四、癸亥、十六，5.20；刑右改。	
(滿)**文慶**(軍、學) 六、壬戌、十六，7.18；學習入直。八、辛亥、六，9.5；順鄉副考。		
(蒙)**賽尚阿**(軍、學) 七、壬午、七，8.7；改察都。	(滿)**裕誠** 七、壬午；工左改。	
(滿)**色克精額**		
(滿)**聯順** 五、戊寅、二，6.4；改工右。	(ʔ)**道慶** 五、戊寅；閣學遷。八、甲寅、九，9.8；降閣學。	(ʔ)**連貴** 八、甲寅；閣學遷。
(ʔ)**溥治**		
(宗室)**耆英** 三、甲午、十七，4.21；改熱都。	(ʔ)**倭什訥** 三、甲午；閣學遷。十二、戊申、五，12.31；革。	(宗室)**功普** 十二、戊申；盛工改。
(滿)**恩銘**		
(滿)**隆文** 四、癸亥；改吏右。	(滿)**惠吉** 四、癸亥；盛刑改。	
(滿)**裕誠** 七、壬午；改戶右。	(滿)**聯順** 七、壬午；右改。	
(滿)**奎照** 五、壬寅；遷左都。	(滿)**聯順** 五、戊寅；禮右改。七、壬午；改左。	(宗室)**恩桂** 七、壬午；閣學遷。
(宗室)**鐵麟**		
(滿)**麟魁** 四、癸亥；改盛刑。	(宗室)**德誠** 四、戊辰、廿一，5.25；大理授。 十二、戊申；改盛工。	(滿)**琦琛** 十二、庚申、十七， 1.12；太僕授。
(滿)**琦琛** △四、乙丑、十八，5.22；降。	(宗室)**普彝** 四、戊辰；光祿授。	

部院滿侍郎年表

年　代		道光十八年　戊戌（1838）		
吏 部	左	（蒙）**桂輪**		
	右	（滿）**隆文** 十一、壬子、十四，12.30；改戶右。	（宗室）**恩桂** 十一、壬子；工右改。 十一、乙丑、廿七，1.12；兼京右。	
戶 部	左	（滿）**文慶**（軍） 正、甲戌、一，1.26；入直。四、辛酉、廿，5.13；殿試讀卷。 四、庚午、廿九，5.22；教庶。		
	右	（滿）**裕誠** 十一、壬子；遷左都。	（滿）**隆文** 十一、壬子；吏右改。 十一、乙丑；遷左都。	（滿）**聯順** 十一、乙丑； 工左改。
禮 部	左	（滿）**色克精額**		
	右	（？）**連貴**		
兵 部	左	（？）**溥治**		
	右	（宗室）**功普** 十一、癸丑、十五，12.31；署倉侍。 十一、甲子、廿六，1.11；革。	（滿）**德興** 十一、甲子；泰寧鎮授，兼署倉侍。	
刑 部	左	（滿）**恩銘** 四、辛酉、廿，5.13；殿試讀卷。 八、己丑、廿，10.8；遷左都。	（滿）**麟魁** 八、己丑、廿，10.8；右改。	
	右	（滿）**惠吉** 閏四、己丑、十八，6.10； 改熱都。	（滿）**麟魁** 閏四、庚寅、十九，6.11；盛刑改。 八、己丑；改左。	（宗室）**善燾** 八、己丑；左副 授。
工 部	左	（滿）**聯順** 十一、乙丑；改戶右。	（滿）**文蔚** 十一、乙丑；盛兵改。	
	右	（宗室）**恩桂** 正、丙申、廿三，2.17；知貢舉。 十一、壬子；改吏右。	（滿）**松峻** 十一、壬子；盛刑改。	
倉　場		（宗室）**鐵麟** 十一、癸丑；署漕督。　十一、癸丑；兵右功普署；十一、甲子；革。兵右德興兼署。		
都 察 院		（滿）**琦琛** 二、丙辰、十四，3.9；改閣學。	（蒙）**明訓** 四、辛亥、十，5.3；候三京授。 閏四、丙子、五，5.28；改察副都。	（滿）**阿勒清阿** 七、壬子、十三， 9.1；候三京授。
		（宗室）**善燾** 四、辛酉；殿試讀卷。 八、己丑；改刑右。	（宗室）**成剛** 九、戊午、廿，11.6；大理授。 十一、乙丑；改盛兵。	（蒙）**明訓** 十二、丁亥、廿， 2.3；正紅漢副都授。

道光十九年　己亥(1839)

(蒙)桂輪

(宗室)恩桂
正、乙丑、廿八,3.13;兼京右改兼京左。八、己巳、六,9.13;順鄉副考。

(滿)文慶(軍)
十二、丙戌、廿四,1.28;罷直。

(滿)聯順 正、乙丑;解(授哈密幫辦)。	**(宗室)善燾** 二、庚午、四,3.18;刑右改。

(滿)色克精額

(？)達貴 五、乙巳、十一,6.21;降二調。	**(滿)關聖保** 五、丙午、十二,6.22;闈學遷,仍留駐藏。 十、辛卯、廿九,12.4;召京。
(？)溥治 五、乙巳;降二調(左副)。	**(？)倭什訥** 五、丙午;革兵右授。
(滿)德興 三、丙辰、廿,5.3;改倉侍。	**(滿)德春** 三、丙辰;盛戶改。

(滿)麟魁
六、甲戌、十,7.20;浙鄉正考。

(宗室)善燾 正、乙丑;兼京右。二、庚午;改戶右。	**(滿)阿勒清阿** 二、庚午;左副授。

(滿)文蔚
九、乙未、三,10.9;兼京右。

(滿)松峻
七、丙申、三,8.11;署馬蘭鎮。

(宗室)鐵麟 三、丙辰;遷左都。	**(滿)德興** 三、丙辰;兵右改。

(滿)阿勒清阿 二、庚午;改刑右。	**(滿)武忠額** 二、庚午;候三京授。三、丁巳;休。	**(宗室)惟勤** 三、丁巳;前吐魯番領隊授。

(蒙)明訓 三、丙辰;改盛刑。	**(宗室)鄂爾端** 三、丁巳、廿一,5.11;大理授。 七、丁酉、四,8.12;改泰寧鎮。	**(？)溥治** 七、辛亥、十六,8.26;候 三京授。

部院滿侍郎年表

年　代		道光二十年　庚子(1840)	
吏	左	(蒙)**桂輪** 十二、戊寅、廿二，1.14；兼京左。	
部	右	(宗室)**恩桂** 十二、戊寅；遷左都。	(宗室)**善燾** 十二、己巳、十三，1.5；戶右改。
戶	左	(滿)**文慶** 六、戊寅、廿，7.18；江鄉正考。 十二、甲戌、十八，1.10；降一調。	(滿)**文蔚** 十二、甲戌；工左改。
部	右	(宗室)**善燾** 十二、己巳；改吏右。	(滿)**麟魁** 十二、己巳；刑左改。
禮	左	(滿)**色克精額** 六、丁卯、九，7.7；改綏將。	(滿)**關聖保** 六、丁卯；右改。
部	右	(滿)**關聖保** 六、丁卯；改左。	(滿)**薩迎阿** 六、丁卯；盛戶改。
兵	左	(?)**倭什訥**	
部	右	(滿)**德春** 二、癸未、廿二，3.25；改倉侍。	(宗室)**端華** 二、癸未；閣學遷。
刑	左	(滿)**麟魁** 正、辛亥、廿，2.22；署倉侍。四、庚辰、廿，5.21；殿試讀卷。 十二、己巳；改戶右。	(蒙)**柏葰** 十二、己巳；盛刑改。
部	右	(滿)**阿勒清阿** 正、戊戌、七，2.9；改熱都。	(宗室)**德誠** 正、戊戌；盛刑改。
工	左	(滿)**文蔚** 正、戊午、廿七，2.29；知貢舉。八、癸亥、六，9.1；順鄉副考。 十二、甲戌；改戶左。	(滿)**特登額** 十二、甲戌；歸化城副都授。
部	右	(滿)**松峻** 十一、己丑、三，11.26；署泰寧鎮。 十一、乙未、九，12.2；授。	(滿)**阿靈阿** 十一、丙申、十，12.3；內務授。
倉　　場		(滿)**德興** 正、丙申、五，2.7；署馬蘭鎮。　正、辛亥；刑左麟魁署。 二、癸未；改馬蘭鎮。	(滿)**德春** 二、癸未；兵右改。
都 察 院		(宗室)**惟勤** 正、戊戌；改盛刑。　　　　(?)**德厚** 　　　　　　　　　　　二、甲申、廿三，3.26；詹事授。 　　　　　　　　　　　六、丁卯；改盛工。　　(?)**隆勛** 　　　　　　　　　　　　　　　　　　七、庚寅、二， 　　　　　　　　　　　　　　　　　　7.30；通政授。	
		(?)**溥治**	(?)**續齡** 四、壬申、十二，5.13；大理授。

道光二一年　辛丑(1841)	道光二二年　壬寅(1842)
(蒙)**桂輪**　　　　(滿)**麟魁** 　八、癸未、二，　　八、甲申、三，9.17；户右改。 　9.16；改熱都。　　九、丁巳、六，10.10；署左都。	(滿)**麟魁** 　五、戊辰、廿，6.28；署魯撫。 　十、乙未、廿，11.22；署禮尚。
(宗室)**善燾**	(宗室)**善燾** 　十、丙申、廿一，11.23；兼京右。
(滿)**文蔚** 　三、辛卯、六，3.28；會試副考。九、丙辰、五，10.19； 　署左都。九、丁巳；赴浙(防英)。九、戊午、七，10.21； 　授參贊(奕經軍務)。	(滿)**文蔚**　　　　　(宗室)**端華** 　九、癸亥、十八，10.21；召回。　十、丙申；右改。 　十、甲午、十九，11.21；革(斬候)。
(滿)**麟魁**　　　(宗室)**端華** 　八、甲申；改吏左。　八、甲申；兵右改，兼京右。	(宗室)**端華**　　　　　(滿)**薩迎阿** 　十、丙申；改左。　　十、丙申；禮右 　　　　　　　　　　改。
(滿)**關聖保**	(滿)**關聖保**
(滿)**薩迎阿**	(滿)**薩迎阿**　　　　　(?)**連貴** 　十、丙申；改户右。　十、丙申；理右 　　　　　　　　　　改。
(?)**倭什訥**	(?)**倭什訥**　　　　　(?)**道慶** 　△十二、癸巳、十九，1.19；　十二、癸巳；盛 　降。　　　　　　　　兵改。
(宗室)**端華**　　　(滿)**蕙成** 　八、甲申；改户右。　八、甲申；通政署理右授。	(滿)**蕙成**　　　　　(宗室)**惟勤** 　九、辛酉、十六，10.19；署河東。　十一、辛亥；盛 　十一、辛亥、七，12.8；授河東。　户改。
(蒙)**柏葰**	(蒙)**柏葰**
(宗室)**德誠** 　四、甲辰、廿，6.9；殿試讀卷。	(宗室)**德誠**　　　　　(宗室)**成剛** 　正、壬戌、十三，2.22；署泰　正、丁丑、廿八， 　寧鎮。正、丁丑；授。　　　3.9；盛刑改。
(滿)**特登額**	(滿)**特登額**
(滿)**阿靈阿**	(滿)**阿靈阿**
(滿)**德春**	(滿)**德春**
(?)**隆勛**	(?)**隆勛**
(?)**續齡**	(?)**續齡**

部院滿侍郎年表

年　代		道光二三年　癸卯(1843)
吏　部	左	(滿)**麟魁** 四、丙子、三，5.2； 授禮尚。　　　　(宗室)**善燾** 四、丙子；右改。四、戊 寅，五，5.4；改戶右。　(蒙)**柏葰** 四、戊寅；右改。閏七、丁 亥，十七，9.10；改戶右。　(滿)**文慶** 閏七、丁亥； 右改。
	右	(宗室)**善燾** 四、丙子；改左。　(蒙)**柏葰** 四、丙子；刑左改。 四、戊寅；改左。　(滿)**文慶** 四、戊寅；庫倫辦事授。 閏七、丁亥；改左。　(宗室)**成剛** 閏七、丁亥； 刑左改。
戶　部	左	(宗室)**端華**
	右	(滿)**薩迎阿** 四、丁丑，四，5.3；改熱都。 閏七、丙戌，十六，9.9；改馬蘭鎮。　(宗室)**善燾** 四、戊寅；吏左改。　(蒙)**柏葰** 閏七、丁亥；吏左改。
禮　部	左	(滿)**關聖保** 閏七、辛未、一，8.25；改工左。　(？)**連貴** 閏七、辛未；右改。
	右	(？)**連貴** 閏七、辛未；改左。　(滿)**廣福** 閏七、辛未；盛刑改。 閏七、辛未；改刑右。　(蒙)**博迪蘇** 閏七、丁亥；左副授。
兵　部	左	(？)**道慶**
	右	(宗室)**惟勤** 四、甲戌、一，4.30；改烏魯木齊都統。　(滿)**舒興阿** 四、甲戌；盛兵改。
刑　部	左	(蒙)**柏葰** 四、丙子； 改吏右。　(滿)**特登額** 四、丙子；工左改。 四、丁丑；遷左都。　(宗室)**成剛** 四、丁丑；右改。 閏七、丁亥；改吏右。　(滿)**惠豐** 閏七、丁亥； 右改。
	右	(宗室)**成剛** 四、丁丑；改左。　(滿)**惠豐** 四、丁丑；盛戶改。 閏七、丁亥；改左。　(滿)**廣福** 閏七、丁亥；禮右改。
工　部	左	(滿)**特登額** 四、丙子；改刑左。　(滿)**關聖保** 閏七、辛未；禮左改。 閏七、丙戌；兼京右。
	右	(滿)**阿靈阿**
倉　場		(滿)**德春**
都　察　院		(？)**隆勛** 正、乙丑、廿二， 2.20；休。　(？)**倭什布** 二、己卯、六，3.6；候三 京授。四、乙亥、二， 5.1；改盛兵。　(滿)**斌良** 七、戊午、十七，8.12； 通政授。閏七、辛未； 改盛刑。　(蒙)**廣林** 閏七、癸未、 十三，9.6； 光祿授。
		(？)**纘齡** 七、戊午；革。　(蒙)**博迪蘇** 七、戊午；大理授。 閏七、丁亥；改禮右。　(蒙)**花沙納** 十一、庚辰、十二， 1.1；通政授。

道光二四年　甲辰(1844)		

(滿)文慶	(蒙)柏葰
二、庚戌、十三，3.31；遷左都。	二、辛亥、十四，4.1；戶右改。

(宗室)成剛	(滿)豐惠
二、辛亥；改戶右。	二、辛亥；刑左改。

(宗室)端華	

(蒙)柏葰	(宗室)成剛
二、辛亥；改吏左。	二、辛亥；吏右改。

(？)連貴	

(蒙)博迪蘇	(蒙)花沙納	(？)倭什訥
二、癸亥、廿六，4.13；改盛工。	二、癸亥；盛刑改。	十、癸亥；兵右改。
	十、癸亥、卅，12.9；改工右。	兼京右。

(？)道慶	

(滿)舒興阿	(滿)關聖保	(？)倭什訥	(滿)福濟
正、乙酉、十八，3.6；知貢舉。七、辛未、六，8.19；豫鄉正考。七、辛卯、廿六，9.8；工左互調。	七、辛卯；工左改。八、癸丑、十九，9.30；病免。	八、癸丑；盛兵改。十、癸亥；改禮右。	十、癸亥；盛兵改。

(滿)惠豐	(滿)廣福
二、辛亥；改吏右。	二、辛亥；右改。

(滿)廣福	(滿)斌良
二、辛亥；改左。	二、辛亥；盛刑改。

(滿)關聖保	(滿)舒興阿	(滿)阿靈阿
七、辛卯；兵右互調。	七、辛卯；兵右改，兼京右。十、癸亥；改伊犁參贊。	十、癸亥；右改。

(滿)阿靈阿	(蒙)花沙納
十、癸亥；改左。	十、癸亥；禮右改。

(滿)德春	

(蒙)廣林	(？)廣昌
十一、甲子、一，12.10；改盛兵。	十二、己亥、七，1.14；太常授。

(蒙)花沙納	(滿)福濟	(宗室)和淳
二、辛亥；改盛刑。	五、丙戌、廿，7.5；大理授。八、癸丑；改盛兵。	九、庚寅、廿六，11.6；通政授。

部院滿侍郎年表

年 代		道光二五年　乙巳(1845)	
吏 部	左	(蒙)柏葰	
	右	(滿)豐惠	
戶 部	左	(宗室)端華	
	右	(宗室)成剛 二、癸丑、廿二，3.29；遷左都。	(蒙)花沙納 二、甲寅、廿三，3.30；工右改。
禮 部	左	(?)連貴	
	右	(?)倭什訥	
兵 部	左	(?)道慶 四、丙辰、廿六，5.31；降五調。	(覺羅)德厚 四、丁巳、廿七，6.1；盛刑改。
	右	(滿)福濟 二、甲寅；改工右。	(蒙)瑞常 二、甲寅；閣學遷。
刑 部	左	(滿)廣福 十一、辛酉、四，12.2；署熱都。	
	右	(滿)斌良	
工 部	左	(滿)阿靈阿	
	右	(蒙)花沙納 二、甲寅；改戶右。	(滿)福濟 二、甲寅；兵右改。四、庚戌、廿，5.25；殿試讀卷。 五、辛酉、一，6.5；教庶。
倉 場		(滿)德春 十一、癸亥、六，12.4；改泰寧鎮。	(宗室)德諴 十一、癸亥；泰寧鎮授。
都 察 院		(?)廣昌 十、丙申、八，11.7；降二調。	(宗室)慶祺 十、丙辰、廿八，11.27；太常授。
		(宗室)和淳	

道光二六年　丙午(1846)	道光二七年　丁未(1847)
(蒙)柏葰　　　　(滿)惠豐 　閏五、戊戌、十四，　閏五、戊戌；右改。 　7.7；改户右。	(滿)惠豐
(滿)惠豐　　　　(滿)福濟 　閏五、戊戌；　　閏五、戊戌；工右改，兼京右。 　改左。　　　　八、戊午、六，9.25；順鄉副考。	(滿)福濟 　三、乙酉、六，4.20；會試副考。
(宗室)端華　　　(蒙)柏葰 　△襲爵(鄭親王)，　閏五、戊戌；吏右改。 　解。　　　　　六、癸酉、廿，8.11；江鄉正考。	(蒙)柏葰
(蒙)花沙納	(蒙)花沙納 　八、癸亥、十七，9.25；兼京左。
(？)連貴	(？)連貴
(？)倭什訥	(？)倭什訥　　(滿)麟魁　　　　(蒙)廣林 　八、癸亥；　　八、癸亥；烏里雅蘇台　十二、辛酉； 　改馬蘭鎮。　參贊授。十二、辛酉、　盛刑改。 　　　　　　十六，1.21；改刑左。
(覺羅)德厚	(覺羅)德厚
(蒙)瑞常	(蒙)瑞常
(滿)廣福	(滿)廣福　　　　　　(滿)麟魁 　十二、辛酉；改荆將。　　十二、辛酉；禮右改。
(滿)斌良　　　　(滿)全慶 　十二、庚午、十九，　十二、庚午；闈學(粵學)遷。 　2.4；改駐藏。	(滿)全慶 　(粵學)
(滿)阿靈阿	(滿)阿靈阿
(滿)福濟　　　　(蒙)明訓 　閏五、戊戌；　　閏五、戊戌；盛户改。 　改吏右。	(蒙)明訓
(宗室)德誠	(宗室)德誠
(宗室)慶祺　　　(宗室)靈桂 　閏五、戊戌；　　六、甲子、十一，8.2；通政授。 　改盛户。	(宗室)靈桂　　　　(滿)桂德 　正、壬寅、廿二，3.8；　五、庚辰、二，6.14； 　知貢舉。四、丁巳、九，　通政授。十二、辛酉； 　5.22；改盛兵。　　改盛刑。
(宗室)和淳	(宗室)和淳

部院滿侍郎年表

年　　代		道光二八年　　戊申(1848)		
吏　部	左	(滿)惠豐 二、壬子、八，3.12；改熱都。	(蒙)花沙納 二、癸丑、九，3.13；戶右改。	
	右	(滿)福濟 十二、丙寅、廿六，1.20；改戶右。	(蒙)明訓 十二、丙寅；工右改。	
戶　部	左	(蒙)柏葰 十二、乙丑、廿五，1.19；遷左都。	(滿)阿靈阿 十二、丙寅；右改。	
	右	(蒙)花沙納 二、癸丑；改吏左。	(滿)阿靈阿 二、癸丑；工左改。十二、丙寅；改左。	(滿)福濟 十二、丙寅；吏右改。
禮　部	左	(?)連貴 正、庚寅、十五，2.19；死。	(滿)聯順 正、庚寅；閣學遷。	
	右	(蒙)廣林		
兵　部	左	(覺羅)德厚		
	右	(蒙)瑞常		
刑　部	左	(滿)麟魁 二、壬子；遷禮尚。	(?)寶清 二、甲寅、十，3.14；甘布署。 八、癸卯、二，8.30；授。十二、乙丑；革。	(滿)全慶 十二、丙寅；右(粵學)遷。
	右	(滿)全慶 (粵學)十二、丙寅；改左。	(滿)恒春 十二、丙寅；陝布遷。	
工　部	左	(滿)阿靈阿 二、癸丑；改戶右。	(宗室)恩華 二、癸丑；理左改。	
	右	(蒙)明訓 十二、丙寅；改吏右。	(宗室)靈桂 十二、丙寅；盛兵改。	
倉　　場		(宗室)德誠		
都察院		(?)恒毓 二、戊辰、廿四，3.28；通政授。十二、丙寅；改盛兵。		
		(宗室)和淳		

道光二九年　己酉(1849)	道光三十年　庚戌(1850)
(蒙)花沙納	(蒙)花沙納　　　　　　(蒙)瑞常 正、壬戌、廿九、3.12；　三、甲午；兵左改，兼京 知貢舉。三、甲午、二，　右。四、辛卯、廿九， 4.13；遷左都。　6.9；教庶。
(蒙)明訓 六、庚寅、廿四、8.12；署熱都。 十、庚寅、廿六、12.10；召回。	(蒙)明訓
(滿)阿靈阿	(滿)阿靈阿
(滿)福濟 七、乙卯、廿、9.6；江鄉正考。	(滿)福濟　　　　　　(?)薈元 七、丙辰、廿六、9.2；　七、丁巳、廿七、9.3； 革。　盛户改。
(滿)聯順	(滿)聯順
(蒙)廣林	(蒙)廣林　　　　　　(滿)瑞麟 三、甲午；改工左。　三、甲午；閣學遷。
(覺羅)德厚　　　　(蒙)瑞常 正、辛卯、廿二，　　正、辛卯；右改。 2.14；休。　　七、辛丑、六、8.23；魯鄉副考。	(蒙)瑞常　　　　　　(宗室)恩華 三、甲午；改吏左。　三、甲午；工右改。
(蒙)瑞常　　(?)道慶　　(宗室)慶祺 正、辛卯；　正、辛卯；　九、乙巳、十一， 改左。　盛工改。　10.26；盛户改。	(宗室)慶祺　　　　　(宗室)春佑 四、乙酉、廿三、6.3；　四、乙酉；盛禮改。 改倉侍。
(滿)全慶 八、丙寅、一、9.17；卸粵學。	(滿)全慶
(滿)恒春	(滿)恒春
(宗室)恩華	(宗室)恩華　　(蒙)廣林　　　(宗室)靈桂 三、甲午；　三、甲午；禮右改。四、丙　四、丙戌； 改兵左。　．戌、廿四、6.4；改盛禮。右改。
(宗室)靈桂 八、己巳、四、9.20；順鄉副考。	(宗室)靈桂　　　　　(宗室)奕綵 四、壬午、廿、5.31；殿試讀卷。　四、丙戌；理右授。 四、丙戌；改左。
(宗室)德誠	(宗室)德誠　　　　　(宗室)慶祺 △死。　四、乙酉；兵右改。
(?)薈元　　　　(滿)文瑞 二、丙辰、十七，　六、丙子、十、7.29；浙鄉正考。 3.11；太常授。　十、戊辰、四、11.18；通政授。 九、乙巳；改盛户。	(滿)文瑞
(宗室)和淳	(宗室)和淳

部院滿侍郎年表

年　代		咸　豐　元　年　　辛亥(1851)
吏部	左	(蒙)**瑞　常** 六、乙亥、廿，7.18；江鄉正考。　　　　德興署：七、庚寅、六，8.2；魯鄉正考。 　　　　　　　　　　　　　　　　　　　　七、丙午、廿二，8.18；授工左。
	右	(蒙)**明　訓**
戸部	左	(滿)**阿靈阿**　　(滿)**舒興阿**(軍)　　　　　　　　　　　　　　　　　(宗室)**禧恩** 　正、戊子、一，　　　正、戊子；署葉爾羌幫辦授。四、己未、三，5.3；入直。　十、甲辰、廿二， 　2.1；遷工尚。　　　八、庚申、六，9.1；順鄉副考。閏八、辛亥、廿八，10.22；　12.14；右改。 　　　　　　　　　署陝督。十、癸卯、廿一，12.13；授。
	右	(↑)**書元**　　　　　　(宗室)**禧恩**　　　　　　　　　(滿)**麟魁** 　二、辛未、十四，　　　二、辛未；輔國將軍授。　　　十、甲辰；察副 　3.16；改刑右。　　　十、甲辰；改左。　　　　　都授。
禮部	左	(滿)**聯順**
	右	(滿)**瑞麟**
兵部	左	(宗室)**恩華**
	右	(宗室)**春佑**
刑部	左	(滿)**全慶**
	右	(滿)**恒春**　　　　　　　　　　　　　(↑)**書元** 　二、庚午、十三，3.15；改察都。　　　二、辛未；戸右改。
工部	左	(宗室)**靈桂**　　　　　　　　　　(滿)**德興** 　七、丙午、廿二，8.18；革。　　　七、丙午；署吏左授。
	右	(宗室)**奕毓**
倉　場		(宗室)**慶祺**
都察院		(滿)**文瑞**
		(宗室)**和淳**

咸豐二年　壬子(1852)

(蒙)**瑞常**
　　正、甲戌、廿三, 3.13; 知貢舉。

(蒙)**明訓**	(滿)**全慶**	(蒙)**愛仁**
正、甲戌; 休。	正、甲戌; 刑左改。七、乙亥、廿七, 9.10; 改户右。	七、乙亥; 大理遷。

(宗室)**禧恩**	(滿)**德興**	(滿)**全慶**
正、辛酉、十, 2.29; 遷户尚。	正、辛酉; 工左改。四、庚子、廿, 6.7; 殿試讀卷。五、丙辰、六, 6.23; 教庶。七、乙亥; 改刑左。	七、乙亥; 吏右改。

(滿)**麟魁**(軍)	(滿)**青麐**
五、癸亥、十三, 6.30; 直軍。七、甲戌、廿六, 9.9; 遷工尚。	七、甲戌; 閣學遷。

(滿)**聯順**

(滿)**瑞麟**

(宗室)**恩華**

(宗室)**春佑**

(滿)**全慶**	(?)**書元**	(滿)**德興**
正、甲戌; 改吏右。	正、甲戌; 右改。七、甲戌; 降四調。	七、乙亥; 户左改。

(?)**書元**	(宗室)**奕經**
正、甲戌; 改左。	正、甲戌; 工左改。

(滿)**德興**	(宗室)**奕經**	(宗室)**錫齡**	(?)**哈芬**
正、辛酉; 改户左。	正、辛酉; 英吉沙爾領隊授。正、甲戌; 改刑右。	正、甲戌; 閣學遷。二、丁酉、十六, 4.5; 改右。	二、丁酉; 鑲紅滿副授。十二、辛丑、廿六, 2.3; 署晉撫。

(宗室)**奕毓**	(宗室)**錫齡**
二、丁酉; 病免。	二、丁酉; 左改。六、己丑、十, 7.26; 浙鄉正考。六、甲申、六, 9.19; 皖學。

(宗室)**慶祺**

(滿)**文瑞**

(宗室)**和淳**

部院滿侍郎年表

年　代		咸　豐　三　年　　癸丑(1853)		
吏部	左	(蒙)**瑞常**		
	右	(蒙)**愛仁** 　　三、甲寅、十,4.17;兼京左。		
戶部	左	(滿)**全慶** 　　四、甲午、廿,5.27;殿試讀卷。五、丁卯、廿三,6.29;署倉侍。		
	右	(滿)**青麐** 　　二、丙子、一,3.10;鄂學。 　　九、丁未、五,10.7;禮右互調。	(滿)**瑞麟**(軍) 　　九、丁未;禮右改。 　　十、戊寅、七,11.7;入直。	
禮部	左	(滿)**聯順** 　　九、丁未;遷左都。	(滿)**穆蔭**(軍) 　　九、丁未;閣學遷。十、戊寅;入直。	
	右	(滿)**瑞麟** 　　九、丁未;戶右互調。	(滿)**青麐** 　　九、丁未;戶右改。(鄂學)	
兵部	左	(宗室)**恩華** 　　三、壬子、八,4.15;遷理尚。	(?)**常志** 　　三、癸丑、九,4.16;閣學遷。	
	右	(宗室)**春佑**		
刑部	左	(滿)**德興** 　　五、辛酉、十七,6.23; 遷工左。	(滿)**恒春** 　　五、辛酉;盛工改。 　　八、戊子、十六,9.18;改晉撫。	(?)**承芳** 　　八、己丑、十七,9.19; 烏魯木齊領隊授。
	右	(宗室)**奕經** 　　十、戊子、十七,11.17;死。	(滿)**文瑞** 　　十、戊子;左副授。	
工部	左	(?)**哈芬** 　　五、辛酉;授晉撫。	(滿)**德興** 　　五、辛酉;刑左改。 　　九、丁未;遷刑尚。	(宗室)**載齡** 　　九、丁未;左副授。
	右	(宗室)**錫齡** 　　四、壬午、八,5.15;皖學召京。 　　八、甲午、廿二,9.24;降三京候。	(宗室)**玉明** 　　八、甲午;署正黃漢副授。	
倉　場		(宗室)**慶祺** 　　五、丁卯;吏左全慶署。		
都察院		(滿)**文瑞** 　　四、甲午;殿試讀卷。十、戊子;改刑右。	(?)**富興阿** 　　十一、辛亥、十,12.10;光祿授。	
		(宗室)**和淳** 　　△三月,降。	(宗室)**載齡** 　　正、丁卯、廿二,3.1;知貢舉。三、甲戌、 卅,5.7;光祿授。九、丁未;改工左。	(宗室)**文彩** 　　十二、丙子、六, 1.4;通政授。

咸豐四年　甲寅(1854)

(蒙)**瑞常**	
(蒙)**愛仁** 十、丙辰、廿一，12.10；革。	(滿)**穆蔭**(軍) 十、丙辰；禮左改。
(滿)**全慶** 　(署倉侍) 閏七、乙亥、八，8.31；改倉侍。	(滿)**瑞麟**(軍) 五、庚子、二，5.28；闈學崇實署；七、 庚申、廿三，8.16；赴陝。闈學鑾桂署。 閏七、乙亥；右改。
(滿)**瑞麟**(軍) 閏七、乙亥；改左。	(滿)**熙麟** 閏七、乙亥；闈學遷。
(滿)**穆蔭**(軍) 十、丙辰；改吏右。	(宗室)**肅順** 十、丙辰；工左改。
(滿)**青麔**(鄂學) 二、甲午、廿五，3.23；改鄂撫。	(?)**文清** 二、甲午；闈學遷。
(?)**常志**	
(宗室)**春佑**	
(?)**承芳**	

(滿)**文瑞** 三、甲子、廿五，4.22；病免。	(漢)**基溥** 三、甲子；正白滿副授。 十二、丁未、十三，1.30；革。	(宗室)**戴齡** 十二、丁未；工右署 陝撫改。

(宗室)**戴齡** 正、戊申、八， 2.5；改右。	(滿)**培成** 正、戊申；理右改。四、 丁酉、廿九，5.25；革。	(宗室)**肅順** 四、丁酉；闈學遷。 十、丙辰；改禮左。	(?)**國瑞** 十、丙辰；闈學遷。 十二、丁未；改右。	(?)**麟興** 十二、丁未； 鑲藍漢副授。
(?)**玉明** 正、戊申；革。	(宗室)**戴齡** 正、戊申；左改。十一、戊子、廿三，1.11； 署陝撫。十二、丁未；改刑右。		(?)**國瑞** 十二、丁未；左改。	

(宗室)**慶祺** 閏七、乙亥；改泰寧鎮。	(滿)**全慶** 閏七、乙亥；戶左改。十、丙辰；遷工尚。	(宗室)**文彩** 十、丙辰；左副授。
(?)**富興阿**		
(宗室)**文彩** 十、丙辰；改倉侍。	(蒙)**柏葰** 十、丙辰；吏尚降。十二、乙未、一，1.18；署馬蘭鎮。 十二、己未、廿五，2.11；授。	

部院滿侍郎年表

年　代		咸　豐　五　年　　乙卯(1855)			
吏 部	左	(蒙)瑞常			
	右	(滿)穆蔭(軍)			
戶 部	左	(滿)瑞麟(軍) 四、己未、廿七， 6.11；改西將。	(宗室)戴齡 四、己未；刑右改(署 陝撫)。十一、己卯、 廿，12.28；改泰寧鎮。	左副基溥署：六、辛亥、 廿，8.2；改工右。闈學 崇綸署。	(宗室)肅順 十一、庚辰； 廿一、12.29； 禮左改。
	右	(滿)熙麟			
禮 部	左	(宗室)肅順 十一、庚辰；改戶左。	(?)文清 十一、庚辰；右改。		
	右	(?)文清 十一、庚辰；改左。	(滿)寶鋆 十一、庚辰；闈學遷。		
兵 部	左	(?)常志 十、甲寅、廿四，12.3；死。	(宗室)戴堪 十、甲寅；闈學遷。		
	右	(宗室)春佑			
刑 部	左	(?)承芳			
	右	(宗室)戴齡 (署陝撫)　四、己未；改戶左。	(?)國瑞 四、己未；工右改。		
工 部	左	(?)麟興			
	右	(?)國瑞 四、己未；改刑右。	(滿)崇實 四、己未；闈學遷。六、辛亥；降三調。	(漢)基溥 六、辛亥；左副授。	
倉　場		(宗室)文彩 九、乙丑、五，10.15；遷左都。	(蒙)阿彥達 九、乙丑；正白滿副授。		
都 察 院		(?)富興阿 △正、丁亥、廿三，3.11；休。	(?)雙福 三、丙子、十四，4.29；通政授。		
		(漢)基溥 三、丙子；太僕授。四、己未；署戶左。 六、辛亥；改工右。	(?)聯奎 八、甲午、四，9.19；大理授。		

咸豐六年　丙辰(1856)		咸豐七年　丁巳(1857)	
(蒙)瑞常		(蒙)瑞常 八、乙丑、十七,10.4; 遷左都。	(?)文清 八、乙丑;禮左改。
(滿)穆蔭(軍)		(滿)穆蔭(軍)	
(宗室)肅順		(宗室)肅順 正、戊辰、十五,2.9; 遷左都。	(漢)基溥 正、戊辰;工右改。
(滿)熙麟		(滿)熙麟 △改科布多幫辦。	(滿)寶鋆 二、戊申、廿六, 3.21;禮右改。
(?)文清		(?)文清 八、乙丑; 改吏左。	(?)玉明 八、乙丑、正 藍滿副授。 十二、丙辰、九,1.23; 閣學德瑛署。
(滿)寶鋆		(滿)寶鋆 二、戊申;改戶右。	(蒙)愛仁 二、戊申;理左改。
(宗室)載堪		(宗室)載堪	
(宗室)春佑		(宗室)春佑	
(?)承芳		(?)承芳	(?)國瑞 十、壬申、廿五, 12.10;右改。
(?)國瑞 三、甲戌、十七,4.21;署直提。 大理和潤署:七、癸亥、八,8.8;改盛刑。		(?)國瑞 十、壬申;改左。	(?)孟保 十、壬申;理右改。
(?)麟興 十二、丙戌、三, 12.29;改盛工。	(漢)崇綸 十二、丙戌;閣學遷。	(漢)崇綸 二、壬子、卅,3.25; 改倉侍。	(?)德全 二、壬子;鑲黃護 統授。
(漢)基溥		(漢)基溥 正、戊辰;改戶左。	(滿)景廉 正、戊辰;閣學遷。
(蒙)阿彥達		(蒙)阿彥達	(漢)崇綸 二、壬子;工右改。
(?)雙福		(?)雙福 二、丁未、廿五,3.20; 改閣學。	(?)書元 四、己酉、廿八, 5.21;閣讀學授。
(?)聯奎 十、庚子、十六, 11.13;改盛兵。	(滿)訥爾濟 十二、戊子、五,12.31;通政授。 十二、乙巳、廿二,1.17;改盛兵。	(?)富廉 四、己酉;大理授。	

部院滿侍郎年表

年　代		咸　豐　八　年　　戊午(1858)
吏 部	左	(?)**文清**
	右	(滿)**穆蔭**(軍) 　十二、庚午、廿九,2.1;遷理尚。　　　　　　　　　　　(滿)**文祥**(軍、學) 　　　　　　　　　　　　　　　　　　　　　　　　　十二、庚午;禮右改。
户 部	左	(漢)**基溥** 　六、己酉、五,7.15;赴津議約。
	右	(滿)**寶鋆** 　八、庚午、廿八,10.4;浙鄉正考。
禮 部	左	(?)**玉明** 　六、己酉;署盛將。　　　正、庚子、廿三,3.8;　　(蒙)**愛仁** 　六、庚申、十六,7.26;授。　閣學雙福署。　　　六、辛酉、十七,7.27;右改。
	右	(蒙)**愛仁**　　　　　　(滿)**文祥**(軍、學)　　　　　　　　(?)**文惠** 　六、辛酉;改左。　　六、辛酉;閣學遷。十二、庚午;改吏右。　十二、庚午;閣學遷。
兵 部	左	(宗室)**戴堪**
	右	(宗室)**春佑**
刑 部	左	(?)**國瑞** 　六、乙丑、廿一,　三、己卯、三,4.16;詹事文祥署。　　　(宗室)**靈桂** 　7.31;降四調。　三、丙申、廿,5.3;遷閣學。　　六、乙丑;　十二、丙午、五,1.8; 　　　　　　　五、戊戌、廿四,7.4;學習入直。　理右改。　通政奎章署。
	右	(?)**孟保**
工 部	左	(?)**德全**
	右	(滿)**景廉**
倉　　場		(漢)**崇綸** 　三、戊寅、二,4.15;赴津(英船到達)。
都 察 院		(?)**書元** 　六、乙丑、廿一,7.31;改理右。　　　　　　(滿)**成琦** 　　　　　　　　　　　　　　　九、甲午、廿二,10.28;詹事授。
		(?)**富廉**

咸豐九年　己未(1859)

(↑)文清 　△召京。 　(十年，福將)	(宗室)喜佑 　十、壬戌、廿六，11.20；兵右改。 　十二、壬寅、七，12.30；遷理尚。	(↑)德全 　十二、壬寅；工左改。
(滿)文祥(軍、學) 　正、乙未、廿四，2.26；知貢舉。十、壬戌；改工右。		(蒙)愛仁 　十、壬戌；禮左改。
(漢)基溥 　十、壬戌；改兵右。	(滿)成琦 　十、壬戌；工右改。 　十一、乙酉；改倉侍。	(滿)文祥(軍) 　十一、乙酉；工右改。
(滿)寶鋆		
(蒙)愛仁 　十、壬戌；改吏右。		(↑)文惠 　十、壬戌；右改。
(↑)文惠 　十、壬戌；改左。		(↑)伊精阿 　十、壬戌；閣學遷。
(宗室)載墌		
(宗室)喜佑 　十、壬戌；改吏左。		(漢)基溥 　十、壬戌；户右改。
(宗室)靈桂 　八、癸卯、六，9.2；順鄉副考。		
(↑)孟保 　二、甲辰、三，3.7；解。	(滿)景廉 　二、甲辰；工右改。	(滿)文俊 　十、壬戌；盛禮改。通政奎章署。
(↑)德全 　十二、壬寅；改吏左。		(滿)伊勒東阿 　十二、壬寅；理左改。

(滿)景廉	(滿)成琦	(滿)文祥(軍)	(↑)國瑞
二、甲辰； 改刑右。	二、甲辰；左副授。三、丙子、六， 4.8；會試副考。十、壬戌；改户左。	十、壬戌；吏右改，入直。十 一、乙酉、廿，12.13；改户左。	十一、乙酉；僕少 遷。

(漢)崇綸 　十一、乙酉；解。		(滿)成琦 　十一、乙酉；户左改。
(滿)成琦 　二、甲辰；改工右。	(宗室)煜綸 　五、己丑、廿，6.20；太僕授。 　九、戊子、廿二，10.17；改盛兵。	(↑)聯康 　△十一月，太僕授。
(↑)富廉		

部院滿侍郎年表

年　代		咸 豐 十 年　庚申(1860)		
吏　部	左	(?)德全		
	右	(蒙)愛仁 五、丁酉、四,6.22;遷左都。		(漢)基溥 五、丁酉;兵右改。
戶　部	左	(滿)文祥(軍)(總) 五、丁酉;兼京左。十二、己巳、十,1.20;直總。		
	右	(滿)寶鋆		
禮　部	左	(?)文惠		
	右	(?)伊精阿		
兵　部	左	(宗室)載堦		
	右	(漢)基溥 五、丁酉;改吏右。	(宗室)載崇 五、丁酉閣學遷。 九、乙卯、廿五,11.7;仍授閣學。	(?)慶英 九、乙卯;閣學遷。
刑　部	左	(宗室)靈桂 正、己丑、廿四,2.15;知貢舉。　三、庚午、六,3.27;閣學載崇署。		
	右	(滿)文俊 六、丙子、十四,7.31;改西寧辦事。		(滿)麟魁 六、丙子;降調禮尚授。
工　部	左	(滿)伊勒東阿 六、乙亥、十三,7.30; 遷理尚。	五、辛酉、廿八,7.16; 閣學清安署。	(滿)福濟 六、丙子;西寧辦事授。 九、辛亥、廿一,11.3;署陝督。
	右	(?)國瑞		
倉　場		(滿)成琦		
都察院		(?)聯康		
		(?)富廉		

咸豐十一年　辛酉(1861)

(?)德全	(宗室)戴齡
十一、丁亥、三,12.4;改倉侍。	十一、丁亥;刑右改。

(漢)基溥

(滿)文祥(軍)(總)
　十、丙辰、一,11.3;仍入直。

(滿)寶鋆(軍)(總)
　十、丙辰;入直。十、癸未、廿八,11.30;直總。

(?)文惠	(?)伊精阿
十一、丙午、廿二,12.23;病免。	十一、丙午;右改。

(?)伊精阿	(宗室)存誠
十一、丙午;改左。　四、甲子、六,5.15;前泰寧鎮戴齡署:	十一、丙午;馬蘭鎮授。
十、丙辰;授刑右。	

(宗室)載堪	(?)慶英	(滿)勝保
	二、庚午、十二,3.22;右改。	十一、壬子、廿八,
	十一、辛亥、廿七,12.28;革。	12.29;右改。

(?)慶英	(滿)勝保	(?)聯康
二、庚午;改左。	二、庚午;候侍授。三、辛丑、十三,4.22;	四、甲子、六,5.15;　十一、壬子;左副授。
	授欽,直魯防務。七、庚子、十四,8.19;	理左裕瑞署。
	改督辦陝西軍務。十一、壬子;改左。	

(宗室)靈桂

(滿)麟魁	(宗室)載齡	(宗室)載崇
九、辛卯、六,10.9;順鄉副考。	十、丙辰;署禮右授。	十一、丁亥;閣學遷。
十、丙辰;遷左都。	十一、丁亥;改吏左。	

(滿)福濟	(?)麟興	(漢)崇綸(總)
正、丁酉、八,2.17;	清安署: 正、戊戌;授盛工。	正、丁酉;盛工改。　十一、丁亥;倉侍改。
改成將。	閣學廣鳳署。	

(?)國瑞

(滿)成琦	(漢)崇綸(總)	(?)德全
十、壬戌、七,11.9;革。	三、甲辰、十六,4.25;(署)直總。	十一、丁亥;吏左改。
	十、癸亥、八,11.10;授倉侍。十一、丁亥;改工左。	

(?)聯康	(滿)志和
十一、壬子;改兵右。	十二、癸酉、廿,1.19;通副授。

(?)富廉	(滿)崇厚
△十一、乙未、十一,12.12;革。	十二、癸酉;大理授。

部院滿侍郎年表

年代		同治元年　壬戌(1862)		
吏部	左	(宗室)**戴齡** 四、辛巳；殿試讀卷。 閏八、丁酉、十七,10.10；遷左都。	(漢)**基溥** 閏八、丁酉；右改。	
	右	(漢)**基溥** 閏八、丁酉；改左。	(宗室)**戴崇** 閏八、丁酉；刑右改。	
戶部	左	(滿)**文祥**(軍)(總) 正、己亥、十六, 2.14；遷左都。	(滿)**寶鋆**(軍)(總) 正、庚子、十七,2.15；右改。 二、辛酉、八,3.8；遷戶尚。	(滿)**卓保** 二、辛酉；兵右改。
	右	(滿)**寶鋆**(軍)(總) 正、庚子；改左。	(滿)**熙麟** 正、庚子；前任遷。三、戊子、六,4.4； 會試副考。四、辛巳、廿九,5.27；殿試 讀卷。七、庚子、十九,8.14；改陝督。	(漢)**崇綸**(總) 七、辛丑、廿,8.15； 工左改,兼京左。
禮部	左	(?)**伊精阿** 三、丙午、廿四,4.22；兵右互調。	(滿)**察杭阿** 三、丙午；兵右改。	
	右	(宗室)**存誠** 正、己亥、十六,2.14；兼京左。十、戊子、九,11.30；兼步統。		
兵部	左	(滿)**勝保** 七、丙午、廿五,8.20；授欽。　閣學綿宜署。 十一、壬戌、十四,1.3；革、逮。	(滿)**崇厚** (三口通商大臣)　十一、丙寅、十八,1.7； 閣學遷。十二、甲辰、廿七,2.14；署直督。	
	右	(?)**聯慶** 正、乙未、十二, 2.10；改盛兵。	(滿)**卓保**　(滿)**察杭阿** 正、乙未；閣學遷。　二、辛酉；理右改。 二、辛酉；改戶左。　三、丙午；禮左互調。	(?)**伊精阿** 三、丙午；禮左 改。
刑部	左	(宗室)**靈桂**		
	右	(宗室)**戴崇** 閏八、丁酉；改吏右。	(滿)**恒祺**(總) 閏八、丁酉；理右改。 十一、乙卯；改工左。	(?)**阿克敦布** 十一、乙卯、七,12.27； 左副授。閣學恩麟署。
工部	左	(漢)**崇綸**(總) 七、辛丑；改戶右。	(滿)**麒慶** 七、辛丑；閣學遷。 十一、乙卯；改倉侍。	(滿)**恒祺**(總) 十一、乙卯；刑右改。
	右	(?)**國瑞**		
倉場		(?)**德全** 十一、壬子、四,12.24；解。	(滿)**麒慶** 十一、乙卯、七,12.27；工左改。	
都察院		(滿)**志和** 十一、丙寅、十八,1.7；改盛禮。	(滿)**景霖** 十二、庚寅、十三,1.31；奉尹授。	
		(滿)**崇厚** 二、己未、六,3.6； 改閣學。	(?)**阿克敦布** 三、乙未、十三,4.11；大理授。 十一、乙卯；改刑右。	(?)**鍾佾** 十一、丁卯、十九,1.8； 通政授。

同　治　二　年　　癸亥(1863)		同　治　三　年　　甲子(1864)	
(漢)基溥		(漢)基溥	
(宗室)載崇		(宗室)載崇	
(滿)卓保		(滿)卓保 十一、己未、廿二,12.20;署吉將。	
(漢)崇綸(總)		(漢)崇綸(總)	
(滿)寮杭阿		(滿)寮杭阿	
(宗室)存誠 正、庚午、廿三, 3.12;遷禮尚。	(宗室)綿宜 正、辛未、廿四, 3.13;閣學遷。	(宗室)綿宜	
(滿)崇厚 (三口通商大臣) 正、辛未;閣學寶珣署:十二、 戊子、十六,1.24;授盛戶。 閣學毓祿署。		(滿)崇厚 (三口通商大臣) 閣學毓祿署: 八、癸酉、五、 9.5;授工右。閣學載齡署。	
(?)伊精阿		(?)伊精阿	
(宗室)靈桂		(宗室)靈桂	
(?)阿克敦布 二、癸巳、十七, 4.4;改察都。	(蒙)恩麟 二、甲午、十八, 4.5;閣學遷。	(蒙)恩麟	
(滿)恒祺(總)		(滿)恒祺(總) 十二、壬申、五、1.2;兼京右。	
(?)國瑞 十、己卯、 六,11.16; 改杭將。	(滿)全慶 十、庚辰、七,11.17; 閣學遷。十二、戊子; 遷左都。	(宗室)和潤 十二、戊子; 盛戶改。	(宗室)和潤 八、癸酉;病免。	(滿)毓祿 八、癸酉;閣學署兵左授。
(滿)麒慶 五、壬戌、十七, 7.2;改熱都。	(?)鐘岱 五、癸亥、十八,7.3;左副署。 六、己亥、廿四,8.8;閣學毓祿署。	(?)鐘岱 七、庚戌、十二,8.13;授。	
(滿)景霖		(滿)景霖	
(?)鐘岱 五、癸亥;署倉侍。 五、甲子、十九,7.4;詹事桂清署。		(?)鐘岱 七、庚戌;改倉侍。	(?)恒恩 △八、辛巳、十三,9.13; 前太常任。

部院滿侍郎年表

年 代		同治四年　乙丑(1865)	同治五年　丙寅(1866)
吏部	左	(漢)**基溥**	(漢)**基溥**
	右	(宗室)**戴崇**	(宗室)**戴崇**
戶部	左	(滿)**阜保** 七、己丑、廿七,9.16;署吉將。	(滿)**阜保**
	右	(漢)**崇綸**(總)	(漢)**崇綸**(總)
禮部	左	(滿)**察杭阿**	(滿)**察杭阿**
	右	(宗室)**綿宜**	(宗室)**綿宜** 四、甲申、廿,5.14;殿試讀卷。
兵部	左	(滿)**崇厚** (三口通商大臣)	(滿)**崇厚** (三口通商大臣)
	右	(?)**伊精阿**	(?)**伊精阿**
刑部	左	(宗室)**靈桂** 九、戊寅、十六,11.4;閣學伍忠阿署。	(宗室)**靈桂** 十二、癸丑、廿八, 2.2;遷左都。　(蒙)**恩麟** 十二、癸丑; 右改。
	右	(蒙)**恩麟**	(蒙)**恩麟** 十二、癸丑;改左。　(宗室)**英元** 十二、癸丑; 理左改。
工部	左	(滿)**恒祺**	(滿)**恒祺**(總) 十二、壬子、廿七, 2.1;死(勤敏)。　(滿)**毓祿** 十二、癸丑; 右改。
	右	(滿)**毓祿** 正、辛酉、廿五,2.20;知貢舉。	(滿)**毓祿** 十二、癸丑;改左。　(滿)**魁齡** 十二、癸丑; 理右改。
倉場		(?)**鍾岱**	(?)**鍾岱**
都察院		(滿)**景霖** 四、甲申、廿,5.14;殿試 讀卷。十、乙卯、廿四, 12.11;改馬蘭鎮。　(?)**達慶** 十二、甲辰、 十三,1.29; 大理授。	(?)**達慶**
		(?)**恒恩**	(?)**恒恩** △死。　(滿)**繼格** 十二、己巳、廿, 1.25;大理授。

· 502 ·

同 治 六 年　丁卯(1867)		同 治 七 年　戊辰(1868)	
(漢)**基溥** 四、丁亥、四，5.7；死。	(滿)**阜保** 四、丁亥；戶左改。	(滿)**阜保**	
(宗室)**戴崇**		(宗室)**戴崇**	
(滿)**阜保** 四、丁亥；改吏左。	(漢)**崇綸**(總) 四、丁亥；右改。	(漢)**崇綸**(總) 六、庚戌、四，7.23；遷理尚。	(滿)**魁齡** 六、庚戌；工左改。
(漢)**崇綸**(總) 四、丁亥；改左。	(宗室)**延煦** 四、丁亥；盛兵改。	(宗室)**延煦**	
(滿)**察杭阿**		(滿)**察杭阿**	
(宗室)**綿宜** 五、丁丑、廿五，6.26；閣學祥泰署。		(宗室)**綿宜**	
(滿)**崇厚** 　(三口通商大臣)		(滿)**崇厚** 　(三口通商大臣)	
(?)**伊精阿**		(?)**伊精阿**	
(蒙)**恩麟**		(蒙)**恩麟**	
(宗室)**英元**		(宗室)**英元**	
(滿)**毓禄** 四、丙申、十三，5.16；病免。	(滿)**魁麟** 四、丁酉、十四，5.17；右改。	(滿)**魁麟** 正、癸酉、廿四，2.17；知貢舉。四、戊戌、廿，5.12；殿試讀卷。六、庚戌；改戶左。	(滿)**恩承** 六、庚戌；右改。
(滿)**魁麟** 四、丁酉；改左。	(滿)**恩承** 四、丁酉；理左改。	(滿)**恩承** 六、庚戌；改左。	(漢)**明善** 六、庚戌；正藍滿副授。
(?)**鐘岱**		(?)**鐘岱** 閏四、癸酉、廿六，6.16；改泰寧鎮。	(漢)**衍秀** 閏四、癸酉；泰寧鎮授。
(?)**達慶**		(?)**達慶**	
(滿)**繼格**		(滿)**繼格** 三、甲寅、六，3.29；會試副考。四、戊戌；殿試讀卷。	

部院滿侍郎年表

年　代		同　治　八　年　己巳(1869)
吏部	左	(滿)卓保
	右	(宗室)戴崇
戶部	左	(滿)魁齡
	右	(宗室)延煦
禮部	左	(滿)察杭阿
	右	(宗室)綿宜 八、辛丑、二,9.7;改盛兵。　　　　(滿)志和 八、辛丑,盛刑改。　　　　(滿)桂清 八、乙卯;理右改。 八、乙卯、十六,9.21;改刑左。
兵部	左	(滿)崇厚 　　(三口通商大臣)
	右	(?)伊精阿 十二、壬寅、五,1.6;死。　　　　(滿)寶珣 十二、壬寅,閣學遷。
刑部	左	(蒙)恩麟 八、甲寅、十五,9.20;降二調。　　　　(滿)志和 八、乙卯;禮右改。
	右	(宗室)英元
工部	左	(滿)恩承
	右	(漢)明善
倉　　場		(漢)衍秀
都察院		(?)達慶
		(滿)繼格

同 治 九 年　庚午(1870)	同 治 十 年　辛未(1871)
(滿)**卓保**	(滿)**卓保**　　　　　　　(滿)**魁齡** 二、庚寅、卅,4.19;　　　二、庚寅;户左改。 遷左都。
(宗室)**載崇**	(宗室)**載崇**
(滿)**魁齡**	(滿)**魁齡**　　　　　　(宗室)**延煦** 二、庚寅;改吏左。　　　二、庚寅;右改。
(宗室)**延煦**	(宗室)**延煦**　　　　　　(滿)**桂清** 二、庚寅;改左。四、庚辰、　二、庚寅;禮右改。 廿一,6.8;殿試讀卷。
(滿)**寮杭阿**	(滿)**寮杭阿**
(滿)**桂清**	(滿)**桂清**　　　　(滿)**恩承** 二、庚寅;　　　二、庚寅;　　閣學祥泰署。 改户右。　　　工左改。
(滿)**崇厚** (三口通商大臣) 五、乙未、卅,6.28;出使法國欽差大臣。	(滿)**崇厚**
(滿)**寶珣**	(滿)**寶珣**
(滿)**志和**	(滿)**志和** 正、甲寅、廿四,3.14;知貢舉。
(宗室)**英元**　　　　(?)**達慶** 正、癸未、十七,2.16;　　正、癸未;左副授。 改倉侍。	(?)**達慶**　　　　(滿)**常恩** 　　　　　　六、壬午、廿三,8.9; 　　　　　　閣學遷。
(滿)**恩承**	(滿)**恩承**　　　　　　(漢)**明善** 二、庚寅;改禮右。　　二、庚寅;右改。
(漢)**明善**	(漢)**明善**　　　　　　(滿)**榮祿** 二、庚寅;改左。　　二、庚寅;鑲黄蒙 　　　　　　副授。
(漢)**衍秀**　　(宗室)**英元** 　　　正、癸未;　　十一、丙辰、廿五, 　　　刑右改。　　1.15;閣學銘安署。	(宗室)**英元**
(?)**達慶**　　　　　(?)**恩興** 正、癸未;改刑右。　　三、庚午、四,4.4; 　　　　　　大理授。	(?)**恩興**
(滿)**繼格**	(滿)**繼格**

部院滿侍郎年表

年　代		同治十一年　　壬申(1872)	
吏 部	左	(滿)魁齡	
	右	(宗室)載崇	
戶 部	左	(宗室)延煦 六、庚辰、廿七,8.1;署倉侍。七、己亥;授。	(滿)志和 七、己亥、十七,8.20;刑左改。
	右	(滿)桂清	
禮 部	左	(滿)寮杭阿	
	右	(滿)恩承 七、己亥;改刑左。	(宗室)綿宜 七、己亥;盛兵改。
兵 部	左	(滿)崇厚(總) 正、辛亥、廿六,3.5;直總。	
	右	(滿)寶珣	
刑 部	左	(滿)志和 七、己亥;改戶左。	(滿)恩承 七、己亥;禮右改。
	右	(滿)常恩	
工 部	左	(漢)明善	
	右	(滿)榮祿	
倉　場		(宗室)英元 六、庚辰;署步統、戶左延煦署。七、己亥;遷左都。	(宗室)延煦 七、己亥;授。
都 察 院		(?)恩興	
		(滿)繼格 七、己亥;改盛兵。	(蒙)恩麟 八、乙丑、十三,9.15;降調刑左授。

同治十二年　癸酉(1873)		同治十三年　甲戌(1874)	
(滿)**魁齡**		(滿)**魁齡** 三、戊申、六，4.21；會試副考。 十一、己酉、十，12.18；遷左都。	(滿)**恩承** 十一、己酉； 刑左改。
(宗室)**戴崇**		(宗室)**戴崇** 八、甲戌、四，9.14； 改刑右。	(蒙)**崇綺** 八、甲戌；戶右 改。
(滿)**志和** 四、辛未、廿三，5.19； 改盛戶。	(滿)**榮祿** 四、壬申、廿四， 5.20；工右改。	(滿)**榮祿**	
(滿)**桂清** 十一、戊午、十三，1.1； 改盛工。	(蒙)**崇綺** 十一、己未、十四， 1.2；閣學遷。	(蒙)**崇綺** 八、甲戌；改吏右。	(?)**慶陞** 八、甲戌；閣學 遷。
(滿)**察杭阿**		(滿)**察杭阿**	
(宗室)**綿宜**		(宗室)**綿宜**	
(滿)**崇厚**(總)		(滿)**崇厚**(總)	
(滿)**寶珣** 七、癸酉、廿七，9.18； 病免。	(蒙)**恩麟** 七、癸酉；左副授。	(蒙)**恩麟**	
(滿)**恩承**		(滿)**恩承** 十一、己酉；改吏左。	(滿)**紹祺** 十一、己酉；閣學遷。
(滿)**常恩** 正、壬辰、 十二，2.9； 病免。	(滿)**廣壽** 正、壬辰；理右改。 十、辛卯、十六，12.5；署倉侍。 十、壬辰、十七，12.6；閣學紹祺署。	(滿)**廣壽** 八、癸酉、三，9.13；遷左都。	(宗室)**戴崇** 八、甲戌；吏右改。
(漢)**明善**		(漢)**明善** 十二、庚寅、廿一，1.28； 死(勤恪)。	(滿)**成林**(總) 十二、辛卯、廿二， 1.29；理左改。
(滿)**榮祿** 四、壬申；改戶左。	(蒙)**訥仁** 四、壬申；閣學遷。	(蒙)**訥仁**	
(宗室)**延煦** 十、辛卯；刑右廣壽署。		(宗室)**延煦**	
(?)**恩興**		(?)**恩興** 正、己巳、廿五，3.13；知貢舉。	
(蒙)**恩麟** 七、癸酉；改兵右。	(滿)**蘇勒布** 八、戊戌、廿二， 10.13；大理授。	(滿)**蘇勒布** 九、癸亥、廿四，11.2； 改理右。	(蒙)**惠林** 十一、己酉；大理 授。

部院滿侍郎年表

年代		光緒元年　乙亥(1875)	光緒二年　丙子(1876)
吏部	左	(滿)恩承	(滿)恩承
	右	(蒙)崇綺 八、庚午、六，9.5；順鄉副考。	(蒙)崇綺 三、戊戌、六，3.31；會試副考。
戶部	左	(滿)榮祿	(滿)榮祿
	右	(?)慶陞	(?)慶陞
禮部	左	(滿)察杭阿	(滿)察杭阿　　　　(宗室)綿宜 十、甲寅、廿七，　　　十、甲寅；右改。 12.12；遷理尚。
	右	(宗室)綿宜	(宗室)綿宜　　　　(滿)全慶 十、甲寅；改左。　　十、甲寅；閣學遷。
兵部	左	(滿)崇厚(總)	(滿)崇厚(總) 十、庚戌、廿三，12.8；署盛將。 十、甲寅；閣學長叙署。
	右	(蒙)恩麟	(蒙)恩麟　　　　(滿)烏拉喜崇阿 三、己亥、七，　　三、己亥；閣學遷。四、 4.1；改刑右。　　辛巳、廿，5.13；殿試讀卷。
刑部	左	(滿)紹祺	(滿)紹祺
	右	(宗室)載崇	(宗室)載崇　(蒙)恩麟　(宗室)麟書 三、戊戌；　三、己亥；兵右　十一、乙丑； 死。　　　改。十一、乙丑、　理左改。 　　　　　八，12.23；死。
工部	左	(滿)成林(總)	(滿)成林(總)
	右	(蒙)訥仁　　　　(滿)桂清 二、乙亥、七，　　二、乙亥；盛工改。 3.14；盛工互調。	(滿)桂清　　　　(?)德椿 十、甲寅；改倉侍。　十、甲寅；理左改。
倉場		(宗室)延煦	(宗室)延煦　　　　(滿)桂清 十、甲寅；改熱都。　十、甲寅；工右改。
都察院		(?)恩興　　　　(宗室)奎潤 十一、己未、廿六，　十二、己卯、十六， 12.23；改盛工。　　1.12；大理授。	(宗室)奎潤
		(蒙)惠林	(蒙)惠林　　　　(滿)文澂 十一、乙丑；　　十二、庚寅、四， 改理右。　　　1.17；通政授。

光緒三年　丁丑(1877)	光緒四年　戊寅(1878)
(滿)**恩承**	(滿)**恩承**　　(滿)**崇厚**　　　　　(蒙)**崇綺** 三、癸亥、十三，4.15；遷左都。工左成林兼署。 三、癸亥；兵左改。五、辛未、廿,6.22；使俄。十二、癸卯，廿八,1.20；遷左都。 五、辛卯；右改。十二、癸卯；右改。
(蒙)**崇綺**	(蒙)**崇綺**　　　　(滿)**成林**(總) 十、戊戌、廿二,11.16；署吉將。十二、癸卯；改左。 十二、癸卯；工左改。
(滿)**榮祿** 正、癸亥、七,2.19；兼步統。	(滿)**榮祿**　　　　(滿)**志和** （兼步統）五、辛亥；遷左都。 五、辛亥；刑左改。十二、癸卯；署左都。
(↑)**慶陞**	(↑)**慶陞**　　　　(宗室)**麟書** 二、己亥、十九，3.22；病免。 二、己亥；刑左改。
(宗室)**綿宜**	(宗室)**綿宜**　　　　(宗室)**奎潤** 五、辛亥；改盛兵。 五、辛亥；左副授。
(滿)**全慶**　　(↑)**長叙**　　　(滿)**志和** 正、癸亥，遷左都。正、癸亥；闈學署兵左授。十一、乙卯，四,12.8；改刑右。十一、乙卯；闈學遷。	(滿)**志和**　　(宗室)**崑岡**　　　(宗室)**松森** 二、己亥；改刑右。二、己亥；閣學遷。三、癸亥；閣學遷。 三、癸亥；改兵左。
(滿)**崇厚** 闈學長叙署：正、癸亥，授禮右。闈學慶福署。	(滿)**崇厚**　　　　(宗室)**崑岡** 三、癸亥；改吏左。 三、癸亥；禮右改。
(滿)**烏拉喜崇阿**	(滿)**烏拉喜崇阿**
(滿)**紹祺**　　　　(宗室)**麟書** 十一、乙卯；改秦寧鎮。十一、乙卯；右改。	(宗室)**麟書**　　(滿)**志和**　　　(滿)**繼格** 二、己亥；改戶右。二、己亥；禮右改。五、辛亥；盛兵改。 五、辛亥；改戶左。
(宗室)**麟書**　　　　(滿)**長叙** 四、乙巳、廿,6.1；殿試讀卷。十一、乙卯；改左。十一、乙卯；禮右改。	(滿)**長叙**
(滿)**成林**(總) 正、癸亥；兼京右改兼京左。	(滿)**成林**(總)　　　　(滿)**文瀓** 三、癸亥；兼署吏左。十二、癸卯；左副授。 十二、癸卯；改吏右。
(↑)**德椿**	(↑)**德椿**
(滿)**桂清**	(滿)**桂清**
(宗室)**奎潤**	(宗室)**奎潤**　　　　(蒙)**錫珍** 五、辛亥；改禮左。六、己丑、十一,7.10；通政授。
(滿)**文瀓**	(滿)**文瀓** 十二、癸卯；改工左。

部院滿侍郎年表

年　代		光　緒　五　年　己卯(1879)
吏　部	左	(蒙)崇綺　五、癸巳、廿，7.9；改熱都。　(滿)成林(總)　五、甲午、廿一，7.10；右改。八、乙卯、十四，9.29；死。　(滿)志和　八、乙卯；右改。十一、辛卯、廿二，1.3；遷左都。　(宗室)麟書(總)　十一、壬辰、廿三，1.4；戶左改。
	右	(滿)成林(總)　五、甲午；改左。　(滿)志和　五、甲午；戶左改。八、丁未、六，9.21；順鄉副考。八、乙卯；改左。　(滿)烏拉喜崇阿　八、乙卯；兵右改。
戶　部	左	(滿)志和　五、甲午；改吏右。　(宗室)麟書(總)　五、甲午；右改。八、乙卯；兼京左。九、壬辰、廿二，11.5；直總。十一、壬辰；改吏左。　(宗室)崑岡　十一、壬辰；右改。(閣學)
	右	(宗室)麟書　五、甲午；改左。　(宗室)崑岡　五、甲午；兵右改。十一、壬辰；改左。八、壬寅、一，9.16；閣學。　(滿)長叙　十一、壬辰；刑左改。
禮　部	左	(宗室)奎潤　五、甲午；改兵左。　(宗室)松森　五、甲午；右改。
	右	(宗室)松森　五、甲午；改左。　(?)桂全　五、甲午；理左改。
兵　部	左	(宗室)崑岡　五、甲午；改戶右。　(宗室)奎潤　五、甲午；禮左改。
	右	(滿)烏拉喜崇阿　六、甲寅、十二，7.30；浙鄉正考。八、乙卯；改吏右。　(?)恩麟　八、乙卯；閣學遷。
刑　部	左	(滿)繼格　二、壬午、八，2.28；改倉侍。　(滿)長叙　二、壬午；右改。十一、壬辰；改戶右。　(滿)松溎　十一、壬辰；前駐藏授。　閣學崇禮署。
	右	(滿)長叙　二、壬午；改左。　(滿)啓秀　二、壬午；工右改。六、癸卯、一，7.19；改盛刑。　(滿)文澂　六、癸卯；工左改。十一、辛未、二，12.14；病免。　(蒙)錫珍　十一、壬申、三，12.11；工右改。
工　部	左	(滿)文澂　五、乙酉、十二，7.1；閩鄉正考。六、癸卯；改刑右。　(蒙)師曾　六、癸卯；閣學遷。
	右	(?)德椿　正、丁卯、廿三，2.13；休。　(滿)啓秀　正、丁卯；閣學遷。二、壬午；改刑右。　(蒙)錫珍　二、壬午；理右改。十一、壬申；改刑右。　(滿)興廉　十一、壬申；閣學遷。
倉　　場		(滿)桂清　二、壬午；死。　(滿)繼格　二、壬午；刑左改。
都察院		(蒙)錫珍　正、丁卯；改理右。　(宗室)寶森　三、丙午、二，3.24；大理授。　(滿)崇勳　正、壬申、廿八，2.18；通政授。

510

光緒 六 年　庚辰(1880)	光緒 七 年　辛巳(1881)
(宗室)麟書(總)　　　(滿)烏拉喜崇阿 三、癸酉、六,4.14;會試副考。十、辛酉、廿六,11.28;遷左都。　　十、辛酉;右改。	(滿)烏拉喜崇阿　　　(宗室)奎潤 　十、癸酉、十四,12.5;還左都。　十、癸酉;右改。
(滿)烏拉喜崇阿　(宗室)奎潤 四、丁巳、廿,5.28;殿試讀卷。十、辛酉;改左。　十、辛酉;兵左改。	(宗室)奎潤　　　　(蒙)錫珍 　十、癸酉;改左。　　十、癸酉;戶右改。
(宗室)崑岡 (闈學)	(宗室)崑岡 (闈學)
(滿)長叙　　　(蒙)錫珍 　　　十二、戊戌、五,1.4;刑右改。	(蒙)錫珍　　　　(漢)崇禮(總) 　十、癸酉;改吏右。　十、癸酉;禮右改。
(宗室)松森　　　(?)桂全 八、丙午、十,9.14;改盛禮。　八、丙午;右改。	(?)桂全
(?)桂全　　　(漢)崇禮(總) 八、丙午;改左。　八、丙午;闈學遷。十、壬戌、廿七,11.29;兼京左。	(漢)崇禮(總)　　　(宗室)寶廷 十、癸酉;改戶右。　十、癸酉;闈學遷。
(宗室)奎潤　　　(蒙)耀年 十、辛酉;改吏右。　十、辛酉;闈學遷。	(蒙)耀年
(?)恩麟	(?)恩麟
(滿)松湉	(滿)松湉
(蒙)錫珍　　　(宗室)敬信 四、丁巳;殿試讀卷。　十二、戊戌;闈學遷。 十二、戊戌;改戶右。	(宗室)敬信
(蒙)師曾	(蒙)師曾
(滿)興廉	(滿)興廉
(滿)繼格	(滿)繼格
(宗室)寶森　　　(蒙)鍾濂 十、辛酉;改盛兵。　十一、戊子、廿四,12.25;通政授。	(蒙)鍾濂
(滿)崇勳	(滿)崇勳

部院滿侍郎年表

年　代		光　緒　八　年　壬午(1882)
吏 部	左	(宗室)**奎潤**
	右	(蒙)**錫珍** 六、甲子、十,7.24;署倉侍。
戶 部	左	(宗室)**崑岡** 八、甲寅、一,9.12;卸闈學。
	右	(漢)**崇禮**(總)　　　　　　　　　　　　　　　(?)**恩福** 五、丁酉、十二,6.27;降三調。　　　　　五、戊申、廿三,7.8;盛戶改。
禮 部	左	(?)**桂全**
	右	(宗室)**寶廷** 五、丁酉;閩鄉正考。十二、壬午、卅,2.7;革。
兵 部	左	(蒙)**耀年**
	右	(?)**恩麟**　　　　(宗室)**福錕**　　　　(宗室)**敬信**　　　　(蒙)**師曾** 正、辛亥、廿四,　　正、辛亥;西寧授。　五、戊申;刑右改。　六、甲子; 3.13;休。　　　　五、戊申;刑右互調。　六、甲子;工左互調。　工左改。
刑 部	左	(滿)**松溎**
	右	(宗室)**敬信**　　　　　　　　　　　　(宗室)**福錕** 五、戊申;兵右互調。　閩學貴恆署。　　五、戊申;兵右改。
工 部	左	(蒙)**師曾**　　　　　　　　　　(宗室)**敬信** 六、甲子;兵右互調。　　　　　　六、甲子;兵右改。
	右	(滿)**興廉**
倉　場		(滿)**繼格** 六、甲子;憂,吏右錫珍署。
都 察 院		(蒙)**鐘濂**　　　　　　　　　　(蒙)**文暉** 五、戊申;改盛兵。　　　　　　七、己丑、五,8.18;通政授。
		(滿)**崇勳** 十二、戊辰、十六,1.24;革。

光緒九年　癸未(1883)

(宗室)奎潤 六、庚午、廿二,7.25;降二調。	(蒙)錫珍 六、庚午、右改。九、丁未、卅,10.30;改倉侍。	(滿)景廉(總) 九、丁未;閣學遷。十一、乙未、十八,12.17;遷兵尚。	(宗室)崑岡 十一、丙申、十九,12.18;右改。
(蒙)錫珍 四、庚午、廿,5.26;殿試讀卷。六、庚午;改左。	(宗室)崑岡 六、庚午;戶左改。十一、丙申;改左。		(宗室)奎潤 十一、丙申;閣學遷。
(宗室)崑岡 六、庚午;改吏右。	(宗室)福錕 六、庚午;右改。十一、壬寅、廿五,12.24;兼京左。		
(?)恩福 二、甲寅、三,3.11;改熱都。	(宗室)福錕 二、甲寅;刑右改。六、庚午;改左。	(宗室)敬信 六、庚午;工左改。十一、辛丑、廿四,12.23;病免。	(滿)嵩申 十一、壬寅;禮右改。
(?)桂全			
(滿)貴恒 正、丁酉、十五,2.22;閣學遷。二、甲寅;改刑右。	(滿)嵩申 二、甲寅;閣學遷。四、庚午;殿試讀卷。十一、壬寅;改戶右。		(滿)熙敬 十一、壬寅;閣學遷。
(蒙)燿年			
(蒙)師曾			
(滿)松湉			
(宗室)福錕 正、丙午、廿四,3.3;知貢舉。二、甲寅、三,3.11;改戶右。	(滿)貴恒 二、甲寅;禮右改。三、丙戌、六,4.12;會試副考。四、庚午、廿,5.26;殿試讀卷。		
(宗室)敬信 六、庚午;改戶右。	(滿)興廉 六、庚午;右改。		
(滿)興廉 六、庚午;改左。	(滿)景善 六、庚午;閣學遷。		
(滿)繼格 九、丁未;改熱都(廣將)。	(蒙)錫珍 九、丁未;吏左改。		
(蒙)文暉			
(滿)懷塔布 正、庚戌、廿八,3.7;太常授。十二、丁巳、十一,1.8;改秦寧鎮。			

部院滿侍郎年表

年　代		光緒十年　甲申(1884)
吏 部	左	(宗室)**崑岡**　三、庚寅、十五,4.10;遷左都。　(宗室)**奎潤**　三、庚寅;右改。八、乙酉、十四,10.2;遷左都。　(滿)**松湘**　八、丙戌、十五,10.3;右改。
	右	(宗室)**奎潤**　三、庚寅;改左。　(滿)**松湘**　三、庚寅;刑左改。八、丙戌;改左。　(滿)**熙敬**　八、丙戌;工右改。
戶 部	左	(宗室)**福錕**　五、癸卯、廿九,6.22;遷工尚。　(滿)**嵩申**　閏五、甲辰、一,6.23;右改。
	右	(滿)**嵩申**　閏五、甲辰;改左。　(滿)**景善**　閏五、甲辰;工左改。
禮 部	左	(?)**桂全**　五、己丑、十五,6.8;改刑左。　(滿)**慶麟**　五、己丑;閣學遷。
	右	(滿)**熙敬**　閏五、乙巳、二,6.24;改工右。　閣學慶福署。　(宗室)**敬信**　七、乙卯、十三,9.2;前戶右授。
兵 部	左	(蒙)**耀年**
	右	(蒙)**師曾**
刑 部	左	(滿)**松湘**　三、庚寅;改吏右。　(滿)**賣恒**　三、庚寅;右改。五、己丑;病免。　(?)**桂全**　五、己丑;禮左改。
	右	(滿)**賣恒**　三、庚寅;改左。　**文暉**　三、庚寅;左副授。
工 部	左	(滿)**興廉**　五、戊子;改倉侍。　(滿)**景善**　五、己丑;右改。閏五、甲辰;改戶右。　(滿)**烏拉布**　閏五、乙巳;右改。
	右	(滿)**景善**　五、己丑;改左。　(滿)**烏拉布**　五、己丑;閣學遷。閏五、乙巳;改左。　(滿)**熙敬**　閏五、乙巳;禮右改。八、丙戌;改吏右。　(滿)**清安**　八、丙戌;科布多參贊授。
倉　場		(蒙)**錫珍**　五、戊子、十四,6.7;遷左都。　(滿)**興廉**　五、戊子;工左改。
都 察 院		(蒙)**文暉**　三、庚寅;改刑右。　(?)**志元**　四、乙巳、一,4.25;太常授。
		(滿)**英煦**　正、丙午、卅,2.26;大理授。

光緒十一年　乙酉(1885)	光緒十二年　丙戌(1886)
(滿)**松湤**	(滿)**松湤**
(滿)**熙敬**	(滿)**熙敬**
(滿)**嵩申**	(滿)**嵩申** 　三、辛丑、八,,4.11;會試副考。
(滿)**景善**	(滿)**景善** 　四、癸未、廿,,5.23;殿試讀卷。
(滿)**慶麟**　　　(蒙)**文暉** 　　　　　三、辛亥、十二,,4.26; 　　　　　刑右改。	(蒙)**文暉**　　　(宗室)**敬信** 　五、丁未、十五,,6.16;　　五、丁未;右改。 　改盛禮。
(宗室)**敬信**	(宗室)**敬信**　　　　**英煦** 　五、丁未;改左。　　五、丁未;左副授。
(蒙)**耀年**	(蒙)**耀年**
(蒙)**師曾**	(蒙)**師曾**
(?)**桂全**	(?)**桂全**
(蒙)**文暉**　　　(滿)**貴恒** 　三、辛亥;改理左。　三、辛亥;前刑左授。 　　　　　　　八、丁卯、一,,9.9;皖學。	(滿)**貴恒** 　(皖學)　五、丁未;閩學纘昌(總)署。
(滿)**烏拉布**	(滿)**烏拉布** 　正、戊午、廿四,,2.27;知貢舉。
(滿)**清安**	(滿)**清安**
(滿)**興廉**	(滿)**興廉**
(?)**志元**	(?)**志元**
(滿)**英煦** 　七、癸卯、七,,8.16;魯鄉正考。 　七、乙巳、九,,8.18;大理明桂署。	(滿)**英煦**　　　(宗室)**奕年** 　五、丁未;改禮右。　七、戊戌、七,,8.6;通 　　　　　　　　　政授。

部院滿侍郎年表

年　代		光緒十三年　丁亥(1887)		光緒十四年　戊子(1888)	
吏	左	(滿)松溎		(滿)松溎	
部	右	(滿)熙敬 正、辛亥、廿三, 2.15；户右互調。	(滿)景善 正、辛亥；户 右改。	(滿)景善 六、壬辰、十二,7.20；贛鄉正考。	
户	左	(滿)嵩申		(滿)嵩申 十一、戊午、十一, 12.13；遷左都。	(滿)熙敬 十一、壬戌、十五, 12.17；右改。
部	右	(滿)景善 正、辛亥；吏右 互調。	(滿)熙敬 正、辛亥；吏 右改。	(滿)熙敬 十一、壬戌； 改左。	(宗室)敬信 十一、壬戌；禮 左改。
禮	左	(宗室)敬信		(宗室)敬信 十一、壬戌； 改户右。	(蒙)續昌(總) 十一、壬戌； 右改。
部	右	(滿)英煦 二、戊子、卅,3.24； 改盛刑。	(蒙)續昌(總) 二、戊子；閣學 (總)遷。	(蒙)續昌(總) 十一、壬戌； 改左。	(蒙)文興 十一、壬戌； 閣學遷。
兵	左	(蒙)耀年 △十二月,死。	(蒙)師曾 十二、丁未、廿五, 2.6；右改。	(蒙)師曾	
部	右	(蒙)師曾 十二、丁未； 改左。	(宗室)綿宜 十二、丁未； 理右改。	(宗室)綿宜 三、癸亥、十二, 4.22；改盛户。	(漢)崇禮 三、癸亥；理 左改。
刑	左	(?)桂全		(?)桂全	
部	右	(滿)貴恒 (皖學)		(滿)貴恒 八、庚辰、一,9.9；卸皖學。	
工	左	(滿)烏拉布		(滿)烏拉布 八、庚辰；閩學。	
部	右	(滿)清安		(滿)清安	
倉　　場		(滿)興廉		(滿)興廉	
都 察 院		(?)志元		(?)志元 十二、辛丑、廿四,1.25；改泰寧鎮。	
		(宗室)奕年		(宗室)奕年	

光緒十五年　己丑(1889)	光緒十六年　庚寅(1890)
(滿)**松溎**	(滿)**松溎**
(滿)**景善**　　　　　(宗室)**敬信** 　三、戊辰、廿三，4.22；　　　三、戊辰；戶右改。 　病免(禮右)。	(宗室)**敬信** 　二、癸酉、三，2.21；知貢舉。 　五、己丑、廿一，7.7；兼京左。
(滿)**熙敬**　　　　　　(蒙)**續昌**(總) 　六、丁酉、廿三，7.20；　　六、己亥、廿五， 　改正紅漢都。　　　　　7.22；右改。	(蒙)**續昌**(總)
(宗室)**敬信**　(蒙)**續昌**(總)　(漢)**崇禮** 　三、戊辰；　三、戊辰；禮左改。　六、己亥； 　改吏右。　六、己亥；改左。　兵右改。	(漢)**崇禮**
(蒙)**續昌**(總)　　　(蒙)**文興** 　三、戊辰；改戶右。　　三、戊辰；右改。	(蒙)**文興**
(蒙)**文興**　(滿)**寶昌**　　　(滿)**景善** 　三、戊辰；　三、戊辰，闈學遷。七、壬子、十、己亥、廿 　改左。　八，8.4；魯鄉正考。十、壬七，11.19； 　　　　辰、廿，11.12；降三調。前史右授。	(滿)**景善**
(蒙)**師曾**	(蒙)**師曾**
(漢)**崇禮**　　　　(漢)**巴克坦布** 　六、己亥；改戶右。　六、己亥；內務授。	(漢)**巴克坦布**
(?)**桂全**	(?)**桂全**　　　　　(滿)**清安** 　十二、丁巳、廿二，　十二、戊午、廿三，2.1； 　1.31；死。　　　　右改。
(滿)**貴恒** 　正、己巳、廿三，2.22；知貢舉。	(滿)**貴恒**　(滿)**清安**　　　(滿)**鳳秀** 　二、壬午、十二，二、甲申、十四，十二、戊午 　3.2；遷左都。3.4；工右改。盛兵改。 　　　　十二、戊午；改左。
(滿)**烏拉布** 　(闈學)	(滿)**烏拉布**　　　(滿)**裕德** 　(闈學)十二、戊午；　(魯學)　十二、庚申、廿 　死。　　　　　　五，2.3；闈學遷。
(滿)**清安**	(滿)**清安**　　(宗室)**豐烈**　　　(滿)**桂祥** 　二、甲申；　二、甲申，闈學遷。十二、戊午 　改刑右。　十二、戊午；改盛兵。承恩公授。
(滿)**興廉**	(滿)**興廉**
(宗室)**奕林** 　二、辛巳、五，3.6；大理授。	(宗室)**奕林**
(宗室)**奕年**	(宗室)**奕年**

部院滿侍郎年表

年　代		光緒十七年　辛卯(1891)	光緒十八年　壬辰(1892)
吏部	左	(滿)松湍	(滿)松湍　八、甲申、廿九,10.19;遷工尚。　(宗室)敬信　八、甲申;右改。
	右	(宗室)敬信	(宗室)敬信　八、甲申;改左。　(滿)崇光　八、甲申;工右改。
户部	左	(蒙)續昌(總)	(蒙)續昌(總)　三、丙子、十八,4.14;病免(死)。　(漢)崇禮(總)　三、戊寅、廿,4.16;右改。
	右	(漢)崇禮(總)　十一、甲子、四,12.4;兼京右。十一、乙亥、十五,12.15;直總。	(漢)崇禮(總)　三、戊寅;改左。　(蒙)立山　三、戊寅;正白漢副授。
礼部	左	(蒙)文興　十一、己巳、九,12.9;改盛禮。　(滿)啓秀　十一、己巳;前盛户授。	(滿)啓秀　正、壬午、廿二,2.20;知貢舉。八、壬申、十七,10.7;改盛兵。　(滿)長麟　八、壬申;閣學遷。
	右	(滿)景誾	(滿)景誾
兵部	左	(蒙)師曾	(蒙)師曾
	右	(漢)巴克坦布	(漢)巴克坦布
刑部	左	(滿)清安	(滿)清安
	右	(滿)鳳秀	(滿)鳳秀　三、戊寅;盛工互調。　(宗室)阿克丹　三、戊寅;盛工改。
工部	左	(滿)裕德　八、壬辰、一,9.3;卸魯學。	(滿)裕德
	右	(滿)桂祥　十一、戊辰、八,12.8;改鑲白漢副。　(滿)崇光　十一、己巳;内務授。	(滿)崇光　八、甲申;改吏右。　(?)志顏　八、甲申;閣學遷。
倉場		(滿)興廉　四、壬寅、九,5.16;解、議(革)。　(滿)祥麟　四、丁未、十四,5.21;閣學遷。	(滿)祥麟
都察院		(宗室)奕杕	(宗室)奕杕
		(宗室)奕年	(宗室)奕年

光緒十九年　癸巳(1893)		
(宗室)敬信 　　九、乙酉、六，10.15；還左都。	(宗室)壽蔭 　　九、乙酉；兵右改。	
(滿)崇光		
(漢)崇禮(總)		
(蒙)立山		
(滿)長麟		
(滿)景善		
(蒙)師曾 　　五、壬午、一，6.14；休。	(漢)巴克坦布 　　五、甲申、三，6.16；右改。	
(漢)巴克坦布 　　五、甲申；改左。	(宗室)壽蔭 　　五、甲申；閣學遷。九、乙酉；改吏左。	(？)克們泰 　　九、乙酉；工左改。
(滿)清安 　　正、乙未、十一，2.27；病免(死)。	(宗室)阿克丹 　　正、乙未；右改。	
(宗室)阿克丹 　　正、乙未；改左。	(滿)裕德 　　正、乙未；工左改。 　　八、乙卯、六，9.15；順鄉副考。	
(滿)裕德 　　正、乙未；改刑右。	(？)克們泰 　　正、乙未；閣學遷。九、乙酉；改兵右。	(滿)鳳鳴 　　九、乙酉；理左改。
(？)志顏 　　九、乙酉；改理左。	(漢)英年 　　九、乙酉；奉宸署。	
(滿)祥麟		
(宗室)奕杕		
(宗室)奕年		

部院滿侍郎年表

年代		光緒二十年　甲午(1894)
吏部	左	(宗室)**壽蔭** 正、甲辰、廿六,3.3;兼京左。 八、乙丑、廿一,9.20;改盛兵。 (滿)**崇光** 八、丁卯、廿三,9.22;右改。
	右	(滿)**崇光** 八、丁卯;改左。 (滿)**長萃** 八、丁卯;閣學遷。
户部	左	(漢)**崇禮**(總) 正、癸卯、廿五,3.2;遷理尚。 (蒙)**立山** 正、癸卯;右改。
	右	(蒙)**立山** 正、癸卯;改左。 (?)**克們泰** 正、癸卯;兵右改。 △十一月,假。 (滿)**長麟** 十二、乙巳、三,12.29;禮右改。
禮部	左	(滿)**長麟** 十二、乙巳;改左。 (滿)**剛毅**(軍) 十二、乙巳;右改。
	右	(滿)**景善** 正、壬寅、廿四,3.1;休。 (滿)**志鋭** 正、癸卯;閣學遷。正、丁未、廿九,3.6;知貢舉。四、丙寅、廿,5.24;殿試讀卷。十月,赴熱。十一、壬午、十,12.6;改烏里雅蘇台參贊大臣。 (滿)**剛毅**(軍) 十一、壬午;候侍授。十二、乙巳;改左。 (宗室)**溥善** 十二、乙巳;閣學遷。
兵部	左	(漢)**巴克坦布**
	右	(?)**克們泰** 正、癸卯;改户右。 (?)**榮惠** 正、癸卯;閣學遷。
刑部	左	(宗室)**阿克丹**
	右	(滿)**裕德** 正、癸卯;遷左都。 (漢)**文琳** 正、癸卯;奉宸署。十一、丙子、四,11.30;授。
工部	左	(滿)**鳳鳴**
	右	(漢)**英年** 正、己卯、一,2.6;授。八、乙丑;兼京左。
倉場		(滿)**祥麟**
都察院		(宗室)**奕杕** (宗室)**奕年**

光緒二一年　乙未(1895)	
(滿)崇光	
(滿)晨萃	
(蒙)立山	
(滿)晨麟 十、甲申、十七，12.3，革。	(滿)剛毅(軍) 十、丙戌、十九，12.5，禮左改。
(滿)剛毅(軍) 十、丙戌，改戶右。	(宗室)溥善 十、丙戌，右改。
(宗室)溥善 十、丙戌，改左。	(滿)塈岫 十、丙戌，闊學遷。
(漢)巴克坦布	
(↑)榮惠	
(宗室)阿克丹	
(漢)文琳	
(滿)鳳鳴	
(漢)英年	
(滿)祥麟	
(宗室)奕杕	
(宗室)奕年 十二、丙戌、廿，2.3，病免。	

部院滿侍郎年表

年　代		光緒二二年　丙申(1896)	光緒二三年　丁酉(1897)
吏	左	(滿)崇光	(滿)崇光
部	右	(滿)長萃　　　　(宗室)溥善 十二、辛酉、一，　十二、辛酉；禮 1.3；改倉侍。　　左改。	(宗室)溥善
戶	左	(蒙)立山	(蒙)立山
部	右	(滿)剛毅(軍)　　(宗室)溥良 四、庚寅、廿五，　四、庚寅；理左 6.6；遷工尚。　　改。	(宗室)溥良 八、癸亥、六，9.2；順鄉副考。
禮	左	(宗室)溥善　　　(滿)堃岫 十二、辛酉；　　十二、辛酉；右 改吏右。　　　　改。	(滿)堃岫
部	右	(滿)堃岫　　　　(宗室)溥頤 十二、辛酉；　　十二、辛酉；闈 改左。　　　　　學遷。	(宗室)溥頤
兵	左	(漢)巴克坦布　　(?)榮惠 五、丁未、十三，　五、戊申、十四， 6.23；病免。　　6.24；右改。	(?)榮惠
部	右	(?)榮惠　　　　(滿)文治 五、戊申；改左。　五、戊申；闈學 　　　　　　　　遷。	(滿)文治
刑	左	(宗室)阿克丹	(宗室)阿克丹
部	右	(漢)文琳	(漢)文琳
工	左	(滿)鳳鳴	(滿)鳳鳴
部	右	(漢)英年	(漢)英年
倉　　場		(滿)祥麟　　　　(滿)長萃 十一、己未、廿八，　十二、辛酉；吏 1.1；改察都。　　右改。	(滿)長萃
都察院		(宗室)奕枺	(宗室)奕枺
		(?)良培 △正、乙丑、卅，3.13；通政授。	(?)良培

光緒二四年　戊戌(1898)

(滿)**崇光**

(宗室)**溥譽**

(蒙)**立山**

(宗室)**溥良**
　　正、丙午、廿二,2.12;知貢舉。四、壬寅、廿,6.8;殿試讀卷。

(滿)**堃岫**	(滿)**闊普通武**	(宗室)**溥頤**	(?)**榮惠**
七、庚午、十九,9.4;革。闊學壽耆署。	七、癸酉、廿二,9.7;闊學遷。十、戊申、廿八,12.11;改西寧。	十、戊申;闊學遷。十二、辛巳、二,1.1;兵左互調。	十二、辛巳;兵左改。

(宗室)**溥頤**	(滿)**薩廉**		(宗室)**溥顧**
七、庚午;革。	七、辛未、廿,9.5;裁缺通政署。七、癸酉;授。闊學準良署。十二、庚辰、一,1.12;盛兵互調。		十二、庚辰;盛兵改,兼京右。

(?)**榮惠**	(宗室)**溥頤**
十二、辛巳;禮左互調。	十二、辛巳;禮左改。

(滿)**文治**
　　三、己丑、六,3.27;會試副考。

(宗室)**阿克丹**
　　四、壬寅;殿試讀卷。

(漢)**文琳**	(滿)**堃岫**
九、丁卯、十七,10.31;死。	九、丁卯;前禮左授。

(滿)**鳳鳴**

(漢)**英年**

(滿)**晨萃**

(宗室)**奕杕**

(?)**良培**

部院滿侍郎年表

年　　代		光緒二五年　己亥(1899)
吏部	左	(滿)崇光
	右	(宗室)溥譽
戶部	左	(蒙)立山
	右	(宗室)溥良
禮部	左	(？)榮惠
	右	(宗室)溥頣
兵部	左	(宗室)溥頣　　　　　　　　　　　　　　　　　　(宗室)阿克丹
		正、癸亥、十五、2.24；刑左互調。　　　　　　　正、癸亥；刑左改。
	右	(滿)文治
		正、壬申、廿四、3.5；浙學，閣學景灃署。
刑部	左	(宗室)阿克丹　　　　(宗室)溥頣　　　　　　　　(滿)崇勳
		正、癸亥；兵左互調。　　正、癸亥；兵左改。　　　十、庚寅、十六、
		十、庚寅；改盛刑。　　11.18；閣學遷。
	右	(滿)堃岫
工部	左	(滿)鳳鳴
	右	(漢)英年
倉　　場		(滿)晨萃
都察院		(宗室)奕杕
		(？)培良　　　　　　　　　　　　　(？)慶福
		△六月，假。　　　　　　　　　　　七、癸丑、八、8.13；太常授。

光緒二六年　庚子(1900)

（滿）**崇光**
　　△七月，死。

（宗室）**溥善**
　　七、辛丑、二，7.27；右改。

（宗室）**溥善**
　　七、辛丑；改左。

（宗室）**溥頎**
　　七、辛丑；禮右改。

（蒙）**立山**
　　三、庚申、十八，4.17；遷戶尚。

（漢）**英年**
　　三、辛酉、十九，4.18；工左改。
　　八、甲申、十五，9.8；遷左都。

（滿）**桂春**（總）
　　八、甲申；禮右改。

（宗室）**溥良**
　　八、乙酉、十六，9.9；兼京左。九、戊寅、十，11.1；粵學。
　　九、癸巳、廿五，11.16；遷左都。

（滿）**那桐**（總）
　　九、癸巳；禮右改。

（？）**榮惠**

（宗室）**溥頎**
　　七、辛丑；改吏右。

（滿）**桂春**（總）
　　七、辛丑；閩學遷。七、癸卯；直總。
　　八、甲申；改戶左。八、丙子；兼京右。

（滿）**那桐**（總）
　　八、甲申；理左改。
　　九、癸巳；改戶右。

（宗室）**綿文**
　　（皖學）
　　九、癸巳；閩學遷。

（宗室）**阿克丹**
　　十二、甲子、廿七，2.15；遷理尚。

（滿）**貽穀**
　　十二、甲子；閩學遷。

（滿）**文治**
　　九、癸巳；卸浙學，改調粵學。

（滿）**崇勳**

（滿）**堃岫**
　　五、甲寅、十四，6.10；改馬蘭鎮。

（滿）**景灃**
　　五、乙卯、十五，6.11；理左改。

（滿）**鳳鳴**
　　△死。

（漢）**英年**
　　正、甲子、廿一，2.20；右改。
　　三、辛酉；改戶左。

（滿）**世續**
　　三、辛酉；右改。
　　十二、辛丑、四，1.23；遷理尚。

（漢）**繼祿**
　　十二、辛丑；
　　内務授。

（漢）**英年**
　　正、甲子；改左。

（滿）**世續**
　　正、甲子；閩學遷。
　　三、辛酉；改左。

（宗室）**溥興**（總）
　　三、辛酉；閩學遷。
　　五、甲寅；直總。

（滿）**長萃**

（宗室）**奕杕**

（？）**慶福**

部院滿侍郎年表

年　代		光緒二七年　辛丑(1901)	光緒二八年　壬寅(1902)
吏部	左	(宗室)溥善	(宗室)溥善
	右	(宗室)溥頲	(宗室)溥頲　四、癸巳、三,5.10;病免。　　(漢)繼祿　四、癸巳;工左改。
户部	左	(滿)桂春(總)　六、甲辰、十,7.25;卸總(改設外務部)。	(滿)桂春　十二、甲辰、十八,1.16;改倉侍。　　(滿)景澧　十二、甲辰;刑右改。
	右	(滿)那桐(總)　四、戊午、廿三,6.9;兼京左。五、乙丑、一,6.16;專使日本大臣。九、乙酉、廿三,11.3;暫署外左。十二、丁巳、廿五,2.3;署外左。	(滿)那桐　(署外左)
礼部	左	(?)榮惠	(?)榮惠　二、癸卯、十二,3.21;盛禮互調。　　(蒙)特圖慎　二、癸卯;盛禮改。
	右	(宗室)綿文　(皖學)	(宗室)綿文　(皖學)
兵部	左	(滿)貽穀	(滿)貽穀　正、庚辰、十九,2.26;豫撫松壽署:四、癸巳;授工左。閩學孚琦署:十二、乙巳、十九,1.17;授刑右。閩學鐵良署。
	右	(滿)文治　(粵學)	(滿)文治　八、己丑、二,9.3;病,卸粵學。
刑部	左	(滿)崇勳	(滿)崇勳
	右	(滿)景澧　十一、癸未、廿一,12.31;兼京右。	(滿)景澧　十二、甲辰;改户左。　　(滿)孚琦　十二、乙巳;閩學署兵左授。
工部	左	(漢)繼祿	(漢)繼祿　四、癸巳;改吏右。　　(滿)松壽　四、癸巳;署兵左授。七、庚午、十二,8.15;署熱都,內務文廉署。
	右	(宗室)溥興(總)　六、甲辰;卸總。	(宗室)溥興
倉　場		(滿)晨萃　三、丁丑、十一,4.29;革。　　(蒙)榮慶　三、己卯、十三,5.1;大理署。	(蒙)榮慶　四、癸巳;授。十二、甲辰;遷刑尚。　　(滿)桂春　十二、甲辰;户左改。
都察院		(宗室)奕杕	(宗室)奕杕
		(?)慶福	(?)慶福　四、癸丑、廿三,5.30;改泰寧鎮。　　(滿)恩順　五、己巳、十,6.15;大理授。

光緒二九年　癸卯(1903)	
(宗室)**溥善**	
(漢)**繼禄**	
(滿)**景澧**	
(滿)**那桐** 　正、丁卯、十一,2.8；前往日本參加賽會。三、辛酉、六, 　4.3；卸署外左。五、乙卯、一,5.27；遷户尚。	(滿)**鐵良** 　五、乙卯；閣學遷。
(蒙)**特圖慎**	
(宗室)**綿文** 　八、壬子、一,9.21；卸皖學。	
(滿)**貽穀** 　八、壬戌、十一,10.1；　　閣學鐵良署：正、辛巳、廿五,2.22；差。 　改綏將。　　　　　閣學崇壽署：三、乙丑、十,4.7；授工左。武備增崇署。	(漢)**增崇** 　八、癸亥、十二, 　10.2；武備授。
(滿)**文治** 　九、庚戌、卅,11.18；病免。	(滿)**恩順** 　九、庚戌；左副授。
(滿)**崇勳**	
(滿)**孚琦**	
(滿)**松壽** 　正、戊辰、十二,2.9；知貢舉。　内務文廉署：正、壬午、廿六,2.23；差。 　三、甲子、九,4.6；改熱都。　閣學溥鋼署。	(滿)**崇壽** 　三、乙丑；閣學署兵 　左遷。
(宗室)**溥興** 　五、丙辰、二,5.28；兼京左。 　八、癸酉、廿二,10.12；遷左都。	(宗室)**溥鋼** 　八、甲戌、廿三, 　10.13；閣學遷。
(滿)**桂春**	
(宗室)**奕杕**	
(滿)**恩順** 　九、庚戌；改兵右。	(？)**明啓** 　十、壬子、二,11.20； 　光禄授。

部院滿侍郎年表

年　代		光緒三十年　甲辰(1904)	光緒三一年　乙巳(1905)
吏 部	左	(宗室)**溥善**　　　(蒙)**特圖慎** 十一、乙未；禮左改。	(蒙)**特圖慎**　　　(漢)**繼祿** 正、乙未、廿二，　　正、丙申、廿三， 2.25；禮左都。　　　2.26；右改。
	右	(漢)**繼祿**	(漢)**繼祿**　(宗室)**壽耆**　(漢)**增崇** 正、丙申；　　正、丙申；理左　六、庚申、 改左。　　　改。六、庚申；十八，7.20； 　　　　　　遷左都。　　兵左改。
戶 部	左	(滿)**景灃**	(滿)**景灃**
	右	(滿)**鐵良**　　　(漢)**增崇** 四、癸亥、十五，　四、癸亥；兵左改。 5.29；兵左互調。	(漢)**增崇**　(滿)**鐵良**(軍、學)　　**柯逢時** 五、己亥、　　五、己亥；兵左改。六、　十一、己 廿七、6.29；　壬子、十、7.12；兼署　卯；統稅 兵左互調。　兵尚。七、丁酉、廿六、大臣授。 　　　　　8.26；學習入直。十一、商右丞 　　　　　己卯、十、12.6；遷戶尚。紹英署。
禮 部	左	(蒙)**特圖慎**　　(滿)**薩廉** 十一、乙未、廿一，　十一、乙未；盛兵改。 12.27；改吏左。	(滿)**薩廉**
	右	(宗室)**綿文** 五、戊戌、廿，7.3；殿試讀卷。	(宗室)**綿文**
兵 部	左	(漢)**增崇**　　　(滿)**鐵良** 四、癸亥；　　　　四、癸亥；戶右改。 戶右互調。	(滿)**鐵良**　(漢)**增崇**　(宗室)**景厚** 五、己亥；　五、己亥；戶右　六、庚申；裁 戶右互　　改。六、庚申；缺盛禮授。 調。　　　改吏右。
	右	(滿)**恩順**	(滿)**恩順**
刑 部	左	(滿)**崇勳**	(滿)**崇勳**
	右	(滿)**孚琦**	(滿)**孚琦**
工 部	左	(滿)**崇壽**	(滿)**崇壽**
	右	(宗室)**溥錭**	(宗室)**溥錭**
倉　　場		(滿)**桂春**	(滿)**桂春**
都 察 院		(宗室)**奕杕**	(宗室)**奕杕**
		(?)**明啓**	(?)**明啓**　　　(滿)**台布** 正、丙申；改理左。　正、丁酉、廿四， 　　　　　　　　2.27；太僕授。

528

光緒三二年　丙午(1906)		
(漢)繼祿		〔九、乙卯、廿一,11.7;內務府大臣。〕
(漢)增崇		
(滿)景灃		〔九、丙辰、廿二,11.8;授鑲藍漢都。〕
柯逢時		〔九、乙卯;授桂撫。〕
(滿)薩廉		〔九、丙辰,授正黃護統。〕
(宗室)綿文	(宗室)景厚 七、壬子;兵左改。	〔九、乙卯;仍禮右。〕
(宗室)景厚 七、壬子、十七,9.5;改禮右。	(蒙)壽勳 七、壬子;鑲紅漢副授。	〔九、乙卯;仍陸左。〕
(滿)恩順		〔九、乙卯;授理右。〕
(滿)崇勳	(滿)紹昌 正、甲午、廿六,2.19; 闈學遷。	〔九、乙卯;仍法左。〕
(滿)孚琦		〔十、丙寅、三,11.18;授廣州副都。〕
(滿)崇壽		〔九、丙辰;授正白漢副。〕
(宗室)溥鋼		〔九、丙辰;授鑲紅漢副。〕
(滿)桂春		
(宗室)奕枎 正、壬辰、廿四,2.17;休。	(滿)伊克坦 正、甲午;光祿授。	〔九、乙卯;仍左副。〕
(滿)台布		〔卅三年、三、乙卯、廿四,1907.5.6;署正黃蒙都。〕

嘉慶十九年(1814)工部右侍郎

變 化 詳 表

(滿)**徽瑞**	二、丙辰、廿四，3.15；改左。
(滿)**穆克登額**	二、丙辰；刑左改。
	閏二、甲子、二，3.23；改禮右。
(滿)**那彥寶**	閏二、甲子；理右改。
	五、乙未、五，6.22；改刑右。
(滿)**英綬**	五、乙未；理左改。
	七、壬子、廿四，9.7；解。
(蒙)**熙昌**	七、壬子；理右改。
	八、戊辰、十，9.23；改刑右。
(滿)**成格**	八、戊辰；刑左改。
	十、乙丑、八，11.19；改戶右。
(滿)**穆克登額**	十、乙丑；禮左改。
	十一、壬辰、五，12.16；改左。
(滿)**潤祥**	十一、壬辰；盛戶改。
	十一、壬寅、十五，12.26；改倉侍。
(滿)**普恭**	十一、壬寅；倉侍改。

部院漢侍郎年表

六部左侍郎各一人
六部右侍郎各一人
總督倉場戶部右侍郎一人
兵部督捕右侍郎一人
（順治十一年設，康熙三八年裁）
都察院左副都御史二人

順治元年至光緒三二年
1644—1906

（注一）順治十五年以前，六部左、右侍郎員額
均不固定，一律用虛綫分開。
（注二）光緒卅二年(1906)改組後部分及光緒
廿七年（1901）後新設各部均見新設
各部侍郎年表。

部院漢侍郎年表

年 代		順 治 元 年　甲 申（1644）	
吏 部	左	(漢)**祖澤洪** △參政改。	**沈惟炳** △七月，任。
	右	(漢)**馬光輝** △參政改。	
戶 部	左	(漢)**鄧長春**(三等男) 十、丙辰、二，10.31；革。	(漢)**王國光** △參政改。
	右	**党崇雅** 七、乙未、十，8.11；原明臣授。 九、己丑、四，10.4；改刑左。	**王公弼** 十、壬申、十八，11.16；通政遷。
禮 部	左	(漢)**柯汝極** △三、壬辰、四，4.10；任。	**孫之獬** △十一、乙未、十一，12.9；侍講遷。
	右	(漢)**祖澤遠** 四、己巳、十二，5.17；任。	**何瑞徵** 六、己未、三，7.6；少詹兼翰講學遷。
兵 部	左	(漢)**金維城** △參政改。	**劉餘祐** △明兵左授。
	右	**金之俊**	
刑 部	左	(漢)**孟喬芳** △參政改。	**党崇雅** 九、己丑；戶右改。
	右	(漢)**李率泰** 正、庚寅、一，2.8；任。	
工 部	左	**葉初春**	
	右	(漢)**金玉和** 正、庚寅；任。八、己巳、十四，9.14；改副將。	**李化熙** 九、己丑；明兵右授。
倉　場		**謝啓光** 十、甲戌、廿，11.18；明南京兵左授。	
都 察 院		**劉漢儒** 六、癸亥、七，7.10；明四川巡撫授。	

順 治 二 年　乙 酉（1645）		
（漢）祖澤洪	沈惟炳 正、乙巳、廿一，2.17；革。	陳名夏 二、丙辰、三，2.28；修撰遷。
（漢）馬光輝	熊文舉 三、乙酉、二，3.29；右通遷。 六、辛未、廿，7.13；病免。	金之俊 七、丁丑、廿八，9.17；兵右改。
王國光	王公弼 二、丙辰；右改。	
王公弼 二、丙辰；改左。	任　濬 二、丙辰；明兵右授。六、辛酉、十，7.3；省假。	（漢）祝世允 七、己未、十，8.30；任。
（漢）柯汝極	孫之獬 閏六、癸卯、廿三，8.14； 招撫江西。	李若琳 七、壬戌、十三，9.2；弘文學士授。
（漢）祖澤遠	何瑞徵 六、丁丑、廿六，7.19；休。	高爾儼 七、壬戌；秘書讀學授。
（漢）金維城	劉餘祐	
金之俊 七、丁丑；改吏右。	李元鼎 七、己卯、卅，9.19；太常遷。	
孟喬芳 四、甲戌、廿二，5.17；改三邊總督。	党崇雅	
（漢）李率泰	房可壯 十一、戊寅、卅，1.16；大理遷。	
葉初春 △憂免。	李化熙 四、癸亥、十一，5.6；右改。	
李化熙 四、癸亥；改左。	趙京仕 四、癸亥；太僕遷。	
謝啓光		
劉漢儒		

部院漢侍郎年表

年代		順治三年　丙戌(1646)		順治四年　丁亥(1647)	
吏部	左	(漢)祖澤洪	陳名夏	(漢)祖澤洪　五、戊辰、廿八，6.30；解。	陳名夏
	右	(漢)馬光輝	金之俊	(漢)馬光輝	金之俊
戶部	左	(漢)王國光	王公弼	(漢)王國光	王公弼
	右	(漢)祝世允	張鳳翔　五、甲子、十九，7.1；明兵左授。	(漢)祝世允	張鳳翔
禮部	左	(漢)柯汝極	李若琳	(漢)柯汝極	李若琳
	右	(漢)祖澤遠	高爾儼	(漢)祖澤遠	高爾儼
兵部	左	(漢)金維城	劉餘祐	(漢)金維城	劉餘祐
	右	李元鼎		李元鼎　三、甲寅、十三，4.17；革。	李化熙　四、庚辰、九，5.13；假滿工左管。
刑部	左	党崇雅	(漢)李率泰	党崇雅	(漢)李率泰
	右	房可壯	(漢)徐大貴　五、丙辰、十一，6.23；正白漢副、工理事遷。	房可壯	(漢)徐大貴
工部	左	李化熙　五、丙寅、廿一，7.3；省假。	(漢)佟國允　七、丙午、二，8.12；吏理事遷。	(漢)佟國允	趙京仕　六、癸酉、四，7.5；右改。
	右	趙京仕		趙京仕　六、癸酉；改左。	王永吉　六、癸酉、大理遷。六、丙子、七，7.8；革。　劉昌　六、丙戌、十七，7.18；太僕遷。
倉場		謝啓光		謝啓光	
都察院		劉漢儒　六、壬辰、十七，7.29；病免。(康四死)	(漢)夏玉　七、己酉、五，8.15；甲喇章京授。	(漢)夏玉	
		徐啓元　十、癸巳、廿一，11.27；明鄖陽撫治授。		徐啓元	

順治五年　戊子(1648)

陳名夏	張鳳翔	王一品
七、丁丑、十四，9.1；遷吏尚。	七、己丑、廿六，9.13；戶右改。	三月，順尹遷。八、己酉、十七，10.3；改鳳陽巡撫。

(漢)馬光輝	金之俊	高爾儼	(漢)周國佐
	七、丁丑；遷工尚。	八、乙巳、十三，9.29；禮右改。	十、戊戌、七，11.21；理事遷。

(漢)王國光	王公弼	戴明説
	八、辛酉、廿九，10.15；革。	九、丁丑、十六，10.31；右改。

(漢)祝世允	張鳳翔	戴明説	梁雲構
	七、己丑；改吏左。	七、己丑；太常遷。九、丁丑；改左。	九、丁丑；大理遷。

(漢)柯汝極	(漢)吳汝玠	李若琳	胡世安
△五月，改副都。	五、壬午、十八，7.8；任。	七、丁丑；遷禮尚。	八、乙巳；國史學士授。

(漢)祖澤遠	劉元弼	高爾儼	陳之遴
	五、壬午；任。	八、乙巳；改吏右。	八、乙巳；秘書讀學授。

(漢)金維城	劉餘祐	李化熙
	七、丁丑；遷兵尚。	△七、己丑；右改。

李化熙	孫承澤	劉仲金
△七、丁丑；改左。	七、己丑；大理遷。	五、壬午；戶理事遷。

黨崇雅	房可壯	(漢)李率泰
七、己巳；遷刑尚。	七、己丑；右改。	

房可壯	熊奮渭	(漢)徐大貴	馬如龍
七、己丑；改左。	七、己丑；理少遷。		五、壬午；刑理事遷。

(漢)佟國允	趙京仕	劉昌
	七、己丑；改倉場。	七、己丑；右改。

劉昌	李仍晙	郭朝宗
七、己丑；改左。	七、己丑；任。	五、壬午；任。

黼啓光	趙京仕
七、丁丑；遷戶尚。	七、己丑；工左改。

(漢)夏玉	(漢)蔡士英
八、乙卯、廿三，10.9；改天津巡撫。	九、癸亥、二，10.17；左僉升。

徐啓元	孫昌齡
七、丁丑；遷左都。	七、己丑；太僕遷。

部院漢侍郎年表

年　代		順治六年　己丑（1649）		
吏 部	左	張鳳翔		
	右	（漢）馬光輝 　六、辛丑、十三，7.22；解。	高爾儼	（漢）周國佐
戶 部	左	（漢）王國光 　△出征。	戴明説	
	右	（漢）祝世允	梁雲構 十、癸巳、八，11.11；死。	馮　杰 八、乙巳、十八，9.24；大理遷。
禮 部	左	（漢）吳汝玠	胡世安	王　鐸 正、戊寅、十九，3.1； 弘文學士授禮尚管。
	右	劉元弼	陳之遴	
兵 部	左	（漢）金維城	李化熙	
	右	孫承澤	劉仲金	
刑 部	左	房可壯	（漢）李率泰	
	右	熊畜渭	馬如龍	（漢）徐大貴
工 部	左	（漢）佟國允 　△改左副。	劉　昌	
	右	李迎晙	郭朝宗	
倉　場		趙京仕		
都 察 院		（漢）蔡士英	（漢）佟國允 十、己亥、十四，11.17；工左改。	
		孫昌齡 十、癸巳；死。	趙繼鼎 八、乙巳；太常遷。	

順 治 七 年　庚 寅(1650)	
張鳳翔	
高爾儼	(漢)周國佐
戴明說	
(漢)祝世允	馮　杰
(漢)吳汝玠　　　　　　胡世安 三、癸酉、廿,4.20;改駐防杭州。	王　鐸　　　(漢)祖澤遠 （禮尚管）　　　　五、辛酉、九,6.7;任。
陳之遴	
(漢)金維城	李化熙
孫承澤	劉仲金
房可壯	(漢)李率泰
熊奮渭	(漢)徐大貴 △駐防杭州（正白漢副）。
劉　昌	
李迎晙	
趙京仕	
(漢)蔡士英	(漢)佟國允
趙繼鼎	

部院漢侍郎年表

年　代		順　治　八　年　辛卯（1651）			
吏	左	張鳳翔 閏二、戊辰、廿一，4.18； 遷工尚。	高爾儼 三、癸未、六，4.25；右改。 八、己酉、四，9.18；遷吏尚。		熊文舉 八、乙卯、十，9.24； 原吏右授。
部	右	高爾儼 三、癸未；改左。	孫承澤 三、癸未；兵右改。	周國佐 十二、丁卯、廿四， 2.3；改江寧巡撫。	（漢）李率泰 閏二、丙寅、十九，4.8； 刑左改。三、己丑、十 二，5.1；遷弘文。
戶	左	戴明說 閏二、乙丑、十八， 4.7；降二調。	（漢）祝世允 九、丙戌、十二 10.25；復任。	（漢）馬光輝 五、乙酉、九，6.26；刑 左改。十、辛酉、十七， 11.29；改直督。	王永吉 八、乙卯； 原工右授。
部	右	（漢）祝世允 △四月，革。	趙繼鼎 八、乙丑、廿，10.4； 左副改。	馮杰 四、壬子、六， 5.24；死。 任澄 二、己丑、十一，3.2； 原任授。	（漢）馬鳴佩 十二、壬子、 九，1.19；任。 十八，5.5；改倉場。
禮	左	胡世安	王鐸 （禮尚管）		（漢）祖遠澤
部	右	陳之遴 閏二、戊辰、廿一，4.10；遷禮尚。			
兵	左	（漢）金維城	李化熙		
部	右	孫承澤 三、癸未；改吏右。	李元鼎 八、乙卯；原官起用。		劉仲金
刑	左	房可壯 十、丙午、二，11.14； 改左副。	孟明輔 十、壬戌、十八， 11.30；右改。	（漢）李率泰 閏二、丙寅； 改吏右。 （漢）馬光輝 閏二、丙寅；任。 五、乙酉；改戶左。	馬汝龍 五、乙酉；任。
部	右	熊奮渭 閏二、乙丑；休。	孟明輔 八、乙丑；通政遷。十、壬戌；改左。	張鼎延 十、壬戌；大理遷。	
工	左	劉昌	李顯貴 八、乙卯；工理事遷。		
部	右	李迎晙	臧國祚 閏二、丙寅；任。七、丙戌、十一，8.26；革。		
倉　場		趙京仕 閏二、乙丑；休。	任澄 三、癸巳；戶右改。		
都 察 院		（漢）蔡士英	（漢）佟國允		
		趙繼鼎 八、乙丑；改戶右。	房可壯 十、丙午；刑左遷右都管。		

順 治 九 年　壬辰(1652)			
熊文舉 △乞養。三、乙未、廿四,5.1;殿試讀卷。		**孫承澤** 八、壬子、十三,9.15;右改。	
孫承澤 四、丁卯、廿六,6.2;解。五、戊戌、廿八, 7.3;復。八、壬子;改左。		**成克鞏** 五、壬辰、廿二,6.27;弘文學士改。五、戊戌、廿八, 7.3;解。八、壬子;授,仍兼弘文學士。	
(漢)祝世允		**王永吉** 三、乙未;殿試讀卷。	
趙繼鼎 三、乙未;殿試讀卷。		**(漢)馬鳴佩**	
胡世安 三、癸巳、廿二,4.29; 遷禮尚。	**王　鐸　　張　端** 三、乙亥、四、　　五、壬辰;學士授。 4.11;遷禮尚。	**(漢)祖澤遠** 二、乙丑、廿三,4.1; 改江南提督。	**祝萬春** 三、己丑、十八, 4.25;任。
呂崇烈 五、壬辰;秘書讀學授。			
(漢)金維城	**李化熙** 十、丙寅、廿八,11.28;遷刑尚。	**李元鼎** 十、戊寅、十,12.10;右改。	
李元鼎 三、乙未;殿試讀卷。十一、戊寅;改左。		**張鼎延** 十一、乙未、廿七,12.27;刑右改。	
孟明輔 三、乙未;殿試讀卷。		**馬汝龍**	
張鼎延 十一、乙未;改兵右。			
劉　昌	**(漢)李顯貴** 正、乙酉、十三,2.21;解。	**楊麒祥** 二、丁未、五,3.14;任。	
李迎晬 三、乙未;殿試讀卷。			
任　濬			
(漢)蔡士英 四、丙午、五,5.12;改江西巡撫。	**(漢)范達禮** 五、壬午、十二,6.17;任。	**(漢)佟國允**	
房可壯 三、乙亥;遷左都。		**傅景星** 三、癸巳;通政遷。	

部院漢侍郎年表

<table>
<tr><td colspan="2">年　代</td><td>順治十年　癸巳（1653）</td></tr>
<tr><td rowspan="2">吏
部</td><td>左</td><td>孫承澤　三、庚寅、廿四,4.21;病免。（康十五年死）　　成克鞏　四、丙午、十一,5.7;右改。四、己未、廿四,5.20;遷吏尚。　　孟明輔　四、丙午;刑左改,管右事。</td></tr>
<tr><td>右</td><td>成克鞏　四、丙午;改左。　劉正宗　五、己巳、四,5.30;學士授。閏六、丙寅、三,7.26;遷弘文大學士。　　呂　宮　閏六、乙亥、十二,8.4;學士授。十二、丁卯、五,1.23;遷弘文大學士。　　高　珩　十二、癸未、廿一,2.8;禮右改。</td></tr>
<tr><td rowspan="2">戶
部</td><td>左</td><td>（漢）祝世允　　　王永吉　二、甲寅、十七,3.16;遷兵尚。　　孫廷銓（三月改名廷銓）　二、庚申、廿三,3.22;左通遷。</td></tr>
<tr><td>右</td><td>趙繼鼎　△三月.假。　王弘祚　三、庚寅;太僕衛郎遷戶郎遷。　（漢）馬鳴佩　七、辛亥、十八,9.9;改滿缺倉侍。　（漢）范達禮　七、甲寅、廿一,9.12;左副改。</td></tr>
<tr><td rowspan="2">禮
部</td><td>左</td><td>張　端　閏六、丙寅;遷國史大學士。　呂崇烈　閏六、乙亥;右改。　　祝萬春</td></tr>
<tr><td>右</td><td>呂崇烈　閏六、乙亥;改左。　高　珩　閏六、乙亥;國史學士授。十二、癸未;改吏右。　　梁清標　十二、癸未;秘書學士授。</td></tr>
<tr><td rowspan="2">兵
部</td><td>左</td><td>（漢）金維城　二、辛酉、廿四,3.23;革。　（漢）李祖蔭　△三月,任。　李元鼎　二、辛酉;革。　張秉貞　二、丙辰、十九,3.18;通右參遷。五、壬辰、廿七,6.22;遷刑尚。　衛周允　六、壬子、十八,7.12;右改。</td></tr>
<tr><td>右</td><td>張鼎延　四、乙卯、廿,5.16;休。　衛周允　四、己未;工左改。六、壬子;改左。　　杜立德　六、壬子;工左改管。</td></tr>
<tr><td rowspan="2">刑
部</td><td>左</td><td>孟明輔　四、丙午;改吏左管右事。　　衛周祚　四、己未;僕少遷。</td></tr>
<tr><td>右</td><td>黃熙允　正、庚辰、十三,2.10;太僕遷。四、癸丑、十八,5.14;病免。（康九死）　　龔鼎孳　四、己未;常少遷。</td></tr>
<tr><td rowspan="2">工
部</td><td>左</td><td>劉　昌　正、庚寅、廿三,2.20;遷工尚。　衛周允　二、丙辰;理少遷。四、己未;改兵右。　　杜立德　三、庚寅;常少遷。六、壬子;管兵右。　李士焜　六、壬子;右改。</td></tr>
<tr><td>右</td><td>李迎晙　三、丁卯、一,3.29;病免。（十一月死）　李士焜　五、己巳、四,5.30;太僕遷。六、壬子;改左。　傅景星　六、壬子;左副改。</td></tr>
<tr><td colspan="2">倉　場</td><td>任　濬</td></tr>
<tr><td rowspan="2">都
察
院</td><td colspan="2">（漢）范達禮　七、甲寅;改戶右。　　（漢）張朝璘　七、己未、廿六,9.17;梅勒章京授。　　（漢）佟國允</td></tr>
<tr><td colspan="2">傅景星　六、壬子;改工右。　　林德馨　閏六、丙寅;湖廣左布遷。</td></tr>
</table>

年代		順治十一年　甲午(1654)			
吏部	左	孟明輔 三、乙卯、廿五,5.11; 遷兵尚。	高珩 四、丙寅、七,5.22;右改。九、丁未、 廿一,10.30;省假。(十五年府丞)		衛周祚 九、壬子、廿六,11.4;右改。
	右	高珩 四、丙寅;改左。	杜立德 四、丙寅;兵右改吏左管。 九、庚寅、四,10.13;降調。	衛周祚 五、甲寅、廿五,7.9;刑 左改。九、壬子;改左。	梁清標 九、壬子;禮右改。
戶部	左	(漢)祝世允	孫廷銓 二、庚午、九, 3.27;省假。	龔鼎孳 二、壬子、十一,4.8;刑右改。 五、丙午、十七,7.1;遷左都。	王弘祚 五、甲寅;右改。
	右	趙繼鼎 九、己丑、三,10.12;休。	王弘祚 五、甲寅;改左。	郝傑 五、甲寅;大理授。	(漢)范達禮 二、戊子、廿七,4.14; 改滿缺倉侍。
禮部	左	呂崇烈 十一、己酉、廿三,12.31; 休。(康五死)	薛所蘊 十二、丁巳、一,1.8;右改。		祝萬春
	右	梁清標 九、壬子;改吏右。	薛所蘊 △十月,學士授。十二、丁巳;改左。		胡兆龍 十二、丁巳;學士授。
兵部	左	(漢)李祖蔭 二、庚寅、廿九, 4.16;改直督。	陳逢泰 三、辛亥、廿一, 5.7;任。	衛周允 八、辛未、十四, 9.24;降三調。	李呈祥 八、丙子、十九,9.29; 督捕改。
	右	杜立德 四、丙寅;改吏左管右事。	張基遠 四、戊寅、十九,6.3;太常遷。 八、辛未;降二調。		黃徽允 八、丙子;太僕遷。
刑部	左	衛周祚 五、甲寅;改吏左管右事。	李際期 六、丙寅、八,7.21;右改。		
	右	龔鼎孳 二、壬午;改戶左。	李際期 二、庚寅、廿九,4.16;左通遷。 六、丙寅;改左。		林德馨 六、丙寅;左副改。
工部	左	李士焜	(漢)蔣國柱 △二月,僉都授。		
	右	傅景星	(漢)李顯貴 二、戊子、廿七,4.14;梅勒章京授。		
倉場		任濬 八、庚辰、廿三,10.3;遷刑尚。	王永吉 九、壬辰、六,10.15;降補大學士授。		
督捕		魏琯 正、甲辰、十三,3.1;大理遷。 六、庚午、十二,7.25;降三調。	李呈祥 六、己卯、廿一,8.3;通政遷。 六、丙子;改兵左。	梁清遠 八、庚辰;大理遷。	
都察院		(漢)張朝璘	(漢)佟國光		
		林德馨 六、丙寅;改刑右。	周亮工 六、己卯;閩左布遷。		

部院漢侍郎年表

年　代		順治十二年　乙未（1655）
吏部	左	**衛周祚** 三、戊戌、十三,4.19；殿試讀卷。五、己酉、廿六,6.29；遷工尚。　**梁清標** △五月,右改。七、甲申、二,8.3；憂(命依限回部)。
部	右	**梁清標** △五月,改左。　**袁懋功** 十、丙子、廿六,11.23；刑左改吏右管左事。
戶	左	（漢）**祝世允** 十、辛未、廿一,11.18；改鑲紅漢都。　（漢）**柯永馞** 十一、卯申、四,12.1；梅勒章京授。　**王弘祚** 三、戊戌；殿試讀卷。
部	右	**郝傑** 二、甲子、九,3.16；病免。　**趙開心** 二、丙午、十五,3.22；太僕遷。三、戊子、三,4.9；降調。　**周亮工** 三、乙未、十,4.16；左副改。三、癸未、一,8.2；解。　**曹溶** 七、壬辰、十,8.11；左副改。十、甲子、十四,11.11；改粵布。　**杜篤祜** 十、甲寅、四,11.1；府丞遷。△憂免。　**朱之弼** 十一、癸未、三,11.3；府丞遷。
禮	左	**薛所蘊**　**祝萬春** 九、丁酉、十六,10.15；病免。
部	右	**胡兆龍** 正、甲辰、十九,2.24；仍回內院辦事。　**李奭棠** 正、丁未、廿二,2.27；國史學士授。　**王國雄** 十、壬戌、十二,11.9；梅勒章京授。
兵	左	**陳逢泰**　**李呈祥** 三、乙未；改倉侍。　**黃徽允** 三、庚子、十五,4.21；右改。四、庚辰、廿六,5.31；休。　**原毓宗** 五、丁亥、四,6.7；右改。
部	右	**黃徽允** 三、庚子；改左。　**原毓宗** 三、庚子；府丞遷。五、丁亥；改左。　**孫廷銓** 五、丁亥；原戶左授。十、癸酉、廿三,11.20；遷兵尚。　**高景** 六、癸亥、十,7.13；府丞遷。
刑	左	**李際期** 二、戊午、三,3.10；遷刑尚。　**戴明說** 二、庚午、十五,3.22；右改。三、戊子、三,4.9；遷戶尚。　**袁懋功** 三、乙未；右改。十、甲寅；殿試讀卷。十、丙子；改吏右。　**王爾祿** 十一、癸未；右改。十二、乙丑、十五,1.11；降。
部	右	**林德馨** 五、庚戌、十七,6.30；死。　**戴明說** 正、乙卯、卅,3.7；桂右布遷。二、庚午；改左。　**袁懋功** 二、庚午；通政遷。三、乙未；改左。　**王爾祿** 三、乙未；大理遷。十一、癸未；改左。　**楊義** 十一、癸未；大理遷。
工	左	**李士焜** 十、甲子；改浙右布。　**朱鼎延** 十、甲寅；右改。　（漢）**蔣國柱**
部	右	**傅景星** 五、壬寅、十九,6.22；病假。　**朱鼎延** 五、庚戌；通政升。十、甲寅；改左。　**程正揆** 十、甲寅；太僕遷。
倉　場		**王永吉** 二、庚辰、廿五,4.1；遷國史大學士。　**李呈祥** 三、戊戌；殿試讀卷。三、乙未；兵左改。
督　捕		**梁清遠** 三、癸丑、廿八,5.4；葬假。　**霍達** 四、庚申、六,5.11；大理遷。
都察院		（漢）**張朝璘**　（漢）**佟國允** 十二、壬申、廿二,1.18；病免。　**周亮工** 三、乙未；改戶右。　**曹溶** 三、庚子；左通政遷。七、壬辰；改戶右。　**孫建宗** 七、己亥、十七,8.18；大理遷。△九月,外調。　**魏裔介** 十、甲寅；常少遷。

順治十三年　丙申（1656）

梁清標 四、壬申、廿四， 5.17；遷兵尚。	**高　珩** 五、辛巳、三，5.26；原任授。 閏五、戊辰、廿一，7.12；降。	**梁清遠** 六、己丑、十二，8.2；戶右改。 十二、戊寅、五，1.18；降。	**白允謙** 十二、癸未、十， 1.23；右改。
袁懋功 四、己酉、一， 4.24；降三調。	**董國祥** 四、己巳、廿一，5.14；刑 右改。閏五、戊辰；降。	**白允謙** 六、己丑；學士授。 十二、癸未；改左。	**朱鼎延** 十二、甲午、十一， 2.3；工左改。	**(漢)盧崇峻** 四、乙亥、廿七， 5.20；理事遷。
(漢)柯永櫶 三、甲辰、廿五，4.19； 改鑲紅漢都。	**(漢)張朝璘** 四、乙亥；左副改。閏五、 丙寅、十九，7.10；改贛撫。	**(漢)張仲第** 六、丁亥、十， 7.31；任。	**王弘祚**
朱之弼 四、己酉；降。	**梁清遠** 四、己巳；原督捕授。 六、己丑；改吏左。	**郝維訥** 六、己亥、廿二， 8.12；大理遷。	**(漢)蔣國柱** 六、戊寅、一，7.22；工左改。 十、丁丑、三，11.18；改操江。
薛所蘊			
李奧棠		**(漢)王國雄** 十一、辛亥、七，12.22；解。	
陳逢泰		**原毓宗**	
高　景			
楊　義 正、己丑、十，2.4；右改。			
楊　義 正、己丑；改左。 四、己巳；改吏右。	**董國祥** 正、己丑；府丞遷。	**莊應會** 五、丁亥、九，6.1；川左布遷。	**張爾素** 十二、己亥、廿六，2.8；通政遷。
朱鼎延 十二、甲午；改吏右。	**孫肇興** 十二、己亥、廿六，2.8； 右改。	**(漢)蔣國柱** 六、戊寅；改戶右。	**(漢)賈漢復** 七、辛酉、十五，9.3； 都理事遷。
傅景星 九、庚戌、五，10.22； 病免。	**程正揆** △九、庚戌；解。	**孫肇興** 十二、甲午；府丞遷。 十二、己亥；改左。	**林起龍** 十二、己亥；大理遷。
李呈祥			
霍　達			
(漢)張朝璘 四、乙亥；改戶左。			
魏裔介			

部院漢侍郎年表

年　代		順治十四年　丁酉（1657）			
吏部	左	白允謙 四、癸巳、廿一，6.2；遷刑尚。		朱鼎延 六、丙子、五，7.15；右改。	
	右	朱鼎延　朱之錫 六、丙子；六、丙子；弘文學士授。七、 改左。　庚申、十九，8.28；改總河。	王崇簡 八、壬申、二， 9.9；學士授。	（漢）盧崇峻 正、庚申、十七， 3.1；改宣大總督。	（漢）楊茂勳 三、乙卯、十二，4.25； 督捕右理遷。
戶部	左	（漢）張仲第		王弘祚	
	右	郝維訥		謝道 正、乙丑、廿二，3.6；魯左布遷。	
禮部	左	薛所蘊 十一、乙卯、十七，12.21；休。		李奭棠 十二、己卯、十一，1.14；右改。	
	右	李奭棠 十二、己卯；改左。	楊運昌 十二、己卯；國史學士授。	潘朝選 二、丙子、三，3.17；豫左布遷。	
兵部	左	原毓宗			
	右	高景 二、甲申、十一，3.25；憂免。		張天植 二、壬辰、十九，4.2；大理遷。	
刑部	左	楊義 八、癸未、十三，9.20；省假。		杜立德 八、己丑、十九，9.26；右改。	
	右	張爾素 八、丁亥、十六， 7.26；病假。	杜立德 六、辛丑、卅，8.9；大理 遷。八、己丑；改左。	李藻 八、己丑；府丞遷。 十二、辛卯、廿三，1.26；死。	（漢）藺應魁 正、乙丑、十二， 3.6；桂右布遷。
工部	左	孫肇興 十一、丁未、九，12.13； 休。（康元死）	林起龍 十二、戊子、廿，1.23；右改。	（漢）賈漢復 九、丙午、七，10.13；改豫撫。	
	右	程正揆 三、壬申、廿九，5.12；革。		林起龍 十二、戊子；改左。	
倉場		李呈祥			
督捕		霍達			
都察院		魏裔介 正、癸丑、十，2.22；遷左都。		傅維鱗 正、乙丑、廿二，3.6；通政遷。 七、丙辰、十五，8.24；革。	

順治十五年　戊戌（1658）		
朱鼎延 二、戊寅、十一，3.14；假。	**王崇簡** 二、乙酉、十八，3.21；右改。 六、甲申、十八，7.18；遷禮尚。	**郝維訥** 七、甲寅、十九，8.17；右改。

王崇簡 二、乙酉；改左。	**郝維訥** 二、乙酉；戶右改。三、壬戌、廿五， 4.27；殿試讀卷。七、甲寅；改左。	**梁清寬** 七、甲寅；國史 學士授。	**（漢）楊茂勳**
（漢）張仲第	**王弘祚** 三、壬戌；殿試讀卷。 四、己酉、十四，8.12；遷戶尚。		**傅維鱗** 七、甲寅；右改。
郝維訥 二、乙酉；改吏右。	**傅維鱗** 三、辛亥、十四，4.1；左 副改。七、甲寅；改左。	**杜篤祜** 七、甲寅；原任授。	**謝　道**

李羨棠	
楊遇昌	**（漢）潘朝選** 七、己酉；改保定巡撫。
原毓宗 五、壬子、十六，6.16；葬假。	**劉　達** 六、丁卯、一，7.1；大理遷。
張天楨	**李棠馥** 六、丁卯；川按遷。
杜立德 三、壬戌；殿試讀卷。十、戊寅、十五，11.9；武殿讀卷。	
（漢）董應魁 七、己酉；改粵撫。	**鹽　鼎** 二、庚寅、廿三，3.26；粵按遷。
林起龍 十二、戊子、廿六，1.18；改倉侍。	
張縉彥 二、丙子、九，3.12；浙左布遷。	
李呈祥 十二、辛巳、十九，1.11；葬假。	**林起龍** 十二、戊子；工左改。
霍　達	
王永吉 十、乙亥、十二，11.6；常少遷。	
傅維鱗 正、癸丑、十六，2.17；起用。三、辛亥；改戶右。	**鑊朝鼎** 五、癸卯、七，6.7；浙按遷。

部院漢侍郎年表

年　代		順治十六年　己亥（1659）
吏 部	左	**郝維訥** △三月，憂免。　　**梁清寬** 三、庚子、九，3.31；右改。　　**石　申** 九、壬申、十四，10.29；右改，仍兼。 九、辛未、十三，10.28；病免。　　九、辛未、十三，10.28；殿試讀卷。
	右	**梁清寬**　　**石　申**　　**馮　溥**　　**楊茂勳** 三、庚子；改左。　三、庚子；翰讀學升。　四、丙申、六，5.26；殿試讀　十二、丙午、廿，1.31； 九、壬申；改左。　　　卷。九、壬申；翰讀學遷。　署總河。
戶 部	左	（漢）**張仲第**　　**傅維鱗**　　**杜篤祜** 三、己亥、八，3.30；　△十二、丁酉、十一，1.22；降。　十二、丁酉；右改。 改延綏巡撫。
	右	**杜篤祜**　　**袁懋功**　　**謝　道** 十二、丁酉；改左。　十二、丁酉；左副改。
禮 部	左	**李奧業**
	右	**楊運昌**　　　　**沙　澄** 閏三、丙子、十六，5.6；假。　閏三、丁亥、廿七，5.17；詹事遷。
兵 部	左	**劉　達**
	右	**李棠馥**
刑 部	左	**杜立德**　　　　**鍾　鼎** 九、丁丑、十九，11.3；遷刑尚。　十、丙申、九，11.22；右改。
	右	**鍾　鼎**　　　　**高　景** 十、丙申；改左。　十、丙申；服闋兵右授。
工 部	左	**楊　義** 正、乙巳、十三，2.4；原刑左授。
	右	**張縉彥**
倉　場		**林起龍** 九、辛未；殿試讀卷。
督　捕		**霍　達** 九、辛未；殿試讀卷。
都 察 院		**王永吉**　　　　**袁懋功** 二、癸未、廿二，3.14；死（文通）。　二、壬午、廿一，3.13；大理寺丞遷。 十二、丁酉；改戶右。
		錢朝鼎　　　　**陳　協** 十二、辛亥、廿五，2.5；府丞遷。

順治十七年　庚子（1660）

石　申

馮　溥	（漢）楊茂勳
	六、戊子、五，7.11；署總河改湖廣巡撫。　〔六、癸巳、十，7.10；裁漢軍缺。〕

杜篤祜

袁懋功	嚴正矩	謝　道
三、甲戌、十九，4.28；改滇撫。	四、癸卯、十九，5.27；太常遷。	四、己丑、五，5.13；免。　〔四、己丑；停補。〕

李霦棠	沙　澄
二、壬寅、十七，3.27；休。（康六死）	三、庚辰、廿五，5.4；右改。

沙　澄	黄　機
三、庚辰；改左。	三、庚辰；翰讀學遷。

劉　達

李棠馥

鍾　鼎	高　景	李　敬
二、壬寅；外調（陝隴右道）。	八、庚辰；右改。	八、戊戌、十五，9.19；右改。
	八、丁亥、四，9.8；改倉侍。	

高　景	李　敬	吳正治
三、庚辰；改左。	三、庚辰；府丞遷。八、戊戌；改左。	八、戊戌；工右改。

楊　義	馬棻曾
三、辛未、十六，4.25；改倉侍。	五、丁巳、三，6.10；右改。

張縉彥	張　琦	馬棻曾	吳正治	李呈祥
二、壬寅；降四調。	三、辛未；大理遷。四、丙申、十二，5.29；改陝撫。	四、癸卯；通政遷。五、丁酉；改左。	五、丁巳；陝按遷。八、戊戌；改刑右。	九、甲子、十二，10.15；任。

林起龍	楊　義	高　景
二、壬寅；改鳳陽巡撫。	三、辛未；工左改。七、庚午、十七，8.22；遷工尚。	八、丁亥；刑左改。

霍　達	陳　協
二、壬子、廿七，4.6；遷工尚。	三、辛未；左副改。

陳　協	朱之弼
三、辛未；改督捕。	四、甲午、十，5.18；通左參遷。

部院漢侍郎年表

年　代		順治十八年　辛丑（1661）		
吏　部	左	**石　申** 九、乙亥、廿三，11.14；病免。	**胡兆龍** 十、丁巳、十一，12.2；秘書學士授。	
	右	**馮　溥**		
戶　部	左	**杜篤祜**	**郝維訥** 閏七、甲午、十七，9.10；原吏左授。	
	右	**嚴正矩**	**朱之弼** 四、乙未、十六，5.14；左副改。	
禮　部	左	**沙　澄** 十二、丁未、二，1.21；遷禮尚。	**王　熙** 十二、丁巳、十二，1.31；弘文學士改禮尚管。	
	右	**黃　機**		
兵　部	左	**劉　達**		
	右	**李棠馥**		
刑　部	左	**李　敬**		
	右	**吳正治**		
工　部	左	**馬葉曾**	**傅維鱗** 五、己巳、廿一，6.17；原戶左授。 閏七、甲午、十七，9.10；遷工尚。	**李呈祥** 九、丙戌、十，11.1；右改。
	右	**李呈祥** 九、丙戌；改左。	**冀如錫** 九、丙戌；通政遷。	
倉　場		**高　景** 五、己巳；遷工尚。	**陳　協** 六、戊寅、一，6.26；督捕改。	
督　捕		**陳　協** 六、戊寅；改倉侍。	**高辛印** 六、戊子、十一，7.6；通政遷。	
都　察　院		**苗　澄** 九、己卯、三，10.25；左僉遷。 十、戊申、二，11.23；改直督。	**（漢）劉兆麒** 十、甲寅、八，11.29；宗人啓心郎授。 十二、癸酉、廿八，2.16；改湖廣巡撫。	
		朱之弼 四、乙未；改戶右。	**楊時薦** 四、丙午、廿七，5.25；府丞遷。	

康熙元年　壬寅(1662)		康熙二年　癸卯(1663)		
胡兆龍 八、辛酉、廿一、10.2； 病免。（三年死）	**馮　溥** 九、甲戌、四、10.15；右改。	**馮　溥** 七、乙未、卅，9.1；葬假。	**梁清寬** 八、甲寅、十九，9.20；右改。	
馮　溥 九、甲戌；改左。	**梁清寬** 九、甲戌；原吏左授。	**梁清寬** 八、甲寅；改左。	**郝維訥** 八、甲寅；戶左改吏左管右。	
郝維訥		**郝維訥** 八、甲寅；改吏左管右。	**朱之弼** 九、乙亥、十一，10.11；右改。	
朱之弼		**朱之弼** 九、乙亥；改左。	**艾元徵** 九、乙亥；國史學士授。	
王　熙		**王　熙**		
黃　機		**黃　機**		
劉　達		**劉　達**		
李棠馥 三、庚子、廿七，5.14； 病免。	**熊文舉** 四、辛亥、八，5.25； 原吏左授。	**熊文舉** 九、甲午、卅，10.30； 病免。（八年死）	**曹國柄** 十、壬子、十八，11.17； 左副改。	
李　敬 （四年死）	**吳正治** 四、丁巳、十四，5.31； 右改。	**吳正治**		
吳正治 四、丁巳；改左。	**張爾素** 四、丁巳；原任授。	**張爾素**		
李呈祥		**李呈祥**		
冀如錫		**冀如錫**		
陳　協		**陳　協** 九、戊子、廿四， 10.24；死。	**趙開心** 八、乙巳、十，9.11； 原僕少授。△旋死。	**王　度** 十、己亥、五， 11.4；大理遷。
高辛印 △乞養。	**楊時薦** 五、辛卯、十九，7.4；左副改。	**楊時薦**		
董安國 正、壬辰、十八，3.7；左僉遷。		（漢）**董安國**		
楊時薦 五、辛卯；改督捕。	**曹國柄** 六、乙巳、四，7.18；通政遷。	**曹國柄** 十、壬子；改兵右。	**董篤行** 十一、丁卯、三，12.2； 府丞遷。	

部院漢侍郎年表

年 代		康熙三年　甲辰(1664)	康熙四年　乙巳(1665)
吏 部	左	梁清寬	梁清寬
	右	郝維訥 二、己亥、六,3.3;會試副考。	郝維訥　　　　朱之弼 正、壬辰、五,　　　正、乙卯、廿八,3.14; 2.19;遷左都。　　　戶左改吏左管吏右事。
戶 部	左	朱之弼 九、丁未、十九,11.6;武會試副考。	朱之弼　　　　艾元徵 正、乙卯;改吏右。　二、壬戌、五,3.21;右改。
	右	艾元徵	艾元徵　　　　嚴正矩 二、壬戌;改左。　二、壬戌;原任授。
禮 部	左	王　熙	王　熙
	右	黃　機	黃　機
兵 部	左	劉　達	劉　達
	右	曹國柄	曹國柄
刑 部	左	吳正治	吳正治
	右	張爾素	張爾素　　　　石　申 八、壬午、廿九,10.7; 原吏左授。
工 部	左	李呈祥 九、己亥、十一,10.29;病免。(四年死)	冀如錫　　　　杜篤祜 正、己酉、廿二,3.8;　　十二、乙亥、廿四, 右改。△十二月,夏免。　1.28;右改。
	右	冀如錫	冀如錫　　　杜篤祜　　楊遇昌 正、己酉;　　正、己酉;原任　十二、乙亥; 改左。　　授。十二、乙　原禮右授。 　　　　　亥;改左。
倉　場		王　度	王　度
督　捕		楊時薦	楊時薦
都 察 院		(漢)蕫安國	(漢)蕫安國
		蕫篤行	蕫篤行

康熙五年　丙午(1666)		康熙六年　丁未(1667)	
梁清寬		梁清寬	
朱之弼 七、庚辰、一，8.1； 遷左都。	馮溥 七、戊戌、十九，8.19； 前吏左管。	馮溥 二、辛亥、六，2.28；會試副考。	
艾元徵		艾元徵	
嚴正矩		嚴正矩 九、丁未、六，10.22；武會副考。	
王熙 十一、丁丑、一，11.26； 遷左都。	黃機 十一、辛卯、十五，12.10； 右改。	黃機 三、丁亥、十三，4.5； 遷禮尚。	(漢)董安國 三、丙申、廿二，4.14； 右改。
黃機 十一、辛卯；改左。	(漢)董安國 十一、辛卯；左副改。	(漢)董安國 三　丙申；改左。	曹申吉 三、丙申；大理遷。
劉達		劉達 △休。	曹國柄 閏四、己卯、五，5.27；右改。
曹國柄		曹國柄 閏四、己卯；改左。	劉鴻儒 閏四、己卯；通政遷。
吳正治 △七月，省假。	石申 九、己卯、二，9.29；右改。	石申 三、辛巳、七，3.30； 革。	(漢)蔡毓榮 三、丁亥；右改。
石申 九、己卯；改左。	(漢)蔡毓榮 九、己卯；秘書學士授。	(漢)蔡毓榮 三、丁亥；改左。	王清 三、丁亥；弘文學士授。
杜篤祜		杜篤祜	
楊運昌		楊運昌	
王度		王度	
楊時薦 六、壬申、廿三，7.24；死。	章雲鷟 五、壬寅、廿二，6.24； 秘書學士授。	章雲鷟	
(漢)董安國 十一、辛卯；改禮右。	宋徵輿 十一、辛卯、廿三， 12.18；府丞遷。	宋徵輿 八、丁酉、廿五， 10.12；死。	左敬祖 七、甲子、廿二，9.9；通政遷。
董篤行		董篤行	

部院漢侍郎年表

年　代		康熙七年　戊申（1668）	康熙八年　己酉（1669）
吏 部	左	**梁清寬**　　　**杜篤祜** 十二、癸未、十九，　九、己未、廿三， 1.20；休。　　　　10.28；工左改。	**杜篤祜**
	右	**馮　溥**　（漢）**蔡毓榮** 九、辛亥、十五，　十二、庚寅、廿六，1.27； 10.20；遷左都。　刑左改吏左管右。	（漢）**蔡毓榮**
戶 部	左	**艾元徵**	**艾元徵**
	右	**嚴正矩**	**嚴正矩**
禮 部	左	（漢）**董安國**	（漢）**董安國**
	右	**曹申吉**	**曹申吉**
兵 部	左	**曹國柄** 十二、癸未；休。	**劉鴻儒** 正、辛酉、廿七，2.27；右改。
	右	**劉鴻儒**	**劉鴻儒**　　**李棠馥**　　**冀如錫** 正、辛酉；　正、辛酉；原倉　九、甲辰、十四， 改左。　　侍授。九、乙未、10.8；原工左授 　　　　五，9.29；休。　兵左管。
刑 部	左	（漢）**蔡毓榮** 十二、庚寅；改吏左管吏右事。	**王　清** 正、癸亥、廿九，3.1；右改。
	右	**王　清**	**王　清**　　　　**張爾素** 正、癸亥；改左。　正、癸亥；原任授。
工 部	左	**杜篤祜**　　　**楊遇昌** 九、己未；改吏左。　十、乙酉、廿，11.23； 　　　　　　　　右改。	**楊遇昌**
	右	**楊遇昌**　　　**吳正治** 十、乙酉；改左。　十、乙酉；原刑左授。	**吳正治**　　　　**高辛印** 二、癸酉、十，3.11；　三、甲午、一，4.1； 夏免。　　　　　原督捕授。
倉　　場		**王　度** 十一、丙辰、廿一，12.24；休。	**石　申** 九、甲辰；原刑左授。
督　　捕		**章雲鷺**	**章雲鷺**
都 察 院		**左敬祖**　　（漢）**金世德** 四、癸酉、五，　四、癸未、十五，5.25； 5.15；病免。　左僉遷。十二、庚寅， 　　　　　　改直隸巡撫。	（漢）**王光裕** 正、甲寅、廿，2.22；左僉遷。
		董篤行　　　**馬紹曾** 十一、丙辰；休。　十一、癸亥、廿八， 　　　　　　　12.31；督捕右理授。	**馬紹曾**

康 熙 九 年　庚 戌（1670）

杜篤祜	（漢）蔡毓榮	艾元徵	王　清
三、癸酉、廿六，5.5； 遷左都。	三、甲申、廿七，5.16；右改。 四、己丑、三，5.21；改川湖總督。	四、甲辰、十八，6.5；右改。 十一、癸酉、廿，12.31；遷左都。	十一、辛巳、廿八， 1.8；右改。
（漢）蔡毓榮	艾元徵	王　清	曹申吉
三、甲申；改左。	三、甲申；户左改。 四、丙辰；改左。	四、甲辰；刑左改。 十一、辛巳；改左。	十一、辛巳； 禮右改。
艾元徵		嚴正矩	
三、甲申；改吏右。		三、丙戌、廿九，5.18；右改。	
嚴正矩		田逢吉	
三、丙戌；改左。		三、丙戌；國史學士授。	
（漢）蕫安國			
曹申吉		田種玉	
十一、辛巳；改吏右。		十二、己丑、六，1.16；文淵學士授。	
劉鴻儒			
冀如錫			
王　清		張爾素	
二、甲子、六，2.25；會試副考。 四、甲辰；改吏左管右。		五、戊辰、十三，6.29；右改。	
張爾素		馬紹曾	
五、戊辰；改左。		五、戊辰；左副改。	
楊運昌			
高辛印			
石　申			
章雲鷺			
（漢）王光裕			
馬紹曾		高　珩	
五、戊辰；改刑右。		五、己巳、十四，6.30；府丞遷。	

部院漢侍郎年表

年　代		康　熙　十　年　辛　亥（1671）		
吏	左	王　清		
部	右	曾申吉 正、庚辰、廿八、3.8；改黔撫。	陳鼓永 二、甲辰、廿二、4.1；東閣學士授。	
戶	左	殷正矩 四、壬寅、廿一、5.29；休。	田逢吉 四、己酉、廿八、6.5；右改。	
部	右	田逢吉 四、己酉；改左。	劉鴻儒 四、己酉；兵左改戶左管。	
禮	左	董安國		
部	右	田種玉		
兵	左	劉鴻儒 四、己酉；改戶左管右。	冀如錫 五、壬戌、十二、6.18；右改。	
部	右	冀如錫 五、壬戌；改左。	楊永寧 五、壬戌；左副改。	
刑	左	張爾素 二、壬辰、十、3.20；病免。 （十五年死）	馬紹曾 二、丙午、廿四、4.3；右改。	高珩 十一、丁巳、十、12.10；右改。
部	右	馬紹曾 二、丙午；改左。	高珩 二、丙午；左副改。 十一、丁巳；改左。	姚文然 十一、丁巳；左副改。
工	左	楊運昌		
部	右	高辛印 八、丁酉、十九、9.21；病免。（廿四年死）	（？）佟宏器 十一、丁巳；左副改。	
倉　場		石　申		
督　捕		章雲鷺 四、壬寅；休。	吳正治 五、甲寅、四、6.10；原工左授。	
都 察 院		王光裕 二、己丑、七、3.17；改總河。	（？）佟宏器 二、壬寅、廿、3.30；大理遷。 十一、丁巳；改工右。	上官鉉 十一、甲子、十七、 12.17；府丞遷。
		高珩 二、丙午；改刑右。　楊永寧 三、癸丑、二、4.10；府丞 遷。五、壬戌；改兵右。	姚文然 五、壬申、廿二、6.28；戶給 遷。十一、丁巳；改刑右。	黃道行 十一、辛未、廿四、 12.24；左僉遷。

康 熙 十 一 年　壬 子（1672）	
王　清 十一、辛丑、卅，1.17；死。	**陳鼓永** 十、壬子、十一，11.29；右改。
陳鼓永 十、壬子；改左。	**李之芳** 十、壬子；左副改。
田逢吉 十、丁卯、廿六，12.14；改浙撫。	**劉鴻儒** 十一、丁丑、六，12.24；右改。
劉鴻儒 十一、丁丑；改左。	**馬紹曾** 十一、丁丑；原刑左授。
（漢）**薑安國**	
田種玉 十、癸丑、十二，11.30；降三調。	**張士甄** 十、辛酉、廿，12.8；閩學授。
冀如錫	
楊永寧	
高　珩 正、庚午、廿三，2.21；葬假。（十八年仍授）	**姚文然** 二、辛巳、五，3.3；右改。
姚文然 二、辛巳；改左。	**黄道行** 二、辛巳；左副改。
楊運昌 正、庚午；葬假。	**王天譽** 二、辛巳；府丞遷。
（丁）**佟宏器** 二、乙巳、廿九，3.27；死。	**梁　鋐** 二、辛巳；通政遷。
石　申 △憂免。	（漢）**王秉仁** 七、壬子、九，8.1；左副改。
吳正治	

上官鉉 △降二調。	（漢）**王秉仁** 四、己卯、四，4.30；光禄遷。 七、壬子、九，8.1；改倉侍。	**任克溥** 七、庚申、十七，8.9；通政遷。
黄道行 二、辛巳；改刑右。	**李之芳** 二、戊戌、廿二，3.30；御史遷。 十、壬子；改吏右。	**陳一柄** 十、丙寅、廿五，12.13；奉尹遷。

部院漢侍郎年表

年　代		康熙十二年　癸丑（1673）		
吏　部	左	陳𢘛永		
	右	李之芳 六、癸卯、五，7.18；改浙督。	（漢）陳一炳 六、壬子、十四，7.27；刑右改。 八月，往閩經理撤藩。	
戶　部	左	劉鴻儒 九、庚寅、廿四，11.2；遷左都。	宋德宜 十、丁酉、一，11.9；右改。	
	右	馬紹曾 六、癸丑、十五，7.28；病免。	宋德宜 七、戊辰、一，8.12；閣學授。 十、丁酉；改左。	（漢）蕫安國 十、丁酉；禮左改戶左管。
禮　部	左	（漢）蕫安國 十、丁酉；改戶左管右。	張士甄 十、乙巳、九，11.17；右改。	
	右	張士甄 十、乙巳；改左。	史大成 十、乙巳；閣學授。	
兵　部	左	冀如錫 六、乙巳、七，7.20；遷左都。	楊永寧 六、丁巳、十九，8.1；右改。	
	右	楊永寧 六、丁巳；改左。	孫光杞 六、丁巳；通政遷。	
刑　部	左	姚文然 二、丙午、六，3.23；會試副考。 二、戊午、十八，4.4；改督捕。	黃道行 二、甲子、廿四，4.10；右改。 三、甲申、十四，4.30；降二調。	任克溥 四、癸亥、廿四，6.8；右改。
	右	黃道行　任克溥 二、甲子；改左。 二、甲子；左副改。 四、癸亥；改左。	（漢）陳一炳 四、癸亥；左副授。 六、壬子；改吏右。	于嗣登 六、癸亥、廿五，8.7； 府丞遷。
工　部	左	王天譽 三、甲申、十四，4.30；降二調。	梁鉉 五、庚午、一，6.15；右改。	郭廷祚 七、甲戌、七，8.18；右改。
	右	梁鉉 五、庚午；改左。	郭廷祚 五、庚午；閣學授。七、甲戌；改左。	徐繼燁 七、甲戌；左副改。
倉　　場		（漢）王無仁 三、甲申；降二調。	（漢）周卜世 四、癸亥；大理遷。	
督　捕		吳正治 二、辛亥、十一，3.28；遷左都。	姚文然 二、戊午；刑左改。 十二、壬子、十七，1.23；遷左都。	
都 察 院		任克溥 二、甲子；改刑右。	錢緅 四、甲寅、十五，5.30；府丞遷。	殷沆 八、乙巳、八，9.18；府丞遷。
		（漢）陳一炳 四、癸亥；改刑右。	徐繼燁 五、壬午、十三，6.27；左僉遷。 七、甲戌；改工右。	李贊元 七、丁酉、卅，9.10；大理遷。

康 熙 十 三 年　甲 寅（1674）			
陳 皷 永			
（漢）陳一炳 　十、乙卯、廿五，11.22；改山西援剿提督。		宋德宣 　十、庚子、十，11.7；戸左改吏左管。	
宋德宣 　十、庚子；改吏左管右。		魏象樞 　十一、甲子、五，12.1；右改。	
（漢）董安國	陳洪明 　四、辛丑、七，5.12；大理遷。 　六、乙卯、廿二，7.22；改桂撫。	魏象樞 　七、甲子、二，8.3；大理遷。 　十一、甲子；改左。	于可託 　十一、甲子；左副改。
張士顓		史大成 　五、壬辰、廿九，7.2；右改。	
史大成 　五、壬辰；改左。		楊正中 　五、壬辰；閣學授。	
楊永寧			
孫光杞			
任克溥			
于嗣登			
郭廷祚			
徐繼燁			
（漢）周卜世 　十、辛卯、一，10.29；改山東援剿提督。		殷　沆 　十、癸丑、廿三，11.20；左副改。	
李贊元 　正、辛未、六，2.11；左副改。			
殷　沆 　十、癸丑；改倉侍。		田六善 　十二、乙未、六，1.1；順尹遷。	
李贊元 　正、辛未；改督捕。	于可託 　正、己卯、十四，2.19；府丞遷。 　十一、甲子；改戸右。	（漢）金　儁 　十一、癸酉、十四，12.10；大理遷。	

部院漢侍郎年表

年代		康熙十四年　乙卯(1675)	康熙十五年　丙辰(1676)
吏部	左	陳敔永	陳敔永 八、丙辰、六，9.13；遷左都。　　宋德宜 八、丙子、廿六，10.3；右改。
	右	宋德宜	宋德宜 二、戊午、六，3.19；會試副考。八、丙子；改左。　（漢）陳一炳 八、丙子；原晉提授。
戶部	左	魏象樞	魏象樞
	右	于可託	于可託
禮部	左	史大成	史大成 八、辛卯、一，9.8；病免。（廿一年死）　　楊正中 八、己巳、十九，9.26；右改。
	右	楊正中	楊正中 八、己巳；改左。　　杜臻 八、己巳；閣學授。
兵部	左	楊永寧	楊永寧
	右	孫光杞	孫光杞
刑部	左	任克溥	任克溥
	右	于嗣登	于嗣登 （漢）董安國 七、丙戌、六，8.14；原戶左授。
工部	左	郭廷祚	郭廷祚
	右	徐繼煒	徐繼煒
倉場		嚴沆	嚴沆
督捕		李贊元	李贊元
都察院		田六善	田六善 二、戊午；會試副考。
		（漢）金儁	（漢）金儁

康熙十六年　丁巳(1677)	康熙十七年　戊午(1678)
宋德宜　　　　　(漢)陳一炳 四、丙寅、廿，5.21；　　四、乙亥、廿九，5.30； 遷左都。　　　　　　右改。	(漢)陳一炳　　　　　張士頤 　　　　　　　七、丁巳、十九，9.4；右改。
(漢)陳一炳　杜臻　張士頤 四、乙亥；　四、乙亥；禮右　七、丁亥、十二，8.10； 改左。　　　改。△解。　禮左管右改。	張士頤　劉楗　　　(漢)董安國 七、丁巳；　七、丁巳；左副改。　十二、辛卯、廿五， 改左。　　　十二、壬午、十六，　2.5；工右改。 　　　　　　1.27；遷刑尚。
魏象樞	魏象樞　　　　　于可託 七、壬戌、廿四，9.9；　八、甲戌、六，9.21；右改。 遷左都。
于可託	于可託　　　　　田六善 八、甲戌；改左。　八、甲戌；工右改。
楊正中	楊正中
杜臻　張士頤　　　　富鴻基 四、乙亥；　五、辛卯、十六，6.15；　七、辛丑、廿六， 改吏右。　原禮左授，管右。　8.24；閣學授。 　　　　　七、丁亥；改吏右。	富鴻基
楊永寧	楊永寧
孫光祀	孫光祀
任克溥	任克溥
(漢)董安國　　　　馮甦 十二、丙寅、廿四，　十二、己巳、廿七，1.19； 1.16；病免。　　　粵撫改。	馮甦
郭廷祚	郭廷祚
徐繼煒　　　　　田六善 四、壬子、六，5.7；革。　四、丙寅；左副改。	田六善　　　　　(漢)董安國 八、甲戌；改戶右。　八、壬辰、廿四，10.9；原刑左 　　　　　　　　　授。十二、辛卯；改吏右。
殷沆	殷沆　　　　　梁鋐 八、乙亥、七，9.22；死。　五、乙丑、廿六，7.14； 　　　　　　　　　原工左授。
李贊元	李贊元　　　　　金鋐 　　　　　十二、庚辰、十四，1.25； 　　　　　左副改。
田六善　　　　　劉楗 四、丙寅；改工右。　四、甲戌、廿八，5.29； 　　　　　　　　大理遷。	劉楗　　　　　朱裴 七、丁巳；改吏右。　八、己巳、一，9.16；太常遷。
(漢)金儁 十二、辛未、廿九，1.21；改粵撫。	金鋐 正、己丑、十七，2.8；太常遷。 十二、庚辰；改督捕。

部院漢侍郎年表

年 代		康熙十八年　己未（1679）
吏 部	左	張一甄
	右	（漢）董安國　　　　　　　　　　　楊永寧 八、己卯、十七，9.21；革。　　八、壬辰、卅，10.4；兵左改吏左管。
戶 部	左	于可託　　　　　　　　　　　　　田六善 　　　　　　　　　　　　　　　五、己亥、六，6.13；右改。
	右	田六善　　　　　　　　　　　　　朱　棐 五、己亥；改左。　　　　　　　五、己亥；工右改。
禮 部	左	楊正中
	右	富鴻基
兵 部	左	楊永寧　　　　　　　　　　　　　焦毓瑞 八、壬辰；改吏左管右。　　　　十、癸未、廿二，11.24；刑右改。
	右	孫光杞　　　　　　　　　　　　　項景襄 八、己卯；降三調。　　　　　　十、癸未；閣學授。
刑 部	左	任克溥　　　　　　　　　　　　　馮　甦 △解（革）。　　　　　　　　　五、壬戌、廿九，7.6；右改。
	右	馮　甦　　　　　　焦毓瑞　　　　　　　　高　珩 五、壬戌；改左。　五、壬戌；工副改。　　十、戊子、廿七，11.29；原任授。 　　　　　　　　十、癸未；改兵左。
工 部	左	郭廷祚　　　　　　　　　　　（漢）趙　璟 　　　　　　　　　　　　　　　八、癸酉、十一，9.15；右改。
	右	朱　棐　　　　（漢）趙　璟　　　　　（漢）張問政 正、乙卯、十九，3.1；左副　六、丁亥、廿四，7.31；通政遷。　八、癸酉；通政遷。 改。　五、己亥；改戶右。　八、癸酉；改左。
倉 場		梁　鋐　　　　　　　　　　　　　馬汝驥 　　　　　　　　　　　　　　　五、庚戌、十七，6.24；左副改。
督 捕		金　鋐
都 察 院		朱　棐　　　　　　馬汝驥　　　　　　　　郝　浴 正、乙卯；改工右。　二、丁卯、二，3.13；府丞遷。　六、庚辰、十七，7.24；左僉遷。 　　　　　　　　五、庚戌；改倉侍。 楊雍建　　　　　　　焦毓瑞　　　施維翰　　　　李仙根 正、癸卯、七，2.17；太僕遷。　四月，通政遷。　六月，府丞遷。　十、丙寅、五，11.7； 二、辛未、六，3.17；會試副考。　五、壬戌；改刑右。　八月，改魯撫。　鴻臚遷。 二、辛巳、十六，3.27；改黔撫。

康熙十九年　庚申(1680)	康熙二十年　辛酉(1681)
張士顒	張士顒
楊永寧	楊永寧
田六善	田六善　　　　　李天馥 二、丁亥、三、3.22；休。　二、己亥、十五、4.3；閣學遷。
朱柴	朱柴　　　　　李仙根 二、丁亥；察、休。　　二、己亥；左副改。
楊正中	楊正中
富鴻基	富鴻基
焦毓瑞	焦毓瑞
項景襄	項景襄　　　　(漢)陳一炳 △十月、病免(死)。　十、甲辰、廿五、12.4；刑左改。
馮甦	馮甦　　陳一炳　　　　杜臻 六、丙戌、五、　七、癸丑、二、8.15；右　十一、庚戌、一、 7.19；葬假。　　改。十、甲辰；改兵右。　12.10；右改。
高珩　　　　(漢)陳一炳 十、戊申、廿三、　十一、辛巳、廿六、1.15； 12.13；休。　　原吏左授。	(漢)陳一炳　杜臻　　　葉方藹 七、癸丑；　七、癸丑；候侍授。　十一、庚戌； 改右。　　十一、庚戌；改左。　翰掌遷。
(漢)趙璟	(漢)趙璟
(漢)張問政　　　　金鼐 閏八、戊申、廿二、　九、丙辰、一、10.22； 10.14；病免。　　府丞遷。	金鼐
馬汝驥	馬汝驥
金鋐	金鋐
郝浴 十二、庚戌、廿五、2.13；改桂撫。	劉如漢　　　　余國柱 正、癸未、廿九、3.18；　五、辛酉、九、6.24；左僉 大理遷。四、辛丑、十　遷。　十二、癸卯、廿四、 八、6.4；改贛撫。　　2.1；改江寧巡撫。
李仙根	李仙根　　　　宋文運 二、己亥；改戶右。　三、戊寅、廿五、5.12；順尹 　　　　　　遷。

部院漢侍郎年表

年代		康熙二一年　壬戌(1682)	康熙二二年　癸亥(1683)
吏部	左	張士頤	張士頤
	右	楊永寧　　杜臻 六、己卯、三、　四、壬午、五、5.11；刑左改吏 7.7；死。　左管右事。　九、戊午、十四、 10.14；會試正考。	杜臻
戶部	左	李天馥 二、甲申、六，3.14；會試副考。	李天馥
	右	李仙根	李仙根
禮部	左	楊正中	楊正中　　　　　陳廷敬 △死。　　十二、壬寅、五，1.21； 右改。
	右	富鴻基	富鴻基　　陳廷敬　　　張玉書 四、己丑、十七、　四、乙未、廿三、　十二、壬寅； 5.13；病免。　、5.19；翰掌遷。　翰掌遷。 (卅一年死)　十二、壬寅；改左。
兵部	左	焦毓瑞	焦毓瑞
	右	(漢)陳一炳	(漢)陳一炳
刑部	左	杜臻　　　　　宋文運 四、壬午、五，5.11；五、戊午、十一，6.16； 改吏左管右事。　左副改。	宋文運
	右	葉方藹　　　　熊一瀟 五、戊午；死(文敏)。五、庚午、廿三，6.28； 順尹遷。	熊一瀟　　　(漢)高爾位 三、癸亥、廿一，三、辛未、廿九，4.25； 4.17；改督捕。　奉尹遷。
工部	左	(漢)趙璟　　　金鼐 十一、庚申、十七，十二、乙亥、二， 12.15；改鑲紅漢都。12.30；右改。	金鼐
	右	金鼐　　　(漢)金世鑑 十二、乙亥；改左。十二、乙亥；閣學遷。	(漢)金世鑑
倉場		馬汝驥	馬汝驥
督捕		金鋐	金鋐　　　　熊一瀟 三、丙辰、十四、　三、癸亥；刑右改。 4.10；改閩撫。
都察院		(漢)馬世濟 正、丙子、廿八，3.6；光祿遷。	(漢)馬世濟
		宋文運　　　　吳琠 五、戊午；改刑左。六、己卯；太僕遷。	吳琠　　　　趙士麟 十、丙辰、十九，十一、丁丑、十，12.27； 12.6；憂免。　右通遷。

康熙二三年　甲子(1684)			
張士甄 九、丙寅、三，10.11；遷刑尚。	**李天馥** 九、戊寅、十五，10.23；戶左改。		
杜　臻 正、丙戌、廿，3.5；遷工尚。	**陳廷敬** 正、乙未、廿九，3.14；禮左改。 九、壬申、九，10.17；遷左都。	**胡簡敬** 九、己卯、十六，10.24；禮左改吏左 管右。	
李天馥 九、戊寅；改吏左。	**焦毓瑞** 九、甲申、廿一，10.29；右改。		
李仙根 八、庚戌、十七，9.25；降四調。	**焦毓瑞** 八、癸亥、卅，10.8；兵左改。 九、甲申；改左。	**王鴻緒** 九、甲申；閣學遷。	
陳廷敬 正、乙未；改吏右。	**張玉書** 二、乙巳、九，3.24；右改。 △憂免。	**胡簡敬** 九、乙丑、二，10.10；右改。 九、己卯；改吏右。	**嚴我斯** 九、甲申；右改。
張玉書 二、乙巳；改左。	**胡簡敬** 二、乙巳；閣學遷。 九、乙丑；改左。	**嚴我斯** 九、乙丑；少詹遷。 九、甲申；改左。	**董　訥** 九、甲申；翰讀學遷。
焦毓瑞 八、癸亥；改戶右。	**楊雍建** 八、癸亥；黔撫遷。		
(漢)**陳一炳**			
宋文運 四、壬子、十七，5.30；病免。(廿四年死，端愨)	(漢)**高爾位** 四、壬戌、廿七，6.9；右改。		
(漢)**高爾位** 四、壬戌；改左。	(漢)**馬世濟** 四、壬戌；左副改。		
金　鼐 八、庚戌、十七，9.25；降四調。	**金汝祥** 八、己未、廿六，10.4；閣學遷。		
(漢)**金世鑑** 八、庚戌；降四調。	**徐旭齡** 九、丙寅；魯撫遷。 十二、丙午、十五，1.19；改漕督。		
馬汝驥			
熊一瀟			
(漢)**馬世濟** 四、壬戌；改刑右。	**張　鵬** 五、辛巳、十六，6.28；右通遷。 九、辛巳、十八，10.26；改魯撫。	**崔　澄** 九、己丑、廿六，11.3；大理遷。	
趙士麟 二、己酉、十三，3.28；改浙撫。	**張可前** 三、壬申、六，4.20；太常遷。		

部院漢侍郎年表

年 代		康熙二四年　乙丑（1685）
吏 部	左	李天馥
	右	胡簡敬
戶 部	左	焦毓瑞　　　　　　　　　　　　王鴻緒 　三、乙亥、十五，4.18；死。　　　二、癸丑、廿三，3.27；右改。 　　　　　　　　　　　　　　　　九、壬申、十五，10.12；武會試正考。
	右	王鴻緒　　　　　　　　　　　　董　訥 　二、丙申、六，3.10；會試正考。　二、癸丑；禮右改。 　二、癸丑；改左。
禮 部	左	嚴我斯
	右	董　訥　　　　　　　　　　　　蔣宏道 　二、丙申；會試副考。二、癸丑；改戶右。　三、壬戌、二，4.5；閣學遷。
兵 部	左	楊雍建
	右	（漢）陳一炳　　　　　　　　　　（漢）馬世濟 　正、乙酉、廿五，2.27；改管工右事。　二、壬辰、二，3.6；刑右改。
刑 部	左	（漢）高爾位
	右	（漢）馬世濟　　　　　　　　　　張可前 　二、壬辰；改兵右。　　　　　　二、庚子、十，3.14；左副改。
工 部	左	金汝祥
	右	（漢）陳一炳 　正、乙酉；兵右管工右事。
倉　　場		馬汝驥
督　　捕		熊一瀟
都 察 院		崔　澄　　　　　　　　　　　　胡昇獻 　二、壬辰；改直撫。　　　　　　二、己亥、九，3.13；左僉遷。
		張可前　　　　　　　　　　　　趙之鼎 　二、庚子；改刑右。　　　　　　二、丙午、十六，3.20；太常遷。

康熙二五年　丙寅（1686）			
李天馥			
胡簡敬 五、己丑、六， 6.26；降二調。	董訥 五、丁酉、十四，7.4；戶左改。 九、庚戌、廿九，11.14；遷左都。	胡昇猷 十、戊午、七，11.22；戶左改。 十、庚申、九，11.24；遷刑尚。	（漢）馬世濟 十、乙丑、十四， 11.24；兵右改。
王鴻緒 閏四、丁卯、十四， 6.4；憂免。	董訥 閏四、乙亥、廿二，6.2；右改。 五、丁酉；改吏右。	胡昇猷 五、癸卯、廿，7.10；右改。 十、戊午；改吏右。	蔣宏道 十、壬戌、十一， 11.25；右改。
董訥 閏四、乙亥；改左。	胡昇猷 閏四、乙亥；左副改。 五、癸卯；改左。	蔣宏道 五、癸卯；禮右改。 十、壬戌；改左。	王日藻 十、壬戌；刑右改。
嚴我斯			
蔣宏道 五、癸卯；改戶右。		徐乾學 五、己酉、廿六，7.16；閣學遷。	
楊雍建 十一、己亥、十九，1.2；乞養。		張可前 十二、戊午、八，1.21；刑左改。	
（漢）馬世濟 十、己丑；改吏右。	（漢）蔡毓榮 十、壬申、廿一，12.6；倉侍改。 十二、戊辰、十八，1.31；革。		張英 十二、戊午；翰掌遷。
（漢）高爾位 六、乙亥、廿三，8.11；憂免。	張可前 七、癸未、一，8.19；右改。 十二、戊午；改兵左。		張鵬 十二、戊午；右改。
張可前 七、癸未；改左。	王日藻 七、癸未；豫撫遷。 十、壬戌；改戶右。	張鵬 十、乙丑；魯撫遷。 十二、戊午；改左。	趙之鼎 十二、戊午；左副改。
金汝祥 三、壬戌、八，3.31；解。		（漢）陳一炳 三、戊辰、十四，4.6；右改。	
（漢）陳一炳 三、戊辰；改左。		孫在豐 三、戊辰；翰掌遷。	
馬汝驥 閏四、甲子、十一，6.1；革。	（漢）蔡毓榮 閏四、辛未、十八，6.8；雲督改。 十、壬申；改兵右。		張集 十、壬申；左僉遷。
熊一瀟			
胡昇猷 閏四、乙亥；改戶右。		徐元珙 五、乙酉、二，6.22；通政遷。	
趙之鼎 十二、戊午；改刑右。		鄭重 十二、癸亥、十三，1.26；通政遷。	

部院漢侍郎年表

年 代		康熙二六年　丁卯（1687）		
吏	左	李天馥		
部	右	（漢）馬世濟 三、癸卯、廿五，5.6， 改黔撫。	熊一瀟 三、丁未、廿九，5.10，督捕改。 十、甲子、十九，11.23，遷工尚。	張　鵬 十、庚午、廿五，11.29，戶左改。
戶	左	蔣宏道		
部	右	王日藻 二、丁卯、十九，3.31， 遷工尚。	張　鵬 二、癸酉、廿五，4.6，刑左改戶左 管右。　十、庚午，改吏左管右。	王遵訓 十、乙亥、卅，12.4，左副改。
禮	左	嚴我斯 六、丁卯、廿一，7.29， 葬假。	徐乾學 六、乙亥、廿九，8.6，右改。 九、丙申、廿一，10.26，遷左都。	張　英 九、甲辰、廿九，11.3，左副改。
部	右	徐乾學 六、乙亥，改左。	張　英 六、乙亥，兵右改。 九、甲辰，改左。	王鴻昌 九、甲辰，詹事遷。
兵	左	張可前		
部	右	張　英 六、乙亥，改禮右。	成其範 七、癸未、七，8.14，太常遷。	
刑	左	張　鵬 二、癸酉，改戶左管右。	趙之鼎 三、辛巳、三，4.14，右改。 五、癸巳、十六，6.25，病免。	（漢）王國安 五、癸卯、廿六，7.5，右改。
部	右	趙之鼎 三、辛巳，改左。	（漢）王國安 三、辛巳，閩督授。 五、癸卯，改左。	薛柱斗 五、癸卯，皖撫遷。
工	左	（漢）陳一炳 十、壬申、廿七，12.1，革。	孫在豐 十一、戊寅、三，12.7，右改。	
部	右	孫在豐 十一、戊寅，改左。	徐廷璽 十一、戊寅，閣學遷。	
倉　　場		張　集		
督　　捕		熊一瀟 三、丁未，改吏右。	趙士麟 四、乙卯、八，5.18，江寧巡撫遷。	
都 察 院		徐元珙 十、戊辰，病免。 （廿七年死）	王遵訓 十、戊申、三，11.7，太常遷。 十、乙亥，改戶右。	徐諤武 十一、庚寅、十五，12.19， 順尹遷。
		鄭　重		

康熙二七年　戊辰（1688）			
李天馥 二、甲寅、十一， 3.12；遷工尚。	張　鵬 二、丁巳、十四，3.15；右改。 （△葬假）（廿八年死）	翁叔元 六、丁卯、廿六，7.23；右改。 六、戊辰、廿七，7.24；遷工尚。	張　集 七、甲戌、四，7.30；右改。
張　鵬 二、丁巳；改左。	翁叔元 二、丁巳；閣學遷。 六、丁卯；改左。	張　集 六、丁卯；倉侍改。 七、甲戌；改左。	王封溁 七、甲戌；閣學遷。
蔣宏道			
王遵訓 三、己酉、十二，4.12；革。		徐誥武 三、乙未、廿二，4.22；左副改。	
張　英			
王颺昌			
張可前			
成其範 二、己未、十六，3.17；會試副考。 十、己未、廿，11.12；降五鐍。		董　訥 十、甲子、廿五，11.17；閣學遷。	
（漢）王國安			
薛柱斗 二、辛未、廿八，3.29；解。		鄭　重 三、乙亥、二，4.2；左副改。	
孫在豐 三、乙酉、十二，4.12；解。		徐廷璽 四、甲辰、二，5.1；右改。	
徐廷璽 四、甲辰；改左。		王承祖 四、甲辰；左副改。	
張　集 六、丁卯；改吏右。	（漢）石文桂 七、癸酉、三，7.29；閣學授。 十一、己亥、卅，12.22；憂免。	李廷松 十二、癸卯、四，12.26；左副授。	
趙士麟			
徐誥武 三、乙未；改戶右。	李廷松 三、壬寅、廿九，4.29；府丞遷。 十二、癸卯；改倉侍。	衛執蒲 十二、己酉、十，1.1；通政遷。	
鄭　重 二、己未；會試副考。 三、乙亥；改刑右。	王承祖 二、戊寅、五，4.5；太常遷。 四、甲辰；改工右。	（漢）王雒珍 十一、戊寅、九，12.1；太僕遷。	

部院漢侍郎年表

年　代		康熙二八年　己巳（1689）		
吏 部	左	張　集		
	右	王封濚 閏三、戊戌、一，4.20； 憂免。	郭　琇 閏三、乙巳、八，4.27；閣學遷。 五、丁未、十二，6.28；遷左都。	李振裕 五、壬子、十七，7.3；閣學遷。
戶 部	左	蔣宏道		
	右	徐誥武		
禮 部	左	張　英 十二、戊辰、六，1.15；遷工尚。	王鴻昌 十二、戊寅、十六，1.25；右改。	
	右	王鴻昌 十二、戊寅；改左。	顧　汧 十二、戊寅；閣學遷。	
兵 部	左	張可前 四、癸酉、七，5.25；葬假。	（漢）王維珍 四、丁亥、廿一，6.8；右改。	
	右	董　訥　（漢）王維珍 三、丁亥、廿，4.9；　三、辛卯、廿四，4.13；左 改漕督。　副改。四、丁亥；改左。	吳　琠 四、丁亥；左副改。十、己 丑、廿六，12.7；改湖撫。	李光地 十二、壬申、十，1.19； 通政遷。
刑 部	左	（漢）王國安 六、壬午、十七，8.2；改管奉尹事。	鄭　重 六、戊子、廿三，8.8；右改。	
	右	鄭　重 六、戊子；改左。	（漢）高爾位 六、戊子；原刑左管右事授。	
工 部	左	徐廷璽		
	右	王承祖		
倉　場		李廷松		
督　捕		趙士麟		
都 察 院		衛執蒲	李　迥 四、戊辰、二，5.20；通政遷。	
		（漢）王維珍 三、辛卯；改兵右。	吳　琠 三、丁酉、卅，4.19；原任授。 四、丁亥；改兵右。	許三禮 四、壬辰、廿六，6.13；順尹遷。

康熙二九年　庚午(1690)		康熙三十年　辛未(1691)	
張　集	李振裕 二、丁亥、廿五，4.4；右改。	李振裕 十一、丁巳、七， 12.25；遷工尚。	趙士麟 十一、壬戌、十二，12.30； 右改。
李振裕 二、丁亥；改左。	趙士麟 二、丁亥；督捕改。	趙士麟 十一、壬戌；改左。	彭孫遹 十一、壬戌；閣學遷。
蔣宏道		蔣宏昌	
徐皓武		徐皓武	
王颺昌		王颺昌	
顧　泗 三、壬辰、一，4.9； 憂免。	王澤宏 三、庚子、九，4.17； 閣學遷。	王澤宏	
(漢)王維珍		(漢)王維珍	
李光地		李光地 二、壬戌、六，3.5；會試副考。	
鄭　重		鄭　重	
(漢)高爾位		(漢)高爾位 六、辛未、十七，7.12； 遷工尚。	李　迴 六、壬午、廿八，7.23； 左副改。
徐廷璽		徐廷璽	
王承祖		王承祖 九、乙丑、十四，11.3；武會副考。 十、戊申、廿七，12.16；降五調。	(漢)年遐齡 十一、丁巳；閣學 遷。
李廷松		李廷松 五、甲辰、十九，6.15；解。	(漢)石文桂 六、乙卯、一，6.26； 原任授。
趙士麟 二、丁亥； 改吏右。	許三禮　　　王士禎 三、壬辰；左副改。十、壬　十、乙酉、廿八， 　　　　　午、廿五，11.25；病免。11.28；左副改。	王士禎 二、壬戌；會試副考。	
李　迴		李　迴 六、壬午； 改刑右。	衛既齊　　　　　黃　斐 七、己亥、十六，8.9；順尹遷。九、戊辰、十七， 九、癸丑、二，10.22；改黔撫。11.6；通政遷。
許三禮 三、壬辰； 改督捕。	王士禎　　　　　胡昇猷 三、庚子、九，4.17；少詹　十一、庚寅、三， 遷。十、乙酉；改督捕。　12.3；太常遷。	胡昇猷 二、甲戌、十八，3.17； 予祭。	李元振 正、乙卯、廿九，2.26； 太僕遷。

部院漢侍郎年表

年　代		康熙三一年　壬申（1692）		
吏 部	左	趙士麟		
	右	彭孫遹		
戶 部	左	蔣宏道		
	右	徐皓武 九、丙辰、十，10.19；死。	王士禛 八、癸未、六，9.16；督捕改。	
禮 部	左	王隲昌 十一、己巳、廿四，12.31；病免。	王澤宏 十二、戊寅、四，1.9；右改。	
	右	王澤宏 十二、戊寅；改左。	王封濚 十二、戊寅；原吏右授。	
兵 部	左	（漢）王維珍		
	右	李光地		
刑 部	左	鄭　重		
	右	李　迥		
工 部	左	徐廷璽 △降。	（漢）年遐齡 二、丙戌、六，3.23；右改。 十、乙未、廿，11.27；改湖撫。	李元振 十、庚子、廿五，12.2；右改。
	右	（漢）年遐齡 二、丙戌；改左。	李元振 二、丙戌；左副改。 十、庚子；改左。	徐　潮 十、庚子；左副改。
倉　場		（漢）石文桂		
督　捕		王士禛 八、癸未；改戶右。	（漢）王國昌 八、壬辰、十五，9.25；闈學遷。	
都 察 院		黃　斐		
		李元振 二、丙戌；改工右。	徐　潮 二、甲午、十四，3.31；通政遷。 十、庚子；改工右。	嚴曾榘 十一、丙午、一，12.8；通政遷。

康熙三二年　癸酉(1693)	康熙三三年　甲戌(1694)
趙士麟	趙士麟
彭孫遹	彭孫遹
蔣宏道	蔣宏道　　　　　王士禎 七、丁卯、一、8.21；　　七、丁卯；右改。 遷左都。
王士禎	王士禎　　　　　王　掞 七、丁卯；改左。　　　七、丁卯；閣學遷。九、己 卯、十四、11.1；武會正考。
王澤宏	王澤宏
王封濚	王封濚
(漢)王維珍	(漢)王維珍　　　　　張　集 二、甲戌、六、3.1；會試副　十、癸卯；右改。 考。十、癸卯、九、11.25； 改浙撫。
王光地	李光地　　　張　集　　　張鵬翮 (順學)　五、戊　五、辛亥、十四、　十、癸卯；浙撫 戌、一、5.24；憂　6.6；原兵左授。　遷。(十一月， 免。　　　　　十、癸卯；改左。　浙學)
鄭　重	鄭　重　　　　　田　雯 十二、丁未、十四、1.28； 右改。
李　迴　　　　　田　雯 十二、癸未、十四、1.9；　十二、己丑、廿、1.15； 葬假。(卅四年死)　　　原黔撫授。	田　雯　　　　　(漢)陳汝器 十二、丁未；改左。　　　十二、丁未；大理遷。
李元振	李元振
徐　潮	徐　潮 二、甲戌；會試副考。
(漢)石文桂	(漢)石文桂
(漢)王國昌	(漢)王國昌
黃　斐	黃　斐
嚴曾榘	嚴曾榘

部院漢侍郎年表

年　代		康熙三四年　乙亥（1695）	康熙三五年　丙子（1696）
吏部	左	趙士麟	趙士麟
	右	彭孫遹	彭孫遹
戶部	左	王士禎	王士禎
	右	王掞	王掞
禮部	左	王澤宏	王澤宏
	右	王封濚	王封濚
兵部	左	張集	張集
	右	張鵬翮	張鵬翮
刑部	左	田雯	田雯
	右	(漢)陳汝器	(漢)陳汝器　　　(漢)喻成龍 正、癸未、廿六，　　二、甲午、八， 2.28；改皖撫。　　3.10；大理遷。
工部	左	李元振	李元振
	右	徐潮　　李柟 △五月，憂免。　五、庚寅、廿九，7.10； 　　　　　　　閣學遷。	李柟 十二、壬寅、廿，1.12；浙學。
倉　場		(漢)石文桂	(漢)石文桂
督　捕		(漢)王國昌　(漢)李鍧 十一、癸未、廿五，12.30； 大理遷。	(漢)李鍧
都察院		黃斐	黃斐　　　　熊一瀟 △死。　　十一、辛巳、廿八， 　　　　12.22；大理遷。
		嚴曾榘	嚴曾榘

康熙三六年　丁丑(1697)			康熙三七年　戊寅(1698)		
趙士麟			趙士麟		
彭孫遹 八、己巳、廿二，10.6； 葬假。	王澤宏 九、癸未、六，10.20； 禮左改。		王澤宏		
王士禎			王士禎 七、乙酉、十三，8.18； 遷左都。	王　掞 七、庚寅、十八，8.23； 右改。	
王　掞			王　掞 七、庚寅；改左。	錢三錫 七、庚寅；左副改。	
王澤宏 九、癸未；改吏左。	王封漊 九、癸未；右改。		王封漊		
王封漊 九、癸未；改左。	韓　菼 九、癸未；閣學遷。 十月，兼翰掌。		韓　菼		
張　集			張　集		
張鵬翮 五、壬寅、廿三，7.11； 遷左都。	殷曾榘 五、丁未、廿八，7.16； 左副改。		殷曾榘		
田　雯 二、丁亥、六，2.26；會試副考。			田　雯		
(漢)喻成龍			(漢)喻成龍 三、丙申、廿一，5.1； 改督捕。	徐　潮 三、丙申；原工右授。	
李元振 八、丙寅、十九，10.3； 省假。	李光地 九、己亥、廿二，11.5； 右改。		李光地 十二、辛丑、一，1.1； 改順天巡撫。	李　枏 十二、丁未、七，1.7；右改。	
李　枏 四、丙辰、七，5.26；憂免。	李光地 四、丁丑、廿八，6.16；原兵右授。 九、己亥；改左。	熊一瀟 九、己亥；左副改。	熊一瀟 十一、丙申、廿六，12.27；遷工尚。	李　枏 十二、壬寅、二，1.2；原任授。 十二、丁未；改左。	顧　藻 十二、丁未；閣學遷。
(漢)石文桂			(漢)石文桂		
(漢)李　鉝			(漢)李　鉝 二、壬申、七，4.7；改魯撫。	(漢)王國昌 三、戊寅、三，4.13；原任授。三、己丑、十四，4.24；改魯撫。	(漢)喻成龍 三、丙申；刑右改。
熊一瀟 九、己亥；改工右。	錢三錫 九、丙午、廿九，11.12；府丞遷。		錢三錫 三、庚寅；改戶右。	吳　涵 七、丙申、廿四，8.29；太僕遷。	
殷曾榘 五、丁未；改兵右。	劉元寵 六、癸亥、十五，8.1；府丞遷。		劉元寵 △病免。	(漢)金　鼐 六、壬申、十九，8.5；府丞遷。八、辛未、卅，10.3；改偏沅巡撫。	梅　鋗 九、癸未、十二，10.15；府丞遷。

部院漢侍郎年表

年　　代		康熙三八年　己卯（1699）		
吏部	左	**趙士麟** 六、戊申、十一，7.7；死。	**王澤宏** 五、丁亥、十九，6.16；右改。 十一、己亥、五，12.25；遷左都。	**王掞** 十二、庚午、六，1.25；右改。
	右	**王澤宏** 五、丁亥；改左。	**王掞** 五、丁亥；戶左改吏左管。 十二、庚午；改左。	**韓菼** 十二、庚午；禮右改。
戶部	左	**王掞** 五、丁亥；改吏左管吏右事。	**錢三錫** 六、戊戌、一，6.27；右改。	**田雯** 九、庚申、廿五，11.16；右改。
	右	**錢三錫** 六、戊戌；改左。	**田雯** 六、戊戌；刑左改戶左管。 九、庚申；改左。	**李柟** 九、庚申；工左改戶左管戶右。
禮部	左	**王封濚**		
	右	**韓菼** 十二、庚午；改吏右。	**李錄予** 十二、庚午；閣學遷。	
兵部	左	**張集**		
	右	**嚴曾榘**		
刑部	左	**田雯** 六、戊戌；改戶左管戶右事。	**徐潮** 六、戊戌；右改。	
	右	**徐潮** 六、戊戌；改左。	**李輝祖** 六、戊戌；湖督授。	
工部	左	**李柟** 九、庚申；改戶左管戶右事。	**顧藻** 九、庚申；右改。	
	右	**顧藻** 九、庚申；改左。	**吳涵** 九、庚申；左副改。	
倉　　場		**石文桂**		
督　　捕		（漢）**喻成龍** 十一、庚子；改刑部額外侍郎。		［缺裁］
都察院		**吳涵** 九、庚申；改工右。	**王紳** 十、丙寅、二，11.22；大理遷。	
		梅銷		

年　代		康熙三九年　庚辰（1700）		
吏	左	王　掞		
部	右	韓　菼 十一、丙午、十八，12.27；遷禮尚。	徐秉義 十一、癸丑、廿五，1.3；禮侍管詹授，仍管詹。	
戶	左	田　雯		
部	右	李　柟 二、庚午、六，3.26；會試副考。 六、己巳、八，7.23；遷左都。	王　紳 六、乙亥、十四，7.29；左副改。	
禮	左	王封溁		
部	右	李錄予		
兵	左	張　集		
部	右	嚴曾榘 八、己丑、廿九，10.11；死。	胡會恩 七、己亥、八，8.22；閣學遷。	
刑	左	徐　潮 九、己酉、廿，10.31；改豫撫。	（漢）喻成龍 九、丙辰、廿七，11.7；右改。 十一、甲午、六，12.15；改工右。	（漢）卞永譽 十一、甲午；右改。
部	右	（漢）李輝祖 二、壬辰、廿八，4.17；革。	（漢）喻成龍 △裁缺督捕授。 九、丙辰；改左。	（漢）卞永譽 九、丙辰；原闈撫授。 十一、甲午；改左。	吳　涵 十一、甲午；工右改。
工	左	顧　藻		
部	右	吳　涵 十一、甲午；改刑右。	（漢）喻成龍 十一、甲午；刑左改工左管。	
倉　　場		（漢）石文桂		
都		王　紳 六、乙亥；改戶右。	甘國樞 六、庚寅、廿九，8.13；順尹遷。	
察 院		梅　鋗 十、丁亥、廿八，12.8；改闈撫。	勵杜訥 十一、辛丑、十三，12.22；府丞遷。	

部院漢侍郎年表

年　代		康熙四十年　辛巳（1701）
吏部	左	王　掞
	右	徐秉義 （兼詹事）
戶部	左	田　雯
	右	王　紳
禮部	左	王封濚
	右	李錄予
兵部	左	張　集
	右	胡會恩
刑部	左	（漢）卞永譽
	右	吳　涵
工部	左	顧　藻　　二、戊寅、廿，3.29，葬假。（旋死）　　　（漢）喻成龍　二、丙戌、廿八，4.6，右改。十二、戊午、六，1.3，改皖撫。　　許汝霖　十二、丁卯、十五，1.12，右改。
	右	（漢）喻成龍　二、丙戌；改左。　　許汝霖　二、丙戌；翰讀學遷。十二、丁卯；改左。　　李元振　十二、丁卯；原任授。
倉　場		（漢）石文桂
都察院		甘國樞　　　勵杜訥

康熙四一年　壬午(1702)	康熙四二年　癸未(1703)
王　掞	王　掞
徐秉義　　　　　吳　涵 六、辛亥、一,6.25;革。　六、己未、九,7.3; (留翰林官)　　　　刑右改。	吳　涵 (兼翰掌)二、辛巳、六,3.22;會試副考。 四、己亥、廿四,6.8;教庶。
田　雯　　　　　王　紳 正、癸卯、廿一,2.17;　正、庚戌、廿八,2.24; 病免。(四三年死)　　右改。	王　紳
王　紳　　　　(漢)范承烈 正、庚戌;改左。　　正、庚戌;閣學遷。	(漢)范承烈
王封溁	王封溁　　　　　許汝霖 八、甲戌、一,9.11;死。　六、丁丑、三,7.16;右改。
王錄予　　　　　許汝霖 四、丙寅、十五,5.11;　五、丁亥、六,6.1;工左 憂免。　　　　　改禮左管。	許汝霖　　　　　王頊齡 二、辛巳;會試副考。　六、丁丑;府丞遷。 六、丁丑;改左。
張　集　　　　　胡會恩 (△四二年予祭)　四、戊午、七,5.3;右改。	胡會恩
胡會恩　　　　　屠粹忠 四、戊午;改左。　四、戊午;理少遷。	屠粹忠
(漢)卞永譽	(漢)卞永譽
吳　涵　張泰交　　(漢)金　置 六、己未;　六、己卯、廿九,7.23;　十二、乙未; 改吏右。　左副改(學)。十二、乙　偏沅巡撫遷。 　　　　未、十九,2.4;改浙撫。	(漢)金　置　勵杜訥　　　陳　論 四、丁亥、十二,　四、壬寅、廿七,6.11;　九、丁卯、廿 5.27;降四調。　左副改。九、丙辰、十　四,11.3; 　　　　三,10.23;死(文恪)。　左副改。
許汝霖　　　　　李元振 五、丁亥;改禮左管　六、辛亥;右改。 禮右事。	李元振
李元振　　　　　甘國樞 六、辛亥;改左。　六、辛亥;左副改。	甘國樞
(漢)石文桂	(漢)石文桂
甘國樞　張泰交　　　張　睿 六、辛亥;　六、己未;大理遷。　六、己卯;大理遷。 改工右。　六、己卯;改刑右,　閏六月,陝西鄉 　　　　仍學政。　　試主考。	張　睿
勵杜訥	勵杜訥　陳　論　　　姜　楠 四、壬寅;　五、己酉、五,6.18;少詹　十、己卯、七, 改刑右。　遷。九、丁卯;改刑右。　11.15;左僉遷。

年　代		康熙四三年　甲申（1704）		
吏	左	王　掞 十、庚辰、十三，11.10；遷刑尚。	姜　楠 十、乙酉、十八，11.15；工右改。 十二、丙戌、廿，1.15；予祭。	李錄予 十、丙申、廿九，11.26；右改。
部	右	吳　涵 十、己卯、十二，11.9；遷左都。	李錄予 十、乙酉、原禮右授。 十、丙申；改左。	王九齡 十、丙申；兵左改。
戶	左	王　紳		
部	右	（漢）范承烈		
禮	左	許汝霖 △二月，改子牙河分司。	王頊齡 二、癸酉、三，3.8；右改。	
部	右	王頊齡 二、癸酉；改左。	王九齡 二、癸酉、闈學遷。 四、癸酉、四，5.7；改兵右。	胡會恩 四、癸酉；兵左改禮左管右事。
兵	左	胡會恩 四、癸酉；改禮右。	屠粹忠 四、癸酉、右改。十、庚辰、 十三，11.10；遷兵尚。	王九齡 十、乙酉；右改。 十、丙申；改吏右。	梅　鋗 十一、己酉、十三，12.9； 右改。
部	右	屠粹忠 四、癸酉；改左。	王九齡 四、癸酉、禮右改。 十、乙酉；改左。	梅　鋗 十、乙酉、閩撫遷。 十一、己酉；改左。	曹鑑倫 十一、己酉、闈學遷。
刑	左	（漢）卞永譽		
部	右	陳　論 九、戊午、廿一，10.19；降三調。	張　睿 十、己卯、十二，11.9；左副改。	
工	左	李元振		
部	右	甘國樞 三、己酉、十，4.13；革。	姜　楠 三、丙寅、廿七，4.30；左副改。 十、乙酉；改吏左。	程文彝 十、壬辰、廿五，11.22； 左僉遷。
倉　場		（漢）石文桂		
都 察 院		張　睿 十、己卯；改刑右。	李斯義 十、乙酉；大理遷。 十、壬辰；改閩撫。	陳　詵 十、丙申；理少遷。
		姜　楠 三、丙寅；改工右。	傅作楫 四、丙子、七，5.10；左僉遷。	

康熙四四年　乙酉(1705)		康熙四五年　丙戌(1706)	
李錄予		李錄予 二、乙未、六,3.20;會試正考。三、丁亥、廿九,5.11;解。	王九齡 四、辛亥、廿四,6.4;右改。
王九齡		王九齡 四、辛亥;改左。	張廷樞 四、辛亥;閩學遷。
王　紳 五、丙寅、四,6.24;革。	(漢)范承烈 五、丙子、十四,7.14;右改。	(漢)范承烈	
(漢)范承烈 五、丙子;改左。	汪　霦 五、丙子;閩學遷。八、丁酉、六,9.23;順鄉正考。	汪　霦 正、己丑、卅,3.14;革。	汪晉徵 二、戊戌、九,3.23;左副改。
王頊齡		王頊齡	
胡會恩		胡會恩	
梅　銷		梅　銷 四、乙未、八,5.19;遷左都。	曹鑑倫 四、乙卯、廿八,6.8;右改。
曹鑑倫		曹鑑倫 四、乙卯;改左。	(漢)蕭永藻 四、乙卯;桂撫遷。
(漢)卞永譽		(漢)卞永譽	
張　窅		張　窅	
李元振		李元振	
程文彝 六、癸酉、廿一,8.10;死。	趙世芳　　　彭會淇 六、戊戌、六,7.26;閩　十二、辛亥、學遷。十一、己卯、十　十一,2.4; 九,1.3;改鑲紅漢副。　閩學遷。	彭會淇 二、乙未;會試副考。三、丁亥、廿九,5.11;解。	周清源 四、辛亥;左副改。
(漢)石文桂		(漢)石文桂	
陳　詵 十一、庚辰、廿,1.4;改黔撫。	周清源 十二、甲午、四,1.18;太常遷。	周清源 四、辛亥;改工右。	李旭升 五、庚申、三,6.13;太常遷。
傅作楫 五、丙寅、四,6.24;革。	汪晉徵 五、丙子;順尹遷。	汪晉徵 二、戊戌;改戶右。	江　蘩 二、甲寅、廿五,4.8;府丞遷。

年　代		康熙四六年　丁亥（1707）		
吏 部	左	**王九齡** 　十二、己亥、廿一，1.13；遷左都。		
	右	**張廷樞**		
戶 部	左	（漢）**范承烈** 　二、己丑、六，3.9；改兵左管兵右事。	**汪晉徵** 　二、己丑；右改。	
	右	**汪晉徵** 　二、己丑；改左。	**許汝霖** 　二、己丑；原禮左改。	
禮 部	左	**王頊齡**		
	右	**胡會恩**		
兵 部	左	**曹鑑倫**		
	右	（漢）**蕭永藻** 　正、辛巳、廿七，3.1；遷左都。	（漢）**范承烈** 　二、己丑；戶左改兵左管。 　五、丙子、廿五，6.24；改正藍漢副。	（漢）**王國安** 　六、癸未、二，7.1；奉尹遷。
刑 部	左	（漢）**卞永譽**		
	右	**張　睿**		
工 部	左	**李元振** 　七、己巳、十九，8.16；老休。	**李旭升** 　八、庚辰、一，8.29；右改。	
	右	**周清源** 　七、戊午、八，8.5；死。	**李旭升** 　五、丙子；左副改。 　八、庚辰；改左。	**阮爾詢** 　八、庚辰；左副改。
倉　　場		（漢）**石文桂**		
都 察 院		**李旭升** 　五、丙子；改工右。	**阮爾詢** 　六、癸未；府丞遷。 　八、庚辰；改工右。	**宋駿業** 　十、庚子、廿二，11.15； 　府丞遷。
		江　蘩		

康熙四七年　戊子(1708)			康熙四八年　己丑(1709)		
張廷樞 正、戊辰、廿，2.11；右改。			**張廷樞** 二、丁未、六，3.16；會試副考。二、庚午、廿九，4.8；遷刑尚。	**曹鑑倫** 三、戊寅、七，4.16；右改。	
張廷樞 正、戊辰；改左。	**曹鑑倫** 正、戊辰；兵左管吏左管吏右事。		**曹鑑倫** 三、戊寅；改左。	**徐元正** 三、戊寅；閣學遷。	
汪晉徵			**汪晉徵** △死。	**張世爵** 十二、庚戌、十四，1.13；右改。	
許汝霖			**許汝霖** 二、庚午；遷禮尚。	**張世爵** 三、戊寅、七，4.16；左副遷。十二、庚戌；改左。	**王度昭** 十二、庚戌；左副改。
王頊齡			**王頊齡**		
胡會恩			**胡會恩** 九、庚辰、十三，10.15；武會正考。		
曹鑑倫 正、戊辰；改吏左管右事。	（漢）**王國安** 正、乙亥、廿七，2.18；右改。		（漢）**王國安**	**鹿祐** 七、辛巳、十二，8.17；右改。九、戊寅、十一，10.13；改豫撫。	**李先復** 九、甲申、十七，10.19；右改。
（漢）**王國安** 正、乙亥；改左。	**鹿祐** 正、乙亥；太常遷。七、甲午、廿，9.4；晉鄉正考。		**鹿祐** 七、辛巳；改左。	**李先復** 七、辛巳、十二，8.17；左副改。九、甲申；改左。	**宋駿業** 九、甲申；左副改。
（漢）**卞永譽**			（漢）**卞永譽**		
張睿			**張睿**		
李旭升			**李旭升**		
阮爾詢			**阮爾詢**		
（漢）**石文桂**			（漢）**石文桂**		
宋駿業			**宋駿業** 九、甲申；改兵右。	**王度昭** 九、癸巳、廿六，10.28；通政遷。十二、庚戌；改戶右。	（漢）**施世綸** 十二、丙辰、廿，1.19；順尹遷，仍兼。
江蘩 十、壬子、九，11.21；革。	**勞之辨** 十、癸丑、十一，11.22；左僉遷。十一、辛巳、九，12.20；革。	**張世爵** 十二、壬戌、廿，1.30；太常遷。	**張世爵** 三、戊寅；改戶右。	**李先復** 三、乙酉、十四，4.23；太常遷。七、辛巳；改兵右。	**艾芳曾** 七、丙申、廿七，9.1；通政遷。

部院漢侍郎年表

年代		康熙四九年 庚寅（1710）
吏部	左	**曹鑑倫**
	右	**徐元正** 正、癸巳、廿七，2.25；遷左都。　　　　**仇兆鰲** 四、乙巳、十，5.8；閩學遷。
户部	左	**張世爵**
	右	**王度昭**　　　　（漢）**施世綸**　　　　（漢）**石文桂** 正、壬辰、廿六，2.24；署偏沅。　十、戊辰、七，11.27；左副改。　十一、甲辰；倉侍改。 九、丙午、十五，11.5；改浙撫。　十一、甲辰、十四，1.2；倉侍互改。
禮部	左	**王頊齡**
	右	**胡會恩**
兵部	左	**李先復**
	右	**宋駿業**
刑部	左	（漢）**卞永譽**
	右	**張　霱**　　　　**艾芳曾** 四、丙午、十一，5.9；死。　　正、癸巳；左副改。
工部	左	**李旭升**
	右	**阮爾詢**
倉場		（漢）**石文桂**　　　　　　（漢）**施世綸** 十一、甲辰；户右互改。　　　十一、甲辰；户右改。
都察院		（漢）**施世綸**　　　　　　**左必蕃** 十、戊辰；改户右。　　　十、戊寅、十七，12.7；府丞遷。 **艾芳曾**　　　　　　　**祖允圖** 正、癸巳；改刑右。　　二、壬寅、七，3.6；府丞遷。

康 熙 五 十 年　辛卯（1711）

曹鑑倫	陳元龍	吳一蜚	胡會恩
五、甲辰、十六， 7.1；死。	四、庚申、二，5.18；右改，兼翰掌。 八、辛酉、四，9.16；改桂撫。	八、癸酉、十六，9.28；右改。 十一、壬辰、七，12.16；遷刑尚。	十一、乙未、十， 12.19；右改。

仇兆鰲	陳元龍	吳一蜚	胡會恩	李旭升
二、庚午、十一， 3.29；病免。	二、丁丑、十八，4.5； 翰掌遷。四、庚申；改左。	四、庚申；戶右改。 八、癸酉；改左。	八、癸酉；禮左改。 十一、乙未；改左。	十一、乙未；刑左 改吏左管。

張世爵	（漢）葉九思
八、壬午、廿五，10.7；予祭。	七、辛亥、廿四，9.6；皖撫遷。

（漢）石文桂	吳一蜚	李仲極
二、丁丑；改正白漢副。	二、乙酉、廿六，4.13；太常遷。 四、庚申；改吏右。	四、乙丑、七，5.23；閣學遷。

王頊齡

胡會恩	胡作梅
八、癸酉；改吏左管吏右事。	八、壬午；閣學遷。

李先復

宋駿業

（漢）卞永譽	李旭升
十、辛酉、六，11.15；病免。	十、辛酉；工左改。十一、乙未；改吏左管右事。

艾芳曾

李旭升	阮爾詢
十、辛酉；改刑左。	十、辛未、十六，11.25；右改。

阮爾詢	劉　謙
十、辛未；改左。	十、辛未；通政遷。

（漢）施世綸

左必蕃
六、乙酉、廿七，8.11；江鄉正考。

祖允圖	廖騰煃
	十一、壬辰；奉尹遷。

部院漢侍郎年表

年　代		康　熙　五　一　年　　壬　辰（1712）
吏 部	左	**胡會恩**　　　　　　　　　　**李旭升** 　四、丙子、廿四，5.28；遷刑尚。　　五、己丑、七，6.10；右改。
	右	**李旭升**　　　　　　　　　　**王頊齡** 　五、己丑；改左。　　　　　　五、己丑；禮左改吏右管。
戶 部	左	（漢）**葉九思**　　　　　　　　**王原祁** 　　　　　　　　　　　　　　四、丙子；翰掌遷。
	右	**李仲極**　　　　　　　　　　**廖騰煃** 　四、壬申、廿，5.24；革。　　四、丙子；左副改。
禮 部	左	**王頊齡**　　　　　　　　　　**王思軾** 　五、己丑；改吏左管右事。　　五、己丑；閣學遷。
	右	**胡作梅** 　十二、乙丑、十六，1.12；贛鄉正考。
兵 部	左	**李先復**
	右	**宋駿業**
刑 部	左	**艾芳曾** 　四、丙子；右改。
	右	**艾芳曾**　　　　　　　　　　**張志棟** 　四、丙子；改左。　　　　　　四、丙子；大理遷。
工 部	左	**阮爾詢**
	右	**劉　謙**
倉　場		（漢）**施世綸**
都 察 院		**左必蕃**　　　　　　　　　　**王企埥** 　△解。（五二年正月革）　　五、己丑；府丞遷。
		廖騰煃　　　　　　　　　　**田從典** 　四、丙子；改戶右。　　　　　四、丙子；光祿遷，仍管光祿。

康熙五二年　癸巳(1713)	康熙五三年　甲午(1714)
李旭升	李旭升
王頊齡　　　　　**湯右曾** 五、丙戌、十,6.2;　五、辛卯、十五,6.7,翰掌 遷工尚。　　　遷,仍兼。　十一、丁巳、 十三,12.30;教庶。	**湯右曾** （兼翰掌）
王原祁	王原祁
廖騰煃	廖騰煃
王思軾	王思軾
胡作梅	胡作梅
李先復 八、辛巳、六,9.25;會試副考。	李先復
宋駿業　　　　　**田從典** 六、辛卯、十六,8.6;死。　五、丙戌, 左副改。	田從典
艾芳曾	艾芳曾
張志棟　　**王企埥**　　　**李濤** 正、癸卯、廿五,　正、戊申、卅,2.24,　十二、甲午、 2.19;革。　　左副改。十二、辛　廿一,2.5;左 　　　　卯、十八,2.2;革。　副改。	**李濤**
阮爾詢	阮爾詢
劉巗　　　　　**崔徵璧** 十、丙子、二,11.19;　十、癸未、九,11.26; 遷左都。　　　左副改。	**崔徵璧**　　　　　**王度昭** 　　　　十二、乙亥、七,11.12; 　　　　浙撫遷。
(漢)施世綸	**(漢)施世綸**　　　　**呂履恒** 十二、乙亥;改滇撫。　十二、癸未、十五,1.20; 　　　　左副改。
王企埥　　**崔徵璧**　　　**呂履恒** 正、戊申;　二、乙卯、七,3.3;　十、丁亥、十三, 改刑右。通政遷。十、癸未;　11.30;府丞遷。 　　　改工右。	**呂履恒**　　　　**董宏毅** 十二、癸未;改倉侍。　十二、戊子、廿,1.25; 　　　　府丞遷。
田從典　**郝惟謌**　　　**李濤** 五、丙戌;　五、癸卯、廿七,6.19;　九、庚戌、六,10.24; 改兵右。通政遷。十二、己卯、府丞遷。十二、甲 　　十,1.21;死。　午;改刑右。	**李華之** 正、戊辰、廿六,3.11;府丞遷。

部院漢侍郎年表

年　代		康熙五四年　乙未（1715）	康熙五五年　丙申（1716）
吏部	左	李旭升	李旭升
	右	湯右曾 （兼翰掌）五、丙午、十一，6.12；教庶。	湯右曾 （兼翰掌）
戶部	左	王原祁 十二、甲申、廿二，1.16；死。	梁世勳 十、壬辰、六，11.19；皖撫遷。
	右	廖騰煃　　　　　呂履恒 十一、庚子、八，　十二、甲申；倉侍改。 12.3；休。	呂履恒
禮部	左	王思軾	王思軾
	右	胡作梅	胡作梅
兵部	左	李先復	李先復
	右	田從典	田從典
刑部	左	艾芳曾	艾芳曾
	右	李　濤　　　　　李華之 四、丁亥、廿二，5.24；五、戊午、廿三，6.24； 葬假。（五六年死）　左副改。	李華之
工部	左	阮爾詢	阮爾詢　　　　　郝　林 二、甲申、廿三，十、壬辰；左副改。 3.16；死。
	右	王度昭	王度昭　　　（漢）李　錫 十、癸丑、廿七，十一、庚申、四，12.17； 12.10；憂免。　豫撫遷。
倉　場		呂履恒　　　　　張伯行 十二、甲申；改戶　十二、甲申；革職蘇 右。　　　　　　撫授。	張伯行
都察院		（漢）薑宏毅	（漢）薑宏毅　　　　周道新 八、乙卯、廿八，十、戊戌、十二，11.25； 10.13；降三調。　通政遷。
		李華之　　　　　郝　林 五、戊午；改刑右。五、壬戌、廿七，6.28； 　　　　　　　　府丞遷。	郝　林　　　　　余正健 十、壬辰；改工左。十、壬辰；順尹遷，仍管。

· 586 ·

康熙五六年　丁酉(1717)	康熙五七年　戊戌(1718)
李旭升	李旭升
湯右曾 （兼翰掌）	湯右曾 （兼翰掌）
梁世勳	梁世勳　　王景曾　　李永紹 　　　　十、丙午、二,　十、庚午、廿六, 　　　　11.23；右改。　12.17；右改。
呂履恒　　　　王景曾 四、辛丑、十七,5.27；　十、丁未、廿七,11.29； 降二調。　　　　　　左副改。	王景曾　　李永紹　　王企埥 十、丙午；改左。　十、丙午；府丞遷。　十、庚午；革職 　　　　　　十、庚午；改左。　刑右授。
王思軾	王思軾
胡作梅	胡作梅　　　　景日昣 十二、乙丑、廿二,　十一、戊寅、四,12.25； 2.10；死。　　　左副改。
李先復	李先復
田從典	田從典
艾芳曾	艾芳曾　　　　李華之 二、丁未、廿八,3.29；　二、壬午、三,3.4；右改。 死。　　　　　　二、乙酉、六,3.7；會試副考。
李華之	李華之　　　　周道新 二、壬午；改左。　二、壬午；左副改。
郝　林	郝　林
(漢)李　錫　　　王　懿 九、癸酉、廿二,10.26；　十、丁未；大理遷。 革。	王　懿 二、乙酉；會試副考。
張伯行 八、丁亥、六,9.10；順鄉正考。	張伯行
周道新	周道新　　景日昣　　　　屠　沂 二、壬午；　二、辛卯、十二,3.13；　十一、丙戌、十 改刑右。　府丞遷。十一、戊寅；　二,1.2；奉尹 　　　改禮右。　　　　遷。
余正健　　王景曾　　　　江　球 二、辛亥、廿六,　三、丁卯、十二,　十一、戊午、 4.7；改以祭酒銜　4.23；太僕遷。　八,12.10； 在修書處行走。　十、丁未；改戶右。　府丞遷。	江　球

部院漢侍郎年表

年　代		康熙五八年　己亥（1719）	康熙五九年　庚子（1720）
吏	左	李旭升	李旭升
部	右	湯右曾 （兼翰掌）	湯右曾 （兼翰掌）
戶	左	李永紹	李永紹
部	右	王企埥	王企埥　　白潢　　張伯行 七、戊子、廿　七、戊子；贛撫　十二、癸巳、 三、8.26；改　遷。十、癸亥、卅　一、12.29；倉 贛撫。　　　　11.29；遷兵尚。　侍改，仍管。
禮	左	王思軾	王思軾
部	右	景日昣	景日昣
兵	左	李先復	李先復
部	右	田從典　　　王度昭 十二、己酉、十一，　十二、乙卯、十七， 1.20；遷左都。　　1.26；原戶右授。	王度昭
刑	左	李華之	李華之　　　張廷玉 五、己卯、十三，　五、戊子、廿二，6.27； 6.18；休。　　　閩學遷。
部	右	周道新	周道新
工	左	郝　林	郝　林
部	右	王懿	王懿
倉　　場		張伯行	張伯行 十二、癸巳；改戶右，仍管。
都察院		屠沂	屠沂　　　李綖 八、庚子、六，9.7；順　十二、癸巳；閣學授。 鄉正考。十一、戊寅、 十五，12.14；改浙撫。
		江　球	江　球

康熙六十年　辛丑(1721)		康熙六一年　壬寅(1722)	
李旭升		李旭升	
湯右曾 六、乙未、五，6.29；解 （專管翰掌）。	張廷玉 六、丁巳、廿七，7.21； 刑左改。	張廷玉 十二、壬申、廿一，1.27；遷禮尚。	
李永紹		李永紹 十二、甲寅、三，1.9； 改盛工。	李周望 十二、甲寅；閣學遷。
張伯行 （兼管倉侍）二、丁酉、六，3.3；會試副考。		張伯行	
王思軾		王思軾	
景日昣		景日昣	
李先復		李先復 正、乙巳、十 九，3.6；遷 工尚。	王度昭 三、丙戌、一， 4.16；右改。 旋仍回任。
王度昭		王度昭 三、丙戌；改左。 旋仍回任。	張大有 三、丙戌；左副改。五、戊 戌、十四，6.27；署漕督。
張廷玉 六、丁巳；改吏右。	王景曾 六、丁巳；原戶左授。	王景曾	
周道新		周道新	黃叔琳 十二、丙子、廿五，1.31； 閣學遷。
郝　林		郝　林	
王　懿		王　懿	
張伯行 （戶右兼管）		張伯行 十一、己亥、十八， 12.25；改辦錢糧。	（漢）李英貴 十一、己亥；內務府總管授。
李　紱 二、丁酉；會試副考。 六、戊戌、八，7.2；革。	張大有 十二、丁丑、廿一，2.6； 大理遷。	張大有 三、丙戌；改兵右。	金應璧 三、己亥、十四，4.29； 奉尹遷。
江　球		江　球	

部院漢侍郎年表

年　代		雍 正 元 年　癸卯（1723）
吏 部	左	**李旭升** 二、己未、九，3.15；休。　　　　　　**黄叔琳** 　　　　　　　　　　　　　三、庚寅、十一，4.15；刑右改。
	右	**王之樞** 正、辛丑、廿一，2.25；湘撫改，派往布隆吉　**史貽直** 爾。正、己酉、廿九，3.5；原左副李紱署。　三、壬寅、廿三，4.27；講學署。七、戊子、十一，8.11； 　　　　　　　　　　　　　閣學遷。十一、癸巳、十七，12.14；武會副考。
戸 部	左	**李周望**
	右	**张伯行** 九、壬午、六，10.4；遷禮尚。　　　　　**景日昣** 　　　　　　　　　　　　　九、癸未、七，10.5；禮左改。
禮 部	左	**王思軾**　　　　　　　**景日昣**　　　　　　　　**王景曾** 三、辛巳、二，4.6；休。　三、癸巳、十四，4.18；右改。　三、辛卯、十二，4.6；刑左行走。 　　　　　　　　九、癸未；改戸右。　　九、癸未；刑左改。
	右	**景日昣**　　　　　　　**蔣廷錫** 三、癸巳；改左。　　　　三、癸巳；閣學授。
兵 部	左	**勵廷儀**　　　（漢）**張聖佐**　　　　　　**稽曾筠** 二、辛亥、一，3.7；　二、辛酉、十一，3.17；順丞遷。　六、丁卯、廿，7.21；左僉遷。 遷刑尚。　　　　五、己亥、廿一，6.23；改鑲白漢都。
	右	**李度昭**　　　　　　　**李　紱** 七、甲午、十七，8.17；病免。　七、甲午；署左副改。
刑 部	左	**王景曾**　　　　　　　**涂天相** 三、辛卯；禮左行走，額外侍郎馬爾哈　九、癸未；閣學遷。 齊署。九、癸未、七，10.5；改禮左。
	右	**黄叔琳**　　　　（漢）**盧　詢**　　　　　（漢）**高其佩** 三、辛巳；江鄉正考。　三、庚寅；光禄署甘撫遷。　九、癸未、七，10.5；光禄遷。 三、庚寅；改吏左。　九、壬午、六，10.4；遷兵尚。
工 部	左	**郝　林**
	右	**王　懋**　　　　　（漢）**金世揚** 九、己亥、廿三，10.21；閣學李鳳翥署。　十一、丁酉、廿一，12.18；黔撫遷。 十二、庚申、十五，1.10；死。
倉　　場		（漢）**李英貴**　　　　　　**陳守創** 正、甲申、四，2.8；病免。　正、甲申；順尹協理。正、戊戌、十八，2.22；順尹 　　　　　　　帶管。二、癸亥、十三，3.19；授，仍兼順尹。
都 察 院		**金應璧**　　　　　　　**楊汝穀** 九、癸卯、廿七，10.25；解。　九、癸卯；通政遷。
		江　球 三、己亥、廿，4.24；署吏右李紱署。七、甲午；授兵右。

雍正二年　甲辰(1724)		雍正三年　乙巳(1725)	
黃叔琳 二、戊午、十四，3.8； 改浙撫。	**史貽直** 二、丁卯、廿三，3.17；右改。 八、丙子、六，9.22；會試副考。	**史貽直** 十二、甲申、廿一， 1.23；改工右。	**張令璜** 十二、甲申；大理兼順尹遷， 仍兼。
史貽直 二、丁卯；改左。	**沈近思** 二、丁卯；太僕遷。　十、甲 午、廿四，12.9；武會正考。	**沈近思**	
李周望		**李周望** 二、丁酉、廿九，4.11； 遷禮尚。	**蔣廷錫** 三、壬寅、四，4.16；右改。
景日昣 六、癸未、十二， 7.31；禮右互改。	**蔣廷錫** 六、癸未； 禮右改。	**蔣廷錫** 三、壬寅；改左。	**吳士玉** 三、壬寅；閣學授，仍兼。
王景曾		**王景曾**	**查嗣庭** 四、壬午、十五，5.26； 閣學授。
蔣廷錫 六、癸未；戶右互改。	**景日昣** 六、癸未；戶右改。	**景日昣** 十二、甲申；假歸。	**魏方泰** 十二、甲申；詹事遷。
嵇曾筠 閏四、丙戌、十三，6.4；改副總河。		**嵇曾筠** （副總河留任）	
李紱 四、丁未、四，4.26； 改桂撫。	**楊汝穀** 四、戊申、五，4.27；左副改。	**楊汝穀**	
涂天相 六、癸未；降調。	**(漢)黃　炳** 六、癸未；閣學遷，仍行走。	**(漢)黃　炳** （閣學行走）	
(漢)高其佩		**(漢)高其佩**	
郝　林 △憂免。	**(漢)金世揚** 三、己卯、五，3.29；右改。	**(漢)金世揚** 二、壬辰、廿四，4.6；革。	**郝　林** 二、壬辰；原任授。
(漢)金世揚 三、己卯；改左。	**李鳳翥** 三、己卯；閣學遷。	**李鳳翥** 四、戊寅、十一， 5.22；降。	**(漢)年希堯**　**史貽直** 四、戊寅；粵撫　十二、甲申； 遷。十二、甲戌、吏左改。 十一、1.13；革。
陳守創		**陳守創**	
楊汝穀 四、戊申；改兵右。	**謝賜履** 閏四、癸未、十，6.1； 兩淮鹽政遷。	**謝賜履** 三、戊申、十，4.22；降。	**梁文科** 三、戊申；大理遷。
江　球		**江　球** 五、癸卯、六，6.16；假。	**王之麟** 五、癸卯；浙按遷。

年代		雍正四年　丙午（1726）		
吏 部	左	張令璜 三、乙未、三，4.4；右互調。	沈近思 三、乙未；右改。　七、壬辰、二，7.30；江鄉正考。 十二、丁卯、十，1.1；工左史貽直署。	
	右	沈近思 三、乙未；改左。	張令璜 三、乙未；左改。　六月，解順 尹。　七、戊戌、八，8.5；降調。	王沛憻 七、戊戌；左副改。
戶 部	左	蔣廷錫 二、辛卯、廿八，3.31；遷戶尚。	裴㵄度 二、辛卯；贛撫遷，仍辦撫事。　工左史貽直署。 五、丁酉、六，6.5；遷左都。	
	右	吳士玉 （兼閣學）		
禮 部	左	查嗣庭 六、戊寅、十七，7.16；贛鄉正 考。九、乙卯、廿六，10.21；革。	郲　林 十、丁卯、九，11.2；工左改。 十一、庚戌、廿二，12.15；休。	唐執玉 十二、癸亥、六，12.28；府丞遷， 署光祿。
	右	魏方泰 十二、戊寅、廿一，1.12；休。	劉師恕 十二、壬午、廿五，1.16；工右改。協理直督事。	
兵 部	左	嵇曾筠 （副總河留任）		
	右	楊汝毅		
刑 部	左	（漢）黃　炳		
	右	（漢）高其佩		
工 部	左	郲　林 十、丁卯；改禮左。	史貽直 十、乙酉、廿七，11.20；右改。十二、丁卯；署吏左。 十二、辛巳、廿四，1.15；理戶侍事。	
	右	史貽直 十、乙酉；改左。	劉師恕 十、乙酉；左副改。 十二、壬午；改禮右。	李　綬 十二、壬午；直督遷。
倉　場		陳守創 △革。	劉於義 △六月，順尹、詹事遷。	
都 察 院		梁文科 正、丁巳、廿四， 2.25，革。	王沛憻 正、丁巳；通政遷。 七、戊戌；改吏右。	劉師恕 七、戊戌，通政遷。八、己 五、卅，9.25；順鄉副考。 十、乙酉；改工右。	郳任鑰 十、乙酉；鄂撫遷。
		王之麟			

雍 正 五 年 丁 未（1727）

沈近思
正、丙辰、廿九，2.19；遷左都，仍兼。　　兵左楊汝毅兼辦。
十二、戊戌、十七，1.27；死（端恪）。

王沛憻	**嵇曾筠**	**劉師恕**
三、甲辰、十七，4.8；休。	三、庚戌、廿三，4.14；兵左改，仍留副總河任。十二、壬寅、廿一，1.31；改禮左。	十二、壬寅；禮右改，仍協辦直督。

	史貽直
工左史貽直兼辦。	十二、癸巳、十二，1.22；兼管戶、工侍事。 十二、甲辰、廿三，2.2；兼順尹。

吳士玉	**史貽直**
八、丁亥、四，9.18；工左互改。	八、丁亥；工左改。

唐執玉	**嵇曾筠**
十、丙戌、四，11.16；武會正考。 十二、壬寅；遷左都。	十二、壬寅；吏右改，仍留副總河任。

劉師恕	**錢以塏**
（協辦直督）十二、壬寅；改吏右。	十二、壬寅；左副改。

嵇曾筠	**楊汝毅**
三、庚戌；改吏右。	三、庚戌；右改。十二、癸巳；兼吏侍事。

楊汝毅	**胡　煦**
三、庚戌；改左。	三、庚戌；閣學授。（教庶）

（漢）黃　炳

（漢）高其佩	**單疇書**
七、丙子、廿二，9.7；革。	七、丙子；大理遷。

史貽直	**吳士玉**
三、癸巳、六，3.28；會試副考。 八、丁亥；戶右互改。	八、丁亥；戶右改。

李　紱	**申大成**
八、己丑、六，9.20；革。	八、己丑；順尹遷，仍兼。

劉於義

鄭任鑰	**甘汝來**
正、己巳、十八，2.8；革。	二、戊寅、廿一，3.13；原桂撫授。

王之麟	**錢以塏**
三、壬辰、五，3.27；降調。	三、壬辰；少詹遷。十、丙戌；武會副考。 十二、壬寅；改禮右。

部院漢侍郎年表

年　代		雍　正　六　年　　戊申（1728）		
吏部	左	**嵇曾筠** （禮左改）二、庚戌、 廿九，4.8；遷兵尚。	**石文焯** 三、辛未、廿一，4.29；禮右改。 五、辛未、廿一，6.28；遷兵尚。	**史貽直** 八、辛卯、十三，9.16；户左改。
	右	**劉師恕** 四、丁亥、七，5.15；降調。	**何世璂** 四、乙巳、廿五，6.2；户右改。 五、丙寅、十六，6.23；署直督。	
户部	左	**史貽直** （户右改）八、辛卯；改吏左。	**王璣** 八、辛卯；通政遷。	
	右	**史貽直** （改户左）	**何世璂** 二、庚戌；刑部額外侍郎授。 四、乙巳；改吏右。	**單疇書** 七、甲寅、五，8.10；刑右改。
禮部	左	**嵇曾筠** （改吏左）	**錢以塏** 正、丙子、廿五，3.5；右改。	
	右	**錢以塏** 正、丙子；改左。	**石文焯** 正、丙子；原甘撫授。 三、辛未；改吏左。 **彭維新** 三、丙子、廿六，5.4；浙布 遷。七、甲寅；改刑右。	**蔡世遠** 七、甲寅；閣學遷。
兵部	左	**楊汝毅**		
	右	**胡煦** 正、己卯、廿八，3.8；兼管左副。 十、壬午、五，11.6；協辦刑侍事。		
刑部	左	（漢）**黄炳** 八、丁酉、十九，9.22；革。	**繆沅** 九、丙寅、十九，10.21；工左改。	
	右	**單疇書** 七、甲寅；改户右。	**彭維新** 七、甲寅；禮右改。	
工部	左	**吴士玉** 七、戊寅、廿九，9.3； 革，閣學行走。	**繆沅** 八、甲午、十六，9.19；閣學遷。 九、丙寅；改刑左。	**汪漋** 十、丁酉、廿，11.21；閣學遷。
	右	**申大成** 七、戊寅；革。	**王承烈** 八、甲午；左副改。	
倉　場		**劉於義**		
都察院		**甘汝來** 十二、甲午、十八，1.17；革。	**陳良弼** 十二、甲午；太僕遷。	
		王承烈 正、戊寅、廿七，3.7；贛布遷。 八、甲午；改工右。	**謝王寵** 九、甲戌、廿七，10.29；順尹遷，仍兼。	

雍 正 七 年　己酉(1729)	雍 正 八 年　庚戌(1730)
史貽直 四、己亥、廿五,5.22;署閩督。	**史貽直**　　　　**劉於義** 三、甲午、廿六,5.12;　六、癸亥;倉侍改。十、甲子、廿 改署兩江。六、癸亥、　九,12.8;協辦魯撫。十二、癸 廿六,8.9;遷左都。　丑、十九,1.26;改北河。
何世璂　　　　**彭維新** (署直督)二、庚辰、　二、戊戌、廿三,3.22;刑右改。 五,3.4;死(端簡)。　七、丙午、三,7.28;署蘇撫。	**彭維新**
王璣　　　　**劉聲芳** 二、丁丑、二,3.1;署　七、丙寅、廿三,8.17; 蘇撫。七、丙午;革。　太常遷。	**劉聲芳**
單疇書　　**王廷揚**　　　　**汪漋** 閏七、癸未、十　六、辛丑、廿八,7.23;　十一、戊子; 一,9.3;死。　通政遷。十一、戊子;　工左改。 　　　　十八,1.6;工左互改。	**汪漋**　　　　**俞成晟** 六、癸亥;革。　六、癸亥、閣學遷。十、己亥、 　　　　四,11.13;武會正考。
錢以塏	**錢以塏**　　**蔡世遠**　　　　**吳士玉** 六、癸亥;　七、丁丑、十,8.23;　八、丙寅;右改。 遷禮尚。　右改。八、丙寅、　十、甲子;署刑 　　　　卅,10.11;降調。　右。
蔡世遠	**蔡世遠**　　**吳士玉**　　　　**王圖炳** 七、丁丑、　七、丁丑、閣學遷,仍　八、丙寅; 改左。　兼。八、丙寅;改左。　左副改。
楊汝毅 八、戊申、六,9.28;順鄉副考。	**楊汝毅**
胡煦	**胡煦**
繆沅 △十二、己巳、廿九,2.16;死。	**繆沅**　　**張大有**　　　(漢)**王朝恩** 三、壬辰、廿　二、甲寅、十五,4.2;　六、己亥;盛刑改。 四,5.10;死。　右改。六、己亥、二,　十、甲子;署魯撫, 　　　　7.16;遷工尚。　禮左吳士玉署。
彭維新　　**王承烈**　　　　**張大有** 二、戊戌;　二、戊戌;工右改。　十二、己未、十 改吏右。　十二、十四,2.1;死。　九,2.6;工右改。	**張大有**　　　(漢)**王國棟** 二、甲寅;改左。　二、甲寅;辦刑侍事授。 　　　　十、己亥;武會副考。
汪漋　　**王廷揚**　　**孫嘉淦** 十一、戊子;　十一、戊子;　十二、己未、十九, 戶右互改。　戶右改。　2.6;工右改。	**孫嘉淦** 二、乙巳、六,3.24;會試副考。 六、癸亥;授仍管順尹。
王承烈　　**張大有**　　　　**何國宗** 二、戊戌;　二、戊戌;漕督改。　十二、己未; 改刑右。　十二、己未;改刑右。　閣學遷。	**何國宗**
劉於義　　　　**涂天相** 四、庚寅、十六,5.13;　四、庚寅、原太僕署。 派赴西寧。	**劉於義**　　　**涂天相** 六、癸亥;改吏左。　六、癸亥;授。
陳良弼　　　　**王圖炳** 二、己卯、四,3.3;署兼順尹。　十二、庚戌; 十二、庚戌、十,1.28;革。　原詹事遷。	**王圖炳**　　　(漢)**沈廷正** 八、丙寅;改禮右。　九、己丑、廿三,11.3; 　　　　河督改,仍留。
謝王寵	**謝王寵**　　　**冀棟** 六、癸亥;改府丞。　六、癸亥;府丞改。

部院漢侍郎年表

年　　代		雍　正　九　年　辛亥（1731）
吏 部	左	**彭維新**　　　　　　　　　　**吳士玉** 正、辛卯、廿七，3.5；右改。　　　十二、壬辰、三，12.31；右改。 十一、己卯、廿，12.18；遷左都。
	右	**彭維新**　　　**吳士玉**　　　　　　**任蘭枝** 正、辛卯；改左。　正、辛卯；禮左改。二月，暫署　十二、壬辰；兵右改。 　　　　　　　刑右。十二、壬辰；改左。
戶 部	左	**劉聲芳**　　　　　　　**俞兆晟** 正、癸未、十九，　左都史貽直兼署。　十一、己卯、廿，12.18；右改。 2.25；革。
	右	**俞兆晟**　　　　　（漢）**韓光基** 十一、己卯；改左。　　十一、己卯；鑲藍漢副授。
禮 部	左	**吳士玉**　　　　　**胡煦**　　　　　　**王圖炳** 正、辛卯；改吏右。　正、辛卯；兵右改。△衰老，解。　六、己未；右改。
	右	**王圖炳**　　　　　　　**吳襄** 六、己未、廿八，7.31；改左。　六、己未；閣學遷。
兵 部	左	**楊汝穀** 六、癸巳、二，7.5；署左副。
	右	**胡煦**　　　　　　　**任蘭枝** 正、辛卯；改禮左。　正、辛卯；閣學遷。二、癸丑、廿，3.27；仍閣學行走。 　　　　　　　二、庚申、廿七，4.3；暫署刑右。十二、壬辰；改吏右。
刑 部	左	（漢）**王朝恩**
	右	（漢）**王國棟** 二、己未、廿六，4.2；差豫。七、丁卯、六，8.8；　兵右任蘭枝署。　刑右吳士玉署。 署蘇撫。九、庚午、十，10.10；改署浙撫。
工 部	左	**孫嘉淦**
	右	**何國宗**　　　　　　　**趙殿最** 四、乙巳、十三，5.18；革。　四、乙巳；閣學遷。
倉　　場		**涂天相**
都 察 院		（漢）**沈廷正** 九、戊子、廿八，10.28；東改河北河。
		冀棟　　　　　　　**孔毓璞** 正、癸未；革。（補御醫）　二、己亥、六，3.13；甘布遷。留肅州。 　　　　　　　六、癸巳；兵左楊汝穀署。

雍正十年　壬子(1732)	雍正十一年　癸丑(1733)
吳士玉　　　　**任蘭枝** 十、戊午、四，11.21；　八、庚申、六，9.24；順鄉 遷左都。　　　　正考。十、庚辰、廿六， 　　　　　　　12.13；右改。	**任蘭枝** 三、壬午、一，4.14；會試副考。六、己未、十， 7.20；教庶。八、癸丑、五，9.12；協辦禮侍。
任蘭枝　　　　**孔毓璞** 二、壬辰、四，2.29；辦刑　十、庚辰；左副改。 侍事。十、庚辰；改左。	**孔毓璞**
俞兆晟	**俞兆晟**　　　　**陳樹萱** 十二、己未、十二，　　十二、己未；工左改。 1.16；解(革)。
(漢)**韓光基**	(漢)**韓光基**　　　**趙殿最** 十二、己未；改工右。　十二、己未；工右改。
王圖炳	**王圖炳**　　**鄧鍾岳**　　　**張廷璐** 六、丁巳、八，7.18；　　　　九、辛巳；右改 右改。九、辛巳、三，　　　(蘇學)。 10.10；降調。
吳　襄	**吳　襄**　**鄧鍾岳**　　**張廷璐**　　**史在甲** 四、乙卯、　四、乙卯；閣　六、丁巳；詹　九、辛巳； 四，5.17；　學遷。六、丁　事遷。九、辛　左副改。 遷禮尚。　巳；改左。　巳；改左。
楊汝穀	**楊汝穀** 三、壬午；會試副考。
(漢)**高　起** 四、乙卯、廿八，5.22；光少遷。	(漢)**高　起**
(漢)**王朝恩**　　**孫嘉淦**　　　**張　照** 二、辛卯、三，　二、壬辰，工左改。　十二、丁卯、十 2.28；改北河。　仍兼順尹。十二、　4，1.29；閣學 　　　　乙卯、二，1.17；革。　遷，署順尹。	**張　照**　　**馮景夏**　　　**喬世臣** 四、乙卯；　四、乙卯；左副改。　十二、丁卯； 遷左都。　十二、丁卯、廿，　左副改。 　　　　1.24；病免。
(漢)**王國棟** 七、庚子、十六，9.4；召回(署浙撫)。	(漢)**王國棟**
孫嘉淦　　　　**陳樹萱** 二、壬辰；改刑左。　二、壬辰；理少遷。	**陳樹萱**　　　(漢)**韓光基** 十二、己未；改戶右。　十二、己未；戶右改。
趙殿最	**趙殿最**　　　　**謝　旻** 十二、己未；改戶右。　十二、庚申、十三，1.17； 　　　　　　贛撫遷。
涂天相	**涂天相**　　　　**楊超曾** 二、庚申、八，3.23；　四、乙卯；奉尹遷。 遷左都。
(漢)**沈廷正**　　　**呂在甲** 二、辛卯、三，2.28；　六、丙寅、十一，8.1； 北河召京。　　　大理遷。	**史在甲**　　　　**喬世臣** 九、辛巳；改禮右。　十、壬戌、十四，11.20；蘇撫 　　　　遷。十二、丁卯；改刑右。
孔毓璞　　　　**馮景夏** 十、庚辰；改吏右。　十一、癸巳、十，12.26； 　　　　皖布遷。	**馮景夏**　　　(漢)**孫國璽** 四、乙卯；改刑左。　四、壬申、廿一，6.3；署豫撫授。 　　　　六、甲戌、廿五，8.4；署蘇撫。

部院漢侍郎年表

年代		雍正十二年　甲寅(1734)	雍正十三年　乙卯(1735)
吏部	左	任蘭枝	任蘭枝　十、辛未、六、11.19；遷禮尚。　邵基　十、壬申、七、11.20；右改，兼翰掌。
	右	孔毓璞　四、丁卯、廿二、5.24；遷左都。　呂耀曾　五、丁亥、十二、6.13；左副改。九、癸巳、廿一、10.17；改倉侍。　邵基　十一、丙子；左副改。	邵基　七、己亥、二、8.19；江鄉正考。十、壬申；改左。　孫嘉淦　十、壬申；原任授。十一、庚戌、十五、12.28；遷左都，仍兼。
户部	左	陳樹萱	陳樹萱　十、壬申；革。　李綬　十、乙亥、十、11.23；侍郎銜授。
	右	趙殿最	趙殿最
禮部	左	張廷璐　(蘇學)	張廷璐　(蘇學)
	右	史在甲　三、辛巳、五、4.8；病免。　甘汝來　四、癸酉、廿八、5.30；粵布遷。	甘汝來　九、丁酉、一、10.16；遷兵尚。　勵宗萬　九、己酉、十三、10.28；閣學遷。十、戊辰、改管刑左。旋仍兼署。　王紘　十、戊辰、三、11.16；刑左管。
兵部	左	楊汝毅	楊汝毅
	右	(漢)高起	(漢)高起　二、庚戌、九、3.3；遷兵尚。　吳應棻　二、癸亥、廿二、3.16；左僉遷，仍署鄂撫。原河督王士俊署。
刑部	左	喬世臣　十、己未、十七、11.12；改工右。　王紘　十、己未；皖撫遷。	王紘　十、戊辰、三、11.16；改管禮右。　勵宗萬　十、戊辰；禮右改管。旋仍兼署禮右。
	右	(漢)王國棟　十、庚戌、八、11.3；革。　楊超曾　十、庚戌；刑部額外侍郎授。	楊超曾
工部	左	(漢)韓光基　十、丁未、五、10.31；革。　顧祖鎮　十、丁未；閣學遷。	顧祖鎮　八、壬申、六、9.21；順鄉正考。九、壬戌、廿六、11.10；革。　王鈞　十、己巳、四、11.17；右改。
	右	謝旻　八、壬申、廿九、9.26；革。　喬世臣　十、己未；刑左改。	喬世臣　△正、甲戌、三、1.26；死。　王鈞　二、庚戌、光祿遷。十、己巳；改左。　張廷瑑　十、己巳；詹事遷。
倉場		楊超曾　九、癸巳；改刑部額外侍郎。　呂耀曾　九、癸巳；吏右改。	呂耀曾　七、丙寅、廿九、9.15；管順尹。十、丙戌、廿一、12.4；卸。
都察院		呂耀曾　二、己未、十三、3.17；奉尹遷。五、丁亥；改吏右。　邵基　六、丙午、二、7.2；左僉遷。十一、丙子、五、11.29；改吏右。　陳世倕　十一、戊子、十七、12.11；順尹。遷，仍兼。	陳世倕　(兼理順尹)　陳世信　十、戊寅、十三、11.26；署。十二、庚辰、十五、1.27；授。
		(漢)孫國璽	(漢)孫國璽　十二、己巳、四、1.16；署順尹。

乾 隆 元 年　丙 辰（1736）

邵　基	俞兆岳	
二、庚午、六，3.17；會試副考。八、丁卯、六，9.10； 順鄉廻避卷副考。十、壬戌、二，11.4；改蘇撫。	十、庚午、十，11.12；贛撫遷。	

孫嘉淦	姚三辰	
（左都兼管）七、甲午、二，8.8；江鄉正考。 十一、甲午、五，12.6；遷刑尚。	十一、甲午；兵左改。	

李　紱	楊汝毅	趙殿最
四、乙丑；殿試讀卷。 六、甲子、一，7.9；降調（詹事）。	六、甲子；兵左改。 十一、甲午；遷左都。	十、乙巳、十六，12.17；右改。

趙殿最	呂耀曾	
十一、乙巳；改左。	十一、乙巳；倉侍改。	

張廷璐		
（蘇學）十、戊寅、十八，11.20；原蘇撫張楷署。		

勵宗萬	程元章	王蘭生
（刑左兼署）二、庚午；知貢舉。 四、乙丑、一，5.11；殿試讀卷。	六、丙戌、廿三，7.31；漕督授。 十一、甲午；刑右互改。	十一、甲午；刑右改。

楊汝毅	姚三辰	（漢）孫國璽
六、甲子；改戶左。	六、甲子；閩學遷。六、辛巳、十八， 7.26；贛鄉正考。十一、甲午；改吏右。	十一、甲午；左副改。

吳應棻		
二、辛巳、十七，3.28；署鄂撫回任。	王士俊署：四、乙丑；殿試讀卷。 四、戊寅、十四，5.24；改署川撫。	

勵宗萬	楊超曾	
四月，殿試讀卷。十、丙戌、廿六，11.28；革。	十一、癸巳、四，12.5；右改。	

楊超曾	王蘭生	程元章
八、甲子、三，9.7；署桂撫。 十一、癸巳；改左。	十一、癸巳；閩學遷。 十一、甲午；禮右互改。	十一、甲午；禮右改。

王　鈞		

張廷璩		
二、庚午；會試副考。八、丁亥、廿六，9.30；順天鄉試廻避卷閱卷。		

呂耀曾	崔　紀	
十一、乙巳；改戶右。	十一、乙巳；詹事（順學）遷。	

陳世倌		

（漢）孫國璽	劉永澄	
十一、甲午；改兵左。	十一、甲午；南河副總河授。	

年代		乾隆二年　丁巳(1737)
吏 部	左	**俞兆岳**　六、庚辰、廿三,7.20; 革。　　**程元章**　七、癸卯、十七,8.12; 右改。
	右	**姚三辰**　三、甲午、六,4.5; 會試副考。　**程元章**　六、辛巳、廿四,7.21; 刑右改。七、癸卯; 改左。　**崔紀**　七、癸卯; 倉侍改,仍署陝撫。十、乙未、十一,12.2; 授陝撫。　**趙殿最**　十、乙巳、廿一,12.12; 戶左改。
户 部	左	**趙殿最**　十、乙巳; 改吏右。　　**呂耀曾**　十一、己未、六,12.16; 右改。
	右	**呂耀曾**　四、丁亥、廿九,5.28; 殿試讀卷。十一、己未; 改左。　**王鈞**　十一、己未; 刑右改。
禮 部	左	**張廷璐**（蘇學）　前蘇撫張楷署: 九、乙未、十,10.3; 署鄂撫。十、乙未; 授鄂撫。
	右	**王蘭生**　五、癸巳、六,6.3; 死。　**王紘**　三、甲午; 知貢舉。六、辛巳; 改工左。　**方苞**　六、辛巳; 閣學遷。七、壬辰、六,8.1; 教庶。十二、己亥、十六,2.4; 乞解。　**吳家麒**　十二、壬寅、十九,2.7; 閣學遷。
兵 部	左	（漢）**孫國璽**　三、乙卯、廿七,4.26; 署刑左。
	右	**吳應棻**
刑 部	左	**楊超曾**　正、乙巳、十六,2.15; 改桂撫。　（漢）**金鉷**　正、乙巳; 桂撫改。三、乙巳、十七,4.16; 革。　**劉統勳**　三、乙卯; 閣學遷,留海塘工次。兵左孫國璽署。
	右	**程元章**　四、丁亥; 殿試讀卷。六、辛巳; 改吏右。　**王鈞**　六、辛巳; 工左改。十一、己未; 改戶右。　**陳惪華**　十一、己未; 詹事遷。
工 部	左	**王鈞**　六、辛巳; 改刑右。　　**王紘**　六、辛巳; 禮右改。
	右	**張廷瑑**
倉場		**崔紀**　三、辛亥、廿三,4.22; 署陝撫。七、癸卯; 改吏右。　**陳世倌**　七、癸丑、廿七,8.22; 倉場改。
都察院		**陳世倌**　七、癸丑; 改倉場。　　**趙之垣**　八、辛巳、廿五,9.19; 通政遷。
		劉永澄

乾隆三年　戊午(1738)	乾隆四年　己未(1739)
程元章	**程元章**
趙殿最　　　　**楊永斌** 十、丙申、十七，　　十、丙申；署禮左授。 11.28；遷工尚。	**楊永斌**　**陳大受**　　　　　　**田懋** 三、庚申、十　三、壬申、廿六，5.3；閣學遷　十一、庚申、 四，4.21；　三、丙子、卅，5.8；殿試讀卷　十七，12.17； 休。　　　十一、壬子、九，12.9；改皖撫。　刑左改。
呂耀曾　　　　**陳世倌** 十、乙巳、廿六，　十、己巳；倉侍改。 12.7；倉侍互改。	**陳世倌**　　　　　**王鈞** 四、乙未、十九，5.26；　五、辛亥、六，6.11；右改。 遷左都。
王鈞	**王鈞**　　　　　　**梁詩正** 五、辛亥；改左。　五、辛亥；刑右改。
張廷璐 十、庚寅、十一，　　五、辛未、廿，7.6；蘇撫楊永 11.22；蘇學回任。　斌署。十、丙申；授吏右。	**張廷璐** 二、癸未、六，3.15；知貢舉。 九、丁巳、十三，10.15；武會副考。
吳家騏 八、丙戌、六，9.19；順鄉副考。	**吳家騏** 七、丁巳、十三，8.16；教庶。
(漢)**孫國璽**　　　**吳應棻** 四、己丑、七，5.25；　四、戊申、廿六，6.13； 改皖撫。　　　右改。	**吳應棻**
吳應棻　　　　**凌如煥** 四、戊申；改左。　四、戊申；閣學遷。六、戊 　　　　　戌、十七，8.2；贛鄉正考。	**凌如煥** 二、癸未；會試副考。
劉統勳	**劉統勳**　　　　　**田懋**　　　　**王安國** 二、丙申、十九，3.28；廻避　六、辛丑、廿六，　十一、庚申； 子弟閱卷。五、庚午、廿五，　7.31；右改。十　左副改。 6.30；教庶。△憂免。　　一、庚申；改吏右。
陳惠華 六、庚戌、廿九，8.14；江鄉正考。	**陳惠華**　**梁詩正**　　　**田懋**　　(漢)**韓光基** 正、壬申、廿　正、壬申；閣學　五、辛亥；左副　六、辛丑、 五，3.4；遷　遷。五、辛亥；　改。六、辛丑；　工右改。 戶尚。　　改戶右。　　改左。
王紘	**王紘**　　　　　　**張廷瑑** 正、庚申、十三，2.20；休。　正、己巳、十二，3.1；右改。
張廷瑑	**張廷瑑**　　(漢)**韓光基**　　　　**許希孔** 正、己巳、廿二，　正、己巳；革工右起用。　七、乙卯、十一， 3.1；改左。　　六、辛丑；改刑右。　　8.14；閣學遷。
陳世倌　　　　**呂耀曾** 十、乙巳；改戶左。　十、乙巳；戶左改。	**呂耀曾**
趙之垣	**趙之垣**　**田懋**　　**王安國**　**尹會一** 三、庚午、廿　三、庚午；鴻少　五、辛亥；左　十一、庚申 四，5.1；降　遷。五、辛亥；　僉遷。十一、　原豫撫授。 鴻少。　　改刑右。　　庚申；改刑左。
劉永澄　　　　**劉吳龍** 九、癸丑、四，10.16； 通政遷。	**劉吳龍**

部院漢侍郎年表

年　代		乾　隆　五　年　　庚　申（1740）			
吏	左	**程元章** 四、甲戌、四，4.29；革。	**蔣　溥** 四、甲戌；閣學遷。		
部	右	**田　懋** △五月，憂免。	**楊嗣璟** 五、甲子、廿五，6.18；刑右改。		
戶	左	**王　鈞** 死。	**梁詩正** 十一、丁丑、十，12.28；右改。		
部	右	**梁詩正** 十一、丁丑；改左。	**歸宣光** 十一、癸酉、六，12.24；通政遷。		
禮	左	**張廷璐**			
部	右	**吳家麒** 九、戊寅、十，10.30；葬假半年。			
兵	左	**吳應棻**	**凌如煥** 四、甲午、廿四，5.19；右改。		
部	右	**凌如煥** 四、甲午；改左。	**王承堯** 四、甲午；閣學改。		
刑	左	**王安國** 九、甲午、廿六，11.15；遷左都。	**張　照** 十、壬子、十五，12.3；右改。		
部	右	（漢）**韓光基** 二、戊戌、廿七，3.24；遷工尚。	**楊嗣璟** 三、己未；太常遷。 五、甲子；改吏右。	**張　照** 五、甲子；閣學遷。 十、壬子；改左。	（漢）**郝玉麟** 十、壬子；降調 吏尚授。
工	左	**張廷瑑** 十一、壬午、十五，1.2；蘇學。			
部	右	**許希孔**			
倉　　場		**呂耀曾**			
都 察 院		**尹會一** △六月，乞養。	**陳守創** 七、己丑、十一，9.11；順尹遷。		
		劉吳龍 十一、壬午、十五，1.2；遷左都。	**劉永澄** 十二、辛丑、五，1.21；原任授。		

乾隆六年 辛酉(1741)	乾隆七年 壬戌(1742)
蔣 溥 二、壬子、十七，4.2；兼刑左。 六、己酉、十六，7.28；浙鄉正考。	**蔣 溥** 三、己丑、卅，5.4；殿試讀卷。
楊嗣璟 十、丙申、五，11.12；省假。　　十、丙申；戶左 △十一、癸亥、二，12.9；憂　梁詩正兼。 免。(十二年府丞)	**田 懋** 戶左梁詩正兼　　十、壬寅、十七，11.13；原任授。
梁詩正 十、丙申；兼吏右。	**梁詩正** 三、己丑；殿試讀卷。
歸宣光　周學健　　　彭維新 三、癸未、十八，5.3；閣學 十、甲午； 遷，仍署刑右。十、甲午、 原左都授。 三、11.10；改刑右。	**彭維新**
張廷璐 六、己酉；贛鄉正考。	**張廷璐** 二、丙申、六，3.12；知貢舉。
吳家麒　汪由敦　　　趙國麟 五、甲子、一，　五、戊子、廿五，7.7；九、庚寅；降 6.13；革。　閣學遷。九、庚寅、　調大學士授。 廿八，11.6；改兵左。	**趙國麟　　　　鄧鍾岳** 正、壬戌、二，2.6；二、戊申、十八，3.24； 遷禮尚。 通政遷。
凌如煥　　汪由敦 九、庚寅；乞養。　九、庚寅；禮右改。	**汪由敦** 二、丙申；會試副考。
王承堯	**王承堯**
張 照 二、壬子；省假。　吏左蔣溥兼。	**張 照　　趙宏恩　　　錢陳群** 二、丙子；廻避弟 四、丁巳；革工尚 六、乙未、八， 弟閱卷。四、丁巳、 起用。五、壬申、 7.9；閣學遷。 廿八，6.1；遷刑尚。 十四，6.16；免。
(漢)郝玉麟　劉統勳　　周學健 二、壬子；病 六、壬寅；服滿卽 二、壬子；閣學署。三、 假。六、壬寅、 任。九、丁亥、廿五、 癸未；授戶右仍署。 九，7.21；休。 11.3；遷左都。 十、甲午；戶右改。	**周學健**
張廷琰	**張廷琰** 九、己巳、十三，10.11；武會正考。
許希孔 八、戊戌、六，9.15；順鄉副考。	**許希孔**
呂耀曾	**呂耀曾**
陳守創　　　仲永檀 七、甲申、廿二，9.1；休。 八、己亥、七，9.16；左僉遷。	**仲永檀　　　　彭啓豐** 二、丙申；會試副考。 十二、丙午、廿一， 九、己巳；武會副考。 1.16；通政遷。 十二、丙申、十一，1.6；革。
劉永澄	**劉永澄**

部院漢侍郎年表

年　代		乾　隆　八　年　癸　亥（1743）
吏部	左	蔣　溥 閏四、乙卯、二,5.25;署湘撫。 十、己巳、廿,12.5;改湘撫。　　　歸宣光 　　　　　　　　　　　　　　　　　十、己巳;原戶右授。
	右	田　懋
戶部	左	梁詩正
	右	彭維新
禮部	左	張廷璐
	右	鄧鍾岳
兵部	左	汪由敦
	右	王承堯
刑部	左	錢陳群
	右	周學健 四、丁未、廿四,5.17;署閩撫。 十、己巳;改閩撫。　　　　　　　彭啓豐 　　　　　　　　　　　　　　　　十、己巳;闈學遷。
工部	左	張廷瑑
	右	許希孔
倉　場		呂耀曾 十二、甲寅、五,1.19;死。　　　　（漢）張　楷 　　　　　　　　　　　　　　　　八、癸丑、三,9.20;闈學遷。
都察院		彭啓豐 二、乙巳、廿一,3.16;改闈學。　　趙大鯨 　　　　　　　　　　　　　　　　二、乙巳;大理遷,順學。
		劉永澄 二、乙巳;病免。　　　　　　　　彭樹葵 　　　　　　　　　　　　　　　　二、乙巳;府丞遷。

乾 隆 九 年　甲 子（1744）			
歸宣光			
田　懋			
梁詩正			
彭維新 正、庚子、廿二,3.5； 遷兵尚。	晏斯盛 正、庚子；鄂撫授。 二、丙辰、八,3.21；留原任。	汪由敦 二、丙辰；兵左改。 三、癸未、五,4.17；遷工尚。	李元亮 三、癸未；鑲紅漢副授。
張廷璐 △三月，休。	李清植 △三、十二,4.24；閣學遷，未任死。		鄧鐘岳 △三月，右改。
鄧鐘岳 △三月，改左。七、丁丑、二,8.9；江鄉正考。	楊錫紱 三、辛丑、廿三,5.5；桂撫遷。		
汪由敦 二、丙辰；改户右。	陳惠華 二、壬申、廿四,4.6；原兵尚授。		
王承堯			
錢陳群			
彭啟豐 △假。　△左副勵宗萬代。			
張廷瑑 五、癸卯、廿六,7.6；降閣學。	趙宏恩 五、癸卯；正紅漢副授。 十二、戊辰、廿五,1.27；遷工尚。		勵宗萬 十二、辛未、廿八,1.30；左副改。
許希孔	呂　熾 四、甲戌、廿七,6.7；閣學遷。 十一、庚辰、七,12.10；順學。		
(漢)張　楷 正、辛巳、三,2.15；遷户尚。	彭樹葵 正、辛丑、廿三,3.6；左副改。		
趙大鯨	范　璨 九、辛巳、七,10.12；皖撫遷。		
彭樹葵 正、辛丑；改倉侍。	勵宗萬 二、甲子、十六,3.29；通政遷。 十二、辛未；改工左。		何國宗 十二、辛未；樂部大臣任。

年　　代		乾　隆　十　年　乙　丑（1745）
吏 部	左	**歸宣光** 　四、庚申、十八，5.19；改兵右。　　　　　　**田　懋** 　　　　　　　　　　　　　　　　　　　　（右改）
	右	**田　懋** 　（改左）　　　　　　　　　　**蔣　溥**（軍） 　　　　　　　　　　　　　　　四、庚申；湘撫遷。 　　　　　　　　　　　　　　　十二、乙卯、十八，1.9；入直。
户 部	左	**梁詩正** 　五、辛卯、廿，6.19；遷户尚。　　　　（漢）**李元亮** 　　　　　　　　　　　　　　　　　　　（右改）
	右	（漢）**李元亮** 　（改左）　　　　　　　　　　　**呂　熾** 　　　　　　　　　　　　　　五、己亥、廿八，6.27；工右改（順學）。
禮 部	左	**鄧鍾岳**
	右	**楊錫紱** 　正、丙子、四，2.4；知貢舉。　　　　　　**秦蕙田** 　四、庚申、十八，5.19；改湘撫。　　　五、壬午、十一，6.10；閣學遷。
兵 部	左	**陳惠華**
	右	**王承堯** 　四、戊申、六，5.7；病免。　　　　　　**歸宣光** 　　　　　　　　　　　　　　　　　　四、庚申；吏左改。
刑 部	左	**錢陳群** 　三、戊寅、六，4.7；會試副考。 　四、丁卯、廿五，5.26；殿試讀卷。
	右	**彭啓豐** 　四、丁卯；殿試讀卷。　　　　　　　　**勵宗萬** 　△憂免。　　　　　　　　　　　　　十二、乙卯；工左改。
工 部	左	**勵宗萬** 　十二、乙卯；改刑右。　　　　　　　　**涂逢震** 　　　　　　　　　　　　　　　　　十二、乙卯；閣學遷。
	右	**呂　熾** 　五、己亥；改户右。　　　　　　　　　**范　璨** 　　　　　　　　　　　　　　　　　五、己亥；左副改。
倉　　場		**彭樹葵**
都 察 院		**范　璨** 　五、己亥；改工右。　　　　　　　　　**孫嘉淦** 　　　　　　　　　　　　　　　六、丁巳、十六，7.15；府丞遷。
		何國宗

乾隆十一年　丙寅(1746)	乾隆十二年　丁卯(1747)
田懋　　　　蒋溥(軍) △三、癸未、十七，4.7；解。　三、乙酉、十九，4.9；右改。	蒋溥(軍)
蒋溥(軍)　　歸宣光 三、乙酉；改左。　三、乙酉；兵右改，署工右。	歸宣光
(漢)李元亮	(漢)李元亮
吕熾 （順學）	吕熾 （順學：十、丙子、十九，11.21；留任。）
鄧鍾岳	鄧鍾岳 六、丁亥、廿八，8.4；江鄉正考。
秦蕙田	秦蕙田　　楊嗣璟　　　　沈德潛 △憂免。　四、戊子、廿九，6.6；　△六、甲戌、十五， 　　　　府丞遷。　△降二調。　7.22；闈學遷。 　　　　（十五年授太僕）
陳惠華	陳惠華　　　　　　　　王會汾 九、甲辰、十　闈學莊有恭署。　十、壬申；右改。 七，10.20；革　十、壬申、十五， （左副）。　11.17；改兵右。
歸宣光　　　　王會汾 三、乙酉；改吏右。　三、乙酉；闈學遷。	王會汾　　　　　莊有恭 六、丁丑、十八，7.25；浙　十、壬申；闈學遷。 鄉正考。十、壬申；改左。
錢陳群	錢陳群 六、丁丑；贛鄉正考。
勵宗萬　　　　魏定國 五、甲辰、九，6.27；革。　五、甲辰；皖撫遷。	魏定國
涂逢震	涂逢震
范璨　　　　尹會一 三、癸未；乞休。　三、癸未；服滿卽授。十月， 　　　　蘇學。吏右歸宣光署。	尹會一 （蘇學：十、丙子；留任）。
彭樹葵	彭樹葵 十二、己巳、十三，1.13；署鄂撫。
孫嘉淦	孫嘉淦　　　　　梅瑴成 四、己巳、十，5.18；休。　四、己巳；府丞遷。
何國宗	何國宗

年　代		乾隆十三年　戊辰（1748）
吏 部	左	**蔣　溥**(軍) 　三、庚寅、六，4.3；會試正考。 　四、乙丑、十二，5.8；遷戶尚。　　　**歸宣光** 　　四、甲子、十一，5.7；右改。 　　四、戊寅、廿五，5.21；殿試讀卷。
	右	**歸宣光**　　　　**尹會一**　　　　　　**魏定國**　　　　　　　　**王會汾** 　四、甲子；改左。　四、甲子；工右改。　閏七、庚申；刑右改。　　　　十二、壬寅；兵左改。 　　　　　　　　　九月，死。　　　十二、壬寅、廿二，2.9；休。
戶 部	左	（漢）**李元亮**
	右	**呂　熾**
禮 部	左	**鄧鍾岳**　　　　　　　　　　　　**秦蕙田** 　四、乙丑；休。　　　　　　　　　　四、乙丑；前禮右授。
	右	**沈德潛**　　　　　　　　　　　　**齊召南** 　三、庚寅；會試副考。　　　　　　　閏七、庚申；閣學遷。 　閏七、庚申、八，8.31；休。
兵 部	左	**王會汾**　　　　　　　　　　　　**蔣　炳** 　四、戊午；殿試讀卷。　　　　　　　十二、壬寅；順尹遷。 　十二、壬寅；改吏右。
	右	**莊有恭** 　四、戊寅；殿試讀卷。 　閏七、己未、七，8.30；蘇學。
刑 部	左	**錢陳群**
	右	**魏定國**　　　　　　　　　　　　**梅瑴成** 　閏七、庚申；改吏右。　　　　　　　閏七、庚申；左副改。
工 部	左	**涂逢震**　　　　　　　　　　　　**何國宗** 　五、壬寅、十九，6.14；降四調。　　六、丙辰、三，6.28；右改。
	右	**尹會一**　　　　**何國宗**　　　　　　　　**嵇　璜** 　四、甲子；改吏右。　四、甲子；左副改。　　　六、丙辰；左副改。 　　　　　　　　　六、丙辰；改左。
倉　　場		**彭樹葵**　　　　　　　　　　　　**張師載** 　閏七、戊午、六，8.29；改鄂撫。　　閏七、戊午；府丞遷。
都 察 院		**梅瑴成**　　　　　　　　　　　　**陳惠華** 　四、戊寅；殿試讀卷。　　　　　　　閏七、庚申；兵左降。 　閏七、庚申；改刑右。
		何國宗　　　　　**嵇　璜**　　　　　　　　**朱定元** 　四、甲子；改工右。　四、庚午、十七，5.13；大理遷。四、戊　六、庚申、七，7.2；閣學改。 　　　　　　　　　寅；殿試讀卷。六、丙辰；改工右。

乾隆十四年　己巳(1749)		乾隆十五年　庚午(1750)	
歸宣光		歸宣光 五、辛亥、十,6.13; 降閣學。	彭啓豐 五、辛亥;原刑右起用。
王會汾 十一、辛未、廿六, 1.4;降理少。	田懋 十一、辛未;原任授。	田懋 十、甲申、十五,11.13; 改禮左。	歸宣光 十、甲申;閣學遷。
(漢)李元亮		(漢)李元亮 正、丁未、三,2.9; 遷兵尚。	嵇璜 △右改。
呂熾 十二、辛巳、七,1.14; 解(專任順學)。	嵇璜 十二、辛巳;工右改。	嵇璜 △改左。	莊有恭 正、癸丑、九,2.15;兵右改。 (蘇學卸,八月仍)　六、乙 未、廿四,7.27;江鄉正考。
秦蕙田		秦蕙田　田懋 十、甲申;　十、甲申;吏右改。 改刑右。　十一、甲辰、五,12.3;解。	呂熾 十一、丁未、八, 12.6;右改。
齊召南　劉綸　　張泰開 十一、丁未、　十一、辛亥、六,12.15;　十二、辛巳; 二,12.11;　署兵右改,仍兼。　閣學遷。 休。　　十二、辛巳;改工右。		張泰開　　呂熾　　陳邦彥 八、丙戌、十六,　八、丙戌;順學授。　十一、丁未; 9.16;改順學。　十一、丁未;改左。　閣學遷。	
蔣炳 十、己亥、廿四,　九、庚戌、五,10.15;閣學劉綸 12.3;兼順尹。　署。十一、辛亥,改禮右;仍兼。		蔣炳	
莊有恭 (蘇學)		莊有恭　孫嘉淦　　汪由敦(軍) 正、癸丑、　正、癸丑;　七、庚申;刑尚 改戶右。　七、庚申、廿,8.21;　降。八、丙子、六, 遷工尚。　9.6;順鄉正考。	
錢陳群		錢陳群 六、丁亥、十六,7.19;贛鄉正考。	
梅瑴成		梅瑴成　　楊錫紱　　　秦蕙田 九、庚子、一,　九、庚子;服滿卽任。　十、甲申; 9.30;遷左都。　(戶左嵇璜管)　禮左改。 　　十、甲申;改湖撫。	
何國宗		何國宗	
嵇璜 十二、辛巳;改戶右。	劉綸 十二、辛巳;禮右改, 仍兼兵右。	劉綸(軍) 正、壬戌、十八,2.24;直軍。	
張師載 四、壬辰、十五,5.30; 原銜協辦南河。	彭樹葵 四、壬辰;鄂撫遷。	彭樹葵	
陳惠華		陳惠華	
朱定元 正、戊午、九,2.25;休。	葉一棟 正、戊午;閣學授。	葉一棟 八、甲午、廿四, 9.24;革。	胡寶瑔 九、甲子、廿五,10.24; 府丞遷。

部院漢侍郎年表

年　代		乾隆十六年　辛未(1751)	乾隆十七年　壬申(1752)
吏部	左	彭启豐 五、乙巳、九,6.2;殿試讀卷。 八、辛酉、廿八,10.16;浙學。	彭启豐 （浙學）九、辛巳、廿四,10.30;兵右裘曰修署。
	右	歸宣光	歸宣光
戶部	左	嵇　璜 五、乙巳;殿試讀卷。	嵇　璜
	右	莊有恭　　　汪由敦(軍) （蘇學）八、辛酉、廿　八、癸亥、卅,10.18; 八,10.16;改浙撫。　兵右改。	汪由敦(軍)　　（漢）王　淳 九、庚辰、廿三,　九、辛巳、廿四, 10.29;遷工尚。　10.30;刑右改。
禮部	左	呂　熾 三、癸卯、六,4.1;知貢舉。	呂　熾　　　董邦達 八、甲午、六,9.13;知　十二、戊申;右改。 貢舉。十二、戊申、廿 二,1.25;乞養。
	右	陳邦彥　　　董邦達 十二、壬寅、十,　十二、丙午、十四, 1.25;革。　　　1.29;閣學遷。	董邦達 十二、戊申;改左。	鄒一桂 十二、壬子、廿六, 1.29;閣學遷。
兵部	左	蔣　炳	蔣　炳　　　胡寶瑔 三、戊寅、十七,　三、戊寅;左副改。 4.30;改豫撫。　十、壬寅、十五, 　　　　　　　11.20;暫署晉撫。
	右	汪由敦(軍)　　裘曰修 五、乙巳;殿試讀卷。　八、癸亥;詹事遷。 八、癸亥;改戶右。　十二、丙午、十四, 　　　　　　　　1.29;江鄉正考。	裘曰修 九、辛巳、廿四,10.30;署吏左。 九、壬午、廿五,10.31;殿試讀卷。
刑部	左	錢陳群 五、乙巳;殿試讀卷。	錢陳群　　　秦蕙田 六、壬辰、三,　（右改）九、壬午; 7.13;休。　　殿試讀卷。
	右	秦蕙田 五、乙巳;殿試讀卷。	秦蕙田　（漢）王　淳　　蔡　新 （改左）　六、壬辰;副督授。　九、辛巳; 　　　九、辛巳;改戶右。　工右改。
工部	左	何國宗	何國宗 九、壬午;殿試讀卷。
	右	劉　綸(軍)　　張泰開 九、壬申、九,　九、壬申;禮侍順學授, 10.27;憂免。　留任。	張泰開　　　蔡　新 六、癸丑、廿四,8.3;解。六、癸丑;閣學遷。 九、辛巳;順學仍任。　九、辛巳;改刑右。
倉　場		彭樹葵	彭樹葵
都察院		陳惠華	陳惠華
		胡寶瑔	胡寶瑔　　　李世倬 三、戊寅;改兵左。　三、甲申、廿三, 　　　　　　　5.6;大理改。

乾隆十八年　癸酉(1753)		乾隆十九年　甲戌(1754)	
彭啓豐 九、戊寅、廿六,10.22; 改兵左。	**歸宣光** （右改）	**歸宣光**	
歸宣光 （改左）	**裘曰修** 九、戊寅;兵右改。	**裘曰修** 四、甲辰、廿五,5.16; 殿試讀卷。十、戊辰、 廿三,12.6;改戶右。	**嵇　璜** 十、戊辰;戶左改。
嵇　璜 八、庚戌、廿八,9.24;署兵左。		**嵇　璜** 九、己丑、十三,10.28; 武會正考。 十、戊辰;改吏右。	**劉　綸**（軍） 十、戊辰;右改。
(漢)**王　淳**	**劉　綸**（軍） 八、癸巳、十一,9.7; 服滿授。	**劉　綸**（軍） 十、戊辰;改左。	**裘曰修** 十、戊辰;吏右改。
蔣邦達 九、己亥、十五,7.15;贛 鄉正考。九、戊辰、十六, 10.12;改工右。	**鄒一桂** 九、戊辰;右改。	**鄒一桂** 三、丙辰、六,3.29;知貢舉。	
鄒一桂 九、戊辰;改左。	**張開泰** 九、戊辰;工右改。	**張開泰** 二、己酉、廿九, 3.22;革。	**徐以烜** 三、壬子、二,3.25; 闈學遷。
胡寶瑔 九、壬申、 廿,10.16; 改晉撫。	六月,原皖撫 衛哲治治署;八 月,改署皖撫。 　　**彭啓豐** 兵右嵇　九、戊寅; 璜署。　　吏左改。	**彭啓豐**	
裘曰修 六、己亥、十五,7.15;浙鄉 正考。九、戊寅;改吏右。	**李因培** 九、戊寅;署刑右授, 仍署。	**李因培** 正、乙亥、廿五,2.16; 革(旋授光祿)。	**于敏中** 二、癸未、三,2.24; 闈學遷。
秦蕙田		**秦蕙田**	
蔡　新 三、壬戌、六, 4.9;省假。	三、壬午、廿六,4.29;闈學李因 培署。九、戊寅;授兵右仍署。	**蔡　新** 四、甲辰;殿試讀卷。	
何國宗		**何國宗**	
張開泰 九、戊辰;改禮右。	**蔣邦達** 九、戊辰;禮右改。	**蔣邦達** 四、甲辰;殿試讀卷。九、己丑;武會副考。	
彭樹葵		**彭樹葵**	
陳惠華		**陳惠華**	
李世倬 三、丁丑、廿一,4.24;休。	**雷　鋐** 四、己亥、十四,5.16;通政 遷。九月,蘇學改浙學。	**雷　鋐** （浙學）	

部院漢侍郎年表

年　代		乾隆二十年　乙亥(1755)	乾隆二一年　丙子(1756)
吏部	左	歸宣光	歸宣光
	右	嵇　璜　十二月，乞養。　裘曰修　十二、己未、廿，1.21；中允遷。	裘曰修(軍)　四、癸亥、廿六，5.24；直軍。
戶部	左	劉　綸(軍)	劉　綸(軍)　四、癸亥；罷直。
	右	裘曰修　五、丁酉、廿四，7.3；革。　(漢)李侍堯　六、庚戌、八，7.16；工左改。十一、壬午、十三，12.15；署廣將。　(漢)五福　十一、壬午；鑲白漢副授。	(漢)五福　十一、辛亥、十八，1.7；改滿缺。　(漢)范時綬　十一、辛亥；原贛撫授。
禮部	左	鄒一桂	鄒一桂　二、甲子、廿六 3.26；改閣學。　徐以烜　二、甲子；右改。
	右	徐以烜	徐以烜　二、甲子；改左。　金德瑛　二、甲子；閣學遷。八、辛亥、十五，7.11；贛鄉正考。
兵部	左	彭啓豐　二、丙午、二，3.14；乞養。　于敏中　二、癸丑、九，3.21；右改。	于敏中　△二月，憂免。　李清芳　△二月，右改。
	右	于敏中　二、癸丑；改左。　李清芳　二、癸丑；閣學遷。	李清芳　△二月，改左。　張師載　二、乙丑、廿七，3.27；革皖撫授。七、庚辰、十四，8.9；改漕督。　程景伊　七、庚辰；閣學遷。
刑部	左	秦蕙田	秦蕙田
	右	蔡　新	蔡　新　八、壬寅、六，8.31；順鄉副考。
工部	左	何國宗　五、辛卯、十八，6.27；遷左都。　(漢)李侍堯　五、辛卯；熱河副都授。六、庚戌；改戶右。　王際華　六、庚戌；閣學遷。	王際華
	右	董邦達	董邦達
倉　場		彭樹葵	彭樹葵
都察院		陳惠華	陳惠華
		雷　鋐　(浙學)	雷　鋐　(浙學) 五、乙亥、八，6.5；乞養。　竇光鼐　(浙學) 五、丁亥、廿，6.17；閣學授。

乾隆二二年　丁丑（1757）

歸宣光	王興吾	裘日修(軍)	(漢)五　福
四、己丑、廿八，6.14；遷禮尚。	四、己丑；贛布遷。六、癸亥、六，7.18；署贛撫。	九、壬寅、十三，10.25；右改。十、乙亥、十六，11.27；改戶右。	十、乙亥；前戶右授。

裘日修(軍)	董邦達
五、己亥；殿試讀卷。九、壬寅；改左。	九、壬寅；工右改。

劉　綸
五、己亥、九，6.24；殿試讀卷。
六、甲申、廿四，8.8；教庶。

(漢)范時綬	裘日修(軍)
十、乙亥；赴西路屯田。	十、乙亥；吏左改。

徐以烜	彭樹葵
三、丁酉、六，4.24；知貢舉。△降一調（太常）。	六、庚午、十，7.25；倉侍改。

金德瑛
三、丁酉、六，4.23；會試副考。

李清芳

程景伊

秦蕙田	王際華
正、甲辰、十二，3.1；改工尚。	正、甲辰；工左改。五、己亥；殿試讀卷。

蔡　新	于敏中
五、己亥；殿試讀卷。六、戊辰、八，7.23；乞養。	六、庚午、十，7.25；服滿侍郎授。

王際華	錢維城
正、甲辰；改刑左。	正、甲辰；闈學遷。五、己亥；殿試讀卷。九、壬寅；武會正考。

董邦達	陳惠華
五、己亥；殿試讀卷。九、壬寅；改吏右。	九、壬寅；左副改。

彭樹葵	羅源漢
六、庚午；改禮左。	六、壬申、十二，7.27；大理遷。

陳惠華	孫　灝
九、壬寅；改工右。	九、壬寅；通政遷。

竇光鼐

部院漢侍郎年表

年　代		乾隆二三年　戊寅(1758)	乾隆二四年　己卯(1759)
吏部	左	(漢)**五　福**	(漢)**五　福**
	右	**董邦達**	**董邦達**
户部	左	**劉　綸**(軍) 正、壬子、廿五，3.4；直軍。	**劉　綸**(軍)　　**裘曰修** 閏六、丁未、廿九，　△右改。閏六、辛丑、 8.21；遷左都。　　廿三，8.15；江鄉正考。
	右	**裘曰修**(軍) 十二、癸亥、十一，1.9；罷直。	**裘曰修**　　　**于敏中** △改左。　　閏六、丁未；刑右改。
禮部	左	**彭樹葵**　　　**金德瑛** 四、甲戌、十九，　四、壬申、十七，5.23； 5.25；降三調。　　右改。(順學)	**金德瑛** (順學)九、丁卯、廿，11.9；順學仍留。
	右	**金德瑛**　　　**莊存與** 二月、順學。　　四、壬申；閣學遷。 四、壬申；改左。	**莊存與**　　　**程景伊** △憂免。　　閏六、丙午、廿八， 六月、閣學熊學鵬署。　8.20；兵右改。
兵部	左	**李清芳**	**李清芳**　　　**錢汝誠** 三、丙午、廿六，　三、己酉、廿九，4.25； 4.22；乞養。　　閣學遷。
	右	**程景伊**	**程景伊**　　　**熊學鵬** 閏六、丙午；改禮右。　閏六、丙午；閣學遷。
刑部	左	**王際華**	**王際華**
	右	**于敏中**	**于敏中**　　　**謝溶生** 閏六、丁未；改户右。　閏六、丁未；閣學遷。
工部	左	**錢維城**	**錢維城** 閏六、辛卯、十三，8.5；贛鄉正考。
	右	**陳惠華**	**陳惠華**　　　(漢)**曹　瑛** 正、癸卯、廿一，　二、甲子、十三，3.11； 2.18；遷左都。　　鑲紅漢副任。
倉　　場		**羅源漢**	**羅源漢**
都察院		**孫　灝**　　　**張泰開** 十二、癸丑、一，　十二、癸丑；通政改。 12.30；改通政。	**張泰開**
		竇光鼐	**竇光鼐**

乾隆二五年　庚辰(1760)	乾隆二六年　辛巳(1761)
(漢)五　福	(漢)五　福　　　彭啓豐 十、己卯、十四,11.10;　｜　十、己卯;原兵左授。 改工右。
蕢邦達 五、丁未、四,6.16;殿試讀卷。 九、甲寅、十三,10.21;武會正考。	蕢邦達
裘曰修	裘曰修　　　于敏中(軍) △十一月,憂免。　｜　十一、辛酉、廿七,12.22; 右改。
于敏中(軍) 五、丁未;殿試讀卷。 八、己亥、廿八,10.6;直軍。	于敏中(軍)　　　錢汝誠 三、乙巳、六,4.10;會試　｜　十一、辛酉;刑左改。 副考。十一、辛酉;改左。
金德瑛	金德瑛　　謝溶生　　　程景伊 (順學)五、丁　｜　五、辛酉、廿三,6.25;　｜　十、丙子、十一, 未、九,6.11;　｜　兵右改。九、丙午、十　｜　11.7;右改。 遷左都。　｜　一,10.8;降二調。
程景伊	程景伊　　　何國宗 三、乙卯、十六,4.20;知　｜　十、丙子;閣學遷。 貢舉。　九月,武會試主 考。十、丙子;改左。
錢汝誠　　　王際華 四、丁亥、十三,5.27;　｜　四、丁亥;刑左改。五、 刑左互改。　｜　丁未;殿試讀卷。六、丁 　｜　亥、五,7.16;嶺鄉正考。	王際華
熊學鵬　　　謝溶生 三、辛亥、六,4.21;知貢舉　｜　十、戊寅、 五、丁未;殿試讀卷。十、戊寅、　｜　刑右改。 七,11.14;刑右互改,仍署。	謝溶生　　　張映辰 (贛學)五、辛酉;　｜　五、辛酉;閣學遷。 改禮左。　｜　九月,知武舉。
王際華　　　錢汝誠 四、丁亥;兵左互改。　｜　四、丁亥;兵左改。五、丁 　｜　未;殿試讀卷。六、丙申、 　｜　廿四,8.4;江鄉正考。	錢汝誠　　　錢維城 三月,兼管順尹。四月,殿試　｜　十一、辛酉;右改。 讀卷。十一、辛酉;改户右。
謝溶生　　　熊學鵬 十、戊寅;兵右互改。　｜　十、戊寅;兵右改, 　｜　仍署兵右。	熊學鵬　　錢維城　　　張泰開 三、乙巳、六,4.10;　｜　三、甲寅、十五,　｜　十一、辛　粵糧儲 知貢舉。三、戊申、　｜　4.19;工左改。　｜　酉;左副　道蔡鴻 九,4.13;改桂撫。　｜　四月,殿試讀卷。　｜　改。(順　業署。 　｜　十一、辛酉;改左。　｜　學)
錢維城	錢維城　　　(漢)范時紀 三、甲寅;改刑右。　｜　三、甲寅;鑲紅漢副授。
(漢)曹　瑛	(漢)曹　瑛　　　(漢)五　福 十、己卯;吏左改。
羅源漢　　　蔣　炳 六、己丑、十七,7.28; 甘布遷。	蔣　炳
張泰開 三、辛亥;會試副考。	張泰開　　　梁國治 五、己酉、十一,6.13;順學。　｜　十一、辛酉;粵惠潮嘉 十一、辛酉;改刑右。　｜　道署。
竇光鼐	竇光鼐

部院漢侍郎年表

年代		乾隆二七年　壬午（1762）	
吏 部	左	**彭啓豐** 六、甲辰、十三，8.2；浙鄉正考。 十二、丁未、十九，2.1；遷左都。	**梁國治** 十二、丁未；左副（皖學）改。
	右	**董邦達** 正、戊申、十四，2.7；遷左都。	**程　巖** 正、戊申；闈學遷。
户 部	左	**于敏中**（軍）	
	右	**錢汝誠** 六、乙卯、廿四，8.13；江鄉正考。 十、庚戌、廿一，12.6；兼署刑左。	
禮 部	左	**程景伊**	
	右	**何國宗** 三、庚申、廿七，4.20；休。	**張泰開** 四、辛巳、十八，5.1；刑左改。（順學）
兵 部	左	**王際華**	
	右	**張映辰** 四、辛卯、廿八，5.21；降一調。	**蔡長澐** 五、丙午、十三，6.5；川按遷。
刑 部	左	**錢維城** 九、壬戌、三，10.19；浙學。	
	右	**張泰開** （順學）四、辛巳、十八，　蔡鴻業署； 5.11；改禮右。　　　　改左副。	**葉存仁** 四、辛巳；署左副改。
工 部	左	（漢）**范時紀**	
	右	（漢）**五　福**	
倉　　場		**蔣　炳**	
都 察 院		**梁國治** 六、甲辰、十三，8.2；贛鄉正考。 九月，皖學。十二、丁未；改吏左。	**張映辰** 十二、丁未；降兵右署闈學授。
		竇光鼐 三、庚申；對　三、庚申；桂布葉存仁 品調用。　　署。四、辛巳；改刑右。	**蔡鴻業** 四、辛巳；署刑右授。

部院漢侍郎年表

乾隆二八年　癸未(1763)	乾隆二九年　甲申(1764)
梁國治 （皖學）	**梁國治** （皖學）
程　巖 六、壬寅、十六,7.26;順學。 八、庚寅、六,9.12;兵左王際華兼署。	**程　巖** （順學）
于敏中（軍）	**于敏中**（軍）
錢汝誠	**錢汝誠**
程景伊 三、癸亥、六,4.18;知貢舉。	**程景伊**
張泰開　　　**李因培** （順學）正、壬申、十四、　六、壬寅;閣學遷（蘇 2.26;閣學張若澄署。六、　學）。七、壬申、十七、 壬寅;遷左都(卸順學)。　8.25;閣學徐以烜署。	**李因培**　　　**李宗文** （蘇學）十二、丁酉、　十二、丁酉;閣學遷。 廿,1.11;改倉侍。
王際華 三、癸亥;會試副考。	**王際華**
蔡長澐　　　**蔣　標** 九、丁卯、十三,10.19;知武　十二、乙未、十三, 舉。十二、乙酉、三,1.5;死。　1.15;左副改。	**蔣　標**
錢維城 （浙學）	**錢維城** （浙學）
葉存仁　　　**蔡鴻業** 正、壬午、廿四,3.8;　正、壬午;左副改。 改豫撫。　　四月,殿試讀卷。	**蔡鴻業**
（漢）**范時紀**	（漢）**范時紀**
（漢）**五　福**	（漢）**五　福**
蔣　炳	**蔣　炳**　　　**李因培** △死。　　十二、丁酉;禮右改 　　（卸蘇學）。
張映辰　　　**呂　熾** 九、丁卯;武會副考。　十二、辛丑、十九,1.21; 十二月,死。　　服闋禮左授。	**呂　熾**
蔡鴻業　**蔣　標**　**羅源漢** 正、壬午;　十二、乙未;　十二、己亥、十七, 改刑右。　改兵右。　1.19;順尹遷。	**羅源漢**

年　代		乾　隆　三　十　年　　乙　酉（1765）		
吏部	左	**梁國治** 正、丙子、卅，2.19；蘇學。 九、己卯、六，1.20；革。	正、癸丑、七，1.27；禮左程 景伊署。　六、辛酉、十七， 8.3；兵左陸宗楷署。	**程景伊** 九、庚辰、七，10.21；禮左改。 十、己未、十七，11.29；署工左。 戶右王際華署。
	右	**程　巖** （順學）閏二、己巳、廿四，4.13；改禮右。		（漢）**范時綬** 閏二、庚午、廿五，4.14；鑲藍漢副授。
戶部	左	**于敏中**（軍） 正、癸丑；遷戶尚。		**裘曰修** 正、癸丑；署倉侍改，仍兼。四月，兼管順尹。
	右	**錢汝誠** 五、丁丑、三，6.20；乞養。		**王際華** 五、庚辰、六，6.23；兵左改。十、己未；署吏左。
禮部	左	**程景伊** 正、癸丑；署吏左。九、庚辰；改吏左。		**劉星煒** 九、庚辰；闈學遷。
	右	**李宗文** 閏二、己巳；改工左。		**程　巖** （順學）閏二、己巳；吏右改。
兵部	左	**王際華** 五、庚辰；改戶右。		**陸宗楷** 五、庚辰；祭酒遷。六、辛酉；署吏左。 十一、壬申、一，12.12；粵布（服）史奕昂署。
	右	**蔣　栅**		
刑部	左	**錢維城** （浙學）		
	右	**蔡鴻業** 九、己卯；革。		**何遂僖** 九、庚辰；吏郎中遷。
工部	左	（漢）**范時紀** 閏二、己巳；改倉侍。		**李宗文** 閏二、己巳；禮右改。六、戊辰、廿四，8.10；江鄉正 考。九、庚辰；浙學。十、己未；吏左程景伊署。
	右	（漢）**五　福**		
倉　場		**李因培** 閏二、戊辰、廿三， 4.12；改鄂撫。	裘曰修署：正、癸丑， 改戶左，仍兼。	（漢）**范時紀** 閏二、己巳；工左改。
都察院		**呂　熾**		
		羅源漢		

乾隆三一年　丙戌(1766)			乾隆三二年　丁亥(1767)		
程景伊 正、辛卯、廿一，3.1；改 工右。十、甲寅、十八， 11.19；工右改。	陸宗楷 正、乙未、廿五，3.5；兵左 改。三、乙亥、六，4.14；會 試副考。十、甲寅；遷兵尚。		程景伊		
(漢)范時綬 正、乙未；遷左都。	何逢僖 正、辛卯；刑右改。		何逢僖		
裘曰修 三、乙亥；會試副考。			裘曰修 七、辛巳、十九，8.13； 遷禮尚。	王際華 七、辛巳；右改。	
王際華 正、癸巳、廿三，3.3；兼署工左。四、乙未、廿， 5.28；殿試讀卷。六、癸亥、十三，7.19；教庶。			王際華 七、辛巳；改左。	(漢)范時紀 七、乙酉、廿三，8.17； 倉侍改。	
劉星煒 九、壬申、五，10.8；武會 正考。十、甲寅；改工右。	程巖 十、甲寅；右改。十二、 庚申、廿四，1.24；乞養。		金甡 正、戊辰、三，2.1；闈學遷。(贛學)		
程巖 三、乙亥；知貢舉。 十、甲寅；改左。	羅源漢 十、甲寅；左副改。		羅源漢 七、乙酉；改倉侍。	倪承寬 七、乙酉；闈學遷。	
陸宗楷 正、乙未； 改吏右。	史奕昂 正、乙未；授。 十、癸丑；降三品。	彭啓豐 十、癸丑、十七， 11.18；兵尚降。	彭啓豐		
蔣楫 九、壬申；知武舉。			蔣楫 五、丙寅、三，5.30；死。	周煌 五、丙寅；刑右改。	
錢維城			錢維城		
何逢僖 正、辛卯； 改吏右。	吳紹詩 正、辛卯；服闋 廿布遷。二、 辛亥；改贛撫。	周煌 二、辛亥、十一， 3.21；闈學遷。 四、己未；殿試讀卷。	周煌 五、丙寅；改兵右。	蔡新 五、丙寅；原任(服滿)授。 十二、壬戌、二，1.21；順學。	
李宗文 (浙學)			李宗文 (浙學)		
(漢)五福 正、辛卯； 革。	程景伊 正、辛卯；吏左改。 十、甲寅；改吏左。	劉星煒 十、甲寅； 禮左改。	劉星煒		
(漢)范時紀			(漢)范時紀 七、乙酉；改戶右。	羅源漢 七、乙酉；禮右改。	
呂熾			呂熾		
羅源漢 十、甲寅；改禮右。	申甫 十、癸亥、廿七，11.28； 大理遷。		申甫 十二、壬戌、二，1.21；解。	傅爲詝 十二、壬戌；府丞遷。	

部院漢侍郎年表

年　代		乾隆三三年　戊子(1768)			
吏部	左	**程景伊**			
	右	**何遂儔**			
户部	左	**王際華** 六、庚辰、廿四，8.6；江鄉正考。			
	右	(漢)**范時紀**			
禮部	左	**金　甡** (翰學)			
	右	**倪承寬** 八、壬申、十七，9.27；順學。			
兵部	左	**彭啟豐** 三、壬寅、十四，4.30；休。	**周　煌** 三、壬寅；右改。六、丙子、廿，8.2；浙學。		
	右	**周　煌** 三、壬寅；改左。	**宋邦綏** 三、壬寅；桂撫授。		
刑部	左	**錢維城**			
	右	**蔡　新** (順學) 八、壬申；遷工尚。	**張若淮** 八、壬申；左副改。		
工部	左	**李宗文** (浙學)	**劉墨煒** 七、戊子、三，8.14；右改。		
	右	**劉景煒** 六、甲戌、十八，7.31；贛鄉正考。 七、戊子；改左。	**曹秀先** 七、戊子；閣學遷。		
倉　場		**羅源漢**			
都察院		**吕　熾** 三、壬寅；休。	**張若淮** 四月，通政遷。 八、壬申；改刑右。	**蔣元益** 九月，順尹遷。 十月，改閣學。	**黃登賢** 十、庚午、十六，11.24； 府丞遷。
		傅爲詝			

乾隆三四年　己丑（1769）

程景伊	何遑僐	袁守侗
二、甲寅、一，3.8；遷工尚。	二、癸酉、廿，3.27；右改。 △十二、丁巳、九，1.5；死。	十二、丁巳；太僕遷。

何遑僐	羅源漢
二、癸酉；改左。	二、癸酉；倉侍改。

王際華	（漢）范時紀
十一、庚寅、十二，12.9；遷禮尚。	十一、辛卯、十三，12.10；右改。

（漢）范時紀	宋邦綏
十一、辛卯；改左。	十一、辛卯；兵右改。

金　甡
三、己丑、六，4.12；知貢舉。

倪承寬
（順學）

周　煌
（浙學）

宋邦綏	蔣元益
七、丙戌、七，8.7；兼倉侍。九、壬辰、十三， 10.12；知武舉。十一、辛卯；改戶右。	十一、辛卯；閣學遷，管順尹。

錢維城
四、辛未、十九，5.24；殿試讀卷。

張若澄
四、辛未；殿試讀卷。九、壬辰；武會正考。

劉星煒

曹秀先
四、辛未；殿試讀卷。

羅源漢	黃登賢	梁鴻翥		蔣賜棨
二、癸酉；改吏右。	二、乙亥、廿二，3.29；左副改。 六、乙丑、十五，7.17；署漕督。	六、乙丑；漕督 署，旋降。	兵右宋邦 綏兼管。	十一、辛卯；魯運使授。

黃登賢	嵇璜
二、乙亥；改倉侍。	三、己丑、六，4.12；工尚降調。

傅爲詝

年　　代		乾隆三五年　庚寅(1770)		
吏	左	袁守侗		
部	右	羅源漢 三、壬午、五,3.31；降二調(左副)。	曹秀先 三、癸未、六,4.1；戶右改。 六、己亥、廿五,8.15；江鄉正考。	
戶	左	(漢)范時紀		
部	右	宋邦綏 △正月,死。	曹秀先 正、己亥、廿一,2.16；工右改。 三、癸未；改吏右。	蔣賜棨 三、癸未；倉侍改。
禮	左	金　甡		
部	右	倪承寬 (順學)		
兵	左	周　煌 (浙學)　七、乙丑；刑右劉秉恬署。　八、丁亥、十四,10.2；原工左李宗文署。 七、己巳、廿五,9.14；改倉侍。		
部	右	蔣元益 四、丙子、廿九,5.24；卸管順尹。		
刑	左	錢維城 六、丁酉、廿三,8.13；署刑右余文儀署。 七、乙丑、廿一,9.10；授刑右。		
部	右	張若澄 二、己酉、二,2.26；署工右，余文 儀署。閏五、甲子、十九,7.11；遷 左都，閣學閻循琦署。	劉秉恬 六、癸未、九,7.30；左副改。 七、乙丑；署兵左。	余文儀 七、乙丑；署刑左授。
工	左	劉星煒 △十二、丙子、四,1.19；病免。	裘曰修 十二、丙子；順尹遷，仍管順。	
部	右	曹秀先 正、己亥；改戶右。	(漢)徐　績 正、己亥；哈密辦事授。 二、己酉；刑右張若澄署。	
倉　　場		蔣賜棨 三、癸未；改戶右。	歐陽瑾 三、癸未；順尹改。七、己巳；解。	劉秉恬 七、己巳；署兵左授。
都察院		嵇　璜		
		傅嘉訥　　劉秉恬　　(漢)范宜賓　　羅源漢 四、癸丑、六,　五、庚辰、四,5.28；鴻少　皖布授；旋降。　八、壬辰、十九,10.7； 5.1；老休(死)。　遷。六、癸未；改刑右。　　　　　　吏左降。		

乾隆三六年　辛卯(1771)		乾隆三七年　壬辰(1772)	
袁守侗		袁守侗 二、辛未、六,3.6;差滇。 二、甲申、十九,3.22;改刑左。	曹秀先 二、甲申;右改。
曹秀先 四、庚寅、廿,6.2;殿試讀卷。 九、庚戌、十三,1.20;武會正考。		曹秀先 二、甲申;改左。	吳紹詩 二、甲申;刑右改。
(漢)范時紀		范時紀	
蔣賜棨		蔣賜棨	
金　姓		金　姓	
倪承寬 (順學)		倪承寬 三、辛丑、六,4.8;知貢舉。九、丁未、十五,10.11; 武會正考。十二、戊子、廿八,1.20;改倉侍。	
周　煌 (浙學) 李宗文署。九、己亥、二,10.9;順學。		周　煌 四、甲申、十九,5.21;殿試　李宗文署。(順學) 讀卷。九、丁未;知武舉。	
蔣元益 九、庚戌;知武舉。		蔣元益	
錢維城		錢維城 二、甲申;憂免,工左閻循 琦暫署。	袁守侗 二、甲申;吏左改 (差滇)。
余文儀 五、辛丑、一,6.13; 改閩撫。	吳紹詩 五、癸卯、三,6.15; 刑郎中遷。	吳紹詩 二、甲申;改吏右。	吳壇 二、甲申;蘇布遷。
裘曰修 二、辛卯、廿,4.4; 遷工尚。	閻循琦 三、壬辰、廿一,4.5;閣學遷。 三、丁未、六,4.20;知貢舉。	閻循琦	
(漢)徐　績 十、丁亥、廿, 11.26;改魯撫。	嵇　璜 十、壬辰、廿五,12.1; 左副改。	嵇　璜	
劉秉恬		劉秉恬 六、庚寅、廿六,7.26;差川,辦理西路 糧運。十二、丁亥、廿七,1.19;改川督。	倪承寬 十二、戊子; 禮右改。
嵇　璜 十、壬辰;改工右。	黃登賢 十一、戊戌、二,12.7; 前漕督授。	黃登賢 九、丁未;武會副考。	
羅源漢 九、庚戌;武會副考。		羅源漢	

部院漢侍郎年表

年　代		乾隆三八年　癸巳（1773）		
吏部	左	**曹秀先**		
	右	**吳紹詩**		
户部	左	（漢）**范時紀**		
	右	**蔣賜棨**		
禮部	左	**金　甡** 九、己未、三，10.18；病免。	**李宗文** （順學）九、壬申、十六， 10.31；右改。	刑左袁守侗兼署。十二、壬子、 廿八，2.8；湘撫梁國治（軍）署。
	右	**李宗文** （順學）正、乙卯、廿五，2.16； 署兵左授。九、壬申；改左。	二、丁卯、八，2.28；閣學謝墉署。 五、乙亥、十七，7.6；刑左袁守侗兼署。	**莊存與** 九、壬申；閣學遷。
兵部	左	**周　煌** 　李宗文署：正、乙卯；授禮右。		
	右	**蔣元益**		
刑部	左	**袁守侗**（軍、學） 五、乙亥；兼署禮右。 九、丙子、廿，11.4；學習直軍。		
	右	**吳　壇**		
工部	左	**閻循琦** 八、己丑、三，9.18；遷工尚。	**謝　墉** 八、乙巳、十九，10.4；右改。	
	右	**嵇　璜** 五、辛酉、三，6.22；遷工尚。	**謝　墉** 五、乙亥；閣學遷。八、乙巳；改左。	**李友棠** 八、乙巳；閣學遷。
倉　場		**倪承寬**		
都察院		**黃登賢**		
		羅源漢		

乾隆三九年　甲午(1774)	乾隆四十年　乙未(1775)
曹秀先 八、丙戌、五,9.10; 順鄉正考。	**曹秀先** 四、丁酉、廿,5.19; 殿試讀卷。 十二、丁未、四, 1.24; 遷禮尚。　　　**袁守侗**(軍) 　　　十二、丁未; 右改。
吳紹詩　　　　　**袁守侗**(軍) 十二、乙酉、六,　　　十二、癸巳、十四, 1.7; 休。　　　　　　1.15; 刑右改。	**袁守侗**(軍)　　　　　**劉秉恬** 八月、差黔。十、丙申、　十二、丁未;　工右董誥 廿二,11.14; 署黔撫。　革川督授　署。 十二、丁未; 改左。　　　(軍營)。
(漢)范時紀　　　　**梁國治**(軍) 六、庚子、十八,7.26;　六、庚子; 署禮左授。 署禮左。	**梁國治**(軍) 四、丁酉; 殿試讀卷。
蔣賜棨　　　　(漢)**金　簡** 七、甲戌、廿三,　　　七、甲戌; 任。 8.29; 革。	(漢)**金　簡**
李宗文 (順學)梁國治(軍)署:六、庚子; 授戶左。 戶左范時紀署:七、甲戌、廿三,8.29; 授倉侍。	**李宗文** 三、癸丑、六,4.5; 知貢舉。
莊存與	**莊存與**
周　煌	**周　煌** 九、戊午、十三,10.7; 知武舉。
蔣元益 六、乙未、十三,7.21; 浙鄉正考。	**蔣元益**
袁守侗(軍)　　　**胡季堂** 七、甲戌; 管順。　　　十二、戊戌、十九, 十二、癸巳; 改吏右。　1.20; 右改。	**胡季堂**
吳　壇　**胡季堂**　　**王　杰** 七、甲戌; 革。七、甲戌; 蘇按遷　十二、戊戌; 　十月、管順。　署工右授。 　十二、戊戌; 改左。	**王　杰** 三、癸丑; 會試副考。
謝　墉 九、辛亥、一,10.5; 蘇學。	**謝　墉** (蘇學)
李友棠 九、辛亥; 浙學。九、壬子、二,10.6; 王杰署: 　十二、戊戌; 授刑右。閣學彭元瑞署。	**李友棠**　　　　　　**董　誥** (浙學)　彭元瑞署:四、　九、戊申、三,9.27; 閣學署。 　　　丁酉; 殿試讀　十一、甲申、十一,1.1; 授。 　　　卷。△革。　十二、丁未; 署吏右。
倪承寬　　　　(漢)**范時紀** 七、甲戌; 革。　　　七、甲戌; 署禮左授。	(漢)**范時紀**
黃登賢 九、辛亥; 豫學,旋改魯學。　通政申甫署。	**黃登賢** (魯學)
羅源漢 九、辛亥; 順學。	**羅源漢** (順學)

部院漢侍郎年表

年代		乾隆四一年　丙申(1776)	乾隆四二年　丁酉(1777)
吏 部	左	袁守侗(軍)　　　劉秉恬 正、庚寅；兼署刑右。　三、辛卯；右改。 二月，赴川。三、辛卯、 廿,5.7；遷户尚。	劉秉恬
	右	劉秉恬　　　　吳峋爵 三、辛卯；改左。　三、癸未、十二,4.29； 　　　　　南河署。辛卯，授。	吳峋爵　　　　王　杰 十、庚子、八，　　十、庚子；刑右改， 11.7；休。　　　仍署禮右。
户 部	左	梁國治(軍)	梁國治(軍)　　　蓸喆 八月，順鄉正考。　十一、甲戌；右改。 十一、甲戌、十二, 12.11；遷户尚。
	右	(漢)金　簡	(漢)金　簡　　蓸喆　　劉墉 六、乙卯、廿　六、乙卯；工　(蘇學)十一、 一,7.25；改　右改。十一、　甲戌；閣學遷。 滿缺户右。　甲戌；改左。
禮 部	左	李宗文	李宗文　　　　范時紀 八、己未、廿六，　八、乙未、二,9.3； 9.27；病免。　　倉侍改。
	右	莊存與　　　　沈　初 △六、丁未、八，　六、丁未；詹事遷。 7.22；憂免。	沈　初 八、辛酉、廿八，　刑右王杰署：十、庚子； 9.29；差。　　　改吏右，仍署。
兵 部	左	周　煌	周　煌
	右	蔣元益	蔣元益
刑 部	左	胡季堂	胡季堂
	右	王　杰 正、庚寅、十八，　吏左袁守侗兼署：二月， 3.7；浙學。　　　赴川。六、丁未、八， 　　　　　7.22；錢汝誠署。	王　杰　　　　　錢汝誠 八、辛酉、廿八,9.29；錢汝誠　十、庚子； 回京，署禮右。　　仍署。　前户右授。 十、庚子；改吏右。
工 部	左	謝　墉 (蘇學)十二、甲子、廿七， 2.4；閣學彭元瑞署。	謝　墉 (蘇學)　閣學彭元瑞署： 　　　六、丙午、十二,7.16；浙鄉正考。 　　　八、壬子、十九,9.20；浙學。
	右	蓸喆	蓸喆　　　　(漢)劉浩 六、乙卯；改户右。　六、乙卯；滿缺工右改。
倉　　場		(漢)范時紀	(漢)范時紀　　　蔣賜棨 八、乙未；改禮左。　八、乙未；順尹遷， 　　　　　仍管。
都 察 院		黃登賢　　　　申　甫 (魯學)△六、　六、丁未；通政遷。 丁未；死。	申　甫
		羅源漢 (順學)	羅源漢 (順學)

乾隆四三年　戊戌（1778）		乾隆四四年　己亥（1779）	
劉秉恬		**劉秉恬** 二、己未、四，3.21； 憂免。	**王　杰** 二、己未、右改，仍署禮右。 六、壬戌、十，7.22；浙鄉正考。 六、乙亥、廿三，8.4；卸。
王　杰 三、丙寅、六，4.2；會試副考。		**王　杰** 二、己未；改左。 （署禮右）	**劉　墉** 二、乙未；户右改。（蘇學）
董　誥（軍） 四、己酉、十九，5.15；殿試讀卷。		**董　誥**（軍） 十二、甲寅、四，1.10；直軍。	
劉　墉 （蘇學）		**劉　墉** （蘇學）二、己未；改吏 右。	**彭元瑞** （浙學）二、丙子、廿一， 4.7；闈學遷。
（漢）**范時紀** 正、乙酉、廿四，2.20； 改副都。	**謝　墉** 正、乙酉；工右改。 三、丙寅；知貢舉。	**謝　墉** 三、戊戌、十四，4.29；暫兼工左。 六、甲戌、廿二，8.3；江鄉正考。	
沈　初 吏右王杰署。		**沈　初** △憂免。 吏右王杰署：六、乙亥；卸。 莊存與署（原任服滿）。	**莊存與** 十、壬子、二， 11.9；授。
周　煌 九、辛卯、五，10.24；知武舉。		**周　煌** 十二、己巳、十九， 1.25；遷工尚。	**顏希深** 十二、己巳；右改。
蔣元益 三、己丑、廿九， 4.25；休。	**顏希深** 三、己丑；湘撫授。	**顏希深** 十二、己巳；改左。	**羅源漢** 十二、辛未、廿一，1.27；左副改。 十二、甲戌、廿四，1.30；順學。
胡季堂 二、戊戌、七，3.5；管順。		**胡季堂** 四、戊寅、廿四， 6.8；遷刑尚。	**杜玉林** 四、戊寅；川布遷。
錢汝誠		**錢汝誠** △死。	**白　瀛** 五、壬辰、九，6.22；贛 布遷。△十二月，死。 **曹文埴** 十二、戊辰、十八， 1.24；左副改。
謝　墉 正、乙酉；改禮左。	（漢）**徐　績** 正、乙酉；豫撫授。	（漢）**徐　績** 三、戊戌；憂。	三、戊戌；禮左謝墉兼署 （百日内）。
（漢）**劉　浩**		（漢）**劉　浩** 三、戊戌；革。	**汪廷璵**（順學）三、戊戌；闈學 **胡高望** 遷。十二、甲戌；憂免。 十二、甲戌 闈學署。
蔣賜棨		**蔣賜棨**	
申　甫 △六月，死。	**曹文埴** 六、甲寅、廿六，7.19； 前詹事授。	**曹文埴** 十二、戊辰；改刑右。	**周元理** 十二、辛未；革任直督授。
羅源漢		**羅源漢** 十二、辛未；改兵右。	**王　昶** 十二、辛未；原大理授。

部院漢侍郎年表

年　代		乾隆四五年　庚子（1780）
吏	左	**王　杰** 三、癸巳、十四，4.18；浙學。
部	右	**劉　墉**　　　　　　　　　　　　　　　　**謝　墉** （蘇學）三、壬辰、十三，4.17；改湘撫。　　三、癸巳；禮左改。五、丁亥；殿試讀卷。
户	左	**董　誥**（軍）
部	右	**彭元瑞** 三、癸巳；浙學改蘇學。
禮	左	**謝　墉**　　　　　　　　　　　　　　　**錢　載** 三、乙酉；知貢舉。三、癸巳；改吏右。　　三、癸巳；閩學遷。六月，江鄉正考。
部	右	**莊存與**
兵	左	**顏希深**　　　　　　　**周元理**　　　　　　**沈　初** 三月，署滇撫。　　　　四、辛酉；左副改。　　　九、戊寅；原禮右授。 四、辛酉、十三，5.16；改黔撫。　九、戊寅、三，9.30；遷工尚。
部	右	**羅源漢**　　　　　　　　　　**曹文埴** （順學）三、癸巳；遷左都。　　三、甲午、十五，4.19；刑右改。五、丁亥、九，6.11； 　　　　　　　　　　　　　殿試讀卷。十一、壬午、八，12.3；署工右。
刑	左	**杜玉林** 八、壬子、六，9.4；順鄉副考。 九、戊子、十三，10.10；武會副考。
部	右	**曹文埴**　　　　　　　　　　**姜　晟** 三、甲午；改兵右。　　　　三、甲午；贛按遷。
工	左	（漢）**徐　績**
部	右	**胡高望** 三、乙酉、六，4.10；會試副考官。△五月，閩學授。 八、己巳、廿三，9.21；贛學。十一、壬午；兵右曹文埴署。
倉　　場		**蔣賜棨**
都 察 院		**周元理**　　　　　　　**孫永清**　　　　　　**汪承霈** 四、辛酉；改兵左。　　四、辛酉；御史授。　　七、癸卯；任。 　　　　　　　　　七、癸卯、廿七，8.26；改黔布。
		王　昶　　　　　　　　**吳玉綸** 三、甲午；改贛按。　　　四、丁卯、十九，5.22；太常遷。

乾隆四六年　辛丑(1781)	乾隆四七年　壬寅(1782)
王　杰 （浙學）	**王　杰**　　　　　　　**謝　墉** （浙學）四、甲午、廿八，　四、甲午；右改。 6.8；還左都。
謝　墉 三、己卯、六，3.30；會試正考。 四、癸亥、廿，5.13；殿試讀卷。	**謝　墉**　　　　　　　**彭元瑞** 四、甲午；改左。　　　（蘇學）四、甲午；户右改。
董　誥（軍）	**董　誥**（軍）
彭元瑞 （蘇學）四、壬申、廿九，5.22； 兵右署工右曹文埴兼署。	**彭元瑞**　　　　　　　**曹文埴** （蘇學）四、甲午；改吏右。　四、甲午；兵右授。
錢　載 三、己卯、六，3.30；知貢舉。	**錢　載**
莊存與	**莊存與**
沈　初 三、己卯；會試副考。四、癸亥；殿試讀卷。	**沈　初**　　　　　　　**錢士雲** △四月，乞養。　　　　四、甲午；右改。
曹文埴　　　　　**錢士雲** 署工右：四、壬申；兼署户　七、癸丑、十三，8.31； 右。七、癸丑；專署工右、　闈學遷。 户右。九月，知武舉。	**錢士雲**　　　　　　　**紀　昀** 四、甲午；改左。　　　四、甲午；闈學遷。
杜玉林 四、癸亥；殿試讀卷。	**杜玉林**　　　　　　　**姜　晟** 正、丁卯、卅，3.13；　二、戊辰、一，3.14；右改。 降調（工右）。
姜　晟	**姜　晟**　**汪承霈**　　　　**杜玉林** 二、戊辰　二、戊辰；左副改。　六、丁卯； 改左。　六、丁卯、二，7.11；　工右改。 　　　工右互調。
（漢）**徐　績**	（漢）**徐　績**　　　　　**胡高望** 四、壬申、六，5.17；　（贛學）四、壬申；右改。 革（和闐辦事）。
胡高望 （贛學）　曹文埴署：四、壬申、廿九， 5.22；兼署户右。	**胡高望**　　**杜玉林**　　　　**汪承霈** （贛學）四、　四、壬申；降調刑左授。　六、丁卯；刑 壬申；改左。　六、丁卯；刑右互調。　右改。
蔣賜棨	**蔣賜棨**
汪承霈	**汪承霈**　　　　　　　**梁敦書** 二、戊辰；改刑右。　　　二、戊辰；前鄂布授。
吳玉綸 三、己卯；會試副考。	**吳玉綸**

部院漢侍郎年表

年　代		乾隆四八年　癸卯（1783）
吏部	左	**謝　墉** 六、壬午、廿二，7.21；江鄉正考。 八、己卯、廿，9.16；蘇學。
	右	**彭元瑞**　　　　　　　　　　　　　　　　　**吳　垣** （蘇學）五、甲辰、十四，6.13；改兵右。　　五、甲辰；太常遷。
戶部	左	**董　誥**(軍)
	右	**曹文埴**
禮部	左	**錢　戴**　　　　　　　　　　　　　　　　　**金士松** 三、辛丑、十，4.11；休。　　　　　　　三、丁未、十六，4.17；閩學遷。（順學：七月，留任）
	右	**莊存與**
兵部	左	**錢士雲**　　　　　　　　　　　　　　　　　**紀　昀** 三、辛丑；休。　　　　　　　　　　　三、辛丑；右改。
	右	**紀　昀**　　　　　　　　**朱　樁**　　　　　　　　　**彭元瑞** 三、辛丑；改左。　　　三、辛丑；桂撫改。　　　　（蘇學）五、甲辰；吏右改。 　　　　　　　　　　五、甲辰；遷左都。
刑部	左	**姜　晟**
	右	**杜玉林**
工部	左	**胡高望** （贛學）
	右	**汪承霈**
倉　場		**蔣賜棨**
都察院		**梁敦書**
		吳玉綸 六、壬申、十二，7.11；浙鄉正考。 八、己卯、廿，9.16；閩學。

乾隆四九年　甲辰(1784)	乾隆五十年　乙巳(1785)
謝墉 (蘇學)	謝墉 (蘇學)
吳垣　　　彭元瑞 正、甲寅、廿八、　正、甲寅；兵右改。四、己酉、 2.18；改桂撫。　　廿五、6.12；殿試讀卷。	彭元瑞
董誥(軍)	董誥(軍)
曹文埴 四、己酉；殿試讀卷。	曹文埴　　　　汪承霈 五、丙子、廿八，7.4；　五、丙子；工左改， 遷戶尚。　　　　仍兼管。
金士松　　　莊存與 正、甲寅；兵右改。　正、甲寅；右改。 (順學)	莊存與
莊存與　　　陸費墀 正、甲寅；改左。三、辛　正、甲寅；閣學遷。 卯、六，3.26；知貢舉。	陸費墀
紀昀 三、辛卯；會試副考。 九、壬戌、十，10.23；知武舉。	紀昀　　　　金士松 正、丁巳，七，2.15；　正、丁巳；右改。八、丁亥、 遷左都。　　　十，9.13；病，解順學。
彭元瑞　　　金士松 正、甲寅；改吏右。　正、甲寅；禮左改。(順學)	金士松　　李綬　　　沈初 (順學)正、丁　五、丁巳；鄂撫授。　五、丙子；任。 巳；改左。　五、丙子；改工左。　八、丁亥；順學。
姜晟	姜晟
杜玉林	杜玉林　　　　阮葵生 四、丁酉、十八，5.26；　四、丁酉；通政參議遷。 革，戌。
胡高望　　　汪承霈 三、辛卯；會試副考。　十二、甲申；右改。 十二、甲申、三，1.13； 署閣學(劉躍雲)。	汪承霈　　　　李綬 五、丙子；改戶右。　五、丙子；兵右改。
汪承霈　　　韓鑅 十二、甲申；改左。　十二、甲申；服関東河授。	韓鑅　　　　梁敦書 六、丁酉、廿，7.25；　六、丁酉；左副改。 憂免。
蔣賜棨	蔣賜棨
梁敦書	梁敦書　　馮晉祚　　　張若淳 六、丁酉；　六、丁酉；原魯　十一、庚申、十四， 改工右。　布授(未任)。　12.15；通政遷。
吳玉綸 (閩學)	吳玉綸 (閩學)

部院漢侍郎年表

年　代		乾隆五一年　丙午(1786)			
吏　部	左	**謝　墉** (蘇學)			
	右	**彭元瑞** 正、辛酉、十六，2.14； 遷禮尚。	**竇光鼐** 正、辛酉；府丞遷(浙學)。 閏七、己丑、十八，9.10；革。	**工右李綬** 兼署。	**金士松** 閏七、己丑；兵左改。 九月，順學。
戶　部	左	**董　誥**(軍)			
	右	**王承霈** 閏七、甲午、廿三，9.15；兼署兵右。			
禮　部	左	**莊存與** 正、丁卯、廿二，2.20；休。	**陸費墀** 二、己卯、五，3.4；右改。	**藍廳元** 三、癸酉、廿九，4.27；右改。	
	右	**陸費墀** 二、己卯；改左。	**藍廳元** 二、己卯；大理遷。 三、癸酉；改左。	**朱　珪** 三、癸酉；閣學遷。 七月，豫鄉正考。九月，浙學。	
兵　部	左	**金士松** 閏七、己丑；改吏右。	**劉秉恬** 閏七、庚辰、九，9.1；滇撫授。		
	右	**沈　初** (順學)九、辛未、一，10.22；蘇學。	閏七、甲午；戶右汪承霈兼署。		
刑　部	左	**姜　晟**			
	右	**阮葵生**			
工　部	左	**李　綬** 正、辛酉；兼署吏右。			
	右	**梁敦書** △死。	**(漢)趙　鍈** 四、丙申、廿，5.20；閣學遷。		
倉　場		**蔣賜棨**			
都察院		**張若淳** 四、丙申、廿三，5.20；改閣學。	**劉權之** 五、壬子、十，6.5；大理遷。		
		吳玉綸 (閩學)			

乾隆五二年　丁未(1787)	乾隆五三年　戊申(1788)
謝　墉 二、辛亥、十三，3.31；署禮右。 十二、庚戌、十七，1.24；卸。	**謝　墉**　　　　**朱　珪** 七、己巳、九，8.10；　七、己巳；禮左改。 降閣學。
金士松 (順學)	**金士松** (順學)
董　誥(軍)　　　**蔣賜棨** 正、庚寅、廿一，　　正、庚寅；倉侍改。 3.10；遷戶尚。	**蔣賜棨**
汪承霈 (兼署兵右：二、甲辰、六，3.24；兼署兵左改。) 九、甲戌、十，10.20；知武舉。	**汪承霈**
藍應元 三、甲戌、六，4.23；知貢舉。	**藍應元**　　**朱　珪**　　　**鄒奕孝** 三、戊子、廿六，　(浙學)四、丁未、　七、己巳；閣學 5.1；病免。　　十五，5.20；右改。　遷。　八月，順 　　　　　　七、己巳；改吏左。　鄉副考。
朱　珪 (浙學)　　二、辛亥、十五，3.31；吏左謝墉署。 十二、庚戌；工右劉躍雲署。	**朱　珪**　　　　　**劉躍雲** (浙學)四、丁未；改左。　四、丁未；授。
劉秉恬　　　　**沈　初** 正、庚寅；改倉侍。　(蘇學)二、甲辰；右改， 　　　　　　戶右汪承霈兼署。	**沈　初** (蘇學)
沈　初　　　　**吳玉綸** (蘇學)　二、甲辰；改左。　二、甲辰；左副改。 戶右汪承霈兼署。	**吳玉綸**　　　(漢)**趙　錫** 七、己巳；降閣學。　七、己巳；工左改。
姜　晟　　　　**李　封** 三、甲戌、六，4.23；會　三、辛卯；鄂撫改。 試副考。三、辛卯、廿 三，5.10；鄂撫互調。	**李　封**　　　　**姜　晟** 七、辛巳、廿一，　七、辛巳；鄂撫授。 8.22；解。
阮葵生 △解(五四年死)。	
李　綬　　　　(漢)**趙　錫** 二、甲辰；遷左都。　二、庚申、廿二，4.9；右改。	(漢)**趙　錫**　　　**韓　鑅** 七、己巳；改兵右。　七、己巳；右改。
(漢)**趙　錫**　　**劉躍雲**　　　　**韓　鑅** 二、庚申；　二、庚申；閣學遷。　十二、庚戌； 改左。　九、甲戌；武會副考。　原任授。 　　十二、庚戌；署禮右。	**韓　鑅**　　　　**管幹珍** 七、己巳；改左。　七、己巳；閣學遷。 　　　　八月，順鄉副考。
蔣賜棨　　　　**劉秉恬** 正、庚寅；改戶左。　正、庚寅；兵左改。	**劉秉恬**
劉權之 五、丙戌、廿，7.4；魯學。	**劉權之** (魯學)
吳玉綸　　　　**陸錫熊** 二、甲辰；改兵右。　二、庚申；光祿遷。(閩學)	**陸錫熊** (閩學)

部院漢侍郎年表

年　　代		乾隆五四年　己酉（1789）		
吏　部	左	**朱　珪**		
	右	**金士松** （順學）		
戶　部	左	**蔣賜棨**		
	右	**汪承霈** 　三、癸亥、六，4.1；知貢舉。九月，知武舉。 　十、丙子、廿四，12.10；解（通政）。	**韓　鑅** 　十、丙子；工左改。	
禮　部	左	**鄒奕孝** 　四、丙午、廿，5.14；殿試讀卷。 　六、甲子、十，7.31；改工右。	**竇光鼐** 　六、甲子；府丞還。六月，浙鄉正考。 　八、己巳；浙學。	
	右	**劉躍雲** 　八、己巳、十六，10.4；閩學。 　九、丁酉、十四，11.1；夏免。	**劉墉** 　八、己巳；順學。 　九、己亥、十六，11.3；閩學遷。	
兵　部	左	**沈　初** （蘇學）		
	右	（漢）**趙　鎭**		
刑　部	左	**姜　晟** 　四、丙午；殿試讀卷。		
	右		**王　昶** 　二、庚戌、廿三，3.19；贛布署。	
工　部	左	**韓　鑅** 　十、丙子；改戶右。	**鄒奕孝** 　十、丙子；右改。	
	右	**管幹珍** 　三、癸亥；會試副考。 　六、甲子；改漕督。	**鄒奕孝** 　六、甲子；禮左改。八月，順鄉 　副考。十、丙子；改左。	**張若淳** 　十、丙子；閩學遷。
倉　　場		**劉秉恬**		
都 察 院		**劉權之** （魯學）		
		陸錫熊 （閩學）		

乾隆五五年　庚戌(1790)	乾隆五六年　辛亥(1791)
朱　珪　　　　**金士松** 三、丙戌、六,4.19;會 試副考。七、庚寅、十 二,8.21;授皖撫。　七、庚寅;右改。	**金士松**
金士松　　　　**沈　初** 四、庚午、廿,6.2;殿試 讀卷。七、庚寅;改左。　七、辛卯、十三,8.22; 兵左改,兼署禮左。	**沈　初**
蔣賜棨	**蔣賜棨**
韓　鑅	**韓　鑅**
竇光鼐 (浙學)　二、丁丑、廿六,4.10;兵左沈初兼署: 七、辛卯;改吏右,仍兼署。	**竇光鼐** (浙學)
劉　墉 (順學)	**劉　墉**　**吳省欽**　　**彭元瑞**　**劉權之** (順學)正、(順學)正、四、壬申、廿八、十、乙卯、 戊戌、廿三,戊戌、順尹5.30;吏尚降。十,11.25; 2.25;遷左遷,差順學十、癸丑、十二、左副改。 都,卸順學(四月卸)。11.7;遷工尚。
沈　初　　　　**趙　錸** 二、丁丑;兼署禮左。七、己亥、廿一,8.30; 四、庚午;殿試讀卷。右改。 七、辛卯;改吏右。	(漢)**趙　錸**
(漢)**趙　錸**　**劉　戠**　　**胡高望** 七、己亥;七、庚寅;降直督(蘇學)七、己 改左。署。辛卯;授。亥,閣學遷。 七、己亥;遷兵尚。	**胡高望** (蘇學)
姜　晟 三、丙戌、六,4.19;知貢舉。四、庚午;殿試讀卷。 九、辛卯、十四,10.21;知武舉。	**姜　晟**　　　　**張若淳** 四、丁卯、廿三,四、壬申;工右改。 5.25;授湘撫。
王　昶	**王　昶**
鄒奕孝 三、丙戌、六,4.19;會試副考。	**鄒奕孝** 九、壬午、十,10.7;差魯學(未任)。 九、戊子、十六,10.13;改閩學。
張若淳	**張若淳**　　　　**吳省欽** 四、壬申;改刑左。四、壬申;禮右改。
劉秉恬	**劉秉恬**
劉權之	**劉權之**　　　　**汪承霈** 十、乙卯;改禮右。十一、庚辰、九,12.4; 順尹遷。
陸錫熊	**陸錫熊**

年　　代		乾 隆 五 七 年　壬 子（1792）	
吏 部	左	**金士松** 　六、癸未、十六，8.3；浙鄉正考。	
	右	**沈　初** 　八、丁丑、十一，9.26；贛學。	
戶 部	左	**蔣賜棨**	
	右	**韓　鑅**	
禮 部	左	**竇光鼐** 　（浙學）八、癸酉、七，9.22；還左都。	**劉權之** 　八、癸酉；右改。
	右	**劉權之** 　八、癸酉；改左。	**劉躍雲** 　七、申辰、七，8.24；魯鄉正考。八、癸酉；署任授。
兵 部	左	（漢）**趙　鏌**	
	右	**胡高望** 　（蘇學）八、丁丑；仍差蘇學。	
刑 部	左	**張若淳**	
	右	**王　昶** 　八、壬申、六，9.21；順鄉副考。	
工 部	左	**鄒奕孝** 　（閩學）八、丁丑；仍差閩學。　六、乙亥、八，7.26；前晉撫馮光熊署。辛巳、十四，8.1；改黔撫。 　十、癸酉、八，11.21；范宜恒署。	
	右	**吳省欽** 　六、癸未、十六，8.3；贛鄉正考。	
倉　　場		**劉秉恬**	
都 察 院		**汪承霈**	
		陸錫熊 　△死。	**趙　佑** 　（皖學）四、辛酉、廿三，5.13；大理授。 　八、丁丑；皖學。

乾隆五八年　癸丑(1793)	乾隆五九年　甲寅(1794)
金士松 四、壬午、廿, 5.29; 殿試讀卷。	金士松
沈　初 (贛學)	沈　初 (贛學)
蔣賜棨	蔣賜棨
韓　鑅	韓　鑅
劉權之 四、壬午; 殿試讀卷。	劉權之
劉躍雲	劉躍雲 六、癸酉、十八, 7.14; 贛鄉正考。
(漢)趙　鍈	(漢)趙　鍈
胡高望 (蘇學)	胡高望 (蘇學)
張若淳	張若淳
王　昶　　　　譚尚忠 三、壬子、十九, 4.29;　三、乙卯、廿二, 5.2; 省墓假。　　　　滇撫授。	譚尚忠
鄒奕孝　　　　吳省欽 (閩學)八、癸未、廿三,　八、癸未; 右改。九、己 9.27; 死。　　　亥、九, 10.13; 知武舉。	吳省欽 六、癸酉; 浙鄉正考。
吳省欽　　　(漢)范宜恒 三、己亥、六, 4.16; 會試　八、丁亥、廿七, 10.1; 副考。八、癸未; 改左。　正藍漢副授。	范宜恒
劉秉恬	劉秉恬
汪承霈	汪承霈
趙　佑 (閩學)八、癸未,　　十一、辛卯、二, 12.4; 由皖學改差閩學。　光祿方維甸署。	趙　佑 (閩學)太常方維甸署; 八、庚申、六, 8.30; 順鄉副考。

年　代		乾隆六十年　乙卯（1795）
吏 部	左	**金士松**　　　　　　　　　　　**沈　初** 　六、乙未、十六，7.31；贛鄉正考。　　八、丙申，右改。 　八、丙申、十八，9.30；遷左都。
	右	**沈　初**　　　　　　　　　　　**胡高望** 　（贛學）四、丙申、十六，6.2；殿試讀卷。　八、丁酉、十九，10.1；兵右改。 　八、丙申；改左。
户 部	左	**蔣賜棨**
	右	**韓　鑅**
禮 部	左	**劉權之** 　（蘇學）六、甲辰、廿五，8.9；江鄉正考。八、丙申；差蘇學。
	右	**劉躍雲**　　　　　　　　　　　**周興岱** 　三、丁巳、六，4.24；會試副考。△休。　四、丁未、廿七，6.13；闈學遷。 　　　　　　　　　　　　　　　九、庚申、十二，10.24；武會副考。
兵 部	左	（漢）**趙　鑅**
	右	**胡高望**　　　　　　　　　　　**李　潢** 　（蘇學）八、丁酉；改吏右。　　九、辛亥、三，10.15；闈學遷。
刑 部	左	**張若淳** 　九、庚申、十二，10.24；知武舉。
	右	**譚尚忠** 　六、乙未、十六，7.31；鄂鄉正考。
工 部	左	**吳省欽** 　（順學）四、丙申，殿試讀卷。六、乙未；浙鄉正考。 　八、丙申，差順學。
	右	（漢）**范宜恒**
倉　場		**劉秉恬**
都 察 院		**汪承霈**
		趙　佑 　（閩學）太常方維旬署；三、丁巳；知貢舉。

嘉慶元年　丙辰(1796)	嘉慶二年　丁巳(1797)
沈　初　　　　　　**胡高望** 三、壬子、六，4.13；知貢舉。　六、戊寅、四，7.8； 四、乙未、廿，5.26；殿試讀卷。　右改。 六、乙亥、一，7.5；遷左都。	**胡高望**　　**譚尚忠**　　　**吳省欽** 八、丙辰、廿，　八、丙辰；右　（順學）十二、戊戌、 10.9；遷左都。　改。△死。　　三，1.19；右改。
胡高望　　　　　　**譚尚忠** 四、乙未；殿試讀卷。　六、丙子、二，7.6； 六、戊寅；改左。　　　刑右改。	**譚尚忠**　　**吳省欽**　　　**趙　佑** 八、丙辰；　（順學）八、丙　十二、戊戌； 改左。　　辰；工左改。十　工左改。 　　　　二、戊戌；改左。
蔣賜棨	**蔣賜棨**
韓　鑅	**韓　鑅**
劉檀之 （蘇學）	**劉檀之** （蘇學）
周興岱	**周興岱**
(漢)**趙　鍰**	(漢)**趙　鍰**
李　潢 三、壬子；會試副考。 九、壬子、十，10.10；知武舉。	**李　潢** （贛學）二、丙子、五，3.3；差贛學。
張若淳 三、乙丑、十九，4.26；管順尹。	**張若淳**
譚尚忠　　　　　　**陸有仁** 六、丙子；改吏右。　六、丙子；甘布遷。 　　　　　　　　十一月，代辦陝督。	**陸有仁**　　　　　　**熊　枚** 五、乙丑、廿六，6.20；革。　八、丙辰；皖布遷。
吳省欽 （順學）	**吳省欽**　　　　　　**趙　佑** （順學）八、丙辰；改吏　八、丙辰；右改。 右。　　　　　　　十二、戊戌；改吏右。
(漢)**范宜恒**　　　　　**趙　佑** 十、己卯、七，11.6；　十、壬辰、廿，11.18； 遷戶尚。　　　　　左副授。	**趙　佑**　　　　(漢)**范建中** 八、丙辰；改左。　　八、丙辰；鑲白漢副授。
劉秉恬	**劉秉恬**
汪承霈	**汪承霈**
趙　佑　　　　　　**孟　邵** 十、壬辰；改工右。　十二、甲戌、三，12.31； 　　　　　　　　府丞授。	**孟　邵**

部院漢侍郎年表

年　代		嘉慶三年　戊午(1798)
吏 部	左	**吳省欽**　　　　　　　　　　　**趙　佑** （順學）二、壬子、十八，4.3；遷左都。　二、壬子；右改。八、丁酉、六，9.15；順鄉副考。 　　　　　　　　　　　　　　　　　（順學）八、壬寅、十一，9.20；差。
	右	**趙　佑**　　　　　　　　　　　**劉櫂之** 　二、壬子；改左。　　　　　　　（蘇學）二、丙辰、廿二，4.7；禮左改。
戶 部	左	**蔣賜棨**
	右	**韓　鑅**　　　　　　　　　　**戴衢亨**（軍、學） 　七、己卯、十七，8.28；改兵右。　七、己卯；禮右改。
禮 部	左	**劉櫂之**　　　　　　　　　　**周興岱** 　（蘇學）二、丙辰；改吏右。　　二、丙辰；右改。
	右	**周興岱**　　　　**戴衢亨**（軍、學）　　　　**阮　元** 　二、丙辰；改左。　二、丙辰；閣學遷。　　　七、己卯；兵右改。 　　　　　　　　　七、己卯；改戶右。
兵 部	左	（漢）**趙　鑅**　　　　　　　　**李　潢** 　△七月，死。　　　　　　　　（贛學）七、丁丑、十五，8.26；右改。
	右	**李　潢**　　　　　**阮　元**　　　　　　　**韓　鑅** 　（贛學）七、丁丑；改左。　七、丁丑；閣學遷。　　七、己卯；戶右改。 　　　　　　　　　　　七、己卯；改禮右。
刑 部	左	**張若淳**
	右	**熊　枚**
工 部	左	（漢）**范建中** 　二、乙未、一，3.17；右改。
	右	（漢）**范建中**　　　　　　　　**吳省蘭** 　二、乙未；改左。　　　　　　正、庚寅、廿五，3.12；閣學遷。（浙學） 　　　　　　　　　　　　　　　六、甲辰、十二，7.24；浙鄉正考。　七、丁亥、廿五，9.5；浙學。
倉　　場		**劉秉恬**
都 察 院		**汪承霈**
		孟　邵　　　　　　　　　**陳嗣龍** 　九、癸亥、三，10.11；降調。　十一、戊辰、九，12.15；府丞授。

嘉慶四年　己未（1799）

趙　佑
（順學）十、壬寅、十七，11.14；遷左都。

周興岱
十、壬寅；右改。

劉權之
正、乙亥、十六，2.20；遷左都。

周興岱
正、乙亥；禮左改。
十、壬寅；改左。

童鳳三
（順學）十、壬寅；工右改，差順學。

蔣賜棨
二、甲午、六，3.11；降調（光祿）。

（漢）范建中
二、甲午；工左改。
三、庚申、二，4.6；遷戶尚。

阮　元
三、庚申；禮左改。三月，會試副考。
十月，署浙撫。

戴衢亨（軍）
正、丁卯、八，2.12；直軍。

周興岱	吳省蘭	阮　元	曹　城	羅國俊	錢　樾
正、乙亥；改吏右。	正、乙亥；工右改。正、丁丑、十八，2.22；降編修。	正、丁丑；右改。三、庚申；改戶右。	三、庚申；右改。三、乙亥、十七，4.21；改兵右。	三、乙亥；右改。	五、戊寅、廿一，6.23；右改。（蘇學）八月，差。
阮　元	曹　城	羅國俊	錢　樾	鄒炳泰	曹　城
正、丁丑；改左。	正、丁丑；閣學遷。三、庚申；改左。	三、庚申；閣學遷。三、乙亥；改左。	三、乙亥；閣學遷。殿試讀卷。五、戊寅；改左。	五、戊寅；閣學遷。九、戊寅、廿三，10.21；改倉侍。	九、戊寅；兵左改。

李　潢
五、丁丑；降編修。

韓　鑅
正、丁丑；右改。三、乙亥；守陵。

初彭齡
三、乙亥；右改。五、庚午、十三，6.15；改滇撫。

曹　城
五、庚午；右改。三月，知貢舉。九、戊寅；改禮右。

江　蘭
九、戊寅；右改。

韓　鑅
正、丁丑；改左。

初彭齡
（閩學）正、丁丑；通政授。三、乙亥；改右，卸閩學。

曹　城
三、乙亥；禮左改。五、庚午；改左。

江　蘭
五、庚午；滇撫改。九、戊寅；改左。

劉秉恬
九、戊寅；倉侍改。十月，知武舉。

張若淳
正、乙亥；改工右。

熊　枚
正、乙亥；右改。

熊　枚
正、乙亥；改左。

汪承霈
正、乙亥；左副改。十、壬寅；改工右。

祖之望
十、壬寅；原鄂布遷。

（漢）范建中
二、甲午；改戶左。

張若淳
二、甲午；右改。

吳省蘭
（浙學）正、乙亥；改禮左。

張若淳
正、乙亥；刑左改，管順。二、甲午；改左。

童鳳三
（贛學）二、甲午；閣學遷，召京。四、丁未、十九，5.23；殿試讀卷。十、壬寅；改吏右。

汪承霈
十、壬寅；刑左改。

劉秉恬
九、戊寅；改兵右。

鄒炳泰
九、戊寅；禮左改。

汪承霈
正、乙亥；改刑右。

蔣日綸
（魯學）二、辛丑、十三，3.18；大理綬。十一、甲子、十，12.6；差。

陳嗣龍
四、丁未；殿試讀卷。十、辛卯、六，11.3；武會副考。

部院漢侍郎年表

年　代		嘉　慶　五　年　　庚　申（1800）				
吏　部	左	**周興岱** 正、甲子、十一，2.4；改戶右。		**童鳳三** （順學）正、甲子；右改。		
	右	**童鳳三** （順學）正、甲子；改左。		**錢　樾** （蘇學）正、甲子；禮左改。		
戶　部	左	**阮　元** 正、辛酉、八，2.1；授浙撫。		**戴衢亨**（軍） 正、辛酉；右改。		
	右	**戴衢亨**（軍） 正、辛酉；改左。	**張若淳** 正、辛酉；工左改。正、甲子；遷兵尚。		**周興岱** 正、甲子；吏左改。	
禮　部	左	**錢　樾** （蘇學）正、甲子；改吏右。		**曹　城** 正、甲子；右改。 六、乙丑、十四，8.4；浙鄉正考。		
	右	**曹　城** 正、甲子；改左。	**蔣日綸** 正、丙寅、十三，2.6；左副改。 正、辛未、十八，2.11；改工右。		**劉躍雲** 正、辛未；理少遷。	
兵　部	左	**江　蘭** 正、辛未；革。	**劉秉恬** 正、癸未、卅，2.23； 右改。△死。	**馮光熊** 二、庚戌、廿七，3.22；黔撫授。 六、丁卯、十六，8.6；遷左都。	**陳萬全** 六、丁卯；右改。	
	右	**劉秉恬** 正、癸未；改左。	**陳萬全** 正、癸未；閣學遷。 六、丁卯；改左，江鄉正考。		**平　恕** （蘇學）六、丁卯；閣學遷。	
刑　部	左	**熊　枚**				
	右	**祖之望** 正、辛未；改湘撫。九、壬 寅、廿三，11.9；湘撫改。	**莫瞻菉** 正、辛未；工右改。 六、丁卯；改工右。		**陸有仁** 六、丁卯；工右改。 九、壬寅；改陝撫。	
工　部	左	**張若淳** 正、辛酉；改戶右。	**汪承霈** 正、辛酉；右改。 二、辛卯、八，3.3；遷左都。		**蔣日綸** 二、辛卯；右改。	
	右	**汪承霈** 正、辛酉； 改左。	**蔣兆奎** 正、辛酉；前漕督 授。旋改魯撫。	**莫瞻菉** 正月，閣學遷，仍管 順。旋管刑右；六、 丁卯；回任。	**蔣日綸** 正、辛未；禮右改。 二、辛卯；改左。	**陸有仁** 二月，專撫授。 六、丁卯；改刑右。
倉　場		**鄒炳泰**				
都察院		**蔣日綸** （魯學）正、丙寅；改禮右，卸魯學。		**劉　湄** 正、丙寅；大理授。		
		陳嗣龍 八、丙辰、六，9.24；順鄉副考。				

嘉 慶 六 年　辛 酉（1801）

童鳳三	**錢　樾**
（順學）正、庚子、廿三,3.7;病免。	（蘇學）正、庚子;右改。

錢　樾	**曹　城**	
（蘇學）正、庚子;改左。	（順學）正、庚子;禮左改。	八、丙午、二,9.9;滇撫初彭齡署。
		八、壬子、八,9.15;改署兵右。

戴衢亨（軍）
　五、戊寅、三,6.13;教庶。

周興岱
　四、丙寅、廿,6.1;殿試讀卷。六、己未、十四,7.24;贛鄉正考。

曹　城	**劉躍雲**	**莫瞻菉**
（順學）正月差。	正、庚子;右改。	七、己亥;工右改。
正、庚子;改吏右。	七、己亥;改工左。	

劉躍雲	**潘世恩**
正、庚子;改左。	正、庚子;閱學遷。

陳萬全
　四、丙寅;殿試讀卷。

平　恕	
（蘇學）三、壬午、六,4.18;會試副考。	八、壬子;兼蘇學,初彭齡（署吏右）署。
九、庚辰、六,10.13;順鄉副考。	九、甲申、十,10.17;授刑右。

熊　枚	**祖之望**
六、甲寅、九,7.19;署直督。	九、甲申;右改。
九、甲申、十,10.17;遷左都。	十、丙辰、十三,11.18;武會正考。

祖之望	**初彭齡**
九、甲申;改左。	九、甲申;署兵右授。十、丙辰;知武舉。

蔣日綸	**劉躍雲**
三、壬午;會試副考。	七、己亥;禮左改。
七、己亥、廿五,9.2;改右。	

莫瞻菉	**蔣日綸**
七、己亥;改禮左。	七、己亥;左改。

鄒炳泰

劉　湄

陳嗣龍
　三、壬午;知貢舉。四、丙寅;殿試讀卷。

部院漢侍郎年表

年　代		嘉　慶　七　年　壬　戌（1802）			
吏 部	左	錢樾 七、戊戌、卅,8.27;改户右。	曹城 (順學)七、戊戌;右改。		
	右	曹城 (順學)七、戊戌;改左。	李鈞簡 (贛學)七、戊戌;兵左改。		
户 部	左	戴衢亨 七、戊戌;遷兵尚。	平恕 (蘇學)七、戊戌;右改。		
	右	周興岱 正、己卯、七,2.9;降。	平恕 正、壬午、十,2.12;兵右改。 七、戊戌;改左。	錢樾 七、戊戌;吏左改。	
禮 部	左	莫瞻菉			
	右	潘世恩 七、戊戌;改兵右。	關槐 七、戊戌;閣學遷。		
兵 部	左	陳萬全 正、辛卯、十九,2.21;病免。	李鈞簡 (贛學)正、辛卯;右改。 七、戊戌;改吏右。	劉鐶之 七、戊戌;右改。 九、辛巳、十三,10.9;知武舉。	
	右	平恕 (蘇學)正、壬 午,改户右。	李鈞簡 (贛學)正、壬午閣學 遷。正、辛卯;改左。	劉鐶之 正、辛卯;閣學遷。三、丙子、 六,4.7;知貢舉。七、戊戌;改左。	潘世恩 七、戊戌;禮右改。
刑 部	左	祖之望 七、甲午、廿六,8.23;改魯撫。	初彭齡 七、甲午;右改。九月,署滇撫。 十月,署黔撫。		
	右	初彭齡 四、己未、十九,5.20;殿試讀卷。 七、甲午;改左。	姜晟 七、甲午;革直督賞四品授。 十一、庚寅、廿三,12.17;署贛撫。		
工 部	左	劉躍雲			
	右	蔣日綸			
倉　場		鄒炳泰			
都 察 院		劉湄 △四月,死。	陳霞蔚 (晉學)五、辛未、二,6.1;通政授。		
		陳嗣龍			

嘉慶八年　癸亥 (1803)

曹　城
（順學）△十二月，病免（死）。　兵左劉鐶之署。

李鈞簡
（贛學）十二、甲子、三，1.15，右改。

李鈞簡
（贛學）十二、甲子，改左。　三月，前直督陳大文署。

錢　樾
十二、甲子，戶右改。

平　恕
（蘇學）

錢　樾
十二、甲子，改吏右。

初彭齡
十二、甲子，工右改。

莫瞻菉
十二、甲子，改工右。

王懿德
（順學）十二、甲子，右改。

關　槐
七、乙巳、十三，8.29，降閣學。
十二、甲子，閣學仍授。

王懿德
七、乙巳，閣學遷。十二、甲子，改左。（順學）十二月差。

劉鐶之
（署吏左）五、庚戌、十七，7.5，蘇撫岳起署。

潘世恩
七、乙巳，教庶。

初彭齡
六、戊子、廿五，8.12，改工右。　汪志伊署：五、庚戌，授蘇撫。

姜　晟
六、戊子，右改。

姜　晟
六、戊子，改左。

戴均元
六、戊子，工右改。

劉躍雲

蔣日綸
△閏二、丁卯、二，3.24，死。

戴均元
閏二、丁卯，閣學遷。
六、戊子，改刑右。

初彭齡
六、戊子，刑左改。
十二、甲子，改戶右。

莫瞻菉
十二、甲子，禮左改。

鄒炳泰

陳霞蔚
（晉學）△四月，病痊閩撫汪志伊署：五月，改署刑左。

陳嗣龍

部院漢侍郎年表

年　代		嘉慶九年　甲子（1804）			
吏 部	左	李鈞簡 （贛學）			
	右	錢　樾 六、戊辰、十一,7.17;降閣學。	劉鐶之 六、戊辰;兵左改。 （蘇學）十二月,卸。		
戶 部	左	平　恕 △正月,死。	戴均元 正、庚戌、廿四,10.27;刑右改。 六、己卯、廿二,7.28;江鄉正考。 七、丁酉、十一,8.15;改右。	潘世恩 七、丁酉,兵左改。 （浙學）八月,差。	
	右	初彭齡 七、丁酉;解、勘（革）。	戴均元 七、丁酉;左改。		
禮 部	左	王懿德 （順學）八、庚申、四,9.7;仍差順學。			
	右	關　槐			
兵 部	左	劉鐶之 （蘇學）正、庚戌;差蘇學。六、戊辰;改吏右。	潘世恩 六、戊辰;右改。 六月,浙鄉正考。 七、丁酉;改戶左。	劉鳳誥 （魯學）七、丁酉;右改。十二、戊午、三,1.13;降(閣學)。	王汝璧 十二、戊午;皖撫授。
	右	潘世恩 六、戊辰;改左。	劉鳳誥 （魯學）六、戊辰;閣學遷。七、丁酉;改左。	陳霞蔚 （晉學）七、丁酉;左副改。十二、戊午;降四調。	戴聯奎 十二、戊午;閣學遷。
刑 部	左	姜　晟 九、庚戌、廿四,10.27;遷刑尚。	祖之望 九、庚戌;右改。		
	右	戴均元 正、庚戌、廿,3.1;改戶左。	祖之望 正、庚戌;前粵撫授。九、庚戌;改左。	劉　斌 九、庚戌;前浙布遷。	
工 部	左	劉躍雲 七、甲午、八,8.12;降閣學。	莫瞻菉 七、甲午;右改。		
	右	莫瞻菉 七、甲午;改左。	曹振鏞 七、甲午;閣學遷。（贛學）八月,差。		
倉　場		鄒炳泰			
都察院		陳霞蔚 （晉學）七月,卸。七、丁酉;改兵右。	周廷棟 七、丁酉;大理授。（川學）八月,差。		
		陳嗣龍			

嘉慶 十 年　乙 丑（1805）

李鈞簡
四、癸酉、廿，5.18；殿試讀卷。

劉鐶之	**戴均元**
正、辛亥、廿六，2.25；改户右。	正、辛亥；户右改。四、癸酉；殿試讀卷。

潘世恩
（浙學）

戴均元	**劉鐶之**
正、辛亥；改吏右。	正、辛亥；吏右改。五、乙酉、二，5.30；教庶。

王懿德	**關　槐**	**王　綬**
（順學）五、己亥、十六，6.13；遷左都。	五、己亥；右改。六、戊辰、十六，7.12；病免。	六、戊辰；右改。

關　槐	**戴聯奎**	**王　綬**	**萬承風**
五、己亥；改左。	五、己亥；兵左改。六、丙寅、十四，7.10；改兵左。	六、丙寅；閣學改。六、戊辰；改左。	六、戊辰；閣學遷。（晉學）召京。九、壬戌、十三，11.3；知武舉。

王汝璧	**戴聯奎**	**劉躍雲**	**戴聯奎**
二、辛酉、七，3.7；改刑右。	二、辛酉；右改。四、癸酉；殿試讀卷。五、己亥；改左。	五、己亥；右改。六、丙寅；休。	六、丙寅；禮右改。

戴聯奎	**吳　璥**	**劉躍雲**	**趙秉沖**
二、辛酉；改左。	二、辛酉；南河改。二、辛未、十七，3.17；改倉侍。	二、辛未；閣學遷。五、己亥；改左。	五、己亥；通政授。

祖之望	**金光悌**
十、丁未、廿八，12.18；乞養。	十、丁未；魯布遷。

劉　炘	**王汝璧**	**周廷棟**
△二月，病免。	二、辛酉；兵左改。十一、丙辰；病免。	十一、丙辰；左副改。

莫瞻菉

曹振鏞
（贛學）

鄒炳泰	**吳　璥**
二、辛未；遷左都。	二、辛未；兵右改。

周廷棟	**邵自昌**
（川學）十一、丙辰，改刑右，卸川學。	（閩學）十二、辛巳、二，1.21；大理授。

陳嗣龍

部院漢侍郎年表

年　代		嘉慶十一年　丙寅(1806)
吏 部	左	**李鈞簡**　　　　　　　　　**戴均元**　　　　　　　　　**潘世恩** 五、甲寅、七,6.23;改倉侍。　五、甲寅;右改。　　　　（浙學）六、庚寅;右改。 　　　　　　　　　　　　六、庚寅、十四,7.29;改南河。
	右	**戴均元**　　　**潘世恩**　　　　**曹振鏞**　　　　　　　**劉鳳誥** 五、甲寅;改左。　（浙學）五、甲寅;戶左　（贛學）六、庚寅;工右改。六、　十、甲申;兵右改。 　　　　　　改。六、庚寅;改左。　甲申、十一,11.20;遷工尚。
戶 部	左	**潘世恩**　　　　　　　　　　　**趙秉沖** （浙學）五、甲寅;改吏右。　　　五、甲寅;兵右改。
	右	**劉鐶之**
禮 部	左	**王　綬**
	右	**萬承風**
兵 部	左	**戴聯奎** （皖學）正、丙子、廿八,3.17;差皖學。
	右	**趙秉沖**　　　　　　　**劉鳳誥**　　　　　　　**邵自昌** 五、甲寅;改戶右。　　五、己酉、二,6.18;閩學遷。　十、甲申;左副改。 　　　　　　　　　十、甲申;改吏右。
刑 部	左	**金光悌**　　　　　　　　　**周廷棟** 十、癸卯、卅,12.9;改贛撫。　十、癸卯;右改。
	右	**周廷棟**　　　　　　　　**韓崶** 十、癸卯;改左。　　　十、癸卯;湘布遷。
工 部	左	**莫瞻菉**　　　　　　　　　　　**周兆基** 九、辛亥、七,10.18;降四調,卸管順。　九、丁巳、十三,10.24;右改。
	右	**曹振鏞**　　　　　　　**周兆基**　　　　　　　　**蔣予蒲** （贛學）六、庚寅;改吏右。　六、庚寅;閩學遷。　　　九、丁巳;左副改。 　　　　　　　　　九、丁巳;改左。
倉　場		**吳璥**　　　　　　　　　　**李鈞簡** 四、癸巳、十六,6.2;改東河。　五、甲寅;吏左改。
都 察 院		**邵自昌**　　　　　　　　　**莫晉** （閩學）十、甲申;改兵右,卸閩學。　（蘇學）十、甲申;通政授。
		陳嗣龍　　　　　　**蔣予蒲**　　　　　　　　**邵洪** 六、乙酉、九,7.24;降編修。　六、乙酉;府丞授。　　　九、丁巳;府丞授。 　　　　　　　　　九、丁巳;改工右。

嘉慶十二年　丁卯(1807)	嘉慶十三年　戊辰(1808)
潘世恩 （浙學）	潘世恩 四、丙戌、廿，5.15；殿試讀卷。 八、己亥、六，9.25；順鄉副考。
劉鳳誥 六、壬辰、廿二，7.26；江鄉正考。 八、庚寅、廿一，9.22；差浙學。	劉鳳誥 （浙學）
趙秉沖	趙秉沖
劉鐶之 八、庚寅；順學。　　十、乙未、廿七，11.26；服闋浙 撫阮元署。十一、丙寅、廿九， 12.27；授兵右。	劉鐶之 （順學）
王　綏　　　　萬承風 十一、丙寅；病免。　（蘇學）十一、丙寅；右改。	萬承風　　　　戴聯奎 （蘇學）十二、乙巳、十　十二、乙巳；右改。 四，1.29；改兵右。
萬承風　　　　戴聯奎 六、己卯、九，7.13；浙鄉　十一、丙寅；兵左改。 正考。八、庚寅；蘇學。 十一、丙寅；改左。	戴聯奎　　　　邵　洪 九、己巳、六，10.25；武會　十二、乙巳；左副改。 正考。十二、乙巳；改左。
戴聯奎　　　　邵自昌 （皖學）　十一、丙寅； 改禮右。　十一、丙寅；右改。	邵自昌 九、己巳，知武舉。
邵自昌　　阮　元　　　周興岱 十一、丙寅；十一、丙寅；署戶右　十二、癸未； 改左。　授。十二、癸未、十　閱學遷。 　　六，1.13；改浙撫。	周興岱　　　　萬承風 三、壬寅、六，4.1；知貢舉。（蘇學）十二、乙巳； 四、丙戌；殿試讀卷。　禮左改。 十二、乙巳；遷左都。
周廷棟　　　　韓　崶 正、丙午、四，2.10；　正、丙午；右改。 遷左都。	韓　崶　　章　煦　　　許兆椿 六、乙巳、十一，九、己巳；鄂撫改。九、己丑； 8.2；降粵按。九、己丑、廿六，　右改。 　　11.14；改黔撫。
韓　崶　　　　秦　瀛 正、丙午；改左。　正、丙午；順尹授。	秦　瀛　　許兆椿　　　周兆基 六、乙巳；降三　六、乙巳；寧布遷。九、己丑； （光祿）。　九、己丑；改左。　工左改。
周兆基	周兆基　　　　陳希曾 四月，殿試讀卷。　九、己丑；右改。 六、乙巳；浙鄉正考。 九、己丑；改刑右。
蔣予蒲 八、乙亥、六，9.7；順鄉副考。	蔣予蒲　　陳希曾　　　顧德慶 二、甲申、十　二、甲申；閱學遷。四、丙戌；殿試　九、己丑； 八，3.14；讀卷。五月，教庶。六、乙卯、十一，閱學遷。 改倉侍。　8.12；江鄉正考。九、己巳；改左。
李鈞簡	李鈞簡　　　　蔣予蒲 二、甲申；憂免。　二、甲申；工右改。
莫　晉 （蘇學）四、乙未、廿三，5.30；府丞陳崇本署。	莫　晉 六、乙巳；贛鄉正考。
邵　洪	邵　洪　　　　戴均元 十二、乙巳；改禮右。　十二、乙巳；候三京授。

部院漢侍郎年表

年　代		嘉　慶　十　四　年　　己　巳（1809）				
吏	左	潘世恩				
部	右	劉鳳誥 六月，解浙學。 八、庚戌、廿二，10.1；革、戌。		周兆基 （浙學）八、庚戌；刑左改。		
户	左	趙秉沖				
部	右	劉鑼之 二、丙午、十六，3.31；卸順學（乞養）。 四、己酉、廿，6.2；殿試讀卷。				
禮	左	戴聯奎				
部	右	邵　洪				
兵	左	邵自昌 九、庚午、十三，10.21；知武舉。 十一、丙寅、十，12.16；遷左都。		秦　瀛 十一、丙寅；右改。		
部	右	萬承風 （蘇學）六、壬辰、三， 7.15；降閩學，改皖學。	秦　瀛 六、壬辰、閩學遷。 十一、丙寅；改左。	萬承風 （皖學）十一、丙寅； 閩學遷。	大學士費 淳降署。	
刑	左	許兆椿 三、辛酉、一，4.15； 改倉侍。	周兆基 三、辛酉；右改。（浙學） 六月，差。八、庚戌，改吏右。	朱　理 八、庚戌；改左。 九、庚午；武會副考。		
部	右	周兆基 三、辛酉； 改左。	胡克家 三、辛酉，蘇布遷。 六、丁未；改漕督。	朱　理 六、丁未；光禄授。 八、庚戌；改左。	初彭齡 八、庚戌；署 晋撫授。	金應琦 十一、戊寅、廿二， 12.28；晋撫三調。
工	左	陳希曾 五、丙寅、七，6.19；教庶。				
部	右	顧德慶				
倉　　場		蔣予蒲 三、辛酉； 降二調。	許兆椿 三、辛酉；刑左改。四、壬 子、廿三，6.5；改桂撫。	秦　瀛 四、壬子；左副改。 五、庚申、一，6.13；改左副。	戴均元 五、庚申；左副改。	
都察院		莫　晋 △三月，憂免。	秦　瀛 三、辛酉；光禄授。三月，知貢舉。 四、壬子；改倉侍。	胡長齡 （粵學）七、戊辰、十， 8.20；太常授。		
		戴均元 二月，順學。 五、庚申；改倉侍。	秦　瀛 五、庚申；倉侍改。 六、壬辰；改閩學。	溫汝适 （陝學）六、壬辰； 通政授。	光禄朱理署：六、丁未、十 八，7.30；授刑右。	

嘉 慶 十 五 年　庚 午（1810）

潘世恩
八、甲辰、廿二，9.20；贛學。

周兆基
（浙學）八、甲辰；仍差浙學。

趙秉沖

劉鐶之
六、乙未、十二，7.13；浙鄉正考。八、甲辰；蘇學。

戴聯奎
六、乙未；贛鄉正考。

邵　洪

秦　瀛	**萬承風**
正、丁丑、廿二，2.25；改刑右。	（皖學）正、丁丑；右改。

萬承風	**費　淳**	**宋　鎔**	**胡長齡**
（皖學）正、丁丑；改左。	正、丁丑；授。	五、癸亥、十，6.11；順尹授。	十二、甲申；左副改。
	正、癸亥；遷工尚。	十二、甲申、四，12.29；改刑右。	

朱　理
八、戊子、六，9.4；順鄉副考。

金應琦	**秦　瀛**	**宋　鎔**
正、辛未、十六，2.19；降二調。	正、丁丑；兵左改。	十二、甲申；兵右改。
	十二、甲申；病免。	

陳希曾
八、戊子；順鄉副考。

顧德慶
八、甲辰；皖學。

戴均元

胡長齡	**曹師曾**
（粵學）十二、甲申；改兵右。	十二、癸巳、十三，1.7；大理授。

溫汝适	**帥承瀛**
正、辛巳、廿六，3.1；乞養，卸陝學。	十、戊申、廿七，11.23；通政授。
十、己酉、廿八，11.24；降（太僕）。	

部院漢侍郎年表

年　代		嘉　慶　十　六　年　　辛　未（1811）
吏 部	左	**潘世恩** （贛學）
	右	**周兆基** （浙學）
戶 部	左	**趙秉沖**
	右	**劉鐶之**　　　　　　**錢　楷**　　　　　　　　　**陳希曾** （蘇學）五、辛巳、四，6.24；　五、辛巳；解任鄂撫授。　　七、戊寅；工左改。 遷兵尚。　　　　　　　七、戊寅、二，8.20；改工左。
禮 部	左	**戴聯奎**
	右	**邵　洪**　　　　　　**帥承瀛**　　　　　　　　**汪廷珍** 七、戊寅；病免（死）。　七、戊寅；左副改。九月，知武舉。　十一、辛卯；闈學遷。 　　　　　　　　　　十一、辛卯、十六，12.31；改工右。
兵 部	左	**萬承風** 四、丁卯、廿，6.10；殿試讀卷。
	右	**胡長齡** 三、申寅、六，3.29；會試副考。
刑 部	左	**朱　理**
	右	**宋　鎔**
工 部	左	**陳希曾**　　　　**錢　楷**　　　　　　**顧德慶**　　　　**初彭齡** 四、丁卯；殿試讀卷。　七、戊寅；戶右改。　　（皖學）七、癸未、七，　十一、辛卯；右改。 七、戊寅；改戶右。　七、壬午、六，8.24；改皖撫。　8.25；右改。△憂免。
	右	**顧德慶**　　　　　**初彭齡**　　　　　　　**帥承瀛** （皖學）七、癸未；改左。　七、癸未；順尹授。　　十一、辛卯；禮右改。 　　　　　　　　十一、辛卯；改左。
倉　場		**戴均元** 四、己酉、二，5.23；憂假，左副帥承瀛署。
都 察 院		**曹師曾**
		帥承瀛　　　　　　　**溫汝适** 四、己酉；署倉侍。七、戊寅；遷禮右。　七、辛巳、五，8.23；太僕授。

嘉慶十七年　壬申（1812）

潘世恩 （贛學）十二、壬子、十三,1.15; 遷工尚。	**周兆基** （浙學）十二、壬子; 右改。
周兆基 （浙學）十二、壬子; 改左。	**帥承瀛** 十二、壬子; 工左改。
趙秉沖 五、戊寅、七,6.17; 改右。	**初彭齡** 五、戊寅; 工左改。
陳希曾 五、戊寅; 降三調（閩學）。	**趙秉沖** 五、戊寅; 左改。
戴聯奎 二、己未、十六,3.28; 兵右互調。	**胡長齡** 二、己未; 兵右改。
汝廷珍	
萬承風 十一、辛巳、十二,12.15; 病免。	**戴聯奎** 十一、辛巳; 右改。

胡長齡 二、己未; 禮左互調。	**戴聯奎** 二、己未; 禮左改。十一、辛巳; 改左。	**吳烜** （順學）十一、辛巳; 通政授。

朱理 三、庚子、廿八,5.8; 改蘇撫。	**宋鎔** 三、庚子; 右改。
宋鎔 三、庚子; 改左。	**章煦** 三、庚子; 蘇撫改。

初彭齡 五、戊寅; 改戶左。	**帥承瀛** 五、戊寅; 右改。十二、壬子; 改吏右。	**許兆椿** 十二、壬子; 右改。

帥承瀛 五、戊寅; 改左。	**阮元** 五、戊寅; 閩學遷。 八、甲寅、十四,9.19; 改漕督。	**許兆椿** 八、甲寅; 漕督改。 十二、壬子; 改左。	**茹棻** 十二、壬子; 閩學遷。
戴均元			
曹師曾			
溫汝适			

部院漢侍郎年表

年　代		嘉慶十八年　癸酉(1813)
吏 部	左	周兆基　　　　　　　　　　　吳　烜 （浙學）九、甲申、廿一，10.14；遷工尚。　九、甲申；右改。
	右	帥承瀛　許兆椿　　　　戴聯奎　　　　　　　吳　烜　　　吳　璥 △正月，　正、辛未、三，2.3；　三、甲戌；兵左改。八、癸卯、　八、辛酉、廿七，　九、甲申； 夏免。　工右改。三、甲戌、　九，9.3；順學。八、甲辰、十，　9.21；兵左改。　閣學遷。 　　　　七，4.7；改黔撫。　9.4；改魯學。△憂免。　九、甲申；改左。
戶 部	左	初彭齡　　　　　　　　　　　盧蔭溥(軍) 九、乙亥、十二，10.5；改倉侍。　九、乙亥；兵左改。
	右	趙秉沖
禮 部	左	胡長齡　　　　　　　　　　　汪廷珍 九、甲申；遷禮尚。　　　　　九、甲申；右改。
	右	汪廷珍　　　　　　　　　　　王宗誠 六、癸卯、八，7.5；浙鄉正考。　九、甲申；閣學遷。 九、甲申；改左。
兵 部	左	戴聯奎　　吳　烜　　　　　　盧蔭溥(軍)　　　吳芳培 三、甲戌；　（順學）三、甲戌；右改。　八、辛酉；右改。　（順學）九、戊寅、 改吏右。　八、辛酉；改吏右。　九、乙亥；改戶左。　十五，10.8；右改。
	右	吳　烜　　盧蔭溥(軍)　　　　吳芳培　　　　溫汝适 （順學）三、甲　三、甲戌；閣學遷。八、辛酉；改　（順學）八、辛酉；閣學　九、戊寅；左副改。 戌；改左。　八、庚子、六，8.31；順鄉副考。　遷。九、戊寅；改左。
刑 部	左	宋　鎔
	右	章　煦　　　　　　　　　　　陳　預 九、庚辰、十七，10.10；遷工尚。　九、庚辰；湘布遷。
工 部	左	許兆椿　　　　蔣予蒲　　　　　茹　棻 正、辛未；改吏右。　正、辛未；癸酒遷。　三、甲戌；右改。 　　　　　　三、甲戌；降二調。　六、丁巳、廿二，7.19；江鄉正考。
	右	茹　棻　　　　陳希曾 三、甲戌；改左。　三、甲戌；閣學遷。八月，蘇學。
倉　　場		戴均元　　　　　　　　　　　初彭齡 九、乙亥；改東河。　　　　　九、乙亥；戶左改。
都 察 院		曹師曾
		溫汝适　　　　　　　　　　　蔣予蒲 九、戊寅；改兵右。　　　　　十一、戊寅、十五，12.7；府丞遷。

嘉慶十九年　甲戌(1814)	嘉慶二十年　乙亥(1815)
吳　烜	吳　烜
吳　璥　　戴均元　　顧德慶 正、壬午、廿，　正、壬午；河東授。　二、丁巳；署兵左 2.9；改河東。　二、丁巳、廿五，　授。九、戊戌、十一， 　3.16；遷左都。　10.23；知武舉。	顧德慶　　　　帥承瀛 六、丙辰、二，7.8；　六、丙辰；原任服闋授。 改兵左。
盧蔭溥(軍)	盧蔭溥(軍)
趙秉沖　　　　黃　鉞 四、庚午、九，5.28；死。　四、庚午；閣學遷。	黃　鉞
汪廷珍	汪廷珍
王宗誠 三、丁酉、六，4.25；會試副考。	王宗誠
吳芳培 (順學)　△二月，假。　二、庚子、八，2.27；前工左顧 德慶署；二、丁巳；授吏右。	吳芳培　　　　顧德慶 (順學)　△六月，憂免。　六、丙辰；吏左改。
溫汝适　　　周系英 　二、辛亥、十九，3.10；閣學遷。 　四、辛巳、廿，6.8；殿試讀卷。	周系英　　　　姚文田 △四月，憂免。　四、戊寅、廿三，5.31； 　閣學遷。
宋鎔　　　許兆椿　　　陳希曾 △降鴻臚。　正、癸未、廿一，2.10；　四、壬午； 　黔撫改。四、壬午、　右改。 　廿一，6.9；改浙撫。	陳希曾
陳預　　　陳希曾　　　　朱理 三、癸卯、十二，　三、癸卯；工右改。　四、壬午； 5.1；改閩撫。　四、壬午；改左。　閣學遷。	朱理　　　　彭希濂 五、己丑、五，6.11；　五、庚寅、六，6.12； 改倉侍。　閣學遷。
茹棻　　　　　王以銜 四、辛巳；殿試讀卷。八、乙　八、乙亥；閣學(蘇學) 亥、十七，9.30；遷左都。　遷。	王以銜
陳希曾　　鮑桂星　　　王鼎 三、癸卯；改刑　三、癸卯；閣學遷。　十二、乙丑、 右，卸蘇學。　九、戊戌；武會正考。　九、1.18；閣 　十二、癸亥、七，1.16；革。學(贛學)遷。	王鼎 (贛學)
初彭齡　　　蔣予蒲 六、乙亥、十六，8.1；暫署蘇撫。　四、壬午；左副署。 六、辛巳、廿二，8.7；遷兵尚。　六、辛巳；閣學遷。	蔣予蒲　　　　朱理 五、丁亥、三，6.9；革。　五、己丑；刑右改。
曹師曾　　　陸以莊 八、丁亥、廿九，10.12；　九、癸丑、廿六，11.7； 改閣學。　府丞授。	陸以莊
蔣予蒲　　　李宗瀚 四、壬午；署倉侍。　七、辛卯、三，8.17；府丞授。 　九、戊戌；武會副考。	李宗瀚　　　蔣祥墀 △四月，憂免。　四、丙子、廿一，5.29； 　府丞遷。

部院漢侍郎年表

<table>
<tr><td colspan="2">年　代</td><td colspan="5">嘉慶二一年　丙子（1816）</td></tr>
<tr><td rowspan="4">吏
部</td><td>左</td><td colspan="5">吳　烜
六、丁丑、廿九，7.23；革。

戴聯奎
六、丁丑；右改。
七、丙辰、九，8.31；遷左都。

王　鼎
七、丙辰；右改。</td></tr>
<tr><td rowspan="3">右</td><td>帥承瀛
三、壬辰、十二，
4.9；改刑右。</td><td>戴聯奎
三、壬辰；署工左授。
六、丁丑；改左。</td><td>王　鼎
六、丁丑；工右改。
七、丙辰；改左。</td><td>茹　棻
七、丙辰；閱學遷。
十一、己巳、廿四，
1.11；遷工尚。</td><td>吳芳培
十一、己巳；
署工左授。</td></tr>
<tr><td rowspan="2">戶
部</td><td rowspan="2"></td><td colspan="5"></td></tr>
<tr><td colspan="5"></td></tr>
</table>

年　代		嘉慶二一年　丙子（1816）				
吏部	左	吳　烜 六、丁丑、廿九，7.23；革。	戴聯奎 六、丁丑；右改。 七、丙辰、九，8.31；遷左都。		王　鼎 七、丙辰；右改。	
吏部	右	帥承瀛 三、壬辰、十二，4.9；改刑右。	戴聯奎 三、壬辰；署工左授。 六、丁丑；改左。	王　鼎 六、丁丑；工右改。 七、丙辰；改左。	茹　棻 七、丙辰；閱學遷。 十一、己巳、廿四，1.11；遷工尚。	吳芳培 十一、己巳；署工左授。
戶部	左	盧蔭溥（軍） 六、庚申、十二，7.6；改右。	姚文田 六、庚申；禮右改。			
戶部	右	黃　鉞 六、庚申；改禮右。	盧蔭溥（軍） 六、庚申；左改。			
禮部	左	汪廷珍				
禮部	右	王宗誠 四、乙丑、十六，5.12；乞養。	姚文田 四、乙丑；兵右改。 六、庚申；改戶左。	黃　鉞 六、庚申；戶右改。 八、壬午、六，9.26；順鄉副考。		
兵部	左	顧德慶 閏六、丙戌、八，8.1；浙鄉正考。 八、丁亥、十一，10.1；差贛學。	十一、乙丑、廿，1.7；原任吳芳培服闋署； 十一、己巳、廿四，1.11；授吏右。			
兵部	右	姚文田 四、乙丑；改禮右。	曹師曾 四、乙丑；閱學遷，仍署倉侍。			
刑部	左	陳希曾 六、丁丑；改工右。	帥承瀛 六、丁丑；右改。			
刑部	右	彭希濂 三、壬辰、十二，4.9；降（三京候）。 十一、壬子、七，12.25；左副遷。	帥承瀛 三、壬辰；吏右改。 六、丁丑；改左。	朱　理 六、丁丑；倉侍改。 十一、壬子；改黔撫。		
工部	左	王以銜 戴聯奎署：三、壬辰；授吏右。				
工部	右	王　鼎 （贛學）六、丁丑；改吏右。	陳希曾 六、丁丑；刑左改。 九、己未、十三，11.2；病免。	陸以莊 九、己未；左副改。		
倉場		朱　理 六、丁丑；改刑左。	陳　觀 六、丁丑；閱學遷。 十二、辛巳、七，1.23；病免。	莫　晉 十二、辛巳；左副改。		
都察院		陸以莊 八、壬午；順鄉副考。 九、己未；改工右。	彭希濂 九、庚申、十四，11.3；降刑右授。十一、壬子；改刑右。	莫　晉 十一、壬子；原任閱授。 十二、辛巳；改倉侍。	王引之 十二、庚寅、十六，2.1；大理授。	
都察院		蔣祥墀				

嘉慶二二年　丁丑(1817)	嘉慶二三年　戊寅(1818)
王　鼎 四、癸巳、廿，6.4；殿試讀卷。	**王　鼎** 二、丙子、八，3.14；管順。
吳芳培	**吳芳培**　　　　　**周系英** 三、庚戌、十三，4.17；　三、庚戌；署兵左授。 遷左都。
姚文田　　　　　**黃　鉞** 三、戊辰、廿五，5.10；　三、戊辰；禮右改。 改右。　　　　　　　四、癸巳；殿試讀卷。	**黃　鉞**
盧蔭溥(軍)　　　**姚文田** 三、戊辰；禮尚遷。　　三、戊辰；左改。三、己酉、 　　　　　　　　　　六，4.21；會試副考。	**姚文田**
汪廷珍　　　　　**王引之** 三、辛未、廿八，5.13；　三、辛未；左副改。 遷左都。	**王引之**
黃　鉞　　　　　**湯金釗** 三、戊辰；改戶左。　　(蘇學)三、戊辰；閱學遷。 　　　　　　　　　　九、庚申、十九，10.29；服 　　　　　　　　　　闋河督李鴻賓署。	**湯金釗** (蘇學)　李鴻賓署：四、丁亥、廿，5.24；授粵撫。 　　　　十一、戊戌、四，12.1；原任王宗誠服闋授。
顧德慶 (贛學)　　　九、辛亥、十，10.20；服闋兵右周系英署。	**顧德慶** (贛學)　周系英署：三、庚戌；授吏右。四、丁亥、廿，5.24； 　　　　魯撫陳預署，旋降刑郎。五、乙巳、八，6.11；候 　　　　侍劉鐶之署；八、壬申、六，9.6；順鄉副考。十二、 　　　　辛卯、廿八，1.23；遷左都，左都吳芳培降署。
曹師曾 九、庚戌、九，10.19；知武舉。	**曹師曾**
帥承瀛	**帥承瀛**
彭希濂	**彭希濂**
王以銜 四、癸巳；殿試讀卷。	**王以銜**
陸以莊	**陸以莊**
莫　晉	**莫　晉**
王引之　　　　　**賈允升** 三、辛未；改禮左。　　(皖學)四、甲午、廿一， 　　　　　　　　　　6.5；府丞遷。	**賈允升** (皖學)
蔣祥墀	**蔣祥墀** 十二、庚寅、廿七，1.22；以從三京候。

部院漢侍郎年表

年代		嘉慶二四年　己卯（1819）
吏部	左	王鼎　四、庚辰、十九，5.12；殿試讀卷。閏四、庚戌、十九，6.11；改刑右。　周系英　閏四、庚戌；右改。九、丙寅、七，10.25；革（編修用）。　顧德慶　九、丙寅；兵左改。
	右	周系英　四、庚辰；殿試讀卷。閏四、庚戌；改左。　吳芳培　閏四、庚戌；署兵左授。九、庚午、十一，10.29；武會正考。十二、庚子、十二，1.27；改刑右。　王引之　十二、庚子；左副改。
戶部	左	黃鉞　九、戊子、廿九，11.16；遷禮尚。　姚文田　九、戊子；右改。
	右	姚文田　四、庚辰；殿試讀卷。九、戊子；改左。　王鼎　九、戊子；刑左改。
禮部	左	王引之　三、戊戌、六，3.31；會試副考。九、戊子；降（正三京候）。　汪廷珍　九、戊子；禮尚降。
	右	湯金釗　（蘇學）候三京王宗誠署：九、甲子、五，10.23；贛學。九、丙寅；授兵左，仍署。
兵部	左	顧德慶　（贛學）九、丙寅；改吏左。　吳芳培署：閏四、庚戌；授吏右。　王宗誠　九、丙寅；署禮右授。九、戊子；降（正三京候）。　曹師曾　九、戊子；右改。
	右	曹師曾　九、庚午、十一，10.29；知武舉。九、戊子；改左。　吳其彥　（順學）九、戊子；閣學遷。
刑部	左	帥承瀛　四、庚辰；殿試讀卷。
	右	彭希濂　三、辛丑、九，4.3；降二闕。　韓崶　三、辛丑；服闋刑尚署。閏四、庚戌；授刑尚。　王鼎　閏四、庚戌；吏左改。六、乙未、五，7.26；浙鄉正考。九、戊子；改戶右。　吳邦慶　九、戊子；閩撫授。十三、庚子；降通政。　吳芳培　十二、庚子；吏右改。
工部	左	王以銜　八、乙未、六，9.24；順鄉副考。
	右	陸以莊　四、庚辰；殿試讀卷。六、丁未、十七，8.7；江鄉正考。
倉場		莫晉
都察院		賈允升　（皖學） 韓鼎晉　正、戊戌、五，1.30；大理授。九、甲子；差閩學。

嘉 慶 二 五 年　庚 辰（1820）				

顧德慶
四、乙巳、廿,5.31；殿試讀卷。
九、壬戌、九,10.15；遷左都。

湯金釗
九、壬戌；禮右改。

王引之
十、癸巳、十,11.15；知武舉。

姚文田

王　鼎
十二、丙午、廿四,1.27；署刑右。

汪廷珍
三、戊辰、十二,4.24；遷左都。

王宗誠
（贛學）三、戊辰；候三京授。

湯金釗
四、乙巳；殿試讀卷。九、壬戌；改吏左。

吳　烜
九、壬戌；翰講學遷。

曹師曾
三、甲子、八,4.20；降四京候。

吳邦慶
三、戊辰；通政遷。
三、己卯、廿三,5.5；刑右互調。

吳芳培
三、己卯；刑右改。
三、壬戌、六,4.18；會試副考。

吳其彥
（順學）

帥承瀛
十二、丙午、廿四,1.27；改浙撫。

韓文綺
十二、丙午；右改。

吳芳培
三、己卯；兵左互調。

吳邦慶
三、己卯；兵左改。四、己亥、十四,5.15；改皖撫。

程國仁
四、己亥；前魯撫授。
六、壬辰、八,7.17；降郎中。

韓文綺
六、壬辰；贛布遷。十二、丙午；改左,戶右王鼎署。

王以銜
四、乙巳；殿試讀卷。

陸以莊
四、乙巳；殿試讀卷。四、乙卯、卅,6.10；教庶。

莫　晉

賈允升

韓鼎晉
（閩學）

部院漢侍郎年表

年　代		道　光　元　年　辛　巳（1821）			
吏 部	左	**湯金釗** 　　六、癸卯、廿五，7.23；江鄉正考。			
	右	**王引之** 　　六、辛卯、十三，7.11；浙鄉正考。			
戶 部	左	**姚文田**			
	右	**王　鼎**			
禮 部	左	**王宗誠** （館學）　　正、丁巳、五，2.7；刑員賞禮侍銜初彭齡署：七、壬戌、十四，8.11；授禮右。 　　九、甲寅、七，10.2；前粵撫康紹鏞署。旋憂免。			
	右	**吳　烜** 七、壬戌；病免 （死）。	**初彭齡** 七、壬戌；署禮左授。八、癸 巳、十六，9.11；遷兵尚。	**戴聯奎** 八、癸巳；太常遷。十二、 癸巳、十七，1.9；遷兵尚。	**王以銜** 十二、癸巳； 工左改。
兵 部	左	**吳芳培**			
	右	**吳其彥** （順學）七、己巳、廿一，8.18；憂免。	**杜　堮** 七、辛未、廿三，8.20；闈學遷。八、癸巳；浙學。		
刑 部	左	**韓文綺**			
	右	**張映漢** 　　二、己亥、十八，3.21；前湖督授。			
工 部	左	**王以銜** 　　十二、癸巳；改禮右。	**陸以莊** 　　十二、癸巳；右改。		
	右	**陸以莊** 　　十二、癸巳；改左。	**顧　臯** 　　十二、癸巳；闈學遷。		
倉　場		**莫　晉**			
都 察 院		**賈允升**			
		韓鼎晉 （闈學）			

道 光 二 年 壬午(1822)

湯金釗 三、庚戌、五,3.27,改戶右。	**王引之** 三、庚戌,右改。 閏三、乙未、廿,5.11,殿試讀卷。	
王引之 三、庚戌,改左。	**杜堮** 三、庚戌,兵右改。 八、甲寅、十三,9.27,仍差浙學。	
姚文田		
王　鼎 正、辛未、廿五,2.16,遷左都。	**陸以莊** 正、辛未,工左改。 三、庚戌,改兵右。	**湯金釗** 三、庚戌,吏左改。三、辛亥、六,3.28,會試副考。 九、壬午、十一,10.25,武會正考。
王宗誠 （贛學）二、壬辰、十六,3.9,遷兵尚,卸贛學。	**李宗昉** 二、壬辰,閩學遷。三、辛亥,會試副考。 六、丙辰、十四,7.31,贛鄉正考。八、甲寅,贛學。	
王以銜		
吳芳培 正、辛未、廿五,2.16,休。	**顧德慶** 正、辛未,左都降。	
杜堮 （浙學）三、庚戌,改吏右。	**陸以莊** 三、庚戌,戶右改。 八、己酉、八,9.22,改刑右。	**朱士彥** 八、己酉,閩學遷。 九、壬午、十一,10.25,知武舉。
韓文綺 閏三、乙未,殿試讀卷。八、丁未、六,9.20, 順鄉副考。九、庚寅、十九,11.2,改蘇撫。	**陸以莊** 九、庚子、廿九,11.12,右改。	
張映漢 五、甲申、十一,6.9,改倉侍。	**陸以莊** 八、己酉,兵右改。九、壬午, 武會副考。九、庚子,改左。	**程國仁** 九、庚子,陝撫授。
陸以莊 正、辛未,改戶右。	**周系英** 正、辛未,閩學遷。二、壬辰、十六,3.9,贛學。 八、甲寅、十三,9.27,蘇學。	
顧　皋 閏三、乙未、廿,5.11,殿試讀卷。 六、丙辰、十四,7.31,浙鄉正考。		
莫　晉 五、甲申,降（閩學候補）。	**張映漢** 五、甲申,刑右改。	
賈允升 正、己巳、廿三,2.14,知貢舉。		
韓鼎晉 八、甲寅,卸閩學。		

部院漢侍郎年表

年　代		道光三年　癸未（1823）
吏　部	左	**王引之** 三、乙亥、六，4.16；會試副考。五、甲戌、六，6.14；教庶。 九、丙子、十一，10.14；武會正考。
	右	**杜　堮** （浙學）　六、壬寅、五，7.12；署禮左陸以莊署：七、戊辰、二，8.7；遷左都。
戶　部	左	**姚文田**
	右	**湯金釗**　　　　　　　　　　　**顧　皋** △十二月，憂免。　　　　　　　十二、丁巳、廿三，1.23；工右改。
禮　部	左	**李宗昉** （贛學）　四、辛酉、廿二，6.1；署工左陸以莊署：六、壬寅；改署吏右。 署工左顏檢署：十二、丁巳；授倉侍。
	右	**王以銜**　　　　　　　　　　　**辛從益** △十二月，死。　　　　　　　　十二、庚戌、十六，1.16；閩學遷。
兵　部	左	**顧德慶**　　　　　　　　　　　**朱士彥** 十二、丁巳；改工左。　　　　　十二、丁巳；右改。
	右	**朱士彥**　　　　　　　　　　　**賈允升** 四、己未、廿，5.30；殿試讀卷。九、丙子，　十二、丁巳；左副授。 十一、10.14；知武舉。十二、丁巳；改左。
刑　部	左	**陸以莊**　　　　　　**程國仁**　　　　　　　**戴敦仁** 正、丁亥、十七，2.27；病免。正、丁亥；右改。　　二、辛丑、一，3.13；湘布遷。 二、辛丑；改黔撫。
	右	**程國仁**　　　　　　　　　　　**史致儼** 正、丁亥；改左。　　　　　　　正、丁亥；閩學遷。四、己未；殿試讀卷。
工　部	左	**周系英** （蘇學）　四、丙午、七，5.17；病痊刑左陸以莊署：四、辛酉；改署禮左。 前直督顏檢署：六、壬寅；改署禮左。　　前東河張文浩署。
	右	**顧　皋**　　　　　　　　　　　**顧德慶** 正、甲午、廿四，3.6；知貢舉。　十二、丁巳；兵左改。 十二、丁巳；改戶右。
倉　場		**張映漢**　　　　　　　　　　　**顏　檢** 十二、辛丑、七，1.7；解。　　　十二、丁巳；署禮左授。
都察院		**賈允升** 十二、丁巳；改兵右。
		韓鼎晉 九、丙子；武會副考。

道 光 四 年　甲申(1824)	道 光 五 年　乙酉(1825)
王引之	王引之
杜　堮 （浙學）	杜　堮 八、丁巳、三，9.14；卸浙學。
姚文田　　周系英　　　李宗昉 七、丁丑、十六，　（蘇學）七、丁丑，工　（贛學） 8.10；遷左都。　左改。十一、丙辰、廿　七、丁丑； 　　　　　　八，1.16；病免（死）。　十一、丙辰； 　　　　　　　　　　　禮左改。	李宗昉 八、丁巳；　三、己酉、廿二，5.9；前左都王鼎以一品署； 卸贛學。　五、丁酉、十一，6.26；直軍。六、己巳、十三， 　　　　7.28；浙鄉正考。十一、壬辰、九，12.18； 　　　　改署工左。
顧　皋	顧　皋 八、庚申、六，9.17；順鄉副考。
李宗昉　　　辛從益　　汪守和 （贛學）二、壬戌、四，3.4；（蘇學）十一、　十二、戊 十一、丙　服闋署禮左康紹　丙辰；右改。十　辰；右改。 辰；改戶　鏞署；三、甲子，　二、戊辰、十， 左。　　一，3.30；授桂撫。　1.28；改工左。	汪守和 八、丁巳；皖學。
辛從益　　　汪守和　　　劉彬士 （蘇學）十一、　十一、丙辰；闈學遷。　十二、戊辰； 丙辰；改左。　十二、戊辰；改左。　左副遷。	劉彬士 六、己卯、廿三，8.7；江鄉正考。
朱士彥	朱士彥 八、丁巳；浙學。
賈允升	賈允升
戴敦元	戴敦元
史致儼	史致儼 八、丁巳；閩學。　　　八、庚申；革刑尚韓對賞 　　　　　　　　三品署。
周系英　　　　程含章　辛從益 （蘇學）張文浩署：二月，　七、丁丑，授。（蘇學）十 七、丁丑　授南河。前贛撫　十二、戊辰　二、戊辰； 改戶左。程含章署。　改倉侍。　禮左改。	辛從益 （蘇學）八、丁巳、三，9.14；仍差蘇學。 十一、壬辰；署戶左（軍）王鼎署。
顧德慶	顧德慶
顏　檢　　　　程含章 十二、戊辰；授漕督。　十二、戊辰；工左改。	程含章　　　　申啓賢 三、甲辰、十七，5.4；　三、甲辰；順尹授。 改浙撫。
劉彬士 正、辛卯、廿七，2.26；大理授。 十二、戊辰；改禮右。	陸　言 二、甲戌、十六，4.4；川布授。
韓鼎晉	韓鼎晉

部院漢侍郎年表

年　代		道　光　六　年　丙戌（1826）
吏 部	左	**王引之** 四、辛未、廿，5.26；殿試讀卷。
	右	**杜　堮** 四、辛未；殿試讀卷。
戶 部	左	**李宗昉**　　　　　　　　　　　**湯金釗** 四、辛未；殿試讀卷。　　　　　八、丁丑；署工右授。 八、丁丑、廿八，9.29；改工右。
	右	**顧　皋**
禮 部	左	**汪守和** （皖學）　八、乙亥、廿六，9.27；前皖撫張師誠署： 　　　　九、丙申、十八，10.18；授倉侍，閱學百鎔署。
	右	**劉彬士**　　　**史致儼** 正、甲午、十二，　正、甲午；刑右　　正、甲午；服闋戶右湯金釗署：三、丁亥、六，4.12；會試副 2.18；刑右互調。　（閩學）改。　　考。六、辛酉、十一，7.15；署倉侍。八、戊辰、十九，9.20； 　　　　　　　　　　　　　　　改署工右。十二、壬戌、十五，1.12；服闋晉撫朱桂楨署。
兵 部	左	**朱士彥** （浙學）
	右	**賈允升** 九、己丑、十一，10.11；知武舉。
刑 部	左	**戴敦元**
	右	**史致儼**　　　　　　　　**劉彬士**　　　　　　　**邱樹棠** （閩學）正、甲　韓對署：正、　正、甲午；禮右改。十一、癸卯、　十一、癸卯；嶺按署。 午；禮右互調。　甲午；病免。　廿六，12.24；署浙撫。
工 部	左	**辛從益** （蘇學）　王鼎（軍）署：三、丁亥；會試副考。 　　　　九、庚辰、二，10.2；遷戶尚。
	右	**顧德慶**　　　　　　　　　　　　　　　**李宗昉** 八、戊辰、十九，9.20；病假。　署禮右湯金釗署：　　八、丁丑；戶左改。 八、丁丑；病免。　　　八、丁丑；授戶左。　九、己丑；武會正考。
倉　場		**申啓賢**　　　　　　　**韓鼎晉**　　　　　　　**張師誠** 六、庚申、十，7.14；解、議。　六、庚申；左副遷。九、丙申；病免。　九、丙申；署禮左授。 　　　　　　　　　署禮右湯金釗署。
都 察 院		**陸　言**
		韓鼎晉　　　　　　　　**李宗瀚** 四、辛未；殿試讀卷。六、庚申；改倉侍。　六、辛未、廿一，7.25；前任服闋授。

道光七年　丁亥(1827)	道光八年　戊子(1828)
王引之　　潘世恩　　　　杜　塏 五、壬午、七，　五、壬午，署工左授。　十、丙戌 6.1；遷工尚。　十、丙戌、十四，12.2；　右改。 　　　　　　遷左都。	杜　塏
杜　塏　　辛從益　　　　白　鎔 十、丙戌；　（蘇學）十、丙戌　十二、己亥、 改左。　工左改。十二、己　廿八，2.13； 　　　　亥；病免。　工右改。	白　鎔
湯金釗　　　　　顧　皋 七、丙辰、十三，9.3；　七、丙辰；右改。 遷左都。	顧　皋
顧　皋　　　　　李宗昉 七、丙辰；改左。　七、丙辰；工右改。	李宗昉 八、癸酉、六，9.14；順鄉副考。
汪守和 （皖學）　閣學白鎔署：七、丙辰；遷工右。	汪守和 八、庚午、三，9.11；卸皖學。
史致儼 （閩學）　朱桂楨署：正、丁亥；授倉侍。三、壬寅、廿 七，4.22；閣學張鱗署。四、乙亥，卅，5.25； 病痊倉侍韓鼎晉署：十、丙戌；授工左。	史致儼 八、庚午；卸閩學。
朱士彦 （浙學）	朱士彦 八、庚午；卸浙學。
賈允升	賈允升
戴敦元	戴敦元
邱樹棠（署）	邱樹棠 正、戊申、八，2.22；授。
辛從益　　　　　韓鼎晉 （蘇學）十、丙　五、己卯、四，5.29；　十、丙戌； 戌；改吏右。　候侍潘世恩署：　署禮右授。 　　　　五、壬午；授吏左。	韓鼎晉　　　　李宗瀚 正、癸亥、廿三，　正、甲子、廿四，3.9；左副授。 3.8；休。　六、辛巳、十三，7.24；浙鄉正考。 　　　八、庚午、三，9.11；蘇學。
李宗昉　　白　鎔　　　　申啓賢 七、丙辰；　七、丙辰；閣學（署禮左）　十二、己亥 改戶右。　遷。十二、己亥；改吏右。　閣學遷。	申啓賢 八、庚午；蘇學。
張師誠　　　　朱桂楨 正、丁亥、十一，2.6；病免。　正、丁亥；署禮右授。	朱桂楨
陸　言　　　　吳光悦 九、庚午、廿八，11.16；　十、戊子、十六，12.4； 改像布。　鄂布授。	吳光悦
李宗瀚	李宗瀚　　　　楊懌曾 正、甲子；改工左。　二、癸未、十三，3.28； 　　　　大理授。

部院漢侍郎年表

年　代		道　光　九　年　己　丑（1829）
吏 部	左	**杜　堮** 四、癸未、廿，5.22；殿試讀卷。
	右	**白　鎔**
戶 部	左	**顧　皋**　　　　　　　　　　　　**汪守和** 四、丙戌、廿三，5.25；病免。　　四、丙戌、禮左改。 （十一年死）　　　　　　　　　九、乙未、四，10.1；武會正考。
	右	**李宗昉** 三、庚子、六，4.9；會試副考。五、戊戌、五，6.6；教庶。
禮 部	左	**汪守和**　　　　　　　　　　　　**史致儼** 四、丙戌；改戶左。　　　　　　四、丙戌；右改。
	右	**史致儼**　　　　　　　　　　　　**楊懌曾** 正、己未、廿四，2.27；知貢舉。　四、丙戌；左副改。九、乙未；武會副考。 四、丙戌；改左。
兵 部	左	**朱士彥** 三、庚子；會試副考。九、乙未；知武舉。
	右	**賈允升**
刑 部	左	**戴敦元**
	右	**邱樹棠**　　　　　　　　　　　　**祁　墳** 三、戊午、廿四，4.27；改倉侍。　三、戊午；黔布遷。
工 部	左	**李宗瀚** （浙學）　　八、丁丑、十六，9.13；前川督戴三錫署。
	右	**申啟賢** （蘇學）
倉　　場		**朱桂楨**　　　　　　　　　　　　**邱樹棠** 三、戊午；授漕督。　　　　　　三、戊午；刑右改。
都 察 院		**吳光悅**　　　　　　　　　　　　**韓文綺** 十、甲申、廿三，11.19；改贛撫。　十、甲申；贛撫授。
		楊懌曾　　　　　　　　　　　　（漢）**桂　齡** 四、丙戌；改禮右。　　　　　　六、戊辰、六，7.6；大理授。

道 光 十 年　庚 寅 (1830)		

杜　埕

白　鎔
　九、己卯、廿四，11.9；蘇學。

汪守和

李宗昉

史致儼 　七、丙子、廿一，9.7；改倉侍。	**楊懌曾** 　七、丙子；右改。 　十一、丙寅、十二，12.26；改鄂撫。	**龔守正** 　　　　　十一、丁卯、十三，12.27；右改。
楊懌曾 　七、丙子；改左。	**龔守正** 　七、丙子；閣學遷。 　十一、丁卯；改左。	（漢）**桂　齡** 　十一、丁卯；左副改。
朱士彥 　二、丁丑、十八，3.12；皖學。 　九、戊寅、廿三，11.8；遷左都。	（漢）**蔣攸銛**（未任） 　九、戊寅；大學士降授。 　十、壬子、廿八，12.12；死。	**賈允升** 　十、壬子；右改。
賈允升 　十、壬子；改左。		**張　鱗** 　十、壬子；閣學遷。

戴敦元

祁　埴 　十一、壬午、廿八，1.11；改桂撫。	**戴宗元** 　十一、壬午；豫布遷。

李宗瀚
（浙學）　　戴三錫署：閏四、甲寅、廿七，6.17；老，休。
　　　　服闋豫撫程祖洛署；六、乙未、九，7.28；授湘撫。湘撫康紹鏞署。

申啓賢
　九、戊寅；蘇學召京。

邱樹棠 　七、甲戌、十九，9.5；解（三四京候）。（十一年死）	**史致儼** 　七、丙子；禮左改。
韓文綺 　△降一調。	**吳　椿** 　七、丙子；大理授。九、戊寅；蘇學。 　九、己卯；迴避寄籍。
（漢）**桂　齡** 　十一、丁卯；改禮右。	**毛式邨** 　十二、甲午、十，1.23；府丞授。

年　代		道光十一年　辛卯（1831）
吏部	左	杜　堮
	右	白　鎔 （蘇學）五、丙寅、十五，6.24；遷左都。 　　申啓賢 　　　　五、丙寅；工右改。 　　　　六、癸卯、廿三，7.31；江鄉正考。
戶部	左	汪守和 　五、丙寅；蘇學。八、辛巳、二，9.7；仍差蘇學。
	右	李宗昉 　八、乙酉、六，9.11；順鄉副考。
禮部	左	龔守正　　　　　　　　　　　　　（漢）桂　齡 　五、丙寅；降通政。　六、乙未、十五，7.23；　　　十二、戊子、十，1.12；右改。 　閣學陳嵩慶署。
	右	（漢）桂　齡　　　　　　　　　　陳用光 　十二、戊子；改左。　　　　　　　十二、戊子；閣學遷。
兵部	左	賈允升　　　　　　　　　　張　鱗 　正、丙子、廿二，3.6；休。（十三死）　正、丙子；右改。八、辛巳；閣學。
	右	張　鱗　　吳　椿　　　　　　　　　　　　　　　　　　　湯金釗 　正、丙子；改左。　正、丙子；左副授，浙學。　正、戊寅；大理何凌漢署；　五、丙寅； 　　　　　　　正、戊寅、廿四，3.8；改工左。　二、己亥、十六，3.29；授左副。　吏尚降。
刑部	左	戴敦元
	右	戴宗沅
工部	左	李宗瀚　　　　　　　　　　　　　吳　椿 　（浙學）憂免，旋死。　　　　　　（浙學）正、戊寅；兵右改。
	右	申啓賢　　　　　　　　　　　　　何凌漢 　五、丙寅；改吏右。　　　　　　　五、丙寅；左副授。六、癸巳、十三， 　　　　　　　　　　　　　　　　7.21；浙鄉正考。八、辛巳；浙學。
倉　場		史致儼
都察院		吳　椿　何凌漢　　姚祖同　　蔣祥墀　　　　劉彬士 　正、丙子；　二、己亥；大理署　五、丙寅；通政　七、丙辰、六，8.13；　十一、壬戌、十四，12.17；光 　改兵右。　兵右授。五、丙　授。旋休。　太常授。十、甲辰、　祿（順學）授。十一、戊寅、 　　　　　寅；改工右。　　　　　　廿六，11.29；降。　卅，1.2；府丞沈維鐈署。 毛式郎 　七、癸丑、三，8.10；贛鄉正考。

道光十二年　壬辰(1832)	道光十三年　癸巳(1833)
杜垿	杜垿
申啓賢　　湯金釗 正、庚午、廿二、2.23；　正、甲戌、兵右改。四、丙申、 知貢舉。正、甲戌、廿　廿、5.19；殿試讀卷。六、戊 六、2.27；改戶左。　戌、廿三、7.20；江鄉正考。	湯金釗　何凌漢　　　李宗昉 正、丁丑、正、丁丑；工右改，召京。四、四、己酉；戶右改。 五、2.24；己酉、九、5.27；改戶左。七、四、庚申、廿、6.7； 改戶左。丙子、八、8.22；戶左改回。殿試讀卷。△憂免。
汪守和　　申啓賢 (蘇學)正、癸酉、廿　正、甲戌、吏右改。憂免。 五、2.26；遷禮尚。	湯金釗　　　何凌漢　　(漢)桂　齡 正、丁丑；吏右改。正、　四、己酉；吏右　七、丙子； 乙未、廿三、3.14；知貢　改。七、丙子；　禮左改。 舉。四、己酉；遷左都。　改吏右。
李宗昉 四、丙申、殿試讀卷。 六、戊子、十三、7.10；浙鄉正考。	李宗昉　　　張　鱗 四、己酉；改吏右。　(閩學)四、己酉；兵左改。
(漢)桂　齡	(漢)桂　齡　　陳用光 七、丙子；改戶左。　(浙學)七、丙子；右改。
陳用光 九、甲寅、十一、10.4；武會正考。	陳用光　　　陳嵩慶 正、丁丑、五、2.24；浙學。　七、丙子；閩學遷。 七、丙子；改左。
張　鱗 (閩學)	張　鱗　朱嶟　　　　王楚堂 (閩學)四、己酉；左副授。四、庚申；殿試　六、辛丑、 四、己酉；讀卷。五、丁亥、十七、7.4；署倉 改戶右。侍。六、辛丑、二、7.18；改倉侍。
湯金釗　　王楚堂 正、甲戌、改吏右。　正、甲戌；大理署左副授。	王楚堂　　　龔守正 六、辛丑；改左。　六、辛丑；左副授。九、戊寅、 十一、10.23；知武舉。
戴敦元　　史致儼 正、丁卯、十九、2.20；　二、辛卯；倉侍改。 署刑尚。二、辛卯、　八、庚辰、六、8.31； 十四、3.15；遷。　順鄉副考。	史致儼　　　姚元之 四、庚申；殿試讀卷。十、　十、壬戌、廿五、12.6；右改。 辛酉、廿四、12.5；遷左都。
戴宗沅	戴宗沅　姚元之　　　趙盛奎 三月，死。　三、己亥、廿八、5.17；工　十、壬戌； 右改。十、壬戌；改左。寧布遷。
吳　椿 四、丙申、殿試讀卷。	吳　椿 四、庚申；殿試讀卷。
何凌漢 (浙學)	何凌漢　　姚元之　　廖鴻荃 (浙學)正、丁　正、丁丑；閩學遷。　(蘇學)三、己 丑；改吏右。三、己亥；改刑右。　亥；閩學遷。
史致儼　　劉彬士 二、辛卯；改刑左。　二、辛卯；左副授。	劉彬士　　　朱嶟 五、丁亥；病假。　五、丁亥；左副署。 六、辛丑；免。　六、辛丑；授。
劉彬士　　朱嶟 (順學)正、戊辰、廿、　四、甲午、十八、5.17； 2.21；召京。二、辛　府丞授。九、甲寅；武 卯；改倉侍。　會副考。	朱嶟　　龔守正　　　潘錫恩 四、己酉；四、己巳、廿九、6.16；通　六、己未、廿、 改兵左。政授。六、辛丑；改兵左。8.5；府丞授。
毛式郎　　沈維鐈 正月，憂免。　正、乙丑、十七、2.18；府丞授。 七、戊辰、廿四、8.19；皖學。	沈維鐈 (皖學)

年　代		道光十四年　甲午(1834)
吏部	左	杜　堮
	右	何凌漢　　　(漢)桂　齡　　　　劉彬士　　　　　張　鱗 二、辛酉、廿六、　二、辛酉；戶左改。　十一、癸亥；前倉侍授。十一、　十一、丁亥； 4.4；遷左都。　　十一、癸亥、二，12.2；降。　丁亥；廿六，12.26；改刑左。　戶左改。
戶部	左	(漢)桂　齡　　　　張　鱗　　　　　龔守正 二、辛酉；改吏右。　二、辛酉；右改。八、甲午、二，9.4；　(蘇學)十一、丁亥；兵左改。 　　　　　　　卸闈學。十一、丁亥；改吏右。
	右	張　鱗　　　　吳　椿　　　　　姚元之 (閩學)二、辛酉；改左。　二、辛酉；工左改。五、丁未、十三，　十一、丁亥；刑左改。 　　　　　　　7.19；浙學正考。十一、丁亥；遷左都。
禮部	左	陳用光
	右	陳嵩慶
兵部	左	王楚堂　　　　龔守正　　　　　沈　岐 十一、壬申、十一，12.11；　(蘇學)十一、壬申；右改。　十一、丁亥；閩學遷。 改倉侍。　　　　十一、丁亥；改戶右。
	右	龔守正　　　　史　譜 六、丁巳、廿三，7.29；江鄉正考。　十一、壬申；閩學遷。 八、甲午；蘇學。十一、壬申；改左。
刑部	左	姚元之　　　　劉彬士 八、戊戌、六，9.8；順鄉副考。　十一、丁亥；吏右改。 十一、丁亥；改戶右。
	右	趙盛奎
工部	左	吳　椿　　　　廖鴻荃　　　　　沈維鐈 二、辛酉；改戶右。　二、辛酉；右改。八、甲午；卸　(皖學)十一、丁亥；左副授。 　　　　　　　蘇學。十一、丁亥；病免。
	右	廖鴻荃　　　　程恩澤 (蘇學)二、辛酉；改左。　二、辛酉；閩學遷。
倉　　場		朱爲弼　　　　王楚堂 十一、壬申、十一，12.11；授漕督。　十一、壬申；兵左改。
都察院		潘錫恩
		沈維鐈　　　　毛式郇 八、甲午；仍差皖學。　十二、庚子、十，1.8；原任服闋授。 十一、丁亥；改工左。

道 光 十 五 年　乙未(1835)		

杜　堮	申啓賢	陳嵩慶
七、癸丑、廿六，9.18；改禮左。	七、癸丑；署左都授。八、壬戌、六，9.27；順鄉副考。九、乙卯、廿九，11.19；改晉撫。	九、乙卯；禮右改。

張　鱗	龔守正	
三、乙丑、六，4.3；會試副考。△四月，死。	（蘇學）四、壬寅、十三，5.10；戶左改。	十、庚辰、廿五，12.14；服闋戶右李宗昉署。

龔守正	姚元之	趙盛奎(軍、學)
（蘇學）四、壬寅；改吏右。	四、壬寅；右改。四、己酉；殿試讀卷。閏六、戊辰、十，8.4；贛鄉正考。八、癸亥、七，9.28；刑右互調。	八、癸亥；刑右改。

姚元之	程恩澤	
四、壬寅；改左。	四、壬寅；工右改。	

陳用光	杜　堮	
七、癸丑；病免(死)。	七、癸丑；吏左改。	

陳嵩慶	卓秉恬	
九、丁酉、十一，11.1；武會正考。九、乙卯；改吏左。	九、乙卯；闈學遷。	

沈　岐	廖鴻荃	
△憂免。	十、庚辰、廿五，12.14；署工左授。	

史　譜		
九、丁酉；知武舉。		

劉彬士		

趙盛奎(軍、學)	姚元之	
七、甲辰、十七，9.9；學習入直。八、癸亥；戶左互調。	八、癸亥；戶左改。	

沈維鐈		
（皖學）　五、丁亥、廿九，6.24；原任工右廖鴻荃病痊署；十、庚辰；授兵左。		

程恩澤	吳　傑	
正、辛巳、廿一，2.18；知貢舉。四、壬寅；改戶右。	四、壬寅；闈學遷。四、己酉；廿，5.17；殿試讀卷。八、壬戌；順鄉副考。	

王楚堂		

潘錫恩		
九、丁酉；武會副考。		

毛式郇		

部院漢侍郎年表

年　代		道光十六年　丙申(1836)
吏	左	**陳嵩慶** 二、壬午、廿九,4.14;病免。　**李宗昉** 二、壬午;署吏右授。五、戊戌、十六,6.29;遷左都。　**龔守正** (蘇學)五、戊戌,右改。七、壬寅、廿一,9.1;改戶左。　**卓秉恬** 七、壬寅;右改。九、壬辰、十二,10.21;武會正考。
部	右	**龔守正** (蘇學)五、戊戌,改左。　**李宗昉署:** 二、壬午;授吏左。　**卓秉恬** 五、戊戌;禮左改。七、壬寅;改左。　**陳官俊** 七、壬寅;禮左改。
戶	左	**趙盛奎**(軍、學) 七、壬寅;降四品。　**龔守正** (蘇學)七、壬寅;吏右改。
部	右	**程恩澤**
禮	左	**杜堮** 三、壬辰、九,4.24;病免。　**卓秉恬** 三、壬辰,右改。四、壬申、廿,6.3;殿試讀卷。五、戊戌,改吏右。　**陳官俊** 五、戊戌,右改。七、壬寅;改吏右。　**史評** (浙學)七、壬寅;右改。
部	右	**卓秉恬** 三、壬辰,改左。　**陳官俊** 三、壬辰;閣學遷。五、戊戌,改左。　**史評** (浙學)五、戊戌;閣學遷。七、壬寅;改左。　**王植** 七、壬寅;閣學遷。
兵	左	**廖鴻荃** 四、壬申;殿試讀卷。五、乙巳、廿三,9.6;改工右。　**史譜** 五、乙巳;右改。九、庚寅、十,10.19;病免。　**祁寯藻** 九、庚寅;右改。
部	右	**史譜** 四、壬申;殿試讀卷。五、乙巳;改左。　**祁寯藻** 五、乙巳;前閣學授。九、庚寅;改左。　**潘錫恩** (順學)九、庚寅;左副授。
刑	左	**劉彬士**
部	右	**姚元之** 九、壬辰;知武舉。
工	左	**沈維鐈** (皖學)
部	右	**吳傑** 三、己丑、六,4.21;會試副考。△死。　**廖鴻荃** 五、乙巳;兵左改。
倉　場		**王楚堂**
都察院		**潘錫恩** 六、丁丑、廿五,8.7;順學。九、庚寅;改兵右。　**李振祜** 九、戊申、廿八,11.6;府丞授。 **毛式郇**

道光十七年　丁酉(1837)	道光十八年　戊戌(1838)
卓秉恬　　　　　　　**陳官俊** 八、丁未、二，9.1；浙學。　　十二、己巳；右改。 十二、己巳、廿六，1.21；遷左都。	**陳官俊**
陳官俊　　　　　　　**龔守正** 八、辛亥、六，9.5；順鄉副考。　十二、己巳；戶左改。 十二、己巳；改左。	**龔守正**　　　　　　　**廖鴻荃** 九、乙丑、廿七，11.13；署禮尚。　（浙學）十二、 十二、乙未、廿八，2.11；遷左都。　乙未；工左改。
龔守正　　　　　　　**祁寯藻** 八、丁未；卸蘇學。　　　（蘇學）十二、己 十二、己巳；改吏右。　　巳；右改。	**祁寯藻** （蘇學）
程恩澤　　**祁寯藻**　　　**吳其濬** △死。　　八、丁未；兵左改。　（贛學）十二、 　　　八、丁未；蘇學。　己巳：兵左改。 　　　十二、己巳；改左。	**吳其濬** （贛學）
史評　　　　　　　　**王植** 八、丁未；卸浙學。　　（皖學）十、乙卯、十 　　　　　　　　一，11.8；右改。	**王植** （皖學）
王植　　　　　　　　**吳文鎔** 六、丙寅、廿，7.22；江鄉　十、乙卯；闈學遷。 正考。十、乙卯；改左。	**吳文鎔**　　　　　　　**沈岐** 三、戊寅、六，3.31；會試副考。　閏四、戊戌；署兵右 四、辛酉、廿，5.13；殿試讀卷。　授。九、己酉、十一， 閏四、戊戌、廿七，6.19；改刑右。　10.28；知武舉。
祁寯藻　　**吳其濬**　　　**朱嶟** 八、丁未；　八、丁未；闈學遷、贛學。　十二、己巳； 改戶右。　十二、己巳；改戶右。　闈學遷。	**朱嶟**
潘錫恩 八、丁未；順學仍任。	**潘錫恩** （順學）　三、甲戌、二，3.27；服闋兵左沈岐署： 　　　　閏四、戊戌；授禮右。闈學許乃普署。
劉彬士	**劉彬士**　　　　　　**姚元之**　　　　　**吳文鎔** 二、癸卯、一，2.24；　（浙學）閏四、戊戌，　五、癸丑； 署刑尚。閏四、戊　右改。五、癸丑、十　右改。 戌；病免。　　三，7.4；遷左都。
姚元之 十二、己巳；浙學。	**姚元之**　　　　　**吳文鎔**　　　　　**許乃普** （浙學）閏四、　閏四、戊戌；禮右改。　五、癸丑； 戌戌；改左。　五、癸丑；改左。　闈學遷。
沈維鐈 八、丁未；卸皖學。	**沈維鐈**　　　　　**廖鴻荃**　　　　　**杜受田** 四、辛酉；殿試讀卷。　（浙學）六、丙戌；　十二、乙未； 六、丙戌、十七，8.6；　右改。十二、乙未；　闈學遷。 病免。（十九年死）　改吏右。
廖鴻荃	**廖鴻荃**　　　　　　**李振祜** 三、戊寅；會試副考。五、癸　六、丙戌；闈學遷。 丑；浙學。六、丙戌；改左。　九、己酉；武會正考。
王楚堂	**王楚堂**　　　　　　**趙盛奎** 七、壬戌、廿三，9.11；病免。　七、壬戌；太常遷。
李振祜　　　　　　　**王瑋慶** 十二、戊申、五，12.31；　十二、庚申、十七，1.12； 改闈學。　　　　　　光祿授。	**王瑋慶** 正、丙申、廿三，2.17；知貢舉。 九、己酉；武會副考。
毛式郇	**毛式郇**

部院漢侍郎年表

年代		道光十九年　己亥(1839)
吏部	左	**陳官俊**　　　　　　　　　　　**許乃普** 三、辛丑、五,4.18;遷工尚。　　三、辛丑;刑右改。
	右	**廖鴻荃**　**李振祜**　　　　　　　　**祁寯藻**　　　　　　　　　**沈　岐** (浙學)三、辛　三、辛丑;工右改,署倉侍。　(蘇學)九、戊申;戶左改。　十二、戊子; 丑,遷左都。　九、戊申、十六,10.22,改倉侍。　十二、戊子;廿六,1.30,遷左都。　禮左改。
戶部	左	**祁寯藻**　　　　　　　　**吳其濬** (蘇學)九、戊申;改吏右。　(贛學)九、戊申;右改。
	右	**吳其濬**　　　　　　　　**王瑋慶** (贛學)九、戊申;改左。　九、戊申;禮右改。
禮部	左	**王　植**　　　　　**沈　岐**　　　　　**毛式郇** (皖學)四、庚午、五,5.17,　四、庚午;右改。　　(浙學)十二、己丑、廿七, 改刑左(召京)。　十二、戊子;改吏右。　1.31;右改。
	右	**沈　岐**　**王瑋慶**　　　**賞爵滋**　　　　**毛式郇**　　　　**馮芝** 四、庚午;　四、庚午;左副授。　九、戊申;通政遷。　十二、乙亥;左副授。　十二、己丑; 改左。　九、戊申;改戶右。　十二、乙亥、十三,　(浙學)十二、戊子;　閣學遷。 　　　　　　　　　1.17;改刑右。　　差。十二、己丑;改左。
兵部	左	**朱　嶟**
	右	**潘錫恩** (順學)
刑部	左	**吳文鎔**　　　　　　　　**王　植** 四、庚午;改閩撫。　　四、庚午;禮左改(卸皖學)。
	右	**許乃普**　**趙盛奎**　　　　　　　　　　　　　　　**黃爵滋** 三、辛丑;　三、辛丑;倉侍改。七、壬　九、戊午、廿六,11.1;服闋豫撫楊國　十二、乙亥; 改吏左。　戌、廿九,9.6,病免。　楨署;十、甲戌、十二,11.17;授晉撫。　禮右改。
工部	左	**杜受田**
	右	**李振祜**　　　　　　**徐士芬** 三、辛丑;改吏右。　三、辛丑;閣學遷。八、己巳、六,9.13;順鄉副考。
倉場		**趙盛奎**　　　　　　　　　　　　**李振祜** 三、辛丑;改刑右,吏右李振祜署。　九、戊申;授。
都察院		**王瑋慶**　　　　　　**帥承瀚** 四、庚午;改禮右。　四、庚寅、廿五,6.6;通政授。 **毛式郇** 十二、乙亥;改禮右。

道光二十年　庚子(1840)	道光二一年　辛丑(1841)
許乃普　　　　**潘錫恩** 十一、乙卯、廿九，　　十一、乙卯；右改。 12.22；改户左。	**潘錫恩**
沈岐　**潘錫恩**　　　**王植** 二、丁卯、六、　二、丁卯；兵右改。八、　十一、乙、 3.9；遷左都。　己未、二，8.28；卸順學。　刑左 　　　九、戊戌、十一、10.6；武會　改。 　　　正考。十一、乙卯；改左。	**王植**　　　　　**毛式郇** 閏三、戊辰、十四，5.4；　閏三、戊辰；禮左 改刑右。　　　　　　（蘇學）改。
吳其濬　　　　　**許乃普** 八、己未、二，8.28；卸贛學。　十一、乙卯； 十一、甲寅、廿八，12.21；署　吏左改。 湖督。十一、乙卯；授湘撫。	**許乃普**　　　　**杜受田** 閏三、丙寅、十二，5.2；　閏三、丙寅；工左改。 遷兵尚。
王瑋慶 三、丙申、六，4.7；會試副考。	**王瑋慶**
毛式郇 （蘇學）八、己未；仍差蘇學。	**毛式郇**　　　　**馮芝** （蘇學）閏三、戊辰；　閏三、戊辰；右（順學）改。 改吏右。
馮芝 四、庚辰、廿，5.21；殿試讀卷。八、己未；順學。 八、辛酉、四，8.30；閣學毛樹棠署。	**馮芝**　**毛樹棠**　　　**王炳瀛** （順學）閏三、　閏三、戊辰；閣遷。　七、壬戌、十， 戊辰；改左。　七、壬戌；改倉侍。　8.26；閣學遷。
朱嶟	**朱嶟** 九、壬戌、十一、10.25；知武舉。
潘錫恩　　　**魏元烺** （順學）二、丁　二、己巳、八，3.11；大理遷。 卯；改吏右。　九、戊戌、十一、10.6；知武舉。	**魏元烺**
王植　　　　**黃爵滋** 四、庚辰；殿試讀卷。　十一、乙卯；右改。 十一、乙卯；改吏右。	**黃爵滋**
黃爵滋　　　　**周之琦** 八、壬午、廿五，9.20；赴　八、壬午；右僅署。 閩。十一、乙卯；改左。　十一、乙卯；授。	**周之琦**　　　　　**王植** 閏三、丁卯、十三，5.3；　閏三、戊辰；吏右改。 改桂撫。
杜受田	**杜受田**　　　　**徐士芬** 三、辛卯、六，3.28；會試副　閏三、丙寅；右改。 考。閏三、丙寅；改户左。
徐士芬	**徐士芬**　　　　**賈楨** 閏三、丙寅；改左。　閏三、丙寅；閣學遷。
李振祜	**李振祜**　　　　　**毛樹棠** 二、辛酉、六，2.26；署刑　閣學王炳　七、壬戌； 尚。七、壬戌；授。　瀛署。　禮右改。
帥承瀚	**帥承瀚**　　　**何汝霖**（軍、學） 九、壬戌；武會副考。　　十二、己丑；府丞授。 十二、己丑、十，1.20；病免。
祝慶蕃 二、甲申、廿三，3.26；常少授。	**祝慶蕃**

部院漢侍郎年表

年　代		道　光　二　二　年　　壬　寅（1842）		
吏 部	左	潘錫恩 十一、庚戌、六，12.7，改南河。	陳官俊 十一、庚戌，戶右改。	
	右	毛式郇 （蘇學）　八、戊戌、廿二，9.26，閏學李熀署。		
戶 部	左	杜受田		
	右	王璋慶	陳官俊 正、丙寅、十七，2.26，通政遷。 十一、庚戌，改吏左。	何汝霖（軍） 十一、庚戌，兵右改。
禮 部	左	馮　芝 （順學）		
	右	王炳瀛		
兵 部	左	朱　嶟		
	右	魏元烺 五、己未、十一，6.19， 改刑右。	何汝霖（軍） 五、己未，左副授，入直。 十一、庚戌，改戶右。	祝慶蕃 十一、庚戌，左副授。
刑 部	左	黃爵滋 △五月，憂免。（咸三死）	王　植 五、己未，右改。	
	右	王　植 五、己未，改左。	魏元烺 五、己未，兵右改。	
工 部	左	徐士芬		
	右	賈　楨		
倉　場		毛樹棠		
都 察 院		何汝霖（軍、學） 五、己未，改兵右。	趙　光 八、辛巳、五，9.9，大理授。	
		祝慶蕃 十一、庚戌，改兵右。	劉重麟 十一、丙寅、廿二，12.23，府丞授。	

道光二三年　癸卯（1843）

陳官俊	祝慶蕃	
十二、丁巳、十九，2.7；遷禮尚。	十二、戊午、廿，2.8；右改。	

毛式郎	祝慶蕃	季芝昌
八、壬寅、二，9.25；卸蘇學。	十二、己酉、十一，1.30；兵右改。 十二、戊午；改左。	（皖學）十二、戊午；禮右改。

杜受田

何汝霖(軍)

馮　芝
八、壬寅、二，9.25；卸順學。

王炳瀛	李　煌	楊殿邦	季芝昌	周祖培
二、丙申、廿三， 3.23；病免。	二、丙申；闈學遷。 △憂免。	三、辛未、廿八，4.27；闈學遷。 五、庚申、十八，6.15；署倉侍。 六、己卯、七，7.4；改倉侍。	六、己卯；闈學遷。 十一、辛巳、十三，1.2；皖 學。十二、戊午；改吏右。	十二、戊午； 闈學遷。

朱　嶟

祝慶蕃	侯　桐
十二、己酉；改吏右。	十二、己酉；闈學遷。

王　植	魏元烺
八、壬寅、二，9.25；蘇學。十一、辛巳；改浙撫。	十二、己酉；右改。

魏元烺	張澧中
十一、己酉；改左。	十二、己酉；前滇撫署。

徐士芬

賈　楨
七、辛酉、廿，8.15；江鄉正考。

毛樹棠	楊殿邦
五、庚申；病假。六、己卯；病免。	五、庚申；禮右署。六、己卯；禮右改。

趙　光
十二、己未、廿一，2.9；改闈學。

劉重嶭

部院漢侍郎年表

年　代		道光二四年　甲辰（1844）
吏 部	左	**祝慶蕃**　　　　　　　　　**季芝昌** 　二、壬子、十五，4.2，改户左。　（皖學）二、壬子，右改。
	右	**季芝昌**　　　　　　　　　　**侯　桐** 　（皖學）二、壬子，改左。　　二、壬子，兵右改。二、甲寅、十七，4.4，知貢舉。四、丙辰、 　　　　　　　　　　　　　　廿，6.5，殿試讀卷。九、乙亥、十一，10.22，武會正考。
户 部	左	**杜受田**　　　　　　　**祝慶蕃**　　　　　　　　　**何汝霖**（軍） 　二、庚戌、十三，3.31，　二、壬子，吏左改。　　　十二、己酉、十七，1.24，右改。 　遷左都。　　　　　　十二、戊申、六，1.23，遷左都。
	右	**何汝霖**（軍）　　　　　　**賈　楨** 　十二、己酉，改左。　　　十二、己酉，工右改。
禮 部	左	**馮　芝**　　　　　　　　**周祖培** 　正、乙酉、十八，3.6，知貢舉。三、癸巳，　三、癸巳，右改。十二、己酉，改工右。 　廿六，5.13，病免。十二、己酉，署右授。
	右	**周祖培**　　　　　　　　**吳鍾駿** 　三、癸巳，改左。　　　（浙學）三、癸　八、乙未、一，9.12，病痊禮左馮芝 　　　　　　　　　　巳，闈學遷。　　署；十二、己酉，授禮左。
兵 部	左	**朱　嶟** 　四、丙辰，殿試讀卷。六、乙巳、十，7.24，浙鄉正考。 　六、辛亥、十六，7.30，闈學趙光署。
	右	**侯　桐**　　　　　　　　**孫瑞珍** 　二、壬子，改吏右。　　　二、壬子，闈學（贛學）遷。
刑 部	左	**魏元烺**
	右	**張澧中** 　八、戊戌、四，9.15，順鄉副考。十、甲午、一，11.10，授。
工 部	左	**徐士芬** 　三、辛未、四，4.21，會試副考。六、乙卯、廿，8.3，江鄉正考。 　七、壬申、七，8.20，闈學羅文俊署。
	右	**賈　楨**　　　　　　　　**周祖培** 　四、丙辰，殿試讀卷。　　　十二、己酉，禮左改。 　十二、己酉，改户右。
倉　　場		**楊殿邦**
都 察 院		**陳孚恩** 　二、丁巳、廿，4.7，大理授。 **劉璶麟**

道光二五年　乙巳(1845)	道光二六年　丙午(1846)
季芝昌 （皖學）　十二、庚戌、廿三，1.20；服闋禮右李煌署。	**季芝昌** 八、丙辰、四，　李煌署：八、丙辰、蘇學。 9.23；卸皖學。　十二、己未、八，1.24；授户右。
侯　桐 四、庚戌、廿，5.25；殿試讀卷。	**侯　桐**
何汝霖(軍)　　　　**賈　楨** 四、丙辰、廿六，5.31；　四、丁巳、廿七，6.1； 遷兵尚。　　　　右改。	**賈　楨**
賈　楨　　　　**徐士芬** 三、丁卯、六，4.12；會試　四、丁巳；工左改。 副考。四、丁巳；改左。	**徐士芬**　　　　　　**李　煌** 八、丙辰；順學，閩學朱鳳　十二、己未；署吏左 標署。十二、己未；病免。　（蘇學）授。
馮　芝 四、庚戌；殿試讀卷。	**馮　芝**
吳鍾駿 （浙學）	**吳鍾駿** 八、丙辰；卸浙學。
朱　嶹　　　　**孫瑞珍** 四、庚戌；殿試讀卷。　四、丁巳；右(贛學)改。 四、丙辰；降五綱。	**孫瑞珍** 八、丙辰；卸贛學。
孫瑞珍　　　　**趙　光** （贛學）四、丁巳；改左。　四、丁巳；閩學遷。	**趙　光** 八、丙辰；浙學，閩學黃琮署。
魏元烺　　　　**周祖培** 十、辛丑、十三，11.12；　十、壬寅、十四，11.18； 遷左都。　　　　工右改。	**周祖培** 六、癸亥、十，8.1；浙鄉正考。
張澧中	**張澧中**
徐士芬　**羅文俊**　　　　**王廣陰** 四、丁巳、　四、丁巳；閩學遷。九、己　十二、丁酉； 改户右。　巳、十一，10.11；知武舉。閩學(順學) 　十二、丁酉、十，1.7；病免。遷。	**王廣陰** 八、丙辰；卸順學。
周祖培　　　　　**張　芾** 三、丁卯；會試副考。四、庚戌；　十、壬寅；閩學(蘇 殿試讀卷。九、己巳；武會正考。學)遷。十二、丁 十、壬寅；改刑左。　酉；左副陳孚恩署。	**張　芾** 八、丙辰；卸蘇學。
楊殿邦	**楊殿邦**　　　　　　**陳孚恩** 九、戊申、廿六，11.14；署漕督。九、戊申；左副署。 十二、癸丑、二，1.18；授漕督。十二、癸丑；授。
陳孚恩 十二、丁酉；署工右。	**陳孚恩**　　　　　　**彭蘊章** 九、戊申；署倉侍。　（閩學）十二、乙丑、十四， 十二、癸丑；授。　1.30；府丞授。
劉重麟　　　　**李　茵** 五、壬戌、二，6.6；通政授。	**李　茵**

部院漢侍郎年表

年　代		道光二七年　丁未（1847）
吏部	左	**季芝昌** 正、壬寅、廿二，3.8；知貢舉。四、戊辰、廿，6.2；殿試讀卷。
	右	**侯　桐**
戶部	左	**賈　楨**　　　　　　　　　　**孫瑞珍**　　　　　　　　　　**李　煒** 三、乙巳、廿六，5.10；　　三、乙巳；兵左改。　　　　（蘇學）五、丁亥、九，6.21； 遷左都。　　　　　　　　　五、丙戌、八，6.20；遷左都。　右改。
	右	**李　煒**　　　　　　　　　　**朱鳳標** （蘇學）五、丁亥；改左。　　五、丁亥；兵右改。
禮部	左	**馮　芝**
	右	**吳鍾駿** 四、戊辰；殿試讀卷。
兵部	左	**孫瑞珍**　　　　**趙　光**　　　　閣學黃琮署：五、丁亥；授兵右。 三、乙巳；改戶左。　（浙學）三、丙午、廿　倉侍陳孚恩（軍）署，入直：十一、壬辰；授刑右。 　　　　　　　　　七，5.11；右改。
	右	**趙　光**　　　　　　　　　**朱鳳標**　　　　　　　　　**黃　琮** （浙學）三、丙午；改左。　三、丙午；閣學遷。四、戊辰；　五、丁亥；閣學遷。 　　　　　　　　　　　　殿試讀卷。五、丁亥；改戶右。　九、丁亥、十一，10.19；知武舉。
刑部	左	**周祖培**
	右	**張澧中**　　　　　　　　　　**陳孚恩**（軍） 十一、壬辰、十六，12.23；改魯撫。　十一、壬辰；署兵左授。
工部	左	**王廣蔭**
	右	**張　芾** 五、辛巳、三，6.15；教庶。
倉場		**陳孚恩**　　　　　　　　　　**李嘉端** 五、丁亥；署兵左。　　　　五、丁亥；閣學遷。
都察院		**彭蘊章** （閩學） **李　菡**

道光二八年　戊申（1848）

季芝昌 八、丙寅、廿五，9.22，改倉侍。	**侯　桐** 八、丙寅；右改。
侯　桐 八、丙寅；改左。	**張　芾** 八、丙寅；工右改。
李　煌 （蘇學）△死。	**趙　光** 二、己酉、五，3.9；兵左（浙學）改。
朱鳳標	
馮　芝	
吳鍾駿	

趙　光 （浙學）二、己酉；改户左。	**黄　琮** 二、己酉；右改。 九、辛巳、十一，10.7；乞養。	**孫葆元** 九、辛巳；右（贛學）改。

黄　琮 二、己酉；改左。	**何桂清** 二、己酉；閣學（魯學）遷。 △憂免。	**孫葆元** （贛學）八、丙寅；閣學遷。 九、辛巳；改左。	**戴　熙** 九、辛巳；閣學遷。

周祖培	
陳孚恩（軍）	
王廣蔭	
張　芾 八、丙寅；改吏右。	**彭蘊章** 八、丙寅；左副（閣學）授。
李嘉端 八、丙寅；改閣學。	**季芝昌** 八、丙寅；吏左改。
彭蘊章 （閣學）八、丙寅；改工右。	**黄贊湯** 十、辛酉、廿一，11.16；府丞授。 十二、乙卯、十五，1.9；署順尹。
李　菡	

年　代		道　光　二　九　年　　己　酉（1849）			
吏　部	左	**侯　桐**			
	右	**張　芾** 八、丙寅、一，9.17；贛學。	八、丙戌、廿一，10.7；晉撫季芝昌（軍）署； 九、戊申、十四，10.29；入直。十二、丙寅、三，1.15；授户左。		
户　部	左	**趙　光** 八、丙寅；卸浙學。十二、丙寅；改兵右。	**季芝昌**（軍） 十二、丙寅；署吏右授。		
	右	**朱鳳標**			
禮　部	左	**馮　芝** 正、辛卯、廿二， 2.14；病免。	**吳鐘駿** 正、辛卯；右改。 八、丙寅；浙學。	九、戊午、廿四，11.8；服闋兵尚何汝霖以一 品署（軍）。十、丙寅、二，11.16；署户尚。	
	右	**吳鐘駿** 正、辛卯；改左。	**曾國藩** 正、辛卯；閣學遷。		
兵　部	左	**孫葆元** 八、丙寅；卸贛學。			
	右	**戴　熙** 七、己未、廿四，9.10； 病免。（咸十死）	**黃贊湯** 七、己未；左副授。八、丙寅； 闈學。十二、丙寅；改刑右。	閣學李嘉端署。	**趙　光** 十二、丙寅； 户左改。
刑　部	左	**周祖培**			
	右	**陳孚恩**（軍） 七、己亥、四，8.21；改工左。	**趙炳言** 七、己亥；湘撫授。△死。	**黃贊湯** 十二、丙寅；兵右（闈學）改。	
工　部	左	**王廣蔭** 七、戊戌、三，8.20；遷左都。	**陳孚恩**（軍） 七、己亥；刑右改。 十二、乙酉、廿二，2.3；遷刑尚。	**翁心存** 十二、乙酉；閣學遷。	
	右	**彭蘊章** 八、丙寅；卸闈學。			
倉　場		**季芝昌** 五、己未、廿三，7.12；改晉撫。	**朱　嶟** 五、己未；閣學（順學）遷。八、丙寅；卸順學。		
都 察 院		**黃贊湯** 五、丙午、十，6.29；闈鄉正考。 七、己未；改兵右。	**程庭桂** 八、辛巳、十六，10.2；通政（順學）授。		
		李　菡			

道光三十年　庚戌(1850)	咸豐元年　辛亥(1851)
侯　桐	侯　桐
張　芾 （皖學）	張　芾 （皖學）　五、丙午、廿，6.19；服闋閩兵右何桂清署；閏八、丙申，授兵右。十二、乙未、十四，2.3；閣學邸撩署。
季芝昌(軍)　　朱鳳標 六、甲子、四，7.12；　六、甲子；右改。遷左都。	朱鳳標　　　王慶雲 五、乙巳、十九，6.18；　五、乙巳；詹事遷，遷左都。　　　　　　仍署順尹。
朱鳳標　　翁心存 六、甲子；改左。　六、甲子；工左改。	翁心存　　　何桂清 八、庚申、六，9.1；順鄉副　十二、乙未；兵右改。考。十二、乙未；遷工尚。
吳鍾駿 （浙學）　何汝霖(軍)署；五、庚戌、十九，6.28；授禮尚。	吳鍾駿 （浙學）　閏八、丙申、十三，10.7；左副李菡署。
曾國藩 六、甲子；兼署工左。	曾國藩
孫葆元 三、戊戌、六，4.17；會試副考。九、己亥、十一，10.15；知武舉。	孫葆元　　　趙　光 閏八、丙申；乞養。　閏八、丙申；右改。
趙　光	趙　光　何桂清　　　杜　翻 閏八、丙申；　閏八、丙申；署吏右授。　十二、乙未；改左。　十二、乙未；改戶右。　閣學遷。
周祖培 正、壬戌、廿九，3.12；知貢舉。旋辦秋審，卸。四、壬午、廿，5.31；殿試讀卷。	周祖培　　　王　植 五、乙巳；遷刑尚。　五、乙巳；皖撫授。九、丙辰、四，10.27；署贛撫。
黃贊湯 （閩學）	黃贊湯 （閩學）
翁心存　　車克慎 六、甲子；改戶右，禮右　八、癸未、廿四，9.29；曾國藩兼署。　　閣學遷。	車克慎　　　呂賢基 △憂免。　　　正、己亥、十二，2.12；鴻臚遷。六、乙丑、十，7.8；浙鄉正考。
彭蘊章	彭蘊章(軍) 五、壬子、廿六，6.25；入直。
朱　嶟	朱　嶟
程庭桂 （順學）	程庭桂 （順學）
李　菡	李　菡 閏八、丙申；署禮左。

部院漢侍郎年表

年　代		咸　豐　二　年　　壬　子(1852)
吏 部	左	侯桐　　　　　　　張芾　　　　　　　邵燦(軍) 正、甲戌、廿三，3.13；休。　（贛學）正、甲戌，右改。　三、戊寅；右改。 　　　　　　　　　三、戊寅、廿八，5.16；改刑左。　五、癸亥、十三，6.30；入直。
	右	張芾　　　　邵燦　　　　沈兆霖 （贛學）正、甲戌，　正、甲戌，閣學授。　三、戊寅，閣學遷。　四、庚子、廿，6.7，　通政羅惇 改左。　　　三、戊寅，改左。　殿試讀卷。六、己亥、廿，8.5；江鄉正　衍署。 　　　　　　　　　　　　　　考。八、甲申、六，9.19；贛學。
戶 部	左	王慶雲
	右	何桂清 三、丙辰、六，4.24；會試副考。　十一、戊午、十二，12.22；署豫撫陸應穀署： 八、甲申；蘇學。　　　　　　十二、己亥、廿四，2.1；授豫撫。
禮 部	左	吳鍾駿 （浙學）八、甲申；調閩學。
	右	曾國藩　　　　　　　　萬青藜 六、己丑、十，7.26；贛鄉正考。　七、庚申、十二，8.26；閣學遷。 △憂免。　　　　　　　　八、甲申；浙學，閣學陶樑署。
兵 部	左	趙光 九、己未、十二，10.24；知武舉。
	右	杜翱　　　　　　李嘉端　　　　　　　許乃普 三、丙辰；會試副考。　七、丁卯、十九，9.2；閣學(皖學)遷。　十二、庚子；閣學遷。 七、丙寅、十八，9.1；憂免。　八、甲申；卸皖學。 　　　　　　十二、庚子、廿五，2.2；改刑左。
刑 部	左	王植　　　　　張芾　　　　　　　李嘉端 三、戊寅；病免。　三、戊寅，吏左(贛學)改。八、甲申；　十二、庚子；兵右改。 　　　　卸贛學。八、癸巳、十五，9.28；署贛撫。 　　　　十二、己亥、廿四，2.1；授。
	右	黃贊湯 八、甲申；卸閩學。　△正月，前豫撫陸應穀署：四、己酉、廿九，6.16；署豫撫。
工 部	左	呂賢基 八、甲申；順鄉副考，閣學朱蘭署。
	右	彭蘊章(軍) 十一、戊午；閣學許乃普署。
倉　　場		朱嶟
都 察 院		程庭桂　　　　　　　　羅惇衍 八、甲申；卸順學。　　十一、辛未、廿五，1.4；通政授。 九、己酉、二，10.14；乞養。 李菡

咸豐三年　癸丑（1853）

邵　燦（軍） 三、庚戌、六，4.13；會試副考。四、甲午、廿，5.27；殿試讀卷。 十二、乙未、廿五，1.23；改漕督。	**周祖培** 十二、乙未；工左改。
沈兆霖 （贛學）十二、壬午、十二，1.10；病免。	**潘曾瑩** 十二、壬午；閣學遷。
王慶雲 十一、壬寅、一，12.1；改陝撫。	**羅惇衍** 十一、癸卯、二，12.2；刑右改。
何桂清 （蘇學）十一、癸卯；改禮左。	**王茂蔭** 十一、癸卯；太僕遷。

吳鍾駿 （閩學）七、丙午、三，8.7；病免。	**李維瀚** 七、丙午；府丞署兵右授。九、 癸丑、十一，10.13；知武舉。 十一、癸卯；改刑左。	**何桂清** 十一、癸卯；戶右（蘇學）改。 十一、丁卯、廿六，12.26；光禄宋晉署。

萬青藜 （浙學）

趙　光 正、丁卯、廿二，3.1；知貢舉。 十二、丙申、廿六，1.24；遷工尚。	**彭蘊章**（軍） 十二、丙申；工右改。
許乃普 三、甲寅、十，4.17；改刑右。	**孫銘恩** 三、甲寅；閣學遷。　四、壬午、八，5.15；皖學，府丞李維瀚署； 七、丙午；授禮左。十一、癸卯；左副李菡署。

李嘉端 二、癸未、八， 3.17；改皖撫。	**羅惇衍** 二、甲申、九，3.18；左副 授。十一、癸卯；改戶左。	**李維瀚** 十一、癸卯；禮左 改。△憂免。	**雷以諴** 十一、丁未、六，12.6；右改。 十二、甲戌、四，1.2；革。	**李　鈞** 十二、丙申； 右改。
黃贊湯 三、甲寅、十，4.17；兵右改。 四、甲午；殿試讀卷。 五、辛酉、十七，6.23；遷工尚。	**許乃普**	**雷以諴** 五、辛酉；左副授，幫辦揚州軍務。 十一、丁未；改左。通政李道生署。		**李　鈞** 十一、丁未；閣學遷。 十二、丙申；改左。
呂賢基 正、丁卯、廿二，3.1；赴皖會辦軍務。 十一、己酉、八，12.8；死（文節）。		**周祖培** 十一、丁未、六，12.6；左副署。 十一、己酉；授。十二、乙未；改吏左。		**杜　翰**（軍） 十二、乙未；閣學遷。 十二、丙申；入直。
彭蘊章（軍） 十二、丙申；改兵左。		**龔文齡** 十二、丙申；左副（順學）授。		

朱　嶟

羅惇衍 二、甲申；改刑左。	**雷以諴** 二、甲申；常少授。 五、辛酉；改刑右。	**周祖培** 五、辛酉；降調刑尚授。 十一、丁未；署工左。十一、己酉；授。	**龔文齡** 十一、己酉；大理（順學）授。 十二、丙申；改工右。

李　菡 十一、癸卯；署兵右。

部院漢侍郎年表

年代		咸豐四年　甲寅(1854)
吏部	左	**周祖培** 二、己卯、十,3.8;遷左都。 **翁心存** 二、己卯;革工尚授。三、辛亥、十二,4.9;改户右。 **潘曾瑩** 三、辛亥;右改。四、己丑、廿一,5.17;憂免。 **萬青藜** (浙學)四、己丑;禮右改。△憂免。 **許乃普** 十、己未、廿四,12.13;户右改。十二、庚寅、廿五,1.13;遷左都。 **張祥河** 十一、庚寅;右改。
	右	**潘曾瑩** 三、辛亥;改左。 **何桂清** 三、辛亥;禮右(蘇學)改。四、丙戌、十八,5.14;改倉侍。 **張祥河** 四、丙戌;閣學遷。十一、庚寅;改左。 **卓　橒** 十一、庚寅;兵右改。
户部	左	**羅惇衍**
	右	**王茂蔭** 三、辛亥;改兵右。 **翁心存** 三、辛亥;吏左改。九、乙未、廿九,11.19;遷兵尚。 **許乃普** 九、乙未;禮左改。十、己未;改吏左。 **何彤雲** 十、己未;兵左改。
禮部	左	**何桂清** (蘇學)三、辛亥;改吏右。 **彭蘊章**(軍) 三、辛亥;兵左改。五、辛丑、三,5.29;遷工尚。 **許乃普** 五、辛丑;右改。九、乙未;改户右。 **陶　樑** 九、乙未;右改。
	右	**萬青藜** (浙學)四、己丑;改吏左。 **許乃普** 四、己丑;閣學遷。五、辛丑;改左。 **陶　樑** 五、辛丑;閣學遷。九、乙未;改左。 **李道生** 九、乙未;通政遷。
兵部	左	**彭蘊章**(軍) 三、辛亥;改禮左。 **李　菡** 三、辛亥;右改。九、丁亥;改倉侍。 **何彤雲** 九、丁亥;閣學遷。十、己未;改户右。 **王茂蔭** 十、己未;右改。
	右	**孫銘恩** (皖學)三、癸卯、四,4.1;解(降)。 **李　菡** 三、癸卯;左副授。三、辛亥;改左。 **王茂蔭** 三、辛亥;户右改。十、己未;改左。 **卓　橒** 十、己未;閣學遷。十一、庚寅;改吏右。 **匡　源** 十一、庚寅;閣學遷。
刑部	左	**李　鈞** 正、甲辰、四,2.1;兼署管順。三、癸亥、廿四,4.21;管順。
	右	**齊承彥** 三、辛亥;左副授。
工部	左	**杜　翰**(軍)
	右	**龔文齡** (順學)
倉場		**朱　嶟** 四、丙戌;病免。 **何桂清** 四、丙戌;吏右改,卸順學。九、丁亥、廿一,11.11;改浙撫。 **李　菡** 九、丁亥;兵左改。
都察院		**齊承彥** 二、癸未、十四,3.12;太僕授。三、辛亥;改刑右。 **王履謙** 四、辛巳、十三,5.9;太常授。
		李　菡 三、癸卯;改兵右。 **袁甲三** 五、庚戌、十二,6.7;兵給授。

咸豐五年　乙卯（1855）

張祥河
　　正、甲申、廿，3.8，順學。　　　　　　正、甲申，服闋兵右杜翮署；正、戊子，授禮右。
　　八、壬辰、二，9.12，仍差順學。　　　　正、戊子、廿四，3.12，病痊倉侍朱嶟署；十、癸卯、十三，11.22，授戶左。

卓　標　　　　　　　　　　　　　　　**匡　源**
　　△憂免。　　　　　　　　　　　　　　　九、甲子、四，10.14，兵右改。

羅惇衍　　　　　　　　　　　　　　　**朱　標**
　　△憂免。　　　　　　　　　　　　　　　十、癸卯，署吏左授。

何彤雲
　　八、丙申、六，9.16，順鄉副考。

陶　樑

李道生　　　　　　　　　　　　　　　**杜　翮**
　　正、戊子，休。　　　　　　　　　　　　正、戊子，署吏左授。

王茂蔭

匡　源　　　　　　　　　　　　　　　**曾國藩**
　　九、甲子，改吏右。　　　　　　　　　　九、甲子，兵侍銜授。　　　署工右沈兆霖兼署。

李　鈞　　　　　　　　　　　　　　　**譚廷襄**
　　五、己丑、廿八，7.11，改東河。　　　　五、己丑，順尹遷。六、壬辰、一，7.14，署順尹。
　　　　　　　　　　　　　　　　　　　　　左副李清鳳署。

齊承彥

杜　翰（軍）

龔文齡　　　　　　　　　　　　　　　**廉兆綸**
　　正、甲申，解。　　　　　　　　　　　　正、甲申，閣學（贛學）遷。　　　五、丁亥、廿六，7.9，前吏右沈兆霖署。
　　　　　　　　　　　　　　　　　　　　　八、壬辰，仍差贛學。

李　菡

王履謙

袁甲三　　　　　　　　　　　　　　　**李清鳳**
　　二、庚申、廿七，4.13，召（革）。　　　五、乙亥、十四，6.27，通政授。六、壬辰，署刑左。

部院漢侍郎年表

年　代		咸豐六年　丙辰（1856）
吏 部	左	**張祥河** （順學）正、丁丑、十九，2.24；病免。　　　　**匡　源** 　　　　　　　　　　　　　　　　　　正、丁丑；右改。
	右	**匡　源**　　　　　　**沈兆霖**　　　　　　　**張祥河** 正、丁丑；改左。　　　正、丁丑；署工右授。　　　十、丙申；署刑右授。 　　　　　　　　　　　十、丙申、十二，11.9；改工右。　十、壬寅、十八，11.15；管順。
戶 部	左	**朱　嶟**　　　　　　　　　　　**沈兆霖** 十一、乙卯、一，11.28；遷左都。　十一、乙卯；工右改。
	右	**何彤雲**　　　　　　　　　　　　**杜　翺** 四、乙巳、十九，5.22；殿試讀卷。　十、戊戌、十四，11.11；禮右改。 △憂免。
禮 部	左	**陶　樑**　　　　　　　　　　　　　　**車克慎** 十二、丁亥、四，12.30；病免。（七年死）　十二、丁亥；右改。
	右	**杜　翺**　　　　　　**車克慎**　　　　　　　**楊式穀** 十、戊戌；改戶右。　　十、戊戌；署兵右授。　　　十二、丁亥；閣學署兵右授。 　　　　　　　　　　　十二、丁亥；改左。
兵 部	左	**王茂蔭**
	右	**曾國藩** 沈兆霖署：正、丁丑；授吏右。服闋工左車克慎署：四、乙巳；殿試讀卷。十、戊戌；授禮右。 閣學劉崐署：十一、乙卯；授工右。閣學楊式穀署：十二、丁亥；授禮右。閣學徐樹銘署。
刑 部	左	**譚廷襄**　　　　　　　　　　**齊承彥** 八、戊子、四，9.2；改陝撫。　八、戊子；右改。
	右	**齊承彥**　　**李清鳳** 八、戊子；改左。　八、戊子；左副　八、戊子；前吏左張祥河署：十、丙申；授吏右。 　　　　　　　（順學）授。　　十二、己亥、十六，1.11；（候補）閣學黃宗漢署，署順尹。
工 部	左	**杜　翰**（軍） 四、乙巳；殿試讀卷。
	右	**廉兆綸**　　　　　　**沈兆霖**　　　　　　　**劉　崐** （敬學）十、乙未、十一，　正、丁丑；（署）授吏右。十、丙申；　十一、乙卯；閣學遷。 11.8；病免。　　　　　吏右改。十一、乙卯；改戶左。
倉　　場		**李　菡**
都 察 院		**王履謙**
		李清鳳　　　　　　　　**程庭桂** 正、丁丑；順學。八、戊子；改刑右。　九、戊寅、廿四，10.22；候侍授。

咸豐七年　丁巳(1857)		
匡　源		
張祥河		
沈兆霖		
杜　翺		
車克愼	孫葆元 閏五、乙未、十五,7.6;服闋兵左授。	
楊式穀		
王茂蔭		
曾國藩 　二、己酉、廿七,3.22;憂假。 　六、戊辰、十九,8.8;解。	徐樹銘 　六、己巳、廿,8.9;閣學(署)授。	
齊承彥		
李淸鳳 　(順學)	黃宗漢署:六、己巳、廿,8.9;授閣學,仍署。 十二、庚申、十三,1.27;授廣督,服闋吏左萬青藜署。	
杜　翰(軍)		
劉　崐		
李　菡		
王履謙 　正、丙子、廿三,2.17;乞養。	張錫庚 　四、己酉、廿八,5.21;太僕授。	
程庭桂		

部院漢侍郎年表

<table>
<tr><td colspan="2">年　代</td><td colspan="3">咸豐八年　戊午（1858）</td></tr>
<tr><td rowspan="2">吏</td><td>左</td><td colspan="3">匡　源（軍、學）
五、戊戌、廿四，7.4；學習入直。</td></tr>
</table>

吏	左	匡　源（軍、學） 五、戊戌、廿四，7.4；學習入直。		
部	右	張祥河 十一、庚辰；遷左都。 （順學）改。	萬青藜 十一、庚辰；兵左 十二、甲寅、十一，1.16；改左副，府丞錢寶青署。	十一、庚辰、九，12.13；通政梁瀚署：
戶	左	沈兆霖		
部	右	杜　翮 三、癸巳、十七，4.30；閩學宋晉署。 五、甲午、廿，6.30；憂免。	廉兆綸 五、甲午；病痊工右授。 八、庚戌、八，9.14；改倉侍。	劉　崐 八、庚戌；工右改。
禮	左	孫葆元 八、乙巳、三，9.9；蘇學。 十、己巳、廿七，12.2；閩學畢道遠署； 十一、庚辰、九，12.13；閩學沈希祖署。	署工左潘曾瑩署：九、辛巳；授工左。左副程庭桂署；革。 十一、庚辰；署兵左。	
部	右	楊式穀		
兵	左	王茂蔭　萬青藜 七、丁丑、四，　七、丁丑；署刑右授。 8.12；病免。　八、乙巳；順學。 　　　十一、庚辰；改吏右。	署兵右陳孚恩署：九、庚辰、八，10.14； 署禮尚。署兵右李維瀚署：十一、庚辰； 授兵右。閩學畢道遠署。	徐樹銘 十一、庚辰；右 改。（閩學）
部	右	徐樹銘 五、丙戌、十二，6.22；閩鄉正考。 七、乙酉、十二，8.20；閩學。八、乙 巳；仍差閩學。十一、庚辰；改左。	李維瀚 五、丙戌；服闋刑左署。七、丁丑；署 刑右。八、乙巳；署刑右授。九、庚辰； 署兵左。十一、庚辰；署兵左授。	七、丁丑；服闋陳孚恩署： 八、乙巳；署兵右。九、 庚辰；前府丞梁瀚署。
刑	左	齊承彥		
部	右	李清鳳 （順學）八、甲辰、 二，9.8；病免。	萬青藜署：七、丁丑；授兵左。 署兵右李維瀚署：八、乙巳；仍署兵右。	黃贊湯 八、甲辰；通政遷。
工	左	杜　翰（軍） 五、甲午；憂免。	潘曾瑩 七、甲戌、一，8.9；服闋吏左署。 八、乙巳；署禮左。九、辛巳、九，10.15；署禮左授。	
部	右	劉　崐 八、庚戌；改戶右。	宋　晉 五、甲午；閩學署。八、庚戌；授。	
倉	場	李　菡 八、庚戌；解（侍候）。	廉兆綸 八、庚戌；戶右改。	
都察院		張錫庚 六、庚申、十六，7.26；浙學。八、乙巳；仍差浙學。		
		程庭桂 八、戊申、六，9.12；順鄉副考。 九、辛巳；署禮左。△革。	梁　瀚 十二、甲寅、十三，1.16；通政授。	

咸豐九年 己未(1859)	咸豐十年 庚申(1860)
匡 源(軍) △十月，入直。	匡 源(軍) 四、甲申、廿，6.9；殿試讀卷。
萬青藜 (順學) 府丞錢寶青署：三、辛卯；署禮左。左副榮 瀚署：五、乙未、廿六，6.26；户授左。十、癸 卯、七，11.1；服闋工左杜翰(軍)署，入直。	萬青藜 　　　黄宗漢 (順學) 九、甲 杜翰(軍)署：　三、庚午、六，3.27； 午、四，10.17；　九、甲午；署　候侍署。 遷左都。　禮右。　九、甲午；授。
沈兆霖 　　　梁 瀚 三、丙子、六，4.8；會試副 五、乙未；左副授。八、 考。五、乙未；遷左都。 癸卯、六，9.2；順鄉副考。	梁 瀚
劉 崐 六、庚戌、十二，7.11；閩學署兵左畢道遠署。	劉 崐 四、甲申；殿試讀卷。五、庚申、廿七，7.15； 閩學署刑右袁希祖署。
孫葆元 (蘇學) 閩學袁希祖署：三、辛卯；署刑右。 署吏右錢寶青：五、己丑；授左副。 閩學宜振署。	孫葆元 (蘇學) 閩學宜振署：四、甲申；殿試讀卷。
楊式毅 八、庚戌、十三，9.9；江鄉正考。	楊式毅 正、己丑、廿四，2.15；知貢舉。 九、甲午；順學，署吏右杜翰(軍)署。
徐樹銘 (閩學) 閩學畢道遠署：六、庚戌；署户右。 詹事殷兆鏞署。	徐樹銘 (閩學) 三、庚午、六，3.27；候侍李菡署。 十二、丙子、十七，1.27；府丞厲恩官署。
李維瀚	李維瀚 　　　畢道遠 十、壬戌、二，11.14；　十、壬戌；閩學遷。 病免。
齊承彦	齊承彦
黄贊湯 　　　張錫庚 三、辛卯、廿一， 三、辛卯；左副 閩學署禮左 4.23；改東河。 (浙學)授。 袁希祖署。	張錫庚 (浙學) 閩學袁希祖署：五、庚申；署户右。左副朱 鳳標署：十二、丙戌、廿七，2.6；遷兵尚。 光禄雷以諴署。
潘曾瑩 四、庚申、廿，5.22；殿試讀卷。	潘曾瑩 　　　李 菡 四、甲申；殿試讀卷。 九、壬寅、十二，10.25； 　　　△革。 候侍授。
宋 晉	宋 晉
廉兆綸	廉兆綸
張錫庚 　　　錢寶青 (浙學)三、辛 五、己丑、廿，6.20；府丞署禮左授。 卯；改刑右。 六、丁未、九，7.8；鄂鄉正考。	錢寶青 　　　晏端書 △死。 十二、庚申、一，1.11； 　　　大理授。
梁 瀚 　　　張 芾 正、乙未、廿四，2.26；知貢舉。 十、丙午、十，11.4； 三、辛卯；署吏右。 四、甲申；候三京授。 殿試讀卷。五、乙未；改户左。	張 芾 　　　朱鳳標 五、甲寅、廿一，7.9；解。 五、甲寅；通政授。 八、乙酉、廿四，10.8；憂 五、庚申；署刑右。 (補)免。 十二、丙戌；遷兵尚。

年　代		咸豐十一年　辛酉（1861）		
吏　部	左	**匡　源**（軍） 九、乙卯、卅，11.2；罷直。 十、辛酉、六，11.8；革。		**李　菡** 十、壬戌、七，11.9；工左改。 十二、戊寅、廿五，1.24；兼署禮尚。
	右	**黃宗漢** 十、壬戌；革。		**孫葆元** 十、癸亥、八，11.10；禮左改。
戶　部	左	**梁　瀚** 八、己未、三，9.7；蘇學。		
	右	**劉　崐** 十、壬戌；革。		**董　恂**（總） 十、癸亥；順尹遷。十、癸未、廿八，11.30；直總。
禮　部	左	**孫葆元** 八、己未；卸蘇學。 十、癸亥；改吏右。	（漢）**宣　振** 十、甲子、九，11.11；閣學遷。	**沈桂芬** 十、辛未、十六，11.18；閣學遷。 通政吳存義兼署。
	右	**楊式毅** 八、己未；仍差順學。	杜翰（軍）署：九、乙卯；罷直。十、丙辰、一，11.3；革。	
兵　部	左	**徐樹銘** 八、己未；卸閩學。	十、壬戌；詹事張之萬署。	
	右	**畢道遠** 九、辛卯、六，10.9；順鄉副考。		
刑　部	左	**齊承彥**		
	右	**張錫庚** 八、己未；卸浙學（仍留）。		
工　部	左	**李　菡** 十、壬戌；改吏左。		**單懋謙** 十、癸亥；閣學遷。
	右	**宋　晉**		
倉　場		**廉兆綸**		
都察院		**晏端書**		
		王發桂 二、辛巳、廿三，4.2；通政授。十、戊辰、十三，11.15知武舉。		

同治元年 壬戌（1862）

李　菡	楊式毅	張之萬
三、庚子、十八，4.16；遷工尚。	三、庚子；禮右（順學）改。	六、己巳、十八，7.14；禮右改。 十一、壬子、四，12.24；署豫撫。

孫葆元		

梁　瀚		沈桂芬
（蘇學）　正、丁未、廿四，2.22；大理鄭敦謹署。		閏八、甲午、十四，10.7；禮左改。

董　恂（總）		
正、乙巳、廿二，2.20；知貢舉。二、戊午、五，3.5；署兵左。 十二、乙巳、廿八，2.15；署三口通商大臣。		

沈桂芬		毛昶熙
四、辛巳、廿九，5.27；殿試讀卷。 閏八、甲午；改戶左。		閏八、甲午；右改。

楊式毅	張之萬	李棠階	毛昶熙	龐鍾璐
（順學）三、庚 子；改吏左。	三、庚子；閣學遷。 六、己巳；改吏左。	六、己巳；大理遷。 七、庚子、十九，8.14；遷左都。	七、庚子；閣學遷。 閏八、甲午；改左。	閏八、甲午；閣學 署工右授。

徐樹銘		黄　倬
十一、甲寅、六，12.26；乞養。二、戊午；戶右董恂署。		十一、甲寅；閣學遷。

畢道遠		彭玉麐（未任）
正、丙午、廿三，2.21；改倉侍。		正、丙午；候侍授。 正、丁未、廿四，2.22；閣學桑春榮署。

齊承彥		
九、壬戌、十三，11.4；知武舉。		

張錫庚		
（浙學，死）　光祿雷以諴署：正、己酉、廿六，2.24；休。 正、辛亥、廿八，2.26；順尹石贊清署。三、庚寅、八，4.6；通政吳存義署。		

單懋謙		

宋　晉	王茂蔭	
七、丁酉、十六，8.11；改倉侍。	七、丁酉；候侍授。	閣學龐鍾璐署：閏八、甲午；授禮右。

廉兆綸	畢道遠	宋　晉
正、丙午；休。（六年死）	正、丙午；兵右改。△夏免。	七、丁酉；工右改。

晏端書		
十二、甲辰、廿七，2.14；署廣督。		

王發桂		
正、癸丑、卅，2.28；黔鄉正考。二、丁丑、廿四，3.24；改八月，令回京。		

部院漢侍郎年表

年　代		同　治　二　年　　癸　亥（1863）		
吏 部	左	張之萬 正、戊申、一，2.18；授豫撫。	單懋謙 正、己酉、二，2.19；工左改。正、辛未、廿四，3.13；知貢舉。二、乙酉、卸。二、乙酉、九，3.27；遷左都。	孫葆元 二、乙酉；右改。四、丙申、廿，6.6；殿試讀卷。九、丁巳、十三，10.25；武會正考。
	右	孫葆元 二、乙酉；改左。	王茂蔭 二、乙酉；工右改。△憂免。（同四死）	毛昶熙 五、辛未、廿六，7.11；禮左改。
戶 部	左	沈桂芬 三、壬子、六，4.23；會試副考。　刑右吳廷棟署。 十、辛丑、廿八，12.8；署晉撫。		
	右	董恂（總）		
禮 部	左	毛昶熙 五、辛未；改吏右。四、乙酉、九，5.26；前蘇撫薛煥（總）署，並直總。五、辛未；授工右。		龐鍾璐 五、辛未；右改。
	右	龐鍾璐 五、辛未；改左。	吳存義 五、辛未；工右改。十二、丁酉、廿五，2.2；浙學。閩學殷兆鏞署。	
兵 部	左	黃倬 二、乙酉；工左互調。	曹毓瑛（軍） 二、乙酉；工左改。	
	右	彭玉麟 （未任）閩學桑春榮署：九、丁巳，知武舉。		
刑 部	左	齊承彥		
	右	張錫庚 △死（文貞）。	吳廷棟 四、壬午、六，5.23；大理遷。十、辛丑；署戶左。	
工 部	左	單懋謙 正、己酉；改吏左。	曹毓瑛（軍） 正、己酉；大理遷。二、乙酉；兵左互調。	黃倬 （川學）二、乙酉；兵左改。　左副王發桂署。
	右	王茂蔭 二、乙酉；改吏右。	吳存義 二、乙酉；通政遷。五、辛未；改禮右。	薛煥（總） 五、辛未；署禮左授。
倉　　場		宋晉		
都 察 院		晏端書 五、丙寅、廿一，7.6；署廣督召京。		
		王發桂 二、乙酉；署工左。		

同治三年　甲子(1864)

孫葆元	毛昶熙
正、乙丑、廿三，3.1；休。	正、丙寅、廿四，3.2；右改。

毛昶熙	吳存義	
正、丙寅；改左。	正、丙寅、禮右(浙學)改。 八、己巳、一，9.1；仍浙學。	正、丁卯、廿五，3.3；閣學殷兆鏞署。

沈桂芬	吳廷棟	
七、庚戌、十二，8.13；授晉撫。	七、庚戌；刑右改。	十、辛巳、十四，11.12；閣學李鴻藻署。

董　恂(總)

龐鍾璐
八、己巳；順學。　　五、乙卯、十六，6.19；湘鄉考正，閣學許彭壽署。 八、己卯、十一，9.11；大理賀壽慈署。

吳存義	王發桂	汪元方
(浙學)正、丙寅；改吏右。	正、丙寅；左副授，仍兼工右。 七、癸亥、廿五，8.26；改刑左。	七、癸亥；左副授。府丞溫葆琛署。

曹毓瑛(軍)

彭玉麐
(未任)閣學桑春榮署。

齊承彥	王發桂
七、癸亥；遷左都。	七、癸亥；禮右改。

吳廷棟	譚廷襄
七、庚戌；改戶左。	七、庚戌；署東河授。十、辛巳；通政朱夢元署。

黃　倬

薛　煥(總)	宣　振
四、丙戌、十六，5.21；降五調。	四、丁亥、十七，5.22；候侍授。七、辛酉、廿三，8.24；蘇學。 八、己巳；仍差蘇學。

宋　晉

晏端書	潘祖蔭
△憂免。	三、辛酉、廿一，4.26；光祿授。

王發桂	汪元方		賀壽慈
正、丙寅；改禮右。	正、丁卯；通政授。 七、癸亥；改禮右。	正、丁卯；太常王拯署； 四、丙戌；降三調。	四、丁亥、十七，5.22；大理署。 九、丁未、九，10.9；授。

部院漢侍郎年表

年　代		同　治　四　年　　乙　丑（1865）	
吏 部	左	**毛昶熙**	
	右	**吳存義** （浙學）	
戶 部	左	**吳廷棟** 十一、乙丑、四，12.21；改刑右。	**汪元方** 十一、乙丑；禮右改。
	右	**薫恂**（總） 四、甲申、廿，5.14；殿試讀卷。 十一、壬申、十一，12.28；遷左都。	**鄭敦謹** 十一、壬申；鄂撫授，閣學李鴻藻（軍）署。
禮 部	左	**龐鍾璐** （順學）	
	右	**汪元方** 正、辛酉、廿五，2.20；知貢舉。 十一、乙丑；改戶左。	**宣振** 十一、乙丑；工右（蘇學）改。
兵 部	左	**曹毓瑛**（軍） 二、戊子、廿二，3.19；遷左都。	**畢道遠** 二、戊子；候侍授。 四、甲申、廿，5.14；殿試讀卷。
	右	**彭玉麐** （未任）　　閣學桑春榮署。二、丙子、十，3.7；署漕督。四、丁卯、三，4.27；辭免。	
刑 部	左	**王發桂**	
	右	**譚廷襄**（總） 三、辛丑、六，4.1；會試副考。十一、甲子、 三，12.20；直總。十一、乙丑；改工右。	**吳廷棟** 十一、乙丑；戶左改。
工 部	左	**黃倬**	
	右	**宣振** （蘇學）十一、乙丑；改禮右。	**譚廷襄** 十一、乙丑；刑右改。
倉　場		**宋晉**	
都 察 院		**潘祖蔭**	
		賀壽慈 九、乙亥、十三，11.1；武會正考。	

同治五年　丙寅(1866)	同治六年　丁卯(1867)
毛昶熙	毛昶熙　　　　吳存義 十、癸巳、十四,　　十、癸巳;右改。 11.9;改戶左。
吳存義 （浙學）	吳存義　　　　胡肇智 八、辛巳、一, 8.29;卸　十、癸巳;府丞遷。 浙學。十、癸巳;改左。
汪元方　　　譚廷襄(總) 三、丙戌、廿七,　　三、丙戌;工右改。十一、丁丑、 5.11;遷左都。　　廿二, 12.28;署湖督。	譚廷襄(總)　　毛昶熙 十、癸巳;遷左都。　十、癸巳;吏左改。
鄭敦謹　李鴻藻(軍)　　　畢道遠 三、丙寅、七,　三、丙寅;禮右改。三、　七、丙寅; 4.21;改刑右。　戊子、廿九, 5.13;入直。　兵左改。 　　　七、丙寅、十, 8.19;憂免。	畢道遠
龐鍾璐 （順學）九、戊寅、廿二, 10.30;候侍徐樹銘署。	龐鍾璐 八、辛巳;卸順學。
宣　振　　李鴻藻(軍、學)　賀壽慈 （蘇學）二、甲寅、　二、甲寅;閣學遷。　三、丙寅 廿四, 4.9;病免。　三、丙寅;改戶右。　左副授。	賀壽慈　　　　沈桂芬(軍、學) 八、辛巳;順學。　十、甲午、十五, 11.10; 十二、辛卯、十二, 1.6;　前晉撫署,學習入直。 改刑左。　　　　十二、辛卯;授。
畢道遠　　　胡家玉(軍、學) 七、丙寅;改戶右。　七、丙寅;左副授。 　　　十二、辛卯、六, 1.11;罷直。	胡家玉
彭玉麐 （未任）	彭玉麐 （未任）
王發桂　　　鄭敦謹 三、丙戌;改工右。　三、丙戌;右改。	鄭敦謹　　　　賀壽慈 十二、辛卯;遷左都。　十二、辛卯;禮右 　　　　（順學）改。
吳廷棟　　鄭敦謹　　　桑春榮 三、丙寅;病免。　三、丙寅;戶右改,　三、丙戌; 　　　左副潘祖蔭署。　閣學遷。 　　　三、丙戌;改左。	桑春榮
黃　倬	黃　倬
譚廷襄(總)　王發桂　　　　潘祖蔭 三、丙戌;　三、丙戌;刑左改。十二、　十二、辛亥; 改戶右。　辛亥、廿六, 1.31;病免。　左副授。	潘祖蔭
宋　晉	宋　晉
潘祖蔭 三、丙寅;署刑右。十二、辛亥;改工右。	溫葆琛 二、戊子、四, 3.9;府丞授。
賀壽慈　胡家玉(軍、學)　　鮑源深 三、丙寅;　三、丙戌;大理授。　八、乙未、九, 改禮右。　三、戊子;學習入直。　9.17;大理 　　　七、丙寅;改兵左。　（蘇學）授。	鮑源深 八、辛巳;卸蘇學。

部院漢侍郎年表

年　代		同　治　七　年　　戊辰（1868）
吏部	左	**吳存義**　七、丙戌、十一，8.28；病免（死）。　　　　**沈桂芬**（軍）　七、丙戌；戶左改。
	右	**胡肇智**　正、甲子、十五，2.8；兼順署尹。
戶部	左	**毛昶熙**　三、丙子、廿八，4.20；遷左都。　**沈桂芬**（軍）　三、丙子；禮右改，入直。七、丙戌；改吏左。　**龐鍾璐**　七、丙戌；禮左改。
	右	**畢道遠**　閏四、癸酉、廿六，6.16；改倉侍。　　　　**潘祖蔭**　閏四、癸酉；工右改。
禮部	左	**龐鍾璐**　正、癸酉、廿四，2.17；知貢舉。七、丙戌；改戶左。　　**殷兆鏞**　（皖學）七、丙戌；右改。十、戊午、十五，11.28；服闋戶右李鴻藻署（軍）。
	右	**沈桂芬**（軍、學）　三、丙子；改戶左。七、丙戌；改左。　**殷兆鏞**　三、丙子；闈學（皖學）遷。七、丙戌；改左。　**杜聯**　七、丙戌；闈學遷。八、戊申、四，9.19；病免。　**溫葆琛**　八、戊申；左副授。
兵部	左	**胡家玉**
	右	**彭玉麐**　七、乙酉、十，8.27；解。　　　　**黃倬**　七、丙戌；工左改。九、丁亥、十三，10.28；知武舉。
刑部	左	**賀壽慈**　（順學）
	右	**桑春榮**
工部	左	**黃倬**　七、丙戌；改兵右。　　　　**鮑源深**　七、丙戌；右改。
	右	**潘祖蔭**　四、戊戌、廿，5.12；殿試讀卷。閏四、癸酉；改戶右。　**鮑源深**　閏四、甲戌、廿七，6.17；左副授。七、丙戌；改左。　**石贊清**　七、丙戌；左副授。
倉　場		**宋晉**　閏四、癸酉；改闈學。　　　　**畢道遠**　閏四、癸酉；戶右改。
都察院		**溫葆琛**　八、戊申；改禮右。　　　　**鄭錫瀛**　九、辛巳、七，10.22；府丞授。
		鮑源深　四、戊戌；殿試讀卷。閏四、甲戌；改工右。　**石贊清**　六、癸丑、七，7.26；府丞授。七、丙戌；改工右。　**童華**　八、丁卯、廿三，10.8；大理（蘇學）授。

同 治 八 年　己巳(1869)			同 治 九 年　庚午(1870)	
沈桂芬(軍) 六、辛酉、廿一， 7.29；遷左都。	**胡肇智** 六、辛酉；右改。八、甲辰、五， 9.10；病假，吏右龐鍾璐兼署。		**胡肇智**	
胡肇智 六、辛酉；改左。	**龐鍾璐** 六、辛酉；戶左改。 八、甲辰；兼署吏左。		**龐鍾璐** 四、甲辰、八， 5.8；遷左都。	**彭久餘** 五、甲午、廿九，6.27；左副授。 六、丁未、十二，7.10；贛鄉正考。 八、乙未、一，8.27；蘇學。
龐鍾璐 六、辛酉；改吏右。	**潘祖蔭** 六、辛酉；右改。		**潘祖蔭**	
潘祖蔭 六、辛酉；改左。	**李鴻藻**(軍) 六、辛酉；署禮左授，仍兼署。		**李鴻藻**(軍)	
殷兆鏞 (皖學) 李鴻藻(軍)署：六、辛酉；授戶右，仍兼署。			**殷兆鏞** 八、乙未；卸皖學。	
溫葆琛			**溫葆琛**	
胡家玉			**胡家玉** 十一、丙辰、廿五，1.15；閣學錢寶廉署。	
黃　倬			**黃　倬**	
賀壽慈 (順學)			**賀壽慈** 八、乙未；卸順學。	
桑春榮			**桑春榮**	
鮑源深			**鮑源深** 八、乙未；順學。	
石贊清 八、甲子、廿 五，9.30；病 免。	**閻敬銘** 八、甲子；前魯 撫授。十、乙 丑；病免。	**童　華** 八、甲子； 通政于凌 辰署。 十、乙丑、 左副(蘇 學)授。	**童　華** 八、乙未；卸蘇學。	
畢道遠			**畢道遠** △夏免。	**喬松年** 三、壬申、六，4.6；前陝撫授。
鄭錫瀛	**胡瑞瀾** (粵學)十二、戊申、十一， 1.12；府丞授。		**胡瑞瀾** 八、乙未；卸粵學。	
童　華 (蘇學)十、乙丑、廿七， 11.30；改工右。	**彭久餘** 十、乙丑；大理授。		**彭久餘** 四、甲辰；改吏右。	**劉有銘** 五、甲午；大理授。 六、丁未；浙鄉正考。

部院漢侍郎年表

年　　代		同　治　十　年　　辛　未（1871)		
吏	左	**胡肇智** 五、癸丑、廿四,7.11;病免。	**胡家玉** 五、癸丑;兵左改。	
部	右	**彭久餘** （蘇學）		
戶	左	**潘祖蔭** 正、甲寅、廿四,3.14;知貢舉。 九、庚子、十三,10.26;武會副考。		
部	右	**李鴻藻**(軍) 五、庚寅、一,6.18;教庶。 七、乙卯、廿七,9.11;遷左都。	**鮑源深** （順學）七、乙卯;兵右改。 九、甲午、七,10.20;改晉撫。	**溫葆琛** 九、丁未、八,10.21; 禮左改。
禮	左	**殷兆鏞** 五、乙巳、十六,7.3;葬假。	**溫葆琛** 五、乙巳;右改。 九、乙未;改戶右。	**黃倬** 九、乙未;兵左改。
部	右	**溫葆琛**　　　**邵亨豫** 五、乙巳;改左。　五、乙巳;閏學遷。 　　　　八、庚辰、廿二,10.6;改倉侍。	**胡瑞瀾** 八、庚辰;左副授。 九、乙未;改兵左。	（漢）**徐桐** 九、乙未;閏學遷。
兵	左	**胡家玉** 五、癸丑;改吏左。	**黃倬** 五、癸丑;右改。 九、乙未;改禮左。	**胡瑞瀾** 九、乙未;禮右改。
部	右	**黃倬** 四、庚辰、廿一,6.8;殿試 讀卷。五、癸丑;改左。	**鮑源深** （順學）五、癸丑;工左改。 七、乙卯;改戶右。	**夏同善** 五、癸丑;詹事署。七、乙卯; 授。九、甲午;順學。
刑	左	**賀壽慈**		
部	右	**桑春榮**		
工	左	**鮑深源** （順學）五、癸丑;改兵右。	**童華** 五、癸丑;右改。	
部	右	**童華** 五、癸丑;改左。	**錢寶廉** 五、癸丑;閏學遷。	
倉　場		**喬松年** 八、庚辰;改東河。	**邵亨豫** 八、庚辰;禮右改。 十二、庚辰、廿五,2.3;署陝撫。	（漢）**宣振** 十二、庚辰;候侍署。
都察院		**胡瑞瀾** 八、庚辰;改禮右。	**唐壬森** 十、乙丑、八,11.20;府丞授。	
		劉有銘 四、庚辰;殿試讀卷。		

同治十一年　壬申(1872)	同治十二年　癸酉(1873)
胡家玉　　　　彭久餘 　八、壬戌、十,9.12;　　（蘇學）八、壬戌;　右改。 　遷左都。	彭久餘 　八、丁丑、一,9.22; 卸蘇學。
彭久餘　　　　童華 　（蘇學）八、壬戌;改左。　八、壬戌;工左改。	童華　　　　殷兆鏞 　八、壬午、六,9.27; 順鄉副考。　十二、己丑、十五, 　十二、戊子、十四,1.31; 降二調。　2.1; 前禮左授。
潘祖蔭	潘祖蔭　　　　宋晉 　八、壬午; 順鄉副考。　十二、己丑; 　十二、戊子; 降二調。　閣學遷。
溫葆琛	溫葆琛
（漢）徐桐	徐桐
胡瑞瀾	胡瑞瀾 　六、甲子、十七,7.11; 浙學。 　八、丁丑; 仍差浙學。
夏同善 　（順學）　九、丙戌、五,10.6;彭玉麐署: 　　　　九、丙午、廿五,10.26; 辭免。	夏同善 　八、丁丑; 卸順學。
賀壽慈	賀壽慈　　　　劉有銘 　十二、己丑; 遷左都。　十二、己丑; 左副授。
桑春榮　　　　錢寶廉 　八、庚申、八,9.10;　　八、庚申; 工右改。 　遷左都。	錢寶廉 　八、丁丑; 順學。
童華　　　　何廷謙 　八、壬戌,　左副劉有　八、壬戌; 閣學遷。 　改吏右。　銘署	何廷謙
錢寶廉　　（漢）宣振 　八、庚申; 改刑右。　八、庚申; 署倉侍授。	宣振
（漢）宣振　　　　畢道遠 　八、庚申; 改工右。　八、庚申; 候侍授。	畢道遠
唐壬森	唐壬森
劉有銘 　八、壬戌; 署工左。	劉有銘 　閏六、戊戌、廿二,8.14; 江鄉正考。 　十二、己丑; 改刑左。

部院漢侍郎年表

年　代		同治十三年　甲戌(1874)	光緒元年　乙亥(1875)
吏	左	彭久餘	彭久餘
部	右	殷兆鏞	殷兆鏞 八、庚午、六,9.5;順鄉副考。
戶	左	宋晉　　　　　袁保恒 九、癸亥、廿　詹事周壽昌 四,11.2;死。　署。　　九、癸亥; 　　　　　　　　　　　閣學遷。	袁保恒
部	右	溫葆琛	溫葆琛
禮	左	黃倬 四、壬辰、廿,6.4;殿試讀卷。	黃倬
部	右	(漢)徐桐 四、壬辰;殿試讀卷。	(漢)徐桐 八、庚午;順鄉副考。 八、辛未、七,9.6;大理潘祖蔭署。
兵	左	胡瑞瀾 (浙學)	胡瑞瀾 (浙學)　十一、丁酉、四,12.1;候侍(使英) 郭嵩燾(總)署。
部	右	夏同善 正、己巳、廿五,3.13;知貢舉。 九、辛亥、十二,10.21;知武舉。	夏同善
刑	左	劉有銘　　　黃鈺 正、己巳;降二調　正、庚午、廿六,3.14; (太常)。　　閣學遷。	黃鈺
部	右	錢寶廉 (順學)	錢寶廉 (順學)　八、乙亥、十一,9.10; 閣學翁同龢署。
工	左	何廷謙	何廷謙
部	右	(漢)宜振	(漢)宜振
倉　場		畢道遠	畢道遠
都 察 院		唐壬森	唐壬森
		童華 二、壬午、九,3.26;降調吏右授。 四、壬辰;殿試讀卷。九、辛亥;武會正考。	童華

光緒二年 丙子(1876)	光緒三年 丁丑(1877)
彭久餘	彭久餘
殷兆鏞　　　　(漢)徐 桐 四、己巳、八,5.1;　　四、己巳;禮右改。 改戶左。	(漢)徐 桐　　　　　童 華 四、乙巳、廿,6.1;殿試讀卷。　九、丁卯、十五, 九、丙寅、十四,10.20;遷左都。　10.21;左副授。
袁保恒　　殷兆鏞 四、己巳;　四、己巳;吏右改。四、辛巳、廿,5.13; 改刑左。　殿試讀卷。五、辛卯、一,5.23;教庶。 　　　　八、甲午、六,9.23;順鄉副考。	殷兆鏞 三、壬戌、六,4.19;閣學周壽昌署。
溫葆琛　　　　翁同龢 △正月,病免。　正、乙卯、廿三,2.17; 　　　　　閣學署刑右授。	翁同龢
黃 倬 三、戊戌、六,3.31;會試副考。八、己丑、一,9.18; 浙學。八、庚寅、二,9.19;候侍郭嵩燾署。	黃 倬 (浙學) 九、丁卯;閣學馮譽驥署。
(漢)徐 桐　　　　潘祖蔭 四、己巳;改吏右。　四、己巳;大理署刑右授。 　　　　　　四、辛巳;殿試讀卷。	潘祖蔭 九、乙丑、十三,10.19;武會正考。
胡瑞瀾 八、己丑,　郭嵩燾(總)署:七、癸亥、五,8.23;病, 卸浙學。　卸。七、甲子、六,8.24;左副童華署。	胡瑞瀾　　郭嵩燾　　　　左副童 二、壬寅、十　二、癸卯、十七,3.31;　華署。 六,3.30;革。　候侍(使英)授。
夏同善 八、甲午;順鄉副考。	夏同善 四、乙巳;殿試讀卷。
黃 鈺　　袁保恒 四、己巳;　四、己巳;戶左改。四、辛巳;殿試讀卷。 病免。　九、戊辰、十一,10.27;武會正考。	袁保恒
錢寶廉 八、己丑;　翁同龢署:正、乙卯;授戶右。 卸順學。　大理潘祖蔭署:四、己巳;授禮右。	錢寶廉 　三、壬戌;會試副考。閣學馮譽驥署。 　四、乙巳;殿試讀卷。
何廷謙 八、己丑;順學。	何廷謙 (順學)
(漢)宜 振	(漢)宜 振 九、乙丑;武會副考。
畢道遠	畢道遠
唐壬森	唐壬森　　　　　　張澐卿 八、壬寅、廿,9.26;修墓假,府丞程祖　十二、丁酉; 誥署。△十二、丁酉、十七,1.19;病免。　府丞授。
童 華 七、甲子;署兵左。九、戊辰;知武舉。	童 華　　　　　　　程祖誥 二、癸卯;署兵左。四、乙巳;　十、丁酉、十六, 殿試讀卷。九、乙丑;知武舉。　11.20;府丞授。 九、丁卯;改吏右。

部院漢侍郎年表

年　代		光　緒　四　年　　戊寅（1878）
吏 部	左	**彭久餘**　　　　　　　　**童　華** 八、癸卯、廿六，9.22；病免。　　八、甲辰、廿七，9.23；右改。
	右	**童　華**　　　　　　　**黄　倬** 四、甲辰、廿五，5.26；署禮左。　八、甲辰；刑左　　八、甲辰；閣學祁世長署：十二、戊子、十三， 八、甲辰；改左。　　　（浙學）改。　　　1.5；順學。十二、己丑；左副張灃卿署。
户 部	左	**殷兆鏞**
	右	**翁同龢**　　　　　　　**潘祖蔭** 五、戊辰、十九，6.19；遷左都。　五、戊辰；禮右改。
禮 部	左	**黄　倬**　　　　　　**王文韶**（軍、學）（總） （浙學）四、癸巳、十四，　四、癸巳；署兵左授，仍兼。　　四、甲辰；假，吏右童華署。 5.15；改刑左。　　　　七、辛未、廿三，8.21；直總。
	右	**潘祖蔭**　　　　　**馮譽驥**　　　　　**龔自閎** 五、戊辰；改户右。　　五、戊辰；閣學遷。　　（皖學）八、甲辰；閣學遷。 　　　　　　　八、甲辰；改刑左。　　大理朱智署。
兵 部	左	**郭嵩燾** （使英）△七、乙亥、　　二、乙酉、五，3.8；湘撫王文韶（軍）署，入直：四、甲辰； 廿七，8.25；召回。　　假，閣學祁世長署：四、癸巳；授禮左，仍兼。
	右	**夏同善** 十一、癸亥、十八，12.11；蘇學。
刑 部	左	**袁保恒**　　　　　　**黄　倬**　　　　　**馮譽驥** 四、癸巳；死（文誠）。　（浙學）四、癸巳；禮左改。　四、癸巳；閣學署。 　　　　　　　八、甲辰；改吏右。　　　八、甲辰；禮右改。
	右	**錢寶廉**
工 部	左	**何廷謙**　　　　　　　**孫詒經** （順學）十二、戊子、十三，1.5；病免。　（閩學）十二、己丑、十四，1.6；閣學遷。
	右	（漢）**宜　振**
倉　　場		**畢道遠**
都 察 院		**張灃卿** 十二、己丑；署吏右。
		程祖誥

光緒五年 己卯（1879）

童 華		黃 倬
三、乙卯、十一，4.2，遷左都。	正、丁卯、廿三，2.13，詹事徐致祥署。	三、乙卯，右改。八、壬寅，卸浙學。

黃 倬	夏同善
（浙學）三、乙卯，改左。	三、乙卯，兵右（蘇學）改。八、壬寅，仍差蘇學。

殷兆鏞	潘祖蔭	王文韶（軍）（總）
正、丁卯，改禮右。	正、丁卯，右改。 正、辛未、廿七，2.17，遷左都。	正、辛未，禮左改。

潘祖蔭	（漢）童 振
正、丁卯，改左。	正、丁卯，工左改。

王文韶（軍）（總）	祁世長		邵亨豫
正、乙巳、一，1.22，入直。 正、辛未，改戶左。	正、辛未，閣學（順學）遷。 四、癸酉、卅，6.19，病免。	正、辛未，閣學王之翰暫署。 二、乙亥、二，2.21，太常許庚身署。	四、癸酉，湘撫授。

龔自閔	殷兆鏞
（皖學）正、丁卯，改工右。	正、丁卯，戶左改。 八、丁未、六，9.21，順鄉副考。

郭嵩燾	許應騤
七、壬午、十，8.27，病免。	七、壬午，閣學遷。

夏同善	朱 智
（蘇學）三、乙卯，改吏右。二、辛卯、十七，3.9，左副程祖誥署。	三、乙卯，大理遷。

馮譽驥	錢寶廉
六、甲子、廿二，8.9，江鄉正考。 八、庚午、廿九，10.14，改陝撫。	八、庚午，右改。

錢寶廉	薛允升
八、庚午，改左。二、辛卯，太僕夏家鎬署。八、丁未，順鄉副考。	八、庚午，魯布署漕督授。

孫詒經
八、壬寅、一，9.16，卸閩學。三、乙卯，閣學孫家鼐署。

（漢）童 振	龔自閔		張灃卿	
正、丁卯，改戶右。	（皖學）正、丁卯，禮右改。	大理朱智署。△死。	四、辛酉、十八，6.7，左副授。八、壬寅，浙學。	左副程祖誥兼署。

畢道遠

張灃卿	賀壽慈	陳蘭彬
四、辛酉，改工右。	六、己酉、七，7.25，降調工尚授。 八、壬寅，劾、解。	八、壬寅，府丞授。（使美）八、丙午、五，9.20，太常夏家鎬署。

程祖誥
二、辛卯，署兵右。八、癸卯、二，9.17，兼署工右。

部院漢侍郎年表

年　代		光　緒　六　年　庚　辰（1880）
吏 部	左	黄　倬 　四、辛酉、廿四，6.1；病免。　邵亨豫 　四、辛酉；禮左改。 　九、戊寅、十三，10.16；武會正考。
	右	夏同善 　（蘇學）八、癸卯、七，9.11；病免 　（旋死，文敬）。　錢寶廉 　八、癸卯；刑左改。
戶 部	左	王文韶（軍）（總） 　四、丁巳、廿，5.28；殿試讀卷。
	右	（漢）宣　振
禮 部	左	邵亨豫 　四、辛酉；改吏左。　殷兆鏞 　四、辛酉；右改。
	右	殷兆鏞 　四、辛酉；改左。　祁世長 　四、辛酉；前禮左授。九、戊寅；武會副考。
兵 部	左	許應騤 　三、癸酉、六，4.14；會試副考。 　四、丁巳；殿試讀卷。九、戊寅；知武舉。
	右	朱　智
刑 部	左	錢寶廉 　八、癸卯；改吏右。　孫詒經 　八、癸卯；工左改。
	右	薛允升
工 部	左	孫詒經 　四、丁巳；殿試讀卷。八、癸卯；改刑左。　孫家鼐 　八、癸卯；閣學遷。
	右	張灃卿 　（浙學）
倉　　場		畢道遠
都 察 院		陳蘭彬 　（使美）
		程祖誥

光緒七年　辛巳（1881）

邵亨豫

錢寶廉 十二、庚辰、廿二，2.10；死。	**祁世長** 十二、壬午、廿四，2.12；禮右改。

王文韶（軍）（總）

（漢）**宜　振** 四、乙巳、十四，5.11；病免。	**孫詒經** 四、乙巳；刑左改。△四月，順學。
殷兆鏞 十二、甲申、廿六，2.14；病免。（九年死）	**張濯卿** （浙學）十二、甲申；工右改。
祁世長 十二、壬午；改吏右。	**許庚身** 十二、壬午；大理署左副授。

許應鵔

朱　智 四、丁未、十六，5.13；病免。	**梅啓照** 四、丁未；閣學遷。 八、丁亥、廿八，10.20；改河東。	**徐　郙** 八、丁亥；閣學工右授，仍署。
孫詒經 四、乙巳；改戶右。	**薛允升** 四、乙巳；右改。	
薛允升 四、乙巳；改左。	**夏家鎬**（總） 四、乙巳；府丞遷。	

孫家鼐

張濯卿 （浙學）十二、甲申； 改禮左。 六、甲辰、十四，7.9；閣學徐郙署； 八、丁亥；授兵右，仍署。	**孫毓汶** （皖學）十二、甲申；　太常徐用儀署左副署。 閣學遷。

翚道遠

陳蘭彬
（使美：五月任滿）　四、己酉、十八，5.15；大理許庚身署；
十二、壬午；授禮右，前順尹周家楣署。

程祖誥 △七月，休。	**曾紀澤** 七、辛未、十一，8.5；府丞（使英）授。	七、辛未；太常徐用儀署； 十二、甲申；署工右。翰讀學張家驤署。

部院漢侍郎年表

年　代		光　緒　八　年　壬午(1882)
吏 部	左	邵亨豫
	右	祁世長 八、壬寅、一,9.12；浙學。
戶 部	左	王文韶(軍)(總)　　　　　　　　　　　許應騤 正、辛亥、廿四,3.13；署戶尚。　　　　十一、戊子、六,12.15；兵左改。閣學張家驤左副署。 十一、丁亥、五,12.14；乞養。
	右	孫詒經 八、甲寅、一,9.12；仍差順學。 十二、辛酉、九,1.17；順尹周家楣署。
禮 部	左	張澐卿 八、壬寅；卸浙學。
	右	許庚身　　　　　　　　　　　　　　　　　　　童　華 六、丙子、廿二,8.5；江鄉正考。　八、丙辰、三,9.14；　九、丁酉；左都解任授。 九、丁酉、十四,10.25；改刑右。　順尹周家楣署。
兵 部	左	許應騤　　　　　　　　　　　　　　　　黃體芳 六、丙寅、十二,7.26；浙鄉正考。　九、丁酉、十四,10.　(蘇學)十一、戊子；閣學遷。 十一、戊子；改戶左。　　　　　25；順尹周家楣署。
	右	徐　郙 八、甲寅、一,9.12；皖學。　八、丙辰、三,9.14；左副陳蘭彬署。
刑 部	左	薛允升
	右	夏家鎬(總)　　　　　　　　　　　　　　許庚身 九、丁酉；病免。　　　　　　　　　九、丁酉；禮右改。
工 部	左	孫家鼐 八、己未、六,9.17；順鄉副考。
	右	孫毓汶 八、甲寅；卸皖學。 十二、辛酉；署倉侍。大理徐用儀署。
倉　場		畢道遠　　　　　　　　　　游百川 正、辛亥；遷左都。　　　正、辛亥；順尹遷。十二、辛酉；工右孫毓汶署。
都 察 院		陳蘭彬(總) 三、戊子、二,4.19；直總。　　前順尹周家楣署：正、辛亥；授順尹。 八、丙辰；署兵右。
		曾紀澤 (使英)　張家驤署：十一、戊子；署戶左。閣學王之翰署： 十一、癸巳、十一,12.20；休。右庶子張佩綸署。

光 緒 九 年　癸未(1883)	光 緒 十 年　甲申(1884)

光 緒 九 年　癸未(1883)

邵亨豫　　　　　祁世長
六、癸丑、五,7.8;死。　（浙學）六、丙辰、八,
　　　　　　　　　7.11;右改。

祁世長　　　　　許應騤
（浙學）六、丙辰;改左。　六、丙辰;户左改。

許應騤　　孫詒經
六、丙辰;　（順學）六、丙　順尹周家
改吏右。　辰;右改。　楣署。

孫詒經　　　　孫家鼐
（順學）六、丙辰;　六、丙辰;工右改。
改左。

張澤卿　　　　　　徐郙
十、庚戌、三,　左副陳蘭　（皖學）十、辛亥、
11.2;死。　彬署。　四,11.3;兵右改。

童　華

黄體芳
（蘇學）

徐　郙　　　　劉錦棠
（皖學）十、辛　大理徐用　十、辛亥;通政遷
亥;改禮左。　儀署。　（欽）

薛允升
九、庚寅、十三,10.13;知武舉。

許庚身

孫家鼐　　　孫毓汶
六、丙辰;　六、丙辰;右改,　大理徐用
改户右。　仍署倉侍。　儀署。

孫毓汶　　　　張家驤
六、丙辰;改左。　六、丙辰;閱學遷。
　　　　　　九、庚寅;武會正考。

游百川
六、丙辰;工左孫毓汶署。

陳蘭彬（總）
十、庚戌　署左副張佩綸:
署禮左。　正、丙午、十四,3.3;知貢舉。
　　　　四、庚午、廿,5.26;殿試讀卷。

曾紀澤
（使英）　張佩綸署（總）:
　　　　十一、辛巳、四,12.3;直總。
　　　　十一、壬寅、廿五,12.24;赴津。

光 緒 十 年　甲申(1884)

祁世長　　　　　許應騤
（浙學）三、庚寅、十　三、庚寅;右改。
五,4.10;遷左都。

許應騤　　　　　張家驤
三、庚寅;改左。　三、庚寅;工右改。

孫詒經
（順學）

孫家鼐

徐　郙
（皖學）　左副陳蘭彬署:八、庚子、廿九,10.17;病
　　　　免。八、辛丑、卅,10.18;閱學徐致祥署。
　　　　十二、甲戌、四,1.19;閱學周德潤署。

童　華

黄體芳
（蘇學）

劉錦棠（欽）　　曾紀澤
十、癸酉、二,11.19;　十、甲戌、三,11.20;左副（使
改新撫。　　　英）授。工右徐用儀兼署。

薛允升

許庚身（軍）（總）
三、癸巳、十八,4.13;學習入直。
三、戊戌、廿三,4.18;直總。八、壬申、一,9.19;入直。

孫毓汶（軍）（學）
三、戊子、十三,　大理徐用儀署:三、庚寅;授工右。
4.8;學習入直。　三、丁亥、十二,4.7;府丞吳廷芬署。
　　　　　　八、乙亥、四,9.22;閱學廖壽恆署。

張家驤　　　徐用儀（總）
三、庚寅;　三、庚寅;大理遷。閏五、乙巳、二,
改吏右。　6.24;直總。十、甲戌;兼署兵右。

游百川

陳蘭彬（總）　　　吳大澂
七、丙辰、十四,9.3;罷總。　八、乙亥;通政授。
八、庚子;病免。

曾紀澤　　　　　　　白　桓
（使英）　張佩綸（總）署:四、戊午　十一、戊午、
十、甲戌;　十四,5.8;會辦閩軍　十八,1.3;
改兵右。　五月,通副胡瑞瀾署。　大理授。

部院漢侍郎年表

年　代		光緒十一年　乙酉(1885)	光緒十二年　丙戌(1886)
吏部	左	許應騤 八、丁卯、一，9.9，順學。 十一、壬子、十八，12.23；通政周家楣署。	許應騤 （順學）
	右	張家驤　　　　李鴻藻 十一、壬子；　　十一、癸丑、十九，12.24； 死（文莊）。　　閣學遷。	李鴻藻 二、丙寅、二，3.7；知貢舉。
戶部	左	孫詒經 八、丁卯；卸順學。	孫詒經
	右	孫家鼐	孫家鼐
禮部	左	徐郙 八、丁卯；卸皖學。	徐郙 四、癸未、廿，5.23；殿試讀卷。 九、癸卯、十三，10.10；武會副考。
	右	童華 八、壬申、六，9.14；順鄉副考。	童華
兵部	左	黃體芳　　　　　曾紀澤 八、丁卯；卸蘇學。　十二、庚寅、　　工右徐用 十二、己丑、廿五，廿六，1.30；　　儀兼署。 1.29；降二調。　右改。	曾紀澤（總） 十一、丁未、十八，12.13；直總。
	右	曾紀澤　　　　廖壽恒（總） （使英：六月回國。）十二、庚寅；閣學 十二、庚寅；改左。　（總）遷。	廖壽恒（總） 正、戊午、廿四，2.27；知貢舉。 四、癸未；殿試讀卷。九、癸卯；知武舉。
刑部	左	薛允升	薛允升
	右	許庚身（軍）（總） 十二、乙丑、一，1.5；署兵尚。	許庚身（軍）（總） （署兵尚）
工部	左	孫毓汶（軍）（總） 六、癸未、十六，7.27；直總。 六、甲午、廿七，8.7；入直。	孫毓汶（軍）（總） 三、辛丑、八，4.11；會試副考。
	右	徐用儀（總） 十二、庚寅；兼署兵左。	徐用儀（總）
倉場		游百川	游百川
都察院		吳大澂	吳大澂　　　　徐樹銘 十一、己亥、十，　十二、壬戌、四，12.28； 12.5；改粵撫。　府丞授。
		白桓 六、丁丑、十，　六、庚辰、十三，7.24；太常胡 7.21；浙鄉　瑞瀾署；八、丁卯；粵學。八、己 正考。　　巳、三，9.11；通政周家楣署。	白桓

光緒十三年　丁亥(1887)		光緒十四年　戊子(1888)	
許應騤 （順學）		許應騤 八、庚辰、一,9.6;卸順學。	
李鴻藻 九、丁巳、三,10.19;遷 禮尚。	許庚身（軍）（總） 九、戊午、四,10.20; 刑右改,仍署兵尚。	許庚身（軍）（總） 七、壬子、二,8.9;授兵尚。	孫毓汶（軍）（總） 七、壬子;工左改。
孫詒經		孫詒經	
孫家鼐 正、辛亥、廿三,2.15; 改兵右。	曾紀澤（總） 正、辛亥;兵左改。	曾紀澤（總）	
徐　郙		徐　郙	
童　華		童　華	
曾紀澤（總） 正、辛亥;改戶右。	廖壽恒（總） 正、辛亥;右改。	廖壽恒（總）	
廖壽恒（總） 正、辛亥;改左。	孫家鼐 正、辛亥;戶右改。	孫家鼐	
薛允升 閏四、己丑、二,5.24;差,閱學沈秉成署。		薛允升 八、乙酉、六,9.11;順鄉副考。	
許庚身（軍）（總） 九、戊午;改吏右。	周德潤 九、戊午;閱學遷。	周德潤 八、庚辰;順學。	
孫毓汶（軍）（總）		孫毓汶（軍）（總） 七、壬子;改吏右。	徐用儀（總） 七、壬子;右改。
徐用儀（總） 四、庚申、三,4.25;病假,閱學周德潤署。		徐用儀（總） 七、壬子;改左。	汪鳴鑾 七、壬子;閱學遷。
游百川		游百川	
徐樹銘		徐樹銘	
白　桓		白　桓	

部院漢侍郎年表

年　代		光　緒　十　五　年　　己　丑（1889）		
吏 部	左	**許廳聯** 八、己卯、六，8.31；順鄉副考。		
	右	**孫毓汶**（軍）（總） 正、辛酉、十五，2.14；遷刑尚。	**孫家鼐** 正、己巳、廿三，2.22；知貢舉。 正、壬戌、十六，2.15；兵右改。	
戶 部	左	**孫詒經** 四、乙未、廿，5.19；殿試讀卷。八、己卯；順鄉副考。		
	右	**曾紀澤**（總）		
禮 部	左	**徐郙**		
	右	**童華** 二、丙申、廿，3.21；死。	**廖壽恒**（總） 二、戊戌、廿二，3.23；兵左改。三、辛亥、六，4.5； 會試副考。九、戊午、十五，10.9；武會正考。	
兵 部	左	**廖壽恒**（總） 二、戊戌；改禮右。	**徐用儀**（總） 二、戊戌；右改。	
	右	**孫家鼐** 正、壬戌；改吏右。	**徐用儀**（總） 正、壬戌；工左改。 二、戊戌；改左。	**白桓** 二、戊戌；左副授。 九、戊午；知武舉。
刑 部	左	**薛允升** 四、乙未；殿試讀卷。		
	右	**周德潤** （順學）		
工 部	左	**徐用儀**（總） 正、壬戌；改兵右。	**汪鳴鑾** 正、壬戌；右改。九、戊午；武會副考。	
	右	**汪鳴鑾** 正、壬戌；改右。	**徐樹銘** 正、壬戌；左副授。	
倉　場		**游百川**		
都 察 院		**徐樹銘** 正、壬戌；改工右。	**薛福辰** 二、丁亥、十一，3.12；府丞授。五、己酉、四，6.2； 病免。六、丙戌、十二，7.9；通政黃體芳署。	**徐致祥** △七月；府丞授。
		白桓 二、戊戌；改兵右。	**沈源深** 三、癸酉、廿八，4.27；大理授。 六、丙戌；贛鄉正考。	

光緒十六年 庚寅（1890）

許應騤
　三、乙亥、六，4.24；會試副考。
　九、壬午、十五，10.28；武會正考。

孫家鼐	**徐　郙**
十一、己巳、三，12.14；遷左都。	十一、辛未、五，12.16；禮左改。

孫詒經	**廖壽恒**(總)
△十一月，死（文愨）。	十一、戊寅、十二，12.23；禮右改。

曾紀澤(總)	**徐用儀**(總)
閏二、乙丑、廿五，4.14；死（惠敏）。	閏二、丙寅、廿六，4.15；兵左改。

徐　郙	**廖壽恒**(總)	**錢應溥**
四、己未、廿，6.7；殿試讀卷。	十一、辛未；右改。	十一、戊寅；右改。
十一、辛未；改吏右。	十一、戊寅；改戶左。	

廖壽恒(總)	**錢應溥**	**李文田**
閏二、丙寅；兼署兵左。四、己未；殿試讀卷。	十一、辛未；府丞遷。	十一、戊寅；閣學遷。
九、壬午；知武舉。十一、辛未；改左。	十一、戊寅；改左。	

徐用儀(總)	**洪　鈞**
閏二、丙寅；改戶右。	閏二、丙寅；閣學（使俄）遷。七月，回國。　禮右廖壽恒兼署。

白　恒

薛允升

周德潤
　（順學）

汪鳴鑾
　四、己未；殿試讀卷。

徐樹銘

游百川

徐致祥
　二、癸酉、三，2.21；知貢舉。

沈源深
　三、乙亥；會試副考。十二、戊午、廿三，2.2；閩學。

部院漢侍郎年表

年　代		光　緒　十　七　年　　辛　卯(1891)
吏部	左	**許應騤**　四、丁未、十四,5.21;改倉侍。　　　　　**譚鍾麟**　四、己酉、十六,5.23;前陝督授。
	右	**徐　郙**
戶部	左	**廖壽恒**(總)　八、丁酉、六,9.8;順鄉副考。
	右	**徐用儀**(總)
禮部	左	**錢應溥**
	右	**李文田**　八、壬辰、一,9.3;順學。　　八、癸巳、二,9.4;左副張蔭桓署。
兵部	左	**洪　鈞**(總)　十一、乙亥、十五,12.15;直總。
	右	**白　桓**　六、己亥、七,7.12;病免(旋死)。　　　　**沈源深**　六、己亥;左副(閩學)授。八、壬辰;仍差閩學。
刑部	左	**薛允升**
	右	**周德潤**　八、壬辰;順學。
工部	左	**汪鳴鑾**　七、庚午、八,8.12;魯鄉正考。
	右	**徐樹銘**　八、丁酉;順鄉副考。
倉　　場		**游百川**　四、壬寅、九,5.16;解、議(革)。　　　　**許應騤**　四、丁未;吏左改。
都察院		**徐致祥**　五、乙亥、十二,6.18;粵鄉正考。 五、丙子、十三,6.19;府丞陳彝署;八、壬辰;浙學。 **沈源深** (閩學)六、己亥;改兵右。　　**張蔭桓**(總)　七、己巳、七,8.11;大理授。八、癸巳;署禮右。 八、癸巳;順尹胡聘之署;十月,授晉布;順尹孫楫署。

光緒十八年　壬辰(1892)	光緒十九年　癸巳(1893)
譚鍾麟　　**徐　郙**　　**徐用儀**(總) 五、乙酉、廿八、　六、戊子、二,6.25;　八、壬申; 6.22;改閩督。　右改。八、壬申、十　右改。 　　　　　七,10.7;遷左都。	**徐用儀**(軍、學)(總) 十二、辛亥、三,1.9;學習入直。
徐　郙　　**徐用儀**(總)　　**廖壽恒** 四、癸丑、廿五、　六、戊子;戶右改。　八、壬申; 5.21;殿試讀卷。　八、壬申;改左。　戶左改。 六、戊子;改左。	**廖壽恒**(總)
廖壽恒(總)　　　**張蔭桓**(總) 四、癸丑;殿試讀卷。　八、壬申;右改。 八、壬申;改吏右。	**張蔭桓**(總)
徐用儀(總)　**張蔭桓**(總)　　**陳學棻** 六、戊子;　　六、戊子;左副授。　八、壬申; 改吏右。　　八、壬申;改左。　閣學遷。	**陳學棻** 八、乙卯、六,9.15;順鄉副考。
錢應溥	**錢應溥**
李文田 (順學)	**李文田** (順學)
洪　鈞(總)	**洪　鈞**(總)　　　**王文錦** 八、甲戌、廿五,　八、戊寅、廿九,10.8; 10.4;死。　　　閣學遷。
沈源深 (閩學)	**沈源深**　　　　**徐樹銘** (閩學)正、丁酉、　二、甲子、十一,3.28; 十三,3.1;死。　工右改。
薛允升	**薛允升**　　　　**李端棻** 十二、丁巳、九,1.15;　十二、壬戌、十四,1.20; 遷刑尚。　　　　右改。
周德潤　　　　**李端棻** 十、甲戌、廿,12.8;死。　十、丙子、廿二,12.10; 　　　　　　閩學遷。	**李端棻**　　　　**龍湛霖** 十二、壬戌;改左。　十二、壬戌;閣學遷。
汪鳴鑾 四、癸丑、廿五,5.21;殿試讀卷。	**汪鳴鑾**
徐樹銘 九、庚子、十五,11.4;知武舉。	**徐樹銘**　　　**徐會灃** 二、甲子;　　二、甲子;閣學遷。六、壬申、廿二, 改兵右。　　8.3;江鄉正考。閣學王文錦署。
許應騤	**許應騤**
徐致祥　　　　**薛福成** 八、丙子、廿一,10.11;　八、丙子;大理(使英)授。 改大理。	**薛福成** (使英)十月,任滿回國。
張蔭桓(總)　　**楊　頤** 六、戊子;改戶右。　閏六、丙寅、十,8.2; 　　　　　太常授。	**楊　頤**

部院漢侍郎年表

年　代		光緒二十年　甲午（1894）
吏 部	左	**徐用儀**（軍）（總） 　六、辛未、廿六，7.28；入直。
	右	**廖壽恒**（總）
戶 部	左	**張蔭桓**（總） 　十二、壬子、十，1.5；授全權大臣赴日本議和。
	右	**陳學棻** 　九、乙酉、十二，10.10；武會正考。
禮 部	左	**錢應溥**
	右	**李文田** 　八、乙巳、一，8.31；卸順學。
兵 部	左	**王文錦**
	右	**徐樹銘** 　九、乙酉；知武舉。
刑 部	左	**李端棻** 　　七、壬午、八，8.8；魯鄉正考，府丞沈恩嘉署。
	右	**龍湛霖** 　八、乙巳；蘇學。
工 部	左	**汪鳴鑾**（總） 　三、癸未、六，4.11；會試副考。四、丙寅、廿，5.24；殿試讀卷。 　七、壬寅、廿八，8.28；直總。
	右	**徐會灃** 　八、乙巳；順學。
倉　　場		**許應鑅**
都 察 院		**薛福成**　　　　　　　　　　（漢）**壽　昌** 　七、辛卯、十七，8.17；死。　　　八、甲子、廿，9.19；通政授。
		楊　頤 　三、癸未；會試副考。　八、庚戌、六，9.5；順鄉副考，通副顧璜署。

光緒二一年　乙未(1895)

徐用儀(軍)(總)
六、乙酉、十六,8.6;罷直,罷總。

廖壽恒(總)	**汪鳴鑾**	**王文錦**
四、辛酉、廿,5.14;殿試讀卷。 六、己卯、十,7.31;改倉侍。	六、己卯;工左改。 十、甲申、十七,12.3;革。	十、丙戌、十九,12.5;兵左改。

張蔭桓(總)
正、乙未、廿三,2.17;回京。

陳學棻
四、辛酉;殿試讀卷。

錢應溥(軍)
六、乙酉;入直。

李文田	**徐會灃**
三、丁丑、六,3.31;會試副考。四、辛酉;會試讀卷。 十、己丑、廿二,12.8;死(文誠)。	十、癸巳、廿六,12.12;工右(順學)改。

王文錦	**徐樹銘**
十、丙戌;改吏右。	十、丙戌;右改。

徐樹銘	**吳廷芬**(總)
四、辛酉;殿試讀卷。九、壬子、十五,11.1; 知武舉。十、丙戌;改左。	十、丙戌;府丞授。

李端棻
九、壬子;武會正考。

龍湛霖
(蘇學)

汪鳴鑾(總)	**許景澄**
四、辛酉;殿試讀卷。六、己卯;改吏右。	(使俄德奧荷) 六、己卯;閣學遷。

徐會灃	**惲彥彬**
(順學) 十、癸巳;改禮右。	十、癸巳;閣學(粵學)遷。

許應騤	**廖壽恒**
六、己卯;遷左都。	六、己卯;吏右改。

(漢)**壽　昌**

楊　頤
正、甲午、廿二,2.16;知貢舉。

部院漢侍郎年表

年　代		光緒二二年　丙申（1896）	
吏部	左	徐用儀	
	右	王文錦 九、辛酉、廿九，11.4；死。	吳廷芬（總） 五、壬戌、廿八，7.8；兵右改。
戶部	左	張蔭桓（總）	
	右	陳學棻	
禮部	左	鏡應溥（軍） 十、辛卯、卅，12.4；遷左都。	徐會灃 （順學）十、辛卯；右改。
	右	徐會灃 （順學）十、辛卯；改左。	張英麟 十、辛卯；閩學遷。
兵部	左	徐樹銘	
	右	吳廷芬（總） 五、壬戌；改吏右。	楊　頤 五、壬戌；左副授。
刑部	左	李端棻	
	右	龍湛霖 （蘇學）	
工部	左	許景澄 十一、丁巳、廿六，12.30；使德。	
	右	惲彥彬 （粵學）	
倉　場		廖壽恒	
都察院		（漢）壽　昌	
		楊　頤　　（漢）楊　儒 五、壬戌；　　（使美）六、己丑、廿五，8.4；府丞　十一、丁未、十六，12.20；閩學馮文蔚兼。 改兵右。　　授。十、庚辰、十九，11.23；使俄。　十二、壬戌、二，1.4；詹事陸寶忠署。	

光緒二三年　丁酉（1897）

徐用儀
二、戊寅、十九,3.21;兼署户左。

吳廷芬(總)　　　　　　**徐樹銘**　　　　　　　　**徐會澧**
八、甲戌、十七,9.13;假。　　八、丁丑、廿,9.16;兵左(浙學)改。　　九、辛卯;禮左改,仍署。
　　　　　　　　　　　　九、辛卯、五,9.30;遷左都。

張蔭桓(總)
二、壬戌、三,3.5;使英。二、戊寅;吏左徐用儀兼署。

陳學棻
九、癸卯、十七,10.12;浙學。

徐會澧　　　　　　　　　　**張英麟**
八、戊午、一,8.28;卸順學。　　　　(順學)九、辛卯;右改。
九、辛卯;改吏右,仍署。

張英麟　　　　　　　　　　**唐景崇**
八、戊午;順學。九、辛卯;改左。　　九、辛卯;閣學遷。

徐樹銘　　　　　　　　　　　　　　　**楊　頤**
六、庚午、十二,7.11;浙鄉正考。　閣學唐景崇署。　八、丁丑;右改。
八、戊午;浙學。八、丁丑;改吏右。

楊　頤　　　　　　　　　　(漢)**壽　昌**
八、丁丑;改左。　　　　　　　八、丁丑;左副授。

李端棻　　　　　　　　　　**趙舒翹**
七、甲午、七,8.4;改倉侍。　　七、甲午;蘇撫授。　　七、丙申、九,8.6;詹事瞿鴻禨署;
　　　　　　　　　　　　　　　　　　　　　　　八、戊午;蘇學。光祿曾廣漢署。

龍湛霖
八、戊午;卸蘇學。

許景澄
(使德:五月,召回。)七、丙申、九,8.6;閣學梁仲衡署。

惲彥彬
八、戊午;卸粵學。

廖壽恒　　　　　　　　　　**李端棻**
七、壬辰、五,8.2;遷左都。　　七、甲午;刑左改。

(漢)**壽　昌**　　　　　　　　(漢)**徐承煜**
八、丁丑;改兵右。　　　　　　九、甲辰、十八,10.13;府丞授。

(漢)**楊　儒**
(使俄)

部院漢侍郎年表

年　　代		光　緒　二　四　年　　戊　戌（1898）
吏	左	**徐用儀**（總） 八、壬辰、十一，9.26；直總。
部	右	**徐會澧**　　　　　　　　　　　　**李培元** 　三、己丑、六，3.27；會試副考。七、庚午、十九，　　七、癸酉、廿二，9.7；裁缺通副授。 　9.4；革。八、壬寅、廿一，10.6；署戶左授。　　　八、壬寅；改刑左。
戶	左	**張蔭桓**（總）　**吳樹梅** 　八、庚寅；革。　　八、甲午、十三，9.28；閩學遷。　　八、丁酉；前禮右徐會澧署：八、壬寅；授吏右。 　　　　　　　　八、丁酉、十六，10.1；湘學。　　八、癸卯、廿二，10.7；前左副曾廣漢署。
部	右	**陳學棻** 　（浙學）六、癸未、一，7.19；召京。
禮	左	**張英麟** 　（順學）　吏右徐會澧署：七、庚午；革。七、辛未、廿，9.5；裁缺少詹王錫蕃署：八、甲辰、廿三， 　　　　　10.8；革。八、乙巳、廿四，10.9；左副徐承煜署：十、癸未、三，11.16；改刑右。 　　　　　八、癸未；府丞葛寶華署：十一、壬戌、十三，12.25；遷左副。
部	右	**唐景崇** 　四、壬寅、廿，6.8；殿試讀卷。　　七、丙辰、五，8.21；左副曾廣漢署：七、庚午；革。 　六、癸未、一，7.19；浙學。　　七、辛未、廿，9.5；翰讀徐致靖署：八、庚寅、九，9.24；革。
兵	左	**楊　頤** 　九、乙丑、十五，10.29；知武舉。
部	右	（漢）**壽　昌**　　　　　　**徐致祥** 　　　　　　　　　（皖學）十、丁酉、十七，11.30；大理授。　　　通政李端遇署。
刑	左	**趙舒翹**　　　　　　**李培元**　　　　　　　（漢）**徐承煜** 　八、辛丑、廿，10.5；遷刑尚。　　八、壬寅；吏右改。　　　十、癸未；左副授。
部	右	**龍湛霖**　　　　　　　　　　**梁仲衡** 　六、丁酉、十五，8.2；病免。（光卅一年死）　六、丁酉；閩學遷。
工	左	**許景澄**（總） 　二、丙寅、十二，3.4；頭等欽差使俄。　閩學梁仲衡署：四、壬寅；殿試讀卷。 　　　　　　　　　　　　　　　　　九、己巳、十九，11.2；直總。
部	右	**惲彥彬**　　　　　　（漢）**楊　儒** 　閏三、己卯、廿六，5.16；病免。　　（使俄）閏三、己卯；左副授。　　閩學梁仲衡署。
倉　　場		**李端棻**　　　　　　　　　**劉恩溥** 　七、癸酉；遷禮尚。　　　　七、癸酉；裁缺太僕授。
都 察 院		（漢）**徐承煜**　　　　　　　**葛寶華** 　八、乙巳；署禮左。十、癸未；改刑左。　　△十一、壬戌；府丞授。 （漢）**楊　儒**　　　　　**曾廣漢**　　　　　　　　**曾廣鑾** 　閏三、己卯；改工右。　四、戊戌、十六，6.4；府丞授。　七、癸酉；裁缺通參授。 　　　　　　　　　七、丙辰；署禮右。七、庚午；革。

光緒二五年　己亥(1899)

徐用儀（總） 五、乙卯、九，6.16；遷左都。	**徐會灃** 五、乙卯；右改。 十一、己巳、廿五，12.27；遷左都。	**許景澄**（總） 十一、庚午、廿六，12.28；右改。
徐會灃 五、乙卯；改左。	**許景澄**（總） 五、乙卯；工右改。 十一、庚午；改左。	**陳學棻** 十一、庚午；戶右改。
吳樹梅 （湘學）		
陳學棻 十一、庚午；改吏右。	**吳廷芬**（總） 十一、庚午；署禮右授。	
張英麟 （順學）左副葛寶華署：四、辛卯、十四，5.23；授兵左。通政李端遇署。		
唐景崇 （浙學）△憂免。	**瞿鴻禨** 正、癸酉、廿五，3.6； 閣學遷。（蘇學）	閣學李殿林署：四、辛丑、廿四，6.2；卸。前吏右吳廷芬 署：五、壬子、六，6.13；直總。十一、庚午；授戶右。
楊頤 △四月，死。	**葛寶華** 四、辛卯；左副授。	
徐致祥 （皖學）△四月，死。	**李殿林** 四、丁亥、十，5.19；閣學遷。	
（漢）**徐承煜**		
梁仲衡		
許景澄（總） 五、乙卯；改吏右。	（漢）**楊儒** （使俄）五、乙卯；右改。五、丙辰、十，6.17；閣學華金壽署。	
（漢）**楊儒** （使俄）五、乙卯；改左。	**袁世凱** 五、乙卯；候侍授。　　　　　　　五、丙辰；閣學陸潤庠署。 十一、戊申、四，12.6；署魯撫。	
劉恩溥		
葛寶華 四、辛卯；改兵左。	**李端遇** 五、庚戌、四，6.11；通政授。	
曾廣鑾		

部院漢侍郎年表

年　　代		光　緒　二　六　年　　庚　子（1900）			
吏 部	左	許景澄（總） △七、壬寅、 三，7.28；殺。 （宣元，文廳）	陳學棻 七、癸卯、四，7.29；右 改。七、戊午、十九， 8.13；遷工尚。	華金壽 八、戊子、十九， 9.12；戶右改。 閏八月，死。	李殿林 閏八、庚申、廿一，10.14；兵 右改。九、戊寅、十，11.1； 蘇學。通政陳邦瑞署。
	右	陳學棻 七、癸卯；改左。		張英麟 七、癸卯；禮左改。九、戊寅；卸順學。	
戶 部	左	吳樹梅 九、戊寅；卸湘學。			
	右	吳廷芬（總） 四、丁酉、廿六，5.24； 遷左都。	華金壽 四、戊戌、廿七，5.25；工右改。 十二，6.8；閩鄉正考。八、戊子；改吏左。	呂海寰 （使德）八、戊子；通政遷。 詹事李昭煒署。	
禮 部	左	張英麟 （順學）七、癸卯； 改吏右。	張百熙 七、癸卯；閩學遷。九、戊寅；卸粵學。 九、戊子、廿，11.11；遷左都。	李綬藻 九、戊子；閩學遷。	
	右	瞿鴻禨 （蘇學）九、丁丑、九，10.31；遷左都。	陸潤庠 九、戊寅；閩學署工左授。		
兵 部	左	萬寶華			
	右	李殿林 五、壬子；粵鄉正考。 閏八、庚申；改吏左。	陸寶忠 閏八、庚申；閩學遷。九、戊寅；順學。		
刑 部	左	（漢）徐承煜 △被拘。（廿七年正月殺）	戴鴻慈 十、庚子、二，11.23；前府丞薛允升 署；十二、甲子、廿七，2.15；遷刑尚。 十二、甲子；閩學遷。		
	右	梁仲衡			
工 部	左	（漢）楊　儒 （使俄）閩學華金壽署：二、丙戌、十四，3.14；授工右。 五、甲寅、十四，6.10；閩學陸潤庠署：九、戊寅；授禮右。			
	右	袁世凱 二、丙戌；授魯撫。	華金壽 二、丙戌；閩學署工左授。 四、戊戌；改戶右。	李端遇 四、戊戌；左副授。	
倉　　場		劉恩溥			
都 察 院		李端遇 四、戊戌；改工右。	何乃瑩 五、戊申、八，6.4；順尹授。		
		曾廣鑾 十、戊辰、卅，12.21；乞養。	（漢）成　章 十一、己巳、一，12.22；府丞授。		

光緒二七年　辛丑（1901）

李殿林
（蘇學）

張英麟

吳樹梅	（漢）**楊　儒**
十二、甲寅、廿二，1.31；病免。	（使俄）十二、甲寅；工左改。

呂海寰	**葛寶華**	**陳邦瑞**
（使德）六、甲辰、十，7.25；遷左都。	六、甲辰；兵左改。	十、丙申；工右改。
	十、丙申、四，11.14；遷工尚。	

李綬藻

陸潤庠	**朱祖謀**
十二、乙卯、廿三，2.1；遷左都。	十二、乙卯；闈學遷。

葛寶華	**李昭煒**
六、甲辰；改户右。	六、甲辰；闈學遷。

陸寶忠
（順學）　　二、己酉、十三，4.1；闈學徐琪署：十二、己酉、十七，1.26；革。
十二、庚戌、十八，1.27；左副張仁黻署。

戴鴻慈

梁仲衡	**沈家本**
十、丙申、四，11.14；改工右。	十、丙申；光禄授。

（漢）**楊　儒**	**梁仲衡**
（使俄）十二、甲寅；改户左。	十二、甲寅；右改。

李端遇	**陳邦瑞**	**梁仲衡**	**秦綬章**
五、戊辰、四，6.19；解。	五、戊辰；通政遷。	十、丙申；刑右改。	十二、甲寅；闈學（闈學）遷。
	十、丙申；改户右。	十二、甲寅；改左。	候侍胡燏棻署。

劉恩溥

何乃瑩	**張仁黼**
七、戊寅、十五，8.28；解。	七、壬午、十九，9.1；順尹授。十二、庚戌；署兵右。

（漢）**成　章**

部院漢侍郎年表

年　　代		光緒二八年　壬寅（1902）		
吏　部	左	**李殿林** （蘇學）		
	右	**張英麟**		
户　部	左	（漢）**楊　儒** （使俄）正、癸酉、十二，2.19；死。	**陳邦瑞** 正、甲戌、十三，2.20；右改。 六、戊午、卅，8.3；順鄉副考。	
	右	**陳邦瑞** 正、甲戌；改左。	**戴鴻慈** 正、甲戌；刑左改。六、庚戌；廿二，7.26；江鄉正考。 六、辛亥、廿三，7.27；閩學劉永錫署。	
禮　部	左	**李若溎**		
	右	**朱祖謀** 八、己丑、二，9.3；粵學。九、辛酉、四，10.5；署工右唐景崇兼署；九、壬午、廿五，10.26；署工左。 候侍張翼署；九、癸未、廿六，10.27；署工右。通政署工左郭曾炘署。		
兵　部	左	**李昭煒** 六、庚子、十二，7.16；贛鄉正考。 六、辛丑、十三，7.17；閩學楊佩璋署。		
	右	**陸寶忠** （順學）		
刑　部	左	**戴鴻慈** 正、甲戌；改户右。	**沈家本** 正、甲戌；右改。 四、丙午、六，5.13；兼修訂法律大臣。	
	右	**沈家本** 正、甲戌；改左。	**梁仲衡** 正、甲戌；工左改。 二、戊申、十七，3.26；病免。	**胡燏棻** 二、戊申；候侍授。
工　部	左	**梁仲衡** 正、甲戌；改刑右。	**盛宣懷** 正、甲戌；府丞遷。　正、乙亥、十四，2.21；通政郭曾炘署；九、癸未； 署禮右。九、壬午；署工右兼禮右唐景崇署。	
	右	**秦綬章** （閩學）候侍胡燏棻署；二、戊申；授刑右。前禮右唐景崇署； 九、辛酉；兼署禮右。九、壬午；署工左。九、癸未；署禮右張翼署。		
倉　　場		**劉恩溥**		
都察院		**張仁黼**		
		（漢）**成　章**		

光緒二九年　癸卯(1903)	光緒三十年　甲辰(1904)
李殿林 　　八、壬子、一，9.21；卸蘇學。	**李殿林** 　　五、戊戌、廿，7.3；殿試讀卷。
張英麟 　　二、丙戌、一，2.27；會試副考，閩學楊佩璋署。	**張英麟** 　　五、戊戌；殿試讀卷。
陳邦瑞 　　五、丁丑、廿三，6.18；殿試讀卷。	**陳邦瑞**
戴鴻慈 　　五、丁丑；殿試讀卷。	**戴鴻慈** 　　二、乙卯、六，3.22；會試副考，裁缺通政郭曾炘署。
李岯藻	**李岯藻**
朱祖謀 　　八、壬子；　　　通政郭曾炘署：七、庚寅、八，8.30；魯鄉 仍差粵學。　　副考。七、辛卯、九，8.31；閩學劉永亨署。	**朱祖謀** 　　(粵學)
李昭煒	**李昭煒**　　　　　　　　**秦綬章** 　　四、癸亥、十五，5.29；　　(閩學)四、癸亥；工右改， 工右互調。　　　　　　候補閩學徐世昌署。
陸寶忠 　　八、壬子；仍差順學。	**陸寶忠** 　　(順學)
沈家本	**沈家本**
胡燏棻	**胡燏棻**
盛宣懷 　　　　　唐景崇署：六、甲子、十二，8.4； 　　　　　浙鄉正考。八、壬子；蘇學。	**盛宣懷**
秦綬章 　　八、壬子；　　　候侍張翼署：十、丙子、廿六，12.14；革。 仍差閩學。　　十、丁丑、廿七，12.15；閩學劉永亨署。	**秦綬章**　　　　　　　　**李昭煒** 　　(閩學)四、癸亥；　　四、癸亥；兵左改。 兵左互調。
劉恩溥	**劉恩溥**
張仁黼 　　五、丁丑；殿試讀卷。六、甲子；贛鄉正考。	**張仁黼**
(漢)**成　章**	(漢)**成　章**

年　　代		光緒三一年　乙巳（1905）		
吏　部	左	李殿林		
	右	張英麟		
户　部	左	陳邦瑞		
	右	戴鴻慈 八、戊午、十八，9.16；商左陳璧署。 九、戊戌、廿八，10.26；出洋考察憲政。		
禮　部	左	李斌瀛		
	右	朱祖謀 （粤學）五、丙申、廿四，6.26；病，卸粤學。		
兵　部	左	秦綬章 （閩學）徐世昌署：五、庚子、廿八，6.30；軍學。 五、辛丑、廿九，7.1；政務大臣。九、庚辰、十，10.8；遷巡尚。		
	右	陸寶忠 （順學）十二、庚戌、十二， 1.6；遷左都。	張仁黼 十二、辛亥、十三，1.7；左副授。 十二、甲子、廿六，1.20；改學左。	張亨嘉 十二、庚戌；左副署。 十二、甲子；授。
刑　部	左	沈家本		
	右	胡燏棻 十、庚申、廿一，11.17；外右伍廷芳署。		
工　部	左	盛宣懷		
	右	李昭煒		
倉　　場		劉恩溥		
都察院		張仁黼 十二、辛亥；改兵右。	張亨嘉 十二、壬子、十四，1.8；光祿 授。十二、甲子；改兵右。	陳兆文 （浙學）十二、乙丑、　閣學楊佩璋署。 廿七，1.21；太常授。
		（漢）成　章		

光緒三二年　丙午（1906）

李殿林

〔九、丙辰、廿二，11.8；授正白漢副。〕

張英麟

〔九、丙辰；授鑲黃蒙副。〕

陳邦瑞

九、乙卯、廿一，11.7；改吏左。

戴鴻慈	**陳　璧**
正、癸巳、廿五，2.18；遷禮尚。	正、癸巳；商左改。九、乙卯；改度右。

李綬藻	
四、丙辰、十九，5.12；兼署刑右。	〔九、丁巳、廿三，11.9；授國史館總裁官。〕

朱祖謀	**胡燏棻**
正、乙酉、十七，2.10；病免。	正、乙酉；刑右改。九、乙卯；改郵右。

秦綬章	
四、己亥、二，4.25；改設提學使，卸閩學。	〔三三年、四、戊辰、八，1907.5.19；授鑲黃蒙副。〕

張亨嘉

九、乙卯；改禮左。

沈嘉本

九、乙卯；授大理院正卿。

胡燏棻	**伍廷芳**
正、乙酉；改禮右。	正、乙酉；外右改。四、丙辰；修墓假，禮左李綬藻兼署。

盛宣懷

〔三四年、二、癸亥、七，1908.3.9；授郵右。〕

李昭煒	**劉永亨**	**張仁黼**
正、壬辰、廿四，2.17；休。	正、癸巳；閩學遷。三、庚寅、廿三，4.16；署倉侍。六、己卯、十四，8.3；授。	三、庚寅；學左署。六、己卯；授。九、乙卯；改法右。

劉恩溥	**吳重憙**	**劉永亨**
正、壬辰；解。（卅四年死）	正、癸巳、廿五，2.18；候侍授。三、己丑、廿二，4.15；署贛撫。	三、庚寅；工右署。六、己卯；授。

陳兆文	**陳名侃**
四、己亥；卸浙學。	八、乙丑、一，9.18；府丞授。九、乙卯；仍任。

（漢）**成　章**

〔三三年、正、癸丑、廿一，1907.3.5；授正白漢都。〕

滿缺侍郎年表

理藩院左右侍郎各一人
盛京五部侍郎各一人

順治元年至光緒三一年
1644—1905

滿缺侍郎年表

年　代		順 治 元 年　甲申(1644)	順 治 二 年　乙酉(1645)
理藩院	左侍郎	(滿)**尼堪** 　　△由承政改。	(滿)**尼堪**
	右侍郎		

年　代		順 治 三 年　丙戌(1646)	順 治 四 年　丁亥(1647)
理藩院	左侍郎	(滿)**尼堪**	(滿)**尼堪**　　　　　(滿)**席達禮** 　　六、戊戌、廿九,7.30;　　十、戊寅、一,11.7; 　　遷理尚。　　　　　　　任。
	右侍郎	(滿)**沙濟達喇** 　　八、丁丑、四,9.12;任。	(滿)**沙濟達喇**

順 治 五 年　戊子（1648）	順 治 六 年　己丑（1649）
㈠席達禮	㈠席達禮
㈠沙濟達喇	㈠沙濟達喇

順 治 七 年　庚寅（1650）	順 治 八 年　辛卯（1651）
㈠席達禮	㈠席達禮
㈠沙濟達喇	㈠沙濟達喇

滿缺侍郎年表

年　代		順治九年　壬辰(1652)	順治十年　癸巳(1653)
理藩院	左侍郎	(滿)席達禮	(滿)席達禮
	右侍郎	(滿)沙濟達喇	(滿)沙濟達喇

年　代		順治十一年　甲午(1654)	
理藩院	左侍郎	(滿)席達禮	
	右侍郎	(滿)沙濟達喇 十一、辛卯、五，12.13；遷理尚。	(?)尼勘 十二、庚申、四，1.11；大理遷。

順治十二年　乙未(1655)		順治十三年　丙申(1656)
(滿)席達禮		(滿)席達禮
（?）尼勘	（?）沙世悌爾	（?）沙世悌爾
八、甲寅、三，9.2；死。	三、庚子、十五，4.21；甲喇章京任。	

順治十四年　丁酉(1657)	順治十五年　戊戌(1658)
(滿)席達禮	(滿)席達禮
（?）沙世悌爾	（?）沙世悌爾

滿缺侍郎年表

年　代		順治十六年　己亥(1659)
理藩院	左侍郎	(滿)席達禮
	右侍郎	(?)沙世悌爾
盛京五部侍郎	戶部	(滿)費齊 六、丙申、七，7.25；裁缺吏部啓心郎遷。　　　　　　〔十五年九、庚子、六，1658.10.2； 鑄給戶、禮、工三部侍郎印。〕
	禮部	(滿)胡密達
	兵部	
	刑部	
	工部	(滿)努山 六、丙申；裁缺工部郎中遷。　　　　　　　　〔五、乙亥、十五，7.4；增設。〕

順治十七年　庚子（1660）

(滿)**席達禮**

(丁)**沙世悌爾**　　　　　　　　　　(滿)**達哈塔**
五、癸亥、九,6.16; 降調。　　　　　　六、辛丑、十八,7.24; 一等侍衞授。

(滿)**費齊**

(滿)**胡密達**

(滿)**努山**

滿缺侍郎年表

年代		順治十八年　辛丑(1661)	康 熙 元 年　壬寅(1662)
理藩院	左侍郎	(滿)席達禮　　　　(↑)綽克托 （康三年三月死，　　四、癸巳、十四,5.12; 僖敬）　　　　　　一等侍衛授。	(↑)綽克托
	右侍郎	(滿)達哈塔	(滿)達哈塔
盛京五部侍郎	戶部	(滿)費齊　　　　(滿)吳瑪護 　　　　　　　　十一、己酉、四,1.23; 　　　　　　　　大理遷。	(滿)吳瑪護
	禮部	(滿)胡密達	(滿)胡密達
	兵部		
	刑部		
	工部	(滿)努山	(滿)努山

康　熙　二　年　　癸卯(1663)	康　熙　三　年　　甲辰(1664)
(？)綽克托	(？)綽克托
(滿)達哈塔	(滿)達哈塔
(滿)吳瑪護	(滿)吳瑪護
(滿)胡密達	(滿)胡密達
	(滿)祁通格 正、甲戌、十一，2.7，國史學士授。
(滿)努山	(滿)努山

滿缺侍郎年表

年　　代		康熙四年　乙巳(1665)	康熙五年　丙午(1666)
理藩院	左侍郎	(↑)綽克托	(↑)綽克托
	右侍郎	(滿)達哈塔	(滿)達哈塔
盛京五部侍郎	户部	(滿)吳瑪護	(滿)吳瑪護
	禮部	(滿)胡密達	(滿)胡密達
	兵部		
	刑部	(滿)祁通格	(滿)祁通格
	工部	(滿)努山	(滿)努山

康熙六年　丁未(1667)	康熙七年　戊申(1668)
(？)綽克托	(？)綽克托
(滿)達哈塔	(滿)達哈塔
(滿)吳瑪護	(滿)吳瑪護 九、庚子、四, 10.9; 改盛將。　　　(滿)納桑阿 九、甲寅、十八, 10.23; 左通遷。
(滿)胡密遼	(滿)胡密遼 十一、壬寅、七, 12.10; 病休。(十二年死)　　(滿)哈爾松阿
(滿)祁通格	(滿)祁通格
(滿)努山	(滿)努山 五、辛丑、四, 6.12;解。　　(滿)敦色 五、丁卯、卅, 7.8;左通遷。

滿缺侍郎年表

年　代		康　熙　八　年　　己酉(1669)	康　熙　九　年　　庚戌(1670)
理藩院	左侍郎	(？)綽克托 六、乙亥、十四， 7.11；革。　　　(滿)達哈塔 六、乙酉、廿四， 7.21；右改。	(滿)達哈塔
	右侍郎	(滿)達哈塔 六、乙酉；改左。　　(滿)阿穆瑚瑯 六、乙酉；一等侍衞授。	(滿)阿穆瑚瑯
盛京五部侍郎	戶部	(滿)納桑阿	(滿)納桑阿
	禮部	(滿)哈爾松阿	(滿)哈爾松阿
	兵部		
	刑部	(滿)祁通格	(滿)祁通格 閏二、乙卯、廿八， 4.17；病免。　　　(滿)杭艾 三、癸亥、六，4.25； 原工侍授。
	工部	(滿)敖色	(滿)敖色

康 熙 十 年　辛亥(1671)	康 熙 十 一 年　壬子(1672)
(滿)**達哈塔**	(滿)**達哈塔**
(滿)**阿穆瑚瑯**　　　(?)**博羅特** 　　五、戊寅、廿八，7.4；　六、癸巳、十四，7.19； 　　遷理尚。　　　　　　一等侍衞授。	(?)**博羅特**
(滿)**納桑阿**	(滿)**納桑阿**
(滿)**哈爾松阿**	(滿)**哈爾松阿**
(滿)**杭艾**	(滿)**杭艾**
(滿)**敫色**	(滿)**敫色**

滿缺侍郎年表

年代		康熙十二年　癸丑(1673)	康熙十三年　甲寅(1674)
理藩院	左侍郎	(滿)達哈塔	(滿)達哈塔
	右侍郎	(？)博羅特	(？)博羅特
盛京五部侍郎	戶部	(滿)納桑阿　(滿)色赫(又作塞赫) 七、庚午、三,8.14; 保和學士遷。	(滿)色赫
	禮部	(滿)哈爾松阿	(滿)哈爾松阿
	兵部		
	刑部	(滿)杭艾	(滿)杭艾
	工部	(滿)敖色	(滿)敖色

康熙十四年　乙卯(1675)	康熙十五年　丙辰(1676)
(滿)達哈塔	(滿)達哈塔
(？)博羅特	(？)博羅特
(滿)色赫	(滿)色赫
(滿)哈爾松阿	(滿)哈爾松阿
(滿)杭艾	(滿)杭艾
(滿)敷色	(滿)敷色

滿缺侍郎年表

年　代		康熙十六年　丁巳(1677)	康熙十七年　戊午(1678)
理藩院	左侍郎	(滿)達哈塔	(滿)達哈塔
	右侍郎	(?)博羅特	(?)博羅特
盛京五部侍郎	户部	(滿)色赫	(滿)色赫
	禮部	(滿)哈爾松阿	(滿)哈爾松阿
	兵部		
	刑部	(滿)杭艾	(滿)杭艾
	工部	(滿)敕色　　　　(覺羅)沙賴 七、甲申、九、8.7；　正、壬寅、廿五， 死。　　　　　　2.26；閣學遷。	(覺羅)沙賴

康熙十八年　己未(1679)	康熙十九年　庚申(1680)
(滿)達哈塔	(滿)達哈塔
(?)博羅特	(?)博羅特 十一、甲戌、十九，1.8； 死。　　(滿)阿喇片 九、丙寅、十一，11.1； 一等侍衞授。
(滿)色赫	(滿)色赫
(滿)哈爾松阿	(滿)哈爾松阿
(滿)杭艾	(滿)杭艾
(覺羅)沙賴	(覺羅)沙賴 七、乙卯、廿八，8.22； 改户右。　　(滿)廖旦 八、壬戌、六，8.29；原 工侍授。

滿缺侍郎年表

年代		康熙二十年　辛酉(1681)	康熙二一年　壬戌(1682)
理藩院	左侍郎	(滿)**達哈塔**　　(滿)**阿喇尼** 二、庚寅、六,3.25;　二、己亥、十五, 病免。(十一月死)　4.3;右改。	(滿)**阿喇尼**
	右侍郎	(滿)**阿喇尼**　　(↑)**明愛** 二、己亥;改左。　二、己亥;大理遷。	(↑)**明愛**
盛京五部侍郎	户部	(滿)**色赫**	(滿)**色赫**
	禮部	(滿)**哈爾松阿**	(滿)**哈爾松阿**
	兵部		
	刑部	(滿)**杭艾**	(滿)**杭艾**　　(滿)**噶爾圖** 七、庚戌、五,8.7;　七、辛酉、十六,8.18; 遷左都。　閣學遷。
	工部	(滿)**廖旦**	(滿)**廖旦**

康熙二二年　癸亥(1683)	
(滿)阿喇尼	
(丁)明愛	
(滿)色赫　三、辛亥、九,4.5;改吏右。	(滿)莽色　三、丙辰、十四,4.10;左副改。
(滿)哈爾松阿　六、乙亥、四,6.28;死。	(滿)席蘭泰　正、癸亥、廿一,2.16;通政遷。
(滿)鳴爾圖	
(滿)廖旦	

滿缺侍郎年表

年　代		康熙二三年　甲子(1684)	康熙二四年　乙丑(1685)
理藩院	左侍郎	(滿)阿喇尼　　　　(?)明愛 八、癸亥、卅,10.8,　九、庚午、七, 改鑲黃蒙都。　　10.15;右改。	(?)明愛
	右侍郎	(?)明愛　　　　　(?)喇巴克 九、庚午;改左。　九、庚午;閣學授。	(?)喇巴克
盛京五部侍郎	戶部	(滿)莽色	(滿)莽色
	禮部	(滿)席蘭泰	(滿)席蘭泰
	兵部		
	刑部	(滿)鳴齎圖	(滿)鳴齎圖
	工部	(滿)廖旦	(滿)廖旦

康熙二五年　丙寅(1686)				
(？)**明愛** 二、甲午、十，3.3；休。(四二年死)		(？)**喇巴克** 二、庚子、十六，3.9；右改。		
(？)**喇巴克** 二、庚子；改左。	(？)**穆稱額** 二、庚子；閱學遷。 閏四、庚午、十七，6.7； 改禮右。	(覺羅)**孫果** 五、丙戌、三，6.23； 左副改。七、丙戌、 四，8.22；改禮右。	(？)**拉篤祜** 七、己丑、七，8.25； 左副改。	
(滿)**莽色**				
(滿)**席蘭泰**				
(滿)**噶爾圖** 四、己丑、五，4.27；改刑右。		(？)**阿禮瑚** 四、辛丑、十七，5.9；祭酒遷。		
(滿)**廖旦**				

滿缺侍郎年表

年　　代		康熙二六年　丁卯(1687)	康熙二七年　戊辰(1688)
理藩院	左侍郎	(?)喇巴克　　　　(?)額爾黑圖 十一、甲辰、廿九，　　十二、乙丑、廿一， 1.2；革。　　　　　　1.23；閣學遷。	(?)額爾黑圖
	右侍郎	(?)拉篤祜　　　(滿)吳拉岱 五、庚辰、三，6.12；　五、庚辰；閣學遷。 改兵右。	(滿)吳拉岱　　　　(?)文達 　　　　　　　　二、壬子、九，3.10； 　　　　　　　　正白蒙副授。
盛京五部侍郎	戶部	(滿)莽色	(滿)莽色　　　　　(?)趙山 八、辛丑、一，8.26；　八、丙午、六，8.31； 休。(卅三年死)　　　閣學遷。
	禮部	(滿)席蘭泰	(滿)席蘭泰　　　　(?)朱善 八、辛酉、廿一，　　八、丁卯、廿七， 9.15；休。　　　　　9.21；通政遷。
	兵部		
	刑部	(?)阿禮瑚	(?)阿禮瑚　　　(?)吳什巴(又作胡什巴) 十、甲辰、五，　　七、戊申、九，11.1； 10.28；革。　　　閣學遷。
	工部	(滿)廖旦　　　　(滿)圖爾宸 二、癸酉、廿五，　　三、辛巳、三， 4.6；遷左都。　　　4.14；禮右改。	(滿)圖爾宸

康熙二八年　己巳(1689)	康熙二九年　庚午(1690)
(?)額爾黑圖	(?)額爾黑圖
(?)文達	(?)文達
(?)趙山 六、丙戌、廿一,8.6; 改正紅滿副。　　(滿)阿喇彌 六、壬辰、廿七,8.12; 刑右改。	(滿)阿喇彌
(?)朱善	(?)朱善 十、辛巳、廿四,11.24; 革。　　(滿)單璧 十、乙酉、廿八,11.28; 左副改。
(?)吳什巴	(?)吳什巴 七、丁卯、廿八,9.1; 死。　　(?)鄔赫 四、戊子、廿七,6.4; 大理遷。
(滿)圖爾宸	(滿)圖爾宸

滿缺侍郎年表

年代		康熙三十年　辛未(1691)	康熙三一年　壬申(1692)
理藩院	左侍郎	(?)額爾黑圖	(?)額爾黑圖　　　　(?)文達 二、庚子、廿,4.6;右改。
	右侍郎	(?)文達	(?)文達　　　　(滿)滿丕 二、庚子;改左。　　二、庚子;閣學遷。
盛京五部侍郎	戶部	(滿)阿喇彌	(滿)阿喇彌
	禮部	(滿)單璧	(滿)單璧
	兵部	(覺羅)舜拜 三、甲寅、廿八, 4.26;兵左改。　〔三、庚子、十四,4.12; 增設。〕	(覺羅)舜拜
	刑部	(?)鄔赫　　　　(?)明額禮 閏七、甲寅、一,　閏七、乙丑、十二, 8.24;降五調。　9.4;大理遷。	(?)明額禮
	工部	(滿)圖爾宸　　　　(?)星安 十一、丁巳、七,　十一、壬戌、十二, 12.25;改工右。　12.30;閣學遷。	(?)星安

康熙三二年　癸酉(1693)		康熙三三年　甲戌(1694)	
(？)文達 七、癸丑、十一,8.12; 死。	(滿)滿丕 四、丁酉、廿四,5.28; 右改。	(滿)滿丕	
(滿)滿丕 四、丁酉;改左。	(？)西拉 四、丁酉;閣學遷。	(？)西拉	
(滿)阿喇彌		(滿)阿喇彌 九、癸未、十八,11.5; 革。	(？)帕海 九、庚寅、廿五,11.12; 盛工理事遷。
(滿)單璧		(滿)單璧 四、戊辰、一,4.24;休。	(？)艾肅 四、壬申、五,4.28; 光禄遷。
(覺羅)舜拜		(覺羅)舜拜	
(？)明額禮 九、丁卯、廿六,10.25; 休。	(滿)佛葆 十、壬申、二,10.30; 左副改。	(滿)佛葆	
(？)星安		(？)星安 六、丁酉、一,7.22;革。	(？)傳德 六、辛丑、五,7.26; 左副改。

滿缺侍郎年表

年　代		康熙三四年　乙亥(1695)
理藩院	左侍郎	(滿)**滿丕**
	右侍郎	(?)**西拉**
盛京五部侍郎	戶部	(?)**帕海**
	禮部	(?)**艾肅** 　十一、甲子、六，12.11；病免。　(?)**廣愛** 　十一、庚午、十二，12.17；大理遷。
	兵部	(覺羅)**舜拜** 　十二、癸卯、十五，1.19；病免。(卅九年死)　(?)**傅繼祖** 　十二、己酉、廿一，1.25；閣學遷。
	刑部	(滿)**佛葆** 　六、辛亥、廿一，7.31；降二調。　(?)**額赫禮** 　六、己未、廿九，8.8；閣學遷。
	工部	(?)**傅德**

康熙三五年　丙子(1696)		康熙三六年　丁丑(1697)	
(滿)滿丕		(滿)滿丕	
(†)西拉		(†)西拉 閏三、庚子、廿，5.10； 死。	(滿)安布祿 正、乙亥、廿三，2.14； 吏左改。
(†)帕海		(†)帕海	
(†)膺愛 六、壬子、廿八，7.26； 改戶右。	(滿)阿山 六、壬子；左副改。	(滿)阿山 六、庚戌、二，7.19； 改以禮侍衔任翰掌。	(滿)哈山 六、丁巳、九，7.26； 左副改。
(†)傅繼祖		(†)傅繼祖	
(†)額赫禮		(†)額赫禮	
(†)傅德 五、癸未、廿八，6.27； 死。	(†)齊穑 四、壬寅、十七，5.17； 閣學遷。	(†)齊穑	

滿缺侍郎年表

年 代		康熙三七年　戊寅(1698)
理 藩 院	左 侍 郎	(滿)**滿丕**
	右 侍 郎	(滿)**安布祿**
盛 京 五 部 侍 郎	户 部	(?)**帕海**
	禮 部	(滿)**哈山**
	兵 部	(?)**傅繼祖**
	刑 部	(?)**額赫禮**
	工 部	(?)**齊穡**　　　　　　　(?)**蘇赫納**　　　　　　(?)**白爾克** 　　六、戊辰、廿五,8.1;病免。　　七、癸酉、一,8.6;閱讀學遷。　　十一、壬辰;盛禮理事遷。 　　　　　　　　　　　　　　十一、壬辰,廿二,12.23; 　　　　　　　　　　　　　　回原任。

康熙三八年　己卯(1699)	康熙三九年　庚辰(1700)
(滿)滿丕	(滿)滿丕 △命往四川
(滿)安布禄	(滿)安布禄 　十、乙丑、六,11.16; 　遷左都。　　　　　　(滿)滿篤 　　　　　　　　　　　十、己巳、十,11.20; 　　　　　　　　　　　閣學遷。
(?)帕海	(?)帕海
(滿)哈山	(滿)哈山
(?)傅繼祖	(?)傅繼祖 　十、丁亥、廿八,12.8; 　改吏右。　　　　　　(滿)額倫特 　　　　　　　　　　　十一、壬辰、四,12.13; 　　　　　　　　　　　左副改。
(?)額赫禮	(?)額赫禮 　六、癸未、廿二,8.6; 　革。　　　　　　　　(滿)布泰 　　　　　　　　　　　七、壬辰、一,8.15; 　　　　　　　　　　　閣學遷。 　　　　　　　　　　　十二、庚午、十二,1.20; 　　　　　　　　　　　降二調。
(?)白爾克	(?)白爾克

滿缺侍郎年表

年代		康熙四十年　辛巳(1701)	康熙四一年　壬午(1702)
理藩院	左侍郎	(滿)滿丕	(滿)滿丕　　　(滿)滿篤 三、辛亥、卅,4.26; 右改。
	右侍郎	(滿)滿篤	(滿)滿篤　　　(?)伊道 三、辛亥;改左。　三、辛亥;閣讀學遷。
盛京五部侍郎	户部	(?)帕海	(?)帕海　　　(滿)希福納 五、辛卯、十,6.5; 閣學遷。
	禮部	(滿)哈山	(滿)哈山
	兵部	(?)額倫特	(滿)額倫特　　　(?)傅紳 十、乙酉、八,11.26; 閣學遷。
	刑部	(滿)巢可託 六、己酉、廿一,2.28;閣學管詹事授。	(滿)巢可託
	工部	(?)白爾克	(?)白爾克

康熙四二年　癸未(1703)	康熙四三年　甲申(1704)
(滿)滿篤	(滿)滿篤 十、己丑、廿二, 11.19;　　　工右穆和倫兼署。 解,旋復任。
(?)伊道	(?)伊道
(滿)希福納	(滿)希福納
(滿)哈山	(滿)哈山
(?)傅紳	(?)傅紳
(滿)巢可託	(滿)巢可託
(?)白爾克	(?)白爾克

滿缺侍郎年表

年　代		康熙四四年　乙酉(1705)		
理藩院	左侍郎	(滿)**滿篤**		
	右侍郎	(蒙)**伊道**		
盛京五部侍郎	戶部	(滿)**希福納** 正、庚申、廿五,2.18; 改吏右。	(蒙)**法特哈** 二、丁卯、三,2.25;大理 遷,旋病休。△死。	(蒙)**阿畢泰** 十二、癸卯、十三,1.27; 盛兵理事遷。
	禮部	(滿)**哈山**		
	兵部	(蒙)**傅紳**		
	刑部	(滿)**巢可託** 九、乙酉、廿四,11.10;改工右。	(蒙)**布爾賽** 十、丙申、六,11.21;左副改。	
	工部	(蒙)**白爾克**		

康熙四五年　丙申(1706)	康熙四六年　丁酉(1707)
㈜滿篤	㈜滿篤
(↑)伊道	(↑)伊道　　　　　　　　(↑)麓良 　五、丙子、廿五,6.24;　　六、癸未、二,7.1; 　改鑲白蒙副。　　　　　閣讀學遷。
(↑)阿圖泰　　　　(漢)董國禮 　二、辛亥、廿二,4.5;　三、己未、一,4.13; 　革。　　　　　　　左副改。	(漢)董國禮
㈜哈山	㈜哈山
(↑)傅紳	(↑)傅紳
(↑)布爾賽　　　　(↑)慕成額 　△死。　　　　　　十一、癸亥、九,12.13; 　　　　　　　　　左副改。	(↑)慕成額
(↑)白爾克　　　　(↑)席爾圖 　十一、己未、五,12.9;　三、辛未、十三,4.25; 　死。　　　　　　　通政遷。	(↑)席爾圖

滿缺侍郎年表

年　代		康熙四七年　戊子(1708)	康熙四八年　己丑(1709)
理藩院	左侍郎	(滿)滿篤	(滿)滿篤　　　　　(?)諾木齊岱 十一、辛卯、廿五,　　十一、辛卯; 讀學遷。 12.25; 改兵右。
	右侍郎	(?)薦良	(?)薦良
盛京五部侍郎	户部	(漢)董國禮	(漢)董國禮
	禮部	(滿)哈山	(滿)哈山
	兵部	(?)傅紳	(?)傅紳
	刑部	(?)轟成額	(?)轟成額
	工部	(?)席爾圖	(?)席爾圖

康熙四九年　庚寅(1710)	
(?)諾木齊岱	
(?)鷹良 　九、丙辰、廿五,11.15;死。	(?)拉都渾 　七、庚辰、十七,8.11;工左改理左管理右事。
(漢)董國禮	
(滿)哈山 　五、丙子、十二,6.8;改吏右。	(?)蘇爾德 　五、癸未、十九,6.15;左副改。
(?)傅紳	
(?)嘉成額	
(?)席爾圖 　四、丁巳、廿二,5.20;降二調。	(滿)遜柱 　四、辛酉、廿六,5.24;閣學遷。

滿缺侍郎年表

年　代		康熙五十年　辛卯(1711)	康熙五一年　壬辰(1712)
理藩院	左侍郎	(滿)諾木齊岱	(滿)諾木齊岱
	右侍郎	(滿)拉都渾　　　　(滿)博音岱 　　九、丙午、廿，　　九、甲寅、廿八， 10.31；降五調。　11.8；閣學遷。	(滿)博音岱　　　　(滿)二郎保 　四、戊午、六，5.10；　四、戊戌；閣學遷。 改刑右。
盛京五部侍郎	戶部	(漢)薑國禮	(漢)薑國禮
	禮部	(滿)蘇爾德	(滿)蘇爾德
	兵部	(滿)傅紳　　　　(滿)色爾圖 　正、己酉、廿，　正、癸丑、廿四， 3.8；改吏右。　3.12；閣學遷。	(滿)色爾圖
	刑部	(滿)慕成額	(滿)慕成額
	工部	(滿)遜柱　　　　(滿)貝和諾 十一、壬辰、七，　十一、乙未、十， 12.16；改吏左。　12.19；降調禮尚 授。	(滿)貝和諾

康熙五二年　癸巳(1713)	康熙五三年　甲午(1714)
(?)諾木齊岱	(?)諾木齊岱
(?)二郎保　　　(?)拉都渾 十、辛丑、廿七, 12.14; 閣讀學遷。	(?)拉都渾
(漢)董國禮	(漢)董國禮
(?)蘇爾德　　　(?)巴濟納 十二、辛卯、十八, 2.2, 改鑲黃蒙副。　　十二、甲午、廿一, 2.5, 　　　　閣學遷。	(?)巴濟納
(滿)色爾圖	(滿)色爾圖
(?)慕成額　　　(?)瓦爾答 五、乙酉、九, 6.1;休。　五、乙未、十九, 　　　　6.11;左副改。	(?)瓦爾答
(滿)貝和諾	(滿)貝和諾

滿缺侍郎年表

年　　代		康熙五四年　乙未(1715)	康熙五五年　丙申(1716)
理藩院	左侍郎	(？)喏木齊岱	(？)喏木齊岱
	右侍郎	(？)拉都渾	(？)拉都渾
盛京五部侍郎	户部	(漢)董國禮	(漢)董國禮
	禮部	(？)巴濟納	(？)巴濟納
	兵部	(滿)色爾圖	(滿)色爾圖
	刑部	(？)瓦爾答	(？)瓦爾答　　　(？)馬進泰 閏三、戊辰、八， 4.20；盛户理事遷。
	工部	(滿)貝和諾	(滿)貝和諾

康熙五六年　丁酉(1717)	康熙五七年　戊戌(1718)
(？)諾木齊岱　　　　(？)拉都渾 　　　　　四、戊戌、十四, 5.24; 　　　　　右改。	(？)拉都渾
(？)拉都渾　　　　(？)特古忒 　四、戊戌;改左。　　四、戊戌;理郎遷。	(？)特古忒
(漢)薑國禮	(漢)薑國禮
(？)巴濟納	(？)巴濟納
(滿)色爾圖　　　　(滿)海壽 　四、甲辰、廿, 5.30;　　十、乙酉、五, 11.7; 　改吏左。　　　　左副改。	(滿)海壽
(？)馬進泰	(？)馬進泰
(滿)貝和諾	(滿)貝和諾　　　　(覺羅)蘇庫 　十、丙午、二, 11.23;　　十、癸丑、九, 11.30; 　遷禮尚。　　　　左副改。

滿缺侍郎年表

年代		康熙五八年　己亥(1719)	康熙五九年　庚子(1720)
理藩院	左侍郎	(?)拉都渾	(?)拉都渾
	右侍郎	(?)特古忒	(?)特古忒
盛京五部侍郎	户部	(漢)董國禮　　　　(滿)花郜 十二、己酉、十一, 1.20;閣學署甘撫授。	(滿)花郜 (署甘撫)
	禮部	(?)巴濟納	(?)巴濟納
	兵部	(滿)海壽	(滿)海壽　　　　(?)楊柱 九、戊子、廿四, 10.25;左副改。
	刑部	(?)馬進泰	(?)馬進泰
	工部	(覺羅)蘇庫	(覺羅)蘇庫

康熙六十年　辛丑(1721)		康熙六一年　壬寅(1722)	
(?)拉都渾		(?)拉都渾	(?)特古忒 二、己未、四,3.30;右改。 十二月,加尚書銜。
(?)特古忒		(?)特古忒 二、己未;改左。	(?)常授 二、己未;額外侍郎授。
(滿)花都 (署甘撫)九、丁巳、 廿九,11.18;降二調。	(?)保德 十、壬戌、五,11.23; 盛户理事遷。	(?)保德 十、辛巳、廿九,12.7; 改正紅蒙副。	(?)格爾布 十一、辛亥、卅,1.6; 閣學遷。
(?)巴濟納		(?)巴濟納	
(?)楊柱		(?)楊柱 十二、丙子、廿五, 1.31;革。	(?)伊忒海 十二、丙子;左副改。
(?)馬進泰		(?)馬進泰	
(覺羅)蘇庫		(覺羅)蘇庫 十一、庚戌、廿九,1.5; 遷禮尚。	李永紹 十二、甲寅、三,1.9; 户左(漢缺)改。

滿缺侍郎年表

年　代		雍 正 元 年　癸卯(1723)	雍 正 二 年　甲辰(1724)
理藩院	左侍郎	(？)**特古忒** 七、壬午、五，8.5；理郎恆德辦事。	(？)**特古忒**
	右侍郎	(？)**常授** 七、壬午；理額外郎中本錫辦事。	(？)**常授**　　(滿)**花都** 閏四、戊子、十五， 6.6；鑲黃蒙副花 色署。　　　七、甲子、廿三， 9.10；僅少遷。 十二、壬辰、廿三， 2.5；改副都統。
盛京五部侍郎	戶部	(？)**格爾布**	(？)**格爾布**
	禮部	(？)**巴濟納**　　(？)**闊色** 二、癸丑、三，　　二、癸丑；鑲白漢副 3.9；休。　　　　授。	(？)**闊色**　　(滿)**噶什圖** 十一、壬子、十二，　二、壬戌、十八， 12.27；死。　　　3.12；刑右改。
	兵部	(？)**伊忒海**　　(？)**吳爾泰** 七、甲午、十七，　七、甲午；戶左改。 8.17；革。	(？)**吳爾泰**
	刑部	(？)**馬進泰**	(？)**馬進泰**
	工部	**李永紹**	**李永紹**　　　**魏廷珍** 七、乙巳、四，8.22；　九、癸丑、十三， 遷工尚。　　　　10.29；原湘撫 　　　　　　　　(漢缺)授。

雍 正 三 年　乙巳(1725)		雍 正 四 年　丙午(1726)	
(?)特古忒		(?)特古忒 管尚書事。	(?)衆佛保 五、庚申、廿九，6.28； 閣學兼署。
(?)本錫		(?)本錫	
(?)格爾布	(滿)傅鼐 十二、丁丑、十四，1.16； 兵右改。	(滿)傅鼐 八、乙酉、廿六，9.21； 革。	(漢)王朝恩 八、乙酉；閣學遷。
(滿)噶什圖	(滿)尹泰 五、癸亥、廿六，7.6；左 都以原品署，兼奉尹。	(滿)尹泰 十、壬申、十四，11.7；協理奉將，卸兼奉尹。	
(?)吳爾泰		(?)吳爾泰	
(?)馬進泰 十、庚午、六，11.10； 改工右。	(滿)武格 十、庚午；署刑左授。	(滿)武格	
魏廷珍 八、甲戌、九，9.15； 改皖撫。	(?)增壽 八、甲戌；光少遷。	(?)增壽 七、甲寅、廿四，8.21； 革。	(?)常保 七、甲寅；工左改。

滿缺侍郎年表

年　代		雍正五年　丁未(1727)	雍正六年　戊申(1728)
理藩院	左侍郎	(?)**衆佛保**　　　　(?)**顧魯** 四、癸巳、七,5.27;　　　十、庚寅;閣學授。 授。 十、庚寅、八,11.20; 改右,兼閣學。	(?)**顧魯**
	右侍郎	(?)**本錫**　　(蒙)**班第**　　(?)**衆佛保** 　　　　四、癸巳、　　十、庚寅; 　　　　額外授。　　左改,仍 十、庚寅、　　　　兼閣學。 改閣學。	(?)**衆佛保** (兼閣學)
盛京五部侍郎	戶部	(漢)**王朝恩** 三、乙未、八,3.30;兼奉尹。	(漢)**王朝恩** (兼理奉尹)
	禮部	(滿)**尹泰** 七、辛酉、七,8.23;盛刑武格兼理。	(滿)**尹泰**
	兵部	(?)**吳爾泰**　　　　(?)**永福** 四、壬寅、十六,　　　四、壬寅;任。 6.5;降調。	(?)**永福**
	刑部	(滿)**武格** 七、辛酉;兼理盛禮。 十一、甲戌、十二,1.3;兼理盛工。	(滿)**武格** 九、癸亥、十六,10.18;暫署將軍。
	工部	(?)**常保**　　　　(滿)**通智** 十一、甲戌;降調;　十一、甲戌;大理 武格兼理。　　　遷,留陝。	(滿)**通智**　　　　(?)**吳達禮** 二、庚戌、廿九,　　三、辛未、廿一, 4.8;改禮左。　　4.29;光祿遷

雍正七年 己酉(1729)	雍正八年 庚戌(1730)
(?)顧魯	(?)顧魯
(?)衆佛保	(?)衆佛保
(漢)王朝恩　　　　(?)和善 二、戊寅、三,3.2; 改盛刑。(兼理奉尹) 盛兵永福署。　四、丙戌、十二、5.9;閣 讀學署。 六、丙申、廿三,7.18; 改光禄仍署。	(?)和善
(滿)尹泰　　(?)永國　　(?)申珠渾 正、丁巳、十　二、戊寅;閣　四、丙戌;理少 二,2.9;遷額　讀學遷,兼　署。 外大學士。　盛工。　四、乙未、廿 一, 5.18;遷 左副仍署。	(?)申珠渾 (署)
(?)永福 三、戊寅;兼署盛户。	(?)永福
(滿)武格　　　　(漢)王朝恩 (署盛將)二、戊寅;　二、戊寅;盛户改。 改陝撫。　二、壬寅、廿七,3.26; 兼奉尹。	(漢)王朝恩 六、己亥、二,7.16;　六、辛丑、四,7.18; 改刑左(漢缺)。　奉尹黎致遠兼理。 (兼理奉尹)
(?)吳達禮　　　　(?)陳福壽 四、丁丑、三,4.30;革。　四、丁丑;工郎擢。 盛禮永國兼。	(?)陳福壽

滿缺侍郎年表

年　代		雍　正　九　年　辛亥(1731)	雍　正　十　年　壬子(1732)
理藩院	左侍郎	（？）顧魯　　　　納延泰 　　　　　　（額外侍郎署）	（？）納延泰　　　（？）衆佛保 二、丙申、八，3.4；授　二、丙申；右改。 理右。　　　　　　十二、庚午；革。 十二、庚午、十七， 2.1；右改。
	右侍郎	（？）衆佛保	（？）衆佛保　（蒙）納延泰　（蒙）班第 二、丙申；　二、丙申，署　十二、庚午 改左。　　　理左授。　　閣學遷。 　　　　　　十二、庚午； 　　　　　　改左。
盛京五部侍郎	户部	（？）和善	（？）和善　　　　（？）兆華 　　　　　八月，禮給署倉侍授。 　　　　　十二、丁卯、十四， 　　　　　1.29；改倉侍。
	禮部	（？）申珠渾 六、壬子、廿一，7.24；兼盛刑。 九、丁卯、七，10.7；授，仍兼盛刑。	（？）申珠渾 　　（兼署盛刑）
	兵部	（？）永福	（？）永福
	刑部	（？）申珠渾 六、壬子；盛禮兼理。	（？）申珠渾 　　（盛禮兼署）
	工部	（？）陳福壽　　（？）對琳 六、丁酉、六，7.9；　六、丁酉；閣學遷。 降調。	（？）對琳

雍正十一年　癸丑(1733)	雍正十二年　甲寅(1734)
(蒙)**納延泰**	(蒙)**納延泰** 　　十、丁未、五，10.31；署工左。
(蒙)**班第**	(蒙)**班第**
(？)**葛森** 　　二、乙卯、三，3.18；原滇布遷。	(？)**葛森**　　　　　　　　(滿)**官保** 　　三、壬午、六，4.9；　　　三、壬午；署太僕遷。 　　改刑右。
(？)**申珠渾** 　　(兼署盛刑)	(？)**申珠渾** 　　(兼署盛刑) 　　十二、辛酉、廿，1.13；改刑右。
(？)**永福**	(？)**永福**
(？)**申珠渾** 　　(盛禮兼署)	(？)**申珠渾**　　　　　　　(？)**葛森** 　　(盛禮兼署)　　　　　　十二、辛酉；刑右改。 　　十二、辛酉；改刑右。
(？)**對琳**	(？)**對琳**

滿缺侍郎年表

年代		雍正十三年　乙卯(1735)	乾隆元年　丙辰(1736)
理藩院	左侍郎	(蒙)**納延泰**　　(蒙)**班第** 十一、己亥、四，　(右改) 12.17；改刑右。	(蒙)**班第**
	右侍郎	(蒙)**班第** (改左)	
盛京五部侍郎	户部	(滿)**官保**	(滿)**官保**
	禮部	(？)**德福** 正、庚子、廿九，2.21；大理遷。	(？)**德福**
	兵部	(？)**永福**	(？)**永福**
	刑部	(？)**萬森**	(？)**萬森**
	工部	(？)**對琳**　　(？)**七克新** 閏四、甲戌、五，　閏四、甲戌；御史 5.26；革。　　署。	(？)**七克新**　　(？)**奚德慎** 二、己巳、五，3.16；　二、己巳；兵右改。 召京。

乾 隆 二 年　丁巳(1737)	乾 隆 三 年　戊午(1738)
(蒙)**班第**(軍) 　十一、辛巳、廿八，1.17；軍機大臣。	(蒙)**班第**(軍)　　　　(覺羅)**勒爾森** 　四、辛丑、十九，6.6；　　　四、辛丑；鴻臚遷。 　改兵右。
	(蒙)**玉保** 　　　　　　　　　四、辛丑；理郎遷。
(滿)**官保**　　　　　(?)**雙喜** 　　　　　　十、丁酉、十三，12.4； 　　　　　　閣學遷。	(?)**雙喜**
(?)**德福**	(?)**德福**
(?)**永福**	(?)**永福**
(?)**葛森**	(?)**葛森**　　　　　(覺羅)**吳拜** 　六、戊子、七，7.23；　　六、戊子；閣學遷。 　親病，解。
(?)**奚德慎**	(?)**奚德慎**

滿缺侍郎年表

年代		乾隆四年　己未(1739)	乾隆五年　庚申(1740)
理藩院	左侍郎	(覺羅)**勒爾森**	(覺羅)**勒爾森**
	右侍郎	(蒙)**玉保**	(蒙)**玉保**
盛京五部侍郎	户部	(?)**雙喜**	(?)**雙喜**
	禮部	(?)**德福**	(?)**德福**
	兵部	(?)**永福**　　　(滿)**常安** 九、辛未、廿七,10.29; 軍營糧餉侍郎授。	(滿)**常安**　　　(滿)**阿山** 五、丁卯、廿八,　五、丁卯;前吏右授。 6.21;改刑右。
	刑部	(覺羅)**吳拜**	(覺羅)**吳拜**
	工部	(?)**奚德慎**　(滿)**法敏**　　(滿)**德齡** 六、乙酉、　八、癸卯、廿　九、辛未、 十,7.15;　九,10.1;原　廿七,10. 降一調。　魯撫授。　29;護統 　　　　　十、辛丑、廿　任。 　　　　　八,11.28; 　　　　　派赴北路軍 　　　　　營。	(滿)**德齡**　　　(?)**偉璪** 三、己巳、廿八,　四、甲午、廿四、 4.24;改工左。　5.19;大理遷。

乾 隆 六 年　辛酉(1741)	乾 隆 七 年　壬戌(1742)
(覺羅)勒爾森	(覺羅)勒爾森
(蒙)玉保	(蒙)玉保
(?)雙喜	(?)雙喜
(?)德福　　　　(?)納爾泰 　　　　　十一、己巳、八, 12.15; 　　　　　閣學遷。	(?)納爾泰
(滿)阿山	(滿)阿山
(覺羅)吳拜	(覺羅)吳拜　　　　　兆惠 　正、丙子、十六, 2.20;　　正、丙子;閣學遷。 乞養(改閣學)。
(?)偉琫	(?)偉琫 　十二、丁未、廿二, 1.17;休。

滿缺侍郎年表

年　代		乾隆八年　癸亥(1743)	乾隆九年　甲子(1744)
理藩院	左侍郎	(覺羅)**勒爾森**　　　　(蒙)**玉保** 　六、丁卯、十六，　　　△六月，右改。 8.5；改禮右。	(蒙)**玉保**
	右侍郎	(蒙)**玉保**　　　(蒙)**旺札爾** 　△六月，改左。　　六、丁卯；鑲白滿 　　　　　　　　　都改。	(蒙)**旺札爾**
盛京五部侍郎	户部	(?)**雙喜**	(?)**雙喜**
	禮部	(?)**納爾泰**	(?)**納爾泰**
	兵部	(滿)**阿山**　　　(滿)**春山** 　三、丙寅、十二，　　三、辛巳、廿七， 4.6；休。　　　　　4.21；閣學遷。	(滿)**春山**
	刑部	(滿)**兆惠**	(滿)**兆惠**　　　　(滿)**托時** 　十一、壬寅、廿九，　　十一、壬寅；刑左改。 1.1；刑左互改。
	工部	(滿)**德新** 　正、壬午、廿七， 2.21；閣學遷。	(滿)**德新**　　　(滿)**留保** 　正、辛丑、廿三，　　正、辛丑；閣學遷。 3.6；乞養(授閣學)。

乾隆十年　乙丑(1745)	乾隆十一年　丙寅(1746)
(蒙)玉保	(蒙)玉保
(蒙)旺札爾	(蒙)旺札爾
(？)雙喜　　　　　(滿)蘊著 十一、丁丑、十,　　　十一、丁丑；盛工改。 12.2；休。	(滿)蘊著
(？)納爾泰	(？)納爾泰
(滿)春山　　　　　(滿)敷文 　　　　　　　二、癸丑、十一,3.13； 　　　　　　　通政遷。	(滿)敷文　　　　　(蒙)鼐滿岱 △病免　　　　　　十、甲申、廿二,12.4； 　　　　　　　　　盛工改。
(滿)托時	(滿)托時　　　　　(滿)介福 八、己丑、廿六,　　九、己亥、六,10.20； 10.10；休。　　　　閣學遷。
(滿)留保　　　(滿)蘊著　　　(蒙)鼐滿岱 十、丙寅、廿　十、丙寅、通　十一、丁丑；太 八,11.21；　政遷。　　　常遷。 乞養（改閣　十一、丁丑； 學）。　　　改盛戶。	(蒙)鼐滿岱　　　　(？)長柱 十、甲申；改盛兵。　十、甲申；閣學遷。

滿缺侍郎年表

年代		乾隆十二年　丁卯(1747)	乾隆十三年　戊辰(1748)
理藩院	左侍郎	(蒙)玉保	(蒙)玉保
	右侍郎	(蒙)旺札爾	(蒙)旺札爾
盛京五部侍郎	戶部	(滿)蘊著　五、壬寅、十三，6.20；改兵右。　　(?)富德　△副都授。	(?)富德　三、庚寅、六，4.3；召京。　　(?)德爾格　三、庚寅；閣學遷。
	禮部	(?)納爾泰	(?)納爾泰
	兵部	(蒙)雅滿岱	(蒙)雅滿岱　四、丙辰、三,4.29；病免。　(覺羅)吳拜　四、丙辰；倉侍改。四、丁丑、廿四，5.20；革。　(?)蕙中　四、癸未、卅,5.26；陝布遷。
	刑部	(滿)介福	(滿)介福　閏七、癸丑、一，8.24；改吏右。　　(滿)鐘音　閏七、戊午、六，8.29；閣學遷。
	工部	(?)長柱	(?)長柱

乾隆十四年　己巳(1749)	乾隆十五年　庚午(1750)
(蒙)玉保	(蒙)玉保
(蒙)旺札爾	(蒙)旺札爾
(?)德爾格	(?)德爾格
(?)納爾泰	(?)納爾泰　　　　　(滿)德齡 　　　　　　　　　　△闈學遷。
(?)憲中	(?)憲中　　　　　　(滿)世臣 四、己亥、廿七, 6.1;　　五、癸丑、十二, 6.15; 改吏右。　　　　　　闈學遷。
(滿)鑪音	(滿)鑪音
(?)長柱　　　　　(?)卞塔海	(?)卞塔海　　　　　(覺羅)吳拜
四、乙未、十八,　　四、乙未;太常遷。 6.2;召京。	十一、壬子、十三,　　十二、癸酉、四, 1.1; 12.11;降二觸。(十　　闈學遷。 二月授大理)

滿缺侍郎年表

年　代		乾隆十六年　辛未(1751)	乾隆十七年　　壬申(1752)
理藩院	左侍郎	(蒙)玉保	(蒙)玉保
	右侍郎	(蒙)旺札爾	(蒙)旺札爾
盛京五部侍郎	户部	(٢)德爾格	(٢)德爾格
	禮部	(滿)德齡	(滿)德齡　　(滿)吳達善　(٢)蘇章阿 　　　　　　正、己卯、　　二、丙申、四、　十二、戊申； 　　　　　　十七,3.2；　3.19；閣學遷。　閣學遷。 　　　　　　乞養。　　　十二、戊申；改 　　　　　　　　　　　　盛刑。
	兵部	(滿)世臣	(滿)世臣　　　(٢)卞塔海 　　　　　　十一、戊午、一，　十一、戊午；閣學遷。 　　　　　　12.6；改閣學。
	刑部	(滿)鐘音　　　(٢)富森 　十二、丙午、十四，　十二、辛亥、十九， 　1.29；改户右。　　2.3；通政遷。	(٢)富森　　　(滿)吳達善 十二、戊申、廿二，　十二、戊申；盛禮改。 1.25；改閣學。
	工部	(覺羅)吳拜	(覺羅)吳拜

乾隆十八年　癸酉(1753)	乾隆十九年　甲戌(1754)
(蒙)玉保 　△授參贊大臣。	(蒙)玉保
(蒙)旺札爾	(蒙)旺札爾
(↑)德爾格　　　　(↑)卜塔海 　十二、己亥、十九，　　十二、己亥，盛兵改。 　1.11，盛兵互改。	(↑)卜塔海　　　　(↑)勒克 　九、戊子、十二，10.27，　九、戊子，副都兼。 　改盛禮。
(↑)蘇章阿　　　　(滿)世臣 　十、辛丑、廿，11.14，　十、辛丑，閣學遷。 　改盛刑。	(滿)世臣　　　　(↑)卜塔海 　九、戊子，革。　　　九、戊子，盛户改。
(↑)卜塔海　　　　(↑)德爾格 　十二、己亥，盛户互改。　十二、己亥，盛户改。	(↑)德爾格
(滿)吳達善　(↑)蘇章阿　(覺羅)吳拜 　十、辛丑，改　十、辛丑，盛禮　十二、庚子，盛 　兵右。　　　改。　　　　工改。 　　　　　十二、　庚子、 　　　　　廿，1.12，盛工 　　　　　互改。	(覺羅)吳拜
(覺羅)吳拜　　　　(↑)蘇章阿 　十二、庚子，盛刑互改。　十二、庚子，盛刑改。	(↑)蘇章阿　　　　(滿)赫赫 　　　　　　△原閣學遷。

滿缺侍郎年表

年　　代		乾隆二十年　乙亥(1755)	乾隆二一年　丙子(1756)
理藩院	左侍郎	(蒙)**玉保**	(蒙)**玉保** （三等男，旋削）十一、甲寅、廿一，1.10；革、逮。　(蒙)**唐喀祿** 十二、丁丑、十四，2.2；理員兼副都任。
	右侍郎	(蒙)**旺札爾**	(蒙)**旺札爾**
盛京五部侍郎	户部	(？)**勒克** 四、己酉、六，5.16；革。　(滿)**赫赫** 四、己酉；盛工改。	(滿)**赫赫**
	禮部	(？)**卞塔海**	(？)**卞塔海**
	兵部	(？)**德爾格**　(？)**富僧額** 四、己酉；右翼總尉任。	(？)**富僧額**
	刑部	(覺羅)**吳拜**	(覺羅)**吳拜**
	工部	(滿)**赫赫** 四、己酉；改盛户。　(覺羅)**奉寬** 四、己酉；閣學遷。	(覺羅)**奉寬**

乾隆二二年　丁丑(1757)		乾隆二三年　戊寅(1758)		
(蒙)唐喀禄　　　(蒙)舒明		(蒙)舒明		
九、乙未、六,10.8; 革。(廿三年死)　　十、乙丑、六,11.17; 　　　　更左改。				
(蒙)旺札爾		(蒙)□□札爾		
(滿)赫赫		(滿)赫赫		
(?)卜塔海		(?)卜塔海		
(?)富僧額		(?)富僧額　　　(?)果勒敏		
		十、甲戌、廿一,11.21; 閣學遷。		
(覺羅)吳拜　　　(?)石柱		(?)石柱　　(?)伊祿順　　(滿)温敏		
十一、壬子、廿四, 1.3;遷左都。　　十一、壬子;閣學遷。		四、壬申、十 七,5.23;改 更左。	四、壬申;閣 學授。 十、甲戌;改 副都。	十二、戊辰、 十六,1.14; 詹遷。
(覺羅)奉寬		(覺羅)奉寬		

滿缺侍郎年表

年代		乾隆二四年　己卯(1759)	乾隆二五年　庚辰(1760)
理藩院	左侍郎	(蒙)**舒明**	(蒙)**舒明**
	右侍郎	(蒙)**旺札爾**	(蒙)**旺札爾**
盛京五部侍郎	户部	(滿)**赫赫**　　　　(ⅰ)**常福** 七、癸酉、廿五，　　七、癸酉；給遷。 9.16；改正紅漢 副(閣學)。	(ⅰ)**常福**
	禮部	(ⅰ)**卞塔海**	(ⅰ)**卞塔海**
	兵部	(ⅰ)**果勒敏**	(ⅰ)**果勒敏**
	刑部	(滿)**溫敏**	(滿)**溫敏**　　　(ⅰ)**朝銓** 二、丙寅、廿四， 9.3；禮給遷。
	工部	(覺羅)**奉寬**	(覺羅)**奉寬**

乾隆二六年　辛巳(1761)	乾隆二七年　壬午(1762)
(蒙)**舒明** 　　十一、辛丑、七，12.2；授綏遠城將軍。	(蒙)**舒明**　　　　　(宀)**福蕭** 　△正月死。　　　　八、丁酉、七，9.24；正藍 　　　　　　　　　　蒙都授。
(蒙)**旺札爾**　　　(蒙)**納延泰** 　七、癸亥、廿七，8.26； 　死(恪慎)。	(蒙)**納延泰**　(宀)**多爾濟**　(宀)**海明** 正、甲寅、廿，　正、甲寅；青海辦　五、戊申；吏右 2.13；死。　　　事大臣改。　　　改。 　　　　　　　五、戊申、十五， 　　　　　　　6.7；改正藍蒙都 　　　　　　　(旋死)。
(宀)**常福**	(宀)**常福**
(宀)**卜塔海**	(宀)**卜塔海**
(宀)**果勒敏**	(宀)**果勒敏**
(宀)**朝銓**	(宀)**朝銓** 　　閏五、乙亥、十三，7.4；署奉將。
(覺羅)**奉寬**	(覺羅)**奉寬**

滿缺侍郎年表

年　　代		乾隆二八年　癸未(1763)	乾隆二九年　甲申(1764)
理藩院	左侍郎	(?)福隆	(?)福隆
	右侍郎	(?)海明 十、辛卯、八，11.12，禮左五吉兼署。	(?)海明
盛京五部侍郎	戶部	(?)常福	(?)常福
	禮部	(?)卜塔海　　(?)永寧 二、甲辰、十六，　　二、甲辰；兵左改。 3.30；改正紅漢 副。	(?)永寧
	兵部	(?)果勒敏	(?)果勒敏
	刑部	(?)朝銓	(?)朝銓
	工部	(覺羅)奉寬	(覺羅)奉寬　　(滿)雅德 八、辛丑、廿二，　　八、辛丑；正白蒙副 9.17；召京，改　　授，管奉尹。 閣學。

乾隆三十年　乙酉(1765)	乾隆三一年　丙戌(1766)
(？)福霖 　七、癸未、十，8.25；駐庫倫辦事。 　七、癸未；閣學伍勒穆集署。	(？)福霖 　（庫倫辦事） 　閣學伍勒穆集署。
(？)海明	(？)海明
(？)常福	(？)常福　　　　　　(？)瓦爾達 　　　　　　　三、壬辰、廿三，5.1； 　　　　　　　大理遷。
(？)永寧	(？)永寧
(？)果勒敏　　　(滿)富德 　　　　　　六、壬申、廿，8.14； 　　　　　　閣學遷。	(滿)富德
(？)朝銓	(？)朝銓
(滿)雅德	(滿)雅德

滿缺侍郎年表

年代		乾隆三二年　丁亥(1767)		乾隆三三年　戊子(1768)
理藩院	左侍郎	(滿)福彌	(滿)伍勒穆集 二、己酉、十五， 3.14；閣學遷。	(滿)伍勒穆集
	右侍郎	(滿)海明	(滿)慶桂 △九月，前閣學授。	(滿)慶桂
盛京五部侍郎	戶部	(滿)瓦爾達		(滿)瓦爾達
	禮部	(滿)永寧 十、辛酉、一， 11.21；授閣學。	(滿)溫敏 八、丙子、十五， 10.7；左副授。	(滿)溫敏
	兵部	(滿)富德		(滿)富德
	刑部	(滿)朝銓		(滿)朝銓
	工部	(滿)雅德		(滿)雅德

乾隆三四年　己丑(1769)	乾隆三五年　庚寅(1770)
(?)伍勒穆集	(?)伍勒穆集
(滿)慶桂 　十、庚午、廿二,11.19；户右索琳署。	(滿)慶桂
(?)瓦爾達	(?)瓦爾達　　　(宗室)寶麟　　　(滿)瑭古泰 　七、己巳、廿　　七、己巳；倉侍　　七、壬申；閣學 五,9.14；倉　　改。　　　　　遷。 侍互調。　　　七、壬申、廿八, 　　　　　　　9.17；解、勘。
(滿)溫敏　　　　　　　(?)燿海 　　　　　　　　二、辛未、十八,3.25； 　　　　　　　奉尹遷。	(?)燿海　　　　　　(覺羅)志信 　十二、甲午、廿二,　　　　十二、甲午；左副授。 2.6；召京。
(滿)富德	(滿)富德
(?)朝銓	(?)朝銓
(滿)雅德	(滿)雅德

滿缺侍郎年表

年　　代		乾隆三六年　辛卯(1771)		
理藩院	左侍郎	(?)**伍勒穆集** 　八、戊子、廿,9.28;病免。	(?)**福德** 　五、甲寅、十四,6.26;閣學署。 　八、戊子;授。 　九月,往科布多辦事,集福署。	
	右侍郎	(滿)**慶桂**(軍、學) 　九、癸卯、六,10.13;直軍學習。		
盛京五部侍郎	戶部	(滿)**瑭古泰**		
	禮部	(覺羅)**志信**		
	兵部	(滿)**富德** 　三、乙卯、十四,4.28;休。	(?)**福德** 　三、戊午、十七,5.1;閣學遷。 　四、己卯、九,5.22;仍改閣學。	(?)**伯興** 　四、己卯;任。
	刑部	(?)**朝銓**		
	工部	(滿)**雅德**		

乾隆三七年　壬辰(1772)

(?)福德
　　(科布多)
　　四、戊子；解。

　　　　　　　三、庚申、廿五，4.27；刑右鄂寶署:
　　　　　　　四、戊子、廿三，5.25；授理侍。
　　　　　　　七、乙未、二，7.31；差川，會辦南路糧運。
　　　　　　　六、乙酉、廿一，7.21；鑲黃蒙都集福署。

(滿)慶桂(軍)

(滿)瑭古泰　　　　　　　　　　　　**(?)瓦爾達**
　　十二、丁亥、廿七，1.19；召京。　　　　十二、丁亥；東陵總管內務府大臣授。

(覺羅)志信

(?)伯興

(?)朝銓
　　四、丁丑、十二，5.14；管奉尹。

(滿)雅德　　　　　　　**(?)瓦爾達**　　　　　　**(滿)景福**
　　三、庚申；改署刑右。　　　三、庚申；倉侍改。　　　　四、丁丑；左副改。
　　　　　　　　　　　　　　四、丁丑；改東陵總管內務府大臣。

滿缺侍郎年表

年　代		乾隆三八年　癸巳(1773)	
理藩院	左侍郎	(?)**福德** 　　△正、壬辰;仍授。	**鄂寶**署:正、壬辰、二,1.24;改晉撫。 閏三、癸亥、四,4.25;圍場總管**福祿**署: 　　十一、戊辰、十三,12.26;赴西寧。 十一、戊辰;閣學**索琳**(軍、學)署(赴歸化城)。
理藩院	右侍郎	(滿)**慶桂**(軍) 　　閏三、庚申、一,4.22;伊犂參贊大臣。 　　七、戊午、一,8.18;塔爾巴哈臺參贊大臣。	**永德**兼署。
盛京五部侍郎	戶部	(?)**瓦爾達** 　　二、壬戌、三,2.23;兼奉尹。 　　八、癸巳、七,9.22;革。	(滿)**德風** 　　八、癸巳;閣學遷。 　　八、壬寅、十六,10.1;管奉尹。
盛京五部侍郎	禮部	(覺羅)**志信**	
盛京五部侍郎	兵部	(?)**伯興**	
盛京五部侍郎	刑部	(?)**朝銓** 　　二、壬戌;病,留京。	(?)**喀爾崇義** 　　二、壬戌;閣學遷。
盛京五部侍郎	工部	(滿)**景福**	

乾隆三九年　甲午(1774)	乾隆四十年　乙未(1775)
(?)福德	(?)福德
(滿)慶桂 　　(塔爾巴哈臺參贊大臣)	(滿)慶桂 　　(塔爾巴哈臺參贊大臣)
(滿)德風	(滿)德風　　　　　　　(?)喀爾崇義 　　△七月,革。　　　　十、丙子、二,10.25; 　　　　　　　　　　　盛刑改。
(覺羅)志信	(覺羅)志信　　　　　　(滿)全魁 　　十二、乙卯、十二,2.1;　十二、丁巳、十四,2.3; 　　老,召京(授通政)。　　通政遷。
(?)伯興	(?)伯興
(?)喀爾崇義	(?)喀爾崇義　　　　　(滿)穆精阿 　　十、丙子;改盛户。　　十、丙子;候侍授。
(滿)景福	(滿)景福　　　　　　　(滿)富察普 　　四、辛丑、廿四,5.23;　十、丙子;倉場改。 　　改兵右。

滿缺侍郎年表

年　　代		乾隆四一年　丙申(1776)	乾隆四二年　丁酉(1777)
理藩院	左侍郎	(?)**福德** 五、壬申、二， 6.17；病免。 (五、丙申、廿 六，7.11；授 額外閣學。)　(滿)**博清額** 五、壬申；閣學遷。	(滿)**博清額**
	右侍郎	(滿)**慶桂** (塔爾巴哈臺參贊大臣) 七、壬申、三，8.16；理尚 索琳署。	(滿)**慶桂** 三、戊子、廿二， 4.29；改吏右。　(滿)**索琳** 三、戊子；授。 復興署。
盛京五部侍郎	户部	(?)**喀爾崇義**	(?)**喀爾崇義**
	禮部	(滿)**全魁**	(滿)**全魁**
	兵部	(?)**伯興**	(?)**伯興**
	刑部	(滿)**穆精阿**	(滿)**穆精阿**
	工部	(滿)**富察普**	(滿)**富察普**

乾隆四三年　戊戌(1778)	乾隆四四年　己亥(1779)
(滿)**博清額** 　　七、庚寅、三，8.24；派庫倫辦事。	(滿)**博清額** 　（庫倫辦事） 　十二、丙辰、六，1.12； 　改兵右。　　　　(?)**保泰** 　　　　　　　　正、戊申、廿三，3.10； 　　　　　　　　泰寧鎮署。 　　　　　　　　十二、丙辰；太僕遷。
(滿)**索琳**　　　　　　(滿)**復興** 　　七、丁巳、卅，9.20；　　八、癸酉、十六，10.6； 　　革。　　　　　　　　授。	(滿)**復興**
(?)**喀爾崇義**	(?)**喀爾崇義**　　　　　(滿)**全魁** 　　　　　　　　　　△盛禮改。
(滿)**全魁** 　　△十月，兼管奉尹。	(滿)**全魁**　　　　　　(宗室)**玉鼎柱** 　　△改盛戶。　　　　△閱學遷。
(?)**伯興**	(?)**伯興**
(滿)**穆精阿**	(滿)**穆精阿**
(滿)**富察善**　　　　(?)**福德** 　　△病免。(五三年死)	(?)**福德**

滿缺侍郎年表

年　代		乾隆四五年　庚子(1780)	乾隆四六年　辛丑(1781)
理藩院	左侍郎 右侍郎	(?)保泰　　　　　(?)福祿 二、庚戌、一，3.6；　二、辛酉、十二， 赴藏。　　　　　3.17；原青海辦 　　　　　　　　事大臣授。	(?)福祿
		(滿)復興 內閣讀學賽音伯爾格圖署。	(滿)復興　　　　(蒙)留保住 十一、丁巳、十九，　十一、丁巳；鑲紅滿 1.2；遷左都。　　　副授。 　　　　　　　　(青海辦事大臣)
盛京五部侍郎	戶部	(滿)全魁	(滿)全魁
	禮部	(宗室)玉鼎柱	(宗室)玉鼎柱
	兵部	(?)伯興	(?)伯興
	刑部	(滿)穆精阿　　　(滿)蘗柱 四、丁卯、十九，　四、丁卯；豫撫授。 5.22；改刑右。	(滿)蘗柱
	工部	(?)福德	(?)福德

乾隆四七年　壬寅(1782)	乾隆四八年　癸卯(1783)
(?)福禄	(?)福禄
(蒙)留保柱 （青海）	(蒙)留保柱 （青海）
(滿)全魁 　九、丙午、十二，10.18；卸管奉尹。（降）	全魁　　　　　(滿)鄂寶 　△二月，降。　　二、乙丑、四，3.6；漕督授。
(宗室)玉鼎柱	(宗室)玉鼎柱　　(宗室)宜興 　七、乙卯、廿六，8.23；　七、乙卯；任。 　改吏右。　　　　　十、癸亥、五，10.30； 　　　　　　　　兼盛兵。
(?)伯興 　九、丙午；管奉尹。	(?)伯興　　　　(漢)范宜清 　十、癸亥；改閣學，盛　十、丁丑、十九，11.13； 　禮宜興兼。　　　太僕遷。
(滿)榮柱	(滿)榮柱
(?)福德	(?)福德　　　　(?)成策 　　　　　　十二、甲戌、十七，1.9； 　　　　　　錦州副都授。

滿缺侍郎年表

年　代		乾隆四九年　甲辰(1784)	乾隆五十年　乙巳(1785)
理藩院	左侍郎	(?)福祿 　　十一、庚辰、廿九，1.9，青海辦事大臣。	(?)福祿 　　(青海)
	右侍郎	(蒙)留保柱 　　(青海辦事大臣：十一、庚辰；改駐藏。)	(蒙)留保柱　　(?)賽音伯　　(?)巴忠 　　　　　　　　爾格圖 　　　　　　六、丙戌；　六、丙午、廿 　　　　　　正白漢副授。　九，8.3；閣 　　　　　　△六月，死。　學遷。 　　六、丙戌 　　九，7.14； 　　遷理尚。
盛京五部侍郎	戶部	(滿)鄂寶	(滿)鄂寶
	禮部	(宗室)宜興	(宗室)宜興
	兵部	(漢)范宜清	(漢)范宜清
	刑部	(滿)榮柱	(滿)榮柱
	工部	(?)成策	(?)成策

乾隆五一年　丙午(1786)	乾隆五二年　丁未(1787)
(?)福禄 　(青海)正、丙寅、廿一,2.19;召京。	(?)福禄
(?)巴忠	(?)巴忠
(滿)鄂寶	(滿)鄂寶　　　　　　　(宗室)宜興 　△死。　　　　　　　二、癸丑、十五,4.2;盛 　　　　　　　　　　禮改,管奉尹。
(宗室)宜興	(宗室)宜興　　(宗室)玉鼎柱　　(宗室)禄康 　二、癸丑;改　二、癸丑;吏　五、戊寅、十二, 　盛户。　　　右改。　　6.26;闔學遷。
(漢)范宜清	(漢)范宜清
(滿)榮柱	(滿)榮柱
(?)成策	(?)成策

滿缺侍郎年表

年　　代		乾隆五三年　戊申(1788)	乾隆五四年　己酉(1789)
理藩院	左侍郎	(？)**福祿**	(？)**福祿**　　　　　(？)**巴忠** 二、庚寅、三,2.27;　二、辛卯、四,2.28; 老休。　　　　　　右改。
	右侍郎	(？)**巴忠**	(？)**巴忠**　　　　　(蒙)**普福** 二、辛卯;改左。　　二、辛卯;駐藏大臣 　　　　　　　　　授(留)。 　　　　　　　　　察哈爾副都佛柱署。
盛京五部侍郎	戶部	(宗室)**宜興**	(宗室)**宜興**
	禮部	(宗室)**祿康**	(宗室)**祿康**
	兵部	(漢)**范宜清**	(漢)**范宜清**
	刑部	(滿)**榮柱**	(滿)**榮柱**　　　　　(宗室)**僧保住** 二、甲辰、十七,　　二、甲辰;閣學遷。 3.13;改以刑部 郎中用。
	工部	(？)**成策**	(？)**成策**

乾隆五五年　庚戌(1790)	乾隆五六年　辛亥(1791)
(？)巴忠	(？)巴忠　　　　　　　(滿)諾穆親 △八月，解、議。　　九、乙亥、三，9.30；戶左改。
(蒙)普福　　　　　　(滿)佛柱 七、己卯、一，8.10；　八、辛亥、三，9.11；鑲 降三等侍衛。　　黃滿副授。	(滿)佛柱
(宗室)宜興	(宗室)宜興
(宗室)祿廉	(宗室)祿廉
(漢)范宜清	(漢)范宜清　　　　　(滿)玉保 九、己丑、十七，10.14； 閩學遷。
(宗室)僧保住	(宗室)僧保住　　　　(覺羅)巴延三 十二、壬寅、二，12.26；　十二、壬寅；革戶尚授。 改禮右。
(？)成策	(？)成策　　　　　　(滿)傅森 正、丙申、廿一，2.23；　正、丙申；成都副都授。 改工右。

滿缺侍郎年表

年　　代		乾隆五七年　壬子(1792)		
理藩院	左侍郎	(滿)**諾穆親** 正、乙未、廿五,2.17; 改倉侍。	(滿)**佛柱** 正、己亥、廿九,2.21;右改。	(滿)**博興** 九、甲寅、十八,11.2;右改。
	右侍郎	(滿)**佛柱** 正、己亥;改左。	(滿)**博興** 正、己亥;正藍蒙副授。 九、甲寅;改左。	(蒙)**奎舒** 九、庚子、四,10.19;西寧辦 事大臣授。
盛京五部侍郎	戶部	(宗室)**宜興** 九、丙午、十,10.25; 改盛刑。	(宗室)**祿康** 九、丙午;盛禮改。 十二、乙亥;盛兵互調。	(滿)**伯麟** 十二、乙亥、十一,1.22;盛兵 改。
	禮部	(宗室)**祿康** 九、丙午;改盛戶。	(滿)**德瑛** 九、丙午;閣學遷。	
	兵部	(滿)**玉保** 八、丙申、卅,10.15; 改兵右。	(滿)**伯麟** 八、丙申;閣學遷。 十二、乙亥;盛戶互調。	(宗室)**祿康** 十二、乙亥;盛戶改。
	刑部	(覺羅)**巴延三** 九、丙午;解。	(宗室)**宜興** 九、丙午;盛戶改,管奉尹。	
	工部	(滿)**傅森**		

乾隆五八年　癸丑(1793)	乾隆五九年　甲寅(1794)
(滿)博興	(滿)博興
(蒙)奎舒	(蒙)奎舒
(滿)伯麟	(滿)伯麟 十一、丙午、廿二,12.14;管奉尹。
(滿)德瑛	(滿)德瑛
(宗室)祿康	(宗室)祿康
(宗室)宜興	(宗室)宜興　　　　(滿)傅森 十一、丙午;改刑右。　　十一、丙午;盛工改。
(滿)傅森	(滿)傅森　　　　(?)泰寧 十一、丙午;改盛刑。　　十一、丙午;閣學遷。

滿缺侍郎年表

年　　代		乾隆六十年　乙卯(1795)	嘉慶元年　丙辰(1796)
理藩院	左侍郎	(滿)博興　　　　　　　(蒙)奎舒 　九、乙丑、十七，　　　九、丙寅、十八， 10.29；改察都。　　　10.30；右改。	(蒙)奎舒
	右侍郎	(蒙)奎舒　　　　　　　(蒙)特克慎 　九、丙寅；改左。　　　九、丙寅；庫倫辦事 　　　　　　　　　　　大臣授。 　　　　　　　　　　　閣學富俊署。	(蒙)特克慎
盛京五部侍郎	戶部	(滿)伯麟	(滿)伯麟
	禮部	(滿)德瑛	(滿)德瑛
	兵部	(宗室)祿慶	(宗室)祿慶
	刑部	(滿)傅森	(滿)傅森
	工部	(?)泰寧	(?)泰寧

嘉 慶 二 年　丁巳(1797)	嘉 慶 三 年　戊午(1798)
(蒙)**奎舒** 　　五、壬子、十三,6.7;西寧辦事大臣。	(蒙)**奎舒** 　　(西寧辦事大臣留任)
(蒙)**特克慎**	(蒙)**特克慎**　　　　　(蒙)**普福** 　　八、甲寅、廿三,10.2;　　八、甲寅;鑲白蒙副授。 　　改刑左。
(滿)**伯麟**	(滿)**伯麟**　　　　　(宗室)**祿康** 　　正、乙酉、廿,3.7;　　正、乙酉;盛兵改。 　　改兵右。
(滿)**德瑛**　　　　　(?)**寶源** 　　正、庚申、十九,2.15;　正、庚申;左副授。 　　改盛刑。	(?)**寶源**
(宗室)**祿康**	(宗室)**祿康**　　(宗室)**書敬**　　(滿)**恭泰**(未任) 　　正、乙酉;改　　正、乙酉;閣　　八、甲寅;閣學 　　盛戶。　　　　學遷。　　　　遷。 　　　　　　　　八、甲寅;改 　　　　　　　　禮右。
(滿)**傅森**　　　　　(滿)**德瑛** 　　正、己酉、八,2.4;　　正、庚申;盛禮改。 　　改兵右。	(滿)**德瑛** 　　正、乙酉;兼管奉尹。
(?)**泰寧**　　　　　(?)**薩敏** 　　八、丙辰、廿,10.9;　九、壬申、六,10.25; 　　改工左。　　　　閣學遷。	(?)**薩敏**

滿缺侍郎年表

年　代		嘉 慶 四 年　己未(1799)
理藩院	左侍郎	(蒙)**奎舒** 　九、戊辰、十三,10.11;革。　　　　　(蒙)**普福** 　　　　　　　　　　　　　　　　　九、戊辰;右改。
	右侍郎	(蒙)**普福** 　九、戊辰;改左。　　　　　　　　　(イ)**貢楚克札布** 　　　　　　　　　　　　　　　　　九、戊辰;塔爾巴哈臺參贊授。
盛京五部侍郎	戶部	(宗室)**祿康** 　三、己巳、十一,4.15;改刑右。　　(滿)**瑚圖靈阿** 　　　　　　　　　　　　　　　　　三、己巳;左副授。
	禮部	(イ)**寶源**
	兵部	(滿)**鐵保**　　　　　　　(滿)**瑚圖禮**　　　　　　　　(滿)**成書** 　二、乙卯、廿七,4.1;閣學遷。　五、己卯;刑左改。　　　　九、壬戌;閣學遷。 　五、己卯、廿二,6.24;改盛刑。　九、壬戌、七,10.5;改盛刑。
	刑部	(滿)**德瑛**　　　　　　　(滿)**鐵保**　　　　　　　　(滿)**瑚圖禮** 　五、己卯;改刑右。　　　　五、己卯;盛刑改。　　　　九、壬戌;盛兵改,兼管奉尹。 　　　　　　　　　　　　　九、壬戌;改吏右。
	工部	(イ)**薩敏**

嘉 慶 五 年　庚申(1800)		嘉 慶 六 年　辛酉(1801)	
(蒙)**普福** △改鑲黃滿副(杭將)	(?)**貢楚克札布** 七、癸巳、十三,9.1; 右改。	(?)**貢楚克札布**	
(?)**貢楚克札布** 七、癸巳;改左。	(蒙)**和寧** 七、癸巳;閣學遷。	(蒙)**和寧** 正、乙巳、廿八,3.12; 改工右。	(蒙)**佛爾卿額** 正、乙巳;閣學遷。 閣學台費蔭署:旋授鑲 藍蒙副。
(滿)**瑚圖靈阿** 二、乙未、十二,3.7; 改盛刑。	(滿)**成書** 二、乙未;盛兵改。	(滿)**成書** 正、壬午、五,2.17; 改工右。	(滿)**德文** 正、壬午;閣學遷。
(?)**寶源** 三、癸亥、十一,4.4; 解(革)。	(滿)**廣音布** 三、壬午、卅,4.23;左 副改。	(滿)**廣音布** △二月,死。	(?)**繼善**
(滿)**成書** 二、乙未;改盛戶。	(滿)**穆克登額** 二、乙未;通政遷,管奉 尹。	(滿)**穆克登額**	
(滿)**瑚圖禮** 二、乙未;改 粵撫。 (滿)**瑚圖靈阿** 二、乙未;盛 戶改。 十、戊辰、十 九,12.5;改 刑右。	(滿)**廣音** 十、戊辰;閣 學遷。	(滿)**廣音**	
(?)**薩敏**		(?)**薩敏**	

滿缺侍郎年表

年　　代		嘉　慶　七　年　壬戌(1802)		
理藩院	左侍郎	(?)貢楚克札布		
	右侍郎	(蒙)佛爾卿額		
盛京五部侍郎	戶部	(滿)德文 七、壬辰、廿四,8.21;管奉尹。		
	禮部	(?)繼善 　正、丁酉、廿五,2.27;改盛刑。	(?)多慶 　正、丁酉;閣學遷。	
	兵部	(滿)穆克登額 　七、丙子、八,8.5;改盛刑。	(?)花尚阿 　七、丙子;鑲白蒙副授。	
	刑部	(滿)廣音 　正、丁酉;改刑右。	(?)繼善 　正、丁酉;盛禮改。 　七、戊寅、十,8.7;革。	(滿)穆克登額 　七、丙子;盛兵改。
	工部	(?)蔭敏	(漢)巴寧阿 　十二、戊午、廿一,1.14;內務大臣授。	

嘉慶八年　癸亥(1803)	嘉慶九年　甲子(1804)
(?)**貢楚克札布**	(?)**貢楚克札布**　　(滿)**明興**　　(蒙)**和寧** 七、庚戌、十四，　七、庚戌；右　　九、丙午；右 8.28；改兵右。　　改。　　　　改。 　　　　　　　　　九、丙午、廿， 　　　　　　　　　10.23；改工 　　　　　　　　　右。
(蒙)**佛爾卿額**　　　　(滿)**明興** 十二、戊寅、十七，　　十二、戊寅；署熱副都 1.29；改察都。　　　　授。	(滿)**明興**　　　(蒙)**和寧**　　　(蒙)**全保** 七、庚戌；改　七、庚戌；喀什　△丁憂，鄂撫 左。　　　　噶爾參贊授。　署。 　　　　　　九、丙午；改左。
(滿)**德文**	(滿)**德文**　　　　　(?)**花尚阿** 七、癸卯、十七，8.21；　七、癸卯；盛兵改，管奉 改禮右。　　　　　　尹
(?)**多慶**	(?)**多慶**
(?)**花尚阿**	(?)**花尚阿**　　　　(滿)**榮麟** 七、癸卯；改盛戶。　　七、癸卯；闊學遷。
(滿)**穆克登額**	(滿)**穆克登額**
(漢)**巴寧阿**　　　　(滿)**薩彬圖** 十一、丁未、十六，　十一、丁未；闊學遷。 12.29；降佐領。	(滿)**薩彬圖**

滿缺侍郎年表

年代		嘉慶十年　乙丑(1805)	
理藩院	左侍郎	(蒙)**和寧**	
	右侍郎	(蒙)**全保** 正、辛亥、廿六，2.25；署魯撫。	(滿)**玉寧** 正、辛亥；閣學遷。 四、戊辰、十五，5.13；西寧辦事大臣。 十、壬辰、十三，12.3；改駐藏辦事大臣。
盛京五部部侍郎	戶部	(?)**花尚阿** 八、辛丑、廿一，10.13；降郎中。	(滿)**榮麟** 八、丙申、十六，10.8；盛兵改，管奉尹。
	禮部	(?)**多慶** 十二、庚子、廿一，2.9；改禮右。	(滿)**德文** 十二、庚子；閣學遷。
	兵部	(滿)**榮麟** 八、丙申；改盛戶。	(?)**廣敏** 八、丙申；閣學遷。
	刑部	(滿)**穆克登額**	
	工部	(滿)**薩彬圖**	

嘉慶十一年　丙寅(1806)			嘉慶十二年　丁卯(1807)	
(蒙)**和寧** 正、丁巳、 九，2.26； 改吏右。	(滿)**英和** 正、丁巳；閣 學遷。 正、壬戌、十 四、3.3；改 工左。	(滿)**玉寧** 正、壬戌，右 改。 (駐藏留任)	(滿)**玉寧** (駐藏留任)	
(滿)**玉寧** 正、壬戌；改左。 (駐藏留任)	(蒙)**特克慎** 正、壬戌，閣讀學遷。		(蒙)**特克慎**	
(滿)**榮麟**			(滿)**榮麟**	
(滿)**德文** 二、丁未、廿九， 4.17；改禮右。	(滿)**成格** 二、丁未；左副授。		(滿)**成格**	
(？)**廣敏**	(滿)**豐紳濟倫** 八、辛卯、十七，9.28；四 等侍衛授。		(滿)**豐紳濟倫** △死。	(宗室)**伊沖阿** 二、丁丑、五，3.13；正 黃滿副授。
(滿)**穆克登額**			(滿)**穆克登額**	
(滿)**薩彬圖** 八、癸卯、廿九， 10.10；改禮左。	(蒙)**策丹** 八、癸卯；閣學遷。		(蒙)**策丹**	

滿缺侍郎年表

年　代		嘉慶十三年　戊辰(1808)
理藩院	左侍郎	(滿)**玉寧** 十、乙巳、十三，11.30；回京。
	右侍郎	(蒙)**特克慎**　　　(蒙)**慶惠**　　　(滿)**景祿**　　　(蒙)**策丹** 五、甲辰、九，　　　五、甲辰；副都授。　　六、庚申；哈密幫　　十一、甲申；盛工 6.2；遷左都。　　　六、庚申、廿六，　　辦授。　　　　　　改。 　　　　　　　　　8.17；改工左。　　十一、甲申、廿三， 　　　　　　　　　　　　　　　　　1.8；改刑右。
盛京五部侍郎	戶部	(滿)**榮麟**
	禮部	(滿)**成格**
	兵部	(宗室)**伊沖阿**
	刑部	(滿)**穆克登額**　　　　(漢)**馬慧裕**　　　　(滿)**崇祿** 正、丁巳、廿，2.16；　　　正、丁巳；闓學遷。　　　六、乙巳；浙布遷。 改刑右。　　　　　　　　六、乙巳、十一，8.2；改東河。
	工部	(蒙)**策丹**　　　　　　　(?)**博慶額** 十一、甲申；改理右。　　　　十一、甲申；闓學遷。

嘉慶十四年　己巳(1809)

(滿)**玉寧** 五、庚申、一，6.13；倉侍互調。	(滿)**福慶** 五、庚申；倉侍改。 六、甲寅、廿五，8.6；改工右。	(蒙)**策丹** 六、甲寅；右改。
(蒙)**策丹** 六、甲寅；改左。	(蒙)**蘇沖阿** 六、甲寅；閱學遷。	
(滿)**榮麟** 十二、庚戌、廿五，1.29；改工右。	(漢)**馬慧裕** 十二、庚戌；三京候授，管奉尹。	
(滿)**成格** 六、丁未、十八，7.30；改禮右。	(滿)**凱音布** 六、丁未；閱學遷。	
(宗室)**伊沖阿**		
(滿)**崇禄**		
(?)**博慶額**		

滿缺侍郎年表

年　代		嘉慶十五年　庚午(1810)		
理藩院	左侍郎	(蒙)**策丹** 十、己丑、八,11.4;解(降調)。		(蒙)**蘇沖阿** 十、丙申、十五,11.11;右改。
	右侍郎	(蒙)**蘇沖阿** 十、丙申;改左。	(滿)**成林** 十、丙申;正黃滿副授。 十一、甲子、十三,12.9; 改桂撫。	(蒙)**本智** 十一、甲子;京右授。
盛京五部侍郎	戶部	(漢)**馬慧裕** 二、壬辰、八,3.12; 改工右。	(滿)**貴慶** 二、壬辰;閣學遷。 八、丁亥、五,9.3;降二調。	(滿)**薩彬圖** 八、丁亥;光祿遷。
	禮部	(滿)**凱音布**		
	兵部	(宗室)**伊沖阿** 八、丁亥;降筆帖式。		(滿)**哈魯塔** 八、丁亥;大理遷。
	刑部	(滿)**崇祿**		
	工部	(?)**博慶額** 二、甲午、十,3.14;管奉尹。		

嘉慶十六年　辛未(1811)

(蒙)**蘇沖阿**
十一、辛巳、六,12.21;革。

(蒙)**慶祥**
十一、辛巳;右改。

(蒙)**本智**
閏三、丁未、廿九,5.21;改泰寧鎮。

(滿)**吉綸**
閏三、丁未;魯撫授。
六、丁巳、十一,7.30;遷工尚。

(?)**貢楚克札布**
六、丁巳;鑲白滿副授。
七、乙巳、廿九,9.16;改察都。

(蒙)**慶祥**
七、乙巳;鑲紅滿副授。
十一、辛巳;改左。

(滿)**景安**
十一、辛巳;內閣遷。

(滿)**薩彬圖**
十二、甲子、廿,2.2;革。

(滿)**潤祥**
十二、己巳、廿五,2.7;左副改。

(滿)**凱音布**
六、甲寅、八,7.27;改禮右。

(?)**花尚阿**
六、丁巳、十一,7.30;正黄漢副授。

(滿)**哈魯堪**

(滿)**崇禄**
三、乙亥、廿七,4.19;遷左都。

(蒙)**和寧**
三、乙亥;理少遷。
十二、癸丑、九,1.22;遷盛將。

(滿)**賨慶**
十二、癸丑;大理遷。

(?)**博慶額**
十二、癸丑;解、勘。

(蒙)**富俊**
十二、癸丑;革盛將授。管奉尹。

滿缺侍郎年表

年　代		嘉慶十七年　壬申(1812)	嘉慶十八年　癸酉(1813)
理藩院	左侍郎	(蒙)慶祥	(蒙)慶祥　　　　　(滿)普恭 八、壬子、十八，　　八、壬子，右改。 9.12，改工右。
	右侍郎	(滿)景安　　　　　(滿)普恭 五、戊寅、七，　　五、戊寅，閱學遷。 6.15，改戶左。	(滿)普恭　　(滿)瑚圖禮　　(宗室)禧恩 八、壬子，　八、壬子，駐　九、己卯， 改左。　　藏授。　　閱學遷。 　　　　九、己卯、十 　　　　六，10.9，改 　　　　禮左。
盛京五部侍郎	戶部	(滿)潤祥	(滿)潤祥
	禮部	(?)花尚阿	(?)花尚阿　　　　(滿)誠安 二、壬寅、四，3.6，　二、癸卯、五，3.7，左 休。　　　　　　副授。 　　　　　　四、癸亥、廿六，5.26， 　　　　　　管奉尹。
	兵部	(滿)哈魯堪	(滿)哈魯堪　　　　(滿)晉敏 △死。　　　　四、辛酉，左副授。
	刑部	(滿)貴慶	(滿)貴慶
	工部	(蒙)富俊	(蒙)富俊　　　　　(滿)廉譽 四、癸亥，改黑將。　四、癸亥，閱學遷。

嘉慶十九年　甲戌(1814)			
(滿)普恭 正、壬辰、卅,2.19; 改兵右。	(宗室)禧恩 正、壬辰;右改。 三、癸卯、十二,5.1; 改兵右。	(滿)英綬 三、癸卯;右改。 五、乙未、五,6.22; 改工右。	(宗室)玉福 五、乙未;右改。

(宗室)禧恩	(滿)那彥寶	(滿)英綬	(宗室)玉福	(蒙)熙昌	(蒙)蘇沖阿
正、壬辰; 改左。	正、壬辰;正 藍滿副改。 閏二、甲子、 二,3.23;改 工右。	閏二、甲子; 閣學遷。 三、癸卯;改 左。	三、癸卯;閣 學遷。 五、乙未;改 左。	五、乙未;閣 學遷。 七、壬子、廿 四,9.7;改 工右。	七、壬子; 閣學遷。

(滿)潤祥	(滿)德文
十一、壬辰、五,12.16;改工右。	十一、壬辰;刑員遷。

(滿)鹹安

(滿)奢敬

(滿)貴慶

(滿)廉替

滿缺侍郎年表

年　代		嘉慶二十年　乙亥(1815)		
理藩院	左侍郎	(宗室)**玉福**	(蒙)**蘇沖阿** 四、甲子、九, 5.17; 右改。	
	右侍郎	(蒙)**蘇沖阿** 四、甲子; 改左。	(滿)**成寧** 四、甲子; 喀什噶爾參贊授。 十一、丁亥、六, 12.6; 降三 等侍衛。	(滿)**喜明** (駐藏留任) 十一、丁亥; 副都衛授。 十一、乙巳、廿四, 12.24; 病痊侍郎貴慶署。
盛京五部侍郎	戶部	(滿)**德文**		
	禮部	(滿)**誠安**		
	兵部	(滿)**舊敏**		
	刑部	(滿)**貴慶** 八、乙丑、十三, 9.15; 病免。	(滿)**永祚** 八、乙丑; 左副授。	
	工部	(滿)**廉譽** 十二、壬申、廿二, 1.20; 兼盛京副都。		

嘉慶二一年　丙子(1816)		嘉慶二二年　丁丑(1817)	
(蒙)**蘇沖阿** 四、辛未、廿二， 5.18；降頭等侍 衛。	(？)**松寧** 四、辛未；西寧辦事授。 (留任)	(？)**松寧** 二、癸未、九，3.26； 改吉將。	(蒙)**常英** 二、甲申、十，3.27；閣學 遷。
(滿)**喜明** (駐藏)		(滿)**喜明** 五、辛酉、十八，7.2； 改定左。	(滿)**博啓圖** 五、辛酉；閣學遷。
(滿)**德文** 五、甲申、五，5.31；管奉尹。		(滿)**德文**	
(滿)**誠安** 五、甲申；降左副。	(滿)**昇寅** 五、甲申；左副遷。	(滿)**昇寅**	
(滿)**奮敏**		(滿)**奮敏**	
(滿)**永祚** 十、甲辰、廿九， 12.17；革。	(滿)**恩寧** 十、甲辰；盛工改。	(滿)**恩寧**	
(滿)**廉善** 六、癸酉、廿 五，7.19；改 禮右。	(滿)**恩寧** 六、癸酉；大 理遷。 十、甲辰；改 盛刑。	(滿)**多福** 十、甲辰；密 雲副都授。	(滿)**多福**

滿缺侍郎年表

年　代		嘉慶二三年　戊寅(1818)
理藩院	左侍郎	(蒙)常英
	右侍郎	(滿)博啓圖
盛京五部侍郎	戶部	(滿)德文　　　　　　　(滿)多福　　　　　　　(宗)明興阿 　　正、庚子、二, 2.6, 改禮右。　正、庚子, 盛工改, 管奉尹。　九、丁酉, 兵右改, 管奉尹。 　　　　　　　　　　　　九、丁酉、二, 10.1, 降郎中。
	禮部	(滿)昇寅
	兵部	(滿)奮敏
	刑部	(滿)恩寧　　　　　　　　　　　　　(宗)瑞麟 　　十一、己未、廿五, 12.22, 改禮左。　　十一、己未, 奉尹遷。
	工部	(滿)多福　　　(宗)明興阿　　(滿)同麟　　(蒙)多山　　(滿)常起 　　正、庚子, 改　正、庚子, 左　五、癸卯, 閣　五、甲辰, 禮左　九、丁酉, 通 　　盛戶。　　　副遷。　　　學遷。　　　改。　　　　政遷。 　　　　　　　五、癸卯、六,　五、甲辰、七,　九、丁酉, 降一 　　　　　　　6.9, 改兵右。　6.10, 改禮右。　調。

嘉慶二四年　己卯(1819)	嘉慶二五年　庚辰(1820)
(蒙)**常英**　　　　(滿)**博啓圖** 　三、戊戌、六, 3.31;　　七、庚辰; 右改。 　知貢舉。 　七、庚辰、廿, 9.9, 　改兵右。	(滿)**博啓圖**
(滿)**博啓圖**　　　(宗室)**裕恩** 　七、庚辰; 改左。　　七、庚辰; 閣學遷。	(宗室)**裕恩**　　(滿)**那彥寶**　　(蒙)**常英** 　四、辛亥、廿　　四、辛亥; 閣　　十一、甲戌; 常 　六, 6.6; 革。　　學遷。　　　少遷。 　　　　　十一、甲戌、 　　　　　廿, 12.26; 　　　　　改刑左。
(？)**明興阿**	(？)**明興阿**
(滿)**昇寅**	(滿)**昇寅**
(滿)**畬敏**	(滿)**畬敏**　　　　(？)**潤德** 　九、壬戌、九, 10.15;　　九、壬戌; 左副遷。 　改禮右。
(？)**瑞麟**	(？)**瑞麟**　　　　(？)**承光** 　六、丁未、廿三, 8.1;　　六、丁未; 鄂布遷。 　降員外郎。
(滿)**常起**　　(蒙)**明叙**　　(？)**齡椿** 　正、戊戌、五,　正、戊戌; 閣學　十一、甲子; 左 　1.30; 改吏右。　遷。　　　副遷。 　　　　　十一、甲子、六, 　　　　　12.22; 改喀喇 　　　　　沙爾辦事。	(？)**齡椿**

滿缺侍郎年表

年　代		道　光　元　年　辛巳(1821)		
理藩院	左侍郎	(滿)博啓圖		
	右侍郎	(蒙)常英 五、庚午、廿一,6.20; 改兵右。	(宗室)裕恩 五、庚午;鑲黃漢副授。 十、丙戌、九,11.3;改工右。	(?)明志 十、丙戌;太常遷。
盛京五部侍郎	戶部	(?)明興阿		
	禮部	(滿)昇寶		
	兵部	(?)潤德	(?)佛住 十二、壬午、六,12.29; 禮右互調。	(滿)書銘 十二、壬午;禮右改。
	刑部	(?)承光 六、戊子、十,7.8;刑右 互調。	(覺羅)海齡 六、戊子;刑右改。 六、己丑、十一,7.9;留京。	(滿)同麟 六、己丑;左副遷。
	工部	(?)齡椿 六、己丑;管奉尹。		

道 光 二 年 壬午(1822)

(滿)**博啓圖**	(覺羅)**海齡**
六、戊辰、廿六,8.12;改禮右。	六、戊辰;鑲黃蒙副授。

(?)**明志**	(滿)**色克精額**	(覺羅)**舒英**	(宗室)**奮英**
正、辛未、廿五,2.16;改禮右。	正、辛未;閣學遷。十一、辛巳、十一,12.23;降閣學。	十一、辛巳;太常寺行走授。十二、丙辰、十六,1.27;改禮右。	十二、乙卯、十五,1.26;閣學遷。

(?)**明興阿**

(滿)**昇寅**

(滿)**奮銘**

(滿)**同麟**

(?)**齡椿**	(滿)**齊布森**
五、丁亥、十四,7.2;改禮右。	五、丁亥;左副遷,管奉尹。

滿缺侍郎年表

年　　代		道　光　三　年　癸未(1823)
理藩院	左侍郎	(覺羅)**海齡**
	右侍郎	(宗室)**耆英**　　　　　　　　(?)**明志**　　　　　　　　(滿)**色克精額** 　四、丙午、七，5.17，改兵右。　　四、丙午，閣學遷。　　　　十二、丁巳，閣學遷。 　　　　　　　　　　　　　　十二、丁巳、廿三，1.23， 　　　　　　　　　　　　　　遷禮右。
盛京五部侍郎	户部	(?)**明興阿**
	禮部	(滿)**昇寶**
	兵部	(滿)**書銘**
	刑部	(滿)**同麟**
	工部	(滿)**齊布森**

道 光 四 年　甲申(1824)

（覺羅）**海齡**
三、庚辰、十七,4.15;署盛刑。

（滿）**色克精額**
三、庚辰;右改。

（滿）**色克精額**
三、庚辰;改左。

（滿）**凱音布**
三、庚辰;左副遷。
七、壬午、廿一,8.15;改兵右。

（滿）**那丹珠**
七、壬午;左副遷。

（?）**明興阿**
閏七、辛丑、十一,9.3;兼署盛刑。

（滿）**昇寅**
閏七、丙辰、廿六,9.18;改盛刑。

（滿）**善慶**
閏七、丙辰;正黃漢副授。

（滿）**書銘**

（滿）**同麟**
三、庚辰;病免(死)。

（覺羅）**海齡**
三、庚辰;理左署。
閏七、辛丑;降四調。

（?）**多福**
閏七、辛丑;刑右改。
盛户明興阿兼署。

（滿）**昇寅**
閏七、丙辰;盛禮改。

（滿）**齊布森**

滿缺侍郎年表

年代		道光五年　乙酉(1825)	道光六年　丙戌(1826)
理藩院	左侍郎	(滿)色克精額	(滿)色克精額
	右侍郎	(滿)那丹珠	(滿)那丹珠
盛京五部侍郎	户部	(?)明興阿　　(滿)常文 六、戊辰、十二， 7.27；左副遷。 十二、癸酉、廿一， 1.28；管奉尹。	(滿)常文
	禮部	(滿)善慶	(滿)善慶
	兵部	(滿)薔銘	(滿)薔銘　　　　　(宗室)惠端 二、甲子、十二，　　二、甲子；左副遷。 3.20；休。
	刑部	(滿)昇寅　　(滿)武忠額　　(?)多山 三、壬辰、　　三、壬辰、閏　十二、甲寅； 五，4.22；　　學遷。　　左副遷。 改工右。　　十二、甲寅 　　　　　二，1.9；改 　　　　　兵右。	(?)多山
	工部	(滿)齊布森	(滿)齊布森　　　　(覺羅)海齡 十一、丙午、廿九，　十一、丙午；左副遷。 12.27；病免。

· 830 ·

道 光 七 年　丁亥(1827)			
(滿)**色克精額**			
(滿)**那丹珠**			
(滿)**常文**			
(滿)**善慶**	(滿)**鐘昌** 二、乙卯、九，3.6；閣學署兵右授。 八、乙酉、十二，10.2；刑右互調。	(滿)**特登額** 八、乙酉；刑右改。	
(宗室)**惠端**			
(丁)**多山** 八、壬辰、十九，10.9；盛工互調。		(覺羅)**海齡** 八、壬辰；盛工改。	
(覺羅)**海齡** 八、壬辰；盛刑互調。	(丁)**多山** 八、壬辰；盛刑改。 九、癸丑、十一，10.30； 降四調。	(滿)**保昌** 九、癸丑；光祿遷。 十二、乙未、廿四，2.9； 改兵右。	(滿)**鹹端** 十二、丙申、廿五，2.10； 左副遷。

滿缺侍郎年表

年　代		道　光　八　年　　戊子(1828)
理藩院	左侍郎	(滿)**色克精額**　　　　　　　　　　　　　　　　　　(滿)**那丹珠** 　　十一、戊戌、二,12.8;改禮右。　　　　　　　　　　　　十一、戊戌;右改。
	右侍郎	(滿)**那丹珠**　　　　　　　(覺羅)**寶興**　　　　　　　　(滿)**常文** 　　十一、戊戌;改左。　　　　十一、戊戌;正紅滿副授。　　　　　十一、癸卯;兵左改。 　　　　　　　　　　　　　十一、癸卯、七,12.13;兵左互調。
盛京五部侍郎	戶部	(滿)**常文**　　　　　　　　　　　　　　　　　　(↑)**多山** 　　九、己酉、十二,10.20;改兵左。　　　　　　　　　九、己酉;左副遷。
	禮部	(滿)**特登額**　　　　　　　　　　　　　　　　　(滿)**凱音布** 　　十一、戊戌;改盛刑。　　　　　　　　　　　　　十一、戊戌;吏左改。
	兵部	(宗室)**惠端**
	刑部	(覺羅)**海齡**　　　　　　　　　　　　　　　　　(滿)**特登額** 　　十一、戊戌;改刑左。　　　　　　　　　　　　　十一、戊戌;盛禮改。
	工部	(滿)**鹹端** 　　九、己酉;管奉尹。

道 光 九 年　己丑(1829)			道 光 十 年　庚寅(1830)		
(滿)那丹珠　二、辛未、七,3.11;改盛兵。	(?)福勒洪阿　二、壬申、八,3.12;閣學遷。	(?)惠顯　八、辛未、十,9.7;駐藏授。閣學容照署。	(?)惠顯　七、丙子、廿一,9.7;改盛刑。	(滿)常文　七、丙子;右改。十一、癸未、廿九,1.12;改盛兵。	(?)嵩惠　十一、癸未;左副遷。
(滿)常文			(滿)常文　七、丙子;改左。	(滿)容照　七、丙子;武備授。	
(?)多山			(?)多山		
(滿)凱音布			(滿)凱音布　七、丙子;兼盛刑。		
(宗室)惠端　二、辛未;解、勘。	(滿)那丹珠　二、辛未;理左改。		(滿)那丹珠　十一、癸未;改工左。	(滿)常文　十一、癸未;理左改。	
(滿)特登額			(滿)特登額　七、丙子;改刑左。	(?)惠顯　七、丙子;理左(駐藏)改。盛禮凱音布兼。十、癸卯、十九,12.3;召京。	
(滿)誠端　九、庚子、九,10.6;降三品。十二、乙丑、五,12.30;召京。	(滿)富呢揚阿　十二、乙丑;簕布遷,管奉尹。		(滿)富呢揚阿　十、戊子、四,11.18;改浙撫。	(滿)薩迎阿　十、戊子;喀喇沙爾辦事授,管奉尹。	

滿缺侍郎年表

年　代	道光十一年　辛卯(1831)			
理藩院	左侍郎	(？)嵩惠 七、戊寅、廿八，9.4； 改盛工。	(滿)普保 七、戊寅；左副遷。 八、壬寅、廿三，9.28；改盛禮。	(滿)桓格 八、壬寅；正黃滿副授。 九、乙丑、十六，10.21；兼京右。	
	右侍郎	(滿)容照 二、壬辰、九，3.22； 革。	(？)惠顯 二、癸巳、十，3.23；盛刑改。 三、丁卯、十五，4.26；改工右。 三、戊辰、十六，4.27；禮右色 克精額署。 八、丁酉、十八，9.23；前定左 彥德署：十二、乙酉、七，1.9； 改綏將。	(滿)恩銘 十二、戊子、十，1.12；烏里 雅蘇臺參贊授。 十二、丙午、廿八，1.30；改 刑右。閬學奕紀署。	
盛京五部侍郎	戶部	(？)多山 正、丙子、廿二，3.6；休。	(滿)凱音布 正、丙子；盛禮改。 七、己卯、廿九，9.5；盛刑互調。	(滿)鄂順安 七、己卯；盛刑改，管奉尹。	
	禮部	(滿)凱音布 正、丙子；改盛戶。	(宗室)織麟 正、丙子；左副遷。 八、乙未、十六， 9.21；改兵右。	(滿)那彥成 八、乙未；革直督授。 八、壬寅、廿三，9.28； 革。	(滿)普保 八、壬寅；理左改。
	兵部	(滿)常文			
	刑部	(？)惠顯 二、癸巳；改理右。	(滿)鄂順安 二、癸巳；黔布遷。 七、己卯；盛戶互調。	(滿)凱音布 七、己卯；盛戶改。 九、乙丑、十六， 10.21；改刑右。	(滿)裕泰 九、乙丑；皖布遷。
	工部	(滿)薩迎阿 七、戊寅、廿八，9.4；署鑲白漢副。	(？)嵩惠 七、戊寅；理左改。		

道光十二年　壬辰(1832)

(滿)**桓格**
九、甲寅、十一,10.4;改西將。

(蒙)**松筠**
九、乙卯、十二,10.5;署鑲紅漢副署。
十二、壬戌、廿,2.9;授。

(滿)**奎照**
二、壬辰、十五,3.16;司業授。
四、丙申、廿,5.19;殿試讀卷。
四、丙午、卅,5.29;教庶。
九、丁未、四,9.27;改工左。

(宗室)**奕紀**
九、丁未;奉宸授。
九、丁卯、廿四,10.17;改兵右。

(滿)**聯順**
九、丁卯;奉宸授。

(滿)**鄂順安**
正、甲戌、廿六,2.27;改刑左。

(?)**嵩惠**
正、甲戌;盛工改。

(滿)**普保**

(滿)**常文**
正、甲戌;改盛刑。

(滿)**德興**
正、甲戌;左副遷。

(滿)**裕泰**
正、甲戌;改盛工。

(滿)**常文**
正、甲戌;盛兵改。
二、辛卯、十四,3.15;改工左。

(宗室)**祥康**
二、辛卯;盛京副都授。

(?)**嵩惠**
正、甲戌;改盛戶。

(滿)**裕泰**
正、甲戌;盛刑改,管奉尹。

滿缺侍郎年表

年　代		道光十三年　癸巳(1833)	
理藩院	左侍郎	(蒙)**松筠** 四、戊申、八，5.26；改工左。	(滿)**聯順** 四、戊申；右改。
	右侍郎	(滿)**聯順** 四、戊申；改左。	(蒙)**賽尚阿** 四、戊申；闊學遷。 十一、丁亥、廿一，12.31；署刑左。
盛京五部侍郎	戶部	(?)**嵩惠** 五、癸酉、三，6.20；召京。	(滿)**德興** 五、癸酉；盛兵改。
	禮部	(滿)**普保**	
	兵部	(滿)**德興** 五、癸酉；改盛戶。	(滿)**德春** 五、癸酉；左副遷。
	刑部	(宗室)**祥康**	
	工部	(滿)**裕泰** 三、己亥、廿八，5.17； 改刑右。　(蒙)**恩特亨額** 六、乙丑、廿六，8.11；前湘布署。 十一、丙戌、廿，12.30；改刑右。	(滿)**烏爾恭額** 十一、丙戌；奉尹遷，仍管。

道光十四年　甲午(1834)

(滿)**聯順** 　　八、癸丑、廿一,9.23;改兵左。	(宗室)**奕澤** 　　八、癸丑;右改。

(蒙)**賽尚阿** 　　正、戊子、廿二,3.2;改工右。	(宗室)**奕澤** 　　正、戊子;左副遷。 　　八、癸丑;改左。	(滿)**隆文** 　　八、癸丑;閱學、駐藏授。 　　閱學慶敏署。

(滿)**德興** 　　七、癸酉、十,8.14;署管奉尹。

(滿)**普保**

(滿)**德春**

(宗室)**祥廉** 　　五、壬申、八,6.14;改刑右。	(滿)**貴慶** 　　五、壬申;病痊都統授。 　　七、癸酉;兼署盛工。

(滿)**烏爾恭額** 　　七、癸酉;辦工程,盛刑貴慶兼署。 　　十一、庚辰、十九,12.19;改浙撫。	(滿)**富呢揚阿** 　　十一、庚辰;浙撫授,管奉尹。

年　代		道光十五年　乙未(1835)
理藩院	左侍郎	(宗室)**奕澤**　二、己未、卅,3.28;改盛工。　　　　(滿)**隆文**　二、己未;右改。
	右侍郎	(滿)**隆文**　二、己未;改左。　(宀)**慶敏**　二、己未;閏學遷。閏六、庚辰、廿八,8.16;解。　(宗室)**惟勤**　閏六、庚辰;左副遷。九、庚戌、廿四,11.14;降二調。　(滿)**吉倫泰**　九、庚戌;閏學遷。
盛京五部侍郎	戶部	(滿)**德興**　正、丙戌、廿六,2.23;管奉尹。
	禮部	(滿)**普保**　九、乙卯、廿九,11.19;召京(休)。　(滿)**鄂順安**　九、乙卯;降調晉撫授。十、己卯、廿四,12.13;改盛刑。　(蒙)**明訓**　十、己卯;吐魯蕃領隊授。
	兵部	(滿)**德春**
	刑部	(滿)**貴慶**　九、乙卯;刑右互調。　(滿)**特登額**　九、乙卯;刑右改。十、壬戌、七,11.26;留京。　(滿)**富呢揚阿**　十、壬戌、七,11.26;科布多參贊授。十、己卯;改烏魯木齊都統。　(滿)**鄂順安**　十、己卯;盛禮改。十二、乙亥、廿一,2.7;降(駐藏幫辦)。　(滿)**文蔚**　十二、乙亥;駐藏授。
	工部	(滿)**富呢揚阿**　正、丙戌、廿六,2.23;改科布多參贊。　(宗室)**恩桂**　正、丙戌;閏學遷。二、己未;改兵右。　(宗室)**奕澤**　二、己未;理左改。

道光十六年　丙申(1836)	道光十七年　丁酉(1837)
(滿)**隆文**　　　　(滿)**吉倫泰** 九、丙午、廿六,11.4;　九、丙午;右改。 改刑右。	(滿)**吉倫泰**
(滿)**吉倫泰**　　　(宗室)**功普** 九、丙午;改左。　　九、丙午;左副遷。	(宗室)**功普**　　　　(?)**文德和** 正、庚子、廿二,2.26;　正、庚子;闈學遷。 改盛工。
(滿)**德興**　　　　(滿)**德春** 九、壬辰、十二,10.21;　九、壬辰;盛兵改。 改泰寧鎮。	(滿)**德春**
(蒙)**明訓**　　　　(滿)**薩迎阿** 五、己亥、十七,6.30;　五、己亥;哈密辦事授。 改刑右。　　　　九、壬辰;管奉尹。	(滿)**薩迎阿**
(滿)**德春**　(滿)**惠吉**　(滿)**文蔚** 九、壬辰;　九、壬辰;前桂　十一、戊戌; 改盛戶。　撫授。　　盛刑改。 　　　十一、戊戌、十 　　　九,12.26;盛 　　　刑互調。	(滿)**文蔚**
(滿)**文蔚**　　　　　(滿)**惠吉** 十一、戊戌;盛兵互調。　十一、戊戌;盛兵改。	(滿)**惠吉**　　　　　(滿)**麟魁** 四、癸亥、十六,5.20;　四、癸亥;左副遷。 改刑右。
(宗室)**奕澤**	(宗室)**奕澤**　(宗室)**功普**　(宗室)**德誠** 正、庚子、廿　正、庚子,理　十二、戊申; 二,2.26;解　右改。　　左副遷。 (以頭等侍　十二、戊申、 衛用)。　　五,12.31; 　　　改兵右。

滿缺侍郎年表

年　　代		道光十八年　戊戌(1838)
理藩院	左侍郎	(滿)**吉倫泰**
	右侍郎	(？)**文德和**
盛京五部侍郎	戶部	(滿)**德春**
	禮部	(滿)**薩迎阿**
	兵部	(滿)**文蔚** 十一、乙丑、廿七，1.12；改工左。　　　(宗室)**成剛** 十一、乙丑；左副遷。
	刑部	(滿)**麟魁** 閏四、庚寅、十九，6.11； 改刑右。　　(滿)**松峻** 閏四、庚寅；闊學遷。 十一、壬子、十四，12.30；改工右。　　(宗室)**德瑊** 十一、壬子；盛工改。
	工部	(宗室)**德瑊** 十一、壬子；改盛刑。　　　　(蒙)**柏葰** 十一、壬子；闊學遷。

道光十九年　己亥(1839)

(滿)**吉倫泰**

(?)**文德和**

(滿)**德春**
　　三、丙辰、廿,5.3,改兵右。

(宗室)**德誠**
　　三、丙辰;盛刑改。
　　四、丙寅、一,5.13,改盛刑。

(滿)**薩迎阿**
　　四、丙寅;盛禮改。

(滿)**薩迎阿**
　　四、丙寅;改盛户。

(蒙)**明誼**
　　四、丙寅;盛刑改。

(宗室)**成剛**

(宗室)**德誠**
　　三、丙辰;改盛户。
　　四、丙寅;盛户改。

(蒙)**明誼**
　　三、丙辰;左副遷。
　　四、丙寅;改盛禮。

(蒙)**柏葰**

滿缺侍郎年表

年　　代		道光二十年　庚子(1840)
理藩院	左侍郎	(滿)**吉倫泰**
	右侍郎	(宗)**文德和**　　　　　(宗室)**奕顥**　　　　　(滿)**慧成** 　　　　　　　　　十二、甲申、廿八,1.20;已革　　十二、乙酉;通政署。 　　　　　　　　　兵尚授。 　　　　　　　　　十二、乙酉、廿九,1.21;解。
盛京五部侍郎	戶部	(滿)**薩迎阿**　　　　　　　　　　(宗室)**惟勤** 　　六、丁卯、九,7.7;改禮右。　　　六、丁卯;盛刑改,管奉尹。 　　　　　　　　　　　　　　　九、乙巳、十八,10.13;署吉將。
	禮部	(蒙)**明訓**
	兵部	(宗室)**成剛**　　　　　　　　　(宗)**道慶** 　　十二、庚午、十四,1.6;改盛刑。　　十二、庚午;閣學遷。 　　　　　　　　　　　　　　盛京副都奕興署。
	刑部	(宗室)**德臧**　　　(宗室)**惟勤**　　　(蒙)**柏葰**　　　　(宗室)**成剛** 　正、戊戌、七,2.9;　正、戊戌;左副遷。　六、丁卯;盛工改。　十二、庚午;盛兵 　改刑右。　　　六、丁卯;改盛戶。　十二、己巳、十三,　改,管奉尹。 　　　　　　　　　　　　　　1.5;改刑左。
	工部	(蒙)**柏葰**　　　　　　　　　　(覺羅)**德厚** 　　六、丁卯;改盛刑。　　　　　六、丁卯;左副遷。

道光二一年　辛丑(1841)	道光二二年　壬寅(1842)

(滿)吉倫泰	(滿)吉倫泰　　(宗室)禧恩　　(宗室)恩華
	五、己未、十一，6.19；遷理尚。　五、己未；閣學署盛將授，仍署。　九、庚戌、五，10.8；右改。九、己酉、四，10.7；改盛將。

(滿)慧成　　　　(宗室)恩華	(宗室)恩華　　(?)連貴　　(宗室)玉明
(通政署)八、甲申、三，9.17；改兵右。　八、甲申；閣學遷。	九、庚戌；改左。　九、庚戌；閣學遷。十、丙申、廿一，11.23；改禮右。　十、丙申；閣學遷。

(宗室)惟勤	(宗室)惟勤　　　　(滿)惪豐
	十一、辛亥、七，12.8；改兵右。　十一、辛亥；盛刑改，管奉尹。

(蒙)明訓	(蒙)明訓

(?)道慶	(?)道慶　　　　(滿)舒興阿
	正、甲子、十五，2.24；護盛將。　十二、癸巳；閣學遷。十二、癸巳、十九，1.19；改兵左。

(宗室)成剛	(宗室)成剛　(滿)惪豐　(宗室)訥勒亨額
	正、丁丑、廿八，3.9；改刑右。　正、戊寅、廿九，3.10；通政遷。　十一、辛亥；駐藏幫辦授。十一、辛亥；改盛戶。

(覺羅)德厚	(覺羅)德厚

滿缺侍郎年表

年　代		道光二三年　癸卯(1843)		
理藩院	左侍郎	(宗室)**恩華**		
	右侍郎	(宗室)**玉明**		
盛京五部侍郎	户部	(滿)**惠豐** 四、丁丑、四,5.3;改刑右。	(蒙)**明訓** 四、戊寅、五,5.4;盛禮改。	
	禮部	(蒙)**明訓** 四、丁丑;管奉尹。 四、戊寅;改盛户。	(宗室)**春佑** 四、戊寅;閣學遷。	
	兵部	(滿)**舒興阿** 四、甲戌、一,4.30;改兵右。	(て)**倭什訥** 四、乙亥、二,5.1;左副遷。	
	刑部	(宗室)**訥勒亨額**	(滿)**廣福** 四、乙亥;閣學遷。 閏七、辛未、一,8.25;改禮右。	(滿)**斌良** 閏七、辛未;左副遷。
	工部	(覺羅)**德厚**		

道光二四年　甲辰(1844)		
(宗室)**恩華**		
(宗室)**玉明**		
(蒙)**明訓**		
(宗室)**春佑**		
(?)**倭什訥** 三、丙子、九, 4.26; 兼署盛工。 八、癸丑、十九, 9.30; 改兵右。	(滿)**福濟** 八、癸丑; 左副遷。 十、癸亥、卅, 12.9; 改兵右。	(蒙)**廣林** 十一、甲子、一, 12.10; 左副遷。
(滿)**斌良** 二、辛亥、十四, 4.1; 改刑右。	(蒙)**花沙納** 二、辛亥; 左副遷。 二、癸亥、廿六, 4.13; 改禮右。	(覺羅)**德厚** 二、癸亥; 盛工改。
(覺羅)**德厚** 二、辛亥; 改盛刑。	(蒙)**博迪蘇** 二、辛亥; 禮右改。 三、丙子; 病免, 盛兵倭什訥兼署。	(滿)**培成** 四、癸卯、七, 5.23; 閣學遷。

滿缺侍郎年表

年　代		道光二五年　乙巳(1845)	道光二六年　丙午(1846)
理藩院	左侍郎	(宗室)恩華	(宗室)恩華 二、壬子、廿六，3.23；閣學載增署。
	右侍郎	(宗室)玉明	(宗室)玉明
盛京五部侍郎	戶部	(蒙)明訓	(蒙)明訓　　　　(宗室)慶祺 閏五、戊戌、十四，　閏五、戊戌；左副 7.7；改工右。　　　遷。管奉尹。
	禮部	(宗室)春佑	(宗室)春佑
	兵部	(蒙)廣林　　　　(滿)齡鑑 四、丁巳、廿七，　四、丁巳；閣學遷。 6.1；改盛刑。 四、癸卯；盛戶 明訓兼署。	(滿)齡鑑
	刑部	(覺羅)德厚　　　　(蒙)廣林 四、丁巳；改兵左。　四、丁巳；盛兵改。	(蒙)廣林
	工部	(滿)培成	(滿)培成

道光二七年　丁未(1847)		道光二八年　戊甲(1848)	
(宗室)**恩華**		(宗室)**恩華** 二、癸丑、九，3.13； 改工左。	(滿)**培成** 二、癸丑；盛工改。
(宗室)**玉明** 十一、辛巳、五，12.12； 改庫倫辦事。	(宗室)**奕毓** 十一、辛巳；閣學遷。	(宗室)**奕毓**	
(宗室)**慶祺**		(宗室)**慶祺**	
(宗室)**春佑**		(宗室)**春佑**	
(滿)**齡鑑** 四、丁巳、九，5.22； 病免。	(宗室)**靈桂** 四、丁巳；左副遷。	(宗室)**靈桂** 十二、丙寅、廿六， 1.20；改工左。	(滿)**恒毓** 十二、丙寅；左副遷。
(蒙)**廣林** 三、戊戌、十九，5.3； 署盛將， 十二、庚申、十五， 1.20；改禮右。	(滿)**桂德** 十二、庚申；左副遷。	(滿)**桂德** △死。	(?)**毓薈** 十、丁卯、廿七，11.22； 閣學遷。
(滿)**培成**		(滿)**培成** 二、癸丑；改理左。	(?)**道慶** 二、癸丑；閣學遷。

滿缺侍郎年表

年　代		道光二九年　己酉(1849)
理 藩 院	左 侍 郎	(滿)**培成**　　　　　　　　　　　　　　　(宗室)**綿森** 　六、辛卯、廿五，8.13；改盛工。　　　　　六、辛卯；盛刑改。
	右 侍 郎	(宗室)**奕載**
盛 京 五 部 侍 郎	戶 部	(宗室)**慶祺**　　　　　　　　　　　　　　(?)**書元** 　九、乙巳、十一，10.26；改兵右。　　　　九、乙巳；左副遷，管奉尹。
	禮 部	(宗室)**春佑** 　十二、辛卯、廿八，2.9；回京(憂)，盛兵恆載兼署。
	兵 部	(滿)**恒載** 　十二、辛卯；兼署盛禮。
	刑 部	(?)**載書**　　　　　　　　　(宗室)**綿森**　　　　　　　(?)**景淳** 　六、己丑、廿三，8.11；　六、己丑；閣學遷。　　六、辛卯；盛工改。 　改熱都。　　　　　　　　六、辛卯；改理左。
	工 部	(?)**道慶**　　　　　　　　　(?)**景淳**　　　　　　　　(滿)**培成** 　正、辛卯、廿二，2.14；　正、辛卯；盛京副都授。　六、辛卯；理左改。 　改兵右。　　　　　　　　六、辛卯；改盛刑。

道光三十年　庚戌(1850)

(宗室)**綿森**

(宗室)**奕毓**
四、丙戌、廿四, 6.4；改工右。

(滿)**和色本**
四、丙戌；閣學遷。

(?)**曇元**
七、丁巳、廿七, 9.3；改戶右。

(滿)**恒毓**
七、丁巳；盛兵改，管奉尹。

(宗室)**春佑**
四、乙丑、三, 5.14；改兵右。

(蒙)**廣林**
四、丙戌；工左改。
七、丁巳；改盛兵。

(?)**耆瑞**
七、丁巳；杭州副都授。

(滿)**恒毓**
七、丁巳；改盛戶。

(蒙)**廣林**
七、丁巳；盛禮改。

(?)**景淳**

(滿)**培成**

滿缺侍郎年表

年　代		咸豐元年　辛亥(1851)	咸豐二年　壬子(1852)
理藩院	左侍郎	(宗室)綿森	(宗室)綿森
	右侍郎	(滿)和色本	(滿)和色本　　　(滿)培成 十、丙午、廿九，　　十、丙午；盛工改。 12.10；改盛禮。
盛京五部侍郎	户部	(滿)恒毓	(滿)恒毓 三、戊午、八，4.26；署奉尹。
	禮部	(?)謇瑞	(?)謇瑞　　　　　(滿)和色本 十、丙午；改盛兵。　十、丙午；理右改。
	兵部	(蒙)廣林	(蒙)廣林　　　　　(?)謇瑞 十、丙午；改盛工。　十、丙午；盛禮改。
	刑部	(?)景淳	(?)景淳
	工部	(滿)培成	(滿)培成　　　　　(蒙)廣林 十、丙午；改理右。　十、丙午；盛兵改。

咸 豐 三 年　癸丑(1853)

（宗室）**綿森**

（滿）**培成**

（滿）**恒毓**

（滿）**和色本**
　　三、戊午、十四，4.21；暫署兼管奉尹。

（？）**耆瑞**	（蒙）**富呢雅杭阿**
八、丙申、廿四，9.26；病免。	八、丙申；盛京副都授。

（？）**景淳**	（？）**耆元**
正、乙丑、廿，2.27；改吉將。	正、丙寅、廿一，2.28；奉尹遷。
	九、辛酉、十九，10.21；署盛將。

（蒙）**廣林**	（滿）**恒春**	（宗室）**善燾**
四、丙申、廿二，5.29；召京。	四、丙申；大理遷。	五、辛酉；烏里雅蘇臺參贊授。
	五、辛酉、十七，6.23；改刑左。	

滿缺侍郎年表

年代		咸豐四年　甲寅(1854)	咸豐五年　乙卯(1855)
理藩院	左侍郎	(宗室)綿森 八、癸亥、廿七，10.18；署泰寧鎮，閻學國瑞署。	(宗室)綿森　　　(蒙)愛仁 五、丙子、十五，　　五、丙子；京左授。 6.28；改馬蘭鎮。
理藩院	右侍郎	(滿)培成　　　(滿)伊勒東阿 正、戊申、八，2.5，　正、戊申；正白護統 改工左。　　　　授。	(滿)伊勒東阿
盛京五部侍郎	戶部	(滿)恒毓	(滿)恒毓　　　　(？)書元 八、甲午、四，9.14；　八、甲午；盛刑改， 改烏魯木齊都統。　管奉尹。
盛京五部侍郎	禮部	(滿)和色本	(滿)和色本
盛京五部侍郎	兵部	(蒙)富呢雅杭阿	(蒙)富呢雅杭阿
盛京五部侍郎	刑部	(？)書元	(？)書元　　　　(宗室)善燾 八、甲午；改盛戶。　八、甲午；盛工改。
盛京五部侍郎	工部	(宗室)善燾	(宗室)善燾　　　(宗室)錫齡 八、甲午；改盛刑。　八、甲午；光禄遷。

咸 豐 六 年　丙辰(1856)			

(蒙)愛仁

(蒙)伊勒東阿

(?)耆元	(蒙)富呢雅杭阿
七、癸亥、八,8.8;降五謫。	七、癸亥;盛兵改,管奉尹。

(滿)和色本	(蒙)倭仁
	八、丙申、十二,9.10;光禄遷。

(蒙)富呢雅杭阿	(宗室)錫齡	(?)聯奎	(滿)訥爾濟
七、癸亥;改盛户。	七、癸亥;盛工改。	十、庚子、十六,11.13;左副遷。 十二、乙巳、廿二,1.17;病免。	十二、乙巳;左副遷。

(宗室)善燾	(宗室)和潤
七、癸亥;改盛工。	七、癸亥;大理署刑右授。

(宗室)錫齡	(宗室)善燾	(?)麟興
七、癸亥;改盛兵。	七、癸亥;盛刑改。 十二、丙戌、三,12.29;署正黄漢副。	十二、丙戌;工左改。

滿缺侍郎年表

年　代		咸　豐　七　年　　丁巳(1857)
理藩院	左侍郎	(蒙)**愛仁** 　　二、戊申、廿六，3.21；改禮右。　　　　　　　　(滿)**伊勒東阿** 　　　　　　　　　　　　　　　　　　　　　　　二、戊申；右改。
	右侍郎	(滿)**伊勒東阿**　　　　　　(？)**孟保**　　　　　　　　　(宗室)**靈桂** 　　二、戊申；改左。　　　　二、戊申；通政遷。　　　　十、壬申；閣學遷。 　　　　　　　　　　　　　十、壬申、廿五，12.10；改刑右。
盛京五部侍郎	戶部	(蒙)**富呢雅杭阿**　　　　　　　　　　　　　(蒙)**倭仁** 　　十一、乙酉、八，12.23；改閣學。　　　　十一、乙酉；盛禮改，管奉尹。
	禮部	(蒙)**倭仁**　　　　　　　　　　　　　　　　(滿)**文俊** 　　十一、乙酉；改盛戶。　　　　　　　　　十一、乙酉；前贛撫授。
	兵部	(滿)**訥爾濟**
	刑部	(宗室)**和潤**
	工部	(？)**麟興**

咸豐八年　戊午(1858)	咸豐九年　己未(1859)
(滿)**伊勒東阿**	(滿)**伊勒東阿**　　　　(滿)**裕瑞** 　　十二、壬寅、七,12.30；　　十二、壬寅；正紅漢副 　　改工左。　　　　　　授。
(宗室)**靈桂**　　　　(？)**書元** 　六、乙丑、廿一,7.31；　　六、乙丑；左副遷。 　改刑左。	(？)**書元**　　　　(滿)**察杭阿** 　　　　　　　　六、壬子、十四,7.13； 　　　　　　　　闈學遷。
(蒙)**倭仁**	(蒙)**倭仁**
(滿)**文俊**	(滿)**文俊**　　　　(？)**雙福** 　十、壬戌、廿六,11.20；　十、壬戌；闈學遷。 　改刑右。
(滿)**訥爾濟**	(滿)**訥爾濟**　　　　(宗室)**煜綸** 　九、戊子、廿二,　　九、戊子；左副遷。 　10.17；解。
(宗室)**和潤**	(宗室)**和潤**
(？)**麟興**	(？)**麟興**

滿缺侍郎年表

年　　代		咸豐十年　庚申(1860)	咸豐十一年　辛酉(1861)
理藩院	左侍郎	(滿)**裕瑞**	(滿)**裕瑞** 四、甲子、六,5.15;署兵右。
	右侍郎	(滿)**察杭阿**	(滿)**察杭阿**
盛京五部侍郎	戶部	(蒙)**倭仁** 八、己卯、十八,10.2;署盛將。	(蒙)**倭仁**　　　　(宗室)**和潤** 　　　　　　　　十、丙辰、一,11.3; 　　　　　　　　盛刑改,管奉尹。
	禮部	(?)**雙福**	(?)**雙福**
	兵部	(宗室)**煜綸**	(宗室)**煜綸**
	刑部	(宗室)**和潤**	(宗室)**和潤**　　　(滿)**清安** 十、丙辰;改盛户。　　十、丙辰;盛工改。
	工部	(?)**麟興**	(?)**麟興**　　(滿)**清安**　　(宗室)**戴肅** 正、丁酉;　　正、丁酉;　　十、丙辰; 八,2.17;　　閣學署工　　閣學遷 改工左。　　右授。 　　　　　十、丙辰; 　　　　　改盛刑。

同治元年　壬戌(1862)			
(滿)**裕瑞**			
(滿)**察杭阿** 二、辛酉、八,3.8； 改兵右。	（宗）**增慶** 二、辛酉；正紅漢副授。 六、辛未、廿,7.16；革。	(滿)**恒祺**(總) 六、壬申、廿一,7.17； 閣學遷。 閏八、丁酉、十七,10.10； 改刑右。	（宗）**慶明** 閏八、丁酉；閣學遷。
(宗室)**和潤**			
（宗）**雙福** 十一、丙寅、十八,1.7；降一調。	(滿)**志和** 十一、丙寅；左副遷。 十一、戊辰、廿,1.9；盛刑互調。		(滿)**清安** 十一、戊辰；盛刑改。
(宗室)**煜綸**	（宗）**聯康** 正、乙未、十二,2.10；兵右改。		
(滿)**清安** 十一、戊辰；盛禮互調。		(滿)**志和** 十一、戊辰；盛禮改。	
(宗室)**載齮**			

滿缺侍郎年表

年　　代		同治二年　癸亥(1863)	同治三年　甲子(1864)
理藩院	左侍郎	(滿)裕瑞	(滿)裕瑞
	右侍郎	(?)慶明 六、丙申、廿一， 8.5；改烏什辦事。　(滿)額勒和布 六、丁酉、廿二， 8.6；閣學遷。	(滿)額勒和布
盛京五部侍郎	户部	(宗室)和潤 十二、戊子、十六， 1.24；改工右。　(滿)寶珣 十二、戊子；閣學署 兵左遷，管奉尹。	(滿)寶珣
	禮部	(滿)清安	(滿)清安
	兵部	(?)聯康	(?)聯康
	刑部	(滿)志和	(滿)志和
	工部	(宗室)載齡	(宗室)載齡　(滿)桂清 十一、己亥、二， 11.30；閣學遷。

同 治 四 年　乙丑(1865)	同 治 五 年　丙寅(1866)
(滿)裕瑞	(滿)裕瑞　　(宗室)英元　　(滿)恩承 　　　　　　五、乙亥、十　五、丙子、十八，　十二、癸丑； 　　　　　　七,6.29；改　6.30；右改。　　閣學遷。 　　　　　　正紅漢副。　十二、癸丑、廿 　　　　　　　　　　　八,2.2；改刑右。
(滿)額勒和布　　(宗室)英元 　　九、戊寅、十六,11.4；　九、己卯、十七,11.5； 　　改盛户。　　　　　閣學遷。	(宗室)英元　　(滿)魁齡　　(宗室)奕慶 　　五、丙子；改　五、丙子；閣　十二、癸丑； 　　左。　　　　學遷。　　閣學遷。 　　　　　　十二、癸丑； 　　　　　　改工右。
(滿)寶珣　　(滿)額勒和布 　　九、丁丑、十五,11.3；　九、戊寅；理右改。 　　降一調。	(滿)額勒和布
(滿)清安 　　四、丙戌、廿二,5.16；巡邊,錦州副都慶春署。	(滿)清安
(?)聯康　　(宗室)延煦 　　四、丙戌；召京,盛工　十、甲寅、廿三,12.10； 　　桂清兼署。　　　閣學遷。 　　(留京)	(宗室)延煦
(滿)志和	(滿)志和
(滿)桂清 　　四、丙戌；兼署盛兵。	(滿)桂清

滿缺侍郎年表

年　代		同　治　六　年　　丁卯(1867)	同　治　七　年　　戊辰(1868)
理藩院	左侍郎	(滿)恩承　　　　　(宗室)載齡 四、丁酉、十四，　　四、丁酉、閣學遷。 5.17；改工右。	(宗室)載齡
	右侍郎	(宗室)奕慶　　　　　(滿)桂清 十、甲申、五，　　　十、甲申；盛工改。 10.31；盛工 互調。	(滿)桂清
盛京五部侍郎	户部	(滿)額勒和布	(滿)額勒和布
	禮部	(滿)清安	(滿)清安
	兵部	(宗室)延煦　　　　　(宗室)瑞聯 四、丁亥、四，5.7；　四、丁亥、閣學遷。 改户右。	(宗室)瑞聯
	刑部	(滿)志和	(滿)志和
	工部	(滿)桂清　　　　　(宗室)奕慶 十、甲申；理右　　十、甲申；理右改。 互調。	(宗室)奕慶

同治八年　己巳(1869)	同治九年　庚午(1870)
(宗室)**載齡**	(宗室)**載齡**
(滿)**桂清**　　　　　(滿)**廣壽** 　八、乙卯、十六,9.21;　　八、乙卯;閣學遷。 　改禮右。	(滿)**廣壽**
(滿)**額勒和布** 　十二、戊午、廿一,1.22;葬假,盛禮麟書兼署。	(滿)**額勒和布**
(滿)**清安**　　　　　(宗室)**麟書** 　三、庚辰、八,4.19;　　三、庚辰;閣學遷。 　改泰寧鎮。　　　　　十二、戊午;兼署盛户。	(宗室)**麟書**
(宗室)**瑞聯**　　　　(宗室)**綿宜** 　八、辛丑、二,9.7;　　八、辛丑;禮右改。 　改盛刑。	(宗室)**綿宜**
(滿)**志和**　　　　　(宗室)**瑞聯** 　八、辛丑;改禮右。　　八、辛丑;盛兵改。	(宗室)**瑞聯**
(宗室)**奕慶**	(宗室)**奕慶**

滿缺侍郎年表

年　代		同治十年　辛未(1871)	同治十一年　壬申(1872)
理藩院	左侍郎	(宗室)戴篤	(宗室)戴篤
	右侍郎	(滿)廣壽	(滿)廣壽
盛京五部侍郎	户部	(滿)額勒和布　　(宗室)瑞聯 五、癸丑、廿四，　五、乙卯、廿六， 7.11；改熱都。　7.13；盛工改。 　　　　　　　　六、壬戌、三、7.20； 　　　　　　　　署盛將。	(宗室)瑞聯
	禮部	(宗室)麟書	(宗室)麟書
	兵部	(宗室)綿宜	(宗室)綿宜　　　(滿)繼格 七、己亥、十七，　七、己亥；左副遷。 8.20；改禮右。
	刑部	(宗室)瑞聯　　　(滿)銘安 五、乙卯；改盛户。　五、乙卯；閣學遷。	(滿)銘安
	工部	(宗室)奕慶	(宗室)奕慶

同治十二年　癸酉(1873)		同治十三年　甲戌(1874)		
(宗室)載齡		(宗室)載齡　　(滿)成林(總)　　(滿)德椿		
		九、壬戌、廿三,11.1;病免。	九、癸亥、廿四,11.2;右改。十二、辛卯、廿二,1.29;改工右。	十二、辛卯;閣學遷。
(滿)廣壽　　　　(滿)成林(總)		(滿)成林(總)　　(滿)蘇勒布		
正、壬辰、十二,2.9;改刑右。	正、壬辰;大理遷。	九、癸亥;改左。	九、癸亥;左副遷。	
(宗室)瑞聯　　　(滿)志和		(滿)志和		
四、己巳、廿一,5.17;改熱都。	四、辛未、廿三,5.19;戶左改,管奉尹。			
(宗室)麟魯		(宗室)麟魯		
(滿)繼格		(滿)繼格		
(滿)銘安		(滿)銘安		
(宗室)奕慶　　　(滿)桂清		(滿)桂清		
十一、戊午、十三,1.1;留京。	十一、戊午;戶右改。			

滿缺侍郎年表

年　代		光　緒　元　年　乙亥(1875)
理藩院	左侍郎	(?)**德椿**
	右侍郎	(滿)**蘇勒布**　五、戊戌、二,6.5;盛禮互調。　　　　(宗室)**麟書**　五、戊戌;盛禮改。
盛京五部侍郎	戶部	(滿)**志和**　正、癸卯、五,2.10;署盛將。　三、丙寅、廿九,5.4;解(降),署盛將崇實兼署。　　　(宗室)**岐元**　七、戊午、廿四,8.24;閣學署奉尹授。
	禮部	(宗室)**麟書**　五、戊戌;理右互調。　　　　(滿)**蘇勒布**　五、戊戌;理右改。
	兵部	(滿)**繼格**　三、丙寅;兼署盛刑。
	刑部	(滿)**銘安**　三、丙寅;差,盛兵繼格兼署。
	工部	(滿)**桂清**　二、乙亥、七,3.14;改工右。　　(蒙)**訥仁**　二、乙亥;工右改。　十一、己未、廿六,12.23;病免。　　(?)**興恩**　十一、己未;左副遷。

光 緒 二 年　丙子(1876)

(?)德椿	(宗室)麟書	(?)桂全
十、甲寅、廿七, 12.12; 改工右。	十、甲寅; 右改。 十一、乙丑、八, 12.23; 改刑右。	十一、乙丑; 右改。

(宗室)麟書	(?)桂全	(蒙)惠林
八、甲午、六, 9.23; 順鄉副考。 十、甲寅; 改左。	十、甲寅; 闈學遷。 十一、乙丑; 改左。	十一、乙丑; 左副遷。 闈學阿昌阿署。

(宗室)岐元

(滿)蘇勒布

(滿)繼格

(滿)銘安

(?)興恩

滿缺侍郎年表

年　代		光緒三年　丁丑(1877)	光緒四年　戊寅(1878)
理藩院	左侍郎	(?)桂全	(?)桂全
	右侍郎	(蒙)惠林	(蒙)惠林
盛京五部侍郎	戶部	(宗室)岐元	(宗室)岐元 五、辛亥、二,6.2;兼署盛刑。 五、辛未、廿二,6.22;署盛將兼管奉尹。
	禮部	(滿)蘇勒布	(滿)蘇勒布 五、辛未;兼署盛刑。
	兵部	(滿)繼格 四、甲辰、十九,5.31;兼署盛刑。	(滿)繼格　　　　　　(宗室)綿宜 （兼署盛刑）　　　　　五、辛亥、禮左改。 五、辛亥;改刑左。
	刑部	(滿)銘安 四、甲辰;署吉將,盛兵繼格兼署。	(滿)銘安 （署吉將） 盛兵繼格兼署:五、辛亥;改刑左。 盛戶岐元兼署:五、辛未;署盛將。 盛禮蘇勒布兼署。
	工部	(?)興恩	(?)興恩

光 緒 五 年　己卯(1879)

(？)**桂全**
五、甲午、廿一，7.10；改禮右。

(？)**阿昌阿**
五、甲午；右改。

(蒙)**惠林**
正、丁卯、廿三，2.13；
休。

(蒙)**錫珍**
正、丁卯；左副遷。
二、壬午、八，2.28；改工右。

(？)**阿昌阿**
二、壬午；閣學遷。
五、甲午；改左。

(蒙)**鐵祺**
五、甲午；閣學遷。

(宗室)**岐元**
十一、丁亥、十八，12.30；授盛將。

(？)**恩福**
十一、戊子、十九，12.31；奉尹遷。

(滿)**蘇勒布**

(宗室)**綿宣**

(滿)**銘安**
五、壬寅、廿九，7.18；授吉將。

(滿)**啓秀**
六、癸卯、一，7.19；刑右改。

(？)**興恩**

滿缺侍郎年表

年代		光緒六年　庚辰(1880)	光緒七年　辛巳(1881)
理藩院	左侍郎	(？)阿昌阿	(？)阿昌阿
	右侍郎	(蒙)鐵祺	(蒙)鐵祺
盛京五部侍郎	戶部	(？)恩福	(？)恩福 六、辛卯、一,6.26；署盛將。
	禮部	(滿)蘇勒布　　(宗室)松森 八、乙巳、九,　　　八、丙午、十, 9.13；病免。　　　9.14；禮左改。	(宗室)松森
	兵部	(宗室)綿宣　　(宗室)寶森 六、辛酉、廿五,　　六、辛酉；左副遷。 7.31；革。	(宗室)寶森 閏七、乙卯、廿五,9.18；兼署盛刑。
	刑部	(滿)啓秀	(滿)啓秀 閏七、乙卯；憂假,盛兵寶森兼署。
	工部	(？)興恩	(？)興恩

光緒八年 壬午(1882)	光緒九年 癸未(1883)
(?)阿昌阿	(?)阿昌阿
(蒙)鐵祺　　　　　　(?)岳林 　正、辛亥、廿四，　　正、辛亥；閣學遷。 　3.13；休。	(?)岳林
(?)恩福　　　　　　(滿)啓秀 　五、戊申、廿三，7.8；　五、戊申；盛刑改。 　改户右。	(滿)啓秀
(宗室)松森	(宗室)松森
(宗室)寶森　　　　　(蒙)鍾濂 　五、戊申；改盛刑。　五、戊申；左副遷。	(蒙)鍾濂
(滿)啓秀　　　　　　(宗室)寶森 　五、戊申；改盛户。　五、戊申；盛兵改。	(宗室)寶森
(?)興恩	(?)興恩　　　　　　(宗室)阿克丹 　　　　　　　　　四、辛亥、一，5.7；閣學 　　　　　　　　　遷。

滿缺侍郎年表

年　　代		光 緒 十 年　甲申(1884)	光 緒 十一年　乙酉(1885)
理藩院	左侍郎	(?)阿昌阿	(?)阿昌阿
	右侍郎	(?)岳林	(?)岳林
盛京五部侍郎	户部	(滿)啓秀	(滿)啓秀
	禮部	(宗室)松森	(宗室)松森
	兵部	(蒙)鐘濂	(蒙)鐘濂　　　　(滿)鳳秀 三、癸亥、廿四，　　三、癸亥；闈學遷。 5.8；病免。
	刑部	(宗室)寶森	(宗室)寶森
	工部	(宗室)阿克丹	(宗室)阿克丹

光緒十二年　丙戌(1886)		光緒十三年　丁亥(1887)	
(?)阿昌阿 二、辛巳、十七,3.22; 病免。	(漢)崇禮 二、辛巳;通政遷。	(漢)崇禮	
(?)岳林	(宗室)綿宜 十二、辛酉、三,12.27; 閣學遷。	(宗室)綿宜 十二、丁未、廿五, 2.6;改兵右。	(?)慶福 十二、丁未;閣學遷。
(滿)啓秀		(滿)啓秀	
(宗室)松森 五、丁未、十五,6.16; 改盛刑。	(蒙)文暉 五、丁未;禮左改。	(蒙)文暉	
(滿)鳳秀		(滿)鳳秀	
(宗室)寶森 五、丙午、十四,6.15; 病免。	(宗室)松森 五、丁未;盛禮改。	(宗室)松森 二、戊子、卅,3.24; 遷左都。	(滿)英煦 二、戊子;禮右改。
(宗室)阿克丹		(宗室)阿克丹	

滿缺侍郎年表

年代		光緒十四年　戊子(1888)	光緒十五年　己丑(1889)
理藩院	左侍郎	(漢)崇禮　三、癸亥、十二，4.22；改兵右。　(?)恩棠　三、癸亥；閣學遷。	(?)恩棠
	右侍郎	(?)慶福	(?)慶福
盛京五部侍郎	戶部	(滿)啓秀　三、癸亥；病免。　(宗室)綿宜　三、癸亥；兵右改。	(宗室)綿宜
	禮部	(蒙)文暉　(滿)懷塔布　十二、庚子、廿三，1.24；泰寧鎮授。	(滿)懷塔布
	兵部	(滿)鳳秀	(滿)鳳秀
	刑部	(滿)英煦	(滿)英煦
	工部	(宗室)阿克丹	(宗室)阿克丹

光緒十六年　庚寅(1890)		光緒十七年　辛卯(1891)	
(？)恩棠	(滿)鳳鳴 十、乙卯、十九，11.30； 閣學遷。	(滿)鳳鳴	
(？)慶福		(？)慶福	
(宗室)綿宜		(宗室)綿宜	
(滿)懷塔布		(滿)懷塔布 十一、丁卯、七，12.7； 遷左都。	(蒙)文興 十一、己巳、九，12.9； 禮左改。
(滿)鳳秀 十二、戊午、廿三， 2.1；改刑右。	(宗室)豐烈 十二、戊午；工右改。	(宗室)豐烈	
(滿)英煦		(滿)英煦	
(宗室)阿克丹		(宗室)阿克丹	

滿缺侍郎年表

年代		光緒十八年　壬辰(1892)	光緒十九年　癸巳(1893)
理藩院	左侍郎	(滿)**鳳鳴**	(滿)**鳳鳴**　　　　(↑)**志顏** 九、乙酉、六，10.15；　九、乙酉；工右改。 改工左。
	右侍郎	(↑)**慶福**	(↑)**慶福**
盛京五部侍郎	戶部	(宗室)**綿宜**	(宗室)**綿宜**
	禮部	(蒙)**文興**	(蒙)**文興**
	兵部	(宗室)**豐烈**　　(滿)**啓秀** 八、壬申、十七， 10.7；禮左改。	(滿)**啓秀**
	刑部	(滿)**英煦**	(滿)**英煦**
	工部	(宗室)**阿克丹**　(滿)**鳳秀** 三、戊寅、廿，4.16；　三、戊寅；刑右改。 刑右互調。	(滿)**鳳秀**

光緒二十年　甲午(1894)		光緒二一年　乙未(1895)	
(?)**志顏**	(宗室)**溥良**	(宗室)**溥良**	
正、壬寅、廿四, 3.1; 休。	正、癸卯、廿五, 3.2; 閣學遷。	正、甲午、廿二, 2.16; 知貢舉。	
(?)**慶福**	(宗室)**會章**	(宗室)**會章**	
正、壬寅;解(以三 京候)。	正、癸卯;閣學遷。		
(宗室)**綿宜**		(宗室)**綿宜**	(滿)**良弼**
		三、壬午、十一, 4.5; 病免。	三、壬午;閣學遷。
(蒙)**文興**		(蒙)**文興**	
(滿)**啓秀**	(宗室)**壽陰**	(宗室)**壽陰**	(宗室)**溥頲**
八、乙丑、廿一, 9.20; 遷理尚。	八、乙丑;吏左改。	八、癸巳、廿五, 10.13;改熱都。	九、庚子、三, 10.20; 閣學遷。
(滿)**英煦**		(滿)**英煦**	
(滿)**鳳秀**		(滿)**鳳秀**	

滿缺侍郎年表

年代		光緒二二年 丙申(1896)		光緒二三年 丁酉(1897)
理藩院	左侍郎	(宗室)溥良 四、庚寅、廿五, 6.6;改戶右。	(宗室)綿宜 四、庚寅;前盛戶 授。	(宗室)綿宜
	右侍郎	(宗室)會章		(宗室)會章
盛京五部侍郎	戶部	(滿)良弼		(滿)良弼
	禮部	(蒙)文興		(蒙)文興
	兵部	(宗室)溥顥		(宗室)溥顥
	刑部	(滿)英煦		(滿)英煦
	工部	(滿)鳳秀	(滿)鐘靈 七、癸丑、廿,8.28; 閣學遷。	(滿)鐘靈

光緒二四年　戊戌(1898)		光緒二五年　己亥(1899)	
(宗室)綿宜　　　　　(蒙)清銳		(蒙)清銳　　　　　(滿)景灃	
△正、癸丑、廿九，2.19；死。　　正、甲寅、卅，2.20；閣學遷。		九、辛酉、十六，10.20；改盛刑。　　九、辛酉；閣學遷。	
(宗室)會章		(宗室)會章	
(滿)良弼		(滿)良弼　　　　　(蒙)清銳	
		十、丁丑、三，11.5；解、議(降三調)。　　十、庚寅、十六，11.18；盛刑改。	
(蒙)文興		(蒙)文興　　　　　(宀)崇寬	
		二、己卯、一，3.12；暫護盛將。　　十一、戊申、四，12.6；閣學遷。	
(宗室)溥顥　　　　　(滿)薩廉		(滿)薩廉	
十二、庚辰、一，1.12；禮右互調。　　十二、庚辰；禮右改。			
(滿)英煦		(滿)英煦　　　　(蒙)清銳　　　　(宗室)溥頤	
		九、庚申、十五，10.19；解。　　九、辛酉；理左改。　　十、庚寅；刑左改。	
		十、庚寅；改盛戶。	
(滿)鍾靈		(滿)鍾靈	

滿缺侍郎年表

年　　代		光緒二六年　庚子(1900)
理藩院	左侍郎	(滿)**景澧** 五、乙卯、十五，6.11； 改刑右。　　　　　(滿)**那桐**(總) 　　　　五、乙卯；閱學遷。 　　　　八、乙酉、十六，9.9改禮右。　　　　(宗室)**壽耆** 　　　　　八、乙酉；閱學遷。
	右侍郎	(宗室)**會章**
盛京五部侍郎	戶部	(蒙)**清銳** 　八、戊子、十九，9.12；兼署盛將。
	禮部	(丁)**崇寬**
	兵部	(滿)**薩廉**
	刑部	(宗室)**溥頎**
	工部	(滿)**鍾靈**

光緒二七年　辛丑(1901)	光緒二八年　壬寅(1902)
(宗室)**壽耆**	(宗室)**壽耆**
(宗室)**會章**	(宗室)**會章**　　　　　　　(滿)**儒林** 四、辛亥、廿一,5.28;　　四、辛亥;通政遷, 病免。
(蒙)**清銳** 八、己未、廿六,10.8;盛兵薩廉兼署。	(蒙)**清銳**
(?)**紫寬**　　　　　　(蒙)**特圖慎** 八、己未;盛刑溥頤　　八、庚申、廿七,10.9; 兼署。　　　　　　閣學遷。	(蒙)**特圖慎**　　　　　(?)**榮惠** 二、癸卯、十二,3.21;　二、癸卯;禮左改。 禮左互調。
(滿)**薩廉** 八、己未;兼署盛户。	(滿)**薩廉**
(宗室)**溥頤** 八、己未;兼署盛禮。	(宗室)**溥頤**
(滿)**鍾靈**	(滿)**鍾靈**

滿缺侍郎年表

年　代		光緒二九年　癸卯(1903)		
理藩院	左侍郎	(宗室)壽耆 八、壬子、一，9.21，皖學，閣學溥綱署：八、甲戌、廿三，10.13，遷工右。內務莊山署。		
	右侍郎	(滿)儒林 正、辛巳、廿五，2.22， 改盛刑。	(蒙)清銳 正、辛巳，盛戶改。 九、丁酉、十七，11.5，遷左都。	(滿)竺岫 九、丁酉，馬蘭鎮授。
盛京五部侍郎	戶部	(蒙)清銳 正、辛巳，改理右。	(宗室)溥頤 正、辛巳，盛刑改。	
	禮部	(？)綮惠	(宗室)景厚 正、辛巳，閣學遷。	
	兵部	(滿)薩廉		
	刑部	(宗室)溥頤 正、辛巳，改盛戶。	(滿)儒林 正、辛巳，理右改。	
	工部	(滿)鐘靈		

光緒三十年　甲辰(1904)	光緒三一年　乙巳　(1905)
(宗室)**壽耆** △二月，卸皖學。	(宗室)**壽耆** 正、丙申、廿三，2.26； 改吏右。　　(↑)**明啓** 正、丙申；左副遷。 (改制時解，署正黃蒙 都)
(滿)**堃岫**	(滿)**堃岫** 　(改制授理左)　〔三二年、九、乙卯、廿一，1906. 11.7；改設理藩部，仍署左右侍 郎各一員。〕
(宗室)**溥頲** 十、戊申、四，11.10；遷左都。　　奉尹廷杰兼署。	奉尹廷杰兼署。　〔六、戊午、十六，7.18；缺裁，所 有五部事務，均歸盛京將軍兼 管。〕
(宗室)**景厚**	(宗室)**景厚** 六、戊午；召京。　(六、庚申、十八，7.20；授兵右。)
(滿)**薩廉** 十一、乙未、廿一，12.27；改禮左，盛工鍾靈兼署。	盛工鍾靈兼署。
(滿)**儒林**	(滿)**儒林** 六、戊午；召京。　(六、辛酉、十九，7.21；授山海關 副都。)
(滿)**鍾靈** 十一、乙未；兼署盛兵。	(滿)**鍾靈** 六、戊午；召京。　(六、辛酉；授正黃漢副。)